하이프 머신

- 일러두기

1. 이 책은 2020년 미국 대통령 선거 결과가 반영되지 않았다.

2. 외국 인명과 지명, 작품명의 독음은 외래어 표기법을 따르되 관용적 표기를 따른 경우도 있다.

3. 국내 번역 출간된 도서명은 한국어판 제목을 따랐고, 미출간 도서명은 한국어로 옮기고 원어를 병기했다.

4. 도서명은 겹격쇠《 》, 신문과 잡지 등의 매체명과 영화명, 텔레비전 프로그램명, 곡명 등은 홑격쇠〈 〉, 논문명 등은 큰따옴표(" ")로 묶었다.

소셜 미디어는
인류를
어떻게
바꿔놓았나?

하이프 머신

시난 아랄
지음
엄성수
옮김

쌤앤
파커스

시난 아랄과 《하이프 머신》에 대한 찬사

소셜 미디어는 우리 사회에 축복일까, 저주일까? 그 답이 궁금하다면, 이 책을 읽어라. MIT 디지털 경제 이니셔티브 책임자 시난 아랄은 소셜 미디어 분야에서 가장 선견지명 있는 전문가 중 한 사람으로서, 정밀한 과학적 지식과 생생한 스토리텔링을 바탕으로 소셜 미디어의 20년 여정으로 우리를 안내한다. 그는 소셜 미디어가 어떻게 우리의 민주주의에 영향을 미치고, 진실과 거짓말을 퍼뜨리며, 증오를 전파하고, 사람들을 사랑에 빠지게 만드는지 그리고 신경학적으로나 감정적으로 우리를 어떻게 연결하는지에 관해 설명한다.

— **리처드 스텐걸**, 전 미국 국무부 공공외교 및 공보 담당 차관, 《정보 전쟁Information Wars》 저자

이 책은 마치 스릴러물 같다. 그러나 실은 미디어 구조가 우리 삶의 구조를 어떻게 변화시키고 있는지를 너무도 사려 깊게 파헤친 시기적절한 책이다. 이제 우리 모두 적극적으로 나서서 진실로 중요한 생각들을 키워나가야 할 때이다.

— **세스 고딘**, 베스트셀러 작가, 《마케팅이다》 저자

시난 아랄은 이 책에서 소셜 미디어를 해부한다. 그는 2016년 미국 대통령 선거에서 일어난 일련의 일들을 이해하는 데 필요한 틀을 제공하며, 앞으로 우리가 변하지 않는다면 어떤 일이 일어날지 예측한다.

— **스콧 갤러웨이**, 뉴욕대 스턴 경영대학원 교수, 《플랫폼 제국의 미래》 저자

당신이 만약 가짜 뉴스에 대한 진실, 잘못된 정보에 대한 올바른 정보, 과대광고에 대한 철저한 분석 등을 원한다면 이 책을 읽어야 한다. 온라인에서 각종 아이디어가 어떻게 퍼지는지를 제일 잘 아는 시난 아랄이 그동안의 경력을 토대로 이 놀라운 책을 썼다. 인터넷이 세상을 어떻게 변화시키고 있는지 알고 싶다면 절대 놓쳐서는 안 될 책이다.

– 앤드루 맥아피, MIT 디지털 비즈니스센터 수석연구원, 《머신 플랫폼 크라우드》 공저자

세계적으로 유명한 계산 사회과학자 시난 아랄은 우리 시대의 가장 힘겨운 도전 과제 중 하나인 디지털 기술을 가지고 어떻게 더 나은 사회를 만들 것인가 하는 과제를 해결하고자 한다. 이 책은 권위 있고 포괄적이면서도 섬세하고 매력적이다. 우리가 어떻게 현재에 이르렀고 어떻게 해야 더 나은 미래로 나아갈 수 있는지를 알고 싶은 사람이라면 필히 읽어야 하는 책이다.

– 던컨 와츠, 사회학자, 《상식의 배반》 저자

시난 아랄은 소셜 미디어가 우리의 사고방식부터 하는 일까지 어떻게 변화시키고 있는지 설명한다. 코로나바이러스 팬데믹과 인종차별 및 경찰 폭력에 대한 반대 여론 격화로 세상이 그 어느 때보다 소셜 미디어에 의존하게 된 상황에서 그는 디지털 기술이 우리의 미래를 어떻게 변화시킬 것인지, 또 그 변화에서 살아남으려면 개인, 기업, 사회는 어떻게 변화해야 하는지를 알려준다.

– 데이비드 커크패트릭, 테크노미의 설립자 겸 최고경영자, 《페이스북 이펙트 The Facebook Effect》 저자

올해에 가장 주목해야 할 책이다! 지금 사람들의 관계와 경제, 사회는 전 세계적으로 연결된 소셜 미디어에 의해 좌지우지되고 있으며, 그런 소셜 미디어 세계에 대해 시난 아랄만큼 잘 아는 사람은 아무도 없다. 지난 20년간 해당 분야에서 선구자적 연구를 해온 그는 활기 넘치고 매혹적인 이 책에서 온라인상의 과장과 현실의 차이를 밝히고, 우리가 직면한 가장 시급한 도전 과제들을 분명히 하여 어떻게 대처해야 하는지를 이야기한다.

– 에릭 브린욜프슨, 스탠퍼드 대학 디지털 경제연구소 소장, 《머신 플랫폼 크라우드》 공저자

누구나 소셜 미디어에 대해 나름의 생각을 하고 있다. 그러나 시난 아랄은 여기에 과학과 멋진 스토리를 덧붙인다. 매우 흥미진진하고 유익한 이 책에서 그는 우리 시대의 가장 중요한 기술 관련 의문들 밑에 어떤 힘들이 숨어 있는지 그리고 그 힘들이 미래에 어떤 역할을 할 것인지를 파헤친다.

– 엘리 프레이저, 《생각 조종자들》 저자

이 책은 우리가 투표하고, 데이트하고, 쇼핑하는 등 삶의 방식 전반에 대한 소셜 미디어의 흥미로운 이야기를 담고 있다. 오늘날 기술 기업들이 컴퓨터나 스마트폰 스크린 등을 장악하고 있는 가운데, 소셜 미디어 분야의 선구자적 전문가인 시난 아랄은 가려진 커튼을 활짝 젖혀 우리 사회에서 영향력의 흐름을 지시하는 디지털 도구를 만천하에 공개한다. 과학 스릴러물 같기도 한 이 책은 우리의 디지털 미래를 위해 꼭 필요한 가이드이다.

– 조나 버거, 펜실베이니아대 와튼스쿨 교수, 《컨테이저스 전략적 입소문》 저자

놀랍다! 이 책에서 시난 아랄은 과학, 비즈니스, 법, 정책을 멋지게 통합해 소셜 미디어가 우리에게 미치는 영향을 매우 쉬우면서도 간결하게 설명한다. 만약 당신이 비즈니스나 정책과 관련하여 중요한 결정을 내려야 할 때, 어떻게 해야 하고 왜 그래야 하는지를 알고 싶다면 반드시 이 책을 읽어야 한다.

– 포스터 프로보스트, 뉴욕대 스턴 경영대학원 NEC 교수, 《비즈니스를 위한 데이터 과학》 공저자

차례

팬데믹, 장밋빛 약속 그리고 위험

2020년에 발생한 코로나바이러스 팬데믹은 '블랙 스완' 같은 사건으로, 그 영향이 전 세계 보건 시스템과 경제는 물론 일상생활의 구석구석까지 미치고 있다. 지금 지구상의 사람들은 모두 감염자들이 어떻게 격리되었는지, 누구를 간절히 보고 싶어했는지 그리고 또 코로나바이러스가 가한 엄청난 정신적, 육체적 스트레스에 어떻게 대처했는지를 생생히 기억한다.

한편 더 미묘한 문제이긴 하나 어쨌든 코로나바이러스는 또 다른 눈에 띄는 영향을 미쳤다. 우리 지구를 연결해주는 디지털 네트워크 중추 신경계인 세계적 커뮤니케이션 시스템에 갑자기 엄청난 충격을 가한 것이다. 우선 미국 타임스 스퀘어, 영국 트라팔가 광장, 이집트 타흐리르 광장 등이 모두 유령 도시처럼 변했다. 그리고 바이러스에 쫓긴 인류가 거리를 떠나 집으로 들어가면서 수십억 인구가 노트북과 스마트폰으로 몰려들어 앞다퉈 온라인에 접속했다. 필사적으로 각종 뉴스와 의학 정보, 사회적 지원, 인간관계, 일자리를 찾아 페이스북, 트위터, 왓츠앱, 인스타그램, 유튜브, 링크드인에 접속하는 사람들이 기록적으로 늘어났다. 오프라인 세계가 멈춘 날 온라인 세계는 디지털 산불처럼 활활 타올라 번지기 시작했다.

소셜 미디어에 대한 수요는 하늘 높은 줄 모르고 치솟았다.[1] 페이스북 메신저, 왓츠앱, 페이스북 라이브는 하룻밤 새 사용자 수가 50%나 늘었다. 페이스북 음성 통화 횟수 또한 배로 늘었는데, 특히 이탈리아에서는 그룹 대화가 무려 1,000% 넘게 늘었다. 그리고 영화관들이 문을 닫자 넷플릭스의 다운로드 횟수는 이탈리아에서는 66%, 스페인에서는 35% 급증했다.[2] 갑작스러운 다운로드 급증에 넷플릭스가 다운될 정도였다. 유튜브는 사용자 폭증에 대처하느라 부득이하게 영상의 화질을 떨어뜨려야 했다. 코로나바이러스 팬데믹이 기승을 부리는 내내 인터넷은 걸핏하면 다운되었다.

소셜 협업 또한 폭발적으로 늘었다. 업무용 메신저 슬랙Slack의 최고 경영자 스튜어트 버터필드는 이런 트윗을 올렸다. "10월 15일 동시 접속자 수가 100만에 도달한 지 1,597일 만에 1,000만을 돌파했다. 6일 후엔 1,050만, 그런 다음 1,100만. 그다음 날 1,150만. 이번 주 월요일 1,200만. 그리고 오늘 1,250만."[3] 그는 트위터에 '새로 만들어진 (슬랙) 워크팀'의 수를 보여주는 그래프를 첨부했는데, 3월 12일 이후 그래프는 마치 긴 하키스틱 핸들처럼 바로 위로 솟은 모양을 하고 있었다. 디지털 네이티브(디지털 기기를 원어민native처럼 자유자재로 활용하는 새로운 세대-옮긴이)들이야 이미 소셜 미디어에 익숙했지만, 코로나바이러스로 많은 디지털 러다이트(첨단 기술을 거부하는 반기계 운동. 19세기 초

기계의 등장으로 일자리를 잃게 되면서 기계 파괴 운동을 벌인 영국 노동자 러다이트Luddite에서 따온 말-옮긴이)들마저 난생처음 소셜 기술들을 사용하지 않을 수 없게 되었다.

새로운 사용자들이 소셜 미디어 플랫폼들에 떼 지어 몰려들면서 새로운 프로필을 가진 '군단army'들이 출현해 내가 말하는 이른바 '하이프 머신hype machine'(소셜 미디어에 의해 만들어지는 실시간 커뮤니케이션 생태계)에 속속 참여하고 있다. 페이스북의 분석 및 엔지니어링 책임자 알렉스 슐츠와 제이 파릭은 소셜 미디어 수요에 대처하려는 시도에 대해 이렇게 말했다. "코로나바이러스로 인한 사용자 급증은 이 분야에서 전례 없던 일로, 매일 새로운 사용자 증가 신기록을 경신하는 중입니다."[4] 페이스북 창업자 마크 저커버그는 더 직설적이었다. "우리는 지금 그야말로 현상 유지도 벅찹니다."[5]

코로나바이러스는 전 세계 모든 사람에게 몇 달씩 신체적 접촉을 거부하게 하면서 소셜 기술에 대한 인식과 활용에 극적인 변화와 충격을 주었다. 페이스북과 트위터, 왓츠앱, 인스타그램은 인간관계뿐만 아니라 시기적절한 의학 정보, 사회적 지원, 팬데믹 관련 모금, 바이러스 확산에 대한 실시간 정보 업데이트 등에 없어서는 안 될 소중한 자원이 되었다. 각 가정에서는 페이스북에 접속해 모노폴리 게임을 즐겼다. 친구들은 그룹 채팅방에서 열리는 칵테일 파티에 참석했고, 이웃들은 왓츠앱 그룹들을 활기차게 유지했다. 그리고 많은 사람이 트위터로 뉴스를 보았다.

지구촌이 단절될 수밖에 없는 상황에서 소셜 기술은 사람들을 서로 연결해주고 있다. 그룹 화상 통화는 가족들을 흩어지지 않게 지켜주었다. 매일매일 주고받는 메시지 또한 우리 부모님들과 아이들의 건강을 살필 수 있게 해주었다. 구글 채팅 서비스 행아웃Hangout은 세상이 멈춘 상황에서 작업 팀들이 계속 협력할 수 있게 했다.

소셜 미디어 플랫폼들은 코로나바이러스와 관련하여 사회적 거리두기 방법과 마스크 착용 문제, 감염 위험 지역, 가정 내 방역 방법 등 중요한 의학 정보를 제공했다. 이와 함께 팬데믹 확산 모델을 만들고 팬데믹 확산을 줄이는 데 필요한 새로운 서비스와 데이터도 제공했다. 페이스북은 사람들의 이동 경로가 담긴 데이터를 활용해 지도를 만들었다.[6] 이 지도는 서로 다른 지역의 사람들이 마주칠 가능성이 가장 큰 장소를 알려주었다. 이를 통해 전염병학자들은 팬데믹의 확산 경로를 예측할 수 있었고, 페이스북의 모바일 앱 데이터를 활용해 '질병 예방 지도'를 만들어 사람들이 어떻게 움직이고 또 어떻게 바이러스를 확산시키는지 이해하는 데 도움을 주었다.

디지털 기술이 우리에게 미치는 영향을 연구하는 세계 최대 규모의 연구 센터 중 한 곳인 MIT 디지털 경제 이니셔티브Initiative on the Digital Economy의 책임자이자 MIT 통제 연구소를 이끌고 있는 나는 이 위기를 극복하려면 우리 모두 힘을 합쳐야 한다고 생각했다. 그래서 팬데믹을 극복하기 위해 우리가 어떤 일을 할 수 있는지 지혜를 모으고자 줌Zoom 클라우드 회의를 여러 차례 열었다. 우리는 무엇보다 피해를 막고자 세계적인 소셜 미디어 플랫폼들에 연락해 도울 수 있는 일이 없는지를 알아보았다.

그렇게 해서 우리는 일주일 만에 미국은 물론 전 세계 보건 기구들을 지원할 프로젝트 3개를 구상했다. 사회적 거리두기가 코로나바이러스 확산에 미치는 영향을 알아보고 온라인상에서 팬데믹과 관련하여 잘못된 정보들을 퇴치하기 위한 프로젝트였다. 나는 페이스북 측에 연락해 함께 일하자고 제안했다. 그들은 내 제안을 즉시 받아들였다. 이미 데이터 라이선스 계약을 맺고 있던 터라 페이스북 측은 우리에게 바로 자신들의 데이터를 공유해주었다.

우리는 사회적 거리두기가 팬데믹 확산에 미치는 영향을 모델화하는 일에 전력투구했다. 페이스북의 '질병 예방 지도'는 페이스북 사용자들의 위치 밀집도와 이동 경로, 네트워크 연결성은 물론 익명의 페이스북 사용자들이 그날그날 머물렀던 사방 500m² 공간에 대한 누적된 모바일 앱 데이터를 코로나 위기 이전과 비교해 추적할 수 있다. 우리는 그 데이터를 전 세계 국가나 도시, 지역에 내려진 사회적 거리두기 명령의 상세한 기록들과 종합했다. 그렇게 해서 사회적 거리두기 명령이 해당 명령이 내려진 도시나 지역 내 공공장소들에 머문 페이스북 사용자 수에 미치는 영향을 추산하고, 그 영향이 다른 도시나 지역에 어떤 영향을 미치는지 알아보고자 했다.

우리는 사회적 거리두기 명령이 효력이 있는지 그리고 무엇보다 언제 효력이 없고 왜 그러한지를 알고 싶었다. 우리는 페이스북의 코로나바이러스 증상 관련 설문 조사에 대한 조언도 해주었다. 페이스북은 사용자들에게 코로나바이러스 관련 증상이 있는지, 집에서 머물고 있는지 등을 물었다. 이와 같은 설문 조사는 전통적 방역 활동의 하나로 미국에서 매주 실시하는 대규모 설문 조사들을 보완하는 성격을 띠고 있었다. 내가 이 책을 쓰고 있을 무렵 페이스북은 전 세계 사용자들을 대상으로 글로벌 설문 조사를 할 준비를 하고 있었다.

그런 다음 나는 소셜 미디어 분석업체 그래피카Graphika의 존 켈리John Kelly와 카미유 프랑수아Camille François에게 연락했다(그래피카는 미국 상원 정보위원회에서 2016년과 2020년 미국 대통령 선거에 러시아가 개입한 사건과 관련하여 조사를 의뢰한 두 기업 중 한 곳이다). 2020년 미국 대통령 선거를 앞두고 점점 더 심해지는 선거 및 코로나바이러스 관련 오보를 추적해 퇴치할 수 있는지 지혜를 모으기 위해서였다. 그렇게 해서 우리는 잘못된 정보를 퍼뜨리는 자동화 소프트웨어 '봇bot'과 사이보그, 트롤troll(부정적이고 선동적인 글이나 댓글을 인터넷에 게재하는 사람-옮긴이) 네트워크를 모니터링하고 추적해 공개 보고서를 작성하고, 잘못된 정보들이 질병 예방 및 선거에 어떤 영향을 미치는지 알아보기로 했다.

남아프리카 공화국 프레켈트 재단Praekelt Foundation의 구스타프 프레켈트Gustav Praekelt에게도 연락했다. 구스타프와 나는 이미 남아프리카 공화국에서 소셜 미디어를 활용해 에이즈 확산을 막는 프로젝트를 전국적으로 진행하고 있었다. 내가 코로나바이러스와 관련해 서로 협력할 수 있는 게 없을지 묻자, 구스타프는 에이즈 프로젝트에서 사용 중인 왓츠앱과 메신저 툴을 활용해 코로나바이러스 관련 의학 정보를 세상에 널리 전파하는 일을 해오고 있다고 했다.

재단에서는 코비드커넥트COVIDConnect라는 것을 만들었는데, 일반 대중에게서 코로나바이러스와 관련한 각종 질문을 받아 공식 출처에서 얻은 정확한 정보를 왓츠앱, 페이스북 메신저, 문자 메시지 등으로 제공하는 자동화된 소프트웨어 로봇이었다. 코비드커넥트는 세계보건기구WHO 왓츠앱 채널의 공식 엔진이 되었으며,[7] 남아프리카 공화국, 뉴질랜드, 호주 그리고 아프리카 및 동남아시아 10개국의 자동화된 코로나바이러스 대응 핫라인들에 동력이 되어주었다(단 2주 만에 1,500만 명의 사용자들을 끌어모았다).

하지만 프레켈트 재단과 페이스북은 한 가지 문제를 안고 있었다. 왓츠앱상에서 코로나바이러스와 관련해 잘못된 정보가 퍼지는 것에 대한 우려가 컸다. 왓츠앱처럼 암호화된 소셜 미디어 플랫폼에서는 메시지를 공개적으로 추적할 수 없어 잘못된 정보를 완전히 근절하기 어렵다. 그래서 우리는 WHO 및 전국적 왓츠앱 계정에서 코로나바이러스와 관련하여 잘못된 정보를 파헤칠 수 있는 시스템을 구축하기로 했다.

소셜 미디어 플랫폼들 역시 팬데믹이 경제에 미치는 악영향을 줄이려 애썼다. 중소기업들은 자사의 페이스북 페이지를 활용해 온라인 판매에 나섰다. 유동 인구를 끌어들여 판매를 늘리는 매장 내 이벤트 대신 소셜 미디어를 통해 실시간 방송을 했다. 인스타그램 스토리와 틱톡에서는 무대 공연이 제작되고 방영되었다. 요가 등의 수업들이 하이프 머신으로 몰렸다. 심지어 페이스북은 중소기업 도산을 막기 위해 1억 달러 규모의 중소기업 구제 기금을 조성해 조건 없는 현금 지원에 나섰다.[8]

이 모든 프로젝트는 내가 이 책의 집필을 마칠 무렵에 막 시작되었다. 소셜 미디어업계를 움직이는 사람들은 과학 기술 분야에서 헌신적으로 일하는 전문가들이다. 그들은 매우 명석하며 세상을 더 나은 곳으로 만드는 일에 몰두한다. 하지만 소셜 미디어가 세계에 미치는 영향은 의도만으로 결정되지 않는다. 그리고 우리 모두가 알다시피 하이프 머신을 구축하는 과정에는 여러 실책이 있었다.

2020년 경찰의 과잉 진압으로 흑인 조지 플로이드가 세상을 떠난 사건에서, 마크 저커버그는 트럼프 전 대통령이 페이스북에 올린 분열을 초래하는 선동적인 메시지들을 삭제하지 않기로 한 자신의 결정을 해명하는 발언을 했다. 당시 트럼프 전 대통령의 메시지에는 "약탈이 시작되면 총격도 시작된다when the looting starts the shooting starts"라는 말이 포함되어 시위대에 대한 폭력을 조장하는 듯했다. 이 말은 과거 민권 운동을 향한 탄압이 자행될 때 경찰서장들과 인종차별주의적 정치인들이 즐겨 쓰던 문구였다. 반면 트위터 측은 "대통령의 메시지는 폭력 찬양을 금하는 트위터 원칙에 위배된다"라고 언급하면서 대통령의 메시지가 일반 대중에게 노출되지 않게 막았다. 이렇듯 마크 저커버그가 트럼프 전 대통령의 메시지에 무대응으로 일관하자, 페이스북 직원들은 인종차별주의적 발언을 묵인하는 듯한 회사 방침에 반발해 가상 파업virtual walkout(온라인상에서 행하는 파업-옮긴이)까지 벌였다.

마크 저커버그가 맞은 이 같은 역풍은 새삼스러운 게 아니었다. 2020년 팬데믹 상황에서 사람들이 대거 소셜 미디어로 몰려들자, 2019년 특히 코로나바이러스가 창궐하기 몇 주 전이나 몇 달 전과는 상황이 180도 달라졌다. 팬데믹 이전까지만 해도 소셜 미디어는 완전히 찬밥 신세였고, 페이스북 집단 탈퇴 운동#deletefacebook movement(페이스북이 개인 정보를 부정 사용하여 파문이 일자 시작된 페이스북 집단 탈퇴 운동-옮긴이)이 힘을 얻고 있었다.

페이스북 집단 탈퇴의 계기가 된 케임브리지 애널리티카 스캔들로 마크 저커버그는 미국 의회는 물론 유럽 의회에서도 증언대에 서야 했다. 입법자들은 독점 금지법을 위배한 혐의로 페이스북이라는 거대 소셜 미디어 기업을 해체하려 했다. 코로나바이러스가 중국을 강타하기 단 몇 주 전 영국 배우 사챠 바론 코헨은 소셜 미디어를 "역사상 가장 거대한 선전 도구"라고 불렀다. 코헨은 반명예훼손연맹에서 다음과 같이 연설했다. "페이스북, 구글, 유튜브, 트위터 등은 수십억 명의 사람들을 상대합니다. 그리고 이 소셜 미디어 플랫폼들이 이용하는 알고리즘은 분노와 공포를 조장하는 이야기들을 의도적으로 확대합니다. 이것이 바로 가짜 뉴스가 진짜 뉴스를 압도하는 이유입니다. 연구에 따르면 거짓은 진실보다 더 빨리 퍼지거든요."[9] 코헨이 언급한 연구는 내가 동료 뎁 로이, 소로쉬 보수기와 함께 〈사이언스〉에 발표한 "온라인상에서의 진짜 뉴스와 가짜 뉴스의 전파"[10]라는 제목의 연구를 뜻했다(이 책의 1, 2장 참조).

팬데믹 이전에 소셜 미디어 비평가들이 우려하던 것은 비단 잘못된 정보뿐만이 아니었다. 페이스북, 트위터, 왓츠앱, 인스타그램, 유튜브 등을 통해 우리의 사생활이나 개인 정보가 침해받았고, 우리의 민주주의에 대한 외국의 개입이 용이해져 선거의 공정성이 위협받게 되었다. 게다가 테러리스트는 더 급진적으로 변했다. 표현의 자유는 흔들렸고 혐오 표현이 조장되었다. 심지어 소셜 미디어들을 통해 종족 학살이 널리 선전되었다. 뉴질랜드 크라이스트처치에서와 같은 총기 사건이 온라인상에서 실시간으로 방송되었다. 저소득 소수 집단을 상대로 한 약탈적 대출이 만연했고 여성을 차별하는 채용 광고는 넘쳐났다. 우리의 움직임은 낱낱이 추적당했다. 우리의 감정이 돈벌이에 이용되었고, 정치적 양극화 현상은 심해졌다.

소셜 미디어의 장밋빛 약속과 위험은 팬데믹에 관한 각종 논의에서도 그 모습을 드러냈다. 우리는 각종 인간관계, 사회적 지원, 생명을 구하는 정보 등에서 소셜 미디어에 의존했다. 하지만 소셜 미디어는 임박한 국가 봉쇄와 잘못된 치료법, 미국과 중국의 상호 비난, 우리의 두려움을 증폭시키려는 외국의 개입 등과 관련해 온갖 잘못된 정보가 난무하는 곳이기도 했다.[11]

게다가 코로나바이러스 위기 상황에서 사생활과 개인 정보 문제는 새로운 논란거리로 떠올랐다. 감시 자본주의surveillance capitalism(온라인에서 수집한 개인 정보로 수입을 창출하는 자본주의-옮긴이)가 생명을 구하는 '질병 감시'로 변했기 때문이다. 페이스북은 코로나바이러스로 인한 위기 상황에서 공공의 이익을 위해 감시를 했다기보다는 오히려 증상 설문 조사 등을 통해 국가 질병 감시 프로그램들의 허점을 메우는 역할을 했다. 마찬가지로 구글과 애플 역시 MIT와 공동으로 접촉 추적 장치를 개발했다.[12] 코로나바이러스 보균자의 스마트폰에 장착된 블루투스 기반의 장치에 가까이 접근할 경우 경고음을 내는 장치다. 이 거대 기업들은 자신들이 만든 시스템이 익명으로 유지될 것이라고 확신했지만, 사생활 보호론자들은 이런 이야기에 경악했다. 소셜 미디어의 사생활 감시가 초래할 위험들은 소셜 미디어의 질병 감시가 내놓은 장밋빛 약속들과는 극명하게 대조된다. 어떤 사람들은 사생활 침해의 위험을 감수할 가치가 있다고 생각했다. 그러나 어떤 사람들은 감시에 따르는 위험을 이점보다 우선시했다.

그렇다면 장밋빛 약속과 위험이라는 소셜 미디어에 관한 2가지 비전 중 무엇이 맞는 것일까? 하이프 머신은 선善을 위한 힘이자 집단 지성 및 연대를 위한 힘일까? 아니면 골칫덩어리이자 재앙일까? 페이스북, 왓츠앱, 트위터, 인스타그램, 유튜브는 세계 구석구석 손길을 안 뻗친 데가 없어 우리의 커뮤니케이션, 데이터, 사생활은 물론 전 세계적 정보 흐름에도 지대한 영향을 주고 있다. 따라서 이런저런 위험을 초래할 가능성은 얼마든지 있다. 하지만 이번 팬데믹 위기는 전 세계적 커뮤니케이션 네트워크가 우리에게 얼마나 소중한 자원인지, 우리가 일상생활에서 그 커뮤니케이션 네트워크에 얼마나 많이 의지하고 있는지 새삼 깨닫게 했다.

팬데믹 위기 상황에서 하이프 머신이 지닌 장밋빛 약속의 근원은 곧 위험의 근원이기도 했다. 앞으로 설명하겠지만 이는 전체적으로 보았을 때 소셜 미디어도 마찬가지여서 규제하기에 어려워졌다. 소셜 미디어 덕분에 가능해진 해결책들이 이제는 필요 이상으로 우리의 사생활을 위협하고 있다. 반면에 유럽의 경우 엄격한 사생활 보호 규정들로 소셜 미디어를 활용한 팬데믹 추적 및 해결이 불가능했다.[13] 이런 사례들은 다음과 같은 여러 가지 중요한 의문을 제기한다.

소셜 미디어는 의미 있는 연결, 협력, 사회 지원, 인명 구조 정보에 접근하는 데 도움을 주는 힘인가, 아니면 우리의 민주주의와 시민 사회는 물론 건강까지 훼손할 선전 도구인가? 소셜 미디어의 장밋빛 약속은 위험 없이 실현될 수 없는 것인가, 아니면 늘 서로 연결된 것인가?

하이프 머신에는 장밋빛 약속과 위험 가능성이 모두 존재한다. 그리고 앞으로 18개월에서 24개월간 소셜 미디어를 어떻게 설계하고 통제하고 활용할 것인지와 관련해 우리가 내리는 결정들이 미래를 결정짓게 될 것이다. 우리는 지금 선택의 갈림길에 서 있다. 책임감 있게 행동하기 위해 우리는 소셜 미디어의 작동 방식을 알아야 한다.

나는 지난 20년 동안 소셜 미디어 분야에서 끊임없이 뭔가를 연구하고 만들고 투자하며 많은 것을 배워왔는데, 이제 그 모두를 알려주고자 여러분과 함께 긴 여행을 시작하려 한다. 그 여행에서 여러분은 소셜 미디어가 우리의 민주주의에 어떤 영향을 미치고 있는지 믿기 어려운 사실과 부도덕한 스캔들을 접하게 될 것이다. 소셜 미디어가 우리를 소중한 진실들에 이르게 해주는 동시에 또 어떻게 거짓을 퍼뜨리는지도 보게 될 것이다. 소셜 미디어가 억압에 맞서 싸우면서도 어떻게 다른 사람들을 억누르기 위해 억압을 조장하는지, 그리고 표현의 자유를 지키려 애쓰면서도 어떻게 혐오 표현을 전파하는지도 보게 될 것이다. 무엇보다 이 모든 것이 신경학적으로, 감정적으로, 사회적으로, 경제적으로 어떻게 우리를 연결하는지 보게 될 것이다. 이 이야기는 소셜 미디어 뒤에 감춰진 비즈니스 전략들을 보여줄 뿐만 아니라 소셜 미디어의 의도와 그것이 우리에게 미치는 영향 관계에 대해서도 보여줄 것이다.

하이프 머신이 지닌 장밋빛 약속이나 위험 어느 한쪽만 이야기한다면 너무 편파적이다. 진실은 더 복잡하다. 때론 행복을 주고 때론 억압하기도 한다. 때론 충격적이기도 하지만 그러면서도 늘 배울 것이 있다. 그리고 무엇보다 지금은 물론이고 앞으로도 우리 모두와 관련된 이야기이다.

1장

The New Social Age

새로운 소셜 시대

이게 바로 기술의 요체다. 한편으로는
불멸을 향한 욕구를 만들기도 하지만
다른 한편으로는 모두의 생존을 위협한다.
기술은 자연에서 유리된 욕망이다.

— 돈 드릴로

인간은 늘 사회생활을 해온 종種이다. 원시 수렵 채집 시대 이후 줄곧 서로 교류하고 협력하고 조정해 왔다. 그러나 오늘날에는 무언가가 다르다. 우리는 지난 10여 년간 고옥탄 가솔린으로 인간 상호 교류의 불씨를 꺼버렸다. 그리고 전 세계에 걸쳐 인간 사회를 오가는 각종 정보와 생각, 행동의 흐름을 제어하는 광범위하고 다면적인 '머신machine'을 만들어냈다. 이른바 '하이프 머신Hype Machine'을 통해 우리는 전 세계 커뮤니케이션 네트워크 안에서 서로 연결되어 하루에도 수조 개에 이르는 메시지들을 주고받는다. 알고리즘과 정보에 의해 설계되는 하이프 머신에 우리는 조종당하고 설득당하고 즐거워한다.

하이프 머신은 인간의 정신을 대상으로 한다. 우리의 신경 충동을 자극하고 우리를 끌어들여 쇼핑, 투표, 운동 방식은 물론 심지어 누군가를 사랑하는 방식까지 설득하여 바꾸게 만든다. 게다가 하이프 머신은 우리를 분석해 무엇을 읽고 무엇을 사고 무엇을 믿을 것인지를 선택할 수 있게 이끈다. 그런 다음 우리의 선택을 통해 배운 후에 우리에게 줄 것들을 계속 최적화해간다. 하이프 머신은 이런 식으로 작동하면서 우리가 선호하고 갈망하고 흥미 있어 하는 것들과 시간과 공간에 따른 우리의 각종 활동을 추적하는 일명 '데이터 잔해data exhaust'를 만들어낸다. 그런 다음 데이터 잔해를 토대로 자체 작업 과정을 다듬고 분석력을 극대화하여 설득력을 높인다. 가장 큰 동기는 이익이기에 우리를 끌어들여 이를 극대화하려 한다.

　당연히 이 하이프 머신이 정확해질수록 우리를 끌어들이고 설득하는 힘 또한 커진다. 그리고 그런 힘이 강해질수록 하이프 머신이 창출하는 이익 또한 커진다. 이것이 하이프 머신, 즉 '소셜 미디어 산업 단지'의 이야기이다. 하이프 머신이 어떻게 만들어져 어떻게 작동되며, 우리에게 어떤 영향을 주고, 또 우리는 어떻게 거기에 적응할 수 있는가 하는 이야기 말이다. 이 이야기는 크림반도에서 시작된다.

대체 크림반도에서 무슨 일이 벌어진 것인가?

　2014년 2월 어느 추운 날 중무장한 군인들이 우크라이나 심페로폴에 있는 크림 자치 공화국 의회 건물을 포위했다. 복장으로 봐서는 국적을 알 수 없었다. 나중에 확인된 바로는 그들은 러시아 특수 부대원들로, 그 포위 작전은 며칠 전에 있었던 크림 의회의 빅토르 야누코비치 대통령 탄핵에 대한 러시아 측 대응의 일환이었다. 전하는 말에 따르면 무장 군인들은 특수 부대원들답게 조직적으로 움직였다. 그들은 정문을 돌파한 뒤 바로 의회 건물의 통신을 끊고 휴대용 전자 장비들을 압수했다. 또 건물을 드나드는 사람들을 조직적으로 통제하고 삼엄한 경계를 펴 외국인 기자들의 출입을 막았다.

몇 시간 후 크림 자치 공화국 의회는 무장 군인들의 살기등등한 협박 속에 투표를 통해 정부를 해체했다. 그리고 총리 아나톨리 모히리오프Anatolii Mohyliov를 끌어내리고 그 자리에 세르게이 악쇼노프를 앉혔다(바로 이전 선거에서 세르게이 악쇼노프가 이끄는 친러시아 성향의 러시아 통합당은 4%의 득표율밖에 획득하지 못했다). 그로부터 24시간도 채 안 되어서 국적 불명의 군대가 심페로폴 국제공항과 세바스토폴 국제공항을 점령하고 그 지역 일대 도로들에 검문소를 설치했다. 사업가 시절에 러시아 마피아와 친러시아 성향의 정치 및 군부 집단들과 결탁해 '마귀'라는 별명을 얻은 바 있는 악쇼노프는 이틀 뒤 사실상 크림 자치 공화국 총리 자격으로 블라디미르 푸틴 러시아 대통령에게 친서를 보내 평화와 안보 유지를 위한 러시아의 지원을 공식 요청했다.

우크라이나 정부(당시 크림 자치 공화국은 우크라이나령이었다-옮긴이)가 악쇼노프 총리 임명을 위헌이라고 공표하기도 전에 크림반도 전역에서 대대적인 친러시아 시위가 일어나 러시아와의 재결합을 지지한다는 것을 가시적으로 보여주었다. 크림 자치 공화국 국민들의 상당수가 다시 러시아에 합병되기를 강력히 요구하는 상황에서 대세는 이미 기운 것으로 보였다. 악쇼노프가 지원을 요청한 지 얼마 되지 않아 푸틴은 러시아 연방평의회로부터 군대 파병에 대한 공식 승인을 받아냈다. 러시아 영사관에서는 크림반도 내에서 쓸 여권을 발급하기 시작했고 우크라이나 기자들의 크림반도 입국은 금지되었다. 그다음 날 흑해 함대와 러시아 육군은 우크라이나의 방어 시설들을 포위 공격했다. 5일 후, 격변이 일어난 지 10일 만에 최고 회의의 투표로 크림 자치 공화국은 우크라이나에 편입된 지 60년 만에 다시 러시아에 합병되었다.

이 합병은 제2차 세계 대전 이후 가장 빠른 속도로 진행된 합병 중 하나였다. 전 미국 국무장관 매들린 올브라이트는 이렇게 증언한다. "이는 제2차 세계 대전 이후 유럽 국경이 무력에 의해 변경된 최초의 사건이다."[14] 단 10일 만에 이 지역의 주권이 그야말로 전등 스위치를 딸깍하듯 순식간에 뒤바뀐 것이다.

크림반도에서 일어난 이 사건에 대해서는 오늘날까지도 논란이 끊이지 않고 있다. 러시아는 합병을 부인한다. 푸틴은 크림반도가 러시아 연방에 가입했다고 보는 것이다. 그러나 푸틴의 적들은 외세에 의한 적대적 침략이라고 주장한다. 본질적으로 크림반도 국민의 의지가 어떠했는가와 관련해 논란이 많았다. 말하자면 서로 다른 두 현실이 충돌한 것이다. 러시아는 크림반도 국민이 러시아 연방 재가입에 압도적인 지지를 보냈다고 주장했다. 반면 친러시아 정서는 모스크바 당국이 은밀히 조장한 것이라고 주장하는 친우크라이나의 목소리도 있다.

이처럼 크림반도의 현실을 두고 특정 프레임을 짜는 일은 충돌 과정에서 외세의 개입을 막는 데 꼭 필요한 것이었다. 만약 러시아가 무력으로 합병했다면 북대서양조약기구 NATO 측에서 어떤 식으로든 개입했어야 했다. 하지만 크림반도 국민의 전폭적인 지지를 등에 업은 자발적 연맹 가입이었다면 외세 개입을 정당화하기 어렵다. 그래서 러시아는 은밀한 군사 및 정치 작전을 전격적으로 수립해 완벽하게 실행에 옮겼고 그와 동시에 크림반도에서 일어나는 일들에 대해서 자신들에게 유리한 프레임을 짜기 위해 훨씬 더 치밀한, 어쩌면 인류 역사상 가장 치밀한 정보 작전을 벌였다. 그리고 그런 프레임을 짜는 일을 하기 위해서는 소셜 미디어, 즉 내가 말하는 하이프 머신이 필수적이었다.

진실이 신발을 신는 동안
거짓은 지구 반 바퀴를 돌고 있다

크림반도 사건에 대한 내 관점을 전달하기 위해 먼저 이야기 속 이야기를 통해 우크라이나 내에서 펼쳐진 사건들을 내가 어떻게 이해하고 있는지 일종의 배경 설명을 제공하려 한다. 크림반도가 러시아에 합병된 지 2년 후인 2016년 나는 미국 매사추세츠주 케임브리지에 있는 MIT 연구실에서 소로쉬 보수기, 뎁 로이와 함께 한 프로젝트에 전념하고 있었다. 우리는 트위터와 공동으로 '온라인을 통한 가짜 뉴스 확산'과 관련한 최대 규모의 종단적 연구를 해오고 있었다.[15] 우리는 트위터가 처음 생긴 2006년부터 2017년까지 10년 동안 트위터상에서 확인된 모든 진실과 거짓 소문의 확산에 대해 분석했다.

2018년 3월 〈사이언스〉 표제 논문으로 실린 이 연구를 통해 온라인상에서 가짜 뉴스가 어떻게 퍼지는지에 대해 처음으로 가장 많은 증거를 소개할 수 있었다. 우리는 연구 과정에서 그동안 접했던 과학적 연구 결과들 가운데 가장 오싹하다고 생각하는 결과를 발견할 수 있었다. 어떤 카테고리의 정보든 그리고 어느 정도의 중요성을 띠든 가짜 뉴스는 진짜 뉴스보다 훨씬 더 멀리, 훨씬 더 빠르게, 훨씬 더 깊이 그리고 훨씬 더 광범위하게 퍼진다는 사실을 발견했다. 누군가가 "진실이 신발을 신는 동안 거짓은 지구 반 바퀴를 돌고 있다"라는 말을 했는데, 정말 맞는 말이다. 우리는 소셜 미디어 플랫폼들의 다양한 파이프 안에서 현실 왜곡 머신을 찾아냈는데, 거짓은 그 머신을 통해 번개처럼 움직였고, 진실은 끈적끈적한 당밀처럼 천천히 움직였다.

이 충격적인 결과 밑에 덜 분명해 보이는 결과가 하나 묻혀 있었는데, 크림반도와 직접 관련된 것이었다. 분석 작업 가운데 일부로, 우리는 트위터상에서 진짜 뉴스 및 가짜 뉴스의 확산과 관련해서 더 복잡한 모델을 만들기에 앞서 단순한 그래프를 하나 만들었다. 시간이 지나면서 서로 다른 사건 범주들(정치, 비즈니스, 테러, 전쟁 등) 안에서 생겨난 진짜 뉴스와 가짜 뉴스 폭포들(어떤 뉴스가 사람과 사람 사이에서

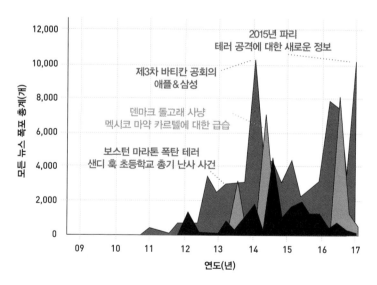

그림 1-1. 2009~2017년 팩트체크된 트위터상 진짜 뉴스(옅은 회색), 가짜 뉴스(짙은 회색), 진짜와 가짜가 혼합된 뉴스(검은색) 폭포. 팩트체크된 뉴스 폭포는 우리 연구에 참여한 6개 팩트체크 기관 중 한 곳에서 확인한 것으로 트위터 사용자가 리트윗하면서 트위터 네트워크상에서 널리 확산된다.

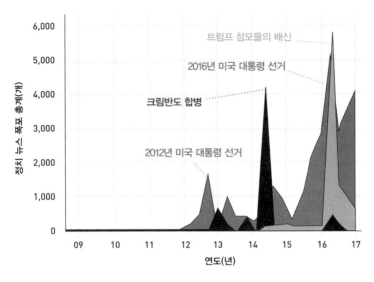

그림 1-2. 2009~2017년까지 팩트체크된 트위터상 정치 관련 진짜 뉴스(옅은 회색), 정치 관련 가짜 뉴스(짙은 회색), 진짜와 가짜가 혼합된 정치 관련 뉴스(검은색) 폭포.

리트윗되면서 생겨나는 연속되는 체인들)의 수를 정리해본 것이다(〈그림 1-1〉 참조). 시간에 따라 살펴본 가짜 뉴스의 확산은 2013년 말과 2015년에 정점에 올랐고, 2016년 말 미국 대통령 선거를 맞아 다시 정점에 올랐다. 데이터를 보면 2012년과 2016년 미국 대통령 선거 기간 중에 잘못된 정치 관련 뉴스의 수가 확연히 눈에 띄게 늘어, 가짜 뉴스 확산과 정치의 연관성을 확인시켜주었다.

그런데 또 다른 미묘한 결과도 우리의 관심을 끌었다. 2006~2017년까지 10년 사이에 일부는 맞고 일부는 틀린, 이른바 '혼합된' 뉴스들의 수는 딱 한 차례 눈에 띄게 증가한 것이다. 〈그림 1-1〉 그래프에서는 이 증가가 잘 보이지 않았다. 그래서 우리는 데이터를 필터링하고, 그래프를 다시 만들었다. 이번에는 오직 정치 뉴스만 포함했다. 그랬더니 2014년 2월부터 3월까지 두 달 사이에 단 한 차례만 진짜와 가짜가 혼합된 뉴스가 급격히 증가해 정점에 오른 시기가 나타났다(〈그림 1-2〉에서 '크림반도 합병' 부분). 러시아의 크림반도 합병 사건과 직접적으로 관련 있던 것이다.

이 결과를 보고 우리는 매우 놀랐다. 트위터 역사상 팩트체크된 뉴스 가운데 가장 높은 정점(4배 이상 높았다)에 오른 혼합된 뉴스였던 데다가 그런 뉴스가 퍼지기 무섭게, 다시 말해 러시아의 크림반도 합병이 끝나자마자 바로 사라졌기 때문이다. 좀 더 조사해본 결과 우리는 친러시아 성향의 단체들이 소셜 미디어를 조직적으로 이용했음을 알아냈다. 러시아가 하이프 머신을 활용해 크림반도 사태에 대한 우크라이나 국민과 전 세계인의 인식을 선제적으로 조정함으로써 궁극적으로는 크림반도 국민의 의지가 자신들에게 유리하게 돌아가게끔 프레임을 짠 것이다.

"마크, 우크라이나에 페이스북 지사를 세우지 않으렵니까?"

2014년 5월 14일 서른 번째 생일을 맞은 마크 저커버그에게 한 이스라엘 페이스북 사용자가 러시아가 우크라이나에서 벌이고 있는 국가 차원의 정보전을 저지하기 위해 개입할 의사가 없는지 물었다. 당시 저커버그는 타운 홀 질의응답 행사를 진행하고 있었다. 페이스북은 이 타운 홀 행사를 통해 전 세계 페이스북 사용자들이 페이스북과 그 관리 방식에 대한 글을 올리거나 저커버그에게 직접 질문을 할 수 있는 기회를 제공하고 있다. 당시 타운 홀 질의응답 행사는 캘리포니아주 멘로 파크에 있는 페이스북 본사의 제법 큰 회의실에서 열렸다.[16] 많은 페이스북 사용자들이 세계 최대 소셜 네트워크의 최고경영자에게 직접 질문할 기회를 얻기 위해 각국에서 모여들었다.

첫 인사말이 끝나고 사람들이 저커버그를 위해 나직한 목소리로 생일축하 노래를 부른 뒤 질문이 시작되었다. 사회를 맡은 페이스북 직원 찰스가 첫 번째 질문을 큰 소리로 읽어 내려갔다. "마크, 이 질문은 이스라엘에서 하는 질문으로 우크라이나에 관한 건데…. 그레고리의 말입니다. 이렇게 말했네요. '마크, 아마도 대량의 가짜 보도들 때문이겠지만, 어쨌든 최근 들어 불공정한 페이스북 계정 차단에 관한 기사들이 자주 눈에 띕니다. 근데 문제는 최근 일고 있는 러시아와 우크라이나 갈등에 대한 글을 쓰는 친우크라이나 성향의 유명 블로거와 그들의 페이스북 계정이 차단되는 경우가 종종 있다는 건데요. 제 질문은 이겁니다. 혹 이 문제를 해결하기 위해 당신이나 팀이 뭔가 조처를 내려줄 순 없나요? 우크라이나인들을 위해 별도의 관리를 한다거나, 러시아로부터의 불건전 보도들을 차단한다거나, 아니면 그냥 우크라이나 유명 블로거들을 더 주의 깊게 모니터링하거나 하는 조치들 말입니다. 도와주세요, 제발!' 자, 그리고 이어서 이 스크린을 보시죠." 찰스가 말했다. "우크라이나 대통령 페트로 포로센코도 실제 질문을 보내 이렇게 묻고 있습니다. '마크, 우크라이나에 페이스북 지사를 세우지 않으렵니까?'"

만약 페이스북이 국가라면 세계에서 가장 큰 국가일 것이고, 그렇다면 이 행사는 그 국가의 참여형 국정 관리의 한 사례라고 할 수 있었다. 마크는 목을 가다듬은 뒤 자신은 이미 이 질문에 답할 준비를 하고 있었다며 이렇게 말했다. "이 질문은 무려 4만 5,000개의 추천 수를 얻어 그간 질의응답에 들어온 질문들 가운데 가장 추천 수가 높았습니다." 그런 다음 그는 곧장 페이스북의 콘텐츠 선별, 배포 정책들과 관련해 미리 준비해두었던 연설을 하기 시작했다.

크림반도에서 일어난 일들의 역사적 의미는 저커버그가 생각한 것보다 훨씬 컸다. 저커버그는 2014년 페이스북이 우크라이나 사태에 대해 한 역할을 지나치게 과소평가했다(2016년에도 그는 외국이 미국 대통령 선거에 개입한 일에 대해 페이스북의 역할을 과소평가했다). 러시아가 우크라이나를 상대로 벌인 정보전은 저커버그가 말한 것보다 훨씬 복잡했으며 그 파장 또한 컸다.

의사 로조프스키라는 가짜 인물의 가짜 뉴스

이 행사 이후 내가 진행한 조사는 물론 여러 탐사 보도 기자들의 연구[17]를 통해 2014년 러시아가 크림반도에서 정보전을 치르면서 2가지 복잡한 전략을 펼쳤다는 게 더욱 분명해졌다. 러시아는 페이스북과 트위터가 사용자들에게 제공하는 응용 프로그램 인터페이스를 이용해 온라인상에서의 정보 흐름을 마음대로 조종한 것이다.

러시아가 구사한 첫 번째 전략은 친우크라이나 성향의 목소리를 억누르는 것이었다. 당시 러시아는 크림반도 국민이 러시아 합병을 전폭적으로 지지한다는 것을 보여줄 수 있다면, 자국의 크림반도 합병을 합리화하고 여기에 해방 운동이라는 프레임을 씌울 수 있었다. 따라서 크림반도에서 친우크라이나 성향들이 정당하게 내는 목소리를 억눌러야 했다. 이 전략은 우크라이나 블로거들에게서 지원 요청이 쇄도하는 형태로 그 효과가 입증되었다. 친우크라이나 성향의 메시지가 담긴 게시물이 올라올 때마다 해당 게시물에 음란성 발언이나 혐오 표현이 담겨 있다고 주장하는 신고가 수백 건씩 접수되었다. 이는 소셜 미디어를 다루는 러시아 비밀 기관인 러시아 인터넷 리서치 에이전시IRA가 즐겨 사용하는 전략으로, 2016년 미국 대통령 선거 조작에 대한 러시아의 혐의와 관련해 특별 검사 로버트 뮬러가 제출한 고발장의 주제이기도 했다.[18] 어떤 사람들은 러시아가 소프트웨어 봇을 프로그램화해 온라인에 친우크라이나 성향의 목소리가 나타날 때마다 자동으로 신고가 접수되도록 설정했다고 추정하기도 했다. 어쨌든 그와 같은 신고가 수천 건씩 접수되자 페이스북은 해당 게시물들을 삭제하고 게시물을 올린 사람들의 활동을 중단시켜 사실상 자신들의 소셜 미디어 플랫폼에서 친우크라이나 성향의 목소리들을 쓸어내는 일을 했다.

러시아가 구사한 두 번째 전략은 가짜 트윗과 게시물, 블로그를 통해 허위 정보를 만들어내고 그것을 널리 유포하는 것이었다. 2014년 3월 2일 우크라이나 오데사에서 친러시아 분리주의자들과 우크라이나 독립 지지자들 간에 충돌이 발생했을 때, 현지 의사인 이고르 로조프스키Igor Rozovskiy가 쓴 글이 페이스북에서 널리 퍼졌다. 그는 장문의 글을 통해 자신이 폭력 충돌 과정에서 다친 한 남자를 구하려 했는데 우크라이나 국수주의자들이 방해했다고 주장했다. 게다가 그들은 오데사에 있는 유대인들에게도 같은 운명을 맞게 해줄 거라고 다짐하면서 자신을 옆으로 거칠게 밀쳤다고 했다. 그러면서 그는 "파시스트 점령기에도 이런 일은 없었다"[19]라고 했다. 이 게시물은 페이스북에서 순식간에 널리 퍼졌고 곧 영어와 독일어, 불가리아어로도 번역되었다.

그다음 날인 3월 3일 러시아 외무장관 세르게이 라브로프는 제네바에 있는 유엔 인권 이사회에서 연설하며 이렇게 주장했다. "우리 모두 우크라이나에서 누가 위기를 조장하고 있고, 또 그들이 어떤 식으로 그렇게 하고 있는지 잘 알고 있습니다. 우크라이나 서쪽 도시들은 무장한 국수주의 급진파에 점령되었습니다. 그들은 극단주의적이고 반러시아적이며 반유대적인 슬로건을 외치며 러시아어를 쓰지 못하게 제한하고 혹 쓴다면 처벌해달라는 요청까지 하고 있다고 합니다."[20] 크림반도와 우크라이나에서 일어나고 있는 일들에 대한 라브로프의 묘사는 로조프스키가 한 말들을 그대로 옮겨온 듯했다. 두 사람 모두 반유대적 우크라이나 국수주의자들이 유대인들을 상대로 폭력을 행사하고 있으며 앞으로 폭력 수위를 더 높이겠다는 협박을 했다고 주장했다. 바로 그날 우크라이나인들은 텔레비전을 통해 오데사에서 실제로 발생한 친우크라이나파와 친러시아파 간의 폭력 충돌 영상을 볼 수 있었다. 그 장면은 반복적으로 방송되면서 러시아 측 이야기를 시각적으로 더 설득력 있게 만들었다. 결국 일부는 맞고 일부는 틀린 정보를 배포한 러시아가 만든 단순한 이야기는 전부는 아니더라도 일부를 변경함으로써 현실을 왜곡할 수 있었다.

그렇다면 대체 의사 로조프스키는 누구고 러시아와 어떤 관계에 있었을까? 이후 밝혀진 바에 따르면 로조프스키는 러시아는 물론 그 누구와도 관련이 없었다. 페이스북 계정 자체도 문제의 글이 올라오기 바로 전날 급조된 것이었고 로조프스키라는 인물도 가짜였다. 그 자체가 의인화된 가짜 뉴스였다. 그저 러시아 외무장관의 말을 앵무새처럼 되뇌었을 뿐만 아니라 페이스북 친구도 팔로워도 전혀 없는 상태에서 여러 나라의 언어로 번역되면서 널리 퍼진 것이다.

러시아 외무장관 라브로프의 발언에는 이상할 정도로 구체적인 주장이 담겨 있다. 그는 국수주의적인 우크라이나 급진주의자들이 유대인들에게 폭력을 행사하겠다는 협박을 했을 뿐만 아니라 러시아어를 쓰지 못하게 제한하고 러시아어를 쓴다면 처벌해달라는 요청까지 하고 있다고 했다. 이 이야기에 크림반도에 살고 있던 수백만 명의 러시아인들은 격분했다. 현재 크림반도 전체 인구에서 유대인의 비중은 얼마 되지 않지만, 크림반도 국민의 77%가 러시아어를 모국어로 쓰고 있다고 알려져 있다.[21] 처음에 나는 라브로프가 유엔에서 한 발언을 대수롭지 않게 생각했다. 그러다 크림반도 합병 당시 트위터에 떠돌던 가짜 뉴스를 연구하는 과정에서 '혼합된' 뉴스가 엄청나게 폭증한 사실을 알게 되었고 그러면서 라브로프의 발언을 다시 생각해보게 되었다.

크림반도 합병 당시 트위터에 가장 많이 떠돌던 뉴스는 우크라이나 동부에 사는 유대인들에게 유대인 등록을 하거나 추방될 준비를 하라는 메시지가 담긴 전단이 살포되었다는 이야기였다. 그다음으로 많이 떠돈 뉴스는 "우크라이나 정부가 국가 공식 행사에서는 우크라이나어 외에 다른 언어는 사용하지 못하게 하는 법을 새로 제정했다"라는 이야기였다. 어쨌든 이 같은 이야기들을 보면 라브로프가 그와 같은 발언을 한 배경과 트위터 역사상 혼합된 뉴스가 가장 많이(최소 4배 이상) 나돌았던 이유가 설명된다. 잘못된 정보를 퍼뜨린 봇의 활동량과 계정 수 역시 팩트체크된 다른 혼합된 정치 뉴스보다 크림반도 사태 때 혼합된 정치 뉴스에서 훨씬 더 눈에 띄게 늘었다. 소셜 미디어 데이터 분야에서 이런 기이한 현상은 대개 현실을 왜곡하려는 조직적인 시도, 즉 인간의 사고와 행동에 영향을 주려는 노력이 있었다는 것을 암시한다. 러시아는 크림반도 국민이 합병을 원했다고 소리 높여 주장하고 크림반도 현지에서 실제 있었던 일들은 가짜 뉴스로 인해 왜곡되는 상황에서, 미국의 정책은 오바마 독트린 아래에서 러시아의 크림반도 합병에 직접 개입하지 못한 채 경제 제재를 가하는 선에서 그치고 말았다. 그리고 오늘날 크림반도는 러시아의 일부가 되었다.

크림반도 사태 당시 잘못된 정보가 확산된 것과 마찬가지로, 소셜 미디어가 우리 삶에 미치는 사회·경제적 영향은 그 어떤 단일 지정학적 사건보다 크다. 이런 현상은 비즈니스와 정치는 물론 가짜 뉴스의 폭증, 주식 시장 폭락, 정치적 견해 등에서부터 우리가 어떤 제품을 사는지, 누구에게 투표하고 심지어 누구를 사랑하는지와 같은 개인의 인생사 전반에까지 적용된다.

초사회화, 맞춤형 대중 설득, 트렌드의 횡포

매일 매시간 매분 우리 지구는 수많은 디지털 사회적 신호들로 맥박이 뛴다. 상태 업데이트와 뉴스, 트윗, 포크poke(기억 장치의 지정된 주소에 데이터를 기록하는 것-옮긴이), 게시물, 추천, 광고, 알림, 공유, 체크인, 소셜 네트워크 동료들의 평가, 뉴스 미디어, 광고주, 대중으로부터 수많은 디지털 사회적 신호들이 끊임없이 쏟아진다. 이 신호들은 페이스북, 스냅챗, 인스타그램, 유튜브, 트위터 같은 소셜 미디어 플랫폼을 통해 인터넷에 상시 접속된 우리의 모바일 장치들로 전달된다.

이 신호들은 사람들 간의 연결을 최적화하고 상호 작용을 가속하며 맞춤형 콘텐츠 참여를 극대화해줄 목적으로 만들어진 각종 알고리즘을 따라 소셜 네트워크로 흐른다. 그와 동시에 이 신호들은 각종 변화도 끌어내 우리 사회에 초사회화, 맞춤형 대중 설득, 트렌드의 횡포라는 새로운 현상들을 만들어낸다. 이 신호들은 그런 변화를 끌어내기 위해 사람들에게 영향을 미쳐 이런저런 일상의 결정들을 내리게 유도하고 행동에 변화를 불러오며, 이른바 '관심 경제attention economy'를 강요한다. 나는 이렇듯 초사회화, 맞춤형 대중 설득, 트렌드의 횡포라는 3가지 특징을 가진 이 시대를 '새로운 소셜 시대New Social Age'라 부른다.

새로운 소셜 시대와 관련해 놀라운 사실은 15년 전만 해도 디지털 사회적 신호 간의 불협화음이 존재하지 않았다는 것이다. 15년 전에는 전화와 팩스, 이메일이 우리가 서로 디지털 연결을 할 수 있었던 유일한 수단이었다. 그러나 오늘날에는 온라인상에 점점 더 많은 새로운 소셜 기술이 쏟아져 나오고 있고, 이 기술들이 어떻게 우리를 변화시키고 있는지에 대해 점점 더 아는 게 없는 상황으로 내몰리고 있다. 대체 왜 온라인상에서는 가짜 뉴스가 진짜 뉴스보다 더 빠르게 퍼지는 걸까? 잘못된 트윗 하나가 어떻게 단 몇 분 만에 주식 시장 가치를 1,400억 달러나 날려버릴 수 있었던 걸까? 페이스북은 대체 어떻게 한 알고리즘을 바꿔 2012년 미국 대통령 선거에 영향을 미칠 수 있었던 걸까? 이탈리아 베네치아에서 조깅하는 사람들이 소셜 미디어에 자신들의 달리기 이야기를 올리면 어째서 캘리포니아주 베니스에서 조깅하는 사람들의 달리기 속도가 더 빨라지게 되는 걸까? 소셜 미디어의 영향력에 대해 생각해보게 만드는 질문들이다. 우리는 이런 질문들에 답함으로써 하이프 머신이 어떻게 세상에 영향을 주는지 더 잘 이해할 수 있다.

하이프 머신은 우리들 사이에 급격한 상호 의존성을 만들어냈고, 생각과 행동을 서로 공유하게 했다. 이런 상호 의존성은 페이스북과 트위터 같은 디지털 네트워크에 의해 가능하며, 구체적으로는 뉴스 피드newsfeed(페이스북에서 친구 네트워크에 속한 회원들의 활동·메시지·추천 목록 등을 지속적으로 업데이트해주는 것-옮긴이)와 친구 추천 알고리즘 같은 인공지능 알고리즘으로 실현되고 있다. 이 모든 게 소셜 네트워크의 진화뿐만 아니라 소셜 네트워크를 통한 정보 흐름의 진화도 이끌고 있다. 하이프 머신은 이 같은 디지털 네트워크를 통해 전 지구적 대화를 제멋대로 이끌고 여론을 형성하여 궁극적으로 우리의 행동에 변화를 주고자 하는 국가와 기업, 개인을 통제한다. 하이프 머신의 목적과 우리가 사용하는 방식에 따라 우리의 조직과 삶은 변화한다. 그리고 현재 그 영향력은 코로나바이러스 팬데믹이 전 세계를 소셜 미디어로 내몰기 이전보다 훨씬 막강해졌다.

지금까지 우리는 새로운 소셜 기술들이 민주주의와 경제, 공중위생을 망가뜨리고 있다면서 마치 하늘이라도 무너진 듯 아우성치는 비관론자들의 불협화음을 들었다. 게다가 우리는 폭발적으로 늘어나고 있는 가짜 뉴스, 혐오 표현, 시장을 파괴하는 가짜 트윗, 소수 집단에 대한 집단 학살에 가까운 폭력, 되풀이되는 질병 발병, 민주적 선거에 대한 외국의 개입, 심각한 사생활 침해 등을 지켜보았다. 그리고 연이어 스캔들이 터지면서 페이스북, 트위터, 인스타그램 같은 소셜 미디어 거인들은 역풍을 맞아 다시는 회복하지 못할 것처럼 휘청거리곤 했다.

소셜 미디어 혁명이 처음 시작되었을 때 관련 플랫폼들은 전 세계를 하나로 연결한다는 이상주의적 비전을 갖고 있었다. 모든 사람이 각종 정보와 지식, 자료에 자유롭게 접근하여 지적 자유와 사회·경제적 기회, 더 나은 건강, 일자리 이동, 유의미한 사회적 연결 등을 경험할 수 있게끔 해주려 했다. 억압과 외로움, 불평등, 가난, 질병 등과도 맞서 싸우려 했다. 그런데 오늘날에 와서는 자신들이 완화하려던 해악들을 오히려 더 악화시키고 있는 듯하다.

내가 20년간 소셜 미디어 분야에서 각종 연구와 활동을 해오면서 깨달은 바는 이런 기술들은 장밋빛 약속의 잠재력과 엄청난 위험의 잠재력을 두루 갖추고 있다는 것이다. 이는 장밋빛 약속이든 위험이든 아직 확실한 것은 없다는 뜻이다. 소셜 미디어는 우리에게 믿기 어려울 만큼 놀라운 생산성과 혁신, 사회 복지, 민주화, 평등, 건강, 긍정, 연대 등을 안겨줄 수 있다. 그러면서도 동시에 제대로 통제하지 못하면 우리의 민주주의와 경제, 공중위생에 치명상을 입힐 수 있다. 지금 우리는 이 같은 현실의 갈림길에 서 있다.

우리는 소셜 미디어의 위험은 피하면서 장밋빛 약속은 실현할 수 있다. 이것이 이 책에서 내가 주장하려는 것이다. 그러기 위해 우리는 소셜 미디어의 영향력에 관해 탁상공론식 이론을 펼치기보다 소셜 미디어가 작동하는 방식을 과학적으로 명확히 이해해야 한다. 하이프 머신이 작동하는 방식을 자세히 들여다보면서 우리에게 미치는 영향을 이해하기 위해 과학을 동원한다면, 우리는 힘을 합쳐 저 앞에 도사리고 있는 암초들을 피해 잔잔한 바다를 항해할 수 있을 것이다.

그렇지만 불행하게도 하이프 머신을 둘러싼 과대 포장이 우리의 깨달음과 진전을 가로막아왔다. 우리는 일회성 사건들과 관련해 미디어의 관심을 끌기 위해 만들어지는 정확성도 떨어지고 일반화하기도 어려운 수많은 책과 다큐멘터리, 연구물에 파묻혀 숨 막혀 죽을 지경이다. 과대 포장은 시야를 흐리게 해 우리가 실제 알고 있는 (그리고 알지 못하는) 것들을 바로 보지 못하게 만들었다. 그 결과 소셜 미디어가 우리에게 영향을 주는 방식과 관련한 과학적 증거 역시 제대로 보지 못하게 되었다.

결국 그간의 담론은 선정적 히스테리에 묻혀버렸고 그 바람에 논의의 중심에 서야 할 주요 이해 당사자인 소셜 미디어 플랫폼과 정치인 그리고 사람들이 저마다 소셜 미디어 관련 문제들을 서로의 탓으로 돌리고 있다. 소셜 미디어 플랫폼들은 필요한 각종 규정이 마련되지 못한 원인을 우리 사용자들의 고질적 병폐로 돌리고 있다. 정부는 기술이 무기화되는 것에 눈감고 있다며 소셜 미디어 플랫폼들을 탓한다. 사용자들은 아무 조치도 취하지 않는다며 정부와 소셜 미디어 플랫폼들을 싸잡아 비난한다. 그러나 진실을 말하자면 그간 우리 모두 각자의 직무에 소홀했다. 결국 하이프 머신의 현재 방향과 관련해서는 우리 모두 나름의 역할을 하고 있고, 따라서 우리 모두에게 책임이 있는 것이다.

게다가 우리는 앞으로 일어날 일들에 대해서도 책임을 져야 한다. 마크 저커버그가 말했듯 각국 정부는 문제점들을 정확히 파악해 합리적 규정들을 만들어야 할 것이다. 소셜 미디어 플랫폼들은 자신들의 정책과 사업 목적 등을 바꿔야 할 것이다. 그리고 우리는 자신과 아이들을 위해서라도 디지털 광장에서 소셜 미디어를 사용할 때 더 책임감 있는 자세를 가져야 할 것이다. 지금 우리가 빠져 있는 이 불편한 상황을 한 방에 타개해줄 묘책 같은 것은 없다. 하지만 다행히도 해결책이 전혀 없는 것은 아니다.

새로운 소셜 시대의 위험들을 피하고 장밋빛 약속들을 구현하자면 소셜 미디어 경영진과 입법자 그리고 일반 시민 모두가 새로운 소셜 질서에 어떻게 접근할지 신중히 생각해야 한다. 사회적 차원에서 우리가 이용할 수 있는 4가지 지렛대, 즉 소셜 미디어 플랫폼 비즈니스 모델들이 창출해내는 '돈money'(또는 금전적 인센티브), 소셜 미디어 플랫폼들을 지배하는 '코드 code', 시스템을 사용하기 위해 개발하는 '규범norm', 시장 실패를 통제하기 위해 만드는 '법law'을 잘 활용해야 할 것이다. 그리고 그 과정에서 우리는 다시금 사생활 보호와 표현의 자유, 잘못된 정보, 혁신, 민주주의 간의 균형을 잡게 해줄 과학적 해결책들을 마련해야 할 것이다. 이는 두말할 필요 없이 아주 중요한 책임이다. 게다가 하이프 머신이 우리 삶에 미치는 엄청난 영향을 생각해본다면 절대 거부할 수 없는 책임이기도 하다.

20년간의 하이프 머신 연구 여정

나는 과학자이자 기업가이고 투자자이다. 물론 그중 하나를 꼽자면 과학자다. 나는 MIT 교수이며 하이프 머신의 토대인 소셜 기술을 연구하는 디지털 경제 이니셔티브와 통제 연구소의 책임자이기도 하다. 나는 MIT에서 박사 학위를 받았다. 석사 학위는 런던 정치경제대학과 하버드 대학에서 받았다. 응용 계량경제학을 전공했으며 사회학과 사회심리학 그리고 MIT 경제학 박사 프로그램의 거의 모든 교육 과정을 공부했다.

나는 데이터광이다. 대규모 소셜 미디어 데이터를 분석하고 각종 정보와 행동이 소셜 미디어와 사회 안에서 어떻게 확산되는지 알아내려 애쓰고 있다. 하지만 나의 진짜 전문 분야는 그래프 이론 및 그래프 데이터다. 다시 말해 소셜 네트워크 안에서의 사람이든 구매자-공급자 관계 안에서의 기업이든 복잡한 네트워크 구조 안에서 서로 연결된 것들에 관해 연구하고 있다.

나는 어쩌다 이 일을 하게 되었을까? 마크 저커버그가 하버드 대학에 진학해 페이스북을 설립하기 3년 전인 2001년 가을 나는 MIT에서 박사 학위 과정을 밟고 있는 학생이었다. 어느 날 도서관 열람실에 앉아 전혀 다른 두 과목을 공부하고 있었다. 하나는 세계적으로 유명한 통계학자 제리 하우스만 Jerry Hausman 교수가 가르치는 '계량 경제학 I'이었고, 다른 하나는 당시 떠오르는 스타 사회학자였던 에즈라 저커만 Ezra Zuckerman 교수(현 MIT 슬론 경영대학원 학장)가 가르치는 '전략 사회학'이었다. 에즈라 저커만 교수의 강의가 주로 소셜 네트워크에 관한 것이었다면, 제리 하우스만 교수의 강의는 최적 선형 불편 추정량 BLUE 통계 모델을 만드는 이론에 관한 것이었다.

나는 한 손에는 통계 관련 책을, 다른 손에는 소셜 네트워크 관련 책을 들고 있었다. 통계 관련 책에는 고전 통계학에 대한 한 가지 중요한 가정이 되풀이되어 나왔다. 우리가 분석 중인 사람, 기업, 국가에 대한 데이터에 들어 있는 모든 관측은 '독립적이며 동일한 확률 분포를 갖는다IID'는 가정 말이다. 다시 말해 통계학에서는 데이터에 있는 사람은 그 누구도 서로 조직적으로 연결되어 있지 않다고 가정한다. 하지만 소셜 네트워크에 관한 책을 보면 사람들 간의 복잡한 상호 연결 상태를 보여주는 도표들이 계속 나온다. 결국 어느 한쪽에서는 우리는 모두 독립적이라고 가정하고 있는데, 다른 한쪽에서는 우리는 현실에서 믿기 어려울 만큼 상호 의존적이라는 것이다.

그때 나는 우리가 설명 불가능하다고 생각하는 것('독립적' 모델의 또 다른 말) 중에 상당수가 우리가 서로 연결된 방식 그리고 정보와 지식이 오가는 방식, 동료들의 행동과 견해가 나에게 영향을 주는 방식에 따라 설명될 수도 있다는 것을 깨달았다. 그 당시, 즉 2001년에는 대규모 디지털 소셜 네트워크 사이트 SNS가 없었지만 우리는 이메일과 인스턴트 메신저, 문자 메시지를 통해 많은 디지털 네트워크 연결을 꾀했다. 그때 나는 도서관에 앉아 깨달았다. 앞으로는 디지털 소셜 네트워크가 사람들 사이에 각종 정보와 행동, 경제적 기회, 정치 이데올로기 등이 오가는 방식을 혁신적으로 변화시키리라 예측했다. 소셜 네트워크가 우리가 알던 사회를 뒤바꿔놓을 것이고, 비즈니스부터 정치, 공중위생에 이르는 모든 것에 영향을 주게 될 것이라고 말이다.

그날 나는 곧장 지도 교수였던 에릭 브린욜프슨에게 메일을 보내 미팅을 요청했다. 그리고 그다음 날 에릭 교수를 만나 내 박사 학위 논문의 주제를 디지털 소셜 네트워크로 잡고 싶다는 얘기를 했다. 나는 소셜 네트워크가 퍼스널 컴퓨팅 personal computing(각 사용자가 자기 소유의 개인용 컴퓨터로 작업하는 것-옮긴이) 분야의 차세대 사업이 될 것이며 우리 사회 또한 뒤바꿔놓을 것이라고 설명했다. 에릭 교수는 소셜 네트워크를 공부하지도 않았고 그래프 이론에 대해 제대로 생각해본 적도 없었다. 그는 정보 기술이 기업 생산성과 경제 성장에 미치는 영향에 관한 선제적 연구만으로도 정신없이 바빴다. 소셜 네트워크는 그의 관심 밖이었다. 그러나 감사하게도 에릭 교수는 내 제안을 기꺼이 받아주었다. "난 사실 네트워크에 대해선 잘 모르네만, 자네는 아주 관심이 많은 거 같군. 우리 함께해보자고." 그는 속으로는 '이건 으레다 거치는 단계고 결국 지나가겠지'라고 생각했는지도 모르겠다. 박사 과정을 밟는 학생들은 대개 결론도 없는 아이디어를 수백 가지 떠올리다가 결국 실현 가능성 있는 한 아이디어에 정착하니 말이다. 어쨌든 에릭 교수는 물심양면으로 도와주었고 나는 디지털 소셜 네트워크 사이에서 정보가 어떻게 흐르는지에 관한 주제로 박사 논문을 썼다. 그리고 머지않아 밝혀진 바이지만 소셜 네트워크는 으레 거치는 단계도 아니었고 지나가지도 않았다. 2002년에 프렌드스터Friendster, 2003년에 마이스페이스MySpace, 2004년에 페이스북, 2006년에 트위터, 2009년에 왓츠앱, 2010년에 인스타그램, 2011년에 위챗WeChat, 2012년에 틱톡이 설립되었다. 마침내 새로운 소셜 시대가 열렸고 내 연구는 계속되고 있다.

　나의 과학적 연구는 기술에 대한 깊은 경외심과 그 기술이 사용되는 방식에 대한 건강한 비판 의식에 그 뿌리를 두고 있다. 나는 현재 우리가 인류의 새로운 진화를 목격하고 있다고 확신한다. 대규모로 자동화되고 디지털화된 소셜 네트워크 세계가 우리의 상호 교류와 커뮤니케이션, 세상에 대한 인식 그리고 각종 결정과 행동을 뿌리째 바꿔놓는 진화의 시대 말이다. 게다가 온라인 소셜 네트워크(페이스북)와 마이크로 블로깅(트위터), 인스턴트 메신저(왓츠앱) 그리고 협력적인 지식 생산 및 뉴스 축적 기술(위키피디아, 레딧Reddit) 등이 정보가 생산·공유·소비·평가되는 방식을 근본적으로 바꿔놓았다. 이런 변화들은 우리의 많은 사회 조직과 정치 및 경제 조직에 지대한 영향을 주고 있을 뿐만 아니라 지식 노동자의 생산성과 소비자 수요 패턴, 선거운동, 공중위생 프로그램, 집단 시위 등에도 큰 영향을 주고 있다.

　새로운 기술과 커뮤니케이션 방식은 정보 생산과 전파에 변화를 주고 있을 뿐만 아니라 인간 상호 교류에 대한 정보를 놀라울 만큼 정확하고 상세하게 기록하고 있다. 2009년 동료들과 나는 〈사이언스〉에 게재한 한 논문에서 이 같은 새로운 기술과 커뮤니케이션 방식은 정보의 생성과 전파 과정만 변화시키는 것이 아니라 '계산 사회과학'이라는 새로운 학문 분야의 발전까지 가능하게 만들고 있다고 주장했다. 계산 사회과학은 미시적 수준의 인간 상호 교류가 만들어내는 거시적 수준의 결과들에 대한 이해 증진을 그 목적으로 삼고 있는데, 이는 사회학과 경제학을 비롯한 여러 분야에서 추구해온 '성배' 같은 것이다. 이런 변화 덕분에 인간 행동에 대한 대규모 과학적 연구들이 가능해지고 있고 각종 갈등과 교역, 공중위생을 다루는 방식을 극적으로 개선할 새로운 방법들이 속속 나타나고 있다.

과학자, 기업가, 투자자로서 바라본 새로운 소셜 시대

나는 과학자로서 연구를 진행하고 있을 뿐만 아니라 기업가로서 또 여러 기업의 수석 과학자로서 활발하게 활동하고 있다. 한 발은 학계에, 다른 한 발은 새로운 기술을 개발하는 기업들의 최일선에 두고 있는 셈이다. 나는 최초의 소셜 교역 분석 기업 중 하나인 소셜앰프Soci-alAmp와 〈월스트리트 저널〉이 최초의 '소셜 운영 체제'라고 부른 소셜 미디어 플랫폼 휴민Humin의 수석 과학자였다. 그리고 페이스북, 야후, 트위터, 링크드인, 스냅챗, 위챗, 스포티파이, 에어비앤비, SAP, 마이크로소프트, 월마트, 〈뉴욕 타임스〉의 중역들과 직접 만나 일하기도 했다.

오랜 친구인 폴 팰존Paul Falzone과 함께 투자 회사 매니페스트 캐피털Manifest Capital을 공동 설립하기도 했는데, 신생 기업들이 성장해 하이프 머신 안에 들어갈 수 있게 도움을 주고 있다. 이 회사를 운영하면서 해마다 수백 개 기업을 평가했고, 그 덕에 다가올 미래를 예견하는 능력도 키울 수 있었다. 그리고 그 경험을 바탕으로 사회 경제를 움직이는 각종 비즈니스 모델과 기술, 인공지능 등에 대해 깊이 생각해볼 수 있었다. 이렇듯 나는 과학자와 기업가, 투자자로서 하이프 머신을 아주 가까이에서 들여다보았고, 그 내부의 작동 방식을 연구했고, 그 발달 과정에 직접 참여하기도 했다. 이 책을 읽는 독자들도 내가 지닌 과학자와 기업가, 투자자로서의 3가지 관점을 분명히 느낄 것으로 생각한다.

과학자로서 나는 병적일 정도로 정확함에 집착한다. 입증할 수 없는 주장은 하지 않으려고 애쓴다. 따라서 이 책에서도 매력적인 증거를 제시하려 하면서도 과감하게 그러지 못하는 순간이 있을 것이다. 그럴 때에는 적절히 갑론을박을 벌일 것이다. 유감스럽게도 우리는 아직 모든 의문에 대한 답을 가지고 있지 않으며, 그나마 찾은 답들도 그리 간단하지 않다. 그 자체가 도전 과제의 일부이다. 소셜 미디어와 이것이 우리에게 영향을 미치는 방식과 관련한 과학은 놀랄 만한 발전을 이루었지만, 여전히 초기 단계에 있고 때로는 소셜 미디어 플랫폼들이 데이터를 좌지우지하고 있는 상황이 그 발전에 제약이 되기도 한다. 우리는 가짜 뉴스의 확산, 선거 조작, 필터 버블filter bubble(사용자의 관심사에 맞춰 여과되는 인터넷 정보로 인해 편향된 정보에 갇히는 현상-옮긴이), 디지털 정치 양극화 등에 대해 충분히 알지 못한다. 연구가 제대로 행해지지 않았기 때문이다. 반드시 연구해야 할 문제들이다. 그래서 그러한 연구를 지지하는 것이 이 책의 한 주제가 될 것이다.

기업가로서 나는 실제로 하는 일의 어려움을 잘 안다. 혁신가들은 해결 불가능한 딜레마들에 부딪힌다. 성공적인 기업을 만드는 일은 어렵다. 이 책에서 이야기하게 될 세계적 소셜 미디어 플랫폼들을 만드는 일은 거의 불가능에 가깝다. 그래서 페이스북, 트위터, 링크드인 등의 소셜 미디어 플랫폼들을 만드는 데 쏟은 시간과 노력에 경의를 표한다. 초창기에 이런저런 결정을 내릴 때 어떤 상황들은 미리 예견할 수 없다는 것을 안다. 또 어떤 진실들에 직면했을 때 행동해야 할 도덕적 의무가 있다는 것도 안다. 오늘날 하이프 머신의 부정적 결과들과 관련해 우리가 해야 할 일이 많아졌다. 새로운 소셜 시대의 진정한 리더는 주주 가치보다 사회 복지를 더 중시하는 어려운 결정을 내리는 사람들, 그리고 결국 그 목표들로 기업이 조정될 것을 깨달은 사람들이 되리라 믿는다.

　투자자로서 나는 나무와 숲을 구분하려 애쓴다. 당신이 기업가라면 기업을 살리고 성장시키는 데 전력투구할 것이다. 그러나 당신이 투자자라면 새로운 시장이 생겨나고 기존 시장이 거듭나는 곳을 봐야 한다. 스티브 잡스는 2005년 스탠퍼드 대학 졸업식에서 이런 말을 했다. "죽음이야말로 삶이 만들어낸 가장 뛰어난 발명품입니다. 죽음은 삶을 변화시키는 동력입니다. 죽음은 낡은 것들을 밀어내 새로운 것들에 자리를 내줍니다. 지금 새로운 것은 여러분입니다. 하지만 언젠가, 즉 지금으로부터 그리 머지않은 미래에 여러분도 서서히 낡은 것이 되어 밀려날 것입니다." 시장의 혼란 역시 그러하다. 프렌드스터는 마이스페이스에 밀려났고, 마이스페이스는 페이스북에 밀려났다. 오늘날 위챗 하나로 페이스북과 왓츠앱, 메신저, 벤모Venmo, 아마존, 우버, 애플 페이 등이 각각 따로 하는 일들을 다 할 수 있다. 그 어떤 기업도 영원한 성공을 누리지 못한다. 새로운 소셜 시대의 미래는 우리가 기업가로, 투자자로, 규제자로, 소비자로 또 시민으로서 내리는 결정들로 만들어질 것이다. 나는 새로운 소셜 시대의 가장 중요한 결정들은 아직 내려지지 않았다고 믿는다.

이 책의 구성

이 책의 목표는 이렇다. 하이프 머신이 어떻게 작동하는지를 과학적으로 설명하고, 우리의 정치, 비즈니스, 인간관계에 어떤 영향을 주는지 그리고 우리 사회에 미치는 긍정적인 결과와 부정적인 결과에는 무엇이 있는지 살펴보려 한다. 이와 함께 어떻게 하면 기업 정책과 사회 규범, 정부 규제, 소프트웨어 코드를 통해 하이프 머신의 여러 위험을 피하고 장밋빛 약속들을 구현할 수 있는지를 논의하려 한다.

우선 페이스북과 트위터 같은 소셜 미디어 플랫폼들이 어떻게 잘못된 정보를 조장하고 확산시키는지를 추적하면서 잘못된 정보의 무기화와 가짜 뉴스의 문제점에 대해 이야기한다(2장). 2016년 미국 대통령 선거는 정말 러시아의 선거 개입으로 그 결과가 바뀐 것일까? 그렇다면 앞으로 그런 가짜 뉴스 문제가 반복되지 않게 하려면 어떻게 해야 할까?

그 과정에서 하이프 머신이 어떻게 혜성처럼 나타나게 되었는지, 우리는 어떤 이유로 개인적으로나 사회적으로 하이프 머신에 많은 영향을 받게 되었는지를 살펴볼 것이다. 그러면서 인류 역사상 하나의 변곡점을 이루고 있는 오늘날 소셜 기술들의 속을 해부하듯 들여다보고 우리 기술의 미래를 결정짓게 될 4가지 지렛대인 돈과 코드, 규범, 법에 대해서도 살핀다(3장). 또 우리를 하이프 머신에 푹 빠져들게 만든 신경학적 힘(4장)과 경제학적 힘(5장)에 대해서도 살핀다. 신경학적·경제학적 힘을 제대로 이해하게 되면 '소셜 네트워크 시장에서 왜 마이스페이스가 페이스북에 밀려나게 되었는가?'와 같은 새로운 소셜 시대와 관련된 중요한 질문들에 비즈니스 관점에서 답할 수 있게 될 것이며, '하이프 머신이 인류의 진화에 어떤 영향을 주게 될 것인가?'와 같은 더 근본적인 질문들에도 답할 수 있게 될 것이다.

그다음에는 하이프 머신으로 생겨나 비즈니스, 민주주의, 공중위생에 부정적인 영향을 끼치는 중요한 사회적 변화 3가지, 즉 맞춤형 대중 설득(6장), 초사회화(7, 8장), 관심 경제의 출현(9장)에 대해 살핀다. 그 과정에서 하이프 머신의 작동 원리를 자세히 들여다보고 온라인상에서의 동료 효과 peer effect(동료의 행동과 사고방식에 영향을 받아 개인의 행동과 사고방식이 바뀌는 효과-옮긴이)를 과학적으로 분석한다. 급작스레 생긴 새로운 상호 의존성으로 우리가 구입하는 제품과 투표하는 사람, 사랑에 빠지는 사람이 어떻게 달라지는지도 알아본다.

이렇게 하이프 머신을 속속들이 들여다본 뒤, 하이프 머신의 사회적 영향들과 하이프 머신이 영속화하려는 3가지 트렌드에 대해서도 살펴본다. 하이프 머신은 이른바 '대중의 지혜'라는 것에 영향을 준다. 우리가 대중의 지혜나 집단 지성을 제대로 활용할 수 있느냐 없느냐는 독립성, 다양성, 평등성이라는 3가지 중요한 요소에 달려 있다. 문제는 하이프 머신이 이 3가지 요소를 다 날려버리고 대중의 지혜를 광기로 바꿔놓고 있다는 것이다. 그래서 대중의 지혜를 되찾을 방법을 검토해본다(10장). 다음에는 믿기 어려울 만큼 나아진 생산성, 혁신,

사회 복지, 민주화, 평등, 배려, 긍정, 연대, 사회적 진전 등을 이뤄낸 하이프 머신의 긍정적 잠재력에 대해 살펴보며, 우리가 애초에 왜 하이프 머신을 만들었는지 그 이유를 상기해본다. 이와 동시에 소셜 미디어의 긍정적 잠재력이 왜 위험의 원천이기도 한지, 또 그로 인해 우리가 소셜 미디어에 적응하는 게 얼마나 복잡해지는지 또한 살핀다(11장).

마지막으로 우리가 소셜 미디어에 어떻게 적응해야 하는지와 관련해 기업 정책과 정부 규제, 사회 규범 등이 어떻게 경제와 사회를 더 창조적인 미래로 이끌 수 있는지에 대해 생각해본다(12장). 페이스북을 해체해야 할까? 개인 정보 보호법은 어떻게 만들어야 할까? 하이프 머신은 사용자가 게시하는 콘텐츠에 책임지지 않는 게시자 혹은 사용자의 생성 플랫폼일까? 나아가 표현의 자유와 혐오 표현 등과는 어떤 관계가 있는 걸까? 당신은 아마 이런 문제들에 대한 답을 알게 되면 놀랄 것이다.

하이프 머신 안에서 우리 모두는 디지털 마케터다

지난 3년간 우리 연구진은 페이스북과 트위터, 유튜브 같은 소셜 미디어가 신문 1면 헤드라인에 등장하는 일을 자주 목격했다. 기사 내용은 주로 소셜 미디어가 투명성이 부족하다, 정치 양극화에 일조하고 있다, 인종차별주의와 혐오 표현을 조장하고 있다, 담론을 퇴보시키고 가짜 뉴스 확산에 한몫하고 있다 등이었다.

입법자들은 소셜 미디어에 대한 규제를 옹호해왔다. 미국 의회의 여러 위원회가 러시아의 선거 개입 및 온라인상에서의 잘못된 정보 확산 문제와 관련해 페이스북과 그 외 하이프 머신이 어떤 역할을 해왔는지 조사를 벌이고 있다. 영국의 데이터 분석 기업인 케임브리지 애널리티카는 정치 선전을 목적으로 미국인 페이스북 사용자 8,700만 건의 개인 정보를 불법 도용했다.[22] 이 사건으로 마크 저커버그는 미국과 유럽 의회에서 증언을 해야 했고,[23] 의원들 사이에서는 하이프 머신의 막강한 대중 설득력 문제, 개인 정보 사용 문제, 잘못된 정보에 대한 통제 부재 문제 등을 어떻게 처리할 것인지를 두고 열띤 논란이 벌어졌다. 존 케네디 미국 상원의원은 상원 청문회에서 저커버그에게 질문하기에 앞서 다음과 같은 오싹한 진술을 했다. "페이스북을 규제하고 싶진 않습니다. 그러나 맹세코 그렇게 할 겁니다."

광고주들 역시 소셜 미디어 플랫폼을 향해 자정 작업을 하라고 압력을 넣어왔다. 2017년 프록터 앤 갬블P&G의 브랜드 최고책임자 마크 프리차드는 구글과 페이스북 등에 실리는 디지털 광고는 투명성이 결여되어 있을 뿐만 아니라 가짜 콘텐츠나 혐오 콘텐츠에 광고가 실리고 있다며 소셜 미디어 플랫폼을 상대로 긴 비난성 성명을 발표했다.[24] 그런 다음 프리차드는 자신의 말을 행동으로 옮겨 자사 디지털 광고 예산을 2억 달러나 삭감했다.[25] 2018년에는 유니레버가 그 뒤를 이어 하이프 머신 광고 생태계를 정화하려는 노력의 하나로 자사 디지털 광고를 30% 가까이 줄였다.[26] 그리고 이런 일들은 단순한 저항으로 그치지 않았다. 사실 P&G는 2019년에 온라인 마케팅 예산을 6% 삭감했는데도 자생적 판매 성장률(기업이 자체 에너지와 생산을 통해 이룩한 성장률-옮긴이)이 7.5% 늘었다.[27] 유니레버 역시 같은 기간에 3.8%의 매출 성장률을 보였다.[28] 이 두 기업이 한 일을 제대로 이해하려면 하이프 머신을 명확히 이해해야 한다.

하이프 머신 안에서는 아이디어를 놓고 싸우든 고객들의 돈을 놓고 싸우든 모두 디지털 마케터다. 그 안에서는 유권자를 상대로 표를 부탁하는 대통령 후보든, 고객들을 상대로 새로 출시된 자사 3시리즈 자동차를 사라고 설득하는 BMW든, 매출을 늘리려 애쓰는 중소기업 소유주든, 잘못된 정보를 뿌려 미국 대통령 선거를 자신들이 원하는 방향으로 끌고 가려 한 블라디미르 푸틴의 IRA든 전부 디지털 마케터인 것이다. 그들은 자신의 목표를 달성하기 위해 모두 같은 설득 전략을 구사한다. 우리가 이 여행에서 규제 당국, 마케터, 걱정하는 시민 등 서로 다른 이해 당사자들의 입장에 서볼 필요가 있는 이유이다. 그래서 나는 앞으로 종종 여러분에게 디지털 마케터의 입장이 되어 그들의 관점으로 보기를 요청할 것이다. 우리가 매일같이 접하는 디지털 정보를 제대로 이해하기 위해서는 디지털 마케터들이 무엇을 하고 있으며 왜 그렇게 하고 있는지를 이해해야 하기 때문이다.

오늘날 지구상의 모든 국가는 소셜 미디어가 사회에서 하는 역할에 큰 관심을 기울이고 있다. 전 세계의 규제 담당자들은 하이프 머신이 선거와 비즈니스 동향, 경쟁, 사생활 보호, 가짜 뉴스에 미치는 영향에 대해 어떻게 대처할 것인지를 놓고 열띤 논쟁을 벌이고 있다. 비즈니스 리더들은 소셜 미디어 플랫폼 정책, 알고리즘 설계, 소프트웨어 코드, 대체 가능한 비즈니스 모델 등을 통한 자기 규제 방식을 만들고자 애쓰고 있다. 우리는 부모나 개인, 가족이나 친구의 자격으로 하이프 머신이 삶에 미치는 영향에 대해 생각해보지 않을 수 없다. 이제 우리는 하이프 머신이 인간관계와 비즈니스는 물론 우리의 사회생활과 행동에 미치는 영향과 함께 하이프 머신으로 인해 사회에서 점점 커지고 있는 외로움에 대해서도 고민해야 한다. 오늘 우리가 소셜 미디어를 어떻게 설계하고 운용하고 활용하고 규제하느냐가 앞으로 삶에 큰 영향을 미칠 것이다.

과학적으로 접근하면 소셜 미디어는 모든 게 투명하고 민주적인 사회를 만드는 데 도움을 줄 수도 있지만, 권위주의적이고 양극화된 경찰국가를 만드는 데 악용될 수도 있다. 현재 전 세계적으로 소셜 미디어에 대한 논의가 이루어지고는 있으나, 어쨌든 우리는 소셜 미디어의 장밋빛 약속과 위험이라는 두 길 사이의 갈림길에 서 있다.

소셜 미디어업계에서는 지각 변동에 가까운 변화들이 수시로 일어난다. 하루가 멀다 하고 일어나는 그 모든 변화를 좇기는 거의 불가능하다. 그래서 나는 사회 경제에 대한 우리의 생각을 옳은 방향으로 이끌어줄 지속성 있는 틀을 제공하고자 한다. 20년 넘게 소셜 미디어에 관해 연구해오면서 하이프 머신이 어떻게 작동하는지, 각종 정보와 행동은 어떻게 확산되는지, 소셜 미디어에 대한 개입이 어떻게 행동 변화를 이끌어내는지, 관리자와 정책 결정자 그리고 각 개인이 어떻게 더 효율적으로 하이프 머신과 상호 작용하는지와 관련해 일반적 원칙들을 알게 되었다. 그런 기본적인 것들을 더 깊이 파고드는 과정에서 많은 반전과 예상치 못한 일들에 부딪히며 쉽지 않은 지적 여정을 거쳐야 했다. 나는 이제 여러분을 그 여정에 초대하려 한다. 그리고 그 모든 이야기를 소셜 미디어가 어떻게 우리를 '현실의 끝'이라고도 불리는 벼랑까지 몰아붙였는지로 시작하려 한다.

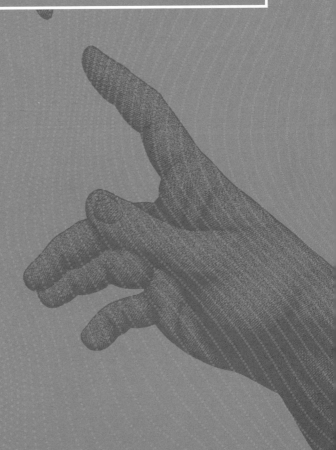

2장

The End of Reality

현실의 끝

보통의 경우 거짓말쟁이는 현실에 패한다.
현실을 대체할 수 있는 것이 없기 때문이다.
노련한 거짓말쟁이가 아무리 큰 거짓말을 한다 해도,
그리고 설사 그 과정에서 컴퓨터를 사용한다 해도
거짓말은 절대 거대한 사실을 은폐할 만큼 클 수 없다.

—한나 아렌트

2013년 4월 23일 월스트리트 주식 시장은 평소처럼 조용히 열렸다. 계절에 맞지 않게 쌀쌀한 아침 날씨에 주식 거래인들은 따끈한 라떼를 홀짝였고, 주가는 개장을 알리는 벨 소리가 울리고 점심시간이 될 때까지 적당히 올랐다. 그러나 모두가 점심을 먹으며 휴식을 취할 때 트위터에 AP 통신의 뉴스 하나가 올라오면서 시장 분위기가 급변했다. 뉴스가 계속 리트윗되면서 뉴욕과 워싱턴, 전 세계 식당에서 일제히 스마트폰 알림음이 울렸고, 하이프 머신상에서는 순식간에 인포메이션 캐스케이드information cascade(정보의 거품 현상으로 의사 결정자들은 자신이 수집한 정보보다 전체 흐름에 편승하는 결정을 내리게 됨-옮긴이) 현상이 일어났다. 미국 동부 시간으로 오후 1시 7분에 올라온 트윗은 이렇게 간단했다. "속보. 백악관 내에서 두 번의 폭발 발생. 버락 오바마 부상."[29] 이 트윗은 단 5분 만에 4,000번 넘게 리트윗되었고 적어도 수십만 명의 사람들이 백악관 피습 뉴스를 접하게 되었다.

정말이지 너무도 충격적인 뉴스였다. 백악관 울타리를 뛰어넘으려는 사람들은 대개 발견 즉시 붙잡혔다. 백악관 보안망을 뚫고 건물까지 간 경우는 4건밖에 없었다.[30] 그러니 백악관 내에서 폭발이 두 번이나 일어나고, 대통령이 다쳤다는 것은 보통 큰 뉴스가 아니었다.

주식 시장은 주춤거리다가 궤도를 이탈해버렸다. 만약 개인 투자자들만 이 뉴스에 영향을 받았다면 주식 시장의 충격은 어느 정도 선에서 끝났을 것이다. 하지만 하이프 머신은 고립된 채로 존재하지 않는다. 소셜 미디어상에서 실시간으로 나타나는 여론의 흐름을 감지하고 찾아내고 분석하고 활용하는 시스템들과 연결되어 있다. 소셜 미디어 데이터 분석업체인 데이터마이너Dataminr나 레이븐팩RavenPack 같은 기업들은 늘 소셜 미디어 데이터를 샅샅이 뒤져 온갖 잡음 속에서 중요한 신호를 찾아낸다. 그러다 그런 신호가 발견되면 바로 포착해 기업 고객들에게 시장 동향을 앞질러 미리 팔거나 사라는 조언을 해준다. 오바마가 부상당했다는 뉴스가 터진 그날 오후 여론의 흐름은 좋지 않았고, 데이터 분석업체들은 주식 매각 권고를 통해 자동화된 주식 거래 알고리즘을 움직여 주식을 팔아치우게 했다. 그러자 다우존스 지수가 거의 200포인트나 떨어지면서[31] 단 몇 초 만에 주식 가치로 무려 1,390억 달러가 사라졌다.

그런데 그 뉴스는 사실이 아니었다. 백악관은 조용했고, 대통령은 무사했다. 그 뉴스는 시리아 해커들이 AP 통신의 트위터 계정에 침투해 퍼뜨린 가짜 뉴스였다. 그날 펜실베이니아 애비뉴 1600번지(백악관 주소-옮긴이)가 아니라 다른 데서 테러가 있었던 것이다. 테러는 트위터상에서 발생했고, 사상자들은 월가 주식 시장에서 생겨났다. 시장은 다시 반등했지만 주식을 사고판 실제 사람들은 실제 돈을 잃었다. 파이어 세일fire sale(국가 기반 시설에 대한 사이버 테러리스트의 3단계 공격-옮긴이)에 대처가 늦었던 사람들은 그야말로 쫄딱 망한 것이다. 2013년에 일어난 이 해킹 사건은 하이프 머신에 짜 맞춘 사회 기술 시스템이 얼마나 취약한지를 일깨워주었다. 일단 뉴스가 네트워크상에서 폭포처럼 흐르기 시작하면 멈추기도 어려울 뿐만 아니라 패닉을 막기 위해 충분한 시간을 가지고 검증하기는 더 어렵다. 그리고 뉴스가 잘못된 것이라면 금융 제도와 의료 체계, 민주주의 제도에 일대 혼란이 일어나는 등 온라인상의 거짓이 현실에 영향을 준다.

또 다른 예를 보자. 2017년 여름 허리케인 하비가 텍사스주 남부를 강타하자, 홍수가 일어나 수천 명의 이재민이 생겼고 미국 남부에서는 여러 정유 공장이 생산을 중단하는 사태가 발생했다. 게다가 가스가 떨어졌다는 임시 표지판들을 내건 주유소들 앞에 장사진을 이루고 있는 사진들을 운전자들이 온라인에 올리자, 트위터와 페이스북상에서는 삽시간에 가스 부족 뉴스가 퍼졌다. 그러자 해당 지역들에서는 패닉 상태가 뒤따랐고 운전자들이 세계 종말이라도 다가오는 양 가스를 비축하기 위해 주유소로 몰려들면서[32] 오스틴, 댈러스, 휴스턴, 샌안토니오 지역에서는 가스 사재기 현상이 벌어졌다.

나중에 관계 당국이 밝힌 바에 빠르면 애초에 가스는 전혀 부족하지 않았다. 소셜 미디어를 통해 가짜 뉴스가 퍼졌고 그것을 방송 매체들이 그대로 보도한 것이다. 정유 공장과 고속도로 폐쇄로 인해 가스 배달만 지체되었을 뿐이다. 만약 모두가 평상시 정도의 가스 소비를 유지했다면 공급 시스템이 그 정도 지체 상황은 충분히 감당할 수 있어 가스 부족 사태는 일어나지 않았을 것이다. 그러나 사람들이 혼란에 빠져 가스를 사려고 몰려들자 가스가 부족해졌다. 결국 소셜 미디어에 의해 촉발된 가스 사재기[33] 때문에 가스 부족 사태가 일어난 것이다.

가짜 뉴스가 빚는 위기의 특징은 반복해서 일어난다는 것이었다. 잘못된 정보는 진실보다 빠르게 퍼져나가면서 실제 충격을 가해 잘못된 방향으로 사람들을 움직이게 했다. 가짜 뉴스는 비즈니스와 민주주의, 공중위생에 치명적 영향을 줄 수 있다. 지난 몇 세기 동안 가짜 뉴스는 늘 존재했지만, 하이프 머신이 출현한 이후 그 확산 속도와 규모는 더욱 빠르고 커졌으며 그로 인한 위기도 심각해졌다.

가짜 뉴스가 확산되는 가운데 한 가지 조직적인 패턴도 나타났다. 가짜 뉴스는 완전히 조작되지 못하면 대개 진짜 정보를 변형하고 왜곡해 잘못된 정보로 만든다. 그러면서 진짜 정보를 뒤섞어 가장 선정적이며 감정적인 요소들을 부각시킨다. 그러고는 소셜 미디어상에서 급속도로 그 규모가 커져 우리가 그 진위를 가리기도 전에 빠른 속도로 퍼진다. 이렇게 가짜 뉴스가 확산되면 아무리 진실을 제시해도 다시 주워 담기 어려우며 없었던 일로 정리하기는 더욱 어려워진다.

2013년 주식 시장을 붕괴시킨 시리아인들의 해킹 사건은 가짜 뉴스가 경제에 미치는 영향을 잘 보여준다. 아마도 당신은 이와 비슷한 이야기들을 들은 적이 있을 것이다. 팩트체크를 전문으로 하는 인터넷 사이트 스놉스 Snopes는 '뜨거운 소문 50가지'를 정기적으로 업데이트하고 있다.[34] 2008년에는 유나이티드 항공이 파산 신청을 할 거라는 소문이 목록에 올랐고, 2017년에는 스타벅스가 미등록 외국인 노동자들에게 무료로 프라푸치노를 제공할 거라는 소문이 목록에 올랐다. 2018년 3월에는 트럼프 전 대통령이 트위터에 아마존이 탈세하고 있다는 거짓 소문을 트윗해 아마존의 월별 주가가 2년 내 최저 수준으로 곤두박질치는 일도 있었다. 그런데 가짜 뉴스가 기업들에도 조직적인 충격을 줄까? 주가의 경우에는 어떨까? 가짜 뉴스의 영향에 대해 제대로 알아보기에 앞서 카밀라 비욜린Kamilla Bjorlin이라는 여배우에 대해 잠시 이야기해보자.

가짜 뉴스로 악명을 떨친 여배우

카밀라 비욜린은 일곱 살에 연기를 시작했다. 비욜린은 〈레이징 헬렌〉과 〈프린세스 다이어리 2〉 등에 단역으로 출연하기도 했다. 한 번도 스타가 되진 못했지만 그녀의 핏속에는 소설 같은 이야기가 흐르고 있었다. 그러다 2011년 린딩고 홀딩스Lidingo Holdings라는 홍보 및 소셜 미디어 회사를 설립하면서 전혀 다른 길을 걷게 된다. 린딩고 홀딩스는 바이오 의약품 기업들을 비롯한 상장 기업들을 위해 투자자를 대상으로 홍보와 판촉 연구를 전문으로 했다. 그런데 2014년 미국 증권거래위원회도 지적했듯 이 회사는 주가를 조작할 목적으로 가짜 뉴스를 만들어내는 공장이었다.[35] 주식을 헐값으로 구매한 뒤 허위 정보로 주가를 인위적으로 부풀려 대량 매각하는 이른바 '펌프 앤 덤프pump and dump'라는 사기 행위를 위해 시킹 알파Seeking Alpha, 야후 파이낸스, 포브스 같은 크라우드소싱 기반의 투자자 정보 웹사이트들에 가짜 기사를 올렸다.

린딩고 홀딩스에 고용된 작가들은 스위스 트레이더나 에이미 볼드윈 같은 필명을 썼으며, 경영학 석사나 물리학 학사 학위를 갖고 있다고 주장했다. 이들은 기업들로부터 돈을 받고 기업의 성장과 안정성을 과대평가하는 홍보성 가짜 기사들을 썼다. 하지만 고객인 기업들과의 금전적 관계는 절대 밝히지 않아 미국 증권거래위원회로부터 경고를 받게 되었다. 2011년부터 2014년까지 린딩고 홀딩스는 400건이 넘는 가짜 뉴스 기사를 올려 100만 달러 이상의 현금과 주식을 벌어들인 것으로 알려져 있다. '드림팀DreamTeam'이라는 유사 업체를 상대로 가짜 금융 뉴스 단속에 나섰던 미국 증권거래위원회에 따르면, 이런 유의 회사들은 상장 기업들을 상대로 소셜 미디어 관계 및 마케팅,[36] 브랜딩branding(소비자에게 특정 기업이나 상품의 이미지를 심어주는 마케팅 기법-옮긴이) 서비스를 제공하고 자신들의 광범위한 온라인 소셜 네트워크를 이용해 특정 기업의 주가를 끌어올리려는 가짜 뉴스를 최대한 많이 노출시키는 일을 했다.[37]

갈레나 바이오파마Galena Biopharma는 린딩고 홀딩스가 돈을 받고 가짜 뉴스를 띄워준 기업들 가운데 하나였다. 린딩고 홀딩스에 의뢰하기 전인 2013년 여름 갈레나 바이오파마의 주가는 주당 2달러 내외였다. 그러다가 2013년 8월부터 2014년 2월까지 린딩고 홀딩스가 갈레나 바이오파마에 대한 가짜 뉴스를 12건 올렸다. 약효가 뛰어난 3가지 약 덕분에 수익 증대 전망이 매우 밝아 갈레나 바이오파마가 곧 장기 발전을 위한 대규모 투자를 계획 중이라는 식의 내용이었다.

첫 가짜 뉴스 2건이 발표되자, 갈레나 바이오파마는 신주 1,750만 주를 추가 발행해 3,260만 달러를 손에 쥐게 된다. 그 이후 가짜 뉴스가 5건 더 발표되자 갈레나 바이오파마의 주가는 그야말로 하늘 높은 줄 모르고 뛰어올랐다. 그해 11월 22일에 있었던 이사회에서 갈레나 바이오파마는 최고경영자, 최고운영책임자, 최고마케팅책임자를 비롯한 6명의 이사들에게 수십만 달러에 달하는 스톡옵션을 제공했다. 그러고도 주가는 계속 올랐다. 실제 이 회사 주가는 2013년 8월부터 2014년 1월 사이에 무려 925% 넘게 올랐다(〈그림 2-1〉 참조). 그 이듬해 1월 17일에 있었던 이사회에서 당시 최고경영자였던 마크 안Mark Ahn은 회사 내부자들도 회사 주식을 즉시 거래해도 좋다고 발표했고, 그다음 날부터 내부자들이 실제 거래에 나서 4주 만에 총 1,600만 달러 상당의 주식이 매도되었다.

우리 모두 정보가 시장을 움직인다는 사실은 알지만 가짜 뉴스가 금융 시장에 미치는 영향은 금방 알 수 없다. 물론 갈레나 바이오파마의 경우는 단기적인 것이다. 그렇다면 가짜 뉴스가 금융 시장에 미치는 영향에 대한 체계적이고 일반적인 증거가 있을까? 다행히 갈레나

그림 2-1. 2013년 4월부터 2014년 5월까지 갈레나 바이오파마의 주가 변화. 추가 신주가 발행된 시기, 내부자 주식 매도가 이루어진 시기, 가짜 뉴스와 폭로 기사들이 발표된 시기, 스톡옵션이 주어진 시기 등을 표시해 두었다.

바이오파마는 시몬 코건과 토비아스 모스코비츠 등이 가짜 뉴스와 금융 시장의 관계와 관련해 대규모 연구[38]를 진행한 7,000개 넘는 기업 중 하나이다.

가짜 뉴스와 금융 시장

미국 증권거래위원회는 주가 조작을 목적으로 한 상장 기업들의 가짜 뉴스 기사를 잡아내기 위해 위장 조사를 펼쳤고, 이 과정에서 얻은 데이터를 코건과 모스코비츠 등이 분석했다. 그리고 입증된 가짜 뉴스의 기사들을 분석한 연구진은 가짜 뉴스의 전파와 그것이 주가 움직임에 미치는 영향을 체계적으로 알아낼 수 있었다. 처음에는 미국 증권거래위원회의 조사 대상이 된 기업에 대한 데이터(47개 기업의 기사 171건)밖에 없었다. 그러나 연구진은 2005~2015년 투자 전문 사이트 시킹 알파에 게재된 모든 기사와 2009~2014년 모틀리 툴 Motley Tool에 게재된 모든 기사에 대한 언어 분석을 통해 가짜 뉴스들을 알아내 데이터 샘플 양을 대폭 늘렸다. 가짜 뉴스의 언어적 특징들을 찾아낸 이 방대한 데이터 샘플은 입증된 미국 증권거래위원회의 데이터 샘플보다 번잡했다. 하지만 연구진은 10년간 발표된 7,500개 이상의 기업들에 대한 35만 건 이상의 기사들을 꼼꼼히 분석해볼 수 있었다. 미국 증권거래위원회가 가짜 뉴스가 전파되는 방식을 발표하자 투자자들은 온라인 사이트들에 가짜 뉴스가 판치고 있다는 데 큰 관심을 보였고, 연구진은 증권거래위원회 발표 전후 투자자들의 반응도 분석했다. 그 결과 가짜 뉴스가 시장을 움직이는 방식과 관련해 많은 사실이 밝혀졌다.

미국 증권거래위원회의 입증된 데이터를 보면 가짜 뉴스의 증가와 주식 거래 물량의 증가는 서로 밀접한 관련이 있었다. 진짜 뉴스가 발표된 후 주식 거래 물량은 평소보다 37% 늘었는데 가짜 뉴스가 발표된 후에는 50%가 늘었다. 다시 말해 투자자들은 진짜 뉴스보다 가짜 뉴스 발표에 더 민감하게 반응했다. 이런 현상은 규모가 작은 기업일수록 그리고 기관 투자자보다 소매 투자자 비율이 높은 기업일수록 정도가 더 심했다. 진짜 뉴스보다는 가짜 뉴스의 클릭 수와 조회 수가 더 많았는데, 주식 거래량은 이와 비례했기 때문이다.

그렇다면 가짜 뉴스가 주가에 미치는 영향은 어땠을까? 가짜 뉴스가 일일 주가 변동에 미치는 영향이 진짜 뉴스보다 평균 3배 더 컸으며,[39] 발표 3일 전이나 발표 3일 후 해당 주식의 절대 수익에 미치는 영향도 가짜 뉴스가 진짜 뉴스보다 훨씬 더 컸다.

미국 증권거래위원회는 2014년 가짜 뉴스에 대한 조사 결과를 발표했고, 몇몇 기업을 비롯해 린딩고 홀딩스와 드림팀 같은 가짜 뉴스 공장들을 고발했다. 증권거래위원회의 공개로 투자자들이 가짜 뉴스가 시킹 알파 같은 웹사이트들에서 발표된다는 사실을 알게 되자, 코건 등은 이를 계기로 가짜 뉴스에 대한 소비자들의 경각심이 높아지면서 진짜 뉴스에 대한 신뢰도에도 영향을 주었는지 조사했다. 당연히 가짜 뉴스들은 전보다 주식 거래량과 주가 변동에 영향을 덜 미쳤다. 그러나 증권거래위원회의 공개로 가짜 뉴스의 존재에 대한 관심이 높아지자, 투자자들은 이제 진짜 뉴스에도 영향을 덜 받게 되었다. 가짜 뉴스가 진짜 뉴스에 대한 신뢰까지 떨어뜨린 것이다.

만약 가짜 뉴스가 시장을 교란할 수 있다면 그것은 가짜 뉴스를 읽고 공유를 했든 안 했든 우리 사회의 모든 사람에게 영향을 줄 수 있다는 의미일 것이다. 이 장의 끝에서 딥페이크 deepfake(인공지능의 영상 합성·조작 기술로 딥 러닝 deep learning과 모조품 fake의 합성어-옮긴이)의 급부상으로 생겨나는 문제들을 다룰 때 다시 언급하겠지만, 더 중요한 문제는 가짜 뉴스가 시장을 교란할 수 있다면 누군가가 정치적 목적으로 경제 테러를 일으킬 수도 있다는 점이다. 그리고 앞서 크림반도 사태에서도 보았듯 잘못된 정보의 무기화는 정보화 시대 민주주의에 가해지고 있는 가장 은밀한 위협 중 하나이다. 그 대표적인 사례가 바로 2016년 미국 대통령 선거에 대한 러시아의 개입이다.

잘못된 정보는 정치적 무기가 된다

2019년 4월 미국 특별 검사 로버트 뮬러의 보고서가 발표되자,[40] 전문가와 정치인, 언론은 자신들의 입장을 가장 잘 뒷받침하면서도 사람들의 관심을 끌 만한 내용을 찾아내기 위해 보고서를 샅샅이 훑어보았다. 그들은 대개 보고서 1권은 건너뛴 채 바로 2권으로 넘어갔다. 2권에는 주로 트럼프 전 대통령이 FBI의 러시아 수사를 방해했다는 내용이 담겨 있었다. 나는 뮬러의 보고서를 읽고 큰 충격을 받았는데, 그건 정치적 파급력이 큰 2권 때문이 아니라 명확한 지정학적 현실이 담겨 있는 1권 때문이었다. 미국의 주적 러시아가 조직적으로 하이프 머신을 이용해 민주주의를 유린하고 2016년 대통령 선거 결과를 조작했다는 충격적인 내용이었다. 이는 이제껏 인류가 보아온 잘못된 정보의 무기화 사례들 가운데 가장 규모가 큰 것으로 손꼽을 만했다.

당시 미국 상원 정보위원회는 두 연구를 진행했는데, 한 연구는 뉴날리지New Knowledge가,[41] 다른 한 연구는 그래피카의 설립자 겸 최고경영자인 존 켈리John Kelly가[42] 진행했다. 두 연구 모두 2016년 러시아가 수억 명의 미국 시민을 대상으로 벌인 잘못된 정보를 주입한 캠페인을 철저히 파고들었다. 2019년 초 나는 맨해튼의 유니언 스퀘어 카페에서 존 켈리와 그래피카의 최고혁신책임자 카미유 프랑수아와 함께 점심 식사를 했는데, 그들은 우리 민주주의에 대한 러시아의 공격이 매스컴에서 상상하는 것보다 훨씬 더 정교하다고 이야기했다. 두 사람은 자신들이 알아낸 사실에 깊은 우려를 표했다. 그 얘기를 하는 두 사람의 표정이 모든 것을 말해주었다. 업계에서 존경받는 두 전문가가 걱정하고 있었다. 전문가가 걱정한다면 우리 역시 그래야 하는 것 아닐까?

러시아의 공격은 매우 주도면밀했다. 러시아 IRA는 몇 달 전, 심지어 몇 년 전부터 페이스북, 트위터, 인스타그램, 유튜브, 구글, 텀블러, 사운드클라우드, 밋업Meetup 등의 소셜 미디어 사이트에서 가짜 계정을 만들었다. 그들은 팔로워를 만들고 다른 계정들과 어울리며 온라인 커뮤니티들에 뿌리내렸고 팔로워들의 신뢰를 얻었다. 그런 다음 투표를 포기하거나 찍을 후보를 바꾸게 할 목적(주로 민주당 후보 힐러리 클린턴이 아닌 공화당 후보 도널드 트럼프를 찍게 할 목적)으로 가짜 뉴스들을 만들었다. 그들이 만들어낸 가짜 뉴스들 속에는 '흑인의 삶도 중요하다Black Lives Matter', 미국 참전 군인들에 대한 부당한 대우, 수정헌법 제2조(미국 각 주의 민병 유지 권리에 대한 조항) 및 총기 규제, 미국 내 이슬람 율법의 발흥 그리고 힐러리 클린턴이 워싱턴의 한 피자 가게 지하에서 아동 성매매 조직을 운영했다는 허위 정보(일명 '피자게이트_{PizzaGate}') 등이 포함되어 있었다. 그들은 정보 공유를 통해 이런 가짜 뉴스들을 퍼뜨렸으며 홍보 활동을 통해 소셜 미디어 접근을 늘렸다.

그들은 트위터상에 소수의 소스 계정을 만들어 가짜 콘텐츠를 올렸고,[43] 4,000개에 달하는 공유 계정들을 만들어 리트윗과 해시태그를 통해 콘텐츠를 확대했다. 소스 계정은 일일이 수동으로 통제되었으나, 공유 계정들은 '사이보그' 계정인 경우가 많아서 일부는 자동화되었고 일부는 수동이었다. 소프트웨어 로봇, 즉 '봇'들로 움직이는 자동화된 계정은 미리 정해놓은 시간에 훨씬 많은 트윗 및 리트윗을 할 수 있었다. 소프트웨어는 지치지도 않고 화장실에 갈 일도 없어 이 봇 군단은 쉴 없이 가짜 뉴스를 퍼뜨렸고 24시간 내내 미국 선거에 개입했다.

2016년에 일어난 이 '거대한 해킹'에 관해서는 많은 책과 논문이 나왔다. 현재까지 알아낸 사실은 러시아의 허위 정보_{disinformation}*가 아주 광범위하고 정교했다는 것이다. 그런데 그것이 정말 2016년 미국 대통령 선거 결과를 (아니면 영국의 브렉시트 투표나 브라질, 스웨덴, 인도의 선거 결과까지도) 바꿔놓은 걸까? 러시아의 허위 정보가 미국 선거 결과를 뒤바꿔놓았는지를 확인하려면 먼저 다음 두 의문에 답해야 한다. 러시아 개입의 범위와 규모 그리고 대상이 선거 결과를 뒤바꿀 정도였을까? 그리고 만약 그랬다면 실제로 그런 목표를 달성할 수 있을 만큼 사람들의 투표 행위에 영향을 주었을까?

• 잘못된 정보_{misinformation}가 의도와 관계없이 퍼진 잘못된 정보라면, 허위 정보는 속이려고 의도적으로 퍼뜨린 정보다. 결국 허위 정보는 잘못된 정보의 하위 개념이다.

러시아의 선거 개입 규모와 대상

2016년 미국 대통령 선거를 앞두고 러시아가 만들어낸 가짜 뉴스들은 페이스북에서 최소 1억 2,600만 명에게 퍼졌고, 최소 7,600만 개의 '좋아요likes'와 댓글이 달렸다. 인스타그램에서는 최소 2,000만 명에게 퍼졌는데, 그 효과는 훨씬 커서 최소 1억 8,700만 개의 '좋아요'와 댓글 반응을 축적할 수 있었다. 러시아는 또한 트위터에서는 팔로워 수가 600만 명이 넘는 계정들에서 적어도 1,000만 개의 트윗을 띄웠다. 나는 지금 계속 '최소'라는 말을 쓰고 있는데, 이는 우리가 지금껏 알아낸 것이 빙산의 일각일 수도 있기 때문이다. 분석 결과에 따르면 선거를 앞두고 3개월간 페이스북에 올라온 선거 관련 가짜 뉴스들(러시아에서 올린 뉴스든 다른 뉴스든) 가운데 가장 많은 관심을 끈 가짜 뉴스 20건은 가장 많은 관심을 끈 진짜 뉴스 20건보다 더 많이 공유되었고 더 많은 댓글과 반응을 받았다.[44] 이렇듯 하이프 머신은 잘못된 정보가 퍼지는 확실한 공간이 되었는데, 한 연구의 추산에 따르면 가짜 뉴스 웹사이트들을 방문하는 사람들의 42%(그리고 미국 최상위 뉴스 웹사이트들을 방문하는 사람들의 단 10%)가 소셜 미디어를 통해 방문한다고 한다.[45]

이런 수치만큼이나 놀라운 사실은 2016년 가짜 뉴스 규모는 진짜 뉴스 규모에 비하면 아주 작았다는 것이다. 전국적인 웹브라우저들의 샘플에서 앤드루 게스와 브랜든 나이한 등이 발견한 바에 따르면, 미국인의 44%가 선거 몇 주 전 얼마간 가짜 뉴스 웹사이트에 방문했는데, 그 방문 횟수는 진짜 뉴스 웹사이트들을 방문한 횟수에 비하면 6%밖에 되지 않았다.[46] 마찬가지로 니르 그린버그 등이 발견한 바에 따르면, 2016년 선거 기간 중 트위터상에서 정치 관련 URL에 노출된 미국 유권자들의 5%만이 가짜 뉴스를 접했다.[47] 헌트 올콧과 매튜 젠츠코프는 미국인들은 평균 선거 전 몇 개월간 여러 가짜 뉴스들 가운데 최소 하나는 본 것으로 추산했다.[48]

만약 이런 수치들이 적어 보인다면, 관련 데이터들이 수집되는 방식에 몇 가지 특이한 점이 있다는 사실에 주목해야 한다. 올콧과 젠츠코프의 연구에서는 이미 입증된 156건의 가짜 뉴스들 가운데 하나일 경우에만 '가짜 뉴스'로 여겨졌다. 다른 두 연구에서는 약 300건의 가짜 뉴스 웹사이트라는 제한된 목록의 웹사이트만 분석했다. 앤드루 게스 등은 '가짜 뉴스 소스'를 정하면서 브레이트바트, 인포워즈, 유튜브의 모든 웹사이트는 배제했다. 따라서 선거 전 마지막 몇 주간 이들의 제한된 리스트에 있는 가짜 뉴스 웹사이트 중 적어도 한 곳을 방문한 투표 연령대 미국인들의 44%는 브레이트바트 등 인기 있는 가짜 뉴스 소스들을 방문한 사람들은 포함하지 않는다. 다시 말해 1억 1,000만 명의 투표 연령대 미국인들은 브레이트바트, 인포워즈, 유튜브가 배제된 한정된 목록의 가짜 뉴스 웹사이트들을 방문한 셈이다. 우리가 2016년 대통령 선거 전 가짜 뉴스에 노출된 것으로 추정하는 전체 투표 연령대 미국인들의 최대 숫자는 1억 1,000만 명[49]에서 1억 3,000만 명 사이이다. 그래서 가짜 뉴스에 노출된 유권자 수에 관한 논란은 지금도 여전히 뜨겁다.

가짜 뉴스 노출 분포는 소수의 가짜 뉴스들로 왜곡되었는데, 얼마 되지 않는 비율의 유권자들이 가짜 뉴스에 가장 많이 몰렸기 때문이다. 앤드루 게스 등이 알아낸 바에 따르면 가장 보수적인 뉴스를 좋아하는 20%의 미국인들이 가짜 뉴스 웹사이트 방문의 62%를 차지했으며, 또 가짜 뉴스를 특히 많이 보는 연령층은 60세 이상이었다. 그린 버그 등이 트위터상에서 조사한 바에 따르면 등록된 미국 유권자들의 1%가 가짜 뉴스의 80%를 소비했으며, 등록된 미국 유권자들의 0.1% 가 가짜 뉴스 웹사이트 '공유'의 80%를 차지했다. 페이스북 사용자 3,500명을 대상으로 한 전국 규모의 두 번째 온라인 설문 조사에서 앤 드루 게스 등이 알아낸 바에 따르면 응답자의 10%만 가짜 뉴스를 공 유했으며[50] 65세 이상 미국인들 사이에 특히 집중되어 있었다. 하이프 머신 세계의 특징이기도 한 이런 집중 현상 때문에 가짜 뉴스가 우리 사회에서 광범위한 영향력을 행사하기는 힘들 것으로 생각할 수도 있 다. 그러나 그런 생각에는 몇 가지 반론이 따른다.

우리는 이런 집중 현상을 초래하는 가짜 뉴스의 '슈퍼 전파자들'과 '슈퍼 소비자들'이[51] 주로 봇이라는 사실을 알고 있다. 그린버그 등에 따르면 조사 참여자 중 슈퍼 공유자는 하루 평균 71회 트윗을 했고, 그 중 22%에는 가짜 뉴스 URL이 포함되어 있었다. 조사 참여자 중 평균 사용자는 하루에 고작 0.1회밖에 트윗을 못했다. 그래서 연구진은 이 슈퍼 전파자와 슈퍼 소비자 계정을 사이보그로 결론 내렸다. 그린버 그 등은 사이보그 또는 봇을 제외한 상태에서 분석을 해보았다. 그랬 더니 2016년 선거가 있기 전 30일간 조사 참여자들은 가짜 뉴스에 평 균 204회 노출되었다. 결국 하루에 7회 정도 노출된 셈이었다. 그린 버그 등은 이 204회 노출 중 5%만 보았다고 쳐도 일반 사람들은 선거 전까지 3일에 한 번꼴로 가짜 뉴스를 보았을 것으로 추정했다.

가짜 뉴스는 일반 사람들이 접하는 전체 미디어 가운데 일부에 지 나지 않기 때문에 중요하지 않다고 주장하는 사람들도 있지만, 가짜 뉴스의 영향력이 순전히 그 양에 비례하는지는 확실치 않다. 가짜 뉴스는 대개 선정적이고 그래서 다른 일반 뉴스들보다 더 눈길을 끌며 설득력도 강하다. 1988년 미국 대통령 선거 유세 중 탱크에 올라타 사진을 찍었던 마이클 듀카키스에 대한 뉴스나 2004년 미국 대통령 선거 유세 중 계속 악을 쓰듯 소리를 질렀던 하워드 딘에 대한 뉴스 등은 그들의 낙선에 결정적 역할을 한 것으로 여겨진다. 가짜 뉴스도 같은 역할을 하는가 하는 것은 아직 입증되지 않은 의문이다. 게다가 가짜 뉴스는 소셜 미디어상에서만 전파되는 게 아니다. 방송 매체나 유명 인사들에 의해 전파되기도 해서 소셜 미디어상에서 전파되는 것보다 파급 효과가 더 커지는 경우도 많다.

2000년 미국 대통령 선거는 중요한 경합 주swing state인 플로리다의 537표에 의해 결정되었다. 러시아가 펼친 2016년 미국 대통령 선거 개입 작전은 플로리다, 오하이오, 펜실베이니아, 미시간 같은 경합 주들의 유권자를 주요 대상으로 삼았다. 옥스퍼드 인터넷 연구소는 2016년 미국 대통령 선거 전주에 공유된 정치 해시태그들을 비롯해 2,200만 건이 넘는 트윗들을 분석했다. 그런 다음 그 트윗들의 3분의 1을 추적해 트윗 공유자와 수신자들이 거주하고 있는 주들을 분류했다. 그리고 러시아의 가짜 뉴스들이 미국 전역에 어떻게 유통되고 있는지를 분석했다. 그 결과 가짜 뉴스의 비율이 전문가나 대통령 후보들에게서 나온 콘텐츠의 2배나 되었다.[52] 또한 미국 각 주에 퍼진 러시아의 가짜 뉴스를 계산해본 결과 16개 경합 주들의 가운데 12개 주에 유독 가짜 뉴스가 더 많은 것으로 밝혀졌다.[53] 결국 경합 주에서 정치 관련 대화가 더 많이 오간다는 것을 고려하더라도 러시아의 가짜 뉴스들이 놀랄 만큼 경합 주들에 집중되어 있다는 결론이 나왔다. 2016년 미국 대통령 선거에서 1억 3,500만 명 이상이 투표했는데, 6개 경합 주(뉴햄프셔, 미네소타, 미시간, 플로리다, 위스콘신, 펜실베이니아)의 경우 2% 이내의 표차로 후보가 결정되었고, 그중에서도 특히 3개 경합 주(위스콘신, 미시간, 펜실베이니아)에서 나온 7만 7,744표가 사실상 대통령 선거 결과를 결정지었다.[54]

페이스북과 트위터, 인스타그램에서 러시아의 가짜 뉴스들은 경합 주들의 유권자 가운데 설득 가능하다고 판단되는 유권자를 대상으로 삼았다. 관심을 끌 만한 계정명과 해시태그 등을 이용하고 관심사에 맞춘 콘텐츠를 올려 설득 가능한 유권자들을 끌어들였다. 선거 이틀 전에 '흑인의 삶도 중요하다'를 지지하는 유권자들은 투표권 포기를 종용하는 유권자 탄압 글에 끌렸다. 몇 가지 예를 살펴보면, 인스타그램 계정 '@woke_blacks'는 "힐러리를 지지하지 않은 흑인 표 때문에 트럼프가 승리한다는 건 다 헛소리다"라는 식으로 투표를 거부하라는 내용의 게시물을 올렸다. 또한 '@afrokingdom_'는 "흑인들은 힐러리가 우리 표를 존중하지 않는다는 걸 알만큼 현명하다. 투표하지 말라!"라는 게시물을 올렸다. 뉴 날리지는 러시아의 IRA와 관련된 인스타그램 콘텐츠의 96%가 '흑인의 삶도 중요하다'와 경찰의 잔혹성 문제에 집중되어 있다고 추정했다. 공공연하게 흑인 탄압 이슈를 집중적으로 부각한 것이다.[55]

우리는 트럼프 전 대통령의 선거대책본부장인 폴 매너포트가 러시아 정치 컨설턴트 콘스탄틴 킬림니크[56]와 대선 관련 자료를 공유했다는 사실을 알고 있다. 그렇게 공유된 자료 덕분에 러시아가 경합 주들의 유권자를 대상으로 삼을 수 있었다. 이는 케임브리지 애널리티카가 페이스북 사용자들의 개인 정보를 도용해 정치 선전을 할 때 쓴 수법과 같다. 케임브리지 애널리티카는 자칭 '선거 자문 회사'라 하며 홈

친 8,700만 미국인들의 개인 정보를 활용해 '유권자 설득 가능성 예측 모델'뿐만 아니라 유권자들을 설득할 가능성이 가장 큰 주제와 콘텐츠도 만들었다(9장 참조).

만약 잘못된 정보가 주요 경합 주들에 거주하는 (몇 안 되지만 잠재적으로 아주 중요한) 설득 가능한 유권자들을 대상으로 삼았다면 그 잘못된 정보는 대상을 제대로 고른 것이었을까? 회의론자들은 그런 잘못된 정보는 먹히는 대상이 따로 있어 별 설득력이 없다고 주장한다. 다시 말해 골수 보수주의자들은 친트럼프 성향의 가짜 뉴스만 보는 데다 골수 진보주의자들 또한 친클린턴 성향의 가짜 뉴스만 볼 것이므로 그 누구의 생각도 바꾸기 어렵다는 것이다. 앤드루 게스 등이 알아낸 바에 따르면 트럼프 지지자의 40%와 클린턴 지지자의 15%만이 친트럼프 성향의 가짜 뉴스를 읽었고, 클린턴 지지자의 11%와 트럼프 지지자의 3%만이 친클린턴 성향의 가짜 뉴스를 읽었다. 또 가장 보수적인 유권자들의 66%는 적어도 친트럼프 성향의 가짜 뉴스 사이트 한 곳을 방문해 평균 33.16개의 친트럼프 성향의 가짜 뉴스를 읽었다.

가짜 뉴스가 별 설득력이 없다는 주장은 투표 결과를 설명하지는 못한다. 이념적으로 일관된 가짜 뉴스는 설사 유권자의 선택을 바꾸지는 못하더라도 최소한 투표장으로 가게 만든다. 게다가 극우 쪽에 속하는 유권자는 지나칠 정도로 친트럼프 성향의 가짜 뉴스를 즐겼지만, 클린턴 지지자와 후보를 결정하지 못한 중도 성향의 유권자는 친클린턴 성향의 가짜 뉴스보다는 친트럼프 성향의 가짜 뉴스를 즐길 가능성이 훨씬 컸다. 그런 그들이 가짜 뉴스에 노출되었다고 해서 마음이 변해 트럼프를 찍거나 기권할 수 있었을까? 그건 소셜 미디어 조작이 투표에 어떤 영향을 주느냐에 달려 있다.

소셜 미디어 조작과 투표

러시아 개입의 범위와 규모, 대상은 정말 선거 결과를 바꿔놓을 정도로 그 영향력이 컸을까? 그런 가능성을 배제할 수는 없다. 가짜 뉴스에 노출된 사람들이 진짜 뉴스에 노출된 사람들보다 훨씬 적고 특정 유권자들에게만 집중되어 있다 하더라도 그 수가 무려 1억 1,000만에서 1억 3,000만에 달한 것으로 추정된다. 게다가 선거 결과를 바꾸기 위해 모든 사람의 마음까지 바꿀 필요는 없었다. 중요한 경합 주에서 설득 가능한 유권자 수십만 명의 마음만 바꿔놓으면 되었다. 러시아는 바로 이런 유권자를 대상으로 했다. 그다음 의문은 러시아의 그러한 개입이 투표 행위에 실제 영향을 주었느냐 하는 것이다. 이 의문에 답하기 위해서는 유권자 수와 투표 선택의 과학에 대해 제대로 알아야 한다.

유감스러운 일이지만 이 글을 쓰고 있는 지금까지 정식 발표된 소셜 미디어 노출과 투표의 관계에 관한 연구는 단 2건에 불과하다. 그 첫 번째는 2010년 미국 의회 선거 기간 중 페이스북이 6,100만 명을 대상으로 진행한 연구로,[57] 이에 따르면 투표를 독려하는 소셜 미디어 메시지들 때문에 늘어난 것으로 확인된 투표자 수는 수십만 명이었다. 두 번째는 2012년 미국 대통령 선거에서 역시 페이스북이 실시한 연구로,[58] 그 결과는 첫 번째 연구와 같았다. 물론 의회 선거보다 규모가 더 큰 대통령 선거에서 흔히 나타나는 현상이지만, 표를 얻기 위해 던지는 메시지들은 그 효과가 조금 덜했다(7장 참조). 그러나 2016년 선거와 관련해 볼 때 가장 중요한 사실은 소셜 미디어 메시지를 활용한다면 최소한의 노력으로도 투표자 수를 꽤 늘릴 수 있다는 것이다.

소셜 미디어가 투표에 미치는 영향에 관한 대규모 연구는 단 2건밖에 없지만, 설득력 있는 메시지가 투표자 수와 투표 선택에 미치는 영향에 대한 실질적인 연구[59]를 통해 우리는 러시아의 2016년 선거 개입의 잠재적 영향을 알아낼 수는 있다.* 투표 선택과 관련된 일부 메타 분석적 고찰에 따르면 총선에서 비대면 접촉(메일, 텔레비전, 디지털 광고 등)이 투표 선택에 미치는 영향은 매우 미미하다. 칼라와 브루크먼은 49건의 현장 실험을 메타 분석한 뒤 "총선에서 설득 효과(광고가 투표 선택에 미치는 영향)를 평가해보았더니 0이었다"[60]라는 결론을 내렸다. 하지만 그들의 데이터에는 소셜 미디어가 포함되지 않았다. 그리고 그들의 평가에는 상당히 불확실한 면들이 있어서 러시아 개입이 한창 진행 중이던 선거 전 2개월 이내에 나타난 비대면 접촉의 영향 등은 제대로 나타나지 않았다.

칼라와 브루크먼은 설득력 있는 메시지는 예비 선거에서의 투표 선택과 특정 이슈 관련 투표 법안들, 설득 가능한 유권자를 상대로 한 선

---

* 크리스 베일 연구진은 2017년 말 러시아 IRA 트위터 계정들에 노출된 미국인들이 정치적 관점이나 행동에 영향을 받고 있다는 증거를 찾지 못했다. IRA 계정들이 2016년 미국 대통령 선거에 영향을 주었는지를 판단하는 데는 몇 가지 제약이 있었다. 우선 그들의 연구는 선거가 끝나고 1년이 지난 뒤에 실시되었는데, 그때는 이미 IRA가 정보전의 강도를 뚝 떨어뜨린 뒤였고, 트위터가 그 계정들 가운데 3분의 2를 정지시킨 뒤였다. 게다가 그들의 연구 샘플에는 중립적인 사람들은 제외된 채 트위터를 자주 쓰는 사용자들만 포함되어, 미국 유권자 전체를 반영하지 못했고 투표 행위 또한 고려하지 않았다. 다만 크리스 베일 연구진이 내놓은 결과에 따르면, IRA 계정에 노출된 사람들에게서 다음 3가지 변화가 있었던 것 같다는 어렴풋한 증거는 발견되었다. ① '뉴스에 관심이 적은 응답자들' 사이에서의 반대 정당 비율. ② '뉴스에 관심이 많은 응답자들' 사이에서의 정치 관련 계정 수. ③ 민주당 지지자들 가운데 정치 관련 계정 수. Christopher A. Bail, Brian Guay, Emily Maloney, Aidan Combs, D. Sunshine Hillygus, Friedolin Merhout, Deen Freelon, and Alexander Volfovsky, "Assessing the Russian Internet Research Agency's Impact on the Political Attitudes and Behaviors of American Twitter Users in Late 2017," *Proceedings of the National Academy of Sciences* 117, no. 1 (2020): 243~250.

거 운동 등에 상당한 영향을 준다는 것도 알아냈다. 로저스와 니커슨이 알아낸 바에 따르면, 가령 낙태 권리를 지지하는 유권자에게 어떤 후보가 낙태 권리를 지지하지 않는다는 사실을 알려줄 경우 3.9%가 투표 선택을 바꿨다.[61] 이는 곧 러시아가 그랬던 것처럼 특정 대상이나 이슈 중심으로 가짜 뉴스를 퍼뜨린다면 유권자의 투표 선택에 변화가 생길 수도 있다는 뜻이다. 이와 함께 설득력 있는 메시지가 특정 이슈 관련 투표 법안들에 영향을 미칠 수 있다는 사실은 누군가가 여러 지역 선거나 지역 정책 결정 등에 개입할 수도 있고, 그 결과 국가 차원에서 영향을 주지 않고서도 얼마든지 한 국가의 정치 방향을 바꿀 수 있다는 것을 보여준다. 이런 위협은 대개 아주 은밀히 퍼진다. 총선 개입보다 훨씬 더 포착하기 어렵기 때문이다.

게다가 선거 결과를 뒤집기 위해 굳이 소셜 미디어 조작을 통해 투표 선택을 바꿀 필요도 없다. 투표자 수를 늘리거나 줄이기 위한 표적 대상이 전반적인 선거 결과를 바꿀 수 있다. 최근에 나온 증거들은 표적 대상을 상대로 발송한 메시지만으로도 투표자 수가 바뀔 수 있음을 보여준다. 캐서린 하엔쉘과 제이 제닝스가 실시한 무작위 실험에 따르면,[62] 명확한 대상에 대한 디지털 광고로 경합 주들에 사는 밀레니얼 세대 유권자의 투표율이 눈에 띄게 늘어났다. 앤드루 게스와 도미니크 로켓 등이 실시한 연구에 따르면,[63] 잘못된 뉴스에 무작위로 노출되기만 해도 그 뉴스 내용에 대한 믿음이 더 커지는 데다가 투표 참여 의사 또한 높아졌다. 그린 등이 실시한 메타 분석 예측에 따르면,[64] 사회적 압력에 직접 우편까지 더해지면 투표자 수는 평균 2.9% 증가했고, 선거 유세canvassing 방식을 쓰면 평균 2.5%, 자원봉사자를 활용해 유권자에게 전화를 거는 폰뱅크phone banks 방식을 쓰면 평균

2% 증가했다. 또한 데일과 스트라우스의 예측에 따르면, 문자 메시지를 보내면 투표자 수는 4.1% 늘었으며,[65] 개인적으로 이메일을 보낸 경우에도 비슷한 결과가 나타났다.[66] 소셜 미디어 메시지의 영향을 분석한 연구들에 따르면, 소셜 미디어를 이용해 메시지를 발송하면 투표자 수가 수십만 명 증가했다.

그렇다면 과연 2016년 미국 대통령 선거 결과는 러시아의 개입으로 뒤집혔을까? 최초의 러시아 개입 이후 대통령 임기 내내, 그리고 2020년 대통령 선거를 목전에 두고 러시아 등이 계속 개입하고 있는 현 상황에서도 우리는 아직 그 답을 모른다. 정말 두려운 사실은 2016년 미국 대통령 선거 결과가 러시아의 개입으로 뒤집혔을 가능성을 배제할 수 없다는 것이다. 모든 증거를 고려하면 분명 그렇다. 다만 그 누구도 이 사건을 직접 조사한 적이 없어 우리가 알지 못할 뿐이다. 불행히도 우리가 그것을 알아내지 못하면 전 세계 민주주의는 계속 위협받게 될 것이다.

2020년 미국 대통령 선거

"러시아 정부가 우리 선거에 개입하려 한 것은 민주주의에 대한 가장 심각한 도전 가운데 하나입니다."

특별 검사 로버트 뮬러의 이런 증언에 놀라지 않은 미국인은 없을 것이다.[67] 그는 다음과 같이 강조했다. "우리 미국인들 모두 이 위협에 관심을 기울여야 합니다. 지금 우리가 여기 이렇게 앉아 있는 동안에도 러시아인들은 계속 그런 짓을 벌이고 있고, 또 다음 선거 때도 그런 짓을 할 것으로 예측되기 때문입니다." 그러면서 그는 이런 결론을 내렸다. "러시아뿐만 아니라 다른 나라들도 시도하고 있는 이런 침략 행위를 저지하기 위해 우린 훨씬 더 많은 일을 해야 합니다."

FBI 국장 크리스토퍼 레이는 이렇게 경고한다. "그 위협은 지금도 계속 고조되고 있습니다. 2020년은 비단 러시아의 공격이 강화되는 것으로 끝나지 않을 겁니다. 다른 국가들, 즉 중국과 이란 같은 국가들도 러시아를 따라 할지 말지 저울질 중이기 때문입니다."[68] 2020년 미국 대통령 선거에서도 2016년과 같은 일이 더 확실하게 또 더 노골적으로 벌어진다면, 아마 민주주의에 대한 미국인들의 믿음이 어떻게 될지 장담할 수 없게 될 것이다.

분명한 사실은 2020년 미국 대통령 선거가 공격 목표가 되고 있다는 것이다.[69] 2020년 2월 정보기관 관계자들은 미국 상원 정보위원회 위원들에게 러시아가 트럼프 전 대통령의 재선을 지원하기 위해 개입 중이라고 경고했다. 3월에는 FBI가 버니 샌더스 상원의원에게 러시아가 자신들에게 유리한 쪽으로 정세를 변화시키려 한다는 사실을 알렸다. 그간 정보기관 관계자들은 기회가 있을 때마다 러시아가 2020년 미국 대통령 선거를 조작하기 위해 눈에 띄지 않는 새로운 전략들을 가지고 나온다고 경고했다. 러시아는 '가짜 뉴스'를 차단하기 위한 소셜 미디어 플랫폼들의 규칙들을 피하고자 이제 자신들이 직접 미국인 행세를 하는 게 아니라 미국 시민을 부추겨 잘못된 정보를 퍼뜨리려 한다. 그들은 서버를 러시아에서 미국으로 옮겼다. 미국 정보기관들의 국내 감시가 금지되었기 때문이다. 게다가 그들은 이란의 사이버 전쟁 부서에도 침투하고 있다. 아마 자신들의 사이버 공격이 테헤란에서 시작된 것으로 보이게 하려는 의도에서일 것이다.

2019년 11월 러시아 해커들은 우크라이나 가스 회사인 부리스마Burisma의 서버에 침투하는 데 성공했다.[70] 이 회사는 민주당 대통령 후보 조 바이든과 그의 아들 헌터 바이든이 연루된 이른바 '우크라이나 스캔들'의 발생지로, 러시아가 2020년 선거에서 조 바이든을 떨어 뜨릴 약점을 찾기 위해 그 서버에 침투한 게 아닌가 하는 의문을 낳고 있다. 2020년 가을에 등장한 조 바이든 우크라이나 스캔들을 2016년 힐러리 클린턴 이메일 스캔들의 재판으로 보는 것은 무리일까? 미국 에 적대적인 국가가 미국 소셜 미디어 생태계에 가짜 뉴스의 씨를 뿌 려놓고, 부리스마 해킹을 통해 그 뉴스를 진짜 뉴스처럼 보이게 만드 는 것은 일도 아닐 것이다. 그렇게 되면 누군가가 그 뉴스가 사실이 아 님을 밝히기도 전에 그 스캔들 때문에 조 바이든의 선거 운동은 벽에 부딪히게 될 것이다. 지금까지 보아왔듯이 이는 가짜 뉴스의 위협적 이고도 전형적인 패턴이다. 가짜 뉴스는 바로잡기도 전에 빠른 속도 로 퍼진다. 그래서 아무리 진짜 뉴스들을 제시해도 그 후유증을 말끔 히 털어내기 힘들다.

2020년에 선거 조작이 일어날 가능성은 코로나바이러스 팬데믹으 로 야기된 혼란 때문에 더 커졌다. 유권자들이 직접 투표소에 가서 투 표할 가능성이 희박한 데다가 우편 투표에 대한 논란과 선거 연기까 지 거론되는 상황이어서 미국에 적대적인 국가라면 민주적 투표 과정 에 개입할 기회를 엿볼 가능성은 얼마든지 있다.

어떤 사람들은 가짜 뉴스가 무해하다고 주장하지만, 우리 시대에 가장 중요한 선거를 몇 달 앞둔 시기에 각종 시위와 혼란이 발생하고 외국까지 개입하는 상황에서 가짜 뉴스는 정말 큰 위협이다. 선거 그 자체뿐만 아니라 선거 과정의 신성함과 평화 측면에서도 큰 위협인 것이다. 만약 한쪽에서 선거 결과에 불복한다면, 가짜 뉴스들 때문에 그 불복 행위는 더 심해질 것이고 자칫하면 폭력 사태로까지 발전할 수 있다. 이와 관련해 듀크 대학 도널드 호로비츠 교수는 다음과 같이 말했다. "폭동이 일어나기 전 떠도는 소문들에는 온갖 위협과 분노가 감춰져 있다. 위협과 분노는 확인하기 어려운 까닭에 소문의 더없이 좋은 콘텐츠가 된다. 사람들이 폭력에 이르게 되는 데는 비단 그 이유만 있는 것은 아니다. 소문 그 자체가 폭동의 필수 요소가 되어버린 것이다. 사람들은 곧 일어날 폭력을 정당화시키려 한다. 사람들의 잔인함은 곧 일어날 폭력의 잔인함을 보여주는 때가 많다. 게다가 그런 소문으로 사람들은 선택의 폭이 좁아지게 된다. 그래서 대중에 합류해 일사불란한 행동에 나서게 된다. 소문은 보통 사람들이 보통 상황에서는 하지 않을 행동을 하게 만든다. 소문은 대중의 균형 감각을 무너뜨려 가장 극단적인 행동을 제안하는 사람들 쪽으로 향하게 이끈다. 소문은 또한 미래의 희생자들에게 힘을 가하는 사람들의 폭력 충동을 정당화한다. 표적 집단에서 힘과 위험을 확인하고 그로 인한 두려움으로 폭력을 정당화하는 것이다."[71] 특히 지금은 조작에 취약한 시기이므로 우리는 이런 사태가 일어나지 않게 극도로 경계해야 한다.

잘못된 정보의 위협은 비단 러시아나 미국의 민주주의에만 국한되지 않는다. 현재 디지털 개입은 전 세계 민주주의를 위협하고 있다. 취재 전문 기자 캐롤 캐드월레드Carole Cadwalladr는 영국의 브렉시트 투표에서 가짜 뉴스가 한 역할을 심층 취재했고, 크리스토퍼 윌리Christopher Wiley와 함께 케임브리지 애널리티카 스캔들을 파헤쳐 〈가디언〉에 실었다. 이를 통해 우리는 가짜 뉴스가 전 세계적으로 어느 정도 무기화되고 있는지 짐작할 수 있게 되었다. 옥스퍼드 인터넷 연구소에서 실시한 한 연구 결과에 따르면, 2018년 스웨덴 총선을 앞두고 트위터상에서 공유된 정치 해시태그가 붙은 URL 3개 가운데 하나는 가짜 뉴스 소스들에서 온 것들이었다.[72] 브라질 미나스제라이스 연방대학과 상파울루 대학 그리고 팩트체크 전문 플랫폼인 아젠시아 루파Agên-cia Lupa는 공동으로 실시한 한 연구에서 2018년 브라질 총선을 앞두고 347개의 왓츠앱 챗 그룹들에서 떠돌던 정치 관련 이미지 10만 건을 분석했다.[73] 그 결과 챗 그룹들에서 가장 널리 공유된 이미지 50건 가운데 56%는 잘못된 정보였고, 겨우 8%만이 올바른 정보로 나타났다. 마이크로소프트는 2019년 인도 총선을 앞두고 인도인들의 64%가 온라인상에서 가짜 뉴스를 접한 것으로 추정했다.[74] 응답자의 52%가 왓츠앱을 통해 뉴스를 접하는 것으로 알려진 인도에서는[75] 특히 개인적인 메시지들이 가짜 뉴스의 은밀한 온상인데, 이는 사람들이 '종단 간 암호end-to-end encryption'(입력부터 최종 수신 단계까지 메시지를 모두 암호화하는 것—옮긴이) 방식으로 개인 그룹들과 소통해 가짜 뉴스의 확산을 감시하고 막는 게 어렵기 때문이다. 필리핀 정부의 부정부패를 폭로하여 2018년 〈타임〉에서 올해의 인물로 선정되기도 했던 필리핀계 미국인 저널리스트 마리아 레사는 잘못된 정보의 광범위하고 빠른 확산으로 희생양이 되기도 했다. 크림반도에서 러시아가 펼쳤던 작전과 마찬가지로 마리아 레사를 상대로 잘못된 정보 확산 작전이 펼쳐졌고, 그 결과 그녀는 결국 법정에 서게 되었다. 그리고 2020년 6월 사이버 명예 훼손 혐의로 7년 형을 선고받았다. 잘못된 정보의 무기화와 가짜 뉴스 확산은 이제 전 세계 민주주의를 위협하고 있다.

공중위생 위기와 가짜 뉴스

2020년 3월 잘못된 정보를 악의적으로 확산하는 운동으로 미국인들 사이에 두려움이 퍼졌다. 팬데믹을 막기 위해 곧 전 국민적 격리가 시행된다는 가짜 뉴스가 퍼진 것이다. 결국 국가안보회의가 나서서 공개적으로 해당 뉴스를 부인하는 성명을 발표해야 했다. 바이러스와 관련해 퍼진 가짜 뉴스는 이뿐만이 아니었다. 미군이 코로나바이러스 팬데믹의 발원지라는 음모론이 중국 정부에 의해 퍼진 것이다. 몇몇 잘못된 바이러스 치료법이 확산되면서 염소나 알코올을 과도하게 마셔 수백 명이 목숨을 잃기도 했다. 물론 당시에는 제대로 된 치료법이나 백신이 없었다. WHO 같은 국제기구들은 전 세계적인 팬데믹 대처의 일환으로 하이프 머신상에서의 잘못된 코로나바이러스 정보 확산에 맞서 싸웠다. MIT의 우리 연구진은 WHO의 공식 왓츠앱 코로나바이러스 채널인 코비드커넥트 팩트체크 기구를 지원했고, 전 세계적으로 코로나바이러스와 관련한 잘못된 정보의 확산과 영향에 관해 연구했다. 그에 앞서 우리는 먼저 코로나바이러스 팬데믹이 일어나기 전 2019년 홍역이 발생했을 때 하이프 머신상에 퍼졌던 잘못된 위생 정보의 폐해에 대해 들여다보았다.

미국의 경우 2000년에 홍역이 완전히 근절된 것으로 발표되었다. 그러나 2010년에 63명의 홍역 환자가 보고되었고, 2019년에는 처음 7개월간 1,100명이 넘는 홍역 환자가 보고되었다.[76] 환자 수가 거의 1,800%나 증가한 셈이다. 홍역은 특히 아이들에게 위험하다. 대개 초기에 열과 발진 증상을 보이지만,[77] 1,000명 중 1명이 뇌에 균이 번져 두개 부종과 경련을 일으키거나 뇌염으로 발전하기도 한다. 게다가

20명 중 1명이 폐렴으로 발전하는데 폐가 공기 중의 산소를 거르지 못해 체내에 산소가 부족해진다. 이런 식으로 홍역은 2017년에만 전 세계 아이들 11만 명의 목숨을 앗아갔다.

홍역 바이러스는 전염성이 매우 강한 바이러스 중 하나다.[78] 감염자가 제한된 공간에서 기침하면 그 사람이 나간 후 몇 시간이 지나서도 오염된 공기 방울들로부터 전염될 수 있다. 그리고 그 바이러스에 노출된 사람들은 십중팔구 감염된다. 2020년 코로나바이러스에 감염된 한 사람으로 인해 감염된 사람들의 수, 즉 코로나바이러스의 기초감염재생산수R_0는 평균 2.5명이었지만, 홍역 바이러스는 15명이나 된다.[79]

이렇게 전염성 강한 질병의 확산을 막으려면 인구의 상당 비율이 백신을 접종해 집단 면역을 형성해야 한다.[80] 홍역보다 전염성이 덜한 소아마비는 80~85%의 인구에 백신을 접종해야 집단 면역이 생긴다. 홍역처럼 전염성이 높은 질병은 집단 면역을 형성하려면 95%의 인구에 백신을 접종해야 한다. 효력이 있는 백신 주사는 1963년에 나왔지만 유감스럽게도 미국에서 홍역은 계속 재발하고 있다. 전문가들에 따르면 백신 접종 거부 현상 때문이라고 한다. 그래서 미국에서는 2017년 91%에 달하는 어린아이들에게 홍역, 파상풍, 풍진을 예방하는 MMR 혼합 백신을 접종했다. 그런데 최근 몇 년 사이 일부 지역들에서 백신 접종률이 급격히 떨어졌는데, 홍역 환자가 급증한 것은 바로 그런 지역들 때문이다.

개인적으로 이는 결코 남의 일이 아니다. 나에게는 여섯 살 난 아들이 있는 데다가, 뉴욕 브루클린의 우리 집에서 다섯 블록 떨어진 곳에 정통 유대인 거주 지역이 있기 때문이다. 이 집단은 2019년 미국에서 보고된 전체 홍역 환자의 반 이상을 차지할 정도로 홍역에 취약했다.

그 외에 홍역이 집중적으로 발생하는 곳은 뉴욕주 로클랜드 카운티의 유대인 거주 지역처럼 주민들 사이에 유대 관계가 끈끈한 지역들과 워싱턴주 클라크 카운티에 있는 우크라이나인 거주 지역 및 러시아인 거주 지역이다. 이 지역들의 백신 접종률은 70% 남짓인데, 이는 집단 면역에 필요한 수준에 한참 못 미치는 비율이다.

홍역이 그렇게 위험하고 백신 접종이 그렇게 효과적인데 왜 일부 부모들은 아이에게 백신을 접종시키지 않는 것일까? 우리는 그 이유의 일부를 1998년 발표된 한 사기성 논문을 시작으로 마구 쏟아진 백신의 위험성에 대한 잘못된 정보들에서 찾을 수 있다. 저명한 의학 저널 〈랜싯〉에 실린 문제의 논문에서 저자 앤드루 웨이크필드는 백신이 자폐증과 관련 있다고 주장했다.[81] 훗날 웨이크필드는 백신 제조회사들을 상대로 소송을 진행 중이던 변호사들에게 매수되어 거짓 논문을 쓴 것으로 밝혀졌는데, 그러면서 한편으로는 기존 백신들과 경쟁하게 될 새로운 백신을 직접 개발하고 있었다고 한다. 〈랜싯〉은 즉각 문제의 논문을 철회했고, 웨이크필드는 의사 면허증을 박탈당했다. 그러나 잘못된 정보는 오늘날까지도 계속 만들어지고 있다. 각종 블로그에 게시된 음모론과 웨이크필드 자신이 직접 제작한 다큐멘터리 영화 〈백스드Vaxxed〉에 의해 널리 알려졌고, 최근에는 소셜 미디어상에서 널리 퍼지고 있다.

2019년 3월 미국 상원 공개 청문회에 참석한 테네시 대학 보건과학센터 소아과 과장이자 르 보뇌르 어린이병원 소아과 과장인 조나단 맥컬러스Jonathan McCullers는 이처럼 백신 접종에 반대하는 잘못된 정보의 확산에 깊은 우려를 표명하며 다음과 같이 증언했다. "권위 있는 의견들이 부재한 상황에서 백신 면제에 대한 각 주의 정책들과 각종 상담 방법을 비롯해 소셜 미디어와 광범위하고 신속한 커뮤니케이션 채널들을 통한 온갖 이론의 확대 등으로 지금 많은 사람이 백신 접종을 주저하고 있습니다. 요즘은 부모들이 트위터와 페이스북 같은 소셜 미디어 플랫폼과 인터넷을 통해 많은 정보를 얻고 있어서 정확한 정보가 없는 상태에서 이런 말초적 정보들을 접하게 된다면 혼란과 우려가 생기는 것은 당연합니다. 그러니 그런 부모들은 더 정확한 정보를 접하지 못하면 자식들에 대한 백신 접종을 꺼릴 수밖에 없는 것입니다."[82] 소셜 미디어상의 잘못된 정보 때문에 홍역과 같이 백신으로 예방 가능한 질병들이 확산되고 있는 것은 분명 문제다.

페이스북의 안티백신 왕

래리 쿡은 자신을 '안티백신antivax 활동가'라고 소개한다. 2019년 당시 쿡은 페이스북의 안티백신 왕이기도 하다. 쿡이 이끄는 '필수 예방 접종 금지Stop Mandatory Vaccination'[83] 단체는 영리 목적으로 소셜 미디어상에 안티백신 가짜 뉴스를 유포해 돈을 벌고 있으며, 아마존에 있는 안티백신 관련 서적들에 대한 광고 수익도 올리고 있다. 게다가 고펀드미GoFundMe를 통한 캠페인으로 돈을 모금하여 자신의 웹사이트 유지비와 페이스북 광고비를 냈고 개인적 비용들도 충당했다. 2019년 페이스북에 노출된 안티백신 광고의 54%가 쿡의 '필수 예방 접종 금지'와 로버트 F. 케네디 주니어가 이끄는 안티백신 단체인 '월드 머큐리 프로젝트World Mercury Project'의 광고였다.[84]

쿡이 페이스북에서 벌인 안티백신 광고 캠페인의 주요 대상은 백신 접종이 필요한 아이들이 있을 법한 워싱턴주 소재 25세 이상의 여성들이었다. 그들을 대상으로 쿡의 계정을 포함해 7개 페이스북 계정에 올라간 150개 이상의 광고들은 조회 수가 160만에서 520만에 이르러, 그 광고 캠페인에 쓰인 1달러당 클릭 수는 약 18회였다.[85] 참고로 모든 산업 분야에서 페이스북의 클릭당 평균 단가는 약 1.85달러이다. 간단히 산수를 해보아도 쿡의 접근 방식이 말도 못하게 효율적이라는 것을 알 수 있다. 이 데이터에 따르면 그는 클릭당 약 6센트를 지급하는 셈이다.

2019년 초 백신 관련 정보들에 대한 페이스북 검색 결과들을 보면 안티백신 선전 정보들이 지배적이었다. 유튜브 추천 알고리즘은 사실에 토대를 둔 의학 정보가 아닌 잘못된 안티백신 정보를 밀어붙였고,[86] 핀터레스트의 백신 관련 게시물들 가운데 75%는 홍역 백신과 자폐증의 거짓 관련성에 관한 것이었다.[87] 그리고 같은 해에 발표된 한 논문에서 조지워싱턴 대학 연구진이 밝힌 바에 따르면, 러시아의 트위터 봇은 평균 트위터 사용자보다 22회나 더 자주 백신에 대한 글을 올렸다.[88] 그러면서 연구진은 백신과 관련된 잘못된 정보를 하이프 머신을 장악하려는 러시아의 노력과 연결 지었다.

정치 관련 가짜 뉴스들과 마찬가지로 안티백신에 관한 잘못된 정보는 집중되는 패턴을 보인다. 〈디 애틀랜틱〉에 게재된 알렉시스 마드리갈의 분석 기사에 따르면, 2016년 1월부터 2019년 2월까지 페이스북의 상위 50개 백신 페이지가 백신 관련 게시물 상위 1만 개 게시물의 거의 절반을 차지했고 전체 '좋아요'의 38%를 차지했다.[89] 사실 이 기간에 단 7개의 안티백신 페이지들에서 상위 1만 개의 백신 게시물 중 20%가 만들어졌다.

하이프 머신의 네트워크들은 관점과 믿음이 비슷한 사람들이 끈끈한 연대를 이루며 사는 지역 사회들에 집중된다(3장 참조). 우리는 지금 생각이 비슷한 사람들끼리 연결되는 정보 생태계 속에서 살고 있는 것이다. 2019년과 2020년에 뉴욕과 워싱턴에서 퍼진 홍역은 생각이 비슷한 사람들이 끈끈한 유대 관계를 맺고 사는 지역 사회들에서 발생했다. 마찬가지로 러시아의 가짜 뉴스 확산 작전은 미국 선거 결과에 영향을 주기 위해 (주요 경합 주들에서 소수 미국인만 설득하면 충분하기에) 굳이 다수의 미국인을 설득할 필요가 없었고, 안티백신 소셜 미디어 캠페인 역시 백신 접종을 포기하게 하는 데 많은 사람을 설득할 필요가 없었다. 백신 접종 비율을 집단 면역에 필요한 수준 이하로 떨어뜨리기 위해 그들은 그저 유대 관계가 끈끈한 지역 사회의 소수 사람만을 설득하면 된다. 그러면 그 사람들이 알아서 잘못된 정보를 퍼뜨릴 테니 말이다.

7년간 260만 페이스북 사용자들과 30만 건의 백신 관련 게시물의 상호 작용을 분석한 결과, 페이스북상의 백신 관련 대화는 유대 관계가 끈끈한 지역 사회들에서 오간 대화였다. 이 분석에서 연구진은 이렇게 말하고 있다. "지난 몇 년간 더 강화된 양극화 현상과 반향실 효과echo-chamber effect(특정한 정보에 갇혀 새로운 정보를 받아들이지 못하는 현상-옮긴이)는 백신 관련 콘텐츠 소비에 절대적인 영향을 미쳤다. 그리고 사용자들의 콘텐츠 소비 습관에서 지역 사회들이 잘 구분되어 나타났는데… 사용자 대부분은 백신 접종에 찬성하거나 반대한다."[90] 유대 관계가 끈끈한 워싱턴주 지역 사회는 래리 쿡과 안티백신 운동으로 돈을 버는 사람들이 페이스북 광고에서 표적으로 삼는 지역 사회와 일치한다. 게다가 홍역 등의 질병이 발생하는 지역 사회들과도 일치한다.

2019년 초 소셜 미디어 플랫폼들이 행동에 나섰다. 인스타그램은 '#vaccinesarepoison'(백신은 자폐증을 유발한다)이나 '#vaccinesare-poison'(백신은 독이다) 같은 안티백신 관련 해시태그들을 차단하기 시작했다. 유튜브는 안티백신 영상에는 광고를 통한 수익 창출을 제한하겠다고 선언했다. 핀터레스트는 백신 콘텐츠 검색을 아예 금지했다. 페이스북은 안티백신 콘텐츠를 담고 있는 페이지나 그룹의 노출을 중단시켰으며, 추천 엔진을 수정해 사용자들이 그런 페이지나 그룹으로 유입되는 것을 막았다. 페이스북은 래리 쿡 등이 구매한 페이스북 광고들도 모두 삭제했다. 소셜 플랫폼들은 2020년 코로나바이러스 관련 가짜 뉴스의 확산을 막기 위해 유사한 조치들을 취했다. 그렇다면 그런 조치들이 과연 코로나바이러스 및 홍역 발생과 미래의 팬데믹 확산을 늦추는 데 도움이 될까? 아니면 가짜 뉴스들 때문에 예방 가능한 질병들이 확산될까? 우리는 이 의문에 대한 답을 최근의 '가짜 뉴스 연구'에서 찾을 수 있다.

가짜 뉴스 연구

가짜 뉴스의 확산이 앞으로 민주주의와 경제, 공중위생에 재앙에 가까운 타격을 주게 될 가능성이 큰데도 온라인상에서 가짜 뉴스가 어떻게 그리고 왜 퍼지는지를 규명해줄 '가짜 뉴스 연구 science of fake news'는 아직도 걸음마 단계에 있다. 2018년까지만 해도 가짜 뉴스와 관련한 대부분의 연구는 한 번에 한 가지씩 가짜 뉴스 확산과 관련된 몇 개의 샘플과 사례 연구를 수집해 분석하는 게 고작이었다. 그런 연구 동향을 소로쉬 보수기와 뎁 로이 그리고 내가 바꾸기 시작했다. 2018년 3월 우리는 〈사이언스〉에 온라인상에서의 가짜 뉴스 확산에 관한 연구를 발표했다.[91]

이 연구에서 우리는 트위터와 함께 2006년부터 2017년까지 트위터에서 퍼진 확인된 진짜 뉴스와 가짜 뉴스에 대해 세밀히 분석했다. 우리는 트위터의 아카이브에서 확인된 가짜 뉴스 관련 트윗들을 추출했다. 그 데이터에는 300만 명에 의해 450만 회 넘게 퍼진 약 12만 6,000건의 뉴스가 포함되어 있었다. 우리는 독립된 6개 팩트체크 기관들로부터 얻은 정보를 활용해 각 뉴스가 진짜인지 가짜인지를 구분했다. 그 결과 95%에서 98%까지 뉴스의 진실성이 확인되었다. 그런 다음 우리는 MIT와 웰즐리 칼리지에서 독립적으로 일하는 학생들을 채용해 팩트체크 담당자들이 이야기들을 골라내면서 편견은 없었는지를 확인했다.

이렇게 해서 트위터 설립 이후 10년간 축적된 소문들로 방대한 데이터베이스가 구축되자 우리는 트위터를 검색해 각 뉴스에 대해 언급된 트윗들을 찾아냈고, 사람들이 '원본' 트윗(트위터상에서 어떤 이야기가 처음 언급된 트윗)을 어떻게 공유했는지를 추적했다. 그러고 나서 온라인상에 퍼지는 이 이야기들의 리트윗 폭포들을 재현해냈다. 그 폭포들을 시각화하자 공유 활동 패턴이 마치 외계 생명체처럼 기이한 모양을 띠었다. 그 폭포들은 대개 처음에는 원본 트윗에서 비롯되는 리트윗들로 별빛 패턴을 보이다가 해파리 촉수처럼 생긴 새로운 리트윗 체인들이 뻗어 나왔다. 〈그림 2-2〉가 바로 이 가짜 뉴스 폭포 중 하나의 이미지다. 이 폭포들은 일정 시간을 두고 트위터 이용자들 사이에서 퍼져나가며 수학적 특성을 띠게 된다. 그래서 우리는 가짜 뉴스들이 진짜 뉴스와 다르게 어떤 식으로 퍼지는지 분석했다.

우리는 발견된 사실들에 매우 놀라고 당황했다. 모든 범주의 정보에서 가짜 뉴스는 진짜 뉴스보다 눈에 띌 정도로 더 멀리, 더 빨리, 더 깊이, 더 넓게 퍼진다는 것을 발견했다. 게다가 뉴스 중요도가 클수록 그런 경우가 더 많았다. 진짜 뉴스들은 1,000명 이상에게 퍼지지 않았는데, 상위 1%에 드는 가짜 뉴스들은 무려 10만 명에게 퍼졌다. 또한 가짜 뉴스는 진짜 뉴스와 비교해 1,500명에게 퍼지는 속도가 6배 가까이 빨랐고, 원본 트윗에서 10회 재공유되면서 리트윗 폭포를 이루는 속도 역시 20배 빨랐다. 가짜 뉴스는 모든 리트윗 폭포의 '깊이' 면

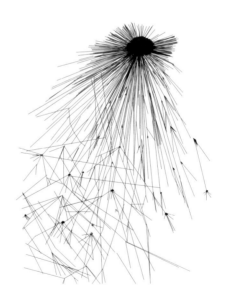

그림 2-2. 트위터상의 가짜 뉴스 확산을 시각화했다. 선은 리트윗 폭포를 나타내며 그 길이는 가짜 뉴스가 퍼지는 범위 및 깊이와 비례한다.

에서 진짜 뉴스보다 훨씬 폭넓게 확산되었고 더 많은 순방문자(특정 웹사이트를 일정 기간 적어도 한 번 이상 방문한 사람 중 고유의 ID값을 가진 개개인-옮긴이)에 의해 리트윗되었다(정보는 원본 트윗을 재공유할 때마다 확산되어 재공유 체인이나 폭포를 이룬다. 그리고 각 체인 내 링크 수가 폭포의 '깊이'가 된다).

특히 정치 관련 가짜 뉴스는 그 어떤 범주의 가짜 뉴스보다 더 깊고 폭넓게 퍼졌고 입소문 역시 더 빨리 퍼졌다. 다른 범주의 가짜 뉴스들이 1만 명에게 퍼지는 속도보다 3배 가까이 빠른 속도로 2만 명에게 퍼졌다. 특히 정치와 도시 괴담 관련 뉴스가 가장 빨리 퍼졌고 입소문도 가장 많이 탔다. 가짜 뉴스는 진짜 뉴스보다 리트윗될 가능성도 70%나 더 컸는데, 이는 계정 소유자의 나이와 활동 수준 그리고 원본 트위터의 팔로워 수를 제한하고 원본 트위터가 인증된 사용자일 경우에도 마찬가지였다.

뉴스를 퍼뜨리는 사람들의 특징을 살펴보면 왜 가짜 뉴스가 진짜 뉴스보다 빨리 퍼지는지 그 이유를 알 수 있을 것으로 생각하는 사람도 있겠지만, 데이터를 분석해보면 전혀 그렇지 않다. 가짜 뉴스를 퍼뜨리는 사람들은 많은 팔로워가 있고, 많은 사람을 팔로우하고, 자주 트윗을 하며 '인증된' 사용자이거나 오래전부터 트위터를 해온 사람일 것으로 생각하기 쉬운데, 실은 그 반대다. 가짜 뉴스를 퍼뜨리는 사람들은 대개 팔로워가 아주 적고 일부 사람들만 팔로잉한다. 그리고 트위터에서의 활동도 매우 저조한 데다 '인증된' 사용자인 경우도 드물며 트위터를 방문하는 시간도 아주 적었다. 다시 말해 이런 사실들 때문이 아니라 이런 사실들에도 불구하고 가짜 뉴스는 진짜 뉴스보다 더 멀리, 더 빨리, 더 깊이, 더 넓게 퍼졌다. 그렇다면 가짜 뉴스는 대체 왜 그리고 어떻게 퍼지는 것일까?

온라인상에서 거짓말은 봇과 인간이 자신들도 모르게 예기치 않은 공생 관계를 이루며 복잡한 상호 작용을 하는 가운데 퍼져나갔다.

소셜 봇과 가짜 뉴스

소셜 봇social bot(소프트웨어로 통제되는 소셜 미디어 프로파일)은 가짜 뉴스 확산에서 큰 역할을 한다. 우리는 트위터 데이터, 즉 2014년 크림반도에서 러시아가 벌인 정보전과 10년간 축적된 트위터 샘플 데이터를 분석하는 과정에서 소셜 봇의 역할을 확인했다. 소셜 봇이 온라인상에서 거짓말을 퍼뜨리는 데 사용하는 방법은 아주 충격적이면서 흥미롭다.

2018년 인디애나 대학의 필리포 멘처Filippo Menczer는 쳉쳉 샤오 등과 함께 소셜 봇이 어떻게 가짜 뉴스를 퍼뜨리는가를 주제로 사상 최대 규모의 연구를 발표했다.[92] 그들은 2016년부터 2017년까지 트위터상에서 40만 건의 뉴스를 퍼뜨린 1,400만 건의 트윗을 분석했다. 그리고 그 결과는 가짜 뉴스가 진짜 뉴스보다 빨리 입소문을 탄다는 우리의 연구 결과를 뒷받침해주었다. 필리포 멘처 등도 신뢰도가 낮은 소스에서 나온 콘텐츠를 퍼뜨리는 데 소셜 봇이 큰 역할을 한다는 사실을 발견했다. 소셜 봇이 가짜 뉴스를 확산시키기 위해 작동하는 방식은 매우 놀라웠다. 그것을 보면 소셜 봇이 하이프 머신을 먹이로 삼기 위해 얼마나 정교하게 프로그래밍되었는지를 알 수 있었다.

첫째, 소셜 봇은 가짜 뉴스가 올라오기 무섭게 바로 달려들어 널리

리트윗한다. 애초부터 그런 식으로 제작된 것이다. 게다가 가짜 뉴스를 처음 퍼뜨리는 것은 사람이 아니라 바로 이 소셜 봇일 가능성이 아주 크다. 앞서 본 〈그림 2-2〉에서 트위터상의 가짜 뉴스 폭포들에 나타난 별빛 패턴을 떠올려보라. 그 별빛들 가운데 상당수는 봇이 만들어낸 것이다. 다음에 일어나는 일은 이런 전략이 얼마나 효과가 있는지를 보여주는데, 이후 리트윗 작업의 대부분은 인간이 하기 때문이다. 소셜 봇이 시작한 트윗 활동으로 인해 비정상적일 정도로 활발한 인간의 개입이 시작된다. 소셜 봇에 의해 생긴 가짜 뉴스 폭포들이 하이프 머신 네트워크에서 인간을 통해 확산되는 것이다.

둘째, 소셜 봇은 끊임없이 영향력 있는 사람들의 이름을 들먹인다. 만약 가짜 뉴스 리트윗을 위해 영향력 있는 사람들을 끌어들인다면, 그 가짜 뉴스는 더 확산되고 더 정당화된다. 필리포 멘처 등은 자신들의 데이터에서 한 예를 들었다. 한 소셜 봇이 '@realDonaldTrump'를 19번 언급하면서, 그 콘텐츠를 2016년 미국 대통령 선거에서 불법 이민자들이 수백만 표를 행사했다는 가짜 뉴스에 연결시켰다. 이 전략은 영향력 있는 사람들이 그 콘텐츠에 현혹되어 해당 트윗을 다른 사람들과 공유하면서 효과를 발휘한다. 예를 들자면 도널드 트럼프 전 대통령은 기회가 있을 때마다 소셜 봇이 만든 콘텐츠를 공유하여 그 콘텐츠를 정당화해주고 트위터 네트워크 안에서 잘못된 정보를 확산시켰다. 결국 2016년 미국 대통령 선거에서 불법 이민자 수백만 명이 투표권을 행사했다는 잘못된 주장을 논란거리로 만든 장본인은 트럼프 자신이었다.

소셜 봇은 인간 없이는 가짜 뉴스를 퍼뜨릴 수 없다. 트위터와 함께한 연구에서 우리는 진실보다 거짓 소문을 더 빠르고, 널리 퍼뜨리는 것은 소셜 봇이 아닌 인간이라는 사실을 알게 되었다. 필리포 멘처 등이 2016년부터 2017년까지 실시한 연구에 따르면 트위터 네트워크 내에서 가짜 뉴스를 퍼뜨리는 데 가장 결정적인 역할을 한 것은 소셜 봇이 아닌 인간이었다. 결국 인간과 기계가 공생 관계 속에서 가짜 뉴스를 퍼뜨리는 것이다. 소셜 봇은 인간을 조종해 가짜 뉴스를 공유하게 하고, 인간은 하이프 머신을 통해 그 가짜 뉴스를 퍼뜨린다. 잘못된 정보의 캠페인은 궁극적으로 인간을 호도하는 것을 목표로 한다. 투표하고, 시위하고, 제품을 불매하고, 자녀들에게 백신을 접종하느냐 마느냐를 결정하는 것은 결국 인간이다. 이처럼 인간이 내밀하게 결정하는 일들이 바로 가짜 뉴스 조작의 목표다. 소셜 봇은 그 목표를 달성하기 위한 한 수단일 뿐이다. 인간이 가짜 뉴스 캠페인의 목표이고, 또 가짜 뉴스 확산에 결정적 역할을 한다고 할 수 있다. 그런데 왜 우리는 가짜 뉴스에 그토록 끌리는 걸까? 왜 우리는 가짜 뉴스를 공유하려 하는 것일까?

참신성 가설

위 질문에 대한 한 가지 답이 바로 소로쉬 보수기와 뎁 로이 그리고 내가 '참신성 가설'이라 부르는 것이다. 참신한 것들은 놀라움과 감정적 자극을 주기 때문에 늘 인간의 관심을 끈다.[93] 또 세계에 대한 우리의 이해를 업데이트하고 공유를 장려한다.[94] 공유하는 사람에게 사회적 지위가 부여되기 때문이다. 다시 말해 공유하는 사람은 무언가를 '잘 아는' 사람 같고 '내부 정보'에 접근할 수 있는 사람처럼 보이는 것이다.[95] 이런 사실을 토대로 우리는 트위터의 10년 치 데이터에서 거짓 소문이 진실보다 더 참신한지 확인해보았다. 트위터 사용자들이 더 참신해 보이는 정보를 리트윗할 가능성도 조사했다.

참신성을 평가하기 위해 우리는 진실과 거짓 소문을 공유한 사용자들을 찾아보았다. 그런 다음 한 소문을 리트윗하기로 결정하기 전 60일 동안 사용자가 노출된 트윗의 내용을 모두 비교해 보았다. 그랬더니 참신성을 측정해본 결과에는 일관성이 있었다. 가짜 뉴스가 진짜 뉴스보다 확실히 더 참신했으며, 사람들은 참신한 정보를 공유할 가능성이 더 높았다. 이는 '관심 경제'(9장 참조)의 맥락에서 보았을 때도 충분히 이해가 된다. 경쟁이 치열한 소셜 미디어 환경이라는 맥락에서 보면 온라인상에서 참신한 것은 우리의 관심을 끌며[96] 소비와 공유를 조장한다.

우리의 연구에서 거짓 소문은 진실보다 참신했지만, 사용자들은 그렇게 인식하지 않았을 수도 있다. 그래서 '참신성 가설'을 좀 더 확인해보기 위해 우리는 트위터 사용자들이 각 소문에 대해 반응하며 드러낸 감정들을 비교하여 진실과 거짓 소문에 대한 그들의 인식을 평가해보았다. 그 결과 거짓 소문들이 놀라움과 혐오를 더 많이 유발해 '참신성 가설'을 뒷받침해주었고, 진실은 슬픔과 기대, 기쁨과 믿음을 더 많이 유발했다.[97] 이런 감정들은 무엇이 사람들에게 참신성 뛰어넘어 가짜 뉴스를 공유하게 하는지 보여주었다. 가짜 뉴스의 확산하에 작동되는 메커니즘을 제대로 이해하려면, 우리는 인간이 가짜 뉴스에 얼마나 민감한지도 살펴봐야 한다.

가짜 뉴스에 대한 인간의 민감성

틀린 믿음에 대한 인간의 민감성을 다루는 연구는 가짜 뉴스를 다루는 연구보다는 발전했지만, 유감스럽게도 아직 제대로 정착되지는 못했다. '고전적 추론'과 '동기를 지닌 추론' 간의 논쟁은 현재진행형이다. '고전적 추론'은 우리가 분석적으로 생각할 때 가짜와 진짜를 더잘 구분할 수 있다고 주장한다. 반면에 '동기를 지닌 추론'은 우리가 틀린 믿음에 대한 정확한 정보를 접하게 될 때 특히 애초부터 그 틀린 믿음에 편향되어 있었다면, 더 분석적으로 틀린 믿음을 파고들고 더욱 집착하게 된다고 주장한다.

MIT 데이비드 랜드는 예일 대학의 고든 페니쿡과 함께 어떤 유형의 사람들이 가짜 뉴스를 더 잘 알아내는지를 연구했다.[98] 랜드와 페니쿡은 성찰력을 지닌 사람들이 어떻게 '인지 성찰 과제'를 활용하는지 측정했고, 그런 다음 그들에게 일련의 진짜 뉴스나 가짜 뉴스를 믿는지를 물었다. 인지 성찰 과제는 다음과 같은 간단한 퀴즈에 답하게 함으로써 그 사람이 얼마나 깊이 살피는 사람인지를 테스트한다. "배트와 공의 가격은 합쳐서 1달러 10센트이다. 그리고 배트는 공보다 1달러 비싸다. 그렇다면 공의 가격은 얼마인가?" 이에 직감적으로 바로 10센트라는 답을 하기 쉽다. 그러나 가만히 생각해보면 그 답은 틀렸다. 만약 공이 10센트라면 배트는 1달러 10센트가 되고, 결국 합쳐서 1달러 20센트가 되기 때문이다. 이런 종류의 퀴즈로 그 사람의 성찰력을 테스트해볼 수 있다. 랜드와 페니쿡이 알아낸 바에 따르면 성찰력이 있는 사람들은 가짜에서 진짜를 더 잘 가려냈으며, 실제 사건들의 편파적 측면들을 알아내 고전적 추론을 뒷받침해주었다.

그러나 반복은 믿음을 만들어낸다.[99] 당신이 만약 우리에게 가짜 뉴스를 계속 주입한다면 우리는 그 뉴스를 믿게 되는데, 이를 '오류적 진실 효과illusory truth effect'[100]라고 한다. 가짜 뉴스에 반복해서 노출될수록 그 뉴스를 더 믿게 된다. 사람들은 또 이미 믿는 것을 믿는 경향이 있다(이것을 확증 편향이라고 한다). 따라서 우리가 뭔가에 대해 더 많이 듣게 된다면, 그리고 그것이 이미 알고 있는 것과 일치한다면 그것을 믿게 될 가능성은 그만큼 높아진다. 이와 같은 맥락에서 일부 인지 과학자와 정치학자들은 확증 편향 때문에 뭔가를 바로잡으려는 정보는 오히려 역효과를 낼 수도 있다고 가정한다. 다시 말해 누군가를 상대로 틀린 믿음을 갖고 있다는 것을 이해시키려고 하면 오히려 상대에게 틀린 그 믿음을 더 파고들게 만들 수도 있다는 것이다. 그러나 현재로서는 아직 그런 '역효과'에 대한 증거는 빈약한 것 같다. 앤드루 게스와 알렉산더 코포크는 세 차례의 설문 조사 실험에서 이론상 그럴 가능성이 큰 상황에서조차 역효과의 증거를 찾지 못했다.[101]

결국 성찰력은 가짜와 진짜를 가리는 데 도움을 주고, 반복은 믿음을 만들고, 잘못된 것을 바로잡으려는 정보는 대개 확증 편향 때문에 이미 알고 있는 것을 더욱 믿게 하지만 역효과를 내지는 않는 듯하다. 이런 사실들은 가짜 뉴스와의 싸움(12장 참조)에 도움이 된다.

가짜 뉴스를 만드는 경제적 동기

가짜 뉴스를 만드는 정치적 동기는 우크라이나와 미국 정치에 개입한 러시아를 통해 충분히 확인할 수 있었다. 하지만 경제적 동기 또한 과소평가해서는 안 된다. 마케도니아의 벨레스 이야기처럼 가짜 뉴스를 만드는 경제적 동기가 확연히 드러나는 사례도 없다.

벨레스는 5만 5,000명의 주민에 텔레비전 채널 두 개와 아름다운 교회가 몇 개 있는 고즈넉한 산악 도시다. 이곳에는 오스만 제국 시대의 재상부터 14세기 말 세르비아와 오스만 제국 간의 전투에 이르기까지 역사적으로 자랑할 만한 유명한 인물과 사건들이 있었다. 그러나 이 도시가 세계적으로 널리 알려지게 된 결정적 사건은 2016년 미국 대통령 선거 기간 중에 일어났다. 나아가 그 사건으로 실업 상태에 있던 이 도시의 10대 청소년들은[102] 하이프 머신을 잘 이용하면 온라인상에 가짜 뉴스를 퍼뜨려 부자가 될 수 있다는 것을 알게 되었다.

당시 벨레스의 청소년들은 수백 개의 웹사이트를 만들고 활성화하여 소셜 미디어 광고 네트워크를 통해 미국의 유권자들에게 가짜 뉴스를 퍼뜨렸다. 구글 같은 기업들은 인터넷 브라우저들에 광고를 싣고, 웹사이트를 만든 사람에게는 끌어들인 방문객의 수에 따라 돈을 준다. 그런데 벨레스의 청소년들이 웹사이트를 만들고 소셜 미디어 네트워크를 통해 자신들의 콘텐츠를 잘 홍보하면 많은 돈을 벌 수 있다는 사실을 알게 되었다. 자신들의 글을 더 많은 사람이 공유할수록 더 많은 돈을 벌 수 있었다.

벨레스의 청소년들은 가짜 뉴스가 더 많은 독자를 끌어들이며, 우리가 연구를 통해 알게 되었듯이 온라인상에서 가짜 뉴스가 진짜 뉴스보다 70%나 더 많이 공유된다는 사실도 알게 되었다. 그들은 신호를 확대할 가짜 계정들을 만들었다. 그 계정들이 일단 실시간 알고리즘에 포착되자 그들이 만든 가짜 뉴스가 훨씬 많은 사람에게 노출되면서 주목을 받게 되었다. 뒤이어 가짜 뉴스가 홍수처럼 쏟아져 나왔고 투표장으로 향할 미국 국민에게 들이닥쳤다. 한쪽으로는 돈이 쏟아져 들어왔고 다른 한쪽으로는 가짜 뉴스가 쏟아졌다. 벨레스에는 멋진 BMW들이 쏟아져 들어왔고 2016년 대통령 선거를 몇 개월 앞둔 미국에는 가짜 뉴스들이 쏟아졌다. 사실 벨레스는 일례에 불과하다. 2019년 가짜 뉴스 웹사이트들이 거둬들인 연간 광고 수입은 무려 2억 달러가 넘었다.[103] 이제 가짜 뉴스는 큰 사업이 되었다. 따라서 이 문제를 제대로 해결하려면 그 경제 현실을 제대로 알아야 한다(12장 참조).

현실의 끝

안타깝게도 내가 지금까지 이야기한 주식 시장 붕괴부터 코로나바이러스 관련 가짜 뉴스, 홍역 발생, 선거 개입까지는 모두 좋은 소식이다. 가짜 뉴스 시대의 상황은 훨씬 더 나쁠 것이기 때문이다. 우리는 지금 이른바 '합성 미디어synthetic media'라는 새로운 시대의 길목에 서 있는데, 일부 사람들은 그 시대가 우리를 '현실의 끝'[104]으로 몰고 갈 것이라고 두려워하기도 한다. 현실의 끝이라는 표현이 다소 극적일지 몰라도 가짜를 조작해내는 기술이 앞으로 무서울 만큼 더 빠른 속도로 발전되리라는 데는 의심의 여지가 없다. 현재 '딥페이크'의 발전으로 글씨로 된 가짜 뉴스보다 훨씬 더 사람을 현혹하는 실감 나는 합성 음성과 영상이 만들어지고 있다. 게다가 이 기술은 다층 신경망을 토대로 기계가 스스로 학습하는 딥 러닝 기술을 사용하여 초현실적 가짜 음성과 영상을 만들어낸다. 만약 보는 것이 믿는 것이라면, 다음 세대의 가짜 콘텐츠들은 그간 우리가 보아온 그 어떤 가짜 미디어보다 우리를 더욱 현혹할 것이다.

2018년 영화감독 조던 필은 뉴스 및 엔터테인먼트 웹사이트 버즈피드와 함께 버락 오바마가 도널드 트럼프를 향해 "완전히 쓸모없는 인간"[105]이라고 부르는 딥페이크 동영상을 만들었다. 정말 진짜 같았지만 확실한 가짜 동영상이었다. 조던 필은 자신이 만든 딥페이크를 더 실감 나게 만들고자 가짜 오바마에게 "적어도 공개적으로 연설 자리가 아니면… 이런 말은 절대 하지 않으려 했는데…"라는 말까지 하게 했다. 그런데 만약 이 경우처럼 동영상이 가짜라는 것을 밝히지 않고 의도적으로 진짜처럼 보이게 만든다면 어떻게 될까?

딥페이크 기술은 '생성적 대립 신경망GAN(generative adversarial networks)'[106]이라는 특수한 형태의 딥 러닝을 토대로 한 기술로, 몬트리올 대학 대학원생이던 이안 굿펠로우가 개발했다. 하루는 굿펠로우가 동네 술집에서 동료 대학원생들과 함께 맥주를 마셨는데, 동료들이 머신 러닝machine learning 문제로 골머리를 앓고 있다는 사실을 알게 되었다. 동료들은 컴퓨터를 훈련시켜 스스로 사진을 찍도록 만드는 머신 러닝 기술 개발에 어려움을 겪고 있었다. 기존의 방법들은 전부 참담한 실패만 불러왔다. 그런데 그날 밤 한잔하던 굿펠로우에게 '두 신경망이 서로 대립하게 하면 이 문제가 해결되지 않을까?' 하는 영감이 퍼뜩 떠올랐다. 그게 바로 전 페이스북 인공지능 연구 책임자 얀 르쿤이 "지난 20년간 딥 러닝 분야에서 탄생한 가장 멋진 아이디어"[107]라고 격찬한 GAN의 탄생 배경이다. 도널드 트럼프를 향해 "완전히 쓸모없는 인간"이라는 말을 던지는 조작된 버락 오바마가 생겨난 배경이기도 하다.

GAN은 두 네트워크를 서로 대립하게 한다. '생성자'가 합성 미디어를 만들어내고, '판별자'는 콘텐츠가 진짜인지 가짜인지 구분한다. 생성자는 판별자의 결정들을 통해 학습하며 자신의 미디어를 최적화해 더욱 실감 나는 음성과 영상을 만들어낸다. 사실 생성자가 하는 일은 판별자가 깜빡 속아 넘어갈 정도로 감쪽같은 합성 음성과 영상을 만들어내는 것이다. 기계가 인간을 티가 나지 않게 속이는 세계를 상상해보라. 그것이 바로 GAN 기술이 비약적으로 발전한 현실 왜곡의 미래이다.

GAN 기술은 고에너지 물리학 실험에서 확실한 합성 데이터를 만들어내거나 신약 개발 속도를 높이기 위한 용도로도 사용될 수 있다. 그러나 문제는 이 모든 게 지정학적, 경제학적 문제를 초래할 수 있다는 것이다. 한때 미국 국무부 대테러 조정관이었던 다니엘 벤자민 대사와 클린턴과 오바마 행정부에서 국가안전보장회의 대테러 수석 책임자였던 스티븐 사이먼이 그리는 그림은 다음과 같이 암울하다. "이란 정부 관료들이 테러리스트들과 함께 미국 공격 계획을 짜고 있는 모습을 보여주는 가짜 동영상이 있다고 가정해보라. 그 동영상이 초래할 혼란은 상상하기 어렵지 않다. 아니면 이란이나 북한 군부가 어떤 표적을 선제공격할 계획을 짜고 있다는 날조된 뉴스가 있다고 가정해보라. 자칫하면 전쟁으로 이어질 수도 있고, 진짜 위협에 대한 국가적 대응을 가로막을 수도 있다."[108]

딥페이크 음성은 이미 기업들로부터 수백만 달러를 사취하는 데 활용되고 있다. 2019년 여름 시만텍의 최고기술경영자 휴 톰슨은 자사 고객들을 대상으로 딥페이크 음성 공격이 있었다고 폭로했다.[109] 범인들은 공개된 각 기업 최고경영자의 목소리를 녹음하여 GAN 기술로 합성 음성을 만들었다. 다시 말해 뉴스 인터뷰와 공개 연설, 실적 발표, 의회 증언 등에 나온 최고경영자의 목소리를 녹음해 그것으로 가짜 합성 음성을 만들어낸 것이다. 그 음성 파일들을 가지고 자동으로 최고경영자의 목소리를 그대로 흉내 내는 장치를 만들었다. 그런 다음 특정 기업의 최고경영자인 양 최고재무책임자에게 전화를 걸어 수백만 달러를 자신들의 은행 계좌로 즉시 송금하라고 했다. 그들의 장치는 단순히 미리 녹음된 메시지를 내보내는 게 아니라 범인의 목소리를 최고경영자의 목소리로 실시간 전환하기까지 했다. 그래서 그들은 최고재무관리자의 각종 질문에 적절히 답하는 등 실감 나는 대화를 할 수 있었다. 합성 음성은 너무도 진짜 같은 데다가 즉시 송금해야 하는 이유도 그럴듯하게 설명(즉시 송금하지 않으면 큰 거래를 놓친다거나 회계 연도 4분기 마감을 앞두고 송금을 서둘러야 한다는 등)해 최고재무책임자는 최고경영자의 요청에 따라 송금했다. 당시 휴 톰슨의 폭로에 따르면 이 같은 합성 음성 공격으로 기업들이 입은 피해는 수백만 달러에 달했다.

조던 필은 자신의 버즈피드 딥페이크에서 버락 오바마의 입을 빌려 이런 말을 했다. "아주 기본적인 얘기지만 작금의 정보화 시대에 앞으로 어떻게 하느냐에 따라 우리는 계속 살아남을 수도 있고 아니면 빌어먹을 디스토피아에 빠질 수도 있습니다." 디스토피아에 빠지는 게 우리의 운명인지 아닌지 제대로 파악하려면, 먼저 하이프 머신이 어떤 식으로 작동하는지부터 알아야 한다. 그러기 위해 우리는 첫 번째 원칙으로 돌아가 하이프 머신의 내밀한 속을 깊이 들여다보고, 소셜 미디어가 우리 뇌에 미치는 영향에 관해 면밀히 살펴봐야 할 것이다.

3장

The Hype Machine

하이프 머신

우리의 비즈니스에서뿐만 아니라
미국인의 삶과 세계인의 삶에서
가장 큰 변화를 한 가지 꼽으라면
단연 소셜 미디어의 변화다.

―톰 보로코

세상에는 우리 자신보다 강력한 것이 부지기수이다.
그러나 차를 잡아타는 방법을 알아야 어디든 갈 수 있다.

―닐 스티븐슨

나는 여러 해 동안 페이스북과 공동 연구해왔다. 끊임없이 변하는 페이스북 본사 복도와 벽에 걸린 미술 작품과 벽화들은 이제 일종의 전설이 되어버렸다. 그래피티 아티스트 데이비드 최의 이야기를 예로 들어보자. 그는 팰로앨토 에머슨 스트리트에 있던 페이스북 본사 건물을 온통 벽화로 덮어달라는 요청을 받았다. 당시 데이비드 최는 한창 주가를 올리고 있었다. 그는 건물 전체에 벽화를 그려주는 비용으로 페이스북 측에 6만 달러를 청구했다.[110] 페이스북 초대 사장 숀 파커는 현금 대신 페이스북 주식을 제안했다. 2012년 페이스북이 상장하자 데이비드 최가 보유한 주식 가치는 무려 2억 달러에 달하게 되었다(오늘날에는 그 가치가 5억 달러에 달한다).

페이스북 내에서 예술은 혁신과 아주 깊은 관계가 있다. 심지어 입주 예술가 프로그램[111]까지 있어 멘로 파크에 있는 본사의 벽과 복도는 그 예술가들이 그린 창의적이고 의미 있는 벽화들로 가득하다. 좋은 의미에서든 나쁜 의미에서든 예술은 페이스북의 문화를 반영한다. 페이스북에는 "빠르게 움직이고 틀을 깨부숴라 Move Fast and Break Things"라는 유명한 포스터가 있다. 마크 저커버그가 처음 이 말을 했을 때는 페이스북의 혁신을 이끄는 창의적 정신을 알리는 것이었다. 물론 오늘날 이 말은 가짜 뉴스의 위기와 미국 민주주의에 대한 러시아의 개입을 제대로 인식하지 못하는 경솔한 사고방식의 상징으로 여겨지기도 한다. 여러 면에서 페이스북 내에서 예술은 페이스북의 문화와 사회적 의미를 반영하며, 세계 최대 소셜 네트워크를 만들고 있는 많은 엔지니어와 데이터 과학자의 마음에 특별한 정신을 불어넣기도 한다. 이 예술은 페이스북이 세상에 미치는 영향력을 보여주는 축소판이다. 그래서 그곳의 예술을 들여다보면 페이스북 직원들이 어떤 식으로 생각하는지 알 수 있다.

한번은 페이스북 본사를 방문했는데 특이한 벽화가 눈길을 끌었다. 나는 그 벽화를 스마트폰으로 찍어 간직했다. 그리고 이후 여러 해 동안 하이프 머신을 연구하고 그 작동 원리를 이해하려 애쓰면서 마음속으로 그 벽화를 떠올리곤 했다. 초록색, 파란색, 흰색으로 된 그 스텐실 벽화에는 다음과 같은 문구가 적혀 있었다. "소셜 네트워크는 컴퓨터다 The Social Network Is the Computer."

소셜 네트워크는 컴퓨터다

이 벽화 문구는 여러 의미로 해석할 수 있다. 어떤 면에서 소셜 네트워크는 페이스북이 팔고 있던 제품이었다. 다만 애플이 컴퓨터를 팔았다면, 페이스북은 네트워크(또는 거기에 올리는 광고들)를 팔았다. 그러나 내가 보기에 그 벽화 문구에는 더 깊은 의미가 있었다. 오늘날 사회는 그 자체가 거대한 정보 처리 장치여서 그 속에서 매일 분당 수십억 번씩 사람들 사이에 각종 아이디어와 개념, 의견이 오간다. 그리고 우리 뇌 속의 뉴런이나 신경망 속의 접속점들이 상황에 따라 활성화되듯이 어떤 제품을 사고, 누구에게 표를 던지며, 누구와 데이트할 것인지 등을 결정하고서 행동한다. 이러한 비유에서 우리는 한 사람 한 사람이 모두 연결망의 접속점이며, 우리가 모여 사는 거대한 정보 처리 장치의 구조물이 바로 소셜 네트워크다. 페이스북과 트위터, 왓츠앱, 위챗, 인스타그램 등이 모여서 만들어진 소셜 네트워크는 컴퓨터다. 그런데 소셜 네트워크가 컴퓨터라면 이 컴퓨터가 처리하는 것은

그림 3–1. 페이스북 멘로 파크 사옥에서 저자가 찍은 사진

무엇일까?

이 컴퓨터, 즉 우리 모두를 연결하는 이 거대한 정보 처리 기계에서 오가는 정보에는 각종 아이디어와 제안, 정치적 메시지, 예술적·문화적 변화, 끔찍한 사건과 사실, 수치에 대한 충격적인 뉴스, 사고방식, 옹호 그리고 고양이 사진이나 블루베리 머핀처럼 보이는 치와와 사진이 담겨 있다. 근본적으로 하이프 머신은 정보 처리 시스템으로 우리 사회에서 이 사람에서 저 사람으로 그리고 많은 사람, 브랜드, 정부, 언론 매체, 국제기구 간에 오가는 정보의 흐름을 제어하거나 조정한다. 그 거대한 네트워크 안에서 우리 인간은 그 자체로 정보 처리 장치이자 의사 결정자이다. 우리는 네트워크에 흐르는 정보들을 쇼핑, 투표, 옹호, 게시, 공유, 선택하며 일상생활을 꾸려나간다. 우리가 사회 구성원으로서 경험하는 집단적 결과들은 개인적 결정들의 집대성이다. 그리고 이 개인적 결정들은 우리가 접하는 각종 미디어(기업형 방송 매체와 점점 영향력이 커지는 소셜 미디어 등) 정보와 아이디어, 의견들의 흐름에 영향을 받는다.

우리는 하이프 머신에 있는 정보를 분류하고 배포하는 데 있어 중요한 역할을 한다. 하지만 그 정보 흐름의 상당 부분은 네트워크 안에서 우리가 언제 무엇을 보게 되는지, 다음에는 누구와 연결되는지 등을 결정짓는 알고리즘들로 처리 및 제어된다. 이런 식으로 우리의 현대적 커뮤니케이션 인프라, 즉 새로운 정보 질서는 1년 365일 내내 정보 교환에 참여하며 정보 흐름 제어 알고리즘으로 이끌리는 네트워크를 끊임없이 진화시킨다. 이렇게 진화하는 네트워크를 이해하려면 하이프 머신의 내부를 자세히 들여다봐야 한다.

하이프 머신의 해부

3가지 주요 요소들이 하이프 머신을 존재하게 한다. 디지털 소셜 네트워크, 기계 지능(인공지능), 스마트폰 이 3가지 요소가 하이프 머신이 우리 세계를 조직화하는 방식을 결정짓는다. 우선 디지털 소셜 네트워크는 우리 사회 내 정보 흐름을 조직화한다. 기계 지능은 피드 알고리즘을 통한 네트워크상의 정보 흐름과 친구 추천으로 디지털 소셜 네트워크의 진화를 선도한다. 마지막으로 스마트폰은 하이프 머신이 작동할 수 있게끔 언제든 인터넷에 접속할 수 있는 환경을 만들어준다. 기계 지능은 스마트폰을 통해 전달되는 우리 행동과 의견에 대한 매 순간순간의 데이터를 토대로 우리가 어떤 정보들에 접근하는지, 주로 어떤 의견이나 믿음에 노출되는지를 알아내 조직화한다. 디지털 소셜 네트워크와 기계 지능, 스마트폰이라는 3대 요소는 우리가 정보를 형성하고 소비하는 방식과 정보를 받고 행동하는 방식을 변화시키며, 그 결과 하이프 머신이 우리를 변화시키는 방식까지 변화시킨다 (〈그림 3-2〉 참조).

이런 정보 처리 기계를 제대로 이해하려면 우선 그것을 구성하고 있는 다음 3가지 요소를 제대로 이해해야 한다. ① 우리의 상호 작용을 조직화하는 정보 처리 기계의 '기반substrate'(디지털 소셜 네트워크). ② 기계와 인간 지능의 상호 작용을 통해 기반상에서의 정보 흐름을 제어하는 정보 처리 기계의 '과정process'(하이프 루프). ③ 우리가 하이프 머신에 정보를 제공하고 받는 기본 입출력 장치인 정보 처리 기계의 '매체medium'(적어도 현재는 스마트폰). 우리가 온라인상에서 왜 가짜 뉴스가 진짜 뉴스보다 빨리 퍼지는지나 현 상태의 하이프 머신이 왜

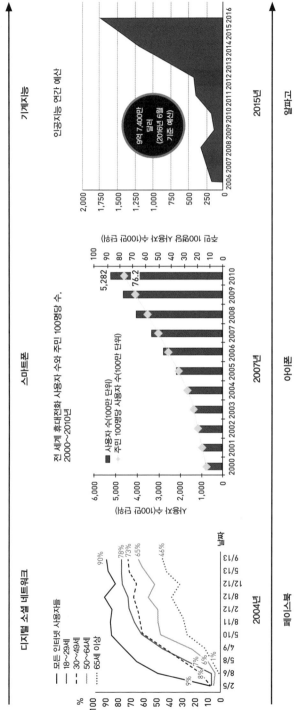

그림 3-2. 맨 왼쪽에는 2005년 2월부터 2013년 9월까지의 디지털 소셜 네트워크 도입 현황이 나와 있다. 가운데는 2000~2010년까지의 전 세계 스마트폰 사용자 총 현황 및 1인당 현황이 나와 있다. 그리고 맨 오른쪽 기계 지능 도입 현황에는 2006~2016년까지 인공지능에 대한 전 세계의 연간 예산이 백만 달러 단위로 나와 있다. 각 동향 아래에는 페이스북과 아이폰, 인공지능 소프트웨어 알파고의 출현 연도도 표시되어 있다.

대중의 지혜를 파괴하는지 등을 설명하기 위해는 어떤 이론이나 분석을 활용하든 앞서 언급한 3가지 요소에 관해 어느 정도 알고 있어야 한다.

먼저, 하이프 머신의 핵을 이루는 '기반'은 네트워크 그 자체로, 끝없이 진화하며 우리를 페이스북과 트위터, 링크드인 등에 연결해주는 전 세계적 규모의 링크 집합체이다. 네트워크 기반은 하이프 머신에 형태를 부여하고, 일정한 구조를 이뤄 누가 무엇을 언제 아는지 결정짓는다. 하이프 머신과 연결되는 네트워크의 구조는 정보가 흐르는 방식을 결정하여 구조 자체와 그 구조가 어떻게 진화하는지에 대해

그림 3-3. 하이프 머신의 3가지 요소

제대로 알게 된다면 정치적 양극화의 심화, 각종 사회 운동의 원동력, 가짜 뉴스의 확산, 타깃 광고의 성공 등 우리 사회 전반의 움직임에 대해 통찰력을 갖게 된다.

나는 네트워크 진화와 네트워크를 통한 정보의 흐름을 통제하는 '과정'을 '하이프 루프'라고 부른다. 이는 기계 지능과 인간 지능의 순환적인 상호 작용으로 우리가 집중하는 대상과 정보 및 지식이 배포되는 방식을 결정한다. 이런 상호 작용은 기계 지능이 발전하고, 세계 어디에서든 인간의 생각, 행동, 의견에 대한 데이터 접근이 가능해지면서 더 힘을 얻고 있다. 기계 지능은 이러한 데이터들을 받아들여 우리가 뉴스 피드에서 보는 기사들과 인스타그램에서 보는 사진들, 링크드인과 틴더Tinder에서 우리에게 추천하는 동료나 데이트 상대 그리고 이런 콘텐츠와 함께 보이는 광고들을 분류한다.

그런 다음 우리는 이런 정보를 소비하고 그 정보를 바탕으로 이런저런 결정을 한다. 우리는 어떤 링크와 이미지는 클릭하고, 또 어떤 것들은 버린다. 우리는 어떤 게시물에는 댓글도 달고 '좋아요'를 누르기도 하지만, 또 어떤 게시물은 무시하기도 한다. 심지어 온라인상에서 본 것들에 따라 오프라인, 즉 기표소나 쇼핑몰 등에서 행동까지 바꾼다. 하이프 머신은 이런 결정들을 관찰해 우리가 무엇을 좋아하고, 어떤 사람을 좋아하는지 그리고 우리가 어떻게 생각하는지 배운다. 그러면 하이프 머신에서 추천들은 더 매력적으로 수정된다. 인간과 기계의 이 같은 상호 작용 과정, 즉 하이프 루프는 우리에게 영향을 주고 우리는 하이프 루프에 영향을 주는 것이다. 하지만 그 결과들은 실제적이어서 사람들은 제품을 사고 투표하고 광장에 모여 시위를 한다.

매체는 하이프 머신에 연결할 때 사용하는 입출력 장치다. 오늘날 매체는 주로 스마트폰이다. 그러나 미래에는 증강현실 헤드셋이나 가상현실 헤드셋, 디지털 콘택트렌즈, 가상 존재, 가정용 음성 인식 장치 등일 수도 있다. 실제 장치가 무엇이든 매체는 중요하다. 매체가 상황을 결정하고 하이프 머신이 그 상황을 통해 우리에 대해 배우고 또 영향을 주기 때문이다.

하이프 머신을 제대로 이해하려면 하이프 머신의 발전을 이끄는 경제적·기술적·사회적·법적 힘들에 대해서도 알아야 한다. 우리는 일종의 지렛대인 그 힘들로 소셜 미디어를 통제한다. 따라서 하이프 머신의 3가지 요소에 관해 깊이 파고들기에 앞서, 그 요소들이 작동하는 방식을 설명하기 위해 4가지 지렛대에 관해 살펴보고자 한다.

4가지 지렛대: 돈, 코드, 규범, 법

하이프 머신이 우리에게 영향을 주는 방식과 반대로 우리가 하이프 머신에 영향을 주는 방식을 이끄는 것이 바로 돈과 코드, 규범과 법이라는 4가지 요소다. 각 요소는 2가지 역할을 한다. 첫째, 하이프 머신이 우리에게 미치는 영향을 들여다보기 위한 렌즈 역할을 한다. 둘째, 하이프 머신이 사회에 미치는 영향을 제어하기 위한 메커니즘 역할을 한다.

페이스북과 트위터, 스냅챗, 옐프 등이 직면한 돈 문제는 그들이 추구하는 비즈니스 모델과 그들의 소셜 미디어 플랫폼 디자인에 영향을 준다. 그리고 이 둘은 특정한 사회적·경제적 결과는 선호하고 다른 결과는 덜 좋아하는 등 다시금 사용자들의 행동 방식에 영향을 준다. 돈을 따르다 보면 종종 소셜 미디어의 활용 및 악용과 관련해 놀라운 관점을 갖게 된다.

코드를 분석함으로써 우리는 기술적 제약들이 어떻게 온라인에서 우리 행동과 커뮤니케이션 패턴, 소셜 네트워크의 진화에 영향을 주는지 이해할 수 있다. 소셜 미디어의 소프트웨어 코드 설계는 하이프 머신이 작동하는 방식에 많은 영향을 준다. 소셜 미디어 플랫폼들이 이런 시스템을 구축하며 부딪히게 되는 제약들을 돌파하는 지름길은 특정 설계들로 이어지며, 그 결과는 놀라우면서도 때로는 위험한 방식으로 우리 사회를 변화시킨다.

규범들을 분석함으로써 우리는 이런 시스템 안에서 작동하는 사회적 힘들을 이해할 수 있다. 우리의 소셜 미디어 활용 방식은 사회 구성원으로서 우리가 동의한 규범에 따라 이끌리기 때문이다. 결국 우리는 이 같은 혁신의 물결에서 우리가 집어넣는 것들을 끌어내게 된다. 이 기술을 긍정적이고 평등하게 활용한다면 우리는 긍정적인 사회 변화를 도모하고 상당한 사회적·경제적 가치도 창출할 수 있다. 그러나 조심하지 않는다면 본의 아니게 불평등하고 권위주의적인 세계를 만들어낼 수도 있다. 감시 자본주의가 사회적·경제적 의미에도 아랑곳없이 순전히 기업과 정부의 목적에만 부합하는 쪽으로 우리를 내모는 그런 세계 말이다. 우리는 지금 온라인상에서 말과 행동으로 서로에게 영향을 주고 있는데, 아마 앞으로도 계속 디지털 세계를 만들고 그 속에서 살아갈 것이다. 그리고 결국에는 뿌린 대로 거두게 될 것이다.

우리는 법을 공부해 각국 정부가 어떤 방법으로 하이프 머신이 초래한 시장 실패를 바로잡으려 하는지 알 수 있고, 각종 규제가 비즈니스, 정치, 사회에 어떤 영향을 주는지도 살펴볼 수 있다. 유럽연합EU

에서는 '개인 정보 보호법GDPR' 등으로 소셜 미디어 플랫폼들의 구조
와 움직임을 제약하고 있다. 그러나 미국은 모든 것을 소셜 미디어 플
랫폼의 자율에 맡기고 있어서 소셜 미디어 플랫폼들에 자기 규제라는
어려운 과제를 떠맡기고 있다. 그래서 자기 규제를 하지 않는다면 역
풍에 시달리게 된다. 전 세계적으로 소셜 미디어 규제의 미래는 아직
불투명하지만 한 가지 사실은 분명하다. 소셜 미디어 플랫폼들의 규
제 범위는 향후 2~3년간 크게 바뀔 가능성이 있다는 것이다. 이 4가
지 지렛대 관점에서 하이프 머신의 3가지 주요 요소들을 자세히 살펴
봄으로써 우리는 소셜 미디어가 작동하는 기본 방식을 이해할 수 있
다. 그리고 소셜 미디어가 우리에게 미치는 영향과 우리의 적응 방법
에 대해 다시 생각해볼 수 있을 것이다.

디지털 소셜 네트워크

 SNS를 사용하는 18세부터 29세까지의 인터넷 사용자 비율은
2007년 단 9%에서 2013년에는 무려 90%까지 뛰어올랐다. 다른 연
령대에서도 비슷한 증가율을 보였으며, 2013년에 이르러서는 모든
인터넷 사용자의 73%가 SNS를 이용하게 되었다. 디지털 소셜 네트워
크는 8년에서 10년 정도 되는 기간에[112] 마치 팬데믹처럼 전 세계에
퍼져나간 것이다.
 디지털 소셜 네트워크는 2가지 방식으로 정보 흐름을 조직화하고
사회에 영향을 준다. 우선 온라인상에서 사람들을 서로 연결하고 친
구 추천 알고리즘을 통해 그 연결 구조에 영향을 줌으로써 인간의 사

회적 네트워크라는 구조를 이끈다. 그다음 온라인상에서 연결 데이터를 이용해 우리가 무엇을 더 선호하는지에 대한 더 정확한 모델을 구축한다. 우리가 누구 혹은 무엇과 연결되느냐가 우리에게 제공될 뉴스와 홍보될 제품 등과 같은 온라인상에서 우리가 보게 될 모든 것에 직접 영향을 준다. 이런 식으로 네트워크를 조직화하고 그것을 이용해 우리의 정보를 조직화하여 디지털 소셜 네트워크는 우리가 무엇을 살지, 무엇을 읽을지, 누구에게 투표할지는 물론 심지어 우리가 사랑하는 사람을 결정하는 데 도움을 준다.

〈그림 3-4〉에는 페이스북의 전 세계 네트워크가 나와 있다.[113] 방대하고 복잡한 네트워크로, 매일매일 상호 작용을 통해 전 세계 20억 명이상의 사람들을 연결해준다. 그림에서는 볼 수 없지만 독특하면서도 복잡한 구조를 띤 이 네트워크가 당신이 아는 사람들, 당신이 상호 작

그림 3-4. 2010년 페이스북의 전 세계 소셜 네트워크. 구체적인 표시는 없다. 각 대륙의 윤곽은 네트워크 연결 자체에서 나온 것이다.

용하는 사람들 그리고 각종 정보와 자료, 아이디어가 우리에게 쏟아져 들어오는 경로를 결정한다.

하이프 머신은 페이스북, 링크드인 등이 말하는 이른바 소셜 그래프 social graph(사용자가 소셜 웹사이트를 이용하면서 생긴 모든 정보-옮긴이)[114]를 토대로 우리의 현실을 조직화한다. 나는 지난 20년간 소셜 그래프의 구조와 기능에 관해 연구해오면서 그 특이한 수학적 특성들에 매료되었다(이를테면 1991년 사회학자 스콧 펠드에 의해 알려진 '친구 관계 역설 friendship paradox'[115]이라는 통계학적 규칙이 있는데, 이는 평균적으로 자신의 친구보다 친구의 친구가 더 많은 것처럼 보이는 현상이다. 이에 대해서는 뒤에서 다시 이야기하겠다).

소셜 그래프의 2가지 규칙성이 오늘날 우리가 하이프 머신에서 경험하는 것들에 직접 영향을 준다. 첫 번째 규칙성은 사람들이 예상보다 더 촘촘히 무리를 이루고 있다는 것이다. 그런데 그렇게 무리를 이루고 있지만 여러 무리 간의 연결보다는 특정 무리 안에서의 연결이 훨씬 더 촘촘하다. 두 번째 규칙성은 사람들이 동질적이라는 것이다. 즉, 비슷한 사람들끼리 연결된다는 뜻이다. 이 2가지 특성을 알면 하이프 머신에서 왜 정치적 양극화 현상과 반향실 효과가 심해지고, 가짜 뉴스가 확산되고, 대규모 마케팅 투자 이익이 생기는지 알 수 있다. 하이프 머신을 제대로 알려면 사람들은 무리를 이루고 동질성을 선호하는 특성이 있다는 것을 알아야 한다.

세상 참 좁다!(군집화)

낯선 사람을 만났는데 그 사람이 당신이 아는 누군가를 아는 것을 알고 '허, 세상 참 좁네!'라고 생각해본 적은 없는가? 그건 결코 우연이 아니다. 소셜 네트워크 구조가 띠는 특성에서 비롯된 결과일 뿐이다. 사실 소셜 네트워크 분야의 관점에서 보면 페이스북이나 트위터, 위챗, 왓츠앱, 핀터레스트 네트워크들은 '좁은 세상'이다. 그게 무슨 말이겠는가? 우리가 사는 이 '좁은 세상'을 제대로 이해하려면, 우리 인간이 소셜 네트워크를 만들고 진화시켜가는 방식의 기본 요소, 즉 예상치 못한 네트워크 내에서 군집화 현상을 설명해줄 요소들을 살펴봐야 한다는 뜻이다. 그런 의미에서 이제 마크 그라노베터가 말하는 이른바 '금단의 삼각관계 forbidden triad'를 살펴보도록 하자.[116]

금단의 삼각관계란 두 사람은 사이가 아주 가까운데, 나머지 한 사람은 그렇지 못한 관계를 말한다. 그런데 이런 관계는 드문 것으로 밝혀졌다. 우리 인간은 이처럼 금단의 삼각관계에 빠지는 경우가 그리 흔치 않은 것이다. 그 이유를 알기 위해 〈그림 3-5〉에서와 같은 세 친구(앨리스, 벨라, 시애라) 간의 관계를 생각해보자. 앨리스가 벨라, 시애

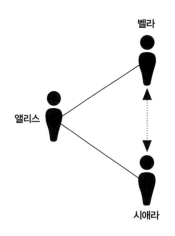

만약 앨리스가 벨라, 시애라와 강한 유대 관계를 맺고 있다면,

벨라와 시애라 역시 강한 유대 관계를 맺을 가능성이 있다.

소셜 네트워크를 '좁은 세상'으로 만드는 게 바로 이 같은 '삼각관계 폐쇄' 과정이다.

그림 3-5. 금단의 삼각관계

라와 강한 유대 관계를 맺고 있다면, 벨라와 시애라 역시 적어도 약한 유대 관계로 연결되어 있을 가능성이 있다. 앨리스가 벨라, 시애라와 연결되어 있는데 벨라와 시애라는 연결되어 있지 않은 그런 금단의 삼각관계는 드물다. 어째서일까?

앨리스가 벨라, 시애라와 가깝다면, 벨라와 시애라는 앨리스와의 교류 과정에서 서로 만나 함께 시간을 보낼 가능성이 크다. 또 앨리스와 벨라가 서로 좋아한다면 그건 아마 그들이 비슷한 관심사를 공유하고 있기 때문일 것이다. 그리고 앨리스와 벨라가 비슷한 관심사를 갖고 있다면, 앨리스와 시애라 역시 그 관심사를 공유하고 있을 가능성이 크다. 따라서 사회적 관계의 특성상 벨라와 시애라 역시 같은 관심사를 갖고 있을 가능성이 매우 커 서로 친구가 될 가능성도 크다. 반대로 만약 벨라와 시애라 사이에 불화가 있다면, 앨리스와 그 두 사람의 관계에 부담이 될 것이다. 두 사람 모두 앨리스가 왜 저 친구와 어울리나 하며 의아해할 것이기 때문이다. 결국 두 사람은 서로 함께 시간을 보내려 하지 않을 것이고, 또 앨리스에게 저 친구와 그만 만나라며 압력을 넣거나 서로 보지 않으려고 아예 앨리스를 멀리하게 될 것이다. 이런 이유들로 소셜 네트워크는 '삼각관계 폐쇄triadic closure'라는 특징을 보인다. 사람들이 자신들의 소셜 네트워크 안에서 삼각관계를 폐쇄하려 하는 경향을 띠기 때문이다.

삼각관계 폐쇄 현상으로 인해 결국 비슷한 사람끼리 무리를 짓게 된다. 동료 그룹들로 이루어진 네트워크, 다시 말해 다른 무리와는 약하게 연결되고 같은 무리에서는 서로 끈끈하게 연결되는 네트워크가 형성된다. 후자의 경우 비슷한 사회 경제적 지위, 비슷한 관심사, 비슷한 아이디어를 가진 사람들로 구성되며, 드물지만 서로 다른 무리와

'약한 유대 관계'로 연결되는 때도 있다. 삼각관계 폐쇄 현상에 약한 유대 관계 현상이 더해지면 소셜 네트워크는 '좁은 세상'이 된다. 이 '좁은 세상'[117]은 촘촘한 군집화와 사회 내 두 사람 간의 짧은 경로 길이가 특징이다(〈그림 3-6〉 참조). 던컨 와츠는 이 이론을 만드는 데 선구자적인 역할을 했는데, 훗날 그가 코넬 대학 스티브 스트로가츠와 함께 만든 현대 네트워크 과학의 토대가 되었다.

멀리 떨어진 무리도 비록 약하긴 하지만 긴 경로로 연결되기 때문에, 우리 사회에서는 어떤 사람이든 평균 6단계의 연결 고리만 거치면 연결된다(이를 '6단계 분리 법칙 six degrees of separation'이라고 한다).[118] 그

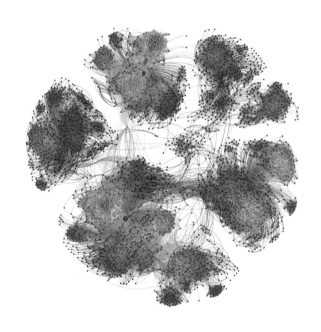

그림 3-6. 4,039명의 사용자, 8만 8,234개의 관계 및 평균 군집화 계수가 0.6인 페이스북 소셜 그래프 일부로 소셜 네트워크의 촘촘한 군집화를 보여주는 좋은 예다.

래서 우리가 사회적으로 먼 누군가와 서로 같은 사람을 알고 있다는 사실에 놀라며 '하, 세상 정말 좁네!'라는 생각을 하게 되는 것이다. 페이스북의 시장 진출 전략이 힘을 발휘한 것도 이런 현상을 잘 이용했기 때문이다(5장 참조). 경쟁사인 마이스페이스를 꺾기 위해 페이스북은 대학 시절 친구들을 표적으로 삼아 서로 다른 무리보다는 같은 무리에 속하는 사용자들을 끌어모았고,[119] 그 결과 자신들의 네트워크에 합류하는 사람들에게 더 큰 안정감과 친숙함을 제공했다.

서로 먼 무리를 연결해주는 약한 유대 관계에는 나름의 강력한 힘이 있는데, 그 유대 관계를 경로로 삼아 네트워크 내 이질적인 부분들 사이에 새로운 정보가 오갈 수 있기 때문이다. 동료 론 버트의 말처럼 끈끈한 유대 관계를 맺고 있는 무리 내 사람들은 가지고 있는 지식이나 사고방식이 비슷한 경향이 있다. 따라서 새로운 것은 다른 무리와의 약한 유대 관계라는 연결 경로로 들어온다. 그리고 정보의 가치는 네트워크 무리 간의 불균등한 분포에서 나온다. 새로운 정보는 자신의 무리에서는 접할 수 없는 정보이기 때문에 귀한 것이다. 그러므로 특정 네트워크 무리 안에서 접하기 힘든 새로운 정보를 접하는 개인들은 새로운 기회의 중개자가 될 수 있다. 또 자신이 속한 무리의 지식으로는 해결할 수 없는 문제들을 무리 밖에서 가져온 새로운 정보로 해결하여 혁신을 꾀할 수 있다.[120] 이것이 바로 '틀을 깨는' 생각을 하는 선구자적 리더의 특성이다. 그러나 사실 더 엄밀히 말하자면 이런 유의 중개자나 인플루언서는 '틀을 깨는' 생각을 한다기보다는 '무리를 벗어나는' 생각을 하는 것이다. 이런 사람들은 자신의 다양한 네트워크를 활용해 취업과 승진을 하며 다른 경제적 기회들을 잡기도 한다. 게다가 이들은 소셜 네트워크의 이질적인 부분들 간에 새로운 것을 중개하여 자신의 진가를 발휘하기도 한다. 앞으로 이야기하겠지만 관심 경제 안에서 이런 종류의 새로움은 왕이다. 그 무엇보다 큰 가치를 갖는 것이다.

유유상종(동질성 선호)

우리는 소셜 네트워크 안에서 군집화할 뿐만 아니라 동질성을 선호한다. 다시 말해 유유상종한다.[121] 사람들은 인종이나 민족, 사회 경제적 지위, 교육 수준, 정치 이데올로기, 의견, 행동, 호불호 등이 비슷한 사람들과 가깝게 지내려고 한다.[122] 이는 가장 안정적이고 규칙적인 사회생활 패턴 가운데 하나다. 동질성을 가진 사람들끼리는 의사소통이 쉬울 뿐만 아니라 행동을 예측하기도 쉽다. 자연스레 신뢰가 생기고 유대 관계를 유지하는 데 비용이 적게 들며, 새로운 유대 관계를 맺는 데서 오는 위험 부담도 적다. 따라서 소크라테스 이후 철학자들이 인간의 이러한 성향을 중시해온 것도 어쩌면 당연한 일일지도 모른다.

동질성은 오늘날 하이프 머신이 작동하는 방식과도 관련 있다. 이 장 뒷부분에서 친구 추천 알고리즘에 대해 살펴보겠지만, 하이프 머신이 설계되는 방식에 따르면 소셜 네트워크는 예상보다 훨씬 더 심하게 삼각관계를 폐쇄하고 동질성을 유지하는 방향으로 진화하고 있다. 따라서 하이프 머신이 인간의 이러한 성향을 어떻게 활용하고 있고, 또 왜 이러한 성향을 더욱 강화하는지에 대해 반드시 짚어봐야 한다.

하이프 머신의 소셜 그래프 내에서 동질성의 진화 과정을 들여다보는 데 도움이 되는 렌즈가 바로 세르지오 쿠라리니와 매트 잭슨 등이 말하는 네트워크 진화 속 2가지 원동력인 '선택'과 '가능성'이다.[123] 이를 구에오르기 코시네츠와 던컨 와츠는 '선택 동질성'과 '유도된 동질성'이라 불렀다.[124] 우리는 한편으로는 우리 자신과 비슷한 사람들에게 더 편안함을 느껴 그들과의 연결을 선택한다(선택). 그러나 또 다른 한편으로는 우리가 자신과 비슷한 사람들을 만날 기회는 대개 자신과 다른 성향의 사람들을 만날 기회를 앞지른다(가능성). 쿠라리니와 잭슨 등은 미국 고등학교에서 동질성에 관한 이 2가지 설명을 연구했으며, 이를 뒷받침할 증거들도 찾아냈다. 동질성은 나와 비슷한 사람들을 친구로 삼는 우리의 결정들에 의해서도 유지되지만, 나와 전혀 다른 사람들에 비하면 비슷한 사람을 만나는 압도적인 빈도에 의해서도 좌우된다.

선택과 가능성의 차이는 다음 2가지 이유에서 중요하다. 첫째, 다양한 사람들을 만날 가능성은 우리가 얼마나 다양한 소셜 네트워크를 형성하느냐에 영향을 준다. 네트워크의 다양성은 각종 의견과 아이디어 그리고 우리가 보는 정보의 다양성에 직접적인 영향을 주므로 하이프 머신상에서 발생하는 잘못된 정보의 확산과 양극화는 우리가 우리 자신과 비슷하거나 다른 사람을 만나는 '가능성'에 달렸다.

둘째, 하이프 머신은 우리가 온라인상에서 다른 사람들을 만날 가능성 자체를 조직화한다. 친구 추천 알고리즘은 우리가 페이스북이나 트위터, 링크드인, 위챗, 틴더 등의 소셜 네트워크상에서 연결될 사람들을 결정한다. 미국 전국 단위의 설문 조사에 따르면, 2013년 기준 온라인 알고리즘을 통해 맺어진 연인 관계는 오프라인상에서 친구나 가족의 소개로 맺어진 관계보다 더 많았다.[125] 그리고 온라인상에서 소개받는 연인들 가운데 서로의 친구를 통해 만나는 연인 비율은 갈수록 줄어들고 있는데, 이는 이제 친구나 가족 대신 온라인 알고리즘이 사람들에게 연인을 소개해주는 역할을 하고 있다는 뜻이다.

정치적 양극화, 사회적 정체, 온라인상에서의 잘못된 정보 및 혐오 표현의 확산 등을 제대로 이해하려면 친구 추천이 소셜 그래프의 진화에 어떤 영향을 주는지, 특히 하이프 머신 내에서 군집화와 동질성 선호가 어느 정도인지 생각해보아야 한다. 그렇게 한다면 하이프 머신이 연인 관계에 미치는 영향을 통해 인간이 진화하는 방향도 예측할 수 있을 것이다. 하이프 머신의 인공지능이 네트워크 진화와 정보 흐름을 결정짓는 '과정'을 이해하기에 앞서, 우선 하이프 머신의 디지털 네트워크 구조를 좀 더 자세히 살펴보자.

하이프 머신의 소셜 그래프

2011년 페이스북은 소셜 그래프에 관한 연구를 진행했다. 당시 페이스북에 몸담고 있던 요한 우간더 등은 "페이스북 소셜 그래프 해부"라는 논문을 발표했다.[126] 우간더 등은 2011년 5월 당시 페이스북 전체 사용자 7억 2,100만 명의 소셜 네트워크를 연구했다. 이는 그간 분석해온 소셜 네트워크 중 최대 규모였다.

첫째, 우간더 등은 우리가 페이스북에서 어떻게 많은 친구를 갖게 되는지를 분석했다(네트워크 전문가들은 친구 수를 '단계' 수로 부른다. 보통 오프라인에서 친구는 6단계 연결 고리만 거치면 모두 연결되는 관계다). 그 결과 2011년 페이스북 전 세계 사용자의 평균 친구 수는 99명이었다. 비정상적일 정도로 단계 수가 많은 소수 사용자는(이들을 네트워크 분야에서는 '허브hub'라고 한다) 페이스북 중위, 즉 평균 사용자보다 훨씬 많은 단계의 친구들이 있었다.

소프트웨어 코드가 네트워크에 얼마나 큰 영향을 주는지 보여주는 일례겠지만, 우간더 등은 친구 단계 또는 분포가 소수의 예외를 제외하고는 거의 20명으로 준다는 사실도 알게 되었다. 이는 친구가 적은 개인을 상대로 친구가 20명이 될 때까지 더 많은 친구를 만들도록 유도하는 페이스북의 힘 때문이다. 그들은 또 친구 단계가 친구 5,000명에서 끊긴다는 사실도 알게 되었는데, 이는 그 당시 페이스북이 한 사용자가 만들 수 있는 친구 수를 5,000명으로 제한했기 때문이다. 친구 수를 최저 20명까지 늘리게 하고 최고 5,000명에서 끊는 이런 규칙을 보면, 페이스북 코드가 세계 최대 규모의 이 소셜 네트워크에 강력한 영향을 미치고 있음을 분명히 알 수 있다. 다시 말해 페이스북의 알고리즘은 친구가 20명 이내인 사람들을 부추겨 더 많은 사람과 연결되게 하면서 동시에 친구가 5,000명이 넘는 건 불가능하게 만들어진 것이다. 이런 기술적 설계들은 페이스북상에서 우리가 만든 네트워크에 그대로 반영되었다. 이것이 네트워크 형태에 소프트웨어 코드가 끼친 2가지 평범한 영향이다. 우간더 등은 페이스북 코드가 우리 사회 구조에 어떻게 영향을 주는지도 보여준다. 더 영향력 있는 코드 설계에 대해서는 잠시 후에 다시 이야기하겠다.

둘째, 우간더 등은 페이스북이 사용자 간의 연결 길이가 짧은 '좁은 세상'이라는 것을 확인했다. 게다가 페이스북의 그 좁은 세상은 믿을 수 없을 만큼 일관성이 있어 전체 페이스북 사용자의 99.6%는 어떤 두 사람이든 6단계 이내로 모두 연결되었다. 2011년 기준 페이스북상에서 두 사용자가 서로 연결되는 평균 길이는 4.7단계로, 이는 소셜 네트워크에서 더 광범위하게 적용되는 길이인 '6단계'에 비하면 아주 짧은 길이였다. 페이스북의 소셜 그래프는 좁은 세상일 뿐만 아니라 오프라인에서의 좁은 세상보다도 협소하다. 이는 페이스북상에서 정보가 흘러 다니는 속도와 폭, 규모에 중요하다. 이와 관련해 우간더 등은 이렇게 말했다. "이 같은 결과로 보건대 페이스북에서 개인들의 잠재적인 연결 범위는 엄청나게 넓다. 공유된 콘텐츠는 페이스북 소셜 네트워크상에서 몇 걸음만 나아가도 세계 인구의 상당 부분에 도달하게 되는 것이다." 이는 왜 가짜 뉴스가 (10년 전보다) 더 널리 퍼지며, 그래서 더 위험한 이유와 정보 도달 범위를 결정짓는 뉴스 피드 알고리즘이 매우 중요한 이유를 이해하는 데 중요한 단서를 제공한다.

셋째, 우간더 등은 페이스북에서 매우 높은 수준의 군집화 현상을 발견했다. 사실 페이스북에서는 다른 디지털 소셜 네트워크들을 훨씬 능가하는 높은 수준의 군집화가 일어난다. 페이스북에서의 군집화 수준은 2008년 MSN 메신저 소셜 그래프를 분석한 연구에서 발견한 군집화 계수보다 약 5배나 더 높았다. 이는 페이스북이 친구 추천 알고리즘을 채택하고 있기 때문이다. 각종 컴퓨터 코딩의 제약과 비즈니스 모델 때문에 페이스북 엔지니어들이 말하는 '삼각관계 폐쇄'를 지향해 알고리즘들을 설계한 것이다. 이는 다른 주요 소셜 네트워크도 마찬가지다. 이런 군집화는 인간의 자연스러운 사회 조직이나 심지어 MSN 메신저처럼 친구 추천 알고리즘이 없는 디지털 소셜 네트워크와는 비교할 수 없을 정도로 우리의 예상을 뛰어넘는다.

넷째, 우간더 등은 페이스북에서 높은 수준의 동질성 선호, 즉 유유상종 현상도 발견했다. 페이스북 사용자들이 자신과 비슷한 사람들과 관계를 맺는 수준을 분석한 결과, 그들은 친구 수와 페이스북 몰입도, 연령, 국적은 물론 심지어 성별에서도 동질성 선호 현상을 발견했다. 생물학적 특성상 대부분은 이성과 가깝게 지내려 하므로 같은 성별끼리 동질성을 선호한다는 결과는 예상 밖이었다. 이후 연구들에 따르면 페이스북에서는 인종, 민족, 정치 이데올로기, 의견, 행동, 호불호 등의 면에서도 동질성을 선호하는 현상이 확인되었다.[127] 나중에 다시 살펴보겠지만 동질성은 정치적 양극화와 반향실 효과, 가짜 뉴스 확산 등에도 중요한 역할을 한다. 하이프 머신 코드와 알고리즘들이 조장하는 삼각관계 폐쇄 경향은 자연 상태에서 예상되는 것보다 더 심한 동질성 선호 현상을 유발한다.

규모가 더 작고 운영 목적도 다르지만 트위터와 핀터레스트 같은 소셜 네트워크들 역시 페이스북과 그 형태가 아주 유사하다. 트위터는 정보 네트워크나 마이크로 블로깅 서비스라고 부르는 게 더 정확하지만, 트위터 소셜 그래프 역시 짧은 경로 길이와 높은 수준의 군집화 현상을 보인다. 물론 페이스북 소셜 그래프만큼 군집화 수준이 높지는 않지만 우리가 기대하는 소셜 네트워크의 군집화 수준 범위 내에 있다.[128] 100번 정도의 접촉에서 두 그래프의 군집화 계수는 0.14 정도가 되었다. 그리고 페이스북과 마찬가지로 트위터 네트워크에서도 공유된 콘텐츠와 정치 이데올로기 면에서 동질성을 선호하는 현상이 있어서 상당히 편향적인 정치 구조를 띤다. 이 주제에 대한 설문 조사에 따르면 목적이 다른 소셜 미디어 네트워크 간에도 놀랄 만한 유사성이 보인다.

친구 추천 알고리즘이 있는 소셜 미디어 네트워크들이 그렇지 않은 소셜 미디어 네트워크들보다 군집화와 동질성 선호 현상이 더 강하다. 페이스북 및 트위터 전문가들이 지적하듯, 이 같은 소셜 그래프 구조는 MSN 메신저 네트워크부터 크게 달라진다. 친구 추천 알고리즘이 있는 소셜 미디어 네트워크의 사용자 간 평균 연결 길이는 대개 오

소셜 미디어 네트워크	분리 정도(단계)	친구 추천 알고리즘
트위터 글로벌	4.17	있음
트위터 브라질	3.78	있음
트위터 일본	3.89	있음
트위터 미국	4.37	있음
페이스북	4.74	있음
MSN 메신저	6.60	없음

그림 3-7. 서로 다른 소셜 미디어 네트워크 6개에 있는 두 사용자 간 평균 연결 길이(단계 수)를 계산해 분리 정도를 보여주고 있다. 각 소셜 미디어 네트워크에서 친구 추천 알고리즘을 사용하고 있는지도 보여주고 있다.

프라인에서 흔히 볼 수 있는 6단계 분리보다 짧다(대부분 평균 연결 길이가 5단계도 되지 않는다).[129] 친구 추천 알고리즘이 없는 네트워크의 평균 연결 길이는 대개 6단계 분리보다 길다(MSN 메신저는 6.6단계다).

하이프 루프

오늘날 문화적 시대정신에 비춰볼 때 기술은 사악한 것으로 여겨지는 경향이 있다. 기술이 어떤 식으로든 우리를 혼란에 빠뜨려 파멸로 몰고 가려 한다는 것이다. 일론 머스크는 인공지능의 여러 위험성을 경고하면서 이렇게 말했다. "인공지능은 지금 인류 문명의 존재 자체를 근본적으로 위협하고 있습니다."[130] 로봇이 인간의 일자리를 뺏어가고 있다고 생각한다면 여기에는 기술이 침투해 우리 경제를 망치고 있다는 관점이 반영된 것이다. 미국 의회는 민주주의를 망가뜨리고 있다며 페이스북을 비난해왔다. 전문가들은 가짜 뉴스의 확산 원흉으로 소셜 봇을 지목해왔다.[131] 하지만 그런 생각은 기술을 지나치게 과대평가하고, 인간의 능력을 너무 과소평가하는 것이다. 다시 말해 우리와 소셜 미디어와의 관계에서 인간이 하는 역할을 과소평가하는 것이다. 그렇게 함으로써 현실에 대한 책임을 회피하는 동시에 현실을 만들어낼 능력을 우리 스스로 포기한다.

나는 오늘날의 하이프 머신에 대해 상반된 관점을 갖고 있다. 내 관점은 우리 인간이 어떻게 기술을 만들어내고 이용하는지에 대한 연구에 뿌리를 두고 있고 그 연구로 뒷받침된다.[132] 내 관점은 기술이 우리에게 나쁜 영향을 주고 있다는 직선적인 관점과 정면 대치된다.

하이프 루프는 작용과 반작용, 원인과 결과의 순환적 패턴 그리고 기술과 인간의 행동을 일정한 틀 안에 넣는 진화를 설명해준다(〈그림 3-8〉). 그리고 이 양쪽은 우리가 경험하는 데 영향을 주는 끝없이 진화하는 피드백 루프 안에서 긴밀하게 뒤얽힌다. 먼저 기술, 즉 더 구체적으로 말해 기계 지능은 하이프 머신 안에서 일어나는 일들을 분석해 참여도를 극대화하거나 조회 수를 늘리는 일 같은 특정 목표들을 최적화한다. 친구 추천 알고리즘들은 우리가 어떤 사람들을 알고 있는지, 어떻게 커뮤니케이션을 하고 있는지, 새로운 친구들에게 무엇을 추천하고 싶어 하는지 등을 분석한다. 뉴스 피드 알고리즘들은 새로운 뉴스를 추천하기 위해 우리와 친구들이 주로 무엇을 읽고 무엇을 좋아하며 무엇을 공유하는지를 분석한다. 타깃 광고 알고리즘들은 새로운 제품을 추천하기 위해 우리가 어떤 사람이고 주로 무엇을 보고 구매하는지를 분석한다. 그런 다음 이런저런 정교한 기술적 개입들이 우리의 선택을 제약하여 현실을 조직화한다.

노벨상을 받은 경제학자 허버트 사이먼이 말하는 이른바 '풍요로운 정보 속에 빈곤한 관심'[133] 때문에 이런 추천 행위는 우리의 행동에 극적인 변화를 줄 수 있다. 우리는 추천 친구, 추천 콘텐츠, 추천 제품들이 있으면 대개 그중에서 고르게 되는데 더 폭넓게 찾아볼 시간도 관심도 없기 때문이다. 더러는 하이프 머신이 치워버린 선택지들은 아예 보지도 않는다. 어떤 데이트용 앱들은 자기 지역 내 모든 상대를 찾아볼 수 있게 해주지만, 틴더나 범블Bumble, 힌지Hinge 같은 데이트용 앱들은 자신들의 알고리즘이 추천하는 가능성 있는 상대들만 보여준다. 알고

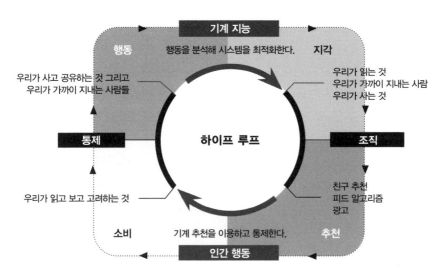

그림 3-8. 하이프 루프는 기계 지능과 인간 행동 간의 상호 작용을 가시화한다. 루프의 오른쪽은 지각 루프와 추천 루프, 즉 기계 지능이 인간의 선택을 조직화하는 과정이다. 루프의 왼쪽은 소비 루프와 행동 루프, 즉 인간이 기계 추천을 소비하고 그 추천을 통제하는 과정이다.

리즘에 의해 선정된 선택지만 제공하여 기술이 우리에게 편의와 제약을 동시에 주는 것이다. 이런 식으로 하이프 머신은 우리가 읽고, 만나고, 사고, 사랑하는 데 영향을 준다.

기술이 전부는 아니다. 하이프 머신은 우리의 현실을 만드는 데 도움을 주지만, 그 기술을 이용하고 통제하는 것은 결국 인간이다. 기계가 분석을 통해 새로운 대안을 추천할 수 있게끔 필요한 것을 입력하는 일이 바로 우리 인간의 몫이다. 결국 우리의 행동, 즉 게시물을 올리고 읽는 방식과 친구를 사귀고 소통하고 상호 작용하는 방식에 따라 우리가 기술로부터 무엇을 원하는지, 어떻게 살고 어떻게 대접받기를 바라는지에 대한 하이프 머신의 해석이 달라진다.

MIT 연구진이었던 이야드 라완Iyad Rahwan 등이 최근 발표한 연구는 하이프 머신에 대한 인간의 역할이 무언지를 명확히 보여준다. 그들은 하이프 머신의 기계 지능이 인간이 제공하는 데이터에 의해 어떤 영향을 받는지 알고자 했다. 다시 말해 소셜 미디어 알고리즘들이 여러 데이터를 통해 온라인에서의 인간 행동에 대해 배우면서 생각하는 방식이 어떻게 바뀌는지 궁금했던 것이다.

라완을 비롯한 MIT 연구진은 소셜 미디어와 웹상에서 흔히 볼 수 있는 기계 지능 과제인 '자동 이미지 처리'를 분석하는 데 집중했다. 혹시 캡차captcha 테스트, 즉 자동 입력 방지 문자(보안 문자)를 입력해본 적이 있는가? 카네기멜론 대학 루이스 폰 안 교수가 고안한 이 짜증 나는 이미지 처리는 사람인지 컴퓨터인지를 구분하는 데 이용되지만, 알고리즘에 자동 이미지 처리를 훈련시키는 데도 이용된다. 공개 강의에서 루이스는 세상에 이렇게 짜증 나는 캡차 테스트를 내놓은 것에 대해 송구스럽다고 말했다. 그러나 이 테스트에는 중요한 목적이 있다. 테스트에 쓰이는 처리 방식이 매일매일 소셜 미디어에 게시되는 수없이 많은 이미지를 분류, 저장, 검색, 설명하는 데 사용된다.

연구진은 이미지 처리 알고리즘이 온라인에 올라오는 더없이 섬뜩한 이미지들과 조화롭고 즐거운 이미지들에 어떤 반응을 보이는지 알고 싶었다. 그래서 그들은 소셜 미디어에서 발견되는 이미지들을 설명해주는 이미지 캡션 작업에 필요한 인공지능 딥 러닝 알고리즘을 만들어냈다.[134] 그리고 그 인공지능에 '노먼Norman'이란 이름을 붙였다(알프레드 히치콕 감독의 영화 〈사이코〉의 주인공 노먼 베이츠의 이름에서 따온 것이다). 딥 러닝 알고리즘에 꾸준히 사이코 같은 이미지를 공급하여 알고리즘을 사이코처럼 만들 수 있는지를 보고 싶었던 것이다. 그들은 또 우리가 온라인에 올리는 게시물들이 하이프 머신이나 그 안의 알고리즘 중 하나가 생각하는 방식을 어떻게 바꾸는지도 확인하고 싶었다. 먼저, 그들은 해변과 꽃, 케이크와 같이 기분을 좋게 하는 소셜 미디어 동영상들을 사용해 자신들의 알고리즘을 훈련했다. 그런 다음 소셜 미디어에서 찾을 수 있는 가장 섬뜩한 동영상, 즉 죽음과 폭력의 이미지들을 사용해 같은 코드를 가지고 똑같이 훈련했다(캡션이 있는 동영상에는 폭력적인 장면들이 담겨 있었는데, 윤리적인 문제 때문에 연구진은 폭력적인 동영상 그 자체가 아닌 동영상 설명으로 알고리즘을 훈련했다).

이처럼 서로 다른 두 종류의 동영상들을 가지고 동일한 알고리즘을 훈련한 뒤, 그들은 캡션 작업을 한 소프트웨어를 상대로 로르샤흐 잉크 반점 검사(검사 대상에게 추상적인 이미지들을 보여준 뒤 본 것을 그대로 설명하게 하는 검사)를 했다. 그러자 '평범한' 노먼과 '섬뜩한' 노먼은 전혀 다른 반응을 보였다. 평범한 노먼은 잉크 반점 이미지에서 결혼 케이크와 새와 우산을 보았지만, 섬뜩한 노먼은 사람들이 총에 맞아 죽거나 달리는 차에 치여 죽는 사람을 보았다(〈그림 3-9〉 참조).

그러나 그 두 알고리즘에 동일한 코드를 적용하자, 그것들이 보는 잉크 반점은 같아졌다. 차이가 있다면 두 알고리즘은 서로 다른 동영상으로 훈련받았다는 것뿐이었다. 한 알고리즘은 우리가 소셜 미디어에 폭력적인 이미지들만 올리는 세계를, 나머지 한 알고리즘은 우리가 주변의 평화롭고 일상적인 이미지들을 올리는 세계를 대변한다. 이것이 시사하는 바는 분명했다. 하이프 머신은 우리가 주는 대로 우리에게 되돌려준다. 우리가 하이프 머신에 죽음과 폭력을 넣으면, 알고리즘이 보는 모든 것이 죽음과 폭력처럼 보이게 된다. 그게 아는 것의 전부이기 때문이다. 반대로 하이프 머신에 평화와 기쁨, 조화와 협력을 넣으면, 우리는 같은 것을 더 많이 돌려받게 된다.

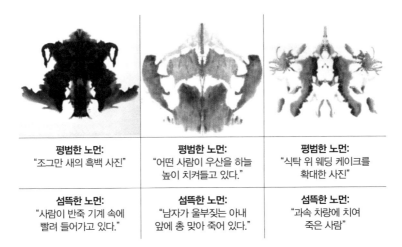

평범한 노먼:	평범한 노먼:	평범한 노먼:
"조그만 새의 흑백 사진"	"어떤 사람이 우산을 하늘 높이 치켜들고 있다."	"식탁 위 웨딩 케이크를 확대한 사진"
섬뜩한 노먼:	섬뜩한 노먼:	섬뜩한 노먼:
"사람이 반죽 기계 속에 빨려 들어가고 있다."	"남자가 울부짖는 아내 앞에 총 맞아 죽어 있다."	"과속 차량에 치여 죽은 사람"

그림 3-9. MIT에서 실시한 '노먼' 인공지능 실험 결과. 로르샤흐 잉크 반점 검사에 쓰인 세 장의 이미지 밑에 '평범한' 노먼과 '섬뜩한' 노먼 인공지능이 한 말이 나와 있다. 평범한 노먼은 소셜 미디어상의 평범하고 일상적인 이미지들로 훈련받았고, 섬뜩한 노먼은 폭력과 죽음이 담긴 이미지들로 훈련받았다. 그 외에는 모두 같았다.

그 대표적인 예가 2016년 마이크로소프트가 개발해 트위터에 처음 적용한 인공지능 챗봇 chatbot (문자나 음성으로 대화하는 컴퓨터 프로그램 또는 인공지능-옮긴이) 테이 Tay 이다.[135] 테이는 사용자들과 상호 작용하면서 더 '똑똑해지도록' 만들어졌다. 트위터상에서의 대화에 참여해 세상을 '배우도록' 설계된 것이다. 그러나 테이는 사용자들과 상호 작용을 시작하자마자 페미니즘은 암이며 유대인 대량 학살은 날조된 것이고 히틀러가 조지 부시보다 더 많은 일을 했다는 등 성차별적이고 인종차별적이며 폭력적이고 공격적인 트윗들을 쏟아내기 시작했다. 모두 인간에게서 배운 말이었다. 결국 마이크로소프트는 트위터에서 테이를 철수해야 했다.

테이와 관련해 흥미로운 사실은 마이크로소프트가 2년 전 중국에서 똑같은 기술을 적용했을 때는 이런 문제가 없었다는 것이다.[136] 중국에서는 검열이 심해 챗봇이 인종차별과 죽음, 폭력에 대한 메시지들에 노출되지 않고 해변과 꽃, 케이크에 대한 메시지들을 접하고 배웠기 때문이다. 그렇다고 내가 검열을 지지하는 것은 아니다. 어쨌든 테이는 하이프 루프에서 인간의 역할이 무엇인지를 분명히 보여주었다. 결국 우리는 하이프 머신에 주는 대로 되돌려 받는다.

페이스북의 기계 지능은 하루에 무려 200조 건에 달하는 예측을 한다.[137] 하이프 루프는 이 기계 지능이 하이프 머신에 영향을 미치는 방식에 영향을 준다. 기계 지능은 우리가 게시물을 올리고, 읽고, 추구하는 것은 물론 각종 콘텐츠에 대한 우리의 반응과 서로를 대하는 방식 등을 그대로 흡수한다. 그런 다음 그 데이터를 토대로 새로운 콘텐츠, 친구 추천, 특정 목표들을 극대화하는 광고를 만들어낸다.

특정 목표들은 대개 철저히 보안에 부치는 영업 비밀이지만, 일부는 아주 투명하다. 뉴스 피드 알고리즘은 참여도를 극대화하려 애쓴다. 참여도는 하이프 머신 비즈니스 모델의 열쇠다. 참여도가 높아야 사용자들의 관심이 유지되고 그래야 페이스북을 비롯한 모든 소셜 미디어 기업들이 여러 광고주를 끌어들일 수 있다. 뉴스 피드 알고리즘은 우리에게 다양한 정보를 제공해 선호하는 것을 고를 수 있게 한다. 모든 것을 새롭고 활기 넘치게 유지하고, 과거에 우리가 참여한 이력들을 참고해 우리가 원하는 것 그 이상을 준다. 타깃 광고 알고리즘은 클릭률(광고가 노출된 횟수 중 실제 클릭을 통해 그 광고에 연결된 웹페이지로 이동한 비율-옮긴이), 전환율(웹사이트 방문자가 제품 구매, 회원 등록, 뉴스레터 가입, 소프트웨어 다운로드 등 웹사이트가 의도하는 행동을 취하는 비율-옮긴이), 고객 생애 가치(고객 1명이 일생 가져다줄 이익을 계산한 것-옮긴이) 등을 극대화한다. 친구 추천 알고리즘은 연결 가능성이 커 보이는 사람들을 보여줘 연결을 극대화한다. 기계 지능은 이러한 추천을 하기에 앞서 인간의 행동을 감지하고 이해해야 한다. 그리고 그 방식은 정말 매혹적이다.

인지 및 추천 루프

나는 하이프 루프의 기계 측면을 '인지 및 추천 루프 Sense and Suggest Loop'라 부른다. 우선 이 기계는 우리의 행동을 인지하고 분석한다. 그런 다음 매출과 수익을 극대화하는 쪽으로 우리를 이끌고 추천한다. 하이프 머신은 우리의 행동을 인지하고 이해하기 위해 인간의 감각들을 흉내 낸다. 우리는 시각, 청각, 후각, 촉각, 미각을 이용해 세계를 인지한다. 하이프 머신도 마찬가지다. 인스타그램은 우리가 올리는 사진들을 처리하고 이해한다. 유튜브는 우리가 올리는 동영상을 처리하고 이해한다. 알렉사는 우리가 하는 말들을, 지메일은 우리가 타이핑하는 이메일을 처리하고 이해한다. 심지어 페이스북은 우리의 보디랭귀지까지 이해한다.

주요 소셜 미디어 플랫폼들은 딥 러닝 신경망을 활용해 우리가 타이핑하는 문자, 우리가 입 밖으로 내뱉는 말뿐만 아니라 우리가 올린 사진과 동영상 속 표정과 자세를 분석한다. 그런 다음 우리가 무엇을 하고 있는지, 무엇에 관심이 있는지, 무엇이 우리를 기쁘고 슬프게 하는지 그리고 우리에게 동기를 부여하는 것들이 참여와 구매 패턴, 연결 등과 어떤 관련이 있는지를 이해한다. 예를 들어 페이스북과 인스타그램에서 사용 중인 동영상 이해 엔진은 일종의 '시각 피질'로, 소셜 미디어상에서 우리가 매일 게시하고 소비하는 많은 양의 동영상을 이해하도록 만들어진 기계 지능이다.

하이프 머신의 시각 피질

전 세계적으로 우리는 매일 80억 개의 페이스북 동영상을 보는 데 1억 시간을 소비한다.[138] 동영상은 사용자들이 이용하는 인터넷 전체 콘텐츠의 80%를 차지한다.[139] 콘텐츠 사용자들은 자신들이 읽은 메시지는 10%만 기억하지만, 동영상으로 본 메시지는 95%를 기억한다. 다시 말해 지금은 문자가 아닌 동영상이 하이프 머신의 주요 매체인 것이다. 초창기에는 하이프 머신에서 문자 분석이 중요했지만, 오늘날 소셜 플랫폼들은 주로 움직이는 이미지를 흡수하고 이해하는 방식으로 세계를 인지한다. 돌이켜보면 '카메라 기업'으로 주식 시장에 상장된 스냅챗이 지금은 스마트폰 사진 공유 앱 기업으로 더 널리 알려진 것은 놀랄 일도 아니다. 페이스북 또한 2012년 인스타그램을 매입하고 스토리Stories 기능에 많은 투자를 하면서 동영상 쪽으로 크게 방향을 틀었다.

동영상은 믿기 어려울 정도로 풍부하다. 동영상 속 사람들과 그들의 기분이나 활동, 촬영 장소, 날씨 그리고 이 모든 요소 간의 관계 등을 파악하려면 동영상을 제대로 이해해야 한다. 페이스북은 우리가 매일 자신들의 플랫폼에서 시청하는 80억 개의 동영상과 관련해 모든 것을 실시간으로 인지하고 이해해야 한다. 동영상 검색의 효율성과 광고 효과를 높이기 위해서도 그런 이해는 필수이다.

나는 세계 제일의 동영상 분석 플랫폼 비드몹VidMob과 일하면서 많은 것을 알게 되었다. 비드몹은 오로지 동영상을 분석하는 일에만 집중하고 있는데, 최고경영자 알렉스 콜머Alex Collmer의 말처럼 "동영상이 온 세상을 집어삼키고 있기 때문이다." 비드몹은 2016년 폴 팰존와 내가 설립한 벤처 펀드 기업 매니페스트 캐피털의 포트폴리오 기업이기도 하다. 나는 현재 비드몹과 함께 동영상 최적화에 필요한 플랫폼인 애자일 크리에이티브 스튜디오를 개발 중이다. 동영상 최적화는 만만치 않은 작업이다. 머신 러닝, 컴퓨터 시각, 예측 모델링, 최적화 등이 혼합된 복잡한 작업이기 때문이다.

동영상 최적화 작업의 주목표는 매 순간순간 동영상의 내용과 맥락, 분위기, 감성을 이해하고 이런 요소들의 유무가 조회율, 잔존율, 이탈률, 참여율, 클릭 수, 브랜드 인지도 및 만족도 같은 핵심성과지표KPI들과 어떤 관계가 있는지를 알아내는 것이다. 비드몹은 동영상 제작에서부터 분석, 최적화, 게시에 이르는 과정을 하나로 연결해 고객들의 마케팅 투자 수익률을 높일 수 있다.

애자일 크리에이티브 스튜디오는 자동으로 동영상에서 메타데이터를 추출해 감성 분석을 한다. 동영상 내용에서 감정과 사물, 로고, 사람, 단어를 식별하기 위해 딥 러닝과 컴퓨터 시각을 이용하며, 사람의 표정을 보고 기쁨과 놀람 또는 경멸 등을 탐지해낼 수 있다. 그런 다음 이런 요소들이 콘텐츠 사용자가 동영상 보기를 그만두는 순간 어떻게 상호 작용하는지 분석해 더 많이 잔존할 수 있게 하는 편집을 추천(또는 자동 처리)한다. 게다가 사물과 사람, 언어, 감성을 알아내면, 고객들은 시각적 특성 및 언어 속성별로 자신들의 동영상 자산을 조직화하고 검색할 수 있게 된다. 비드몹은 언어 처리를 통해 동영상 속 문자를 음성 기호로 전환한 다음 분석할 수 있으며, 문자나 로고의 타이밍과 크기가 동영상이 내는 성과에 어떤 영향을 주는지를 분석할 수도 있다. 이와 관련해 알렉스 콜머는 이런 말을 했다. "이런 유형의 통찰력을 통해 우리가 인공지능의 역할이 인간의 창의력을 강화하고 향상하는 것이라고 믿는 이유를 보여준다."

페이스북도 루모스Lumos라는 동영상 분석 플랫폼을 개발했다. 페이스북의 자회사 컴퓨터 비전Computer Vision의 마노하르 팔루리 사장은 루모스를 페이스북의 '시각 피질'(사람의 뇌 안에서 눈을 통해 들어오는 지각 신경 자극을 처리하는 부위)이라 부른다.[140] 루모스는 비드몹의 애자일 크리에이티브 스튜디오와 하는 일이 매우 비슷해 페이스북 동영상들에서 사용자들이 보는 것들을 처리한다. 루모스 시스템은 딥 러닝 네트워크를 활용하는데, 이는 여러 층의 신경망으로 이루어진 일종의 머신 러닝 네트워크로 여러 층의 신경망을 동시에 연결하여 이미지를 분류한다. 루모스 모델들은 페이스북에 매일 쏟아져 들어오는 동영상을 분석하기 위해 동영상 처리 규모를 확대할 수 있다.

루모스는 인지 능력이 아주 특별하다. 동영상 안에 있는 사물과 로고, 언어들을 추적할 수 있을 뿐만 아니라, 사람들을 알아보는 것은 물론 표정에 나타나는 감정까지 알아낼 정도로 정교한 얼굴 인식 능력을 갖추고 있다. 심지어 사람들의 자세까지도 분석할 수 있는데, 우리가 자리에 앉거나 서는 건 물론이고 두 팔을 흔드는 것까지 모두 알아본다. 그러고 나서 우리가 어떤 활동을 하고 있는지, 즉 달리고 있는지, 자전거를 타고 있는지, 춤을 추고 있는지를 모두 추론해낼 수 있다. 사람들의 말도 분석해 어떤 얘기를 하고 있는지, 어떤 음악을 듣고 있는지를 알아낼 수 있다. 이와 관련해 페이스북의 머신 러닝 응용 책임자 호아킨 키노네로 칸델라는 이렇게 말했다. "우리는 픽셀 차원에서 이미지들을 이해하기 위해 컴퓨터 시각을 한 단계 끌어 올렸다."[141]

시각적 측면을 이해하는 것은 페이스북이 우리에게 어떻게 광고와 콘텐츠를 제공하는지를 알기 위해서 뿐만 아니라 페이스북이 우리에게 미치는 모든 부정적인 영향을 줄이기 위해 어떤 혁신을 꾀하고 있는지를 알기 위해서도 필요하다. 만약 루모스가 우리가 걷고 춤추고 말을 타는 것을 이해할 수 있다면, 폭력과 성적 착취, 불법 행위, 가짜 뉴스, 스팸 메일 등을 탐지할 수 있게 훈련할 수도 있을 것이다.

시각 피질은 인지 및 추천 루프의 '인지' 측면의 예이다. 이 루프에서의 다음 단계는 하이프 머신의 추천 알고리즘, 즉 오늘날의 모든 소셜 미디어 플랫폼이 사용하는 친구 추천(또는 '당신이 알 수도 있는 사람' 추천) 알고리즘과 뉴스 피드 알고리즘에 대한 것이다.

'당신이 알 수도 있는 사람' 알고리즘

우리가 온라인에서 연결되는 사람들은 대개 하이프 머신 내 거의 모든 플랫폼에 존재하는 친구 추천 알고리즘들, 즉 페이스북이나 링크드인의 '당신이 알 수도 있는 사람PYMK(people you may know)' 알고리즘 또는 데이트 상대나 사업 파트너를 추천해주는 기타 알고리즘에 의해 결정된다. 페이스북의 PYMK 알고리즘을 운영하는 엔지니어링 부문 부사장 라스 백스트롬Lars Backstrom은 2010년에 이런 말을 했다. "페이스북상의 친구 추가는 대부분 친구 추천 알고리즘에 의한 것입니다." PYMK 알고리즘은 2006년 링크드인이 고안했으나 이제 이렇게 사람들을 연결해주는 기계 지능은 하이프 머신 내 어디에서든 볼 수 있다.

이 같은 알고리즘의 세부 사항들은 영업 비밀에 속한다. 하지만 그 알고리즘들이 새로운 친구들을 추천하기 위해 우리 친구들과 그 친구들의 친구들에 대한 정보는 물론 우리가 어디에서 일하는지 또 어디에서 학교를 다니는지 등의 정보를 활용하고 있다는 것 정도는 알고 있다. 하이프 머신이 소셜 네트워크에 대한 정보를 늘리기 위해 자신들의 플랫폼에 존재하지 않는 사람들의 이메일 주소와 전화번호까지 활용한다는 생각도 널리 퍼져 있다. 2014년 페이스북은 네트워크 패킷들을 분석해 두 대의 휴대전화가 같은 시간대 같은 장소에 있는지를 알아내 친구 추천에 활용하는 기술을 특허 출원했다.[142] 그 특허에 따르면, 페이스북은 휴대전화의 가속도계와 자이로스코프 데이터를 비교해 사람들이 서로 마주 보고 있는지 아니면 함께 걷고 있는지를 유추해낸다. 2015년 페이스북은 또 다른 기술을 특허 출원했는데, 게시된 사진을 찍은 카메라 렌즈 위의 먼지 입자를 통해 두 사람이 같은 카메라로 찍은 사진들을 올렸는지 유추할 수 있었다.[143] 그런데 PYMK 내 연결 예측 알고리즘을 움직이는 데 필요한 데이터 수집에 사생활 침해의 소지가 있어 문제가 되고 있다. 하지만 이 독특한 기계 지능을 활용했을 때 더 체계적인 결과를 얻을 수 있고 삼각관계 폐쇄에도 도움이 되는 등 전 세계적으로 큰 반향을 불러일으킬 가능성도 있다.

삼각관계 폐쇄

삼각관계 폐쇄는 페이스북과 링크드인의 친구 추천 전략 중 하나다. 두 회사의 엔지니어들과 이야기를 나누면서 나는 개인적으로 이런 알고리즘들이 삼각관계 폐쇄에 도움을 줄 것이라는 얘기를 들었다. 그 이유를 알아보기 위해 앞서 언급한 우리가 이용할 수 있는 지렛대 4가지 가운데 3가지, 즉 돈과 코드와 규범의 관점에서 친구 추천 문제를 면밀히 살펴봐야 한다.

삼각관계 폐쇄에 돈은 아주 큰 역할을 한다. 참여도가 수입으로 이어지고 또 삼각관계 폐쇄가 참여도로 이어지기 때문이다. 페이스북을 비롯한 소셜 미디어 플랫폼들이 추구하는 기본적인 비즈니스 모델은 고도의 큐레이션curation(개인의 취향을 분석해 적절한 정보를 추천해주는 일-옮긴이)을 통해 마케팅 메시지 노출 횟수를 늘려 수입을 늘리는 것이다. 적절한 사용자들을 수집, 선별할 경우 고객들의 마케팅 투자 수익률을 높일 수 있어 사용자들을 통해 수입을 올리는 게 가능해진다. 현재 미국에서 페이스북과 구글은 전체 온라인 광고 시장의 65%를 차지하고 있다.[144] 광고 시장 성장의 90% 이상이 이 두 기업의 몫이다. 마케팅 메시지 노출 횟수를 늘리려면 그것을 가능하게 해줄 콘텐츠들을 보유해야 한다. 마이크로마케팅, 즉 개인 맞춤형 마케팅을 하면 마케팅 투자 수익률을 높일 수 있지만 웹사이트에 아무도 찾아와주지 않는다면 아무 소용이 없다(6장과 9장 참조). 결국 참여도가 저조하다면 그 어떤 큐레이션도 무용지물인 셈이다. 그래서 페이스북은 참여도에 매우 집착하는데 현재의 비즈니스 모델을 고려해 주주의 관점에서 본다면 지극히 당연한 일이다.

PYMK 알고리즘의 주요 목표들 가운데 하나는 사람들이 실제 연결할 만한 연결을 추천하는 것이다. 다른 사람들과의 연결은 네트워크 효과를 통해 경제적 가치를 창출하고 참여도를 높여주기 때문에 더 많은 연결을 만들어내는 일은 페이스북의 중요한 목표이다. 그렇게 해서 더 많은 사람이 연결되면, 소셜 미디어 플랫폼은 그만큼 더 가치 있고 흥미로워져 사용자들이 떠나기 어려워진다. 실제 연결할 만한 추천을 하기 위해 친구들의 친구들을 소개하는 것은 성공 가능성이 가장 큰 전략이다. 2010년에 라스 백스트롬도 말했듯이 페이스북에서 알게 되는 새로운 친구들의 92%는 친구의 친구다.[145] 삼각관계 폐쇄는 좋은 전략이다. 만약 순전히 돈이 목적이라면, 인종적으로나 민족적으로 또 정치적으로 비슷한 사람들 간의 소셜 그래프 내에서 더욱 끈끈하게 군집화하는 게 유리할 것이다.

코드 또한 PYMK 알고리즘을 통해 삼각관계를 폐쇄하는 데 중요한 역할을 한다. 소셜 그래프상에서 서로 전혀 모르는 사람들을 추천을 통해 연결한다는 것은 말도 못 하게 힘든 일이다. 이런 알고리즘 코드를 짜는 엔지니어들은 알고리즘이 고려하는 가능성 있는 추천들의 공간을 어떻게든 줄여야 한다. 그렇지 않으면 알고리즘의 소스 사용량과 실행 시간이 감당할 수 없을 정도로 늘어날 것이다. 그래서 엔지니어들은 이러한 복잡성을 줄일 수 있는 합리적인 방법을 찾는다.

고품질 추천(이를테면 참여도가 높은 새로운 사람들과 연결되는 제안)을 제공하면서 복잡성도 획기적으로 줄일 수 있는 간단한 해결 방법 하나는 추천받는 사람과 네트워크 구조 안에서 2단계 이상 떨어져 있지 않은 가능한 연결만 고려하는 것이다. 연구 결과에 따르면, 친구의 친구를 추천하는 것이 3단계 이상 떨어진 사람들을 추천하는 것보다 연결 효율성이 5배나 높다고 한다.[146] 페이스북의 경우, 서로 아는 친구가 1명 있을 때보다 10명 있을 때 두 사람이 서로 친구가 될 가능성이 12배나 높다.

2010년에 라스 백스트롬은 친구 추천의 복잡성을 어림짐작으로 계산한 결과를 발표했다.[147] 만약 평균 사용자에게 130명의 친구가 있다면, (네트워크 안에서 서로 겹치는 사람이 없다는 가정하에서) 사용자들은 추천 가능한 친구의 친구가 평균 1만 7,000명(130×130)이었다. 그러나 거기서 한 단계 더 나가면, 평균 사용자의 경우 친구의 친구의 친구, 즉 3단계를 건너 친구가 220만 명(130×130×130)이나 되었다. 그런데 2010년 평균 사용자에게 130명의 친구가 있었다면, 파워 유저는 5,000명의 친구가 있었다. 친구들이 한 사용자에서 3단계 건너뛰어 연결된다는 점을 고려하면, 특히 파워 유저들의 경우에 친구 추천은 훨씬 더 복잡해진다. 파워 유저들에게 친구 추천을 하기 위해서는 소셜 그래프 전체를 검색해야 했다.

오늘날 평균 사용자는 친구가 338명이다. 따라서 어림짐작으로 계산해도 그 결과가 분명하다. 한 사용자로부터 2단계 건넌 사용자까지로 친구 추천 범위를 제한한다면, 추천 효과는 높아지고 PYMK 알고리즘의 복잡성은 크게 줄어든다. 그리고 알고리즘들이 데이터를 더 효율적으로 검색할 수 있게 되어[148] 친구 연결 속도 또한 더 빨라지고 수익성도 좋아진다.

규범 역시 삼각관계 폐쇄라는 군집화에 중요한 역할을 한다. 첫째, 우리는 연결하기 위해 일일이 검색하기보다는 친구 추천을 선택하는 경향이 있다. 그게 더 쉽고 빠르기 때문이다. 기왕이면 쉬운 길을 가려고 하는 우리의 성향이 군집화에 한몫하는 것이다. 둘째, 그런 '가능성'만 있다면 우리는 비슷한 사람들과 연결되는 '선택'을 한다. 그리고 이 같은 선택과 가능성(인간과 기계 지능)의 상호 작용 결과로 인종, 종교, 민족, 경제 여건 등으로 구분되는 강도 높은 군집화 네트워크가 생긴다.

돈과 코드, 규범은 지금 아주 구체적인 방식들로 소셜 네트워크를 개편하고 있다. 그렇다면 PYMK 알고리즘의 사회적 의미는 무엇일까? PYMK 알고리즘은 서로 많은 친구를 공유하는 사람들과 우리를 연결하려 하며 그래서 우리는 주로 우리와 비슷한 사람들과 연결된다. 소셜 그래프상의 좁은 세상 구조를 떠올려보면, 자신이 속한 무리 바깥쪽보다는 안쪽에 폐쇄해야 할 삼각관계가 훨씬 많다. 그리고 삼각관계 폐쇄는 하이프 머신의 목적 중 하나이므로 자신이 속한 무리의 바깥쪽보다는 안쪽에서 더 빠르고 끈끈하게 연결될 가능성이 크다. 10장에서 다시 이야기하겠지만, 페이스북이 급부상하게 된 시기와 미국에서 정치적 양극화 현상이 심해진 시기는 묘하게 일치한다. 그래서 10장에서는 PYMK 엔지니어들이 직면한 컴퓨터상의 제약들이 어떻게 서로 다른 사람들보다 비슷한 사람들끼리 빠르게 연결하여 정치적 양극화 현상에 일조할 수 있었는지를 보여주는 실험적 증거들을 살펴볼 예정이다.

피드 알고리즘들

하이프 머신의 지능은 단순히 친구 추천을 통해 소셜 그래프를 바꾸기만 하는 게 아니다. 각종 뉴스에서부터 사진, 동영상, 이야기는 물론 광고에 이르기까지 우리가 소비하는 콘텐츠를 추천해 사고방식 자체를 바꾸기도 한다. 피드 알고리즘들이 우리가 아는 것과 그것을 알게 되는 시기까지 결정짓는다고 해도 과언이 아니다. 그 알고리즘들의 목적을 알면 그 결과도 알 수 있다. 피드 알고리즘은 플랫폼에 따라 다르지만 그 목적은 모두 유사하다(트위터 같은 일부 플랫폼들은 우리를 알고리즘 큐레이션에서 벗어나게 해주고 있다[149]).

콘텐츠 공급이 이를 소비하는 우리의 인지 능력을 넘어설 때 콘텐츠 피드의 필요성이 대두된다. 처음에는 콘텐츠를 시간 역순으로 보여주는 것으로 충분했다. 하지만 콘텐츠 양이 우리의 인지 능력이 감당할 수 없을 정도로 많아지자 하이프 머신은 우리를 위해 그 콘텐츠에 우선순위를 매기기 시작했다. 우선순위를 매기자 우리에게 가장 필요한 것들이 드러났다. 그리고 그와 동시에 하이프 머신이 우리에게 도달하는 정보들을 결정짓는 엄청난 힘을 갖게 되었다. 현재 페이스북은 세계 최대 규모의 언론 매체다. 서구 세계의 그 어떤 뉴스 네트워크나 신문, 잡지, 온라인 출판물보다 많은 독자를 거느리고 있다. 그러므로 우리는 페이스북의 뉴스 피드 알고리즘이 사용자들을 다른 뉴스 소스들에 노출시키는 데 어떤 편향성을 갖고 있지는 않은지 그리고 페이스북의 콘텐츠 큐레이션 정책이 특정 정치관에 치우쳐 있지는 않은지 심사숙고해야 한다.

뉴스 피드에서는 적합도에 따라 각 콘텐츠에 등급 매겨진다. 다시 말해 각 콘텐츠에는 개인에 따른 적합도 점수가 매겨져 적합도가 큰 것부터 작은 것 순으로 분류되어 우리의 뉴스 피드에 나타난다. 적합도 점수는 우리가 '상호 작용'하는 콘텐츠를 예측하는 예측 모델들에 의해 매겨진다. 여기서 말하는 상호 작용은 우리가 콘텐츠에 참여하면서 보이는 수십 가지 행동으로 정해진다. 우리는 어떤 콘텐츠를 좋아할 수도 있고, 클릭할 수도 있고, 공유할 수도 있고, 읽거나 보는 데 시간을 보낼 수도 있고, 댓글을 달 수도 있다. 그러면 예측 모델들은 누가 콘텐츠를 올렸는지, 어떤 내용과 이미지를 담고 있는지(동영상이라면 어떤 내용인지), 얼마나 최신 콘텐츠인지, 얼마나 많은 사람이 그 콘텐츠를 좋아하거나 공유했는지 등을 토대로 우리가 그 콘텐츠에 참여할지 안 할지를 예측한다. 한마디로 수십 가지 참여도 측정치에 따라 어떤 콘텐츠에 대한 우리의 참여 확률을 측정하는 것이다. 그리고 그 참여 확률들이 모여서 한 가지 적합도 점수가 된다.[150] 일단 콘텐츠에 개별 점수(페이스북 알고리즘은 당신이 뉴스 피드를 열 때마다 약 2,000개의 콘텐츠를 분석한다)가 매겨지면 관련성이 낮은 순서대로 순위가 매겨지고 피드에 표시된다.

페이스북은 2006년 뉴스 피드를 만들면서 친구들의 프로필과 사진, 기타 신상 변화들에 대한 업데이트를 실시했다. 2009년 '좋아요' 버튼이 만들어지기 전까지만 해도 뉴스 피드의 점수는 새로운 정도와 친구들의 댓들 참여도에 따라 매겨졌다. 잔존율과 사이트에서 보내는 시간을 극대화하는 게 목적이었다. '좋아요' 버튼은 뉴스 피드 콘텐츠들의 가치를 인기도에 따라 측정할 수 있게 해주었고, 트렌드를 콘텐츠 최적화에서 인기 있는 콘텐츠를 선호하는 방향으로 변화시켰다. '좋아요'가 인기도를 측정하는 공식적인 기준이 되자 이제 퍼블리셔publisher(정해진 일정에 따라 인터넷상에서 정보나 콘텐츠를 수집하고 사용자에게 정보를 제공하는 서비스를 수행하는 프로그램-옮긴이)나 일반 사용자들이 콘텐츠를 만들 때, 아예 더 많은 '좋아요'를 받을 수 있게 만들었다. 그래서 알고리즘을 조작해 인기 게시물로 만들어준다고 주장하는 컨설턴트들이 기승을 부리기도 했다.

뉴스 피드가 순전히 '좋아요'와 댓글, 공유만 고려한다고 생각한다면 지나친 단순화다. 일찍이 페이스북 엔지니어들은 그것만으로는 사람들이 자신들의 뉴스 피드에서 원하는 것을 제대로 얻을 수 없음을 깨달았다. 그래서 직접 질문을 통해 사용자들의 만족도를 측정하기 시작했다. 테네시주 녹스빌에서 1,000명으로 시작된 포커스 그룹focus group(각 계층을 대표하는 소수 그룹으로 시장 조사나 여론 조사를 진행하는 집단 인터뷰-옮긴이)이 전 세계적인 '피드 품질 패널feed quality panel'로 발전했다. 피드 품질 패널은 일종의 닐슨 텔레비전 시청률 조사로 이들은 자신들의 뉴스 피드에 오른 콘텐츠의 질을 평가하고 관련 질문들에 답하는 전 세계 유급 사용자 그룹이다. 양적, 질적 측정을 두루 거친 끝에 페이스북은 사용자들이 시간을 내서 보긴 하지만 좋아하는 반응을 보이지는 않는 게시물들도 매우 소중한 콘텐츠라는 사실을 깨닫게 된다. 그런 반응(나중에 화나거나 슬프거나 놀랐을 때의 반응도 추가된다)은 사용자들이 친구나 가족과 관련해 비극적인 뉴스를 보았을 때 '좋아요' 버튼을 누르기 불편한 경우와 비슷하다. 페이스북은 지금도 효과를 측정하기 위해 새로운 디자인 변화들을 보지 못하는 사용자 제어 집단을 실험적으로 운영 중이다.

2017년에 들어서 브랜드, 기업, 뉴스 미디어가 뉴스 피드를 지배하기 시작했다. 2018년에는 가짜 뉴스의 확산과 페이스북 경험의 제도화와 관련해 거센 비난에 직면한 마크 저커버그가 기업, 브랜드, 뉴스 미디어의 콘텐츠보다 친구, 가족, 그룹들의 콘텐츠를 더 중시하기 위해 '잘 쓴 시간time well spent'[151] 운동을 받아들이는 등 페이스북 뉴스 피드 알고리즘에 큰 변화를 주겠다고 선언했다. 비슷한 시기에 트위터 역시 '건전한 커뮤니케이션'을 위해 비슷한 변화를 꾀했다. 그러나 2019년 4개월간 페이스북 참여도와 페이스북상에서의 각종 담론을 조사한 결과에 따르면, 친구와 가족에 집중된 '의미 있는 상호 작용'[152]으로의 전환에 따라 낙태, 종교, 정치 등 다양한 주제에 대한 뉴스들이 증가하면서 분노에 찬 반응이 팽배해졌으며 참여도 또한 2018년에 비해 50%, 2017년에 비해 10% 더 높아졌다. 그리고 2019년 첫 4개월간 페이스북에서 댓글 순으로 순위를 매긴 상위 뉴스 10개 가운데 5개는 사실 확인 결과 가짜 뉴스였다. 이런 데이터를 바탕으로 뉴스 피드 알고리즘상의 변화들이 분열과 분노를 초래했다고 결론지을 수는 없지만, 적어도 알고리즘 큐레이션과 선택 간의 상호 작용에 관심을 두게 되었다. 콘텐츠가 알고리즘에 따라 선별되는 시대를 맞아 우리는 그런 콘텐츠를 소비하고 또 그런 콘텐츠에 영향을 주고 있다.

소비 및 행동 루프

하이프 머신이 친구들과 콘텐츠를 인지하고 추천함으로써 우리의 현실을 만들어나가고 있다면, 우리는 또 그런 추천을 소비하고 그런 추천에 영향을 주면서 하이프 머신을 만들어나간다. 하이프 루프를 인간 측면에서 보자면 우리가 하이프 머신이 추천하는 것들을 소비하고 이런저런 행동과 반응과 의견들로 다시 그 추천에 영향을 주는 '소비 및 행동 루프'가 나타나는 것이다. 이어지는 장들에서는 하이프 머신이 어떻게 우리 행동을 변화시키는지 또 하이프 머신이 제공하는 광고, 추천, 사회적 신호들을 우리가 어떻게 소비하고 그것들에 영향을 주는지를 살펴보는 등 소비 및 행동 루프에 대해 자세히 살펴볼 것이다. 4장에서는 사회적 신호들이 신경학적으로 우리의 뇌에 미치는 영향에 대해 살펴볼 것이다. 그런 다음 5장에서는 우리의 소비 및 행동 루프에 동기를 부여해주는 경제적 인센티브들에 대해 살펴볼 것이다. 그리고 6장부터 9장까지에서는 하이프 머신이 만들어낸 3가지 트렌드, 즉 맞춤형 대중 설득, 초사회화, 관심 경제가 우리의 행동을 어떻게 변화시키는지를 살펴볼 것이다.

하이프 머신이 어떻게 우리에게 영향을 주는지를 살펴보기에 앞서 한 가지 짚고 넘어가야 할 게 있다. 바로 사회 규범을 선택하고 발전시키고 활용할 수 있는 우리 인간의 능력이다. 하이프 머신이 우리에게 어떤 영향을 주고, 우리를 어떻게 양극화하며 선동하는지에 관한 논란이 그간 많았다. 그러나 소셜 미디어에 대한 반응과 소셜 미디어의 활용 방식을 통제하는 것이 바로 우리 인간이라는 사실을 잊어서는 안 된다. 우리가 개발하는 규범들은 기술과 사회의 관계에서 중요한 역할을 한다. 그리고 기술이 우리에게 부정적인 영향만 줄 뿐이라는 단순한 관점을 가지고 있다면 우리는 스스로 책임감을 가질 수 없게 된다. 그러면 결국 이와 같은 기술 활용이 우리에게 어떤 영향을 주는지를 생각할 수 없게 된다. 사회적인 동물인 우리는 소셜 환경 내에서 대체 어떻게 하면 일반적이고 수용 가능한 행동에 대한 인식들을 가지고 처신할 수 있는지를 배운다. 이는 다른 개인이나 집단, 기관들의 행동을 관찰함으로써 생겨나는데 최근 연구 결과들에 따르면, 규범 환경은 하이프 머신 내 인간의 행동에 지대한 영향을 미친다고 한다.

J. 나단 마티아스는 1,300만 명이 사용하고 있는 토론 커뮤니티 레딧에 "커뮤니티 원칙"[153]이란 제목의 성명을 올리는 대규모 무작위 실험을 진행했다. 수년간 이 커뮤니티는 엄청난 갈등과 괴롭힘 등으로 진통을 앓았다. 라이브 질의응답 시간에 루게릭병을 앓고 있던 스티

븐 호킹 박사의 건강 상태를 조롱하는 사람들, 여성과 소수 집단을 향해 모욕적인 말을 하는 사람들, 비만인 사람들에게 상처가 될 농담을 던지는 사람들 등으로 곤욕을 치렀다. 마티아스는 자동 소프트웨어를 활용해 '고정 댓글'을 게시했다. 토론 페이지 상단에 커뮤니티 규범들을 내걸고 위반 시 강제 조치를 강행하겠다고 공지했으며, 대다수가 그 규범에 동의했다는 점도 밝혔다. 마티아스가 활용한 그 소프트웨어는 규범 공지를 필요로 하는 토론과 별도의 메시지가 필요 없는 토론에 무작위로 올렸다.

이후 사람들이 레딧 커뮤니티 내에서 보여준 행동을 분석한 결과 그렇게 하향식 규범을 내걸자 괴롭힘이 8% 줄었고, 신규 가입자들의 토론 참여율은 70%나 늘었다. 우리가 조직적인 규범 강제 적용에 동의하든 그렇지 않든(또는 상향식 규범을 선호하든 아니든) 한 가지는 분명하다. 우리가 건강한 규범을 개발하고 유지한다면 건전한 대화 분위기를 조성할 수 있는 것은 물론 하이프 머신의 환경 또한 근본적으로 바꿀 수 있다.

그렇게 되면 건전한 커뮤니케이션이 다시 하이프 머신에 피드백을 준다. 챗봇 테이를 기억하는가? 우리가 정보와 추천을 어떻게 소비하고 또 그것에 어떤 영향을 주는지에 따라 하이프 머신은 그다음 우리에게 무엇을 추천해줄 것인지를 결정한다. 이와 함께 인식 및 추천 루프가 건전한 커뮤니케이션과 만나면 하이프 루프가 악순환이 아닌 선순환을 일으키는 등 그 보답을 한다.

그렇다면 우리는 언제 하이프 머신의 추천을 따르고, 언제 거부해야 할 것인가?[154] 뉴욕 대학 바산트 다르 교수가 바로 그런 의문을 제기했다. 우리는 어떤 결정을 기계 지능에 맡기고, 어떤 결정은 우리 스스로 내려야 할까? 다르의 이론은 더 광범위한 인공지능 경제에 적용되는 것이지만, 그 통찰력은 더 나은 하이프 머신 코드를 설계하는 법을 이해하는 데는 물론 우리가 사용자 입장에서 언제 기계 지능의 추천에 따르고, 언제 무시해야 하는지를 아는 데도 도움이 된다.

바산트 다르의 주장에 따르면, 이것을 결정하는 데 2가지 요소, 즉 '예측 가능성'과 '중요성'이 도움이 된다. 예측 가능성은 기계 지능이 추천하는 것이 우리가 스스로 찾아낼 수 있는 것보다 얼마나 더 나은지를 말하며, 중요성은 추천을 따랐을 때 그 결정들이 얼마나 중대한지를 말한다. 기계 지능이 우리에게 가치 있는 선택권을 더 많이 제공할수록 그리고 그 결정들이 덜 중대할수록 우리는 그만큼 기계 지능을 믿고, 정신 에너지를 덜 소비해도 된다.

스팸 메시지 걸러내기와 뉴스 피드 등급 매기기는 기계 지능에 맡기는 편이 더 나은 결정이다. 나는 페이스북과 트위터에서 받을 수도 있는 쓸모없는 스팸 메시지들을 일일이 정리할 필요가 없어서 좋다. 그리고 내 뉴스 피드가 시간 역순으로 줄줄이 나타나는 것보다는 적합도에 따라 분류되어 나타나는 게 더 좋다. 각 메시지가 내게 적합한지 일일이 따져보지 않아도 되니 말이다. 물론 그렇다고 해서 더 나은 코딩으로 편견이 제거되지 않아도 된다거나 다양성이 더 높이 평가되지 않아도 된다는 얘기는 아니다. 우리는 모든 알고리즘을 개선할 수 있다. 그러나 모든 것을 감안할 때, 위의 예들은 기계 지능에 맡기는 편이 더 좋을 결정들이다. 우리는 종종 잊고 살지만 어쨌든 이런 알고리즘 큐레이션이 없다면 잠재적으로 유해하고 부적합한 콘텐츠가 감당하지 못할 만큼 쏟아져 들어올 것이다.

우리는 더없이 중요한 결정들, 즉 중대한 결과들로 이어질 결정들은 섣불리 내리지 않으려고 한다. 아마도 큰 수술을 앞두고 그 결정을 앱 같은 것에 맡기고 싶은 사람은 없을 것이다. 우리는 데이트 앱에 대해서도 훨씬 큰 통제력을 갖고 싶어 할 것이다. 요컨대 중요한 결정일수록 인간이 그 결정에 더 큰 통제력을 가질 수 있어야 한다.

알고리즘에 대한 반응은 사람에 따라 조금씩 다르다. MIT 르네 고슬린 교수에 따르면, 사람들은 인지 방식에 따라 기계 지능을 신뢰할 수도 신뢰하지 않을 수도 있다. 고슬린과 헤더 양은 인지 성찰력이 높은 사람들(결정을 내릴 때 직감보다는 신중한 판단에 의존하는 사람들)은 인간의 추천보다 알고리즘의 추천을 더 높이 평가하는 경향이 있다는 것을 발견했다.[155] 반면에 인지 성찰력이 낮은 사람들은 알고리즘의 추천보다는 인간의 추천을 더 높이 평가하는 등 알고리즘에 반감을 갖는 경우가 많았다. 기계의 판단이 인간의 직감에 미치지 못한다고 생각하기 때문이다.

이 모든 것은 규범적 판단이 아니어서 때로는 알고리즘을 신뢰하는 것이 좋고, 때로는 아니다. 어느 쪽이든 우리는 한 가지 방식이 모든 경우에 똑같이 적용될 수는 없다는 것을 알아야 한다. 결국 우리 각자가 하이프 머신의 기계 지능에 어느 정도 맞는지를 알아내 그 기계 지능의 설계와 활용법을 고쳐나가야 할 것이다.

스마트폰

소셜 미디어 매체는 시간이 흐르면서 계속 진화할 것이다. 그러므로 스마트폰이 하이프 머신의 매체라는 것을 지나치게 강조하고 싶지는 않다. 어쨌든 하이프 머신은 매체를 통해 우리에 대해 배우고 우리에게 영향을 주므로 매체는 하이프 머신의 구조에서 중요한 역할을 하는 요소이다. 소셜 미디어 기업 경영진은 매체의 진화에 집착에 가까운 관심을 보인다. 매체는 전략적 제어 지점이기 때문이다. 실제로도 소셜 미디어 기업이 경쟁력을 가지려면 사용자들이 하이프 머신과 상호 작용하기 위해 사용하는 매체의 진화에 뒤처지지 말아야 한다. 페이스북은 최근 주요 진화 단계를 놓쳐 다음 단계를 끊임없이 모색 중이다. 2011년 페이스북은 데스크톱에서 스마트폰으로의 전환이라는 뜻하지 않은 변화와 맞닥뜨렸다.[156] 당시 페이스북은 상장을 위한 기업 공개를 앞두고 모든 것을 철저히 데스크톱에 맞추고 있었다. 페이스북의 모바일 앱들은 프로그래밍 언어 HTML 5로 만들어졌는데, 이 언어는 모바일 운영체제에 맞춰 개발된 것이 아니었다. 그러다 보니 페이스북 앱들은 모바일 환경에서 이런저런 결함을 보였다. 페이스북이 자사의 연례 개발자 콘퍼런스인 F8을 위해 만든 모든 새로운 것도 모바일 환경을 위한 게 아니었다. 그러나 2012년 초 페이스북은 모바일 쪽으로 크게 방향을 틀었다. 마크 저커버그는 그야말로 스마트폰에만 매달리기 시작했다. 제품 개발 관리자들 역시 데스크톱 버전의 앱들은 아예 머릿속에서 지웠다. 유능한 iOS(애플의 운영체제-옮긴이) 엔지니어들과 안드로이드(구글이 공개한 개방형 모바일 운영체제-옮긴이) 엔지니어들이 쏟아져 들어왔다. 그리고 곧 페이스북은 인스타그램과 왓츠앱을 차례로 매입했다. 페이스북은 그렇게 모바일이란 빙산과 충돌하기 직전에 아슬아슬하게 타이타닉호의 방향을 틀었다.

오늘날에는 스마트폰이 매체이지만 10년 전만 해도 우리는 소셜 미디어에 접속하기 위해 데스크톱을 이용했다. 아마 앞으로는 알렉사와 구글 홈 같은 음성 플랫폼이나 페이스북 포탈 같은 동영상 플랫폼 또는 증강현실과 가상현실 같은 환경들을 사용하게 될지도 모른다. 앞으로 매체가 어떻게 변화할지 예측하기란 쉽지 않다. 하지만 중요한 점은 하이프 머신과 우리의 관계 형성에 매체가 큰 역할을 한다는 것이다. 오늘날의 매체인 스마트폰 이야기이든 더 진화한 다른 매체 이야기이든 하이프 머신의 매체와 관련해서는 다음과 같은 3가지 사실에 주목해야 한다.

첫째, 매체는 '늘 인터넷에 접속된' 상태를 유지한다. 하루 24시간 내내 우리는 하이프 머신의 사회적 신호들에 연결되는 것이다. 스마트폰은 어디에나 있다. 늘 우리와 함께 있으며, 친구와 가족들에게서 받는 각종 메시지와 상태 업데이트 알림 등을 통해 끊임없이 우리 삶에 끼어든다. 게다가 우리는 일상생활에서 거의 내내 스마트폰을 이용해 우리가 하는 일이나 가는 곳에 하이프 머신을 끌어들인다. 이처럼 늘 우리와 함께하는 스마트폰은 하이프 머신이 우리의 행동, 나아가 사회에 영향을 주는 데 결정적인 역할을 한다.

둘째, 스마트폰은 항상 우리 곁에 있어서 하이프 머신은 우리를 매우 소상히 파악하고 있다. 하이프 머신은 하루 24시간 내내 우리에게 영향을 주며 우리의 행동을 무서울 정도로 자세히 관찰하고 있다. 우리가 검색하는 콘텐츠나 사용하는 앱, 활동하는 시간을 통해 전례가 없을 만큼 무섭도록 우리를 꿰뚫어 보고 있다. 스마트폰은 또한 각종 센서를 통해 우리에 관한 아주 많은 것을 하이프 머신에 알려준다. GPS와 블루투스 신호는 우리가 있는 곳을 알리고, 가속도계와 자이로스코프 같은 동작 탐지기는 우리가 하는 일을 알리며, 카메라와 마이크는 우리가 말하는 것을 알린다. 그리고 기압계 등의 장치들은 우리 주변의 빛과 습도, 압력, 온도를 알린다. 심지어 이런 데이터가 끝이 아니다. 우리가 누구와 이야기를 나누고 어떤 메시지와 사진을 주고받는지, 우리가 어디로 어떻게 이동하고 있으며 누구의 인스타그램 사진을 관심 있게 보는지, 심지어는 우리가 어디에서 무엇을 먹고 있는지까지 수집하는 앱 데이터도 있다. 이 데이터들은 광고 생태계에 참여하는 7,000개 이상의 기업들 사이에 널리 공유되는데, 이러한 공유는 대개 스마트폰 내 다양한 앱에 내장된 '소프트웨어 개발 키트' 안에서 규제되지 않는다.[157] 각 앱은 5~10개에 이르는 다른 앱들과 정기적으로 데이터를 공유하며 우리의 삶을 100% 그대로 하이프 머신에 보여준다.

셋째, 하이프 머신 매체는 우리의 삶에 더 깊이 뿌리 내려 더 자주 그리고 더 교묘하게 개입할 것이다. 우리의 의사소통과 행동, 생각에 대한 정보도 더 많이 수집할 것이다. 하이프 머신 매체의 기술적 진화를 살펴보면 충분히 가능한 일들이다. 페이스북은 현재 안드로이드에 대한 의존도를 줄이기 위해 자체 운영체제를 개발하고 있어 다른 매체에 의존하지 않겠다는 의지를 보여주고 있다. 페이스북의 운영체제는 계속 진화하는 하이프 머신 매체의 사회적 상호 작용 기능을 더 심화시키는 결과를 초래할 것이다. 페이스북은 마운틴뷰 본사에서 약 24km 떨어진 4,000명이 근무할 수 있는 새 공장에서 가상현실 헤드셋 오큘러스를 토대로 새 증강현실 안경을 개발하고, 가상현실 서비스 품목을 확대할 예정이다.[158] 페이스북은 또한 현재 자신들의 포털 플랫폼 외에 각종 기업용 하드웨어를 개발 중인데, 이는 화상 회의와 증강현실·가상현실 미팅, 조직 솔루션 등을 지원하게 될 것이며 기업에 대한 페이스북의 장악력을 확대해줄 것이다. 코로나바이러스 팬데믹이 시작되면서 화상 회의는 인간 상호 작용의 가장 중요한 수단이 되었다. 이 모두는 광고 분야에 큰 영향을 줄 것이고, 하이프 루프의 최적화를 뒷받침하게 될 것이다. 지금 스냅챗 같은 경쟁사들이 페이스북을 뒤쫓아 미래의 소셜 커뮤니케이션 미디어 속에 발을 들이고 있다.

더 놀라운 (그리고 우려되는) 일은 페이스북의 이러한 개발이 사용자가 자신의 생각으로 소셜 기술을 제어할 수 있게 설계되었다는 것이다. 이는 가정이 아니다. 현재 페이스북에서는 60명 이상이 이 프로젝트에 전념하고 있으며, 이미 뇌 센서를 냉장고 크기에서 휴대용 장치 크기로 줄이는 데 성공했다. 이들은 실시간으로 뇌 활동 코드를 풀 수 있게 되었으며, 사용자들이 자판을 전혀 만지지 않고 순전히 생각만으로 분당 100단어를 '타이핑'할 수 있게 되는 것을 목표로 연구에 박차를 가하고 있다.

뇌-컴퓨터 인터페이스는 많은 미디어를 강화할 수 있다. 예컨대 레이저를 사용해 뇌 신경 세포 활동을 감지하여 우리가 생각하고 있는 말들을 입 밖에 내기도 전에 알아낼 수 있다. 페이스북 뇌-컴퓨터 비밀 연구를 이끄는 레지나 두간 Regina Dugan은 개발자 콘퍼런스 F8에서 이렇게 설명했다. "무작위로 떠오르는 생각들의 코드를 푸는 것이 아닙니다. 우리는 지금 당신이 이미 뇌의 언어 중추로 보내 다른 사람과 공유하기로 마음먹은 말들의 코드를 푸는 이야기를 하는 것입니다."[159] '아, 그렇다면 다행이네.' 그 당시 나는 잠시 걱정을 했던 것 같다. 만약 뇌파 탐지기를 통해 증강현실 매체를 강화할 수 있어 '뇌 마우스'를 만들어낸다면, 우리는 단지 생각만으로도 증강현실 환경 속의 사물들을 클릭할 수 있게 되지 않겠는가. 물론 페이스북이 현재 뇌-컴퓨터 인터페이스를 연구하는 유일한 기업은 아니지만, 어쨌든 그런 기술은 바로 우리 삶에 접목될 수 있을 것이다. 만약 그렇게 된다면 어떤 문제가 생길 수 있을까?

하이프 머신의 틀

기술 진화에 관한 이야기에서 느꼈겠지만 이 책이 인쇄되어 세상에 나올 때쯤이면 모든 게 이미 시대에 뒤떨어져 있을 것이다. 그래서 가장 최신 소셜 미디어 트렌드를 좇느라 헐떡거리는 대신 나는 이제 하이프 머신에 대한 우리의 생각에 영구적인 틀을 제공하고자 한다. 하이프 머신 틀(〈그림 3-10〉)은 소셜 미디어와 그 결과물들의 지속적인 생산과 발전에 기여하는 3가지 기술과 4가지 지렛대 그리고 3가지 트

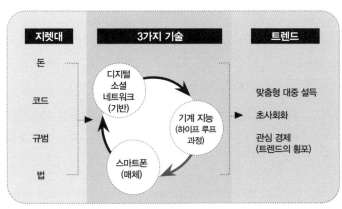

그림 3-10. 하이프 머신에는 디지털 소셜 네트워크, 기계 지능, 스마트폰이라는 3가지 기술과 돈, 코드, 규범, 법이라는 지렛대 그리고 맞춤형 대중 설득, 초사회화, 관심 경제라는 트렌드가 포함되어 있다.

렌드를 보여준다.

디지털 소셜 네트워크와 기계 지능 그리고 스마트폰(또는 하이프 머신의 차세대 매체)의 결합은 인간 커뮤니케이션 혁명에 기술적 근간을 이룬다. 그리고 이 3가지 기술이 상호 작용하면서 하이프 머신을 뒷받침하는 3가지 트렌드가 촉진된다. 첫 번째 트렌드는 '초사회화'로 많은 사람으로부터 쏟아져 들어오는 엄청난 양의 디지털 사회적 신호들을 접하게 하고, 새로운 대중 심리 속에서 생각과 행동을 30억이 넘는 사람들의 생각과 행동에 연결시킨다. 두 번째 트렌드인 '맞춤형 대중 설득'은 우리가 사고, 투표하고, 사랑하는 데까지 영향을 주는 맞춤형 설득 메시지의 새로운 물결을 만들어낸다. 그리고 세 번째 트렌드인 '관심 경제'의 제도화는 우리가 소셜 미디어에 참여 시간을 늘려 우리의 관심을 통해 수익을 창출하고 트렌드의 횡포를 만들어낸다.

우리에게는 배를 움직일 4가지 지렛대, 즉 돈과 코드, 규범과 법이 있다. 우리는 소셜 기술을 통제할 비즈니스 모델과 경제적 인센티브를 어떻게 만들어낼 것인지 심사숙고해야 한다. 그리고 그 알고리즘을 설계할 소프트웨어 코드와 그 기술을 활용하는 데 필요한 규범 및 시장 실패를 막기 위해 우리가 시행할 법에 대해서도 신중히 생각해 하이프 머신과 인간의 관계를 변화시켜야 한다.

하이프 머신이 세상에 미치는 영향을 제대로 이해하기 위해서는 그것이 우리 행동을 어떻게 변화시키고 있는지 알아야 한다. 소셜 미디어가 만드는 실시간 커뮤니케이션 생태계는 수많은 방식으로 우리에게 영향을 준다. 그 영향을 이해하는 작업은 뇌과학과 컴퓨터 과학, 사회과학을 거쳐가야 하는 먼 여정이 될 것이다. 그리고 그 여정은 '소셜 미디어가 어떻게 우리 뇌에 영향을 주는가'에서 시작된다.

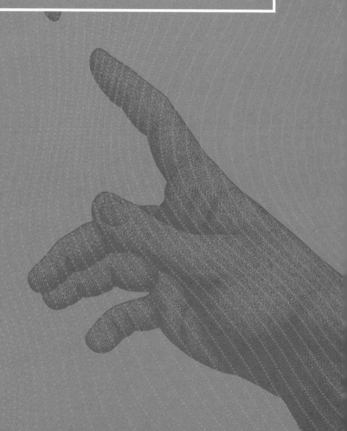

4장

Your Brain on Social Media

소셜 미디어와 당신의 뇌

사이버 공간. 모든 국가에서 매일 수십억 명의 정규직 오퍼레이터가
경험하는 환상의 세계···. 인간의 시스템 안에 존재하는
모든 컴퓨터의 데이터뱅크에서 나오는 생생한 재현.
상상할 수 없을 정도로 복잡한 세계. 마음속 빈 공간 아닌 공간,
도시의 희미한 빛줄기 같은 불빛들이 줄지어 늘어선 세계.
은하계의 별들처럼 수많은 데이터가 무리 지어 있는 세계.

—윌리엄 깁슨

질리언 매튜스는 MIT 피카우어 학습·기억연구소에 합류하기 전 영국 임페리얼 칼리지에서 약물이 인간의 뇌에 미치는 영향에 관해 연구하고 있었다. 매튜스는 코카인이 쥐의 뇌 속에 있는 도파민 분비 신경 세포들에 미치는 영향을 분석해 약물 사용으로 생기는 인간 정신 질환의 치료법을 찾고자 했다.

2015년 질리언 매튜스 연구진은 새로운 실험을 고안해냈다. 그들은 실험실 쥐들을 고립시킨 뒤 일부 쥐들에게는 식염수를 주고 일부 쥐들에게는 코카인을 주었다. 그런 다음 신경 활동을 관찰하기 위해, 집에서 멀티미터(두 점 사이의 전압 및 전류의 세기를 측정하는 장치-옮긴이)로 전기 소켓 내 전압을 측정하듯 이온 통로 분자들 사이를 흐르는 전류를 측정하는 패치 클램프를 사용했다. 그들은 코카인을 주입한 쥐들이 식염수를 주입한 쥐들보다 더 강한 시냅스 반응을 보일 거라고 예상했다. 그런데 실험 결과를 보고 놀라지 않을 수 없었다. 두 집단 모두 눈에 띄는 신경 반응을 보였고 등 쪽 솔기핵 내 연결 상태가 더 강해졌는데, 이 부위는 세로토닌 분비를 조절하고 학습, 기억, 감정 같은 생리적 기능을 제어하는 곳이었다.

그 결과에 연구진은 당혹감을 감추지 못했다. 대체 왜 식염수만 주입한 통제 집단 쥐들까지 활발한 신경 활동을 보인 것일까? 코카인도 어떤 자극도 주지 않았는데 말이다. 그런데 사실 그게 핵심이었다. 식염수를 주입한 쥐들은 코카인을 주입한 쥐들에 대한 비교군이었다. 그리고 그 비교군이 되는 쥐들이 연구진에 의해 24시간 동안 '고립' 상태에 놓인 것이다. 결국 이 쥐들의 등 쪽 솔기핵을 자극한 것은 그들이 느낀 고립감과 그로 인한 외로움이었다. 그래서 연구진은 코카인이 신경에 미치는 영향에 대한 논문을 쓰려던 계획을 접고 외로움에 대한 논문을 쓰게 되었다. 그들은 과학 저널 〈셀〉에 실린 최종 논문에서 쥐들은 외로움에 대한 신경학적 아픔 때문에 사회적 활동을 한다고 주장했다.[160]

고립은 사회적 동물에게 유해하고 불안정한 상태다.[161] 고립은 초파리들의 수명을 단축한다.[162] 고립은 쥐들의 뇌졸중 후 생존율을 떨어뜨리고 비만과 2형 당뇨병을 유발한다.[163] 쥐들의 경우 스트레스 반응을 높이고[164] 운동 효과를 떨어뜨리기도 한다. 원숭이와 돼지, 인간의 경우에는 스트레스 호르몬인 코르티솔 수치를 높이고,[165] 토끼와 인간의 경우에는 산화 스트레스를 높인다.[166] 이런 동물들은 외로움이라는 신경학적 통증 때문에 더 열심히 사회 활동에 나서게 된다.

인간의 외로움도 마찬가지다. 시카고 대학 존 카시오포 교수는 외로움이 지속되는 것은 외로움에 진화론적 이점이 있기 때문이라고 주장했다.[167] 인간은 홀로 있는 게 외롭기 때문에 누군가와 함께함으로써 안전하다고 느낀다는 것이다. 한때 인간의 외로움은 '회복할 길이 없는 만성 질환'[168]으로 여겨지기도 했다. 그러나 최근 연구 결과에 따르면 허기와 갈증, 고통이 우리에게 먹을 것과 물, 치유책을 찾아 나서게 하듯, 외로움 역시 우리에게 사회적 관계를 형성하고, 회복하고, 계속 유지하게 한다.[169] 외로움은 뇌의 도파민 보상 센터를 손보고[170] 신경학적 통증을 유발해 우리에게 사회화로 그 아픔을 치유하게 한다.[171] 우리가 또한 로맨틱한 관계나 협력적인 관계를[172] 통해 사회적 비교를 하거나[173] 이타적인 행동을 할 때,[174] 도파민 보상 센터의 핵심 요소인 배측 선조체가 활성화된다.[175] 우리는 정신적으로 소통하고, 연결하고, 협력하게끔 되어 있다. 실제 신경 생리학적으로도 서로 뒤얽혀 있다. 그러다가 우리는 하이프 머신도 만들어냈다.

하이프 머신은 우리 뇌가 진화해 처리할 수 있게 된 새로운 사회적 정보를 전례 없이 큰 규모로 확산할 수 있게 만들어졌다. 텔레비전이나 인터넷과는 달리 소셜 웹은 우리에게 소셜 미디어상에서 매일 실시간으로 수백만 명의 사람들과 직접 접촉할 수 있게 해준다. 10초짜리 바인Vine 동영상을 보거나 인스타그램 이미지를 잠시 보면 그것이 우리에게 주는 영향을 알아차리지 못할 때도 많다. 그러나 실제로 하이프 머신은 믿을 수 없을 만큼 자세히 그리고 또 전례 없이 큰 규모로 사회적 정보들을 제공한다. 그 과정에서 하이프 머신은 뇌를 자극해 우리가 원하는 쪽으로 진화할 수 있게 지원하고, 우리는 다시 더 많은 것을 얻기 위해 하이프 머신에 의존하게 된다. 우리가 자신이 누구인지 또 어떻게 정신적으로 서로 연결되어 있는지를 깊이 생각하는 동안 소셜 미디어의 급부상은 휘발유통에 불붙은 성냥을 던지는 것과 같은 엄청난 결과를 불러오고 있다.

하이프 머신에 푹 빠진 뇌

15년 전까지만 해도 소셜 미디어라는 게 없었다. 하지만 오늘날 많은 사람이 소셜 미디어로 하루를 시작한다. 일하면서 최신 뉴스를 보기 위해 트위터를 살피고 친구들이 지난밤에 먹은 음식을 보기 위해 인스타그램 사진들을 훑어본다. 이러한 신세계는 아주 빠른 속도로 진화했다. 2005년에는 미국 성인 가운데 SNS를 이용하는 사람들은 7%밖에 되지 않았다.[176] 그러던 것이 2015년에는 65%가 되었다. 또 2017년에는 미국 성인 가운데 약 80%가 페이스북을 사용했다. 현재 지구상에는 77억 명이 살고 있는데,[177] 그중 43억 명은 인터넷 사용자이며 35억 명은 활발한 소셜 미디어 사용자이다.

트위터에는 초당 6,000개의 트윗이 올라온다. 이는 분당 약 35만 개, 하루 약 50억 개, 연간 약 2,000억 개다. 페이스북에서는 전 세계적으로 매달 25억 명이 활동 중이며, 매분 5개의 새로운 프로필이 업데이트된다. 이 25억 명이 매일 100억 개가 넘는 콘텐츠를 공유한다. 유튜브에서는 매일 20억 명의 활성 사용자들이 10억 시간 이상 동영상을 감상하는데, 대부분 다른 사용자들이 올린 동영상이다. 6,500만 개의 기업들이 페이스북 웹페이지를 갖고 있다. 미국 기업의 66%가 트위터를 사용해 홍보 중이고, 1억 명이 넘는 사람들이 링크드인 프로필로 취업 면접을 본다. 그런데 중요한 점은 이 모든 수치가 과소평가되었다는 것이다. 코로나바이러스 팬데믹 이후 전례 없이 많은 사람이 감정적 피신처를 찾아 나섰고 소셜 미디어가 우리에게 제공하는 온갖 종류의 연결을 즐기고 있기 때문이다.

결론은 지금 엄청난 양의 디지털 사회적 신호들이 우리를 집어삼키고 있다는 것이다. 소셜 미디어가 우리를, 우리의 시간과 관심을 집어삼키고 있다. 이는 우리가 신경학적으로 소셜 미디어를 사용하게끔 프로그램화되어 있기 때문이다. 하이프 머신은 애초부터 우리 인간이 심리학적·신경 생리학적으로 사회화, 소속감, 사회적 인정을 필요로 한다는 것을 이용하게끔 만들어졌다. 하이프 머신은 성장을 영구화하고 페이스북 같은 승자가 모든 것을 가져가는 경쟁을 조장하는 경제적 네트워크 효과들에 의해 통제된다. 그리고 가치를 활용하기 위해 소셜 미디어 플랫폼들은 우리를 가둘 수 있게 하이프 머신을 설계해 왔다. 그래서 하이프 머신의 3가지 요소, 즉 심리학적·경제적·기술적 요소가 소셜 미디어의 채택과 지속적 사용을 부채질한다. 그로 인해 이제 하이프 머신이 없는 세상은 상상도 할 수 없게 되었다.

심리학적 요소

소셜 미디어는 우리의 뇌에 맞춰 설계되었다. 그래서 소속감과 사회적 인정에 대한 감각을 통제하는 뇌 부위와 상호 작용한다. 소셜 미디어는 우리의 도파민 체제에 보상을 하며 온라인상에서 연결하고 참여하고 공유할수록 우리에게 더 많은 보상을 준다. 나는 신경과학자는 아니지만, 우리의 뇌가 소셜 미디어에 맞춰져 있다는(더 정확히 말해 소셜 미디어가 우리의 뇌에 맞춰져 있다는) 증거에 깊은 인상을 받았다. 그리고 그 증거로 촉발된 의문은 예상 밖일 것이다. 1980년대부터 진화 인류학자들과 인지 신경과학자들이 이런 의문을 제기하기 시작했다. "인간의 뇌는 왜 그렇게 큰 것일까?"

몸무게와 비교했을 때 인간의 뇌는 다른 동물들에 비해 크다. 우리 인류 속屬의 첫 종種인 호모 하빌리스가 200만 년 전쯤 지구 위를 걸어 다닌 이래 인류의 뇌는 2배로 커졌다(〈그림 4-1〉 참조).[178] 사실 우리의 뇌는 초기 조상들 가운데 200~400만 년 전에 살았던 오스트랄로피테 신류의 뇌와 비교하면 무려 3배나 된다.

인간의 뇌가 그렇게 빨리 그리고 크게 자란 이유에 대해서는 기후 변화 때문이라거나 식생활 때문이라거나 생태학적 요구들 때문이라는 등 학설이 구구하다. 이 중 어떤 한 가지만으로는 인간의 뇌 발달을 설명할 수 없다. 인간의 뇌가 커지는 쪽으로 진화하는 데는 많은 요소

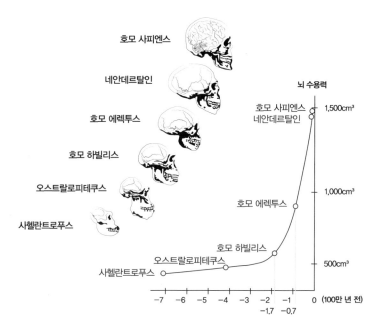

그림 4-1. 호모 하빌리스부터 호모 사피엔스에 이르는 원시 인류 화석에서 관찰된 뇌 수용력은 세월과 함께 그야말로 기하급수적으로 늘어났다.

가 개입되었을 것이기 때문이다. 그러나 우리 뇌 수용력의 폭발적 발전을 설명해줄 한 가지 근본 원인은 찾을 수 없을지 몰라도, 우리의 인지 능력 발달에 기여한 요소들은 우리가 누구인지, 우리가 주변 세상을 어떻게 인지하고 그 세상과 어떻게 상호 작용하는지에 대해서 많은 것을 설명해줄 수는 있다. 이제 인간의 뇌 발달을 설명하는 가장 흥미로운 이론 중 하나를 소개하려고 하는데, 이 이론은 주장을 뒷받침하는 아주 많은 경험적 증거를 갖추고 있다. 만약 이 이론이 옳다면 소셜 미디어 설계는 인간 진화에 큰 변화를 가져올 것이다.

사회적 뇌 가설

1980년대 말 옥스퍼드 대학의 문화 인류학자 로빈 던바 연구진은 무언가 생각해볼 여지가 있는 어떤 규칙성을 발견했다. 그들은 1966년 〈사이언스〉의 한 논문을 읽었는데, 그 논문에서 앨리슨 졸리는 영장류의 지능은 주로 그들의 사회적 관계의 복잡성에 의해 좌지우지되었다고 주장했다.[179] 졸리의 의견에 따르면 사회에 대한 추론 능력은 물체 인식 능력이나 조작 능력 또는 채집 능력보다 훨씬 복잡했다. 그래서 졸리는 사회적 상호 작용에 대한 복잡한 추론 능력이 더 사회적인 종들의 뇌에서 일어난 아주 큰 진화론적 변화와 연관 있다고 생각했다.

앨리슨 졸리는 마다가스카르의 강 제방에서 수개월 간 여우원숭이들을 관찰했다. 그 과정에서 그녀는 여우원숭이들이 복잡한 사회 질서들을 개발하고 있지만, 그 모든 것을 물체 인식 능력이나 조작 능력

없이도 아주 잘 해낸다는 사실을 발견했다(여우원숭이들의 지능 덕이라고 생각하는 사람들도 있었다). 마침내 졸리는 물체 인식 능력이나 뛰어난 조작 능력 없이도 복잡한 사회적 질서를 개발해낸다는 명확한 증거들을 확보해 적어도 여우원숭이들의 경우 사회적 지능이 물체 지능 및 조작 지능보다 우선한다는 것을 알게 되었다. 그래서 졸리는 이런 결론을 내렸다. "따라서 영장류 사회는 원숭이들의 물체 인식 능력이나 조작 능력 없이도 발전할 수 있었다. 그러나 이 원숭이들의 물체 인식 능력과 조작 능력은 영장류들의 사회생활 속에서만 진화했다. 그래서 나는 어떤 사회적 삶은 영장류 지능에 우선하며 또 그 지능을 결정짓는다고 주장한다."[180] 영장류를 더욱 사회적이고 똑똑한 동물로 만든 것은 물체 인식 능력이나 조작 능력이 아니었다. 영장류의 물체 인식 능력 및 조작 능력과 그들의 지능에 우선하고 또 그 모두를 결정짓는 것은 사회화하려는 영장류의 의지였다. 한 종의 지능은 사회화로 결정된다는 게 앨리슨 졸리의 주장이었다.

이처럼 과감한 졸리의 주장에 로빈 던바 연구진은 생각에 생각을 거듭했다. 만약 사회화가 지능에 영향을 준다면 분명 뇌 발달에도 영향을 주지 않을까? 그래서 그들은 사회의 복잡성과 뇌 발달 간의 진화론적 연결 고리를 찾기 시작했다. 그들의 가설은 다음과 같았다. 어떤 종은 사회화될수록 뇌의 크기 또한 커진다.[181]

뇌 크기는 부피와 무게로 쉽게 측정할 수 있다. 따라서 과학자들에게는 이제 사회적 복잡성과 뇌 크기로 비교할 수 있는 어떤 척도만 있으면 되었다. 그런데 사람과 비슷한 영장류에 적용할 수 있는 신뢰할 만한 척도가 있었다. '사회 집단 규모'가 바로 그것이다. 어떤 사회 집단의 규모가 클수록, 그 구성원들은 서로 추적하고 추론하는 데 필요한 더 많은 관계와 동맹과 상호 작용을 뒷받침할 수 있다. 그리고 당연한 애기지만, 어떤 종의 사회 질서에서 평균 집단 규모가 클수록 그 사회 안에서의 사회적 상호 작용의 복잡성 또한 커진다. 만약 뇌 크기가 집단 규모와 관련 있다면, 아마도 사회적인 뇌 활동(다른 사람들과의 관계에 대해 추론하고 상호 작용하며 그 관계를 유지하는 힘겨운 일)은 점점 더 커지는 뇌 속에서 일어나는 일들로 이루어지게 될 것이다.

로빈 던바 연구진은 서로 다른 여러 종류의 원숭이와 인간으로부터 평균 집단 규모의 척도들을 수집해 뇌 크기를 비롯한 여러 데이터를 뽑았다. 그 결과 놀랍게도 평균 집단 규모와 사용하고자 하는 '뇌 크기의 척도' 간에 연관성을 발견했다.[182] 집단 규모로 측정했을 때 사회 질서가 복잡할수록 뇌의 크기 역시 더 컸다.

이제 뇌 크기는 뇌의 복잡성을 측정하는 데 있어 그리 정확하고 의미 있는 척도가 아니다. 신경과학자들은 뇌 크기를 활용하지만, 신경학적 복잡성을 측정하는 척도는 뇌 크기를 훨씬 앞질러 발전했다. 과학자들이 뇌 능력 척도를 더 깊이 파고들자 뇌 발달과 사회화의 관계는 점점 더 분명하게 드러났다. 대략 인간과 원숭이의 뇌는 크게 세 부분으로 나뉜다. 고차원적이며 논리적이고 추상적인 생각을 통제하는 '신피질', 감정을 통제하는 '대뇌변연계', 생존과 번식을 통제하는 '파충류의 뇌'(R 복합체)가 바로 그것이다. 따라서 사회적 뇌 가설을 제대로 검증하려면 집단 규모와 전체 뇌 크기 간의 관계를 뛰어넘어, 집단 규모 및 고차원적 생각과 관련 있다고 여겨지는 뇌 부위들 간의 크기를 분석해야 한다. 예컨대 신피질의 크기와 뇌의 다른 부위 크기 사이의 비율인 '신피질 비율'은 언어 기능 및 인지 기능과 같이 더 고차원적인 뇌 기능들과 관련 있다고 여겨진다. 연구진은 이후 더 깊이 파고

들었고, 신피질 비율이 집단 규모 및 사회의 복잡성과 관련한 다른 척
도들과 밀접한 관련이 있다는 게 밝혀졌다(〈그림 4-2〉 참조).[183] 집단 규
모가 클수록 뇌는 물론 고차원적 뇌 기능을 통제하는 뇌 부위들 역시
상대적으로 더 커진 것이다.

그런데 신피질은 워낙 많은 시냅스와 신경 세포들이 모여 있는 데
다가 서로 다른 뇌 기능을 관장한다. 사회화 외에 감각 지각, 인지, 운
동 기능, 공간 추론 등의 기능도 관장하는 것으로 알려져 있다. 결국
신피질의 크기만으로 우리 인간의 사회화 능력을 설명할 수는 없는
것이다. 그러나 과학자들이 사회화와 관련 있다고 믿는 신피질 내 특

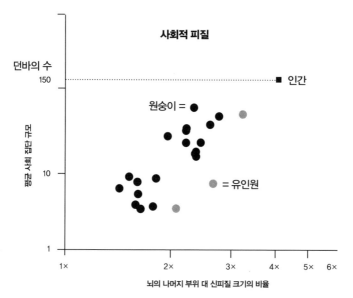

그림 4-2. 신피질 크기와 집단 규모 간의 관계. 사람과 비슷한 영장류의 평균 사회 집단 규모를
신피질 비율(신피질 크기 대 하부피질 뇌 크기의 비율에 따름)과 비교했다. 회색 원은 유인원류(침팬지
와 고릴라, 오랑우탄류), 짙은 색 원은 원숭이류, 짙은 색 네모는 인간을 뜻한다. 던바의 수는 y축에
나와 있다.

정 뇌 부위들을 분석하면서 사회적 뇌 가설이 옳다는 것이 한층 더 분명해졌다.

　뇌에서 가장 중요한 부위 가운데 신경과학자들이 '정신화 네트워크mentalizing network'라고 부르는 두 부위가 신피질의 측두엽과 전두엽에 있다. 이 부위들은 인간의 사회화 능력과 서로에 대한 이해 능력을 관장한다고 보고 있다. 신경과학자 매튜 리버만에 따르면 이 정신화 네트워크는 배내측 전전두엽 피질과 측두엽-두정엽 연접 부위, 쐐기앞소엽, 후방대상피질, 측두엽극을 활성화하며, 우리에게 타인의 마음(생각, 감정, 목표 등)에 대해 생각하게 하고 이해, 공감, 협동, 배려 등을 촉진한다. 더 중요한 점은 정신화 네트워크 덕분에 다른 사람들이 어떤 생각을 하고 있는지 생각해보게 된다는 것이다.[184] MIT 레베카 색스Rebecca Saxe 교수는 정신화 네트워크가 서로의 마음을 읽는 데 도움을 준다고 말한다. 정신화 네트워크가 다른 사람에게서 나오는 사회적 신호들을 처리해줌으로써 그들의 마음 상태와 의도를 파악해 적절히 대응할 수 있게 해준다는 것이다.

　정신화는 '의도성 층위 orders of intentionality'에 따라 우리에게 마음 상태에 대해 생각하게 한다. 제1층위 의도성은 우리 자신의 마음을 아는 능력이다. '나는 조가 아프리카인이라는 걸 안다' 같은 것이다. 제2층위 의도성은 다른 사람의 마음 상태를 개념화하거나 알 수 있는 능력이다. '나는 조가 아프리카인이라는 걸 제인이 알고 있다는 걸 안다' 같은 것이다. 이런 식으로 제5층위 의도성은 '나는 조가 아프리카인이라는 걸 제인이 알고 있고, 그것을 데이비드가 알고 있고, 그것을 또 파트마가 알고 있다는 걸 그리고 사만다가 알고 있다는 걸 안다'가 된다. 소셜 미디어를 사용할 때 우리는 다른 사람들의 표정, 반응, 사회적 신호, 주변 사람들과의 상호 관계 등을 읽음으로써 의도적 태도나 관점을 이해하는 능력을 발휘한다.

정신화 네트워크의 존재를 입증하는 과학적 증거는 설득력이 있다. 사회 인지 능력과 정신화 능력에 대한 행동 리트머스 테스트는 다른 사람들이 틀린 믿음을 갖고 있을 때 그것을 파악하는 우리의 능력을 테스트한다. 틀린 믿음 테스트는 철학자 대니얼 데닛이 처음 제안해[185] 샐리-앤 과제 Sally-Anne task[186] 등과 같이 실제로 다양하게 활용되고 있는데, 자신이 쳐다보고 있는 누군가가 속임수에 넘어가 틀린 믿음을 가지고 있는 경우 그것을 알아챌 수 있는지를 테스트한다. 샐리-앤 과제에서 샐리는 앤이 보는 앞에서 바구니 안에 구슬을 넣어놓고 방을 떠난다. 샐리가 없는 사이 앤이 그 구슬을 바구니에서 꺼내 상자로 옮긴다. 이 모든 것을 지켜본 사람이 샐리가 앤이 옮겨둔 곳이 아닌 자신이 놓아두었던 바구니에서 구슬을 찾으리라 예측한다면 그 사람은 샐리가 틀린 믿음을 갖고 있거나 갖게 되리라는 것을 알고 있는 것이다. 대니얼 데닛이 틀린 믿음 테스트를 제안한 이후 많은 행동 연구를 통해 인간은 3~5세 사이에 이런 종류의 정신화를 겪는다는 게 확인되었다(유아기에 이미 정신화를 겪는다고 주장하는 사람들도 있다). 최근 연구에 따르면 침팬지와 고릴라, 오랑우탄류에서도 이런 능력이 발견되고 있지만, 한동안 우리는 틀린 믿음 테스트를 통과할 수 있는 건 인간뿐이라고 믿었다.

기능적 자기공명영상 fMRI 증거 또한 정신화 네트워크의 존재를 뒷받침해준다. 만약 사회적 뇌 가설이 옳다면 사회적 기술들을 익힐 수 있는 능력이나 사회화 능력은 우리의 뇌 크기나 신피질 비율과만 관련 있는 게 아니라 정신화 및 사회화와 관련된 특정 뇌 부위의 활성화와도 관련 있는 게 된다. 그 사실을 fMRI 연구가 뒷받침해주고 있다. 실험 대상들에게 다른 사람의 마음을 생각해보게 하면 정신화 네트워크가 활성화되지만 지능, 추론, 작업 기억(정보를 단기적으로 기억하며 능동적으로 이해하고 조작하는 것-옮긴이)의 네트워크는 활성화되지 않는다. 그리고 전전두엽 피질과 측두엽-두정엽 부위들이 경두개 자기 자극으로 폐쇄될 경우 실험 대상은 정신화와 의도를 이해하는 능력에 꼭 필요한 틀린 믿음 제어 능력을 상실한다.

사회적 뇌 가설을 뒷받침하는 강력한 종 차원의 증거와 fMRI 증거에 덧붙여 최근 과학자들은 정신화에 관여하는 뇌 부위의 크기와 개인적으로 참여 중인 사회적 네트워크의 크기를 측정하여 개인 차원의 증거도 찾아 나섰다. 페넬로페 루이스 연구진이 발견한 바에 따르면 정신화 네트워크의 핵심 부위에 있는 회백질의 크기는 정신화 능력(한 사람이 동시에 추론할 수 있는 서로 다른 정신 상태들의 수)과 사회적 네트워크의 크기에 따라 달라져 이 역시 사회적 뇌 가설에 대한 또 다른 증거가 되고 있다.[187] 이 결과는 다른 연구진의 연구에서도 그대로 재연되었다. 결국 더 큰 규모의 사회적 네트워크를 가진 사람일수록 사회적 정보를 처리하는 뇌 부위들 역시 더 크다.

모든 것을 고려할 때 우리 뇌는 뚜렷한 의도와 목표, 욕망과 계획을 가졌다고 판단되는 사람에게서 오는 사회적 신호들을 처리하고 해석할 수 있게끔 진화해왔으며, 이런 능력이야말로 우리 뇌의 진화에 꼭 필요한 능력이다. 사회적 뇌를 다루는 인지 과학은 지금 인간 진화의 역사와 관련해 놀랄 만한 이야기를 밝혀내고 있다. 우리 인간의 뇌는 사회화되는 방향으로 그리고 인간관계에서 나오는 사회적 신호들을 해석할 수 있는 방향으로 진화하고 있는 것이다.* 인간은 사회에 대한 생각들에 적극 적응하는 쪽으로 사회적 진화를 해왔다. 관계, 동맹과 불화, 상대방의 정체성과 의도 그리고 이 모든 사회적 정보의 복잡한 상호 의존성에 대한 정보를 처리해오면서 말이다.

인간은 그간 많은 도전 과제에 직면해 사회적으로 해결하기 위해 뛰어난 일 처리 능력이 필요했고, 그 때문에 진화 과정에서 신피질의 크기가 계속 커져야 했다. 사회적 정보 처리를 위해 발전하고 그 일에 전념하고 있는 신경 세포와 시냅스들은 어떤 의미에서는 우리의 사회적 세계에 적응해 앞으로 나아가는 훈련을 하고 있다. 우리는 끊임없이 자신에게 이런 질문들을 던진다. '그녀는 나를 좋아할까? 그가 나한테 원하는 게 뭘까? 그를 신뢰해도 될까? 그 웃음은 순수한 웃음일까, 비꼬는 웃음일까? 조가 제인과 함께 있는 걸 보았는데, 두 사람은 친구 사이인가? 얼마나 친한 사이인가? 그녀가 내게 위협적인 존재일까? 그는 똑똑한가?' 등 이런 종류의 질문들은 매일 우리에게 영향을 미치며 정신적으로 처리해야 할 일의 상당 부분을 차지한다. 실제로 많은 신경과학자는 이처럼 사회적 생각을 하는 우리 뇌를 '디폴트 네트워크default network'라고 여긴다. 특별히 다른 생각을 하고 있지 않을 때도 언제든 이런 사회적 생각을 하게 된다는 것이다.

이처럼 사회적 뇌 가설을 뒷받침해주는 증거들에서 우리는 인간이 사회적 동물로 진화되었다는 것을 알 수 있다. 그래서 우리는 지금 다

• 물론 인간의 뇌 진화를 사회화와 연결하는 fMRI 분석과 뇌 크기 분석에는 한계가 있다. 우선 뇌 크기는 대략적인 척도이다. 게다가 fMRI 분석은 지난 30여 년간 과학계에서 많은 관심을 끌었지만 그 신뢰도에 논란의 여지가 많다. fMRI 연구에서 어떤 뇌 부위가 '밝게 빛난다면' 그 부위에 혈류가 많이 몰린다는 의미이고, 이를 신경과학자들은 세포의 활성화로 본다. 현재 대부분의 신경과학자 사이에서는 이런 인과관계가 널리 인정되고 있지만, 혈류가 과연 세포의 활성화인지는 아직 확실하지 않다. 인과관계를 확인하는 문제 역시 중요하면서도 골치 아픈 문제다.

른 사람들에 대한 사회적 신호들을 처리한다. 다른 사람들이 하는 이야기, 다른 사람들이 강조하는 것, 다른 사람들이 가는 곳, 다른 사람들이 먹는 것, 다른 사람들이 지지하는 믿음, 다른 사람들이 알고 있고 배우고 있고 또 좋아하는 것, 다른 사람들이 함께 다니는 다른 사람들 등을 말이다.

하이프 머신이 분류하는 이런 사회적 신호들은 소셜 미디어가 출현하기 전에 우리가 맞닥뜨렸던 한정된 수의 사회적 신호에서부터 오늘날 우리가 맞닥뜨리고 있는 엄청나게 많은 사회적 신호들로 정신화 기회를 늘려 우리의 정신화 속도를 높이고, 그 신호들을 확대해 확산시킨다. 신경학적 상호 작용은 미묘하다. 우리는 소셜 미디어상에서 게시물을 올리고 다른 사람들과 상호 작용할 때 정신화 시스템을 이용하는데, 정신화 시스템을 더 많이 이용하는 쪽은 다른 사람들과 상호 작용할 때다. 소셜 미디어가 인간의 진화에 미치는 장기적인 영향들은 아직 밝혀지지 않았다. 하지만 지금 소셜 미디어가 우리의 생각에 미치는 영향은 점점 분명해지고 있다. 그리고 여러 증거를 살펴보면 소셜 미디어는 우리의 뇌에 맞춰 만들어진 것으로 보인다.

뇌는 왜 '좋아요' 숫자에 반응하나?

우리의 뇌는 사회적 신호들을 처리하게끔 프로그램화되어 있다. 그렇다면 소셜 미디어를 사용할 때 우리 뇌에서는 어떤 일이 일어나고 있을까? UCLA 신경과학자들은 이 궁금증을 해결하기 위해 우리가 인스타그램 피드 안에서 스크롤을 할 때 뇌에 어떤 반응이 생기는지를 볼 수 있는 앱을 만들었다. 이 앱은 인스타그램처럼 일련의 사진들을 연이어 보여준다. 연구진은 청소년을 대상으로 해당 앱을 사용할 때 뇌의 어느 부위가 밝게 빛나는지 fMRI를 통해 기록했다.[188] 실험을 위해 각 사진이 받은 '좋아요' 숫자와 참가자들이 보는 사진의 종류를 조작했다. 자기 자신의 사진이든 다른 사람의 사진이든 그리고 그 사진 속 행동이 위험한 행동(음주 같은)이든 그저 평범한 행동이든 '좋아요'의 숫자를 조작한 것이다. 그런 다음 청소년들에게서[189] '좋아요'를 주고받았고 그 결과를 확인했다.[190] 당시 과학자이자 여섯 살 난 아이의 아빠이기도 했던 나는 흥미로우면서도 우려스러운 결과를 확인했다.

첫째, '좋아요'를 더 많이 받은 사진들을 볼 때 사회 인지, 보상(도파민 시스템), 관심(시각 피질)을 관장하는 뇌 부위가 더 활성화되었다. '좋아요'를 많이 받은 사진을 볼 때 실험 참가자들의 뇌는 전반적으로 더욱 활성화되었고 시각 피질이 밝아졌다. 시각 피질이 밝아졌다는 것은 그만큼 우리가 보고 있는 것에 더 집중하고 많은 관심을 쏟으며 더 자세히 들여다보았다는 뜻이다. 이미지들의 차이로 결과가 달라지는 것을 막기 위해 연구진은 모든 이미지에 대해 '좋아요' 수를 임의로 조정했으며 이미지의 밝기와 내용까지도 통제했다. 간단히 말해, '좋아요'를 더 많이 받은 소셜 미디어 이미지들을 볼 때 우리는 대개 그것을 확대해 더 자세히 들여다본다. 사람들이 높이 평가하는 온라인 정보일수록 더 많은 관심을 보이는 것이다. 말하자면 이렇게 생각하는 것이다. '음, 아무래도 좋아요를 더 많이 받은 사진이 더 흥미롭겠지.' 그러나 연구진이 임의로 '좋아요' 수를 조작했으므로 시각 피질을 활성화한 것은 '좋아요' 그 자체이지 사진이 아니었다.

둘째, 자신의 사진에 '좋아요'가 더 많은 경우 정신화 네트워크, 즉 사회적 뇌에 자극이 주어졌다. 실험 참가자들이 자신의 사진 중에서 특히 '좋아요'가 많은 사진을 볼 때, 사회적 능력과 관련된 뇌 부위가 훨씬 더 활성화되었다. 연구진은 모방과 관련된 뇌 부위인 하부 전두회에서 신경 활동이 더 활발해지는 것도 목격했다. 우리가 자신의 사진을 볼 때 뇌에서는 다른 사람들이 나를 어떻게 보는지, 다른 사람들과 비슷한 점과 다른 점은 무엇인지를 생각하는 뇌 부위가 활성화된다. 다시 말해 내가 나온 사진에 대해 생각할 때는 사회적 맥락에서 그 사진을 인식하여 다른 사람들이 나를 어떻게 생각하는지를 생각하는 것이다.

마지막으로 내 사진에 '좋아요'가 더 많으면 기쁨과 동기 부여, 조건 반사 반응을 통제하는 도파민 보상 시스템이 활성화되었다. 도파민 시스템은 기쁨과 행복, 황홀감을 자극하여 우리에게 보상을 갈망하게 만든다. 심리학자 제임스 올즈와 피터 밀너가 쥐들에게 레버를 밀어 스스로 보상 시스템을 자극할 수 있게 만들자 쥐들은 모든 일, 즉 먹고 자는 일까지 중단하고 지쳐 쓰러질 때까지 계속 그 레버를 밀어댔다.[191]

러시아 생리학자 이반 파블로프는 개를 상대로 전혀 상관없는 자극(종소리)으로 보상(먹이)을 연상하게 하고,[192] 그 자극만으로도 개들이 침을 흘리게 만들어 보상에 대한 우리의 지식을 확장했다. 어쨌든 파블로프는 이 같은 자극과 보상의 인지적 결합을 통해 상징(종소리)만으로 뇌의 보상 센터를 자극할 수 있었는데, 마찬가지로 '좋아요'는 사회적 인정과 온라인상의 칭찬으로 우리를 자극하는 동시에 보상도 준다. 올즈와 밀너의 쥐들이 끊임없이 레버를 밀고, 파블로프의 개들이 종소리에 침을 흘리는 것과 같은 이치로 '좋아요'를 통해 우리의 도파민 시스템이 자극되고, 그 결과 우리는 온라인상에서 사회적 인정을 받기 위해 노력하게 된다.

이렇게 우리의 뇌는 지금 하이프 머신이 분류하는 사회적 신호들에 따라 처리하고 움직이게끔 프로그램화되어 있다. 그런데 하이프 머신은 정말 그런 의도로 설계되었을까? 페이스북 설계와도 관련된 이 질문에 페이스북 초대 사장 숀 파커는 2017년 마이크 앨런과의 인터뷰에서 이렇게 답했다. "핵심은 이런 사고 과정입니다. '어떻게 하면 당신에게 최대한 많은 시간과 관심을 쏟게 만들 수 있을까?' 이따금 '약한 도파민 충격' 같은 걸 줘야 한다는 의미입니다. 누군가 당신이 올린 사진이나 글에 '좋아요'를 누르거나 댓글을 달아준다면, 당신은 더 많은 콘텐츠를 만들려고 애쓸 것이고 그 결과 더 많은 '좋아요'와 댓글을 받게 되겠죠. 이것이 바로 사회적 인정 피드백 루프인데… 한마디로 인간 심리의 취약한 부분을 최대한 공략하는 거죠."[193]

소셜 미디어는 중독성 있게 설계되어 있다. '약한 도파민 충격'은 우리에게 계속 소셜 미디어로 되돌아오게 할 뿐만 아니라 그야말로 시도 때도 없이 전달되어 늘 뭔가를 기대하게 만들기도 한다. 약한 도파민 충격이 언제든 일어날 수 있다는 의미이다. 이런 이유로 우리는 늘 스마트폰을 확인하게 된다. 사회적 도파민이 들어오지 않았나 확인하기 위해서이다. 보상이 이런 식으로 무작위로 주어지니 우리는 계속 소셜 미디어에 참여하지 않을 수 없다. 그 보상은 소리와 진동, 알림 신호 등과 연결되어 있어 파블로프의 개들이 먹이를 바라며 침을 흘리듯 우리 또한 사회적 인정을 바라며 침을 흘리게 된다. 이런 설계는 다른 사람들과의 연결, 경쟁, '고립 공포감' 탈피에 대한 우리의 갈망을 자극한다. 그리고 이 모든 것을 합치면 하나의 습관을 만드는 비결이 된다.

신경과학적 증거에 따르면 우리의 습관적인 소셜 미디어 사용은 소셜 미디어로부터 받는 보상과 명성 신호들에 영향을 받는다. 연구 결과에 따르면 다른 사람들의 명성과 비교해 자신의 명성이 높아지는 데 대한 뇌의 반응을 보고 페이스북 사용 수준을 예측할 수 있었지만,[194] 부가 늘어나는 것에 대한 뇌의 반응을 보고는 그럴 수 없었다.

반면 딘 에클레스 등과 함께 달리기에 관해 연구해보니 소셜 미디어는 우리의 습관에 건전한 영향을 주기도 했다. 물론 어떤 습관인지에 따라 달랐다.[195] 우리는 여러 해에 걸쳐 수백만 명의 달리기 행동을 분석한 결과, 달리기를 하는 다른 사람들과 소셜 미디어상에서 서로 연결되고 연대감을 가지면 달리는 습관을 지속하는 데 도움이 된다는 것을 알게 되었다. 그리고 각종 알림과 사회적 신호들이 달리기와 같은 좋은 습관을 완전히 내 것으로 만드는 데 결정적인 역할을 했다.

우리는 이 연구 과정에서 소셜 미디어에는 장밋빛 약속과 위험이 모두 잠재해 있다는 사실을 새삼 깨달았지만, 하이프 머신이 어떻게 우리 뇌를 자극하는지도 제대로 알고 있어야 한다고 생각했다. 하이프 머신은 우리의 뇌를 자극해 행동까지 변화시키기 때문이다. 그렇다면 인지 측면에서 하이프 머신 설계는 어떻게 행동에 영향을 줄까? 이는 하이프 머신이 우리 세계에 미치는 영향을 이해하는 과정에서 직면하게 되는 또 다른 중요한 질문이다. 에밀리 포크가 이 질문에 답하고 나섰다. 포크는 하이프 머신이 미치는 사회적 영향의 신경학적 토대, 즉 하이프 머신이 분류하는 사회적 신호와 그 신호들이 활성화하는 뇌 기능 그리고 그 기능들이 관여하는 행동 간의 관계를 연구했다.

사회적 영향의 신경학적 토대

신경과학을 어떻게 활용하려 하는지에 대한 질문에 에밀리 포크는 이렇게 답한다. "대부분의 뇌과학은 뇌에서 일어나는 일들을 들여다본다. 하지만 우리는 그런 관례를 뒤엎고 뇌 활동을 관찰해 사람들의 행동을 예측하려 한다." 그래서 이전 연구들은 온라인상에서의 사회적 신호들이 어떻게 뇌를 활성화하는지를 들여다본 데 반해, 에밀리 포크는 그런 뇌의 활성화를 통해 사람들이 광고나 소셜 미디어에서 사회적 신호들을 보았을 때 어떻게 행동할지를 예측할 수 있는지 알려고 했다. 포크는 많은 실험을 통해 설득력 있는 소셜 미디어나 광고 메시지들에 대한 뇌의 반응을 보고 우리의 이후 행동을 예측할 수 있다는 것을 입증했다.

에밀리 포크 연구진이 말하는 '행동 변화의 신경 신호들'이 우리가 다른 사람을 상대로 금연을 하라거나 저축을 하라거나 투표를 하라고 설득하는 데 도움이 될까? 그들의 연구에 따르면 신경 신호들을 보면 자외선 차단제 사용[196]이나 금연을 홍보[197]하는 미디어 메시지가 개인과 집단은 물론 심지어 국민에게 일으킬 행동 변화까지 예측할 수 있다. 에밀리 포크 연구진은 실험 참가자들에게 국립암연구소의 금연 상담 서비스 홍보 광고[198] 10편을 보여주면서 fMRI 촬영을 했다. 그들은 서로 다른 메시지들에 대한 뇌 신경 반응을 보고 사람들이 금연하게 될지 예측할 수 있나 알고 싶었다.

연구진은 관심을 관장하는 내측 전전두엽 피질 부위의 활성화 정도를 기록했다. 이는 기존에 개별적인 행동 변화와 관련 있다고 알려진 부위다. 그런 다음 그들은 뇌 반응을 서로 다른 지역에서 방송된 텔레비전 광고 10편의 성과와 비교했고, 각 광고로 활성화된 신경 스캔 이미지를 보고서 광고가 방송된 지역에서 금연 상담 전화가 얼마나 많았는지 예측할 수 있는지를 알아보았다. 그들은 또한 신경 스캔 이미지에 대한 예측과 각 광고 메시지 효과에 대한 실험 참가자들의 설문 반응도 비교했다. 그 결과는 놀라웠다. 뇌 스캔 이미지들을 보고 어떤 광고가 가장 효과적이었는지는 정확히 예측할 수 있었지만 실험 참가자들이 자기보고한 예측과 평가는 그렇지 못했다.

별도의 연구에서 에밀리 포크 연구진은 실험 참가자들에게 가상의 텔레비전 견본 방송을 보여주고 시리즈 전체를 방송해도 좋을지를 판단해보라고 했다.[199] 인턴 역할을 맡은 집단은 fMRI 기계 안에 누워 그 방송들을 보았다. 그런 다음 그들은 어떤 견본 방송을 프로듀서 역할을 맡은 두 번째 집단에 넘길지를 결정했다. 그러면 두 번째 집단이 어떤 견본 방송을 방송사 임원진에게 넘길지를 결정한다. 연구진은 실험 참가자들이 다른 사람들과 정보를 공유하려고 생각하면 정신화 네트워크가 활성화되고 뇌의 다른 부위는 비활성화된다는 사실을 알아냈다. 특히 인턴들이 프로듀서들을 설득해 방송사 임원진에게 넘기게 되는 견본 방송들을 보고 있을 때, 그들의 정신화 네트워크는 눈에 띌 만큼 활성화되었다. 사회적 뇌가 활발히 움직인 것이다. 에밀리 포크 연구진의 매튜 리버만은 이런 말을 했다. "다시 말해 새로운 정보를 처음 받아들이는 순간에도 우리는 그 정보를 어떤 사람들과 공유할 수 있을지 또 그 정보를 공유하기로 한 사람들을 염두에 둘 때 어떻게 공유하는 게 좋을지를 생각한다는 의미이다."[200] 이는 우리가 정보를 분류하고 다른 사람들과 공유할 때 우리 뇌가 하는 일이기도 하다.

에밀리 포크는 우리가 심리적으로 뭔가를 소중히 여긴다는 것을 알려주는 신경 신호들을 보면 소셜 미디어 공유와 인기를 예측할 수 있다는 사실도 발견했다. 에밀리 포크 연구진은 2가지 fMRI 연구에서 실험 참가자들에게 〈뉴욕 타임스〉 기사 80개를 읽게 한 뒤 뇌 신경 활성화 상태를 관찰해보았다.[201] 그 결과 배측 시상하핵 전전두엽 피질과 배측 선조체 같은 뇌의 가치 체계 부위들 내에서 생기는 자기 향상 및 사회적 인정 관련 신호들의 활성화를 관찰하면, 기사의 취지나 실험 참가자들의 공유 의도에 대한 자기보고 외에 그 기사들의 온라인 인기도 예측할 수 있었다.

다시 말해 설득력 있는 소셜 미디어 메시지들로 생기는 신경 활성화 상태를 관찰하면, 개인 및 국가 차원의 행동, 특히 정보 공유 행동을 우리(또는 외부 전문가들)가 자신의 행동을 예측하는 것보다 더 잘 예측할 수 있었다. 그런데 설득력 있는 메시지와 사회적 신호들이 정말 우리의 행동을 바꿀 수 있을까? 우리가 현실 세계에서 이 질문에 답하려면 더 활발히 분석해야 한다. 이는 아주 근원적인 질문이다. 그리고 이 책에서 앞으로 소셜 미디어가 어떻게 우리의 쇼핑 행태, 투표 대상, 관심 주제 등을 변화시키고 얼마나 자주 변화시키는지를 살펴볼 때마다 되풀이해서 제기할 질문이기도 하다. 현재로서는 우리의 뇌가 소셜 미디어 메시지들에 어떻게 반응하는지를 보면, 우리의 행동과 소셜 미디어 콘텐츠 공유 의도가 어떻게 바뀔지 예측하는 게 가능하다는 것을 아는 정도로 충분하다.

'좋아요'가 뇌 신경에 미치는 영향에 대한 UCLA의 인스타그램 연구에 따르면, '좋아요'를 더 많이 받은 실험 참가자들이 다른 사람들에게도 '좋아요'를 더 많이 주었다. 게다가 청소년들의 음악 평가에 대한 에모리 대학의 한 연구에 따르면, 실험 참가자들이 어떤 노래에 대해 평가하는 동안 그 노래에 대한 인기도 조사가 공개되면 조사 결과에 따라 그들의 평가가 바뀌는 경우가 많았다. 흥분이나 부정적인 감정과 연관된 뇌 부위인 전측 뇌섬엽과 전측 대상회가 활성화되면서 판단이 바뀐 것이다. 이와 관련해 연구진은 이런 말을 했다. "자신이 좋아하는 것과 다른 사람들이 좋아하는 것이 다르면 생기는 불안감으로 자신의 선택을 다수의 의견에 맞춰 수정하는 것이다."[202] 이 외에 외모를 평가하는 실험에서도 사람들은 다른 사람들의 의견에 맞춰 자신의 평가를 바꾸었다.

장밋빛 약속과 위험에 맞춰

이 같은 연구들의 또 다른 중요한 결과는 이 책의 핵심 주제 중 하나인 하이프 머신에는 놀라운 장밋빛 약속과 엄청난 위험이 모두 잠재해 있다는 주제를 뒷받침한다. 연구 결과에 따르면 우리 인간은 신경학적으로 장밋빛 약속과 위험 모두에 맞춰 프로그램화되어 있다. 우리의 뇌 자체가 소셜 미디어에 의해 자극을 받아 커다란 사회적 대가를 치러야 하는 위험한 행동은 물론 사회를 더 살기 좋은 곳으로 만드는 긍정적인 행동에도 참여하도록 프로그램화되어 있다는 것이다.

앞서 언급한 UCLA 연구에서 인스타그램의 '좋아요'는 자제력을 관장하는 뇌 부위를 억눌렀다. 연구진은 실험 참가자들이 일반적인 행동이 담긴 사진들을 보다가 약물을 복용하거나 술을 마시는 등의 위험한 행동이 담긴 사진들을 보는 가운데, 그 사진들에 '좋아요'가 더 많은 경우에 받게 되는 정신적 충격을 분석했다. 이때 완전히 다른 뇌 부위들이 반응을 보였다. 반면 자제와 반응 억제를 관장하는 뇌 부위의 활동이 눈에 띄게 줄었다. 이것은 위험한 행동이 담긴 사진들이 '좋아요'를 더 많이 받은 경우, 어떤 행동이 위험하다는 것을 경고해야 할 우리 아이들의 뇌 부위가 아예 움직이지 않거나 움직임이 줄어든다는 의미다. 심지어 온라인상에서의 배척은 분노와 복수심을 유발한다. 이렇게 소셜 미디어는 위험을 유발할 수 있다.

하지만 우리는 소셜 미디어의 긍정적인 약속도 받아들이도록 프로그램화되어 있다. 한 온라인 실험에서 실험에 참가한 청소년들은 자신의 또래 집단에 돈을 기부할 수 있었다.[203] 그에 앞서 참가자들은 기부하지 않는 그룹에 속한 친구들과도 만났다. 사전에 연구진은 이 친구들에게 실험 참가자들이 또래 집단에 더 많은 돈을 기부할 때 더 많은 '좋아요'를 주게 했다. 그 결과 더 많은 '좋아요'가 주어질 때 더 많은 돈이 기부되었고, 실험 참가자들의 사회적 뇌 부위가 더욱 활성화되었다. 긍정적인 사회적 피드백은 위험한 행동을 하는 사람들에게도 영향을 주지만, 친사회적으로 행동하는 사람에게도 동기를 부여한다. 결국 우리는 단순히 하이프 머신에 맞춰 프로그램화되어 있을 뿐만 아니라 하이프 머신이 조장할 수 있는 선과 악 모두에 영향을 주게끔 프로그램화되어 있기도 한 것이다.

지금까지 살펴본 신경학적 근거들은 우리가 하이프 머신의 설계나 작동 방식 그리고 그에 대한 우리의 평가와 조정 및 재설계 방식 등을 검토할 때 도움이 될 것이다. 하이프 머신이 어떻게 우리에게 영향을 주고, 우리는 그것을 어떻게 통제할 것인지를 결정짓는 요소들을 이해하는 게 중요하다. 그러려면 먼저 우리의 뇌가 소셜 미디어에 어떻게 반응하는지를 알아야 한다. 이를 통해 소셜 미디어의 신경학적 특성을 알 수 있다. 우리의 행동에 변화를 주는 또 다른 중요한 동인은 소셜 미디어의 경제학적 특성인데, 이제 그 이야기를 하려 한다.

5장

A Network's Gravity Is Proportional to Its Mass

네트워크의 중력은
그 질량에 비례한다

나는 사업을 하면서 침입 불가능한 경제적 해자로 둘러싸인
성域을 찾는다.

-워런 버핏

만약 사회적 연결이 우리 종 전체의 진화뿐만 아니라 각 개인에게도 도움이 된다면, 세계를 연결한다는 것은 매우 가치 있는 목표일 것이다. 2018년 마크 저커버그는 이 목표를 반복해서 지지했고, 의회 청문회에 나가서도 다음과 같은 말을 하며 무려 60차례 이상 언급했다. "페이스북은 이 세상을 더욱 연결된 곳으로 만들려는 사회적 목표를 완수하기 위해 만들어졌습니다. … 우리는 온 세상 모든 사람을 연결하는 일이 우리 세대에 주어진 위대한 도전 과제 중 하나라고 믿습니다. 따라서 아무리 작은 역할이더라도 기쁜 마음으로 우리가 할 수 있는 역할을 하고자 합니다."[204] 저커버그는 기회가 있을 때마다 처음부터 사업을 하려 했던 것이 아니며, 자신들이 창출하는 연결의 경제적 가치는 최고 관심사가 아니었다고 이야기한다. 그러나 분명히 하이프 머신은 상당한 신경학적 흡입력과 동시에 엄청난 경제적 흡입력도 가지고 있다. 사회적 연결은 단순히 신경학적으로 뇌만 자극하는 게 아니라 사회적 가치와 경제적 가치도 창출하며, 그 자체로 강력한 동기 부여가 된다.

물론 마크 저커버그가 전 세계적인 연결의 경제적 이점을 지지한 최초의 인물은 아니다. 상대적으로 덜 알려진 미국인 사업가 시어도어 베일이 있기 때문이다. 시어도어 베일은 벨 전화 회사의 두 번째 최고경영자로 네트워크 연결이 시장을 움직이는 경제적 힘에 주목했다. 1908년 발표한 연말 결산 보고서에서 베일은 회사 이사진과 주주들에게 경제적 네트워크 효과의 개념을 소개했다. 그는 보고서에 이렇게 썼다. "전화선의 다른 쪽 끝에 아무것도 연결되지 않은 전화기는 과학 도구도 장난감도 되지 못한다. 전화기의 가치는 다른 전화기와의 연결에 있으며, 나아가 그런 연결의 증가에 있다. 우리의 벨 시스템은 그 자체가 사실상 국가의 비즈니스와 사회 조직의 신경계나 다름없게 개발되었다."[205] 오늘날의 페이스북과 인스타그램, 트위터, 위챗, 왓츠앱은 벨 시스템이 훨씬 강력해진 버전으로 전 세계 비즈니스와 사회의 중추 신경계를 형성하고 있다.

시어도어 베일은 전화기의 가치는 그것이 만들어내는 연결의 수에 따라 커진다고 주장했는데, 이 주장은 오늘날 디지털 경쟁과 플랫폼 전략에 영향을 주는 가장 기본적인 경제적 힘 가운데 하나인 '네트워크 효과'와 일맥상통한다. 네트워크 효과가 나타나는 제품이나 시장의 가치는 그것에 연결되는 사람의 수와 깊은 관련이 있다. 어떤 제품을 더 많은 사람이 사용할수록 그 제품의 가치는 올라가는 것이다. 이 네트워크 효과에 대한 이해가 없다면, 하이프 머신의 경제적 특성과 그것이 창출하는 (그리고 파괴하는) 가치 또한 이해하기 어렵다.* 네트워크 효과라는 이 간단한 개념은 일부 소셜 네트워크는 성장하고 나머지는 실패하는 이유, 기존의 열등한 네트워크가 뛰어난 후발 주자를 지배할 수 있는 이유, 소셜 미디어 시장이 대개 독점 시장이 되는 이유를 이해하는 데 꼭 필요한 개념이다.

네트워크는 중력과 같다

네트워크 효과는 중력 효과와 같다. 한 네트워크에 모이는 사람의 수가 많아지면 그 '질량' 또한 커진다. 그러면 그 중력 또한 커진다. 중력이 커지면 새로운 고객들을 끌어들이는 흡입력도 강해지고 경제적 장악력 또한 커져 현재의 고객들이 궤도를 벗어나는 일을 막을 수 있다.

네트워크 효과에는 직접, 간접, 양방향, 로컬local 등 주로 4가지가 있다. 그리고 각각은 하이프 머신의 전략과 운명에서 나름대로 중요한 역할을 한다. '직접 네트워크 효과'는 직접 사람들을 연결해서 가치를 창출하는 효과다. 시어도어 베일의 전화기나 팩스를 생각해보라. 내가 만약 팩스를 소유한 유일한 사람이라면 그 기기는 기본적으로 무용지물이다. 문을 고정하는 데 쓸지언정 그것만으로는 그 누구와도 팩스를 주고받을 수도 없다. 그러나 더 많은 사람이 팩스를 구매한다면, 팩스로 많은 사람과 연결될 수 있다. 페이스북과 트위터 같은 하이프 머신의 소셜 미디어 플랫폼들은 이 직접 네트워크 효과의 덕을 매우 많이 본다. 그리고 우리 경제에서 독점부터 혁신에 이르는 모든 것

• 앞으로 이러한 네트워크가 가치를 창출하는가 아니면 파괴하는가 하는 문제를 이야기할 것이다. 이는 최근 하이프 머신의 존립 자체를 위협하는 위기 상황의 핵심에 있는 아주 중요한 문제다.

에 영향을 줄 수 있다. 다음은 네트워크 효과[206]로 기존의 열등한 소셜 미디어가 어떻게 뛰어난 후발 주자를 지배하고 시장을 독점할 수 있는지를 설명한다.

네트워크 효과 이해하기

다음의 예를 보면서 네트워크 효과로 열등한 소셜 미디어가 어떻게 뛰어난 진입자들을 지배할 수 있는지를 생각해보자. 소셜 미디어 네트워크의 가치 V를 그 네트워크 고유의 가치에 그 네트워크 효과의 가치를 더한 것이라고 가정하면 다음 등식과 같다.

$$V=a+ct$$

위의 등식에서 'a'는 네트워크 효과를 제외한 네트워크 고유 가치다(예컨대 소셜 네트워크의 특징, 사생활 보호, 데이터 보안 등). 'c'는 네트워크 효과 가치다(사용자들이 더 많은 친구를 네트워크에 가입시켜 받게 되는 추가적인 가치). 그리고 't'는 시간을 의미하며, 어떤 특정 시간에 네트워크에 참여한 사람의 수(플랫폼에 참여한 사용자의 수)를 의미하기도 한다. 따라서 $t=3$일 때 우리는 세 번째 시기에 있는 것이며, 플랫폼에는 세 사람이 있는 것이다.

이제 '알파$_a$'와 '베타$_b$'라는 두 네트워크를 비교해보자. 두 네트워크 간에는 호환성이 없다. 즉, 사용자들은 같은 네트워크상의 친구들과만 연결될 수 있다. 이를테면 당신이 트위터상에서 페이스북상의 누군가에게 메시지를 보낼 수 없는 것과 같다. 베타가 품질 면에서 알파보다 훨씬 뛰어난 네트워크라고 가정해보자. 베타의 커뮤니케이션 특성이 더 낫고 옵션도 더 많으며, 사생활 보호도 잘되고 인터페이스도 훨씬 깔끔하다. 당신의 데이터를 제3자에게 팔아넘기지도 않고 보안과 암호 관리 기능도 뛰어나 사용자들이 더 안전하게 활동할 수 있다. 따라서 베타의 고유 가치가 알파보다 크다.

이 경우 베타를 알파와 동시에 사용할 수 있다면 더 가치 있는 네트워크가 될 것이다. 그러나 베타가 그 모든 뛰어난 특징을 갖추는 데는 시간이 걸린다. 시장에서 알파가 베타보다 더 강한 것은 순전히 먼저 뛰어들었기 때문이다. 알파를 시간 0에서 사용할 수 있고, 베타는 미래에 사용할 수 있다고 가정해보자. 사용자들은 베타가 출시되기 전까지는 그런 네트워크를 사용할 수 있다는 사실조차 모른다. 따라서 알파에 가입할지를 결정할 때 베타는 고려 대상이 될 수 없다. 네트워크 효과의 가치(더 많은 친구가 네트워크에 가입할 때 사용자가 받을 수 있는 추가 가치)는 사용자가 가입할 때 네트워크에서 사용할 수 있는 모든 연결의 추가 혜택이다.

베타는 더 뛰어난 네트워크($b > a$)인데도 사용자 입장에서는 애초에 한 가지 선택지밖에 없다. 최초의 사용자는 알파가 돈을 주고 사용할 만한 네트워크인지 고민하고는 그럴 가치가 있다고 결론 내린다. 그러고는 알파에 가입한다. 다음 사용자는 조금 다른 결정을 내린다. 지금은 이미 알파를 사용 중인 한 사용자가 있고, 그래서 두 번째 사용자에게 알파의 가치는 $a+(c×1)$ 또는 $a+c$이다. 세 번째 사용자에게 알파의 가치는 $a+2c$, 네 번째 사용자에게는 $a+3c$ 이런 식이 된다. 알파의 가치는 시간이 지나면서 〈그림 5-1〉과 같이 계속 높아진다.

베타가 t라는 시간에 출시될 때, 알파 네트워크에 가입하는 가치는 a 더하기 '알파에 가입해 알파 네트워크 가치c의 t배가 된 사용자들의 수', 즉 $a+ct$다. 그러나 베타에 가입하는 가치는 여전히 그냥 b, 즉 네트워크 그 자체의 가치뿐이다. 베타에는 아직 아무도 가입하지 않아서 네트워크 효과가 전혀 없기 때문이다. 그리고 우리는 이미 베타가 알파보다 낮다는 데 동의했지만, 베타의 가치(b+ct)는 a+ct보다 낮다. 이런 식으로 사용자가 많아 네트워크 효과가 크지만 더 열등하기도 한 네트워크(알파)가 더 뛰어난 네트워크(베타)를 지배할 수 있다. 이것이 페이스북의 독점적인 지위가 혁신을 가로막는가 하는 문제의 핵심이다.

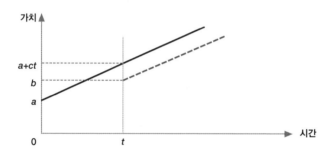

그림 5-1. 시간에 따라 변하는 알파와 베타의 가치

'간접 네트워크 효과'는 다르다. 더 많은 사람이 특정 소셜 미디어 플랫폼이나 네트워크를 사용하기 시작하면, 그 플랫폼이나 네트워크에 가치를 추가하는 제3자가 더 많은 인센티브를 갖게 된다. 내가 어렸을 때만 해도 각종 컴퓨터 소프트웨어는 오프라인 매장에서 구매했다. 1980년대 말 아버지와 함께 컴프USACompUSA 매장을 걷던 일이 기억난다. 코너마다 온통 마이크로소프트의 윈도우 소프트웨어 천지였고 애플 프로그램은 매장 뒤쪽 마지막 코너 한구석에 있었다. 애플은 직접 컴퓨터를 생산하고 있었지만, 마이크로소프트가 훨씬 큰 사용자 기반을 갖추고 있었고 네트워크 효과도 더 컸던 것이다. 그 네트워크 효과는 윈도우가 다른 사람들을 직접 연결하는 데서 나오는 게 아니었다(인터넷으로 직접 연결이 가능해진 것은 훗날 일이다). 윈도우의 네트워크 효과는 그 회사가 윈도우 하드웨어용 소프트웨어 개발자들에게 제공한 인센티브로부터 나왔다. 소프트웨어 개발자들은 윈도우용 게임이나 프로그램을 만들어 아주 거대한 잠재 사용자 네트워크에 접근할 수 있었다. 애플용 게임이나 프로그램을 만들기도 했지만 그 잠재 사용자 네트워크는 규모가 훨씬 작았다. 그러니 결과는 뻔했다. 더 많은 개발자가 윈도우용 소프트웨어 개발에 매달렸고, 윈도우의 대규모 설치 기반이 만들어낸 간접적 네트워크 효과는 컴프USA의 끝없는 코너에서 그대로 드러났다. 윈도우용 소프트웨어는 매장 코너란 코너를 모두 차지하고 있었지만, 애플용 소프트웨어는 맨 뒤 한구석으로 내몰려 있었다.

하지만 2013년 모든 상황이 뒤바뀌게 된다. 2007년 애플은 아이폰을 출시했고, 모든 사람이 그것을 찾았다. 애플은 아이폰에 엄청난 혁신을 집어넣었고 그 고유의 가치만으로도 모두 그것을 사려고 아우성쳤다. 각종 소프트웨어가 애플리케이션, 즉 '앱' 형태로 아이폰에 추가되었고 애플은 2008년 앱 스토어까지 열게 된다. 점점 더 많은 사람이 아이폰을 사용하면서 아이폰용 앱 개발자들은 점점 더 많은 인센티브를 받게 되었다. 그 결과 아이폰의 수용 곡선(시간에 따라 새로운 기술이나 상품이 얼마나 많은 사람에게 수용되는지를 나타낸 곡선-옮긴이)은 마치 에베레스트산처럼 보였다. 애플은 2013년에 이르러 무려 4억 대의 아이폰을 팔아치웠다. 만약 사용자 기반이 플랫폼의 질량이고 네트워크 효과가 중력이라면, 아이폰의 질량이 늘고 소비자들이 몰려들면서 애플의 중력 또한 늘어났다.

반면 2013년 휴대전화 시장에서 마이크로소프트가 차지하던 비중은 1980년대 애플이 컴프USA에서 차지하던 비중과 비슷했다. 윈도우폰용 앱을 만드는 개발자들에게 주어지는 인센티브 또한 극히 적었다. 그리고 2013년 아이폰용 앱 수는 윈도우폰용 앱 수의 5배 이상이었다. 사실 애플의 사용자 기반이 워낙 커서 앱 개발자들은 무료로라도 아이폰용 앱을 만들겠다며 외치는 데 반해, 마이크로소프트는 윈도우폰용 앱 개발자들에게 10만 달러가 넘는 돈을 지급해야 했다.[207] 애플의 엄청난 중력에 대응하자면 그렇게 하는 수밖에 없었다. 그러나 그것으로도 충분치 않았다. 아이폰 고유의 가치까지 부가된 네트워크 효과는 그만큼 대단했다. 오늘날 미국 휴대전화 시장에서 마이크로소프트의 점유율은 0.5%밖에 되지 않지만, 애플의 점유율은 무려 47.4%이다.[208] 간접 네트워크 효과의 위력은 분명하면서도 지속적이다.

만약 시장 한쪽의 사용자 기반이 다른 한쪽의 수요를 만들어낸다면, 네트워크 효과는 '양방향 효과'를 낼 수 있다. 더 많은 사람이 우버를 사용하면 더 많은 우버 운전자 수요가 생기게 되고, 더 많은 사람이 어도비 리더를 사용하면 더 많은 '어도비 라이터'가 생기게 되는데, 이는 모두 양방향 네트워크 효과 때문이다. 전 세계 휴대전화 판매를 살펴보면 애플이 시장의 약 25%를 차지하고 있으며[209] 마이크로소프트의 점유율은 0.1%밖에 되지 않는다. 그러나 전 세계를 지배하고 있는 것은 시장 점유율이 74%나 되는 구글의 안드로이드 운영체제다. 안드로이드가 휴대전화의 하드웨어에서 운영체제를 분리하고 거의 모든 휴대기기와 호환되도록 플랫폼을 개방했기 때문이다. 그래서 안드로이드 운영체제는 현재 삼성과 LG, 구글 등이 만든 스마트폰에서 사용된다. 이는 뛰어난 플랫폼 전략이다.

하이프 머신의 가장 중요한 네트워크 효과는 가장 덜 알려진 '로컬 네트워크 효과'이다. 이 말은 네트워크 효과들의 경제적 힘에서 차지하는 위치의 중요성에서 비롯되었다. 로컬 네트워크 효과는 네트워크 내 연결의 지리적 인접성에 비례한다. 만약 댈러스에서 새로운 사용자 한 명이 이웃을 위한 개인 소셜 네트워크 서비스인 넥스트도어에 참여한다면, 그로 인해 댈러스에 사는 다른 넥스트도어 사용자들의 서비스는 향상되지만 샌프란시스코에 사는 사용자들의 서비스 질에는 거의 아무런 영향을 주지 못한다. 연구 결과에 따르면 로컬 네트워크 효과는 지리적 인접성 외에 사회적 인접성에 의해서도 영향을 받는다. 한 제품의 사용자들이 네트워크 내 다른 소수 사용자, 즉 자신과 '연결된' 다른 사람들에게 직접 영향을 받을 때 그 제품은 로컬 네트워크 효과를 나타내게 된다.

넥스트도어 사용자들은 지역적으로 서로 연결되어 있다. 반면 페이스북 사용자들은 사회적으로 연결되어 있다. 당신이 페이스북, 트위터, 왓츠앱, 위챗 등에서 얻는 가치에 대해 생각해보라. 그 가치는 이런 소셜 네트워크상에서 당신이 알지 못하는 30억 이상의 사람들에게서 나오는 게 아니라 당신이 알고 있고, 연결된 사람들에게서 나온다. 물론 어느 정도는 당신이 연결되고 싶지만 아직 알지 못하는 사람들에게서도 가치가 나온다. 그러나 유명인에게 보낸 원치 않은 다이렉트 메시지를 통해 그러한 연결이 이루어질 가능성은 친구의 친구에 의해 연결될 가능성보다 훨씬 낮다. 그래서 현재 맺고 있는 연결을 이야기하든, 우리가 만들고자 하는 연결을 이야기하든 핵심은 여기에 있다. 사용자 입장에서 네트워크의 가치란 단순히 그 네트워크 안에 있는 사람들의 전체 수가 아니라 네트워크 안에서 연결된 사람들의 가치에 비례한다. 그리고 그것이 하이프 머신에 영향을 미치는 경쟁력 있는 힘들의 핵심 동인이다. 마이페이스의 실패와 페이스북의 성공이 그 좋은 예다.

페이스북은 어떻게 마이스페이스를 제쳤을까?

2011년 6월 뉴욕에서 IT 잡지 〈와이어드Wired〉와 〈이코노미스트〉가 주최한 넥스트워크 콘퍼런스에 강연자로 참석한 적이 있다.[210] 당시 내 발표 순서는 영화배우 에드워드 노튼과 구글 직소Jigsaw(온라인상에서의 극단주의, 검열, 사이버 공격 문제를 전문으로 다루는 기술 기업)의 최고경영자 자레드 코헨 사이에 끼어 있었다. 그날 에드워드 노튼은 자선 활동을 위해 자신이 새로 설립한 크라우드소싱 플랫폼 크라우드라이즈CrowdRise에 관해 이야기했고, 자레드 코헨은 기술이 중동 지역의 혁명에 어떤 역할을 하고 있는지에 관해 발표했다. 그 행사가 있기 얼마 전 같은 콘퍼런스에서 토크쇼 진행자 지미 펄론이 페이스북 공동 설립자 숀 파커와 함께 무대에 올라 아주 재미있는 인터뷰를 했는데, 개인적으로 매우 흥미로운 내용이었다. 두 사람은 해킹 문제부터 냅스터, 스포티파이, 페이스북의 급부상은 물론 첨단 기술이 접목된 차 블렌딩과 명상 기법과 같은 다양한 주제로 이야기를 이끌었다.

특히 관심을 끈 대목은 마이페이스는 실패했는데 페이스북은 성공한 원인에 관한 질문이었다. 2011년 미디어 및 디지털 전략 전문가들이 가장 많이 받은 질문이 바로 그것이었다. 당시 페이스북의 시가 총액이 5,000억 달러였으니 어떤 의미에서 그 질문은 5,000억 달러짜리 질문이나 다름없었다. 만약 마이스페이스가 페이스북과의 전투에서 승리했다면, 페이스북의 현 자리에 마이스페이스가 앉아 있었을 테니 말이다.

우리가 지금까지 살펴본 이유에 따르면, 두 경쟁 기업 사이에 운명의 반전이 일어나는 것은 불가능해 보인다. 2004~2008년 마이스페이스는 아주 막강한 사용자 기반을 갖추고 있었다. 그에 비하면 페이스북의 사용자 기반은 초라했다. 2005년 마이스페이스의 사용자 수는 2,700만이었던 데 반해 페이스북의 사용자 수는 500만에 그쳤다. 2006년 역시 마이스페이스의 사용자 수는 1억이었지만, 페이스북의 사용자 수는 1,200만이었다(〈그림 5-2〉 참조). 이 두 사용자 기반이 만들어내는 직접 네트워크 효과와 간접 네트워크 효과는 절대 바뀔 수 없을 듯했다. 숀 파커 또한 그런 사실을 알고 있었다. 그래서 파커는 해당 인터뷰에서 마이스페이스의 시장 지배력은 난공불락이었다며 이렇게 말했다. "마이스페이스의 네트워크와 그 규모 효과는 대단했습니다. 그야말로 엄청난 힘이었죠."

그렇다면 페이스북은 대체 어떻게 그 모든 난관을 극복하고 마이스페이스를 제칠 수 있었을까? 그 당시 몇 가지 설명이 공감을 얻었다. 어떤 사람들은 마이스페이스는 확장 가능한 인프라도 스스로 업그레이드할 기술적 역량도 갖고 있지 못해서, 새로운 소셜 미디어 네트워크 특징들을 받아들이지 못했고 느린 로드 시간 load time(외부로부터 컴퓨터의 내부 기억 장치로 각종 정보를 추가하는 데 걸리는 시간-옮긴이)을 해결하지 못했다고 언급했다. 또 어떤 사람들은 사용자들에게 웹페이지를 원하는 대로 바꿀 수 있게 해준 마이스페이스의 웹페이지 디자인이 볼품없는 데다가 일관성도 없어, 세련되고 전문적인 페이스북의 디자인과 비교해 매력이 없었다고 이야기했다. 반면 어떤 사람들은 경영학 석사들로 구성된 마이스페이스 경영진은 사고가 경직되어 있어 자유분방한 사고를 바탕으로 사용자들이 원하는 방향으로 발전시키는 페이스북 경영진의 적수가 되지 못했다고 말했다. 나아가 마이스페이스는 음악과 밴드에 초점을 맞춰 자신들의 네트워크 시장 자체를 소규모로 틈새만 파고들었다고 주장하는 사람들도 있었고, 페이스북은 초지일관 실명 사용을 고집해 공감대 형성에

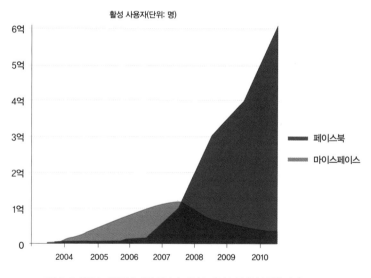

그림 5-2. 2004~2010년 페이스북과 마이스페이스의 활성 사용자 수

더 유리할 수 있었다고 이야기하는 사람들도 있었다. 이 모든 주장이 일리 있지만, 숀 파커가 생각하는 아주 중요한 한 가지 사실은 놓치고 있었다.

숀 파커의 대답은 당시 가장 흔히 거론되던 이야기로 시작했다. 즉, 마이스페이스는 디자인 면에서 상당히 취약했고 혁신으로 나아가지도 못했다는 것이다. 틀린 말은 아니었다. 그러나 그는 곧 다른 전문가들이 놓친 한 가지 주제로 화제를 옮겼다. 페이스북의 시장 진입 전략에 관한 이야기를 꺼냈다. 지미 펄론이 물었다. "대학이 도움이 되었다고 생각하십니까? 제가 보기에 많은 사람이 대학 친구들을 통해 페이스북 얘기를 듣게 되었고, 그래서 페이스북은 개인적 네트워크에 가까운 것 같습니다." 숀 파커는 그 말에 동의하며 이렇게 말했다. "우리는 대학을 통해 시장에 진입했는데, 그건 대개 대학생들이 마이스페이스 사용자도 아니고 프렌드스터 사용자도 아니었기 때문입니다. 대학은 그야말로 주인 없는 빈산이었죠. 대학에 뛰어든다는 건 모험이었습니다. 그래서 공동 설립자 서너 명 외에는 아무도 믿지 않았죠. 우리가 이 틈새시장을 통해 시장에 진입할 거고 그런 다음 치밀하게 계산된 전략으로 다른 모든 소셜 네트워크와의 전쟁에서 서서히 앞으로 나아가, 결국 모든 소셜 네트워크를 지배하는 네트워크가 될 거라고 말이죠."

이 대화에 담긴 통찰력은 놀라웠다. 페이스북은 대학을 통해 시장에 진입했다. 그 덕에 자신들만의 강력한 로컬 네트워크 효과를 쌓아 난공불락처럼 여겨지던 마이스페이스의 직접 네트워크 효과와 간접 네트워크 효과에 맞설 수 있었다. 지미 펄론과 숀 파커는 자신들도 모르는 새에 본능적으로 네트워크 효과라는 경제 이론에 관해 깊이 파고들고 있었다. 네트워크 효과가 처음 경제학에 도입된 것은 1974년 발표된 제프리 롤프스의 유명한 논문 "커뮤니케이션 서비스에 대한 상호 의존적 수요의 원리"[211]에 의해서였다. 이 논문에서 제프리 롤프스는 페이스북 같은 제품이나 서비스의 가치를 사용자 수와 함께 함수로 설명했다. 그러나 그보다 40년 전에 발표한 롤프스의 비전에 사실 페이스북이 마이스페이스를 제치는 데 활용한 로컬 네트워크 효과의 개념이 이미 포함되어 있었다. MIT 리처드 슈말렌지 교수에 따르면, 롤프스의 논문은 이보다 더 확장된 모델을 제시하고 있어[212] 소비자 입장에서 한 제품의 가치란 그 제품을 쓰는 다른 소비자의 총수에만 달린 것이 아니라 그 소비자가 연결하고 싶어 하는 특정 사용자들의 가치에도 달려 있다. 대학생들의 입장에서 페이스북이란 제품은 그 가치가 매우 컸다. 페이스북 안에서 자신들이 연결할 수 있는 다른 사람들이, 자신들이 가장 가치 있게 생각하는 대학 친구들이었기 때문이다. 반면에 마이스페이스에서 그들이 연결할 수 있는 사람들은 낯선 사람들이었다.

2004년 2월 마크 저커버그가 재학 중이던 하버드 대학에서 처음 페이스북을 선보였고, 그다음 컬럼비아 대학, 예일 대학, 다트머스 대학, 코넬 대학 등 차례로 서비스를 범위를 확장했다. 그리하여 채 두 달도 안 되는 사이에 스탠퍼드 대학, MIT, NYU 등 20개 주요 미국 대학의 학생 7만여 명이 회원으로 가입했다. 당시 이 대학 학생 외에는 그 누구도 페이스북을 사용할 수 없었다. 2005년 5월에 이르러 페이스북의 네트워크는 800개 대학으로 확대되었다. 그해 9월에는 고등학교 네트워크가 추가되었다. 그리고 10월에는 해외 학교들로까지 확대되었다. 2006년 5월에는 직장인들의 네트워크가 추가되었다. 각 네트워크 안에서는 이미 많은 사람이 서로 아는 사이였다. 여러 지인이 겹치거나 서로 비슷한 학교 문화 또는 직장 문화에서의 경험을 공감할 수 있는 유대 관계가 끈끈한 집단들이 네트워크 안에 있었다. 마이스페이스 사용자들 간에는 사회적 관계나 친밀감이 낮았지만, 페이스북 사용자들 간에는 그런 것들이 높았다.

2006년 9월 페이스북이 진입로를 좀 더 활짝 열자 사용자 수는 1,200만까지 올랐다. 그 당시 마이스페이스의 사용자 수는 1억이었다. 페이스북 사용자들 간의 사회적 연결은 매우 달라 보였는데, 페이스북은 특유의 대학 출시 전략 덕분에 모든 사용자가 서로를 아는 네트워크를 구축할 수 있었다. 페이스북에 가입하면 마이스페이스에 가입할 때보다 아는 사람을 더 많이 만날 수 있었다. 그리고 당신이 모르는 사람이더라도 당신의 지인을 알고 있을 가능성이 있었고, 적어도 학교 수업이나 활동 등 대학 문화를 공유했을 가능성이 있었다. 그래서 페이스북 네트워크는 더 많은 공감대를 형성할 수 있었고 더욱 매력적이고 안전했다. 그리고 그만큼 가치도 상승했다.[213]

반면 마이스페이스는 훨씬 많은 사용자를 가지고 있었지만, 그들끼리 서로 알고 있을 가능성은 현저히 낮았다. 마이스페이스가 만들어낸 사회적 연결은 한마디로 '느슨했다.' 다른 사람들의 프로필을 훑어보거나 그들의 음악 취향을 추측할 수는 있었지만, 그들 중에 개인적으로 아는 사람이거나 친구의 친구일 가능성은 없었다. 사람들은 서로를 연결해줄 공통된 사회적 연줄과 전혀 관계없이 누구나 마이스페이스에 가입했다. 그래서 서로 연결되거나 유대 관계를 맺기가 더 힘들었다. 안용열 연구진은 훗날 마이스페이스 네트워크를 '부검'해보고 다음과 같은 결론을 내렸다. "오르컷Orkut(그들이 연구한 구글의 소셜 네트워크 플랫폼)은 사용자 간의 유대 관계가 *끈끈한* 커뮤니티로 보인다. 그러나 마이스페이스 네트워크는 유대 관계가 아주 느슨했다. 이는 결국 마이스페이스는 전통적인 사회적 네트워크에서 크게 일탈해 있었다는 것을 의미하며… 초대 없이도 누구나 가입할 수 있었으므로 마이스페이스 네트워크에서 사람들의 유대 관계는 느슨할 수밖에 없었다."[214]

페이스북에는 가장 가치 있는 사람들 간의 유대 관계가 이미 설정되어 있었다. 사실 페이스북의 네트워크는 대학 친구나 고등학교 동창, 직장 동료들 사이에 이미 존재하는 사회적 연결 고리를 토대로 구축되어 있었기 때문에 따로 사회적 연결을 만들 필요가 없었다. 페이스북 네트워크는 사용자들 간의 *끈끈한* 유대 관계 덕에 저절로 강력한 로컬 네트워크 효과가 나타났다. 사실 제프리 롤프스는 페이스북의 이러한 시장 진입 전략을 정확히 예견했다. 그는 로컬 네트워크 효과를 내는 새로운 서비스 출시 전략을 연구하여 세심하게 선정된 집단을 상대로 제한된 기간에 그 서비스들을 제공하는 것을 제안했다. 그는 논문에 이렇게 썼다. "각 개인이 필요로 하는 서비스는 대개 몇 안 되는 자신의 지인이 사용하는 서비스를 따라가기 때문에… 이러한 접근 방식은 초기 사용자들을 어떻게 선정하느냐에 따라 성패가 좌우된다."[215] 제품 출시 전략은 세심하게 선정된 집단을 대상(페이스북의 경우 대학생들)으로 짜야 한다는 제프리 롤프스의 생각은 30여 년 후 넥스트워크 콘퍼런스에서 숀 파커가 지미 펄론에게 한 대답에서 그대로 재현되었다.

네트워크를 대학과 고등학교 그리고 직장 너머까지 확대한 지 8개월 만에 페이스북은 플랫폼을 선보였다. 65명의 개발자와 85개의 앱이 함께했다. 그 무렵에 페이스북 네트워크는 활기찬 커뮤니티의 모습을 어느 정도 가지고 있었다. 그러자 끈끈한 유대 관계로 맺어져 있던 이 초기의 사용자들이 자신의 친구들을 초대하기 시작했고, 그 친구들 역시 자신의 친구들을 초대했다. 점점 더 많은 개발자가 페이스북 플랫폼에 참여하기 시작하면서 로컬 네트워크 효과에 간접 네트워크 효과까지 더해지기 시작했다. 게다가 페이스북의 경우 사용자들이 주로 친구로부터 사람을 소개받아 자신이 만나고 싶은 이들과 연결될 가능성이 컸으므로 애초에 직접 네트워크 효과도 컸다. 그 이후의 이야기는 굳이 하지 않아도 모두 알 것이다. 로컬 네트워크 효과에 직접 네트워크 효과, 간접 네트워크 효과까지 나타난 데다가 다른 모든 네트워크를 상대로 세심하게 계산된 전쟁을 벌이면서, 페이스북은 숀 파커의 말처럼 모든 네트워크를 지배하는 네트워크가 되었다.*

---

* 네트워크 효과는 페이스북 같은 플랫폼들에 엄청난 가치를 안겨준다. 더 많은 사람이 참여하면서 페이스북 자체의 가치 또한 높아진 것이다. 지금까지 우리는 네트워크 효과는 소셜 미디어 네트워크에 순차적으로 가치를 더한다고 믿었다. 그런데 실제 네트워크 효과는 비순차적으로 가치를 더하는 듯하다. 적어도 어느 시점까지는 새로운 사용자 한 사람 한 사람이 마지막 사용자보다 더 큰 가치를 더한다는 이야기다. 메트칼프의 법칙을 생각해보라. 2대의 전화기는 하나의 연결만 만들지만 4대의 전화기는 16개의 연결을 만들고, 8대의 전화기는 64개의 연결을 만들어내는 식이다. 이 법칙에 따르면 네트워크 안에서 새로운 연결점이 생길 때마다 네트워크의 가치는 선형이 아닌 사용자 또는 연결점 수의 제곱에 비례하게 된다($V=a+cd^2$). 어떤 사람들은 메트칼프의 법칙에 따르면 네트워크 가치는 기하급수적으로 늘어난다고 주장하지만, 나는 네트워크 효과가 특정한 함수 형태를 띤다거나 이 같은 비선형적 법칙이 영원히 지속된다고 선뜻 결론 내리지 못하겠다. 잘 아시다시피 새로운 사용자의 입장에서 네트워크에서의 가능한 연결들이 모두 똑같은 가치를 갖는 것은 아니기 때문이다. 로컬 네트워크 효과에 따르면 소셜 네트워크 공간에서 어떤 사람이 당신과 가까울수록 그 사람은 가능한 연결로서 그만큼 가치가 커진다. 따라서 가능한 모든 연결이 다른 연결에 가치를 더해주는 것은 아니며, 그 결과 가치의 비선형적 증가에도 한계가 생긴다. 게다가 인간에게는 친구를 만들고 유지하는 능력에 한계가 있어서 가능한 연결 측면에서 일종의 병목 현상이 존재한다. 로빈 던바에 따르면 사회화에 필요한 우리의 인지 능력에는 한계가 있고, 그래서 우

담장으로 둘러싸인 하이프 머신 정원들

플랫폼들의 네트워크 효과는 사회적 기회와 경제적 기회를 창출하고 확대해 우리를 끌어들이지만, 그 어떤 플랫폼도 계속 우리의 관심을 잡아두어 그 가치를 인정하게 할 수 있다는 보장은 없다. 하이프 머신의 설계가 중요해지는 것은 바로 이 때문이다. 소셜 미디어와 우리의 관계에는 신경학적 측면과 경제학적 측면 외에 기술학적 측면도 있다. 네트워크 효과로 창출된 가치를 활용하기 위해 소셜 미디어 네

리가 정신적으로 안정적인 관계를 유지할 수 있는 사람 수는 150명 정도밖에 되지 않는다. 이것이 '던바의 수'이다. 물론 온라인상에서는 그 수가 더 많을 수도 있는데, 이는 온라인상에서는 커뮤니케이션 비용이 매우 적게 들기 때문이다. 우리는 또한 디지털 소셜 네트워크를 기억을 저장해두는 창고로 활용할 수 있기에 굳이 모두를 일일이 머릿속에 저장해둘 필요가 없기도 하다. 하지만 어떤 경우든 네트워크에 참여하는 사람 수가 점점 늘어나 우리가 알고 지낼 수 있는 사람 수를 능가하면, 새로운 사용자 한 사람 한 사람으로 인해 네트워크의 가치는 비선형적으로 계속 늘어날 수 없다. 게다가 비선형성의 형태나 그 지속 기간은 사실 그리 중요하지 않다. 네트워크의 가치가 비선형적으로 늘어난다고 가정할 때, 네트워크의 잠재적 가치는 아주 빠른 속도로 증가한다. 네트워크의 가치는 비선형적으로 늘어나는데 새로운 사람들을 연결하는 비용은 새로운 연결이 있을 때마다 선형적으로 늘어나는 상황을 생각해보라. 페이스북 같은 플랫폼들이 바로 그런 경우일 것이다. 처음에는 인프라를 구축하는 데 막대한 고정비가 들지만 점점 더 많은 사람이 가입하면 새로운 사용자를 추가하기 위해 서버와 저장 장치 등에 조금씩만 더 투자하면 된다. 가치는 비선형적으로 커지는데 비용은 순차적으로 늘어나니 수익성은 계속 좋아질 수밖에 없다. 비용이 선형적으로 늘어나는 상황에서, 페이스북은 이론상 시장이 포화 상태에 이르기 전까지는 계속 비선형적인 가치를 추가할 수 있게 되는 것이다. 투자자들이 소셜 미디어의 사용자 증가에 목을 매는 이유이기도 하다. 시장이 포화 상태에 이르는 것은 페이스북 같은 네트워크의 주식 가치에 독약이나 진배없다. 네트워크에 더 많은 사용자를 추가할 수 없게 되면 네트워크 가치, 즉 플랫폼 가치의 성장률이 떨어지기 때문이다. 그러니 소셜 미디어 네트워크들이 사용자 수를 늘리고 포화 상태에서 벗어나려 애쓰는 것은 당연한 일이다. 페이스북이 그간 인터넷닷오그 Internet.org 와 커넥티비티 연구소 Connectivity Lab 프로젝트에 막대한 투자를 해온 것도 바로 이 때문이다. 이 프로젝트의 목표는 열기구 풍선, 위성, 드론, 레이저를 이용해 저개발국의 낙후된 지역들에 인터넷을 보급하는 것이다. 더 많은 사람이 인터넷을 사용할 수 있게 하고, 그 사람들을 페이스북 사용자로 끌어들여 네트워크 가치의 성장률을 계속 이어가려는 것이다. 이는 하이프 머신에서 일반적으로 통하는 접근 방식이다.

트워크들은 자신들의 플랫폼을 호환될 수 있도록 만들고, 우리가 수집하거나 전송한 데이터에 대한 장악력을 높여 우리를 계속 잡아두려 한다. 경제학적 측면에서 볼 때 소셜 미디어 플랫폼들은 면도기 제조업체 질레트가 자사의 면도날을 경쟁회사 면도날과 호환되게끔 만들어 고객들이 계속 자사의 면도날을 사게 만드는 것처럼 설계되어 있다. 하이프 머신이 우리를 잡아두는 방식은 다음과 같다.

첫째, 디지털 서비스 기업들은 사용자가 전송한 방대한 (우리가 잃고 싶지 않은) 데이터를 가지고 사용자의 플랫폼 이동을 막는다. 우리가 만약 스포티파이를 떠난다면 저장해둔 노래들과 선곡 목록을 잃게 된다. 구글이나 애플을 떠난다면 그간 구매한 음악, 영화, 앱은 무용지물이 된다. 페이스북과 인스타그램을 떠난다면 그동안의 사진과 대화, 즉 우리의 추억을 잃게 된다. 내가 알고 있는 많은 사람이 하이프 머신을 일기처럼 사용한다. 자신들의 삶과 경험을 계속 업데이트하는 것이다. 그러한 역사와 기억을 두고 떠나는 일은 쉽지 않다. 이처럼 하이프 머신상에서 우리가 전송하고 만든 데이터가 계속 우리의 발목을 잡으며 소셜 플랫폼 간에 이동하지 못하게 한다.

하이프 머신이 우리를 잡아두는 힘의 두 번째 원천은 관계와 그것이 만들어내는 네트워크 효과에서 온다. 우리는 개인적인 기억과 사진 그리고 활동(예컨대 '좋아요'를 누르고 즐겨찾기 표시를 하며 공유한 활동) 외에 다른 사람들과의 관계 또한 잃고 싶어 하지 않는다. 페이스북이나 링크드인, 인스타그램, 왓츠앱을 사용할 때 우리는 근본적으로 개인적 참여에서 뭔가를 얻을 뿐만 아니라 다른 사람들이 제공하는 각종 데이터와 상호 작용, 커뮤니케이션에서도 가치를 얻는다. 우리가 이렇게 네트워크에서 얻는 이익들은 그 형태가 복잡하다. 예를 들어 우리는 페이스북상에서 친구들과의 커뮤니케이션으로 직접 이익을 얻는다. 그러나 앞서 이야기했듯이 우리는 그들의 판단과 관련된 데이터(예컨대 알고리즘을 작동시켜 우리 관심사에 맞춘 뉴스 피드)로부터도 이익을 얻는다. 떠날 때 그동안 쌓아온 데이터와 맺은 인간관계를 가져가기 어렵게 만들어 소셜 미디어 플랫폼들은 우리를 계속 잡아두며 절대 떠나지 못하게 한다.

이 2가지 방식 때문에 데이터 및 소셜 네트워크 이동에 대한 논란이 일고 있다. 데이터 이동이 가능하면 우리가 어떤 소셜 플랫폼을 떠날 때 개인 데이터들을 가져갈 수 있다. 소셜 네트워크 이동이 가능하면 우리가 떠날 때 소셜 플랫폼상에서 연결된 사람들과의 관계도 가지고 갈 수 있다. 데이터 및 소셜 네트워크 이동은 소셜 미디어가 혁신과 경쟁, 사생활 보호, 데이터 보안에 미치는 영향을 정부 규제와 기업 정책으로 통제하는 데 핵심 역할을 한다.

네트워크 효과와 상호 운용성

앞서 알파 네트워크와 베타 네트워크의 경쟁에 관해 이야기할 때 서로 호환되지 않는다고 가정했다. 실제로 한 네트워크에 가입했다고 해서 다른 네트워크에 접근할 수 없는 것은 아니다. 그러니 이제 베타 네트워크가 출시될 때 거기에 가입한 사용자들은 알파 네트워크의 사용자들과도 연결되어 상호 작용할 수 있다고 가정해보자. 그렇다면 아마 두 네트워크 간의 경쟁은 전혀 달라질 것이다.

우선 베타 네트워크 출시 후 알파나 베타 중 하나에 가입하려는 최초의 사용자는 전혀 다른 계산법에 직면하게 될 것이다. 만약 여러 면에서 더 우수한 베타 네트워크가 자신의 사용자들에게 알파 네트워크의 사용자 기반에 접근할 수 있게 한다면, 시장에 먼저 진입한 알파 네트워크의 이점은 사라질 것이고 결국 베타 네트워크가 시장을 지배하게 될 것이다. 소셜 미디어 플랫폼들이 자신의 네트워크 효과를 마치 왕권을 사수하듯 지키려 하는 것도 바로 이 때문이다. 1999년에 일어난 '채팅 전쟁'을 예로 들어보자.

혹시 통통한 사람 모양을 한 AOL 인스턴트 메신저AIM의 노란색 마스코트를 기억하는가?[216] 1999년 AIM이 전 세계 8,000만 대 정도 되던 데스크톱에서 로딩될 때면 그 마스코트가 등장했다. 지금 스마트폰에서 문자 메시지로 실시간 커뮤니케이션이 가능하듯 모든 소셜 미디어 네트워크에서 실시간 채팅이 가능하다. 실시간 인스턴트 메시지 전송이 대세가 된 것은 그 당시 급부상한 AIM과 ICQ(후에 AOL이 매입) 때문이었다.

AIM과 ICQ는 사용자들에게 다양한 채팅 기능과 파일 전송 기능 그리고 검색 가능한 사용자 디렉토리를 제공했다. 지금은 어디서나 볼 수 있는 온라인 친구 목록도 도입했다. 아마 당시 온라인에서 채팅 친구들이 나타나고 사라질 때 문이 열리고 닫히는 소리가 나던 게 기억날 것이다. AIM은 온라인 커뮤니케이션을 위한 간단한 채팅 용어들도 도입했는데 지금까지도 사용되고 있다. brb(be right back, 곧 돌아올게), lol(laughing out loud, 큰 소리로 웃음), omg(oh my god) 등 전부 AIM에서 나온 채팅 용어들이다. 그러나 AIM의 노란색 마스코트는 철저한 세력 다툼의 상징이었다. 그 마스코트는 사실 보이지 않는 무대 뒤에서 인스턴트 메시지를 주고받는 데 필요한 네트워크 효과들을 지배하기 위해 마이크로소프트와 야후에 맞서 지난한 전투를 벌이고 있었다.

1997년 AIM은 사실상 인스턴트 메시지 방식의 표준이 되었고 가장 강력한 네트워크 효과를 자랑하는 세계 최대 규모의 사용자 네트워크가 되었다. 1998년 야후가 야후 메신저를 도입하고, 1999년 마이크로소프트가 MSN 메신저를 도입했을 때 그들은 앞서 살펴본 베타 플랫폼과 마찬가지로 뒤늦게 파티에 참석한 손님 신세였다. 이미 확고한 네트워크 효과를 구축한 인스턴트 메신저 AIM을 상대로 아주 힘겨운 싸움을 벌여야 했다. 그래서 그들은 AIM 네트워크를 제치려 하기보다는 합류하는 쪽을 선택했다.

1999년 마이크로소프트와 야후는 메신저 코드를 손보고 자신들의 인스턴트 메신저 서비스 사용자가 바로 AIM 사용자에게 연결될 수 있게 했다.[217] 그 결과 마이크로소프트와 야후 사용자들은 각각의 메신저를 이용해 바로 AIM의 친구들과도 메시지를 주고받을 수 있게 되었다. AOL은 즉각 대응에 나서 몇 시간 만에 해당 연결을 차단했다. 그러면서 마이크로소프트와 야후의 소프트웨어가 자신들의 서버에 침투해 메시지 플랫폼을 연동시키는 데 필요한 메시지 전송 프로토콜과 친구 목록을 빼가는 등 저작권과 상표를 침해하고 있다고 주장했다. 그러자 그다음 날 마이크로소프트는 다시 자신들의 메신저 코드를 손봐 AOL의 방어망을 뚫으려 했고, 몇 시간도 지나지 않아 AOL이 다시 그 시도마저 차단했다. AOL은 사용자들을 담장 안 정원에 묶어두려 했고, 마이크로소프트와 야후는 어떻게든 그 정원의 문을 열어 AIM의 네트워크 효과를 무력화하려 애쓰는 가운데 인스턴트 메신저 기업 간의 공방은 점점 치열해졌다.

그러다 마이크로소프트는 AOL 측에서 코드의 보안 취약성을 활용해[218] 그 네트워크를 무단 사용하지 못하게 막고 있다는 것을 알고 직원을 통해 그 사실을 언론에 흘렸다. 그 직원은 제3의 메신저 앱을 개발 중인 유령 회사의 엔지니어인 척했다. 마이크로소프트는 AOL의 보안 취약성에 대한 비판 여론만 조성된다면, AOL도 어쩔 수 없이 그 문제에 손을 댈 것이고 그러면 MSN 메신저가 다시 AIM에 연결될 수 있을 것이라 예상했다. 그러나 언론에 들어간 가짜 메시지의 발신지가 워싱턴주 레드먼드에 있는 마이크로소프트 본사의 한 컴퓨터라는 게 밝혀지면서 마이크로소프트는 역풍을 맞게 되었다. 이메일 헤더의 IP 주소가 마이크로소프트 본사 내의 한 컴퓨터였던 것이다. 기자들은 마이크로소프트를 맹비난했고, 결국 소프트웨어의 거인 마이크로소프트는 그 일에 대해 공개 사과를 해야 했다.

왜 이런 일이 일어났을까? 어째서 마이크로소프트와 야후는 독자적인 인스턴트 메신저 사용자 네트워크를 구축하지 못했을까? 숀 파커가 지미 펄론과의 인터뷰에서 언급했듯이 자신들이 어쩌지 못할 '엄청난 힘'이 있었기 때문이다. 거대한 사용자 기반을 구축한 소셜 미디어 네트워크는 엄청난 힘을 발휘해 사용자들을 정원에 잡아두고 혁신적인 경쟁사들을 모두 쳐내 완전히 시장을 장악하는 것이다.

네트워크 효과의 어두운 면

질량과 중력의 개념에 비유하면 네트워크 효과에는 항상 긍정적인 면만 있을 것 같지만, 실제로는 양날의 검과 같다. 그래서 선순환을 할 수도 있고 악순환을 할 수도 있다. 선순환을 하면 10년 만에 20억 명의 사용자를 거느린 소셜 미디어 플랫폼으로 성장할 수 있고, 악순환한다면 완전히 쪼그라들 수도 있다. 경제학자들은 네트워크 효과가 있는 시장을 가리켜 '기울어진' 시장이라 말하는데 그만큼 어느 한 플랫폼의 독점으로 기울어지기 쉽다는 뜻이다.

우리는 페이스북에 로그인하면 유용한 정보를 주는 뉴스, 유의미한 관계, 경제적 성장, 사회적 지지 등을 접할 수 있어서 계속 페이스북에 머물고 싶어진다. 하지만 만약 페이스북에 로그인했을 때 가짜 뉴스, 피싱 사기, 선거 조작 그리고 2019년 3월 뉴질랜드 크라이스트처치에서 벌어진 끔찍한 총기 난사 사건처럼 살인과 폭력이 난무한다면 소셜 미디어 네트워크로서의 가치는 순식간에 떨어질 것이다. 소셜 미디어 자원으로서 페이스북에 대한 신뢰 또한 바닥으로 떨어지게 될 것이다. 한때 우리를 끌어당겼던 중력이 이제는 같은 힘으로 우리를 밀어낼 수도 있다. 하이프 머신의 현재 위기가 존립의 위기일 수도 있는 이유이다. 네트워크 효과가 시들해진다면 페이스북이나 트위터 같은 소셜 미디어 네트워크에서 사용자들이 탈출할 수도 있다. 그런 일이 절대 없을 것 같은가? 그렇다면 마이스페이스를 설립한 톰 앤더슨과 크리스 드월프에게 물어보라.

마이스페이스의 가치 추락은 그 사용자들 사이에 퍼진 부정적인 인상과 페이스북의 거센 도전에서 비롯되었다. 페이스북은 자신들이 마이스페이스를 대체했듯 다른 어떤 네트워크가 자신들을 대체할 수도 있다는 두려움 때문에 인스타그램을 10억 달러에, 왓츠앱을 190억 달러에 인수했다. 자신들을 위협하는 존재로 성장할 수도 있는 신흥 네트워크들을 인수하여 자사의 네트워크 효과와 시장 지배력을 유지하기 위해서였다. 이를 뒷받침하는 대표적인 예가 바로 팩스다. 사용자가 점차 늘어나면서 팩스의 가치 또한 점점 커졌다. 하지만 인터넷과 디지털 문서들이 출현하면서 팩스가 세상에 알려질 때와 거의 같은 속도로 자취를 감췄다. 팩스의 중력이 차세대 기술이 지닌 중력에 밀린 것이다. 사용자 잡아두기와 차별화가 중요한 이유도 바로 이 때문이다. 만약 어떤 네트워크가 데이터 이동과 '상호 운용성'을 가로막아 사용자들을 잡아둘 수 있다면, 그 사용자들(그리고 그들의 데이터)을 경쟁사에 뺏기는 일을 막을 수 있다. 반면 만약 경쟁사가 차별화에 성공한다면 사용자들은 양쪽 서비스에, 즉 '멀티홈multihome'에 가입하고 싶어 할지도 모른다.

이처럼 사용자가 조금이라도 나은 소셜 미디어 네트워크로 가려고 하는 것은 놀랄 일이 아니다. 사용자는 늘 미래 지향적이다. 그들은 퇴락하는 네트워크 안에 잡혀 있길 원하지 않는다. 그보다는 오랫동안 살아남을 수 있는 데다가 가장 인기 있고, 가장 가치 있으리라 판단되는 네트워크 쪽으로 나아가려 한다. 만약 많은 사람이 페이스북은 비즈니스 모델을 수정할 수 있고, 자체 플랫폼의 부정적인 면들을 제거할 수 있다고(또는 적어도 눈에 띄게 줄일 수 있다고) 생각한다면 사용자들은 아마도 계속 페이스북에 남을 것이다. 그러나 페이스북의 접근 방식을 더는 신뢰하지 못하게 된다면 그들은 바로 출구로 달려갈 것이다. 특히 다른 대안이 있다면 더욱 빠르게 이동할 것이다.

전략적 채찍질

페이스북이 조현병 환자처럼 보이는 것도 바로 이런 이유에서다.

그들은 사용자들이 신뢰할 수 있는 해결책을 찾는 일에 병적으로 매달린다. 2018~2019년 페이스북은 어떻게 하면 더 잔잔한 바다로 항해할 수 있을까 하는 문제와 관련해 상충하는 몇 가지 아이디어를 제시했다. 처음 내놓은 아이디어는 플랫폼을 바꾸는 것이었다. 즉 인공지능과 콘텐츠 중재자를 활용해 유해 콘텐츠를 뿌리 뽑고, 데이터 이동을 개선하여 사용자 사생활 보호에 관심을 기울이는 쪽으로 플랫폼을 바꾼다는 것이었다. 사람들의 반응은 시큰둥했다. 그래서 페이스북 최고운영책임자 셰릴 샌드버그는 광고 비즈니스 모델을 완전히 포기하는 대신 페이스북 서비스에 대해 월 회비를 부과하자는 아이디어를 제시했다. 사용자들의 반응은 역시 차가웠다. 2019년 3월 마크 저커버그는 페이스북 메신저 앱을 통합해 중국의 위챗처럼 개인적이고 암호화된 메시지 플랫폼으로 나아가려 한다는 아이디어를 발표했다. 이 아이디어는 2019년 4월 페이스북 개발자 콘퍼런스에서 새롭게 조정된 형태로 다시 선보이며 페이스북의 공식 지침이 되었다.

하지만 이 같은 비즈니스 모델 변경에 따르는 결과들은 아직 불분명하다. 페이스북은 위챗처럼 앞으로 경제적 거래를 가능하게 해서 수익을 추구할 것인가? 그런 전략은 페이스북의 암호화폐 리브라 Libra의 개발로도 가능했다. 아니면 앞으로도 계속 광고 수익을 추구할 것인가? 암호화된 개인 네트워크에서 메시지 콘텐츠는 암호화될 수 있지만, 사용자가 누구와 소통하고 무엇을 좋아하며 어떤 콘텐츠에 참여하는지에 대한 메타데이터는 여전히 광고에 활용될 수 있을 것이다. 여러 가지 비즈니스 모델을 통해 수익을 다변화하는 것은 현재 페이스북의 핵심 전략 목표 중 하나인데 사용자와 규제 당국이 무엇을 지지할지 확실치 않기 때문이다.

하이프 머신의 신경학적 영향과 경제학적 영향에 대해 어느 정도 살펴보았다. 이제 3가지 트렌드 중 하나인 '맞춤형 대중 설득'의 출현에서 하이프 머신이 어떻게 우리의 행동을 바꾸는지 살펴보자.

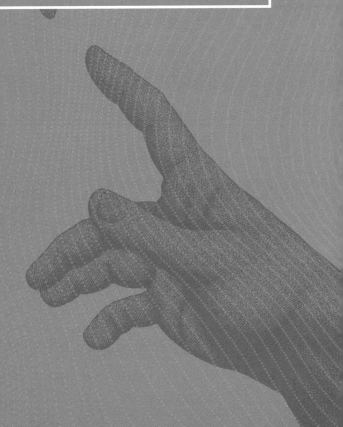

6장

Personalized Mass Persuasion

맞춤형 대중 설득

충분히 진보한 기술은 마법 같다.

—아서 C. 클라크

2016년 8월 힐러리 클린턴은 잠시 의식을 잃었다가 눈을 떠보니 미국 플로리다주 웨스트팜비치에 서 있는 포드 F-350 픽업트럭에 갇혀 있었다. 당시에는 몰랐지만 그녀를 가둔 것은 러시아인들이었다. 러시아인들은 2014년 크림반도에서 썼던 정보전 전략을 그대로 써먹고 있었는데, 이번에는 2016년 미국 대통령 선거에 개입할 목적으로 하이프 머신을 공격 목표로 잡고 있었다. 찌는 듯이 더웠던 그날, 디지털 방법을 총동원해 힐러리 클린턴을 픽업트럭 뒤에 있는 케이지 안에 태웠다.

물론 쇼였다. 그녀는 진짜 힐러리 클린턴이 아니었다. 그녀는 힐러리 클린턴 가면을 쓴 앤 마리 토마스라는 미국 시민이었다. 이 쇼를 총지휘한 이들은 8,000km 이상 떨어진 러시아 상트페테르부르크 사부슈키나 55번지의 한 건물에 있는 IRA에 있었다. IRA는 트위터와 페이스북 메시지를 이용해 앤 같은 미국인을 설득해 가짜 케이지를 만들고 빌 클린턴과 힐러리 클린턴 분장을 하게 했으며, 현지 치즈케이크 공장 근처에서 케이지에 갇힌 가짜 클린턴 부부를 둘러싸고 '플로리다주는 트럼프를 지지한다' 집회를 열게 했다. 그들은 또 '애국자 되기 Being Patriotic'라는 웹사이트까지 개설해 사람들이 온라인에서 자신들의 커뮤니티에 접촉할 때 합법적인 커뮤니티라는 느낌이 들게 했다. 그런 다음 플래시 몹 flash mob(불특정 다수의 대중이 약속 장소에서 짧은 시간 동안 황당한 행동을 한 뒤 순식간에 흩어지는 모임이나 행위-옮긴이) 영상과 이미지를 만들어 유튜브와 인스타그램 같은 소셜 미디어 사이트에 게시했는데 24시간도 채 지나지 않아 조회 수 50만을 넘겼다. 러시아인들이 만든 플로리다 플래시 몹은 일종의 인플루언서 마케팅으로 러시아 IRA는 맞춤형 소셜 미디어 메시지를 활용해 미국인을 동원하여 시위를 벌였다. 그런 다음 시위 현장이 담긴 동영상을 게시해 온라인에서 자신들의 영향력을 키워나갔다.

러시아가 하이프 머신을 자신들의 목적에 활용하면서 피해를 준 것은 이뿐만이 아니다. 2016년 5월 러시아인들이 운영하는 페이스북 웹페이지 '하트 오브 텍사스 Heart of Texas'는 자신들의 팔로워 25만 4,000명을 상대로 휴스턴 시내 트래비스가街와 프랭클린가 사이 모퉁이에 있는 다흐와 이슬람 센터 밖에서 '텍사스의 이슬람화'에 반대하는 시위를 열 것을 촉구했다. 당시 다흐와 이슬람 센터는 막 이슬람 도서관을 개관했는데 가짜 단체인 하트 오브 텍사스가 5월 21일 시위를 계획하고 반대 여론을 조성하려 한 것이다. 그러자 유나이티드 무슬림 오브 아메리카UMA라는 또 다른 페이스북 웹페이지도 같은 날 휴스턴 시내의 같은 장소에서 맞불 시위를 열 것을 촉구하고 나섰다. UMA는 진짜 단체였지만 이 단체의 페이스북 웹페이지 역시 러시아인들에 의해 운영되고 있었다. 같은 날, 같은 장소에서 벌어지는 시위와 맞불 시위의 배후가 모두 러시아인이었다. 물론 이들의 목적은 대립의 씨를 뿌려 미국 민주주의를 뒤흔드는 것이었다.

러시아인들은 이 같은 디지털 게릴라 마케팅 전략을 디지털 광고 전략으로 보강했다. 2016년 미국 대통령 선거 기간 중에만 페이스북에서 미국인 1억 2,600만 명을 상대로 각종 광고 메시지를 올렸다. 사람들에게 집회에 참석하게 하고 잘못된 정보를 퍼뜨리게 하여 투표율을 떨어뜨리는 등 광고 메시지는 다목적용이었다. 페이스북의 타깃 광고용 애플리케이션 프로그래밍 인터페이스API(운영체제와 응용 프로그램 간의 통신에 사용되는 언어나 메시지 형식-옮긴이)를 활용해 러시아 IRA는 핵심 경합 주의 유색 인종 유권자들을 찾아내 그들에게 투표 포기를 종용하는 맞춤형 광고들을 퍼부을 수 있었다. 예컨대 투표 당일에 올라온 광고 중 하나는 아프리카계 미국인들의 역사, 민권 운동, 마틴 루터 킹, 맬컴 엑스 등에 관심이 있는 페이스북 사용자들을 대상으로 했는데, 그 광고의 메시지는 "이번 선거에서 흑인들을 대변하는 후보는 없다. 투표하지 마라"였다.

러시아인들은 페이스북 광고 외에 수백 개의 트위터 메시지를 올렸고, 유튜브와 인스타그램을 통해 수천 개의 동영상과 이미지도 퍼뜨렸다. 그들은 타깃 광고용 API를 통해 자신들의 메시지를 특정 사용자 집단에 맞춰 보낼 수 있었다. 소셜 광고를 통해 사회적 증거(주변 사람들의 행동이나 태도가 개인의 행동에 끼치는 영향-옮긴이)를 보태서(예컨대 "제인 외 친구 12명이 좋아합니다") 자신들의 메시지에 설득력을 더할 수 있었다. 그리고 입소문 마케팅을 통해 인플루언서들에게 자신들의 정보를 친구들에게 전달하게 했다. 특정 콘텐츠가 소셜 미디어에 게시되면 러시아 관련 계정이나 소셜 봇 등이 해시태그를 이용하거나 자신의 팔로워를 동원해 해당 콘텐츠를 널리 퍼뜨려 '트렌드'로 만들었다.

하이프 머신은 전 세계 인구의 상당수를 서로 연결해주는 거대한 커뮤니케이션 생태계이다. 그러면서 낮은 비용으로 전 국민 차원의 행동 변화를 일으킬 수 있는 범세계적인 설득 기계이기도 하다. 기본적으로 검색이나 분류가 가능한 커뮤니케이션 장에 있는 많은 사람에게 다가가 서로 정보를 공유할 수 있게 해준다. 게다가 광고 생태계 역할도 한다. 기업과 정부, 개인에게 API와 커뮤니케이션 프로토콜을 제공해 대규모 소비자 분석 및 커뮤니케이션은 물론 대중 설득도 가능하게 해준다. 소셜 미디어 생태계로서의 하이프 머신은 사람들 간의 범세계적 상호 작용과 연결을 가능하게 해줄 뿐만 아니라 네트워크화된 맞춤형 설득도 가능하게 한다. 과거에는 전화기와 팩스가 개인 커뮤니케이션을 통해 세계를 연결해주었고, 웹이 개인 맞춤형 메시지 송수신을 가능하게 해주었다. 지금은 하이프 머신이 그 2가지 역할을 동시에 해내고 있다. 이를 제대로 이해하려면 통합 디지털 마케팅을 가능하게 하고 지원하는 하이프 머신의 상업적 존재 이유를 이해해야 한다.

나는 러시아 IRA의 내부 상황에 대해서는 전혀 모른다. 하지만 그간 여러 데이터 과학 팀을 상대로 디지털 마케팅 수익 극대화를 위한 조언을 해왔는데, 러시아 IRA도 크게 다를 게 없어 보인다. 그들의 목표 역시 페이스북, 트위터, 유튜브, 인스타그램 같은 소셜 네트워크상에서 루블(러시아의 화폐 단위-옮긴이)당 설득 효과를 극대화하는 것이기 때문이다. 사실 버락 오바마, 힐러리 클린턴, 도널드 트럼프, 조 바이든의 대통령 선거 운동도 모두 비슷한 방식으로 전개되었다. 소셜 미디어 광고 생태계가 공통적인 '설득 시장'이었으니 말이다. 각종 브랜드와 정부 및 정치 캠페인은 사람들을 설득해 투표 대상과 구매 제품을 바꾸는 것을 목표로 투자한다. 다시 말해 하이프 머신을 제대로 이해하려면 그에 앞서 '디지털 마케팅'을 이해해야 한다.

디지털 마케팅을 통한 러시아의 개입

러시아 IRA는 2013년 7월 러시아에서 기업으로 등록되었다.[219] 미국 대통령 선거를 2년 앞둔 2014년 4월 IRA 국장 미하일 비스트로프Mikhail Bystrov는 미국 선거 개입을 목적으로 하는 일명 '트랜스레이터Translator' 프로젝트를 승인했다. 그리고 그로부터 두 달 후 러시아 IRA는 잠행을 시작했다. '페이퍼 컴퍼니'의 복잡한 시스템을 사용해 어떤 활동을 하는지 알 수 없게 만들었다. 그때부터 이 조직은 미국 내에서 친러시아적 관심사를 도모하고, 사람들의 믿음과 행동을 바꾸는 디지털 마케팅 최적화 조직으로 활동하기 시작했다. 오늘날의 디지털 마케팅 최적화 작업에는 채널 내 또는 여러 채널 간의 측정, 표적화, 성과 최적화 등이 포함된다. 대부분의 디지털 마케팅 전문가들은 이 모든 전략을 구사하며 최적화된 포트폴리오 내에서 전략 간의 균형을 잡는다. 러시아 IRA가 지금 취하고 있는 전략이 바로 그런 것이기도 하다.

2014년 이미 러시아 IRA는 미국 소셜 미디어상의 정치 집단들의 영향력을 알아보기 위한 각종 추적 조사와 측정, 분석 작업을 시작했다. 그들은 각 집단의 역학 관계와 게시물을 올리는 빈도, 사용자 참여도 등을 분석했다. 그런 다음 정교하게 광고 대상을 선정하는[220] 작업을 거쳐 처음에는 지역별로 콜로라도, 버지니아, 플로리다 같은 경합주를 집중적으로 공략했다. 그다음에는 개인별로 정치적으로 좌경화되거나 우경화된 미국인을[221] 대상으로 맞춤형 메시지를 보냈고 소수집단을 대상으로 유권자 탄압 선전을 벌였다. 게다가 수백 개의 가짜 소셜 미디어 계정을 만들어 인플루언서 마케팅 전략을 구사해 진보와 보수 양 진영에서 '오피니언 리더들'을 파고들었다. 그러한 가운데 그 계정 중 일부는 각종 콘텐츠를 게시하는 데 쓰거나 '좋아요'와 공유 또는 재게시를 통해 그 콘텐츠를 홍보하는 데 썼다. 그들은 창의적 맞춤형 메시지를 만드는 데 전력투구했다. 미국의 휴일 목록을 배포해 숙지하게 하는 등 조직원들을 훈련해 미국 경제 및 외교 정책과 관련하여 문화적으로 이질감이 느껴지지 않는 콘텐츠를 개발하게 했다.

러시아 IRA는 페이스북이나 인스타그램 같은 소셜 미디어에서 주제별 그룹 페이지를 만들어 온라인은 물론 오프라인에서도 다수의 커뮤니티를 관리했고, 수십만 명의 팔로워를 거느린 대형 커뮤니티들로 키웠다. 그들은 또한 각 커뮤니티의 활동 성과(사용자 규모와 참여도, 입소문 정도, 마케팅 활동과의 연관성 등)를 분석하기 위해 자신들이 사용하는 채널과 커뮤니티, 홍보 계정 등을 추적 관찰했다.

나는 이런 종류의 인플루언서 캠페인이 어떻게 사람들의 행동을 바꾸는지와 또 그 행동들이 어떻게 소셜 미디어의 도움을 받아 사회에 퍼지는지를 연구한다. 지난 10년 동안 나와 연구진은 잘못된 정보에서 기인한 소셜 캠페인과 소셜 광고의 영향력에 관해 연구했다. 나는 기업가, 투자자, 기업 임원 코치로서 메이시스 백화점, 디스커버, 리바이스 등 다양한 브랜드에서 디지털 마케팅 최적화 작업을 했다. 그러면서 가장 자주 받은 질문은 "러시아의 개입으로 미국 대통령 선거 결과가 바뀌었다는 것을 어떻게 알 수 있는가?"였다. 그리고 기업가 겸 투자자로 일하면서 가장 많이 받는 질문은 "디지털 마케팅 투자 수익은 어떻게 측정하는가?"였다. 흥미로운 사실은 이 두 질문의 답이 똑같다는 것이다.

우리가 지금 러시아 개입을 조사 중인 미국 상하원의 정보위원회에 관해 이야기하든, 마케팅 지출을 최적화하고자 애쓰는 세계 최대 기업의 리더들에 관해 이야기하든 아니면 페이스북을 통해 자신들의 제품을 마케팅하는 중소기업 소유주들에 관해 이야기하든 하이프 머신을 제대로 이해하려면 디지털 마케팅과 소셜 미디어 분석에 대해 알아야 한다. 하이프 머신이 어떻게 작동되는지를 알기 위해 우리는 하이프 머신을 분해한 뒤 역설계해야 한다. 자동차의 기계 장치를 분해해 재조립하듯 말이다. 그리고 자동차의 기계 장치를 이해하려면 무엇보다 먼저 엔진을 들여다보는 게 순서이다.

리프트, 어트리뷰션 그리고 하이프 머신의 회전력

자동차의 회전력은 엔진이 바퀴를 돌리는 힘을 뜻한다. 원래 엔진 블록 내 피스톤들에 의해 생기는 것으로 당신이 발로 액셀러레이터를 밟아 엔진에 가스를 공급하면 일련의 작은 폭발들이 일어나면서 생긴다. 회전력은 피스톤에서 크랭크로 전달된다. 거기서 다시 변속기로 그런 다음 차축과 바퀴들로 전달된다. 따라서 바퀴 회전을 빠르게 만드는 것은 운전자가 액셀러레이터를 밟아 생기는 회전력 때문이다.

이제 운전자가 사람들의 행동을 변화시키려는 광고주나 어떤 기관이라 가정해보자. 가스는 광고비이고 엔진은 소셜 미디어다. 이 비유에서 하이프 머신이 우리 사회에 만들어내는 변화를 알려주는 척도, 즉 하이프 머신이 우리 사회의 바퀴들을 돌려 회전력을 만들어내는 변화의 척도를 광고 책임자들은 '리프트lift'라고 부른다.

리프트는 설득력 있는 소셜 미디어 메시지들로 생겨나는 행동 변화로 하이프 머신이 이 세상에 미치는 영향을 이해하고 측정하는 데 열쇠가 된다. 하이프 머신 관점에서 보면 우리 삶은 광고나 동영상 또는 다른 설득력 있는 메시지가 사람들의 행동을 얼마나 바꿀 수 있는지를 여실히 보여준다. 우리는 앞서 4장에서 행동 변화의 신경학적 측면들을 살펴봤다. 그러나 우리가 fMRI 기계에서 빠져나와 사회로 되돌아와서 보면 사회적 행동은 복잡하고 그 행동을 관찰하고 측정한다는 것은 어려운 데다가, 소셜 미디어로 인해 발생하는 행동 변화들을 집어내는 것 또한 보통 힘든 일이 아니어서 리프트를 측정하기가 쉽지 않다. 그래도 하이프 머신이 세상에 미치는 영향을 측정하려면 (그리고 디지털 마케팅에 성공하려면) 리프트를 제대로 측정할 수 있어야 하고 소셜 미디어로 생기는 행동 변화를 찾아서 측정할 수 있어야 한다.

MIT에서 리프트에 대해 가르칠 때 나는 학생들에게 늘 다음과 같은 간단한 예를 든다. "수업 첫날 여러분이 강의실로 걸어 들어오는데 내가 문 옆에 서서 내 수업에 대해 광고하는 전단을 나눠준다고 상상해봅시다. 첫 번째 학생이 들어와서 내가 전단을 줍니다. 그리고 두 번째 학생이 들어와 전단을 주고… 그렇게 한 사람도 빠짐없이 모든 학생에게 내 수업을 광고하는 전단을 나눠주는 겁니다." 그런 다음 학생들에게 물어본다. "이 광고의 전환율은 어떻게 되죠?" 그러면 학생들이 모두 정답을 말한다. "100%입니다." 광고를 본 학생 100%가 광고를 '사' 수강 신청을 하기 때문이다. 그런 다음 내가 또 묻는다. "그럼 이 광고는 여러분의 행동을 변화시켰나요?" 학생들은 광고를 보기 한참 전에 이미 수강 신청을 했기 때문에 이구동성으로 이렇게 답한다. "전혀요." 따라서 내 광고에 대한 전환율(학생들이 수강 신청에 응한 비율)은 100%이지만 광고로 생긴 행동 변화의 양, 즉 리프트는 0이라고 할 수 있다. 이 예는 리프트의 본질을 잘 보여준다. 리프트란 뭔가를 설득하려는 메시지에 의해 생기는 실제 행동 변화이지 단순히 어떤 메시지를 보는 것과 당신이 변화시키려는 행동을 끌어내는 것의 상관관계가 아니다. 이는 제품 광고를 하는 기업들, 사회적 거리두기를 촉구하는 보건 당국, 심지어 투표를 저지하려 하는 러시아인들에게도 해당하는 이야기다.

행동이 바뀐 원인을 우리가 매일 받는 다양한 설득 메시지로 찾는 과정을 '어트리뷰션 attribution'이라고 한다. 최근 온라인상에서 물건을 구매한 일을 떠올려보라. 아마 이와 비슷한 과정을 거쳤을 것이다. 당신은 인스타그램에서 어떤 신발 광고를 보고 그것을 클릭했다. 그랬더니 그 신발 브랜드의 웹사이트에 있는 해당 신발 페이지나 자포스 Zappos 같은 온라인 소매업체의 웹사이트에 연결되었다. 그 신발이 마음에는 들었지만 바로 구매할 정도는 아니어서 좀 더 찾아보기로 했고, 결국 아무것도 사지 않고 웹사이트를 떠났다. 그런데 그 신발이 인터넷상에서 당신을 따라다니기 시작했다. 당신이 웹서핑하는 동안 디스플레이 광고로 소셜 광고로 계속 나타났다. 이것이 바로 마케팅 전문가들이 말하는 '리타기팅 retargeting'이고 브랜드 네트웍스의 최고경영자인 제이미 테드포드Jamie Tedford가 말하는 '오싹함creepy'이다.

　웹사이트 방문자들 가운데 첫 방문에서 무엇이든 사는 사람은 2% 밖에 되지 않는다. 리타기팅은 그 나머지 98%의 방문자들을 상대로 그들의 인터넷 브라우저에 쿠키를 심고 그들이 웹상에서 어디를 가든 광고를 띄워 다시 해당 웹사이트로 불러들인다. 당신이 마음에 두었던 신발에 대한 리타기팅 광고가 당신이 클릭하지 않았는데도 계속 당신을 따라다닌다고 상상해보자. 그러다 어느 일요일 아침, 당신은 온라인 신문을 읽다가 다시 그 신발을 생각하게 된다. 그날 아침에는 클릭할 리타기팅 광고도 없어서 당신은 구글에서 그 신발 브랜드를 검색한다. 그랬더니 그곳에 당신이 찾는 신발 브랜드 검색 광고가 있다. 당신은 광고를 클릭해 그 신발 브랜드의 웹사이트를 방문하고 마침내 구매하기에 이른다. 어트리뷰션 측면에서 보자면 이 모든 마케팅 활동이 제품을 구매하는 원인이다. 왜 이 어트리뷰션이 광고 수익과 하이프 머신의 영향을 측정하는 데 꼭 필요한지 이해하려면 리테일미낫Retail-MeNot이라는 기업의 비즈니스 모델을 살펴볼 필요가 있다.

　혹시 무언가를 사기로 한 뒤 리테일미낫의 쿠폰을 구하려고 인터넷 검색을 해본 적이 있는가? 만약 있다면 아마 약 70%의 경우는 검색 결과 맨 위에 리테일미낫이 떴을 것이다. 그 링크를 클릭하면 해당 제품을 할인 판매하는 웹사이트 목록이 죽 뜨고, 각 할인 웹사이트 옆에는 "할인 쿠폰은 여기서"라는 문구가 적힌 커다란 버튼들이 달려 있다. 그래서 그 버튼을 클릭하면 해당 사이트에서 새로운 탭이 열려 당신이 원하는 쇼핑 웹사이트(아마존이나 자포스 등)로 연결되고 당신의 인터넷 브라우저에 쿠키cookie*를 떨구게 된다. 그럼 또 그 쿠키는 아마존이나 자포스에 리테일미낫이 당신에게 해당 제품을 추천했다는 사실을 알려준다. 그래서 당신이 아마존에 들어가 제품을 사게 되면 (당신이 리테일미낫과 상호 작용하기 전에 이미 그 제품을 사기로 결정 내렸 어도) 리테일미낫은 해당 제품 구매가의 4%에 해당하는 소개료를 받 는다. 자신들이 소개해서 발생하는 아마존의 모든 매출에 대해 4%를 받으므로 리테일미낫의 연간 소매 매출은 거의 44억 달러에 달한다. 리테일미낫은 2017년에 6억 3,000만 달러에 매각되었다.[222] 그러나 리테일미낫과 상호 작용으로 생기는 리프트는 0에 가깝다. 본질적으 로 이미 제품을 사기로 마음먹은 사람들에게 제품 광고는 디지털 전 단을 나눠주는 것과 마찬가지이기 때문이다.

어트리뷰션이 그렇게 중요한 이유도, 디지털 마케팅에서 성공하는 데 (그리고 불행히도 선거 조작에 성공하는 데도) 어트리뷰션을 이해하는 것이 필수인 이유도 바로 이 때문이다. 뭔가를 설득하려는 소셜 미디 어 메시지의 영향력은 수신자가 그 메시지를 본 이후에 보인 행동과 그 메시지를 보지 않았다면 보였을 행동 사이의 차이를 비교하면 알 수 있다. 이런 개념을 토대로 우리는 소셜 미디어 광고 캠페인이 효과 가 있는지, 있다면 언제 나타나는지(예컨대 소셜 미디어 조작이 유권자들 의 투표에 영향을 주어 선거 결과를 바꾸어놓는 등)를 알 수 있고, 소셜 미 디어의 여러 효과에 관해서도 알 수 있다. 이를 정확히 알아야 비로소 하이프 머신을 제대로 이해하고 관리하고 규제할 수 있는 것이다.

• 쿠키란 당신이 어떤 웹사이트를 방문할 때 당신의 인터넷 브라우저에 설치되는 간단한 소프 트웨어 코드 같은 것이다. 이 쿠키 덕분에 해당 웹사이트는 어떤 웹사이트가 당신에게 제일 먼저 소개했는지를 비롯해 온라인상에서 당신의 행동을 추적할 수 있다.

하이프 머신의 수익률

디지털 마케팅 수익률 측정은 어떤 면에서 매우 간단하다. 그러나 또 어떤 면에서는 심오하며 철학적이기까지 하다. 가장 일반적인 접근 방식은 투자로 창출된 이익에서 투자를 뺀 다음 그것을 다시 투자로 나눠 백분율로 나타낸 것이다.

$ROI=(B-I)/I$

위의 등식에서 ROI는 투자 수익률return on investment을 뜻하고, B는 용기 있는 행동 덕에 얻은 이익benefit을, 그리고 I는 투자investment를 의미한다. 만약 내가 마케팅에 1만 달러를 투자해 5만 달러의 이익을 냈다면, 내 투자 수익률은 (5만 달러-1만 달러)/1만 달러로 400%이다. 만약 이익을 1만 5,000달러밖에 못 냈다면, 투자 수익률은 (1만 5,000달러-1만 달러)/1만 달러로 50%이다. 즉 투자 수익률 계산은 2가지 요소, 즉 투자(마케팅 활동 비용)와 '투자가 창출하는 이익'(대개는 수익, 매출, 고객 평생 가치, 인식, 참여도, 선거 운동으로 인한 표차 등으로 측정된다)이다.

'투자가 창출하는 이익'이란 정확히 무엇일까? 이익이란 서로 다른 소셜 미디어 캠페인(매출, 투표, 에이즈 검사, 청원서 서명 등)에서의 다양한 핵심성과지표를 가리킬 수도 있지만, 아마 어떤 제품 판매로부터 얻는 수익으로 생각하는 게 가장 이해하기 쉬울 것이다. 당신이 신발을 판매하기 위해 페이스북 광고 캠페인에 투자했는데, 그 광고가 클릭당 1%의 전환율을 보인다고 가정해보자. 그리고 신발 한 켤레를 판매할 때마다 27달러의 수익을 올린다고 하자. 그 경우 클릭당 지불 비용CPC(cost per click)이 얼마가 되어야 광고 캠페인이 손익 분기점을 맞출 수 있을까? CPC가 얼마면 투자 수익률이 맞을까? 간단한 수학만으로도 답을 낼 수 있는데, 클릭당 27%가 되면 투자 수익률에 맞출 수 있다. 그러나 앞서 광고 전단 비유에서 보았듯 여기에는 문제가 있다.

단순히 전환율에 제품 판매 수익을 곱해서는 '투자가 창출하는 이익'을 정확히 측정하기 어려울 수도 있는데, 이는 창출이란 묘한 단어 때문이다. 전환율이란 광고 대상이 된 소비자 가운데 어느 정도가 신발을 샀는지를 의미한다. 그런데 그 광고가 얼마나 많은 판매로 이어질까? 만약 그 광고가 소비자의 마음을 파고드는 많은 마케팅 요소 가운데 하나에 불과하다면, 판매에 기여한 다른 모든 마케팅 중 그 광고가 기여한 매출은 실제 어느 정도나 될까? 디지털 마케팅 수익률 측정이 철학적이기까지 한 이유는 바로 이 때문이다.

하이프 머신의 수익률을 제대로 측정하려면 리프트에 관한 생각해야 한다. 그리고 또 리프트에 대해 생각한다면 인과관계도 생각해야 한다. 따라서 만약 당신이 마케팅 전문가이거나 정치 컨설턴트, 선거 개입을 조사하는 국회의원, 사회적 거리두기를 촉구하는 보건 전문가인데 리프트와 인과관계를 생각하지 않는다면 하이프 머신이 비즈니스와 민주주의와 보건에 미치는 영향에 대한 당신의 관점은 잘못될 수밖에 없다.

러시아 선거 개입에 대한 미국 의회의 조사를 생각해보자. 2019년 상원 정보위원회에서 발표한 두 보고서는[223] 러시아가 2016년 미국 대통령 선거의 투표율과 투표 선택에 영향을 주기 위해 수억 명의 미국 시민을 상대로 벌인 잘못된 정보 캠페인의 범위와 규모를 적시하고 있다. 이 두 보고서는 디지털 시대에 민주주의가 봉착한 가장 큰 문제, 즉 민주적 선거가 소셜 미디어 조작에 얼마나 취약한가 하는 문제를 드러내 보이지만 그 답을 주지는 못하고 있다.

많은 저널리스트와 학자들이 이 문제에 대해 확신에 찬 결론을 내렸지만 여전히 논란이 많다. 유명한 여론 조사 전문 웹사이트 파이브서티에이트 FiveThirtyEight의 설립자 겸 편집장인 네이트 실버는 이런 말을 했다. "2016년 미국 대통령 선거에서 가장 중요한 역할을 한 일을 목록으로 만든다면 러시아 소셜 미디어 사건을 상위 100위 안 집어넣을 수 있을지 모르겠습니다."[224] 러시아가 개입한 가짜 뉴스의 예산과 노출도는 비교적 소규모였고,[225] 그래서 러시아가 개입한 소셜 미디어상의 콘텐츠들이 선거 결과에 큰 영향을 주진 못했을 것이라며 네이트 실버와 같이 회의적인 의견을 개진하는 학자들도 있다.[226] 반면에 교수이자 웹사이트 팩트체크 FactCheck의 설립자 캐슬린 홀 제이미슨은 러시아의 해킹과 트롤 때문에 선거 결과가 뒤집혀 도널드 트럼프가 대통령이 되었을 가능성이 있다고 주장한다.[227]

이렇게 서로 다른 결론이 나오는 것은 주로 여러 유형의 선거 운동과의 유사성 때문이다. 그러나 메시지 및 선거 운동과 관련한 사회과학자들의 연구가 소셜 미디어 노출과 그로 인한 투표 행위 변화의 연관성을 파고든 사례는 거의 없다. 미국 상원의 최근 분석처럼 단순히 노출도를 수량화하는 것으로는 충분치 않다. 러시아가 조작한 것을 분석하고 또 그와 같은 조작 행위가 2020년 미국 대통령 선거에 미칠 영향을 제대로 평가하려면, 조작된 정보에 대한 노출이 유권자들의 투표 행위에 미칠 영향을 제대로 예측할 수 있어야 한다. 순진하게 관찰만 하는 접근 방식은 노출도와 투표 행위 모두에 영향을 주는 복잡한 요소들을 반영하지 못한다. 예를 들어 가짜 메시지의 표적이 된 유권자들은 동조할 가능성이 크다. 무작위 실험을 통한 분석 결과들에 따르면 페이스북 광고 캠페인의 영향을 관찰로만 평가할 경우 그 결과에는 100% 넘게 오차가 발생한다.[228] 광고 노출도와 행동 변화를 세심하게 연결 짓지 못한 상태에서 소셜 미디어 영향에 대한 우리의 평가에 따르면 그 오차는 무려 300~700%나 되었다.[229]

케임브리지 애널리티카가 페이스북 사용자들의 개인 정보를 도용하여 벌인 정치 선전 효과[230]와 관련해 널리 인정받은 증거는 무작위 실험으로 평가한 게 아니어서 선입견 같은 것에 휘둘릴 수 있다.[231] 우리가 어떤 브랜드의 마케팅 효과를 분석하든, 소셜 미디어를 통한 러시아의 선거 개입 영향을 분석하든 하이프 머신이 우리의 의견이나 행동 변화에 미치는 영향을 제대로 평가하려면 접근 방식 자체를 바꿔야 한다. 인과관계에 따른 리프트를 고려해야 한다.

인과관계에 대한 진지한 고려

MIT에 있는 내 사무실 문에는 상관관계와 인과관계의 차이를 보여주는 xkcd(랜들 먼로가 연재하는 과학 웹툰-옮긴이)의 한 에피소드가 걸려 있다. 두 친구가 이야기를 나누고 있는데, 한 친구가 이렇게 말한다. "난 상관관계가 인과관계인 줄 알았거든. 그런데 통계학 강의를 듣고 나선 달라졌어." 그러자 다른 친구가 말한다. "수업이 도움이 되었나 보네." 그러자 처음 말한 친구가 답한다. "그러게, 그런 모양이야."

웹툰 속 한 친구는 통계학 강의에서 상관관계와 인과관계의 차이에 대해 배웠을 수도 있다. 강의를 들은 그 친구가 통계학에 관심이 있어서 통계학을 제대로 이해했을 수도 있다. 어쨌든 그 친구는 강의를 듣기로 '선택'한 것이다. 그리고 그 '선택 효과'가 스스로 강의를 들은 것과 상관관계와 인과관계의 차이를 이해한 것 간의 상관관계를 설명해 줄 수 있다. 강의가 그에게 그 차이를 '가르쳐준' 것만큼이나 쉽게 말이다.

이런 선택 효과는 하이프 머신의 수익률 측정과 관련해 심각한 문제다. 소셜 미디어 메시지들은 설득될 가능성이 큰 사람들에게 발송되기 때문이다. 기업들은 자사의 제품을 살 가능성이 가장 큰 사람들을 광고 대상으로 잡기 위해 광고 컨설턴트에게 많은 돈을 낸다. 대상 선정을 잘하면 누군가의 행동을 변화시키지 않고도 전환율을 높일 수 있는데, 광고 수신자들이 구매자가 될 가능성이 매우 크기 때문이다. 광고 컨설턴트들은 리프트(누군가가 광고를 본 것이 제품을 구매할 가능성에 미치는 영향)보다는 전환율(광고를 본 사람들과 전환 간의 상관관계)에 따라 광고 성과를 인정받는다. 그러므로 그들에게 주어지는 인센티브는 사실 왜곡된 것이다. 컨설턴트의 광고 성과를 그런 식으로 측정하는 것은 그게 더 쉬운 데다가 컨설턴트에게 대부분 유리하기 때문이다. (이렇게 부정확한 측정 방법으로 인해 광고 노출 횟수를 100% 제품 판매 유발 원인으로 보게 된다.) 그러나 기억해라. 상관관계를 토대로 한 페이스북 광고 캠페인의 영향 평가는 100% 이상 잘못된 경우가 많다. 따라서 인과관계를 무시한 광고 캠페인 효과나 러시아 개입의 영향 평가는 잘못될 수밖에 없다.

선택 효과(그리고 다른 혼란 요인들)에 대해 대체 우리가 무엇을 할 수 있을까? 그리고 하이프 머신이 우리 사회에 미치는 영향을 어떻게 해야 제대로 이해할 수 있을까? 하이프 머신의 수익률을 제대로 평가하는 방법은 하이프 머신이 만들어내는 리프트를 통해 마케팅 활동으로 인한 이익에 가중치를 두고, 다음 등식과 같이 리프트에 따른 마케팅으로 생긴 이익을 곱한 다음 투자를 빼고, 그것을 다시 투자로 나누어 인과관계에 따른 리프트도 고려하는 것이다.

$$ROI=(L \times B-I)/I$$

이 등식에서 *ROI*는 투자 수익률이다. *L*은 마케팅 투자 덕에 생겨난 인과관계에 의한 리프트로, 거기에 *B*, 즉 위험을 무릅쓴 투자로 얻은 이익을 곱한다. 그런 다음 거기에서 *I*, 즉 투자를 뺀 뒤 다시 투자로 나누는 것이다.

물론 그다음에 이어질 자연스러운 의문은 "그럼 어떻게 리프트를 제대로 측정할 수 있는가?" 하는 것이다. 이 의문은 우리 사회가 어떻게 작동되는지에 대해 쓴 거의 모든 책에 숨어 있는 심오한 철학적 의문이기도 하다. 만약 사회적 요소 A가 결과 B의 원인이 된다면, 우리는 각종 사회적 현상의 근본 원인을 어떻게 찾을 수 있을까? 그 답은 무작위성에 있다. 하이프 머신 내 인과관계와 리프트를 제대로 이해하려면 '무작위 변동'이 필요하다.

예를 들어 군에 입대(A)하는 것 때문에 한 사람의 생애 임금(B)이 줄어드는지를 알아보려 한다. 이 경우 다른 여러 요소들(C) 때문에 우리가 보게 될 수치들에 차이가 생길 수도 있다는 게 문제다. 우리는 군에 입대한 사람들의 임금과 그렇지 않은 사람들의 임금을 단순 비교할 수는 없다. 군에 입대한 사람들과 그렇지 않은 사람들 사이에는 임금 격차를 만드는 관찰 가능한 차이점도 있고, 관찰 불가능한 차이점도 있기 때문이다. 예컨대 무엇보다 더 나은 임금을 주는 직장으로 얼마든지 갈 수 있는 사람들은 군에 입대하지 않는다(이 경우 B가 A의 원인). 그리고 교육 수준이 높고 기술이 많은 사람 역시 군에 입대하지 않는다(이 경우 C가 A와 B의 원인). 따라서 일견 군 복무와 더 낮은 평균 임금 간의 인과관계처럼 보이는 것이 실은 이 같은 다른 요소들에 의해 생기는 상관관계일 수도 있다. 그렇다면 우리가 살펴보려는 관계는 잠시 옆으로 제쳐놓고 먼저 이 같은 다른 요소들을 통제해야 할 것이다.

무작위 변동이 필요한 이유가 바로 이 때문이다. 만약 우리가 사람들을 무작위로 군에 입대시킨다면 군에 입대한 집단과 입대하지 않은 집단은 평균적으로 같은 교육 수준과 기술(그리고 나이, 성별, 기질, 태도 등도)을 갖고 있을 것이다. 표본 집단 규모가 충분히 클 경우, 실험 집단과 통제 집단으로 분류된 사람들의 관측 가능한 특징과 관측 불가능한 특징 모두의 분포는 같고, 그 결과 실험 그 자체는 두 집단 간에 다른 결과가 나타나는 이유를 설명해줄 유일한 요소가 된다. 다른 모든 게 같은 상황에서라면, 우리는 두 집단 간에 임금 격차를 만드는 요소는 군 복무밖에 없음을 확신할 수 있다. 바로 이런 것이 무작위성의 장점이다. 이처럼 무작위로 사람들에게 개입함으로써 우리는 관측 가능한 차이(나이와 성별 등)와 관측 불가능한 차이(기술 등)가 결과의 차이(임금)를 설명하지 못한다는 것을 확실히 할 수 있다.

그런데 우리는 윤리나 기회 때문에 실험할 수 없는 경우가 많다. 예를 들어 과학자의 입장에서는 실험을 위해 사람들을 무작위로 군에 입대시키는 연구를 할 수 없다. 이런 경우 우리는 무작위 실험을 흉내

내는 무작위 변동의 자연스러운 원천인 이른바 '자연 실험natural experiment'을 모색하게 된다. 월남전 당시 미국 시민들에게 적용된 징병 추첨제야말로 조슈아 앵그리스트가 군 복무가 임금에 미치는 영향을 측정하기 위해 활용한 자연 실험이었다.[232] 당시 미국의 모든 남성 시민은 징병 추첨제 대상이었다. 그래서 남성들은 무작위로 군에 징집되었다. 징병 추첨제는 사람들의 입대 가능성에 무작위 변동을 일으키는 자연 실험이었다. 조쉬 앵그리스트는 이 무작위 변동을 활용해 입대가 임금에 미치는 인과관계에 따른 영향을 측정했다.

무작위 실험은 앞으로도 계속 언급될 것이다. 내 연구는 기본적으로 하이프 머신 내 인과관계, 즉 원인과 결과를 분리하기 위한 대규모 실험 또는 자연 실험을 토대로 진행된다. 소셜 미디어 광고는 어떻게 구매 패턴들에 변화를 줄까? 실험을 한다. 온라인 평가는 어떻게 개인들의 의견에 영향을 줄까? 실험을 한다. 사회적 신호들은 어떻게 운동 행동을 변화시킬까? 자연 실험을 한다. 우리는 하이프 머신이 우리 세계에 미치는 영향을 이해하기 위해 인과관계에 따른 영향을 이해해야 하며, 자연스러운 무작위 실험으로 만들어지는 무작위 변동 없이는 인과관계에 따른 영향을 이해할 수 없다.

통합 디지털 마케팅

사회에서 정보 흐름을 조작하거나 전 세계를 상대로 사람들의 행동 변화를 끌어내기 위해 하이프 머신에 개입할 때, 기업이나 러시아 IRA는 '통합 디지털 마케팅 IDM'이라는 일련의 최적화된 디지털 마케팅 관행들을 활용한다. 디지털 마케팅은 소셜 광고, 검색 광고, 디스플레이 광고, 모바일 광고 등 다양한 채널을 통해 이루어진다. 통합 디지털 마케팅의 핵심은 여러 채널 내의 마케팅 활동을 통합하고 최적화하는 것이다.

당신이 그 채널들 내 마케팅 활동에 필요한 예산을 할당하는 디지털 마케팅 전문가(또는 러시아 요원)로 설득을 극대화하거나 어떤 제품이나 서비스 매출을 늘리거나 선거 캠페인을 통해 표를 긁어모으는 일을 하고 있다고 상상해보자. 이때 통합 디지털 마케팅의 기본 과정은 이렇다. 먼저 각 채널에서 콘텐츠를 만들고 올린다. 그런 다음 리프트와 이익과 비용을 측정해 성과를 분석한다. 그리고 각 채널 내에서 성과를 최적화(콘텐츠를 손보거나 가장 성과가 좋은 콘텐츠에 더 많은 예산을 할당)하고 채널들 사이에서 성과를 최적화(성과가 가장 좋은 채널에 더 많은 예산을 할당하고 성과가 가장 나쁜 채널에 예산을 삭감)한다. 간단하지만 이런 게 바로 통합 디지털 마케팅이다(〈그림 6-1〉 참조).

물론 각 채널들은 서로 다른 목표를 지닌다. 검색 광고는 이미 뭔가 특정한 것을 찾고 있는 사람들을 대상으로 한다. 디스플레이 광고는 마케팅 담당자의 메시지에 익숙지 않은 사람들에게 브랜드 인지도를 높이는 일을 한다. 따라서 여러 가지 목표를 동시에 최적화하려면 다양한 채널의 콘텐츠 포트폴리오를 유지하는 게 중요하다. 어떤 종류의 소셜 미디어 광고들은 상호 보완적이다. 예컨대 검색 광고와 디스플레이 광고는 상호 보완적이라고 알려져 있다. 다시 말해 디스플레이 광고를 추가하여 검색 광고의 성과를 올릴 수 있는 것이다. 무작위 실험 결과들에 따르면 디스플레이 광고에 노출되는 소비자들은 캠페인 관련 검색을 5~25% 정도 더 한다.[233] 검색도 더 많이 하고 전

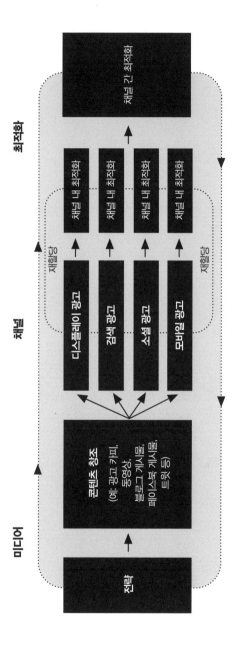

그림 6-1. 통합 디지털 마케팅 프로그램은 전략 및 미디어 콘텐츠 창조 단계(왼쪽), 4개 채널(디스플레이·검색·소셜·모바일 광고) 간 배치를 가져 각 채널 내 그리고 각 채널 간 지출 및 콘텐츠 최적화 과정으로 이루어진다.

환율도 높아지는 것이다. 예를 들어 검색 광고와 디스플레이 광고에 1달러를 투자할 경우, 검색 광고와 디스플레이 광고의 수익률은 각각 1.75달러와 1.24달러이다.[234] 통합 디지털 마케팅은 설득 성과를 최적화하는 과정이다. 그러나 무엇보다도 하이프 머신의 설득력은 많은 사람에게 맞춤형 메시지를 보내는 데서 나온다. 한마디로 맞춤형 대중 설득이 중요하다.

맞춤형 대중 설득의 시대

코카콜라 최고기술경영자였던 롭 케인이 말하는 지난 40년간의 소비자 마케팅 변천사는 다음과 같다.[235] 1980년대에는 단일 채널을 통해 한 가지 메시지를 모든 소비자에게 보냈다. 슈퍼볼 광고를 생각해 보라. 기업들은 30초짜리 광고를 위해 몇 개월이란 시간을 쏟아부어 같은 메시지를 동시에 수백만 명에게 보냈다. 흥미롭지만 그리 복잡한 광고 방식은 아니었다. 1990년대는 세분화의 시대로, 18~24세의 게이머 또는 사커 맘과 같은 식으로 특정 집단을 선정해 광고 메시지를 보냈다. 이는 그저 조금 더 복잡해진 광고 방식이었다. 2000년대로 넘어오면서 인터넷 때문에 개별 소비자와 대규모 상호 작용이 가능해졌다. 그 결과 인터넷 검색 기록과 거래 내용을 토대로 알아낸 행동 패턴과 선호도를 바탕으로 각 개인에게 맞춤형 메시지를 보내는 시대가 되었다. 그리고 2010년 이후 우리는 이제 소비자들이 온라인상에서 서로 연결되고 자신의 소셜 네트워크에 의해 영향을 받는 네트워크화된 소비자들의 시대를 경험하고 있다. 내가 학생들에게 상기시켰듯, 아직도 소비자 참여를 시장 세분화 측면에서 보고 있다면 당신은 30년 전 세상에서 살고 있는 것이다.

대중 설득은 새로운 게 아니다. 텔레비전과 라디오 시대(혹은 구텐베르크 시대나 함무라비 시대) 이후로 줄곧 있었던 것이니 말이다. 그러나 대중 설득의 '개인 맞춤화'는 비교적 새로운 방식이다. 텔레비전 광고가 출현하면서 제한된 인구학적·지리학적 세분화가 가능해졌고 이후 인터넷이 출현해 개인 맞춤화가 가능해졌는데, 거기서 한 걸음 더 나아간 광고 기법이 소셜 미디어 타기팅이다. 소셜 미디어 타기팅은 네트워크 차원에서 이루어져 마케팅 담당자들에게 훨씬 많은 정보를 제공해 맞춤형 메시지를 보낼 수 있기 때문이다. 그리고 특정 사람들을 상대로 특정 메시지를 보내려면 소비자들의 개인적 호불호를 파악할 수 있는 예측 모델링이 필요하다. 그렇다면 그런 타기팅은 어떤 식으로 이루어질까?

광고 메시지를 적절한 사람들에게 보내기 위해 마케팅 담당자는 그 메시지가 어떤 사람들에게 가장 어필할 수 있을지 알아야 한다. 이를 위해 노련한 마케팅 전문가들은 각 개인에 대한 상세한 데이터를 토대로 소비자들의 전환 가능성을 예측하는 예측 모델링 기법*을 쓴다. 그리고 개인에 대한 데이터에는 인구 통계(나이, 성별, 언어, 사회 경제적 지위 등), 행동(제품 구매 기록, 콘텐츠 소비 내용 등), 선호도(소셜 미디어 '좋아요', 공유 등), 소셜 네트워크(친구 또는 팔로워 수, 개인이 속한 소셜 네트워크의 구조 및 구성), 위치 기록 등이 포함된다.

---

* 어떤 타기팅 기법은 필요에 따라 행해지고, 어떤 타기팅 기법은 세분화를 미화시킨 것에 불과하다. 그러나 업계가 점점 복잡해지고 있어서 하이프 머신을 제대로 이해하려면 하이프 머신을 100% 활용할 때 할 수 있는 일이 무언지를 아는 게 최선이다.

광고 타기팅 예측 모델에서는 광고 대상으로 삼을 수 있는 모든 소비자 가운데 전환 가능성이 가장 큰 것으로 판단되는 소비자들을 선정한다. 〈그림 6-2〉에는 그 예가 그림으로 나와 있다. 그림에서 까맣게 채워진 원들은 결국 전환한 소비자들이고, 속이 빈 원들은 결국 전환하지 않은 소비자들이다. 타기팅 예측 모델에 따르면 중앙의 타원 안쪽 소비자들이 가장 전환 가능성이 큰 소비자들이라고 가정해보자. 이 예측에서는 실제로 전환 가능성이 큰 일부 사람들(예측 모델이 내다보는 타원 바깥쪽 까맣게 채워진 원들)은 놓치고, 전환 가능성이 낮은 일부 사람들(예측 모델이 내다보는 타원 안쪽 속이 빈 원들)은 예측에 추가하는 잘못을 저지르고 있다.

업계에서는 광고 타기팅 예측 모델을 평가하기 위해 2가지 척도, 즉 '정밀도'와 '재현율'을 사용한다. 예측 모델의 재현율은 예측 모델이 파악한 관련 소비자 중 일부, 즉 실제로 구매 가능성이 큰 소비자의 수를 구매 가능성이 큰 전체 소비자의 수로 나눈 것이다. 그리고 예측 모델의 정밀도는 실제로 관련 있는 소비자들에 대한 예측의 일부, 즉 예측 모델이 파악한 실제 구매 가능성이 큰 소비자의 수를 예측 모델이 파악한 전체 소비자 수로 나눈 것이다.

정밀도와 재현율을 합쳐 '수신자 조작 특성ROC 곡선 아래 넓이'라는 일반적인 성과 척도로 본다. 대략 설명하자면, ROC 곡선 아래 넓이란 예측 모델의 참 양성률true positive과 거짓 양성률false positive 사이에 균형이 잡히는 지점이란 의미다. 예측 모델이 참 양성률의 예측을 높이려 애쓰면서(예측 모델이 전환 가능성이 크다고 생각하는 소비자들이 실제로 그렇게 되면서) 전환 가능성이 큰 소비자에 대한 기준이 확대되어 거짓 양성률의 예측도 증가하게 되는(예측 모델이 전환 가능성이 크다고 생각하는 소비자들이 실제로는 그렇게 되지 않는) 것이다. 예측 모델이 내다보는 소비자 수가 증가하면 예측 모델이 전환 가능성이 크다고 생각하는 소비자 가운데 실제 전환 가능성이 크지 않은 소비자가 증가한다. 일반적으로 참 양성률이 올라가면 거짓 양성률도 오른다. 광고 타기팅 예측이 늘어나면 엉터리 예측도 늘어나는 것이다. 전환 가능성이 큰 소비자들을 찾으려면 대체 예측 모델에서 잘못된 예측 수를 어느 정도까지 확대하는지가 문제다. 이것이 광고 타기팅 내 ROC 곡선의 핵심이기도 하다.

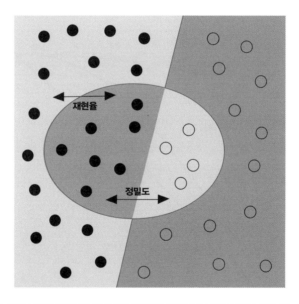

그림 6-2. 예측 모델의 정밀도와 재현율을 시각화한 것이다. 이 예측 모델이 구매 가능성이 크다고 파악한 소비자들은 타원 안에 있고, 전체 소비자는 사각형 안에 있다. 까맣게 채워진 원들은 구매 가능성이 큰 소비자들이고, 속이 빈 원들은 구매 가능성이 낮은 소비자들이다. 재현율은 예측 모델이 파악한 실제 구매 가능성이 큰 소비자의 수를 구매 가능성이 큰 전체 소비자의 수로 나눈 것이다. 정밀도는 예측 모델이 파악한 실제 구매 가능성이 큰 소비자의 수를 예측 모델이 파악한 전체 소비자 수로 나눈 것이다.

〈그림 6-3〉에서는 참 양성률과 거짓 양성률이 계속 변하는 4가지 예측 모델이 나온다. 모델 1은 10%의 실제 전환 가능성이 있는 소비자를 찾기 위해 10%의 거짓 양성률을 받아들이는 경우다. 모델 2는 성과가 좀 더 좋아서 약 20%의 실제 전환 가능성이 큰 소비자들을 찾기 위해 10%의 거짓 양성률을 받아들이는 경우다. 그리고 모델 3은 성과가 훨씬 좋아서 약 50%의 실제 전환 가능성이 큰 소비자들을 찾기 위해 10%의 거짓 양성률을 받아들이는 경우고, 마지막 모델 4는 가장 성과가 좋아서 거의 80%의 실제 전환 가능성이 큰 소비자들을 찾기 위해 10%의 거짓 양성률을 받아들이는 경우다.

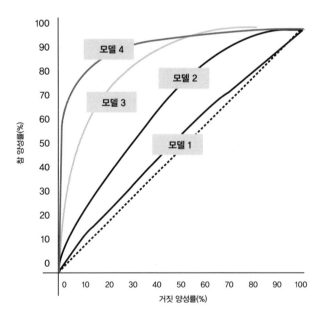

그림 6-3. ROC 곡선 아래 넓이. 이 4가지 예측 모델의 성과는 각각의 상대적인 참 양성률과 거짓 양성률을 토대로 측정된다. 그리고 ROC 곡선 아래 넓이는 각 예측 모델의 성과를 보여준다. 예측 모델 아래쪽과 45도 각도의 점선 위쪽이 넓을수록 예측 모델의 성과가 더 좋은 것이다.

디지털 마케팅의 추한 비밀

이제 각 기업과 러시아 IRA가 디지털 마케팅 효과와 하이프 머신상의 메시지 설득력을 어떻게 평가하는지를 어느 정도 이해했으니 디지털 마케팅의 추한 비밀을 이야기해도 좋을 것 같다. 그 비밀이란 '디지털 광고는 홍보되는 것만큼 효과적이지 않다'는 것으로 이는 그 누구보다 마케팅 전문가들이 제일 감추고 싶어 하는 비밀이다. 어쨌든 광고 효과는 지나치게 과장되는 경우가 많다. 보고되는 전환율과 수익률이 워낙 높아서 마케팅 전문가들은 마케팅 회의에서 목에 힘을 주고 〈위 아 더 챔피언 We Are the Champion〉을 부르며 우쭐댄다. 그러나 유감스럽게도 이 황금알들은 거의 3배 혹은 10배 이상 과대평가되고 있다. 기업들과 러시아 IRA는 자신들이 무려 4,100%의 ROI 성과를 올리고 있다고 생각하지만, 실은 -63%의 ROI 성과를 올리고 있는 것일 수도 있다는 얘기다. 그들의 마케팅 책임자가 이렇게 말한다고 상상해보라. "죄송합니다만 우리가 계산을 잘못했습니다. 우리는 지금 5,100만 달러를 투자해 4,100%의 이익을 낸 게 아니라 실은 63%의 손실을 본 겁니다." 이 수치들은 단순히 가상의 수치들이 아니며 그렇다고 내가 즉흥적으로 만들어낸 수치들도 아니다. 이베이eBay가 자체 실시한 대규모 연구 결과[236]로 광고 효과가 엄청나게 과장되고 있다는 게 밝혀진 것이다. 게다가 이베이는 특이한 게 아니라 일반적인 경우였다. 이 반전은 21억 달러의 수익이 1,900만 달러 손실로 바뀐 것이나 진배없다. 충격적인 반전이다.

경제학자 토마스 블레이크와 크리스 노스코 등은 이베이가 활용 중인 ROI 평가를 인과관계와 상관관계를 구분하는 실험 평가들과 비교했는데, 그 결과 이베이의 브랜드 검색 광고 효과가 무려 4,100%나 과대평가되었다는 것을 알게 되었다.[237] 랜달 루이스와 데이비드 라일리가 전통적인 ROI 평가와 야후에서 웹 디스플레이 광고 수익률을 평가한 대규모 실험과 비교했는데, 그 결과 ROI 평가가 300% 과대평가되어 있었다.[238] 개릿 존슨과 랜달 루이스 등이 리타기팅 광고 효과를 업계 연구 결과들과 비교한 대규모 실험에서는 ROI 평가가 1,600% 과대평가되어 있었다.[239] 5억 명의 사용자 실험 관찰과 16억 광고 노출 횟수가 포함된 15가지 대규모 미국 광고 실험들에서 브렛 고든과 플로리언 제텔마이어 등은 전통적인 광고 효과 평가들이 페이스북 광고의 리프트를 4,000% 과대평가했으며,[240] 15가지 실험 가운데 약 절반에서 전통적인 평가들이 리프트를 3배 이상 과대평가했다는 것을 알아냈다.

이는 오늘날 매우 광범위하게 행해지고 있는 협잡으로 업계의 모든 사람이 그만한 대가를 받고 비밀을 지키고 있기 때문이다. 마케팅업체들은 보통 미디어 비용의 백분율로 수수료를 받거나 아니면 리베이트 등의 형태로 미디어 소유주로부터 돈을 받는다. 예산 규모에 따라 돈을 받으므로 예산 규모가 클수록 구매력도 향상되고 리베이트 규모도 커진다. 이해 상충이 확연하며 뛰어난 성과에 대한 인센티브도 분명하다. 성과가 좋을수록 더 많은 광고 예산이 투자되고 광고 예산이 많을수록 마케팅업체의 수익 또한 커지는데, 광고업체들이 미디어 비용의 일정 비율을 받기 때문이다.

여기서 4,000억 달러(2020년 기준 전 세계 디지털 마케팅업계의 시장 규모)짜리 질문이 나온다. 디지털 마케팅업계의 이해당사자인 최고마케팅책임자와 마케팅업체 또는 제3의 공급업체(이들 모두 집행된 광고

비에 비례해 돈을 받는다) 중 과연 디지털 광고가 아무 효과 없다고 말할 수 있는 이해당사자가 있을까? 답은 '없다!'이다.

20세기로 접어들면서 미국 기업인 존 워너메이커 John Wanamaker는 이렇게 탄식했다. "내가 광고에 쓰고 있든 아니든 돈의 절반은 쓸데없는 낭비다. 그런데 문제는 내가 그 절반에 대해 잘 모른다는 것이다." 그런데 그로부터 100년이 지난 지금 온라인 광고로 만들어진 개인 차원의 데이터 물결 덕분에 우리는 이제 '워너메이커의 역설'을 해결할 기회를 얻게 되었다. 이제는 마케팅 전문가들이 미디어 효과를 정확히 측정할 수 있고 또 어떤 메시지가 효과가 있고 어떤 메시지가 효과가 없는지를 알 수 있기 때문이다. 그러나 인과관계를 주의 깊게 추론해보지 않고 무작정 광고 대상을 선정한다면, 광고 메시지를 통해 설득하려는 행동을 이미 하고 있을 가능성이 큰 사람들에게 광고 메시지를 보내게 되어 광고 대상 선정 자체가 문제될 수 있다. 그 사람들에게는 광고 메시지를 보내봐야 효과가 매우 적은데, 이미 가장 충성스러운 고객들이기 때문이다. 그들은 광고 메시지를 보내지 않아도 어차피 제품을 구매할 고객들이므로 그들에게 광고 메시지를 보내는 것은 결국 쓸데없는 돈 낭비다.

설상가상으로 온라인 미디어 효과를 정확히 측정하는 일은 매우 어렵고 비용도 많이 든다. 마케팅 전문가들이 측정하고 싶어 하는 행동들(판매, 투표, 에이즈 테스트 등)이 워낙 변덕스러운 데다가 의미 있는 변화를 일으키는 효과라는 것이 워낙 미미해서 대규모 실험을 통하지 않고서는 검증된 통계에 필요한 의미 있는 효과들을 탐지해낼 수 없다. 25가지 광고 실험에 대한 연구를 통해 랜달 루이스와 저스틴 라오가 알아낸 바에 따르면, 비교적 덜 변덕스러운 소매의 경우 평균 판매에 대한 표준 편차는 약 10대 1이다.[241] 따라서 데이터가 많지 않다면 측정이 부정확할 수밖에 없다는 얘기다. 자동차처럼 고급 내구재의 경우 그 편차가 20대 1을 넘는다. 이렇게 큰 가변성 때문에 경제적으로 의미 있는 광고 효과를 알아내는 게 쉽지 않다. 랜달 루이스와 데이비드 라일리는 이런 말을 했다. "각 구매의 가변성 때문에 광고 효과를 제대로 알아내려면 상당히 많은 데이터가 필요하다."[242] 투표 행위나 구독 서비스 계약, 휴가철 패키지여행 상품 구매처럼 그리 자주 있지 않은 일의 경우 문제는 훨씬 심각하다. 이런 이유로 선거 조작에 대한 것이든 질병 발병에 대한 것이든 하이프 머신의 영향을 측정하기란 어렵다. 심지어 그 영향이 극적으로 눈에 띄어도 하이프 머신의 영향을 정확히 짚어내기란 쉬운 일이 아니다.

이처럼 광고 효과를 측정하는 데 거대한 양의 데이터가 필요하므로 주로 페이스북, 구글, 아마존 같은 거대 플랫폼이나 대기업이 그 대상에 알맞다. 하이프 머신상에서 광고 메시지 효과를 꾸준히 효율적으로 측정할 정도의 규모를 가진 기업이 소수밖에 없는 것이다. 이는 곧 대부분 기업이 자신들의 광고가 효과가 있는지 없는지 알지 못한다는 뜻이다. 그래서 특별한 기준 없이 광고비 지출을 천차만별로 하고 있고 디지털 광고 및 소셜 미디어 메시지 시장에서 비효율성에 노출되고 있다. 어쩌면 그 못지않게 중요한 사실이지만, 이는 또 사회과학자들의 입장에서 하이프 머신이 어떻게 작동하는지를 규명할 실험을 하려면 그에 필요한 방대한 데이터를 가지고 있는 구글과 페이스북 같은 거대 플랫폼들의 도움을 받는 수밖에 없다는 의미이기도 하다. 이런 기업들이 문을 닫는다면 우리 사회과학자들은 속수무책이 된다.

희소식

디지털 마케팅과 관련 있는 사람들에게 희소식이 있다. 일부 디지털 및 소셜 미디어 메시지가 매우 효과적이라는 것이다. 리프트는 실재하고 측정 가능하다. 단지 적절히 측정되지도 관리되지도 못하고 있을 뿐이다. 이베이 검색 마케팅 연구에 따르면 유명 브랜드의 키워드 검색은 적자여서 -63%의 투자 수익률을 나타냈지만, 특정 제품에 대한 비브랜드 키워드 광고들은 어쩌다 웹사이트를 방문하는 새로운 소비자들에게 긍정적인 영향을 주어 제품을 사게 했다. 이는 검색 광고가 '광고의 정보 측면', 즉 소비자에게 달리 전달할 방법이 없었던 제품이나 서비스의 특징과 가격, 판매 위치에 대한 정보 제공에 가장 효과적인 방법이라는 사실을 뒷받침한다. 다시 말해 검색 광고 등은 소비자들에게 어떤 제품이나 서비스에 대해 더 나은 정보를 주는 수단이라는 얘기다. 앞서 잠시 언급한 이베이 관련 조사에서 토마스 블레이크 등은 이런 말을 했다. "우리가 실험하기 전 1년 동안 이베이에서 여러 차례 거래한 적이 있는 소비자들은 이미 이베이에 익숙해 검색 엔진 마케팅에 영향받지 않을 가능성이 크다. 반면에 더 많은 새로운 사용자들이 검색 엔진 마케팅에 노출되면서 이베이에 회원 가입을 하고 있으며, 전해에 한두 가지 제품밖에 사지 않은 사용자들은 검색 엔진 마케팅에 노출되면서 더 많은 제품을 사게 된다."[243]

이런 사실이 소비자와 마케팅 전문가들에게 시사하는 바는 무엇일까? 검색 광고는 어떤 웹사이트를 드문드문 찾는 사용자나 새로운 사용자들에게 가장 효과적이라는 것이다. 새로운 사용자들에 대한 이같은 접근 방식을 마케팅 용어로 '잠재 고객 발굴 prospecting'이라고 하는데, 이는 어떤 브랜드를 잘 모르는 사람들에게 브랜드 인지도를 높여 고객을 늘리려는 데 그 목적이 있다. 그렇다면 이것이 러시아와 IRA에 시사하는 바는 무엇일까? 투표를 잘 하지 않는 유권자나 아직 후보를 정하지 못한 유권자들을 대상으로 메시지를 보내는 방식이 루블당 효과를 극대화할 수 있는 가장 효율적인 전략이라는 것이다. 그렇다면 이것이 조작과 가짜 뉴스를 근절하려 애쓰는 우리에게 시사하는 바는 무엇일까? 우리가 취약한 부분이 어딘지를 안다는 것이다. 이제 조작과 가짜 뉴스를 근절할 가장 효과적인 방법을 찾을 수 있게 된 것이다.

역설적이게도 기업들은 대개 새로운 잠재 고객을 '최악의' 고객으로 본다. 그래서 광고 대상을 선정할 때도 그런 잠재 고객들은 무시하고 '더 가치 높은 단골' 고객을 중시하는 경향이 있다. 그러한 고객들은 광고를 보든 안 보든 '전환'되는 경우가 많기 때문이다. 다시 말해 고객은 상관관계에 따라 '더 높은 가치'를 지닌 것처럼 보인다. 그러나 앞서 살펴봤듯이 그런 광고는 기본적으로 '마이동풍'이나 다름없다. 아무도 전환시키지 못하기 때문이다. 소셜 미디어 조작 효과에 회의적인 과학자들은 러시아가 2016년 미국 대통령 선거 결과를 뒤집었을 가능성 역시 회의적으로 보는데, 이 역시 '마이동풍'의 연장선에 있다. 친트럼프 메시지들이 이미 친트럼프 성향을 띤 사람들에게 발송되면 별 효과가 없었다는 것이다. 하이프 머신이 세계에 미치는 영향을 알아내려면 이러한 기본 원리를 이해해야 하는 것도 바로 이 때문이다.

랜달 루이스와 데이비드 라일리가 야후에서 웹 디스플레이 광고 수익률을 평가한 대규모 실험에 따르면, 온라인 디스플레이 광고 뒤 구매는 겨우 5%밖에 늘지 않았다. 그 실험 결과로 디지털 광고와 관련된 2가지 오해도 밝혀졌다. 첫째, 매출 증가의 78%는 아예 광고를 클릭조차 하지 않은 소비자들에게서 나왔다. 이는 '클릭은 전환율에 거의 아무런 영향을 주지 못한다'는 마케팅업계의 또 다른 추한 비밀을 새삼 부각했다. 광고를 클릭하는 사람들이 마음을 바꿔 제품을 사는 일은 거의 없었고, 마음을 바꿔 제품을 사는 사람들이 광고를 누르는 경우도 거의 없었던 것이다. 결국 클릭과 전환율 사이에는 대개 아무 상관관계가 없었다. 둘째, 매출 증가의 93%는 온라인에서의 직접적인 반응을 통해서가 아니라 오프라인 소매 매장들을 통해 발생했다. 직접적인 반응 광고를 통해, 즉 온라인 광고 클릭을 통해 제품을 사는 경우 측정하기는 더 쉬울 수도 있지만 오프라인 판매 채널들을 가지고 있는 기업들의 경우 광고 효과가 불완전하게 측정이 되기 쉽다. 그리고 투표 같은 행동 양식도 마찬가지여서 역시 온라인이 아닌 오프라인에서 발생한다. 개릿 존슨 등이 리타기팅 광고 효과를 업계 연구 결과들과 비교한 대규모 실험한 결과를 보아도 업계에서 널리 수용되고 있는 엄청난 광고 수익률은 순전히 희망 사항에 불과하다. 더 정확히 말해, 리타기팅 광고 결과에 따르면 인과관계에 따른 웹사이트 방문 증가는 17.2%였고, 인과관계에 따른 구매 증가는 10.5%였다.

이런 규칙성을 보면 소셜 미디어를 통한 선거 조작 노력의 효과 역시 규모에 따라 높아질 수 있다는 것을 알 수 있다. 노력을 들일수록 측정하고 최적화하는 게 더 용이하다. 조작하는 사람들은 대개 그야말로 모 아니면 도로 간다. 그래서 조작 행위를 찾아내 근절하려면 가장 큰 규모로 조작하는 사람들에게 집중해야 한다. 특별한 지식 없이 투표하는 사람들을 표적으로 삼는 것도 그들이 즐겨 쓰는 전략일 수 있다. 정

치 참여 의식이 높은 시민들이나 늘 투표하는 사람들 그리고 태어나면
서부터 디지털 기기에 익숙한 '디지털 네이티브들'은 조작에 잘 넘어
가지 않으므로 밀레니얼 세대와 나이든 시민들이 가장 취약하다. 사람
들이 가짜 뉴스를 클릭하는지를 파악하는 것만으로는 충분치 않다. 앞
으로 살펴보겠지만 민주주의를 강화해 소셜 미디어 조작에 휘둘리지
않게 하려면 하이프 머신과 기표소를 동시에 지켜야 하며, 소셜 미디
어 데이터를 실제 투표 데이터와 결합해 조작 위험을 제거해야 한다.

브렛 고든 등이 한 대규모 실험 결과에 따르면, 15가지 광고 캠페인
가운데 약 절반이 페이스북 광고 이후 인과관계에 따른 구매가 1.2%
에서 450%까지 증가했다. 그리고 페이스북 광고들은 웹사이트 등
록과 페이지뷰를 늘리는 데 매우 효과적이었다. 페이스북 광고 이후
웹사이트 등록은 63%에서 893%까지 늘었고, 페이지뷰는 14%에서
1,500%까지 늘어났다. 그렇다면 P&G는 어떻게 온라인 마케팅 예산
을 2억 달러나 줄이고도 같은 기간에 매출을 8%나 늘릴 수 있었을까?

P&G의 디지털 마케팅 전략

2017년 미국 인터넷광고협의회 연례 리더십 모임에서 P&G의 브
랜드 최고책임자 마크 프리차드가 연설을 하기 위해 연단에 올랐다.
사람들은 모두 P&G의 디지털 마케팅 혁신을 자랑하는 뻔한 연설이
될 거라 예상했다. 그런데 프리차드는 연단에 올라 모든 사람을 놀라
게 했다.

차분한 목소리로 말문을 연 프리차드는 뜻밖에도 표준 기준들의 결

여, 클릭 사기, 광고업체와의 계약에서 낭비되는 인센티브, 제3자 평가 검증의 결여 등 디지털 마케팅업계의 불투명성과 속임수, 비효율성에 대해 신중하면서도 통렬한 비판을 쏟아냈다. 그야말로 역사에 남을 만한 명연설이었다.[244] 당시 P&G의 베테랑 마크 프리차드는 분노하고 있었다. 그 자리에 있던 여타의 디지털 마케팅 고객사들과 마찬가지로 그가 평생을 바쳐온 기업 P&G는 여전히 부당한 대우를 받고 있었고, 그는 그런 사실에 진저리를 치고 있었다.

그날 프리차드는 미디어 투명성을 위한 실행 조치를 발표했다. 그리고 마케팅업계를 향해 선언했다. 앞으로 P&G는 일반적으로 검증된 가시성 표준, 투명한 미디어 광고업체 계약 조건, 공인된 제3자 평가 검증, 검증된 제3자 사기 방지책 등을 도입하지 않은 광고업체와는 더 거래하지 않겠다고 말이다. 청중들은 힘찬 박수갈채를 보냈다. 프리차드는 이제 그럴 때가 되었다면서 P&G는 더는 비효율적이고 불투명하고 사기성 짙은 디지털 마케팅에 돈을 쓰지 않을 것이라고 했다. 그 연설 후 P&G는 바로 행동에 나서 디지털 마케팅 예산을 2억 달러나 삭감했다.[245]

광고업계에서는 불만이 터져 나왔고 소셜 미디어 분석가들 사이에서는 일대 소동이 벌어졌다. 그들은 이를 두고 P&G의 엄청난 실수라고 말했다. 광고업체들의 전문적인 도움을 받지 않고서는 디지털 마케팅 비용을 효과적으로 관리할 수 없을 것이라고도 했다. 광고를 하지 않으면 매출 감소는 불가피할 것이라고 했다. 그러나 2년 후 디지털 마케팅 예산을 그렇게 극적으로 삭감했는데도 P&G의 자생적 판매 성장률은 7.5%에 달했다.[246] 이는 같은 업계 경쟁업체들의 약 2배에 달하는 수치였다. 어떻게 이런 일이 가능했을까? 이유는 간단하다.

다음과 같이 성과에 토대를 둔 디지털 마케팅 트렌드의 이점을 따랐기 때문이다.

첫째, P&G는 미디어 예산 지출의 초점을 빈도(클릭 수나 조회 수)에서 벗어나 소비자의 범위, 즉 자신들이 접촉하는 소비자 수에 맞추었다.[247] 자체 데이터에 따르면 P&G는 이전에는 소셜 미디어 광고를 통해 매월 10~20배 더 많은 소비자에게 다가갔다. 이처럼 광고를 마구 쏟아부었지만 투자 수익률은 떨어졌고 심지어 일부 충성 고객들을 짜증스럽게 만들었다. 그래서 광고 빈도수를 10% 줄이고, 그 광고 예산을 광고를 보지 않는 덜 충성스러운 새로운 소비자들에게 썼다. 그 결과 2019년 P&G는 광고 메시지 전달 효율성을 높였고 중국의 새로운 소비자들에 대한 접근 또한 60%나 늘렸다. 광고 초점을 빈도에서 범위로 옮긴 것은 이베이 조사 결과에서도 그대로 드러났는데, 광고 메시지에 가장 많은 변화를 보인 대상은 충성심은 덜하지만 새로운 소비자들이었다.

둘째, P&G는 광고 대상을 선정하는 데 더욱 정교한 접근 방식을 취했다. 10억 개에 달하는 소비자 아이디ID를 비롯해 소비자와 관련 있는 방대한 데이터베이스를 수집하여 아주 뚜렷해진 광고 대상들에게 다가가기 시작한 것이다.[248] 예를 들어 전에는 '18세부터 49세까지 여성'과 같이 일반 인구 통계학적 개념에서 광고 대상에 접근했다면, 2019년 4분기 실적 발표에서는 '엄마가 된 여성과 세탁기를 처음 사용하는 사람과 같은' 집약적 잠재 고객을 중심으로 바꾸었다고 했다.

셋째, 2015~2019년까지 P&G는 거래하는 광고업체 수를 60% 줄이고 광고 계약 조건을 합리화하여 광고비 및 생산비가 7억 5,000만 달러 절약되었으며, 현금 유동성 역시 4억 달러 향상되었다. 2019년에는 거래 광고업체 수를 50% 더 줄였고[249] 그 결과 추가로 4억 달러가 더 절약되었다.

넷째, 2020년 코로나바이러스가 창궐하자 소비자들이 어쩔 수 없이 집에만 머물게 되자 소셜 미디어를 통한 소비가 급증했다.[250] P&G는 이를 소비자 인지도를 높일 기회로 삼았다. 소비자들의 관심이 디지털 채널로 집중되는 시기에 마케팅 예산을 효율적으로 활용해 소비자 인지도를 높이고 범위 또한 넓혔다.

하이프 머신은 디지털 마케팅 기계다. 선거 조작을 방지하고 싶어 하든, 페이스북 광고 효과를 높이고 싶어 하든 맞춤형 대중 설득을 가능하게 하는 전통적 마케팅 전략을 제대로 이해하지 않고서는 하이프 머신을 제대로 이해할 수 없다. 그런데 하이프 머신은 다음 장에서 살펴볼 한 가지 근본적인 측면에서 그 어떤 마케팅이나 커뮤니케이션과도 다르다. 하이프 머신이 돌이킬 수 없을 정도로 완벽하게 우리를 초사회화한 것이다.

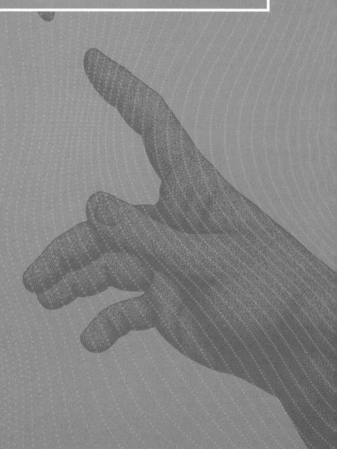

7장

Hypersocialization

초사회화

인간관계는 이미지를 형성하는 방어 메커니즘에 기초한다.
다시 말해 인간관계에서 우리는 각기 다른 사람에 대한 이미지를 형성
하는 것으로, 두 인간이 아니라 두 이미지가 관계를 맺는 것이다.

—지두 크리슈나무르티

우리는 광고의 직접적인 설득에도 영향을 받지만, 하이프 머신의 영향력을 확대하고 강화하고 확산하는 동료나 대중에게서 들어오는 사회적 신호들의 불협화음에도 영향을 받는다. 바로 이것이 소셜 미디어가 다른 유형의 미디어들과 다른 점 중 하나다. 그리고 이처럼 직접적이고 간접적인 하이프 머신의 영향이 나타난 대표적인 사건이 2010년에 있었던 미국 의회 선거다.

2020년 6월 페이스북은 페이스북 뉴스 피드 상단과 인스타그램에 유권자 등록 방법과 부재자 투표 및 우편 투표 요령에 관한 정보를 게재하면서 사상 최대 규모의 투표 독려 캠페인을 벌인다고 선언했다.[251] 2010년 페이스북은 훨씬 단순하면서도 교묘한 투표 독려 캠페인을 벌였다. 2010년 11월 미국 상하원의원을 뽑는 중간 선거일에 자신들의 뉴스 피드가 선거에 미치는 영향을 측정하기 위해 한 가지 실험을 한 것이다. 선거일에 18세 이상 미국 시민 6,100만 명이 자신들의 뉴스 피드에서 투표를 독려하는 메시지를 보았다. 그 메시지에는 "오늘은 선거일입니다"라는 글이 적혀 있었고 '당신의 투표 장소 찾기'가 링크되어 있었다. 그리고 투표했다는 것을 친구들에게 알리자는 취지로 '나는 투표했다' 버튼도 있었다. 이와 함께 메시지 상단 구석에는 이미 투표했다고 알려온 페이스북 사용자들의 수를 보여주는 숫자판도 있었다.

모든 사람이 똑같은 메시지를 본 것은 아니었다. 어떤 사람들에게는 무작위로 '정보' 메시지가 발송되었는데, 단순히 투표하라고 상기시켜주는 메시지였다. 또 어떤 사람들에게는 '소셜' 메시지가 발송되었는데, 투표하라고 상기시킬 뿐만 아니라 이미 '나는 투표했다' 버튼을 클릭한 친구의 프로필 사진 6장도 무작위로 보여주었다. 어떤 사람들은 아무 메시지도 받지 않았다. 페이스북은 정보 메시지를 받은 사람들과 그렇지 않은 사람들을 비교하여 자신들의 직접적인 메시지가 투표를 독려하는 데 얼마나 큰 영향을 주었는지 측정할 수 있었다. 그리고 소셜 메시지를 받은 사람들과 그렇지 않은 사람들을 비교하여 친구나 동료들 사이에서 소셜 메시지가 투표 독려에 얼마만큼의 영향을 주었는지 살펴볼 수 있었다. 페이스북은 자신들이 새로 발견한 사실들을 공식적인 투표 기록에서 확인할 수 있었는데 그 결과는 매우 인상적이었다.[252]

페이스북 뉴스 피드 메시지 하나만으로도 투표한 사람 수가 34만 명 늘어나 투표율이 0.60% 올랐다. 잠시 생각해보자. 한계 비용 없이 발송된 페이스북 소셜 미디어 메시지 하나로 미국 의회 선거에서 투표한 사람 수가 34만 명이나 늘어난 것이다. 페이스북은 2012년 미국 대통령 선거 때도 같은 실험을 했는데,[253] 이번에는 1,500만 명의 미국 유권자들에게 투표 독려 메시지를 보냈다. 관심도가 높은 선거일수록 수많은 투표 독려 노력이 경쟁적으로 벌어져 투표 독려 캠페인 효과가 떨어지는데도 투표 독려 메시지로 투표한 사람 수가 27만 명이나 늘어나 투표율이 0.24% 올랐다.

0.60%와 0.24%라 하면 별 효과가 없었다고 생각할지도 모르겠으나 2000년 미국 대통령 선거 결과를 떠올리면 절대 그렇지 않다. 당시 조지 W. 부시는 플로리다주 재검표에서 537표 차로 앨 고어에게 승리했는데, 537표는 플로리다주 총 투표수의 0.01%, 전국 총 투표수의 0.00001%밖에 되지 않았다. 2012년 미국 대통령 선거 이후 페이스북은 반복해서 투표 독려 버튼을 선보였다. 2014년 스코틀랜드 국민 투표, 2015년 아일랜드 국민 투표, 2015년 영국 선거, 2016년 영국 브렉시트 투표, 2016년 미국 대통령 선거, 2017년 독일 연방 선거 등에서 지속해서 투표 독려 버튼을 썼다. 어쨌든 2010년과 2012년에 실시된 페이스북의 실험 결과로 볼 때 하이프 머신은 선거에서 전국적 규모의 변화를 불러일으킬 수 있으며, 따라서 세계적으로 가장 중요한 지정학적 사건들에 상당한 영향을 줄 잠재력이 있다는 것도 입증되었다.

선거 관련 실험들의 결과는 언론에 대서특필될 만큼 인상적이었다. 변화를 끌어내는 하이프 머신의 진정한 힘은 더 미묘한 실험 결과들을 통해 드러났다. 페이스북이 이미 투표를 마친 친구들의 프로필 사진으로 사회적 증거를 제시한 소셜 메시지를 본 사용자들이 단순히 투표를 상기시킨 정보 메시지를 받은 사용자들보다 투표 참여율이 0.39% 더 높았던 것이다. 이를 통해 우리는 친구들의 얼굴을 보는 것이 투표 행위를 바꾸는 데 얼마나 큰 영향을 주었는지 그리고 또 디지털 사회적 신호들이 얼마나 설득력이 있는지를 알 수 있다. 페이스북은 더 나아가 이 메시지를 받은 사람들의 친구들에게 미치는 '여파'도 측정했다. 자신은 아무 메시지도 받지 못했어도 메시지를 받은 친구가 있으면 투표 참여율이 높았다. 가까운 친구가 소셜 메시지를 받은 페이스북 사용자들은 그렇지 않은 페이스북 사용자들보다 투표율이 0.224% 더 높았다. 잊지 말아야 할 것은 이 사람들이 아무 메시지도 받지 못했다는 사실이다. 그저 친구들이 메시지를 받았을 뿐이다.

이처럼 소셜 미디어상에서 친구들의 행동이 우리에게 미치는 영향은 페이스북의 직접적인 정치 메시지가 주는 영향보다 훨씬 강력했다. 2010년 페이스북이 실시한 실험에 따르면 사회적 증거를 제시한 직접적인 메시지는 추가로 34만 명을 투표소로 향하게 했지만, 메시지를 받은 사람들의 친구들에 의해 생긴 '여파'는 88만 6,000명을 투표소로 향하게끔 했다. 이를 통해 우리는 전 세계적으로 행동 변화를 일으키는 소셜 미디어의 힘을 알 수 있다. 하이프 머신상에서 우리가 만들고 소비하는 사회적 신호들은 우리의 신경 생리학적 반응을 촉발한다. 우리 뇌는 그런 사회적 신호들을 처리하게끔 진화되었다. 그리고 우리가 사회적 신호들을 만들어내고 소화하는 동안 그 신호들이 우리의 행동을 변화시킨다.

지난 10년 동안 우리는 디지털 사회적 신호들이 폭발적으로 늘어나는 것을 지켜보았다. 오늘날 우리는 매일 아침 몇 분씩 각종 소셜 미디어를 통해 다음과 같은 것들을 훑어본다. 페이스북에서는 가족들이 어떻게 지내고 있는지, 인스타그램에서는 지난밤 친구들이 어디에서 저녁 식사를 했는지, 트위터에서는 친구들이 어떤 일에 관해 이야기하고 있는지, 링크드인에서는 누가 직장을 옮겼는지, 나이키 런 클럽이나 스트라바Strava에서는 우리의 달리기 파트너가 어제 얼마나 달렸는지, 틴더와 힌지에서는 누가 이성적으로 호감을 보이는지 등을 훑어본다. 10년 전만 해도 이 같은 디지털 사회적 신호들은 존재하지 않았다. 인간의 뇌는 수십만 년 넘게 진화해왔다. 그리고 지난 10년간 우리의 행동이 하이프 머신상에서 친구들에 의해 점점 더 많은 영향을 받게 되면서 우리는 '초사회화'되었다.

인간은 언제 전력투구하나?

2016년 8월 6일 그렉 반 아버맛은 브라질 리우데자네이루에서 죽을힘을 다해 페달을 밟았다. BMC 팀머신 SLR01 자전거 241km 경주에 참석한 그는 코파카바나에서 출발해 이파네마, 바하, 헤제르바 마라펜지 해변을 거쳐 다시 코파카바나로 돌아와 2016년 브라질 하계 올림픽 사이클 남자 개인 도로 경기에서 금메달을 차지했다. 그는 오르막길을 약 104m나 달렸고, 거리가 짧은 그루마리 지역에서는 13%에 가까운 경사로를 달렸다. 그날 경주는 특히 힘겨웠는데, 카노아스와 비스타 시네사에서는 최대 고도 440m까지 올라가 아주 위험한 경사로를 달려 내려와야 해서 충돌 사고도 여럿 발생했다. 그는 총 6시간 9분간의 경주에서 평균 시속 약 37km로 달렸으며, 그 과정에서 최대 속력은 시속 약 108km를 기록하기도 했다. 그렉 반 아버맛은 이 모든 걸 섭씨 약 32도라는 무더운 날씨에서 해냈는데, 그날 최고 기온은 섭씨 약 37도였다. 심지어 그가 그날 돌린 페달 회전 속도는 평균 85rpm, 최대 173rpm이었으며, 마지막 질주에서는 110rpm으로 경주를 마쳤다.

당시 그렉 반 아버맛은 2009년 이전까지는 결코 할 수 없었던 일을 했다. 이 모든 통계 수치들을 스트라바라는 소셜 운동 앱에 올려 금메달을 향한 자신의 질주를 상세히 세상에 공개한 것이다.[254] 그 덕에 그는 무려 1만 5,000개에 이르는 '쿠도 kudo'를 받았는데, 이는 스트라바에서 쓰는 친구나 팬들의 축하 인사였다. 그는 그해에 그 누구보다 많은 쿠도를 받았다.

2018년 스트라바에 등록된 달리기 선수들은 동료 선수들이 195개국에서 32개 스포츠 종목에 걸쳐 기록한 약 107억km의 달리기 활동에 대해 36억 개의 쿠도를 주었다.[255] 당시 매분 평균 25건의 달리기 활동이 스트라바에 올라왔다. 평균 달린 거리는 약 8km로 달린 시간은 약 50분이었다(자전거는 평균 1시간 37분 동안 약 35km를 달렸다). 전 세계적으로 운동하기에 가장 좋은 요일은 일요일이었고, 달리기를 하든 자전거를 타든 일주일 중 가장 속도가 빠른 날은 화요일이었다(일요일의 피로에서 회복하려면 월요일 하루가 필요한 듯했다).

나는 2018년에 나온 스트라바의 한 통계 수치에 특히 눈길이 갔다. 달리기든 자전거든 친구들과 함께할 때 더 운동 강도가 높았다. 스트라바는 단체 활동도 기록할 수 있어 개인 활동과 단체 활동이 어떻게 다른지 비교 분석할 수 있다. 2018년 스트라바 앱 데이터를 분석한 결과 사용자들은 친구와 함께 운동할 때 더 오래 운동했다. 단체로 자전거를 탈 때는 혼자 탈 때보다 평균 52% 더 오래 탔고, 단체로 달릴 때는 혼자 달릴 때보다 20% 더 오래 달렸다.

운동도 사회화로 동기 부여가 되는 듯했다. 하이프 머신은 친구들과 함께 각종 운동을 공유하여 무료로 동기 부여를 해준다. 그렉 반 아버맛이 세상 사람들과 자신의 올림픽 경주 상황을 생생히 공유한 것이 좋은 예다. 나이키 런 클럽이나 스트라바 그리고 런키퍼Runkeeper 같은 앱들은 우리에게 달린 거리, 속도, 소모한 열량 등 운동 활동을 아주 자세히 기록할 수 있게 해준다. 그리고 그 모든 정보를 앱의 플랫폼이나 인스타그램, 페이스북 같은 소셜 미디어 네트워크상에서 친구들과 공유할 수 있다. 만약 사회적 응원과 경쟁이 우리에게 동기 부여를 하고 운동하게 한다면, 운동의 디지털 사회화에는 전 세계적으로 운동 활동량과 기간, 강도를 늘려줄 수 있는 잠재력이 있다. 이처럼 운동 활동의 공유를 제도화하여 하이프 머신은 디지털적으로 운동 활동이 사회와 동료에게 영향을 미칠 수 있게 해준다. 이런 상관관계에서 한 가지 중요한 의문이 생긴다. 하이프 머신의 사회적 영향은 우리에게 운동을 더 하도록 만드는가, 아니면 좀 더 직설적으로 말해서 운동은 디지털상에서 전염성이 있는가? 만약 그렇다면 어떤 활동이 디지털상에서 전염되는가?

그림 7-1. 단체 운동 vs. 개인 운동. 스트라바 앱상에서 2017년 10월 1일부터 2018년 9월 30일까지 단체로(회색) 또는 혼자서(검은 색) 자전거 타기, 하이킹, 달리기, 걷기, 수영을 한 평균 거리가 나와 있다.

운동에도 전염성이 있을까?

유감스럽게도 단체 운동과 개인 운동을 비교하는 것은 운동이 전염성이 있는가 하는 의문을 푸는 데 도움이 되지 않는다. 우리가 무엇 때문에 그런 차이가 생기는지를 모르기 때문이다. 마찬가지 이유로 우리는 상관관계를 살펴봄으로써 러시아의 미국 선거 개입 효과나 디지털 마케팅 수익률을 측정할 수 없으며, 상관관계와 인과관계에 따른 리프트를 구분하지 않고서는 운동이나 다른 활동에서의 디지털 소셜 영향도 측정할 수 없다. 예를 들어 우리는 마라톤 선수들은 마라톤 선수들과 친구가 되고, 소파에 앉아 텔레비전만 보는 사람들은 또 그런 사람들과 친구가 된다는 것을 잘 안다. 이를 동질성 선호라 한다. 따라서 친구들이 함께 달리는 상관관계가 서로 영향을 주어서 운동을 하게 만든다는 증거가 될 수 없다. 단체로 달리기를 하거나 자전거를 타기로 한 사람들은 그저 달리기나 자전거 타기에 더 열심일 뿐이며, 아마 그래서 달리기나 자전거 타기를 더 오래 하는 것인지도 모른다.

디지털 동료 효과가 운동에 동기 부여가 되는지, 운동에 전염성이 있는지를 살펴보려면 상관관계와 인과관계를 어느 정도 구분할 수 있어야 한다. 무작위 실험들이 인과 추론에 최적의 기준이며 마케팅 맥락에서도 유용한 것은 사실이지만, 우리는 일부 사람들을 무작위로 가축 몰듯 소파에서 끌어내린 다음 달리게 할 수는 없다. 그래서 달리기에서 동료 효과를 측정하기 위해 우리는 사람들의 달리기 습관에서 무작위 접근 방식만큼 괜찮은 또 다른 접근 방식, 즉 사람들에게 동기 부여를 해 달리게 만들지만 친구들이 달리느냐 마느냐 하는 문제에는 아무 영향도 주지 않는 그런 접근 방식을 찾아야 한다. 이 수수께끼를

풀기 위해 나는 연구원이었던 크리스토스 니콜라이데스와 함께 기상학자가 되어야 했다.

우리는 세계적인 대형 건강 관리 기업과 함께 5년간 3억 5,000만km 넘게 달리기를 한 110만 명의 일일 운동 패턴과 네트워크의 상관관계에 대한 자료를 수집했다.[256] 실험 참가자들은 앱에 달린 거리와 시간, 속도, 소비한 열량 등을 기록해 친구들과 공유했다. 우리는 달리기를 하는 사람들의 전 세계적 네트워크를 통해 누가 언제 어디에서 얼마나 빨리 달리는지 그리고 그들의 친구가 누구인지를 알 수 있었다. 나아가 196개국 4만 7,000개소의 기상관측소로부터 자료를 수집해, 5년간 달리기를 한 110만 명 한 사람 한 사람이 있던 장소의 정확한 기온과 강우량까지 알아냈다. 날씨는 달리기에 많은 영향을 주기 때문이다.

짐작하겠지만 비가 덜 오고 기온이 포근할수록 사람들은 더 많이 달렸다. 아침에 일어났을 때 날씨가 좋으면 사람들은 운동화 끈을 묶고 밖으로 나섰다. 그러나 아침에 일어났을 때 비가 오면 나가지 않았다. 그런데 문제는 그들의 친구들은 세상 곳곳에 있고, 날씨 또한 제각각이었다는 것이다. 예컨대 뉴욕에는 비가 왔지만, 누군가의 친구가 사는 애리조나주 피닉스는 화창했다. 우리는 한 친구가 달리면 다른 친구도 달리게 되는지를 알아보기 위해 이 같은 날씨 차이를 활용했다. 정도의 차이는 있었지만 피닉스의 날씨는 대부분 화창하다. 만약 뉴욕의 날씨가 좋은 날 피닉스에 사는 친구가 평소보다 더 달렸다면, 그건 순전히 친구들 간의 사회적 영향력 때문일 가능성이 크다. 우리는 운동이 어느 정도 전염성이 있는지 알아보기 위해 '자연 실험'을 생각해냈다.

운동은 정말 전염성이 있었고 그 영향은 실로 대단했다. 만약 친구가 앱상에서 평소보다 1km를 더 뛰었다는 것을 알게 된다면, 그날 당신은 평소보다 0.3km 더 달리게 된다. 그리고 친구들이 평소보다 분당 1km를 더 빨리 뛰었다면, 당신 역시 평소보다 분당 0.3km 더 빨리 뛰게 된다. 게다가 당신 친구들이 평소보다 10분 더 뛰었다면, 당신 역시 평소보다 3분은 더 오래 뛰게 된다. 마지막으로 친구들이 평소보다 10kcal를 더 소모했다면, 당신 또한 평소보다 3.5kcal는 더 소모하게 된다. 이 같은 동료 효과는 시간이 지나면서 줄어든다. 친구들이 오늘 달린 것은 내일이면 그 영향력이 줄고, 그다음 날이면 더 줄어든다.

운동은 소셜 미디어가 우리 행동을 어떻게 초사회적으로 변화시키는지 이해하는 데 출발점일 뿐이다. 소셜 미디어 플랫폼들은 우리의 구매, 투표, 식사, 데이트, 독서 활동은 물론 심지어 우리의 기분까지 공유한다. 연구 결과에 따르면 디지털 사회적 신호들이 폭발적으로 늘어나면서 이런 활동들에도 변화가 생기는 것이다.

뉴스 소비가 달라졌다

학자들은 7년마다 안식년을 갖는다. 1년간 쉬면서 생각을 정리하거나 새로운 연구를 위해 에너지를 재충전한다. 2013년 나는 안식년을 가지면서 〈뉴욕 타임스〉 연구개발실 상주 학자가 되었다. 매우 멋진 경험이었다. 나는 〈뉴욕 타임스〉 연구개발실에서 다양한 디자이너, 엔지니어, 지식인들과 함께 일했는데, 당시 그들은 향후 저널리즘과 뉴스 소비에 영향을 미칠 기술의 이모저모를 살펴보고 있었다.

나는 '폭포 프로젝트 Project Cascade'에 전념했는데, 검색 행위와 공유 행위를 통해 소셜 미디어 공간 안에서 정보가 어떻게 전파되는지를 살펴보는 프로젝트였다. 내 주요 목표는 '폭포' 데이터를 분석해 소셜 미디어 공유가 〈뉴욕 타임스〉 구독자 수를 확대하는 데 도움이 되는지를 알아내는 것이었다. 지금 소셜 미디어가 뉴스를 보완하고 있는지 대체하고 있는지는 분명치 않다. 어찌 보면 사람들이 트위터나 페이스북의 하이퍼링크를 따라다니며 공유된 뉴스를 더 많이 읽고 있을지도 모른다. 반면에 소셜 미디어상에서 주요 기사 내용이 요약되어 상대적으로 기사 전체를 모두 읽는 경우가 줄고 있을 수도 있다. 두말하면 잔소리지만 이 의문에 대한 답은 〈뉴욕 타임스〉가 소셜 미디어를 수용할지 말지를 결정하는 데 꼭 필요하다.

답을 찾기 위해 조교 마이클 자오와 함께 수억 건의 〈뉴욕 타임스〉 페이지뷰와 트윗을 분석하여 〈뉴욕 타임스〉 기사가 한 지역에서 소셜 공유될 때 다른 지역에서도 그 기사의 구독자가 늘어나는지 알아보았다.[257] 운동 연구를 할 때와 마찬가지로 우리는 비를 자연 실험에 활용했다. 비가 오면 사람들은 집에서 〈뉴욕 타임스〉를 읽기 때문에 한 지역에 비가 오면 그 지역에서의 뉴스 기사 소셜 공유가 증가한다. 그런데 과연 그 결과 소셜 미디어상에서 더 높은 비율로 소셜 공유가 이루어지면 다른 지역에서도 구독자 수가 늘어날까?

우리는 특정 지역 밖에서 구독자 수가 10% 증가하면 그 지역의 구독자 수 역시 약 2.4% 증가하며, 그런 '소셜 여파'의 주요인이 소셜 미디어라는 사실을 알게 되었다. 소셜 미디어상에서 더 긴밀히 연결된 지역이 상대적으로 덜 연결된 지역에 비해 더 큰 소셜 여파를 경험했다. 그리고 독자들이 검색 엔진을 통해 뉴스를 접할 때보다 소셜 미디어를 통해 접할 때 소셜 여파가 더 컸다. 이런 결과들을 볼 때 디지털 사회적 신호들이 우리의 뉴스 소비에 많은 영향을 주는 것은 분명해 보인다.

익명성으로 더욱 과감해진 파트너 탐색

우리 사회에 데이트 앱이 차고 넘치면서 우리의 로맨틱한 삶 곳곳에 디지털 사회적 신호들이 파고들었다. 2013년 이후 친구나 가족의 소개보다는 하이프 머신의 알고리즘을 통해 온라인에서 맺어지는 인연이 점점 많아지고 있다.[258] 그렇다면 이런 디지털 데이트가 우리 사회에 미치는 영향은 무엇일까? 이는 앞으로 수십 년간 많은 심리학자와 생물학자, 인구 통계학자들이 곱씹어보게 될 질문이다. 분명한 사실은 틴더, 힌지, 범블 같은 데이트 앱이 출현하면서 인연을 만나는 법, 데이트하는 상대 등이 변화하고 있다는 것이다. 데이트 상대 맺어주기 알고리즘 속 '인지 및 추천 루프'의 장기적인 영향들에 대해서는 아직 알려진 바가 없다. 우리 인간들의 데이트가 점점 더 동질성 선호의 길로 가게 될까, 아니면 점점 더 다양해질까? 그리고 이 모든 게 우리 자식들과 우리 다음 세대들의 유전적 다양성에 미치는 영향은 무엇일까? 이런 질문들에 대한 답은 아직 나오지 않았지만, 우리는 디지털 사회적 신호들이 인간의 데이트를 어떻게 변화시키고 있는지에 대해서 어느 정도 통찰을 얻었다.

라비 뱁나와 주디 라마프라사드 등은 우리가 소셜 데이트 사이트에 남긴 디지털 빵 부스러기(이동 경로)가 연애에 어떤 영향을 주는지 알아보기 위해 데이트 앱 중 하나를 골라 실험했다.[259] 현재 온라인 데이트 때문에 현실 세계에서는 볼 수 없던 새로운 형태의 디지털 신호들의 전달이 가능해지고 있다. 우리는 과거와는 비교가 어려울 정도로 빨리 잠재적인 짝을 찾고, 거르고, 훑어보고, 통제할 수 있게 되었다. 알고리즘들은 우리가 이해할 수 없는 방법들로 방대한 데이터를 활용해 짝을 맺어준다. 심지어 데이트 상대를 몰래 자세히 살펴볼 수 있게 되었는데, 이는 술집이나 다른 오프라인 사교 모임에서는 상상도 할 수 없는 일이다. 라비 뱁나 연구진은 이런 디지털 특징들이 우리에게 어떤 영향을 주는지, 특히 우리가 이런 디지털 신호들을 통해 어떻게 다른 사람들과 교류하고 이런저런 것을 공유해 얼마나 더 외향적으로 변하는지를 알고 싶었다.

　연구진은 익명성이 데이트 상대를 구하는 데 어떤 영향을 주는지 살펴보기 위해 북아메리카에서 인기 있는 한 대형 데이트 웹사이트와 공동 연구를 진행했다. 당신이 온라인상에서 누군가에 대해 더 자세히 알아보고 있지만 관심 있다는 것을 상대방에게 숨기고자 한다면, 이것은 데이트 상대 풀 pool 을 넓히거나 좁히는 데 영향을 주게 될까? 일반적인 만남이라면 매력적이고 끌리는 사람에 대해 더 많은 것을 알아보기 위해 다가가 말을 걸고 관심사를 물어야 한다. 사회적·물리적 공간에서 '어떤 움직임을 취해야' 한다. 다시 말해 바 의자에서 일어나 상대방을 향해 걸어가 자기소개를 하고서는 대화를 이어가야 한다. 이쯤 되면 모두가 다 알게 된다. 내가 자리에서 일어나 사람들 사이를 헤집고 다가가 자기소개를 했으므로 상대는 내가 자신에게 관심이 있다는 것을 안다. 오프라인에서는 이런 사회적 신호들이 많다. 그러나 온라인에서는 익명으로 상대를 탐색할 수 있다. 프로필을 통해 상대에 대해 많은 것을 알아볼 수 있으며, 그러면서도 상대에게 내 관심을 들키지 않을 수 있는 것이다. 이처럼 온라인 데이트에서는 우리의 사회적 신호를 감출 수 있는데 이 점이 짝을 찾는 방식에 어떤 변화를 가져올까? 그리고 상대가 우리에게 반응하는 방식에는 어떤 변화를 가져올까?

한 사용자가 데이트 앱상에서 누군가의 프로필을 보게 되면, 누군가 자신의 프로필을 봤다는 것을 알려주는 디지털 신호가 남게 된다. 그리고 이런 디지털 빵 부스러기와 같은 흔적 때문에 사용자는 쑥스러운 상황에 부닥치게 된다. 하지만 호감이 있다면 그 사용자에게 나도 관심 있다는 신호를 줌으로써 두 사람이 맺어지는 데 도움이 될 수도 있다. 사실 이런 미묘한 사회적 신호의 효과는 탁상공론식 이론으로 해독하기 어렵다. 그래서 라비 뱁나 연구진과 데이트 앱 사이트는 그처럼 미묘한 사회적 신호의 효과를 알아내기 위해 교묘한 실험을 고안해냈다. 그들은 10만 명의 새로운 사용자들을 표본 집단으로 삼아 무작위로 선택한 그 절반의 사용자들에게 익명으로 탐색할 수 있게 했다. 아무도 모르게 사람들의 프로필을 볼 수 있게 한 것이다. 그 결과 관심 신호를 차단하는 그 간단한 조치가 극적인 효과를 보였다.

익명성을 보장받은 사용자들은 훨씬 과감해졌다. 그들은 거리낌 없이 더 많은 사람의 프로필을 보았고, 동성은 물론 다양한 인종의 사람들에게도 관심을 보였다. 그러나 관심 신호는 짝짓기를 가능하게 도와주는 요소였다. 익명성을 보장받아 관심 신호를 남기지 않게 된 사용자들은 그렇지 않은 사용자들과 비교해 짝짓기 성사 비율이 떨어졌다. 특히 그런 현상은 여성의 경우에 더 심했다. 연구 결과에 따르면 여성은 대개 자신이 상대에게 다가가려 하지 않고 상대가 다가오길 기다리는 경향이 있었기 때문이다. 결국 디지털 탐색 (특히 여성이 남긴) 신호가 프로필을 검색당한 상대가 먼저 다가올 기회를 만들어주는 촉매 역할을 한 셈이다. 따라서 디지털 빵 부스러기를 남기지 않게 한 것이 오히려 숫기가 없는 사용자들에게는 불리하게 작용했다.

하이프 머신이 우리 인간들의 로맨틱한 관계에 장기적으로 어떤 영향을 미치는가 하는 것에 대해서는 아직 알려진 바가 없다. 만약 미묘한 신호들이 이렇게 극적인 영향을 줄 수 있다면, 커플 성사 알고리즘에는 어떤 영향을 주고, 데이트하고 파트너를 찾는 문화에는 어떤 영향을 주게 될까? 그리고 만약 하이프 머신이 이런 것들에 영향을 준다면, 인간의 진화에는 또 어떤 영향을 주게 될까? 한 가지 분명한 점은 하이프 머신은 지금 우리가 주고받는 사회적 신호들을 변화시키고 있으며 그로 인해 우리의 데이트 방식도 변하고 있다는 것이다.

홍바오와 이타심

자선도 데이트 못지않게 우리 삶에서 중요하다. 하이프 머신이 기부 방식에 미치는 영향을 알아보기 위해 MIT 학생 위엔 위엔 등은 위챗에서 중국인들이 하는 '홍바오紅包' 형태의 기부에 관해 연구했다.[260] 홍바오란 중국에서 결혼식, 졸업식, 생일같이 특별한 날 빨간 봉투에 넣어 주는 축의금이다. 2014년 위챗은 사용자들이 가상의 홍바오를 자체 모바일 지급 결제 플랫폼을 통해 쓸 수 있게 했다. 그러자 2016년 중국 설날에만 32억 홍바오가 교환되었고, 2017년에는 그 수가 수천억으로 늘었다. 오늘날 홍바오 선물 거래는 위챗에서 이루어지는 모바일 지급 결제 거래의 상당 부분을 차지한다. 위엔 위엔은 디지털 홍바오가 선행을 촉진하는지 알고 싶었다. 홍바오 같은 디지털 선물을 더 많이 받게 되면 더 자주 그리고 더 많이 다른 사람들에게 나누어주게 되는지 궁금했던 것이다.

위엔 위엔은 위챗이 단체에 배분된 홍바오를 나누는 새로운 방식을 활용했다. 위챗 사용자가 단체로 홍바오를 보낼 경우, 각 사용자가 받는 금액은 보내진 금액, 그것을 받기로 정해진 친구의 수 그리고 받는 순서를 토대로 플랫폼에 의해 임의로 할당된다. 그래서 어떤 사용자들은 플랫폼에 의해 임의로 선정되어 다른 사용자들보다 더 많은 금액을 받게 된다. 위챗은 또한 '행운의 제비뽑기' 아이콘을 통해 가장 많이 받을 사용자도 정한다. 위엔 위엔 등은 이처럼 각자가 얼마를 받을지를 플랫폼이 임의로 결정하는 방식이 사용자가 다른 사람들에게 돈을 선물하는 선행에 어떤 영향을 주는지 살펴보았다.

위엔 위엔 등의 분석 결과 홍바오를 받은 사용자들은 평균 10%를 남들에게 나누어주었고, 특히 '행운의 제비뽑기'를 통해 가장 많은 홍바오를 받은 수령자는 다른 수령자들과 비교해 1.5배 정도 더 나누어주었다. 결국 우리가 디지털 선물을 하면 선물을 받은 사람은 그것을 다른 사람들에게도 나누어줌으로써 이타심에 보답하는 경향을 보였다.

피드를 통한 감정 전염

많은 논란에도 불구하고 디지털 소셜 미디어의 영향을 알아보기 위해 페이스북과 코넬 대학 연구진은 디지털 사회적 신호들이 하이프 머신에서 '감정 전염'[261]을 일으키는지를 실험했다. 그들은 행복하거나 슬픈 감정이 우리가 매일 온라인상에서 만들어내고 소비하는 수많은 게시물을 통해 전염될 수 있는지 궁금했다. 늘 그렇듯 문제는 행복하거나 슬픈 사람들은 끼리끼리 모이는 경향이 있어서, 친구들 간에 오가는 감정들의 상관관계를 측정해서는 온라인상에서 감정 전염이 일어나는지를 알 수 없었다.

페이스북과 코넬 대학 연구진은 수백만 명의 사용자들이 자신의 뉴스 피드에서 노출되는 감정을 임의로 조작했다. 일부 사용자는 그들이 보는 부정적인 콘텐츠의 양을 임의로 줄였고, 또 다른 일부 사용자들은 친구들의 게시물에 사용되는 긍정적인 말과 부정적인 말의 일부를 측정하여 긍정적인 콘텐츠의 양을 임의로 줄였다. 그런 다음 이처럼 긍정적인 콘텐츠와 부정적인 콘텐츠를 줄인 결과 사용자들이 자신의 페이스북 게시물에서 표출하는 감정의 변화를 측정했다.

연구진은 하이프 머신이 행동은 물론 감정도 퍼뜨린다는 사실을 확인했다. 우선 사용자들의 뉴스 피드에서 긍정적인 감정과 부정적인 감정이 줄어들자 그들이 페이스북에 쓰는 단어 수가 전반적으로 줄었다. 이는 무엇을 의미할까? 감정을 고조시키는 콘텐츠는 그것이 긍정적이든 부정적이든 페이스북 사용자들에게 더 많은 게시물을 올리게 한다는 의미다. 즉, 하이프 머신은 고조된 감정을 퍼뜨리는 데 일조한다. 감정이 고조되면 사람들은 글을 올리는 등 계속 소셜 미디어 활동에 참여한다.

둘째, 연구 결과에 따르면 뉴스 피드에서 긍정적인 게시물이 감소하면 사람들의 최신 게시물에서는 긍정적인 말의 비율은 줄고 부정적인 말의 비율은 늘어 소셜 미디어 게시물들이 감정을 전염시킨다는 사실을 확인할 수 있었다. 페이스북에서 다른 사람들의 긍정적인 감정을 접하면 우리의 감정 표현 역시 더 긍정적으로 변하고, 반대로 부정적인 감정을 접하면 우리의 감정 표현 역시 더 부정적으로 변한다.

이 연구가 뜻하는 바는 꽤 인상적이다. 이런 결과들은 하이프 루프의 2가지 측면 모두를 상기시킨다. 알고리즘에 의한 감정 큐레이션이 한편으로는 우리의 감정에 상당한 영향을 주고, 행복한 감정과 슬픈 감정을 전 세계에 퍼뜨린다. 그리고 또 다른 한편으로는 이 과정에서 우리 자신의 책임도 일깨워준다. 우리가 하이프 머신에 주는 대로 받게 되기 때문이다. 늘 인간이 문제다. 이 연구에서 보았듯이 우리가 소셜 미디어 안에서 표출하는 감정들은 그대로 확대되어 다른 사람들에게 퍼지며, 큐레이션된 피드들을 통해 우리의 생각과 행동에 영향을 미친다. 우리가 하이프 머신에 계속 증오나 독설과 같은 부정적인 감정의 씨앗들을 뿌리면 다른 사람들도 부정적인 감정을 키우게 된다. 그러나 더 긍정적인 감정들을 표출한다면 다른 사람들도 같은 감정들을 키우게 된다.

지금까지 이야기한 연구는 하이프 머신이 전례 없이 강력한 힘으로 행동 변화를 전염시키고 있다는 사실을 보여준다. 우리가 하이프 머신상에서 매일 주고받는 수많은 '좋아요'와 게시물, 추천, 광고, 알림, 공유, 평가 등은 우리의 생각과 행동을 변화시키고 있다. 이제 중요한 질문은 초사회화 세계에서의 변화에 어떻게 대처할 것이냐다.

광고주와 정치인, 공중보건 관계자와 기업가는 이제 더는 하이프 머신 내에서 자신들이 보내는 메시지의 직접적인 효과만 생각해서는 안 된다. 이제 그 메시지들로 생겨나는 사회적 효과들과 아주 많은 사람의 행동 변화를 이끄는 인플루언서, 네트워크화된 현실을 무시했을 때의 결과 등에 대해서도 생각해야 한다. 코카콜라의 최고기술경영자였던 롭 케인이 말했듯 지금은 바야흐로 네트워크화된 소비자들의 시대다. 우리는 이제 초사회화 세상에 맞춰 새로운 전략을 세워야 한다.

8장

Strategies for a Hypersocialized World

초사회화 세계에서의 전략

권력은 기관은 물론 거대 기업이나 국가에도 있지 않다.
권력은 사회를 구성하는 네트워크에 있다.

—마누엘 카스텔

잘못된 정보를 퍼뜨리려는 외국 세력, 자사 제품 광고를 퍼뜨리려는 마케팅 담당자, 팬데믹 기간 중 사회적 거리두기를 촉구하는 공중보건 관계자 등은 모두 소셜 네트워크, 즉 하이프 머신을 통해 정보를 퍼뜨리고 싶어 한다. 핵심은 행동 변화를 퍼뜨리는 것이다. 그렇다면 '새로운 소셜 시대'를 맞아 행동 변화에 관심 있는 마케팅 전문가와 정치인 그리고 각 개인은 자신들의 제품과 아이디어, 콘텐츠를 어떻게 퍼뜨릴 수 있을까? 하이프 머신의 초사회화 세계에서 자동으로 큐레이션되는 디지털 사회적 신호는 우리가 정보를 생산하고 소비하고 분석하고 평가하는 방식을 완전히 바꿔놓았다. 따라서 이처럼 새로운 패러다임에서 단체와 개인은 모두 운영 방식 또한 바꿔야 할 것이다.

초사회화 세계에서 제도적 커뮤니케이션과 개인적 커뮤니케이션을 하는 기본 전략은 5가지다. 네트워크 타기팅과 추천 마케팅, 소셜 광고, 입소문 기획, 인플루언서 마케팅이 바로 그것이다. 각 전략은 목적도 다르고 구사하는 전술도 다르다. 이 5가지 전략을 효과적으로 이용하려면 각 전략을 언제 사용하고, 어떤 특정 상황에 최적화하여 적용할 것인지를 알아야 한다.

네트워크 타기팅: 친구들의 호불호가 당신의 호불호를 보여준다

각종 소셜 미디어 메시지의 대상을 정하는 일은 매우 단순하다(6장 참조). 마케팅 담당자들은 사람들의 인구 통계 수치, 행동, 호불호, 소셜 네트워크, 위치 기록 등의 데이터를 활용해 그 사람들이 하이프 머신을 통해 유포되는 정치적 메시지나 마케팅 메시지에 호응할 가능성이 있는지를 예측한다. 그런데 '소셜 네트워크를 토대로' 설득용 메시지 대상을 선정한다는 것은 정확히 어떤 의미일까? 제품 마케팅에서 정치적 메시지 전달, 공중보건 커뮤니케이션까지 행동 변화를 위해 노력하는 상황에서, 과연 소셜 네트워크가 커뮤니케이션 상대를 결정하는 데 도움이 될 수 있을까? '네트워크 타기팅'의 힘, 즉 네트워크 내 각 개인에 대한 예측을 더 잘하기 위해 네트워크에 대한 우리의 지식을 활용하는 능력은 비슷한 사람들과 가깝게 지내려는 성향인 '동질성 선호'에서 나온다.

내가 연구해온 모든 소셜 네트워크에서는 이런 원칙을 볼 수 있다. 우리는 인종과 종교, 나이, 정치 성향, 심지어 개인의 호불호에 따라 끼리끼리 모인다. 스키를 타는 사람은 대개 스키를 타는 사람들과 가깝게 지낸다. 식도락을 즐기는 사람은 역시 식도락을 즐기는 사람들과 친하게 지낸다. 민주당 지지자는 민주당 지지자들과 가깝게 지내고, 공화당 지지자는 공화당 지지자들과 가깝게 지낸다. 물론 이 원칙에도 예외는 있다. 어떤 민주당 지지자들은 공화당 지지자들과도 가깝게 지내고, 역으로 민주당 지지자들과 가깝게 지내는 공화당 지지자들도 있다. 그러나 이들은 어디까지나 원칙이 아니라 예외이다.

당신의 친구들이 하이킹이나 축구, 독서를 좋아하거나 록 밴드 퀸의 팬이라면, 통계학적으로 당신 역시 하이킹이나 축구, 독서를 좋아하거나 퀸의 팬일 가능성이 크다. 이런 식으로 당신의 소셜 네트워크 연결을 보면 당신의 호불호를 알 수 있다. 마케팅 전문가들은 당신 친구들의 호불호를 분석하고 네트워크 타기팅을 조종해 하이프 머신의 수익률을 개선할 수 있다. 그런데 동질성 선호 현상은 네트워크 타기팅에는 도움이 되지만, 소셜 미디어의 영향을 측정하는 것을 매우 어렵게 만들기도 한다. 나아가 바로 이 매력적인 현상으로 기업과 단체는 누가 홍보성 메시지에 호응할 것인지를 알아낼 수 있기도 하다. 숀드라 힐과 포스터 프로보스트 등은 '네트워크 이웃들'[262]이라는 자신들의 기념비적 연구를 통해 한 거대 이동통신사를 분석했는데, 이 작업은 네트워크 타기팅에 쓰이는 네트워크 데이터의 막강한 예측력을 밝혀낸 최초의 연구 중 하나였다. 이 연구를 예로 들어보자.

숀드라 힐 연구진이 연구한 회사는 오랜 역사를 가진 곳답게 네트워크 마케팅 경험도 풍부했다. 당시 회사는 새로운 통신 서비스를 출시한 상황에서 어떻게 하면 마케팅 대상 고객을 제대로 선정할 수 있을지 고민하고 있었다. 회사는 이미 각종 데이터와 경험, 직관력을 토대로 정교한 타기팅 모델들을 개발한 상태였으므로 자신들의 '첨단' 서비스를 좋아할 것이라고 예상되는 고객 유형을 찾는 데 활용할 수 있었다. 타기팅 모델들에는 수백만 잠재 고객들에 대한 인구 통계, 지리, 충성도 등의 데이터가 망라되어 있었다. 그런데 숀드라 힐 연구진은 연구 기간에 이미 존재하는 그 정교한 타기팅 모델들에 한 가지 변수를 추가했다. 잠재 고객에게 이미 새로운 통신 서비스를 사용 중인 친구가 있는지 따로 살펴본 것이다.

연구진은 이동통신사의 '통화 상세 기록', 즉 누가 누구에게 얼마나 자주 전화했고, 통화 시간은 얼마나 되었는지에 대한 기록을 분석했다. 그리고 그 데이터를 이용해 새로운 서비스의 잠재 고객들이 가진 일반전화와 휴대전화 번호가 연결되는 통화 기록 네트워크를 만들어 냈다. 그 연결은 네트워크 내에서 두 전화번호 사이에 이루어진 통화 횟수를 나타냈다(〈그림 8-1〉 참조).

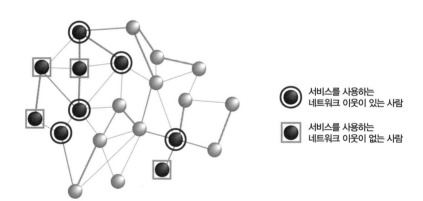

○ 서비스를 사용하는
네트워크 이웃이 있는 사람

● 서비스를 사용하는
네트워크 이웃이 없는 사람

그림 8-1. '네트워크 이웃들' 네트워크. 전화로 통화한 사람들에 대한 이 가상의 소셜 네트워크는 한 거대 이동통신사의 통화 상세 정보를 토대로 만들어졌다. 옅은 색의 원은 새로운 이동통신 서비스를 이미 이용 중인 사람들이며, 짙은 색 원은 아직 서비스를 이용하지 않고 있어 직접 마케팅 대상이 될 수 있는 사람들이다. 다른 원에 둘러싸인 짙은 색 원은 현재 서비스를 이용하지 않지만, 이미 서비스를 이용 중인 친구나 '네트워크 이웃'이 있는 사람들이다. 그리고 사각형 안에 있는 짙은 색 원은 현재 서비스를 이용하지 않고 있으며 이미 서비스를 이용 중인 친구나 '네트워크 이웃'도 없는 사람들이다.

이 가상의 네트워크에는 두 부류의 사람들, 즉 새로운 통신 서비스를 이미 이용 중인 사람들(옅은 색 원)과 아직 서비스를 이용하지 않아 회사 측에서 직접 마케팅을 하고 싶어 하는 사람들(짙은 색 원)이 있다. 연구진은 서비스를 이용하고 있지 않은 사람들도 둘로 나눴다. 전화 통화를 한 친구 중에 이미 서비스를 이용하고 있는 친구가 있는 사람들(원으로 둘러싸인 짙은 색 원)과 그렇지 않은 사람들(사각형으로 둘러싸인 짙은 색 원) 이렇게 두 부류로 나누었다. 해당 이동통신사에서 이미 구축한 정교한 타기팅 모델들에 이 단순한 정보를 추가한 것이다. 잠재 고객에게 이미 서비스를 이용 중인 '네트워크 이웃'(전화 통화를 한 사람)이 있는지를 고려한 것이다.

연구진은 새로운 서비스 광고를 하는 동시에 잠재 고객들을 대상으로 직접 마케팅 캠페인을 벌였고, 그런 다음 자신들이 광고 대상으로 삼은 사람들 간의 상대적인 매출 차이를 측정해보았다. 원래의 타기팅 모델은 0.28%의 매출 전환율을 기록했는데, 디스플레이 광고의 경우 평균 클릭률이 0.15%인 것을 고려하면 상당한 성과였다. 이는 클릭률이 아니라 전환율이었다. 다시 말해 실제 매출은 아니었다. 그러나 고객들의 소셜 네트워크와 네트워크 이웃들의 서비스 사용 상황에 대한 타기팅 정보를 활용하자, 광고 효과가 거의 5배나 올라갔다. 매출 전환율이 1.35%나 된 것이다. 결국 친구들의 호불호에 대한 데이터를 활용하면서 하이프 머신은 우리 자신의 호불호에 대해 훨씬 더 정확한 모델을 구축할 수 있었다. 이것이 바로 네트워크 내 타기팅의 힘이다.

유유상종에 따른 추천 마케팅

네트워크 연결은 단순히 우리의 호불호만 예측하는 게 아니라 우리의 호불호에도 영향을 준다. 우리는 브랜드 광고나 정치적 해석보다 친구들의 말을 더 믿는다. 친구들은 우리에 대해 그리고 우리가 무엇에 관심이 있는지에 대해 잘 안다. 그래서 어떤 메시지들이 우리에게 먹힐지도 안다. 나아가 친구들은 우리를 향한 메시지를 어떻게 써야 가장 설득력 있을지도 알고 있다. 따라서 너무도 당연한 말이지만 친구들의 입소문[263]이야말로 소비자들이 가장 신뢰하는 브랜드 정보의 원천이다. 이처럼 온라인상에서 입소문이 얼마나 강력한 힘을 가졌는지 잘 알기에 기업들은 추천 프로그램에 많은 시간과 에너지, 돈을 쏟아붓는다. 클라우드 저장 서비스를 제공하는 드롭박스는 "고객을 소개하고 여유 공간을 확보하라"라는 캠페인에 크게 의존하고 있으며, 에어비앤비와 우버는 맞춤형 추천 메시지와 각종 인센티브를 활용해 성장을 견인하고 있다.

로스앤젤레스 우버 운전자 조셉 지야이는 추천 프로그램을 활용해 우버의 수입 분배 체제에서 독보적인 존재가 되었다(그는 자칭 '우버 킹'이다). 우버 운전자들은 운전을 많이 할수록 수입 또한 많아진다. 운전자가 언제 어디서 어떻게 운전하는지에 따라 조금씩 달라지지만, 이런 원칙은 아주 일관성 있게 유지된다. 2014년에 산출된 우버의 데이터에 따르면 뉴욕의 운전자는 시간당 약 30달러를 벌었고 운전을 가장 많이 한 운전자(주당 80~90시간)는 연간 약 9만 달러를 벌었는데, 이는 최고 기록이었다.

만약 이런 수치들을 액면 그대로 받아들인다면 조셉 지야이가 같은 해에 6개월간 벌어들인 돈은 정말 대단하다.[264] 그는 2014년 단 6개월만에 9만 달러를 벌어 연간으로 환산해 18만 달러를 벌어들이면서 다음으로 많이 번 운전자의 약 2배에 가까운 돈을 벌었다. 물론 그는 완전히 예외적인 경우다. 그러나 조셉 지야이의 경우 가장 놀라운 사실은 따로 있다. 놀랍게도 그는 '우버 자동차를 운전하지 않고도' 우버 운전자로서 그 많은 돈을 벌었다. 순전히 다른 운전자들을 우버 운전 서비스에 추천해 수입을 올린 것이다.

우버는 현재 세상에서 가장 성공적인 추천 프로그램 중 하나를 운영하고 있다. 우버의 경우 한 친구의 추천으로 새로운 운전자가 가입하면 두 운전자 모두 보너스를 받게 되어 있다. 정확한 보너스 액수는 시간이 지나면서 계속 바뀌어 종국에는 실제로 운전을 했는지와 관계없이 일정 시간 이상 운전한 운전자라면 기준 급료를 보장받는 방식으로 발전했다. 조셉 지야이가 기록을 깬 당시에는 모든 추천에 건당 100달러가 주어졌다. 그리고 조셉은 당시 프로그램의 이점을 최대한 활용해 '우버 킹'이 되었다.

페이팔, 드롭박스, 에어비앤비, 테슬라, 아마존 프라임 등 세계에서 가장 빠른 속도로 성장한 몇몇 기업들은 소셜 미디어 메시지를 전파하는 하이프 머신상의 추천 프로그램 덕을 톡톡히 보았다. 어떤 제품이나 서비스를 이용하는 데 친구들을 데리고 오는 고객에게 각종 인센티브를 주는 추천 프로그램은 성공할 수밖에 없는데, 이는 그 프로그램들이 소셜 미디어를 설득력 있게 만드는 요소를 잘 활용하기 때문이다. 특히 입소문은 가장 믿을 만한 브랜드 정보의 원천이다. 우리가 브랜드 광고보다는 친구나 가족들의 말을 더 신뢰하기 때문이다. 친구들은 우리가 무엇을 좋아하는지 그 누구보다 잘 알고, 그래서 알

맞은 추천을 해줄 수 있다. 게다가 우리가 그들과 함께 어떤 서비스를 이용하기 시작하면 로컬 네트워크 효과까지 발생하여 우리 중 그 누구도 해당 네트워크를 떠나기 힘들어진다.

그렇다면 최적의 인센티브 정책이란 어떤 것일까? 한 실험 연구를 통해 우리는 웹 기반의 꽃 배달 서비스를 판촉하는 데 입소문 인센티브를 추가한 뒤 그 효과를 분석해보았다.[265] 우리는 "친구를 벤자민으로 바꾸십시오"[266]라는 다이렉TV DirecTV 광고 캠페인을 그대로 도입했다. 이는 기존 회원이 다이렉TV 서비스에 친구를 추천하면 1인당 무조건 100달러를 지급하는 일종의 추천 프로그램이었다(여기서 벤자민은 미국의 100달러짜리 지폐에 인쇄된 벤자민 프랭클린이다).

기업은 기존 회원이 친구를 소개할 때마다 1인당 100달러를 주었다. '다이렉TV 접근 방식'은 친구를 추천하면 내 인센티브는 늘어나겠지만, 실제로 내 친구들이 그 서비스를 이용할지에는 아무 영향도 주지 못했다. 그것은 개인적인 매력과 설득력을 벗어난 문제이기 때문이다. 우리는 다이렉TV 방식의 추천 프로그램을 '이기적인 selfish 인센티브' 프로그램이라고 부르는데 모든 추천 건에 대해 추천한 사람만 보상을 받기 때문이다. 이와는 달리 기업들은 기존 회원들에게 친구를 추천해달라 하고, 실제로 친구들이 회원 가입을 할 때 그 친구들에게 100달러 할인권을 줄 수도 있다. 이 방식은 새로 가입하는 친구에게는 인센티브가 주어지지만, 입소문을 내주는 기존 회원에게는 금전적인 인센티브가 전혀 없다. 우리는 이를 '너그러운 generous 인센티브' 프로그램이라고 부르는데 기존의 회원들이 추천과 관련한 모든 보상을 친구들에게 기부하기 때문이다. 이 외에 두 방식을 절충해 추천 보상금의 50%는 친구에게 주고, 나머지 50%는 그 친구를 추천한 기존 회원에게 주는 방식도 있다. 우리는 이를 '공정한 fair 인센티브' 프로그램이라 부른다.

실험에서 우리는 꽃 배달 서비스업체의 웹사이트 사용자들을 상대로 임의의 이기적인 인센티브, 너그러운 인센티브, 공정한 인센티브 프로그램을 적용해 어떤 프로그램이 가장 효과적인지를 테스트해보았다. 이기적인 인센티브 프로그램의 경우 추천은 많았지만 실제 회원 가입으로 이어지는 경우는 적고, 너그러운 인센티브 프로그램은 상대적으로 추천은 적었지만 회원 가입으로 이어지는 경우는 더 많을 것으로 예상했다. 그리고 공정한 인센티브 프로그램은 앞의 두 프로그램의 중간쯤 될 것으로 예상했다. 그렇다면 결과는 어땠을까?

실험 결과는 보기 좋게 우리의 예상을 빗나갔다. 친구 추천에 따른 보상이 현저히 줄어들었는데도, 너그러운 인센티브와 공정한 인센티브 프로그램은 이기적인 인센티브 프로그램보다 추천이 더 많았다. 알고 보니 사용자들은 친구들에게 무언가 도움은 주지도 않으면서 이용만 하는 것을 싫어했다. 메시지를 보내는 등으로 친구들을 끌어들이고 보상을 받는 것은 뭔가 '추잡한 짓'이라 느꼈고, 그래서 차라리 친구들이 할인을 받는 편을 더 선호했다. 지금 와서 생각해보면 이런 결과들은 우리가 알고 있는 '선물 경제 gift economy' 개념, 즉 다른 사람들에게 가장 많이 베푼 사람에게 그만한 지위가 주어진다는 개념에도 부합한다.

이쯤에서 우리는 또 다른 중요한 전략적 의문을 가지게 된다. 네트워크 안에서 행동 변화를 일으킬 때, 마케팅 전문가들은 네트워크 타기팅과 입소문 마케팅 가운데 무엇을 선택할지 어떻게 결정해야 할까? 회사의 디지털 마케팅 예산을 책임지는 최고마케팅책임자는 이

2가지 전략 사이에서 마케팅 예산을 어떻게 나누어야 할까? 이 의문에 대한 답 역시 상관관계와 인과관계의 차이에 달려 있다. 그 이유를 이해하기 위해 야후와 함께 실시한 '반영 문제reflection problem'에 관한 한 연구를 살펴보도록 하자.

사회적 영향 vs. 동질성 선호 현상

본질적으로 '반영 문제'는 사람들의 행동이 소셜 미디어 네트워크 안에서 이 사람에게서 저 사람에게로 옮겨가는 현상이 친구들 간의 (한 사람이 다른 사람에게 미치는) 사회적 영향 때문인지 아니면 동질성 선호와 같은 다른 원인들 때문인지 결론 내리기 어렵다는 것을 드러낸다. 자세히 살펴보면 알다시피 거의 모든 소셜 네트워크를 연구한 결과, 서로 연결되는 사람들은 놀랄 만한 통계학적 규칙성을 가지고 거의 같은 시기에 같은 일을 하는 경향이 있다. 그리고 이런 현상은 (친구들의 설득으로 행동을 바꾸는) 사회적 영향의 결과일 수도 있고, 동질성 선호 같은 다른 이유의 결과일 수도 있다. 온라인상에서 우리 행동은 친구들의 행동을 그대로 '반영'한다. 이는 우리가 서로 영향을 주기 때문일까 아니면 더 강력한 어떤 이유가 있기 때문일까?

만약 유유상종이라면 친구에게서 친구에게로 행동이 퍼지는 것은 우리가 호불호가 비슷한 사람을 친구로 선택한다는 사실로 설명할 수 있다. 잊지 마라. 스키를 타는 사람은 스키를 타는 사람들과 가깝게 지내고, 마라톤을 하는 사람은 마라톤을 하는 사람들과 가깝게 지내며, 식도락을 즐기는 사람은 식도락을 즐기는 사람들과 가깝게 지낸다. 그래서 스키를 타고 달리기를 하고 새로운 식당을 찾는 것은 친구 간의 상관관계 때문일 수 있다. 애초부터 호불호가 비슷한 사람들과 친구가 되었기 때문이다.

하지만 이러한 상관관계는 사회적 영향보다는 이른바 '교란 변수' 때문에 생겨날 수도 있다. 이와 관련해 사회학자 막스 베버는 다음과 같은 유명한 말을 했다. "만약 많은 사람이 동시에 우산을 펼쳐 드는 것을 보게 된다면, 그게 사회적인 영향 때문이라고 생각하지는 않을 것이다." 즉, 비가 내리니까 우산을 펼쳐 들었을 뿐이라는 것이다.

야외에서 열린 집회나 음악 콘서트에 많은 사람이 참여하고 있다고 상상해보라. 모두 다닥다닥 어깨를 맞대고 서서 행사가 시작되기를 기다리고 있다. 그런데 갑자기 한구석에서 우산 한 개가 펼쳐진다고 상상해보라. 그러자 곧 그 옆에 있던 사람도 우산을 편다. 이제 한 모퉁이에 우산 두 개가 펼쳐져 있다. 그런 식으로 우산이 하나씩 펴져 왼쪽 한 모퉁이에서 오른쪽 한 모퉁이까지 모든 우산이 펼쳐진다. 무엇이 이런 패턴을 만들어낼 수 있었을까?

첫 번째 사람이 우산을 펴면서 옆 사람에게 이렇게 말했을 수도 있다. "저기요, 우산을 펴보세요. 멋지잖아요." 그러자 두 번째 사람이 우산을 펴면서 역시 그 옆 사람에게 우산을 펴라고 하고, 그렇게 해서 사람들이 연이어 우산을 편다. 이는 사회적 영향에 대한 설명이다.

그런데 또 다른 요소가 사람들에게 이런 패턴으로 우산을 펴게 했을 수도 있다. 갑자기 소나기가 들이닥쳐 왼쪽에서 오른쪽으로 국지적으로 이동하며 비를 뿌렸을 수도 있는 것이다. 다만 우리는 이 패턴이 친구들이 서로 영향을 주어 생겨난 것인지 아니면 머리 위로 소나기가 지나가면서 생긴 것인지 구분할 수 없다. 이것이 바로 교란 변수에 대한 설명이다. 이를 확실히 알려면 무엇이 그 많은 사람에게 우산을 펴게 하는지를 알아야 한다.

당신은 야외에서 펼쳐진 우산과 하이프 머신 사이에 대체 무슨 관계가 있냐고 물을 것이다. 만약 동질성 선호 현상이 실재한다면 소셜 미디어상에서 연결된 사람들은 모두 호불호가 비슷할 것이다. 그래서 그들은 같은 텔레비전 방송을 보고, 같은 팟캐스트 방송을 듣고, 같은 웹사이트에 방문할 가능성이 크기에 같은 광고에 노출될 가능성 또한 크다. 모두 거의 동시에 같은 원천에서 정보를 얻을 가능성이 큰 것이다. 하이프 머신 내에서 설득 메시지 및 광고에 노출되는 것 역시 타기팅 때문에 호불호가 비슷한 친구들과 상관관계가 있다. 앞의 소나기가 지나갈 때 펼쳐지는 우산 이야기처럼 친구들 사이의 사회적 영향이 상관관계를 일으키는 게 아니라 하이프 머신 내 광고와 설득 메시지가 그런 행동들을 초래할 수도 있다.

반영 문제가 성공적인 마케팅의 열쇠이자 소셜 미디어 조작이 선거에 영향을 주었는지 확인하는 열쇠이기도 한 이유를 살펴보기 위해 우리가 야후와 함께 풀려고 애썼던 퍼즐 이야기를 해보겠다. 2007년 7월 야후는 '야후! 고 Yahoo! Go'라는 새로운 모바일 서비스 앱을 선보였는데, 사용자들의 휴대전화에 맞춤형 뉴스와 날씨, 주식 시장 정보를 제공하는 앱이었다. 그리고 6개월도 채 지나지 않아 50만 명이 넘는 사용자를 확보했다. 야후는 이러한 증가가 '동료 효과' 때문인지 아니면 단순히 '야후! 고'에 대한 개인의 선호도 때문인지 궁금했다. 그 답을 알면 '야후! 고' 서비스 마케팅을 어떻게 발전시킬지에 대한 답을 알 수 있기 때문이었다. 만약 '동료 효과'라면 우버 추천 프로그램 경우와 마찬가지로 추천 인센티브를 제공하는 것이 앱의 채택률을 끌어올리는 데 도움이 될 것이다. 그런데 고객들의 호불호가 동질성 선호 현상으로 친구들의 호불호와 연관성 있는 것이라면 네트워크 타기팅 전략이 입소문 마케팅 전략보다 더 효과 있을 것이다. 이렇게 데이터 과학은 야후가 가장 효과적인 앱 마케팅 전략을 결정하는 데 도움을 줄 수 있었다.

'야후! 고' 채택과 관련한 종단 연구(어떤 대상의 특성을 일정 기간 관찰하고 조사하는 연구 방법-옮긴이)에서 우리는 '야후 메신저'에서 2,700만 사용자들에 대한 자료를 수집했다.[267] 여기에 더해 해당 사용자들에 대한 인구 통계학적, 지리학적 데이터는 물론 그들의 온라인 행동과 활동에 대한 광범위하면서도 상세한 데이터도 수집했다. 당시 우리가 참고한 페이지뷰는 약 900억 건에 달했다. 그리고 매일 발생하는 '야후! 고' 채택과 사용에 대한 데이터 기록도 수집했다.

반영 문제를 해결하기 위해 우리는 '다이내믹 매치드 dynamic matched 샘플 평가'라는 통계법을 고안해냈는데, 이는 20여 년 전 폴 로젠바움과 돈 루빈이 개발한 유명한 기법인 '성향 점수 매칭'[268]의 다이내믹한 네트워크 버전이었다.* 근본적으로 이 기법에서 사회적 영향의 효과는 '동질성 선호'와 구분되기도 하고 '교란 변수'와 구분되기도 한다.** 나는 이 기법을 컴퓨터가 처리, 분석할 수 있는 형태로 존재하는 정보의 집합체인 데이터 세트에 있는 수백만 명에게 적용하기 시작했다. 그리고 네트워크화된 데이터에서 상관관계와 인과관계 간의 차이가 무의미해지는 놀랄 만한 결과를 보았다.

---

* 간략히 설명하면 다음과 같다. 우리는 먼저 특정 사용자에게 '야후! 고'를 채택한 친구가 있을 가능성의 모델을 만들었다. 그런 다음 '야후! 고'를 채택한 친구가 있을 가능성이 같은 사용자들을 묶어 '야후! 고'를 채택한 친구가 있을 성향이 같은 사용자들을 비교해보았다.

** 이탄 박시와 딘 에클레스가 후에 밝힌 바에 따르면, 이 방법으로 적절한 변수만 사용한다면 실수를 80%까지 줄일 수 있다.

우리는 먼저 네트워크 이웃들 가운데 이미 '야후! 고'를 채택한 이웃이 있는지에 따라 사용자들의 '야후! 고' 채택 가능성을 평가하는 모델을 만들었다. 이 모델은 숀드라 힐 연구진이 '네트워크 이웃들' 연구에서 구축했던 모델과 비슷했다. 〈그림 8-2〉에서와 같은 '영향 곡선'이 도출되었다. 이 곡선은 '야후! 고'를 채택한 친구가 있는 채택자들과 오랜 기간 그런 친구가 없었던 채택자들의 비율을 보여준다. 그래프 왼쪽 끝부분의 첫 번째 점을 보라. '야후! 고'가 공개되고 20일 후이 앱을 채택한 친구가 있는 사용자가 그런 친구가 없는 사용자와 비교했을 때, '야후! 고'를 택할 가능성이 16배나 높다는 것을 알 수 있다. 그러나 왼쪽에서 오른쪽으로 곡선을 따라가 보면 앱 출시 5개월 뒤에는 이미 '야후! 고'를 채택한 친구들이 있는 사용자들이 그렇지 않은 사용자들과 비교해 '야후! 고'를 채택할 가능성이 2배 정도밖에 되지 않는다. 따라서 이 그래프로 미루어 보건대 앱의 라이프 사이클 초기에는 사회적 영향이 '야후! 고' 채택에 중요한 동인이었지만 그 중요성은 시간이 지나면서 점점 낮아졌다.

전국 규모의 행동 변화를 만들고 싶어 하는 사람에게 이 곡선이 의미하는 바는 매우 크다. 만약 친구들을 설득해 '야후! 고'를 채택하게 할 수 있는 것이라면 최고마케팅책임자는 당연히 추천 프로그램을 통해 친구를 추천하는 기존 채택자들에게 인센티브를 주는 전략을 고려해야 한다. 반면 만약 사람들이 사회적 영향을 받는 게 아니라면, 즉 친구들을 설득해 '야후! 고'를 채택하게 할 수 있는 게 아니라면 전통적 네트워크 타기팅이 더 효과적인 전략일 것이다.

만약 당신이 야후의 최고마케팅책임자로 주어진 예산을 사회적 영향에 의존하는 입소문 마케팅과 사회적 영향에 의존하지 않는 네트워크 타기팅에 배분해야 한다면, 〈그림 8-2〉를 보고 예산을 할당하면 된다. '야후! 고' 라이프 사이클에서 처음 3개월은 입소문 마케팅에 더 많은 예산을 할당하고, 그 이후에는 네트워크 타기팅에 더 많은 예산을 할당하는 것이다. 이 곡선을 보면 사회적 영향은 초기에는 높지만 뒤로 가면서 낮아지기 때문이다. 그러나 당신이 야후 최고마케팅책임자이고 내가 당신의 고문이어서 내가 이 그래프를 당신에게 보여주고 그에 따라 당신이 예산을 할당했다면, 아마도 우리 두 사람은 해고되었을 것이다.

그 이유는 우리 둘 다 상관관계를 인과관계로 잘못 보았기 때문이

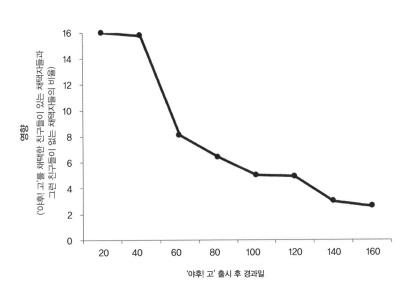

그림 8-2. 단순한 모델을 토대로 만들어진 '야후! 고' 채택 영향 곡선. 이 그래프의 y축은 이미 '야후! 고'를 채택한 친구들이 있는 채택자들과 그런 친구들이 없는 채택자들의 비율을 나타내고, x축은 '야후! 고' 출시 후 경과일을 나타낸다. 그리고 각 점은 이미 '야후! 고'를 채택한 친구가 있다면 이 앱을 채택할 가능성이 몇 배가 되는지를 보여준다.

다. '야후! 고'를 채택한 친구가 있는 사람들이 '야후! 고'를 채택할 가
능성이 더 크다고 해서, 그들의 친구들이 영향을 주었다는 의미는 아
니다. 사실 우리가 성향 점수 매칭 모델로 동질성 선호와 교란 변수를
통제했을 때 발견한 것은 바로 〈그림 8-3〉과 같았다.

'야후! 고'를 채택하기로 한 사용자의 결정에서 사회적 영향이 차지
하는 비중은 우리가 애초에 예측했던 것보다 훨씬 적었고, 시간이 지
나도 변하지 않았다. 사실 우리가 발견한 바에 따르면 원인과 상관관
계 간의 차이에 관심을 가지지 않는 마케팅 팀은 채택 결정 과정에서
의 사회적 영향의 비중을 무려 700%나 과대평가하기도 했다. 이는 엄

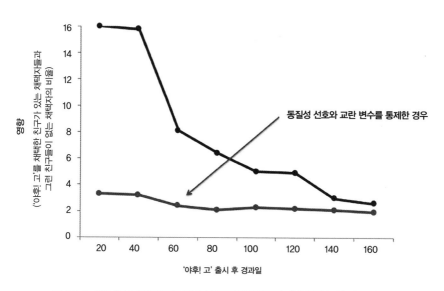

그림 8-3. 성향 점수 매칭 모델을 토대로 만들어진 '야후! 고' 채택 영향 곡선. 이 그래프의 y축은
'야후! 고'를 채택한 친구가 있는 채택자들과 그런 친구들이 없는 채택자의 비율을 나타내는데,
이는 성향 점수 매칭 모델에 의해 조정된 것이다. x축에는 '야후! 고' 출시 후 경과일이 나와 있다.
그리고 각 점은 누군가가 이미 '야후! 고'를 채택한 친구가 있을 때 이 앱을 채택할 가능성이 몇
배가 되는지를 나타내는 것으로 성향 점수 매칭 모델로 측정했다.

청난 착오로 이로 인해 디지털 마케팅 예산의 효과가 모두 사라지고 공중보건 캠페인이 무력화되며 외국의 선거 개입 분석이 무산될 수도 있다.

이런 착오는 마케팅과 복지 프로그램 등에 막대한 손실을 입힌다. 하이프 머신 투자 수익을 올리고 외국 정부가 선거 결과에 영향을 미치고 있는지를 알아내려면, 투자가 행동 변화에 어떤 영향을 미치는지를 제대로 알아야 한다. 그래야 소나기가 오는 가운데 펼쳐지는 우산들이 소셜 미디어상에서의 성공이나 실패와 어떤 관계가 있는지를 설명하는 데도 도움이 된다.

호불호의 변화에 따른 소셜 광고

입소문 마케팅은 초사회화 세상이 사회적 영향을 이용하는 유일한 커뮤니케이션 전략은 아니다. 페이스북의 선거 관련 실험들은 또 다른 커뮤니케이션 전략인 소셜 광고의 중요성을 보여준다. 소셜 광고를 이해하려면 우선 하이프 머신에서 정체성의 역할을 제대로 이해해야 한다. 우리는 페이스북이나 인스타그램, 링크드인 등에서 어떤 콘텐츠를 올리거나 접할 때마다 결과론적인 방식들로 그 콘텐츠에 우리 자신의 정체성을 결부시킨다. 여기서 가장 중요한 점은 우리가 친밀도와 호불호를 콘텐츠를 보는 다른 사람들에게 노골적으로 내보이면서 이를 크리스 딕슨 Chris Dixon과 카테리나 페이크 Caterina Fake가 말하는 이른바 '취향 그래프'를 분석하는 소셜 미디어 플랫폼들에도 암암리에 내보인다는 것이다. 오늘날 핀터레스트는 취향 그래프를 분석하는 가장 선구적인 지능 엔진이라고 자부한다. 페이스북 역시 이 분야에서 우위를 점하고 있다. 사람들의 호불호에 대해 가공할 만큼 방대한 정보를 가진 것이다.

페이스북은 자신들의 메시지에서 투표를 마친 친구들의 프로필 사진을 보여줌으로써 '투표 독려' 캠페인의 효과를 엄청나게 끌어올렸다. 위챗의 '순간들 moments'이라는 광고와 마찬가지로 '사회적 신호'는 페이스북 소셜 광고의 효과를 높인다. 이러한 광고에서 페이스북과 위챗은 당신 친구들이 어떤 메시지나 그 출처를 지지한다는 사실을 보여준다. 예컨대 델타항공 광고에 페이스북은 당신에게 다음과 같은 사실을 알려준다. "마일즈와 스테판을 비롯한 당신의 다른 친구 6명도 델타항공의 팬입니다." 또는 포켓몬 광고에 "당신 친구 카야도 포켓몬 팬"이라는 사실을 알려주는 식이다. 이런 이유로 사회적 신호는 콘텐츠와 함께 '좋아요', 공유, 댓글 등의 형태로 메시지의 설득력을 극적으로 높여준다.

2012년 페이스북은 이런 종류의 소셜 광고 효과를 알아보기 위해 두 차례에 걸쳐 대규모 무작위 실험을 진행했다. 그 당시 페이스북에 몸담고 있던 이탄 박시와 딘 에클레스 등은 각 실험별로 600만 명과 2,300만 명의 페이스북 사용자들을 무작위 샘플로 삼아 실험을 진행했다.[269] 첫 번째 실험에서 그들은 특정 브랜드 광고를 보고 있는 사용자들에게 무작위로 그 브랜드를 좋아하는 한 친구의 이름을 보여주었다(또는 보여주지 않았다). 그런 다음 광고에서 친구 이름을 본 사용자들과 그렇지 않은 사용자들의 반응을 비교한 결과, 한 친구의 이름이라는 사회적 신호를 보여준 경우 클릭률이 3.8%에서 5.4%, '좋아요' 비율은 9.6%에서 11.6% 증가했다. 이는 대단한 효과다. 연구진은 과학적 언어로 이렇게 결론 내렸다. "최소한의 사회적 신호로도 광고에 대한 소비자의 반응에 큰 영향을 줄 수 있다."

두 번째 실험에서 연구진은 그들이 보여주는 사회적 신호의 수를 무작위로 다르게 했다. 어떤 사용자에게는 한 친구의 이름을 보여주고, 어떤 사용자에게는 두 친구의 이름을 보여주고, 또 다른 사용자에게는 세 친구의 이름을 보여준 것이다. 그랬더니 보여주는 친구 수가 많을수록 광고 효과 또한 커졌다. 특정 브랜드와 관련된 친구가 둘인 사용자들에게(〈그림 8-4〉의 Z=2) 두 번째 친구의 이름을 보여주자, 한 친구의 이름만 보여준 사용자들과 비교해 클릭률은 10.3%, '좋아요' 비율은 10.5% 증가했다. 특정 브랜드와 관련된 친구가 셋인 사용자들에게(〈그림 8-4〉의 Z=3) 세 번째 친구의 이름을 보여주자, 클릭률은 8.0%, '좋아요' 비율은 8.9% 증가했다.

두 그래프에서 분명히 알 수 있듯 사회적 신호로 더 많은 친구의 이름을 보여줄수록 사용자들은 특정 광고 메시지에 설득될 가능성이

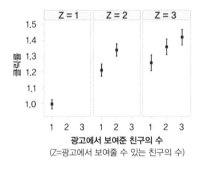
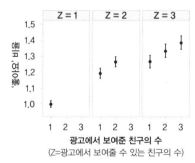

그림 8-4. 사회적 신호를 보여준 것이 광고 클릭률과 '좋아요' 비율에 비치는 영향. 두 그래프에는 페이스북 광고에서 보여준 친구들의 이름 수와 클릭률 및 '좋아요' 비율의 관계가 나와 있다. Z 패널들은 광고에서 보여준 서로 다른 친구 수를 나타낸다. 특정 광고를 좋아하고 그래서 광고에서 보일 수 있는 친구의 수가 Z=1, 2 또는 3이다.

더 크다. 또한 이 그래프에 따르면 이미 특정 브랜드를 좋아하는 친구가 많을수록 광고 메시지에 설득될 가능성도 커졌다. 그 차이는 Z=1, Z=2, Z=3 칸을 보면 금방 알 수 있다. 이 칸들은 이미 특정 브랜드를 좋아하는 친구가 하나, 둘 또는 셋인 사용자들을 구분한다. 이 그룹은 따로 분석되어야 하는데, 이미 특정 브랜드를 좋아하는 친구가 많은 사용자일수록 동질성 선호 현상으로 그 브랜드에 더 강한 친밀감을 가지기 때문이다. 동질성 선호 현상으로 Z=1 칸에서 Z=3 칸으로 갈수록 반응률이 높아지는 것을 볼 수 있다.

페이스북의 소셜 광고 실험은 전례가 없던 것으로, 사회적 신호들은 그 위력이 대단해 동질성 선호 현상에 의한 네트워크 타기팅보다 훨씬 강력한 광고 효과를 보인다는 게 밝혀졌다. 그러나 이 실험에서는 제품에 따라 소셜 광고의 효과가 어떻게 달라지는지는 분석하지 못했다. 소셜 광고는 전자 제품이나 패션 액세서리에 더 효과적일까? 달리기나 투표를 독려하는 데는 어떠할까? 롤렉스 시계나 고급 승용차같이 사회적 지위를 보여주는 제품을 살 때나 이용 후기를 확인해야 하는 호텔이나 식당을 가려 할 때, 우리는 과연 친구들의 의견에 얼마나 많은 영향을 받게 될까?

이를 알아보기 위해 나는 샨 후앙 등과 함께 중국 최대 소셜 플랫폼 위챗을 통해 훨씬 규모가 크고 광범위한 실험을 실시했다.[270] 우리는 3,700만 위챗 사용자들에게 보여주는 사회적 신호의 수를 임의로 조정했다. 위챗 사용자들에게 25개 범주에 속하는 제품 71개에 대한 '순간들' 광고를 보여주고, 제품별 소셜 광고 효과의 차이를 분석한 것이다. 특정 브랜드를 좋아하는 친구를 통해 사회적 신호를 보여주면, 그 브랜드 광고 메시지의 설득력이 높아질까? 만약 그렇다면, 그러한 사회적 신호는 어떤 범주, 어떤 제품에 가장 효과적일까? 연구 결과 우리는 제품에 따라 소셜 광고 효과가 매우 다르다는 사실을 알게 되었다.

위챗

하이프 머신의 일부를 차지하고 있는 위챗은 경외심을 불러일으킬 만큼 독창적이다. 페이스북이 규모로 중요성을 띤다면, 위챗은 보편성이란 명목으로 중요성을 띤다. 위챗은 소셜 네트워크의 스위스제 군용 나이프나 다름없다. 하나로 거의 모든 것을 해결할 수 있다. 열차 예약은 물론 호텔 찾기, 대금 지급, 메시지 전송과 수신, 사진 공유, 음식 주문, 송금, 택시 호출, 쇼핑 등을 할 수 있다. 그리고 주식 투자를 할 수도 있고, 자선 단체에 기부할 수도 있으며, 영화나 뉴스를 볼 수도 있다. 기본적으로 페이스북과 왓츠앱, 인스타그램, 우버, 벤모 등의 앱 전체를 합친 것과 같다.

위챗은 '만리방화벽'(중국의 인터넷 감시·검열 시스템으로 페이스북, 인스타그램, 트위터, 유튜브 같은 웹사이트를 차단한다) 덕에 페이스북 같은 강력한 네트워크의 위협 없이 네트워크 효과를 형성할 수 있었고, 그와 동시에 후발 주자의 이점은 이점대로 모두 누릴 수 있었다. 대개 네트워크 효과가 존재하는 시장에서는 서로 선두로 치고 나가 경쟁업체들에 앞서 강력한 네트워크 효과를 만들어내려 한다. 후발 주자는 선발 주자의 시행착오에서 교훈을 얻어 혁신하고 선발 주자가 만든 네트워크 효과를 정복할 수 있는데, 이는 선발 주자에게 불리한 점이 된다. 그런데 위챗은 처음부터 달랐다. 위챗은 중국의 만리방화벽 뒤에 숨어 서구 세계의 소셜 플랫폼들의 혁신을 훔쳐볼 수 있었고, 후발 주자인데도 완벽하게 보호되는 중국의 거대 소셜 네트워크 시장 안에서 선발 주자로서의 이점을 누릴 수 있었다. 그 결과 마치 선발 주자처럼 발전할 수 있었고, 경쟁에 유리한 후발 주자로서의 이점 역시 모두 누릴 수 있었다. 결과적으로 세계에서 가장 포괄적인 소셜 플랫폼으로 성장하여 이제 10억 명이 넘는 사용자를 거느린 거대 소셜 플랫폼이 되었다.

단 한 친구의 '좋아요'를 보여주는 것만으로도 사용자들이 해당 광고를 클릭할 가능성은 무려 33.75%나 늘어났다. 이는 앞서 페이스북의 연구진이 발견한 클릭률의 증가보다 월등히 큰 것으로 우리 실험에서 발견된 다음 3가지 차이로 설명할 수 있다. 이 3가지 차이 덕에 우리는 사회적 신호들에 대해 더 뛰어난 통찰력을 갖게 되었다.

첫째, 페이스북 실험에서 그 어떤 사회적 신호도 사용하지 않는 통제 집단이 없었다. 그 실험들에서는 2~3개 사회적 신호를 가진 집단들과 1개 사회적 신호를 가진 집단을 비교했을 뿐이다. 반면에 우리가 한 실험에서는 처음으로 사회적 신호가 전혀 없는 상황에서부터 단 1개만 있는 상태까지 광고 메시지 설득력을 평가하여 사회적 신호의 순수한 설득 효과를 알아냈다.

둘째, 우리 실험에서는 '좋아요'를 사용자의 친구에게만 달도록 했다 (친구의 친구나, 친구의 친구의 친구는 허용하지 않았다). 반면 페이스북 실험에서는 소셜 네트워크 안에서 실제 광고를 본 사람과 여러 단계 떨어진 사용자들의 사회적 신호까지 보여주었다. 이는 사회적 연대감의 힘을 보여주는 좋은 증거였다. 친구들과 가까울수록 그들의 사회적 신호가 우리 행동에 미치는 영향 또한 큰 것이다. 이는 앞서 5장에서 살펴본 대로 페이스북의 로컬 네트워크 효과가 경쟁업체 마이스페이스를 제치는 데 큰 역할을 했다는 얘기를 뒷받침해주기도 한다.

셋째, 우리는 소셜 광고 효과가 제품에 따라 어떻게 달라지는지 조사했는데, 실제로 제품에 따라 광고 효과가 다르게 나타났다. 광고에 단 한 친구의 '좋아요'만 추가해도 가장 성공적인 소셜 광고의 경우 클릭률은 무려 270%까지 올라갔다. 실험은 무작위로 진행되어 순전히 인과관계의 관점에서 조사했다. 광고에서 사회적 신호를 보여주는 것 외에 다른 변화는 전혀 없었다. 39개 제품은 사회적 신호들로 광고 효과가 크게 올랐고, 32개 제품은 효과가 전혀 없었다(사회적 신호를 추가해 광고 효과가 떨어진 경우는 없었다).

사회적 신호로 광고 효과가 가장 큰 제품은 하이네켄 맥주였다. 그 효과가 무려 270%나 증가했다. 광고 효과가 가장 적었던 제품(잊지 마라. 32개 제품은 광고 효과가 전혀 없었다)은 디즈니로 21% 정도 상승했다. 그래서 다음과 같은 의문이 제기되었다. 소셜 광고에 적합한 제품은 대체 어떤 범주의 제품인가? 사회적 신호에도 불구하고 제품에 대한 의견이 바뀌지 않는 이유는 무엇인가? 답을 찾기 위해 우리는 데이터를 제품 범주별로 세분화한 다음 다시 광고 효과 상승률을 살펴보았다.

제품 범주별로 소셜 광고 효과를 살펴보니 확실히 차이가 있었다(〈그림 8-5〉 참조). 광고 효과가 가장 큰 범주는 식품과 패션, 자동차였다. 음료와 보석류 역시 광고 효과가 컸다. 부동산과 보험, 금융 서비스는 광고 효과가 중간쯤 되었다. 광고 효과가 가장 적은 범주는 신용카드와 전자상거래 플랫폼이었다. 어째서일까? 범주에 따라, 제품에 따라 사회적 신호가 광고 효과에 미치는 영향이 다른 이유는 무엇 때문일까?

제품의 중요도가 사회적 신호들로 인한 광고 효과에 영향을 주는

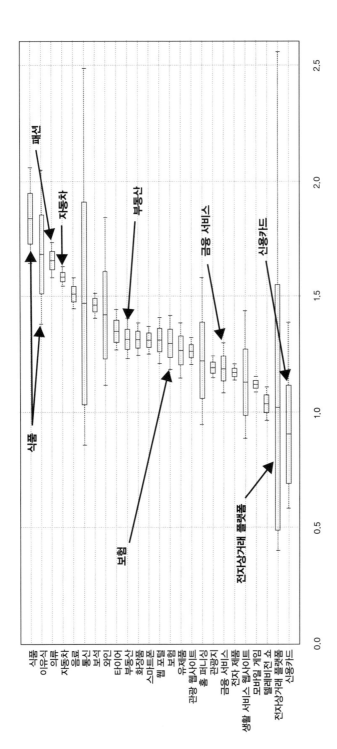

그림 8-5. 제품 범주별 광고에서 사회적 신호가 클릭률에 미치는 영향. 이 그래프는 제품별로 친구의 '좋아요'를 보여주는 것과 위쪽 상에 나타난 광고들의 클릭률 간의 평균 관계를 보여준다. 그래프에서 오른쪽에 있는 제품(식품, 패션, 자동차 등)일수록 광고에 친구의 '좋아요'를 보여준다면 해당 광고를 클릭할 가능성이 그만큼 크다.

듯했다. 어떤 제품은 친구들과의 사회적 비교와 관련해 우리의 욕구를 채워준다. 고급 시계나 값비싼 자동차와 같이 사회적 지위를 올려주는 제품들을 예로 들어보자. 사람들은 그런 제품들을 단순히 사용하고 즐기려는 목적에서뿐만 아니라 자신의 사회적 지위를 과시하려는 목적에서도 구매한다. 우리의 가설에 따르면 이처럼 사회적 지위를 높여주는 제품은 사회적 영향력 또한 큰 듯했다. 그래서 사회적 지위를 높여주는 제품과 이와 상관없는 제품 간의 차이를 테스트해본 결과, 전자의 제품이 후자의 제품에 비해 사회적 신호로 인한 광고 효과가 훨씬 컸다.

위챗 연구에서 우리가 발견한 바에 따르면 하이프 머신의 세계에서 사람들은 제품과 행동에 따라 달리 반응했다. 하이프 머신이 소셜 네트워크 안에서 각종 정보와 아이디어, 제품, 행동을 어떻게 퍼뜨리는지는 명확히 밝혀진 바가 없다. 각 행동과 제품, 아이디어는 나름의 특징을 띠고 있어서 사회적 영향에 의해 퍼지는 정도가 각기 모두 다르고, 동질성 선호 현상에 대한 반응 또한 그러하다. 어떤 아이디어와 제품들은 사회적 전파가 빠르고 어떤 아이디어와 제품들은 그렇지 않다. 그런데 우리가 원한다면 사회적으로 전파가 잘되는 제품을 만들 수 있을까?

우리의 감정을 자극하는 입소문 기획

초사회화 세계에서 첫 번째 전략은 이미 존재하는 제품과 아이디어의 마케팅에 대한 것이다. 그러나 초사회화에 대한 광범위한 접근 방식을 취하려면, 제품이나 아이디어의 개발 단계로 되돌아가 그 설계 과정을 들여다봐야 한다. 행동 변화에 관심 있는 마케팅 전문가나 정치인이라면 단순히 '새로운 소셜 시대'에 어떻게 제품과 아이디어, 콘텐츠를 널리 퍼뜨릴 수 있을지 물을 게 아니라 다음과 같이 더 깊이 있는 질문을 던져야 한다. 어떻게 해야 제품과 아이디어를 처음부터 사회적으로 널리 공유되게 설계할 수 있을까? 이것이 바로 입소문 기획, 즉 제품과 아이디어와 콘텐츠를 친구들 사이에 더 널리 공유될 수 있게 기획하는 것이다.

입소문 기획은 새로운 것이 아니다. 《성경》에서는 아주 오랜 옛날부터 있었던 것이다. 사실 복음 전도는 거의 모든 종교에 존재하며 종교를 퍼뜨리는 데 필수다. 특히 기독교에서는 처음부터 복음 전도가 매우 중시되었다. "너희는 온 천하에 다니며 만민에게 복음을 전파하라"(마가복음 16장 15절). "그러므로 너희는 가서 모든 민족을 제자로 삼아 아버지와 아들과 성령의 이름으로 세례를 베풀어라"(마태복음 28장 19절). 《코란》역시 복음 전도 '다와 da'wa'(사람들을 이슬람교도로 만들라)를 의무라고 가르친다. 만약 '입소문 내기'를 밀레니얼 세대의 전유물로 생각하고 있었다면 잘못 생각하는 것이다.

정보화 시대에 입소문 기획이란 입소문의 특성이나 기능을 개발하는 것이다. 조나 버거는 《컨테이저스: 전략적 입소문》에서 입소문 특성을 우리에게 공유하고 싶게 만드는 아이디어의 요건이라 했다.[271] 예를 들어 조나 버거와 캐서린 밀크먼은 가장 많이 공유된 〈뉴욕 타임스〉기사들에 관한 한 연구를 통해, 경외심 같은 긍정적인 감정이든 분노나 불안감 같은 부정적인 감정이든 감정을 자극하는 콘텐츠가 더 쉽게 입소문이 난다는 것을 발견했다.[272] 반면 감정을 덜 자극하거나 슬픔처럼 가라앉게 만드는 감정을 유발하는 콘텐츠는 입소문을 덜 탔다. 결과적으로 놀랍고 흥미진진하거나 실용적인 콘텐츠가 입소문이 많이 났다.

입소문 기능은 우리에게 공유하지 않을 수 없도록 만드는 제품이나 아이디어의 기획 요소이다. 적응과 참여, 공유를 만들어내는 강력한 전략이기도 하다. 디지털 시대 최초의 입소문 기획 중 하나인 무료 이메일 서비스 핫메일이 그 좋은 예이다.

1996년 처음 핫메일을 선보였을 때 잭 스미스Jack Smith와 사비어 바티아Sabeer Bhatia는 그 디자인에 입소문 기능을 더했다. 모든 이메일의 하단 서명에 "www.hotmail.com에서 무료 이메일 계정을 만들어보세요"라는 재치 있는 추신을 단 것이다. 동료나 친구들에게 전송되는 모든 메일이 핫메일을 소개하는 역할을 하게 된 셈이었고, 서명줄에 있는 링크가 바로 제품 채택으로 이어지는 길이 되었다.

핫메일은 1996년 7월 4일 서비스 개시 후 얼마 되지 않아 사용자 수가 100만이 되었다. 5주 후에는 200만이 되었으며, 유료 광고를 거의 하지 않고도 사용자 수가 매일 2만 명 이상 늘었다. 핫메일의 주요 투자사인 벤처 캐피털 기업 드레이퍼 피셔 저비슨의 총괄 이사 스티브 저비슨은 이런 말을 했다. "우리는 글로벌 네트워크상에서 핫메일의 확장 속도에 정말 놀랐습니다. 워낙 채택률이 빨라 무슨 바이러스 같았죠. 예를 들어 해외의 한 대학 도시에서 첫 사용자가 생기면 그 지역 회원 수가 삽시간에 불어나는 거예요. 역학적 관점에서 보자면 마치 제우스가 지구에 대고 재채기를 하는 듯했죠."[273]

조나 버거의 설명처럼 제품의 입소문 특성은 콘텐츠와 관련된 것으로, 콘텐츠 또한 친구들과 공유하려는 사용자의 욕구에 미치는 심리적 효과와도 관련이 있다. 예를 들어 가짜 뉴스의 입소문 특성은 놀람과 분노, 역겨움을 유발한다. 반면 어떤 제품의 입소문 기능은 그 제품이 어떻게 다른 사람들과 공유될 수 있게 디자인되었는가 하는 것과 관련 있다. 커뮤니케이션이나 알림 생성 기능을 더하고 웹사이트 및 웹로그에 제품의 하이퍼텍스트 심기 등으로 입소문을 타게 할 수 있다.

가장 널리 쓰이는 입소문 기능 2가지를 꼽자면 자동 알림 기능과 맞춤형 추천 기능이다. 자동 알림 기능은 사용자 활동에 따라 수동적으로 촉발된다. 어떤 사용자가 메시지를 보내거나 새로운 게시물을 올리면 그 사용자와 연결된 다른 사용자들에게 알림이 가는 식이다. 사용자가 인스타그램에 사진을 올리거나 스트라바에 운동한 기록을 올릴 때 이와 같은 소셜 네트워크 플랫폼들은 대개 친구들에게 그것을 알려준다. 반면 디지털 추천 기능은 알림보다 더 맞춤화되고 타기팅된 기능이다. 사용자들은 적극적으로 친구들을 선정해 받아들이고, 개인적인 메시지들을 추천 속에 포함할 수도 있다. 그렇다면 어느 쪽이 더 강력한 입소문 기능을 할까? 이를 알아보기 위해 딜런 워커와 나는 페이스북에서 할 수 있는 대규모 무작위 실험을 고안했다.[274]

우리는 페이스북 영화 앱을 개발 중인 한 기업과 공동 실험을 했는데, 이 앱을 쓰면 사용자들은 친구들과 함께 곧 나올 영화들에 관한 글을 읽을 수 있고 영화표 예매는 물론 후기도 쓸 수 있으며 유명인들을 '친구'로 추가할 수도 있다. 페이스북에 영화 문화를 접목하기 위해 만들어진 영화를 위한 소셜 앱이었다. 그 입소문 기능들의 효과를 테스트하기 위해 우리는 앱을 3가지 버전으로 만들었는데, 각 버전은 서로 다른 입소문 기능을 켰다 껐다 할 수 있었다. 우리는 사용자들에게 그 앱을 추천할 수 있게 해주는 맞춤형 추천 기능을 테스트했고, 앱 채택

페이지 링크와 함께 앱에서의 사용자 활동을 자동으로 페이스북 친구들에게 보내는 기능도 테스트했다.

앱에는 맞춤형 추천 기능으로 '친구 초대' 버튼이 게시되었다. 사용자가 그 버튼을 클릭하면 모든 페이스북 친구들의 명단이 나타났다. 그러면 사용자들은 초대하고 싶은 친구들을 선정하고 맞춤형 노트를 쓸 수 있었으며, 해당 앱을 다운로드할 수 있는 링크를 보낼 수도 있었다. 자동 맞춤 기능은 사용자가 앱상에서 하는 행동을 친구들에게 알려주는 일을 했다. 그래서 사용자가 영화 평점을 매기면 그 사용자의 모든 페이스북 친구들에게 알림이 가서 그 앱에 가입할 수 있게 하는데 일조했다. 예를 들어 내가 영화 〈터미네이터 2〉에 별 5개 중 4개를 매기면, 알림 기능이 작동하고 나의 모든 페이스북 친구들에게 자동으로 메시지가 전달되어 내가 매긴 영화 점수를 알려줄 뿐만 아니라 친구들에게 해당 앱을 내려받게 유도한다.

그렇게 해서 사용자들이 앱을 내려받으면 우리는 그들에게 미리 준비한 3가지 앱 버전 가운데 하나를 무작위로 보냈다. 각 버전은 서로 다른 입소문 기능이 상시로 작동할 수 있게 되어 있었다. 첫 번째 그룹은 맞춤형 추천 기능이 켜졌고, 두 번째 그룹은 자동 알림 기능이 켜졌다. 통제 집단의 경우 두 기능이 모두 꺼졌다. 그런 다음 우리는 각 버전이 페이스북 네트워크를 통해 관찰 중인 140만 사용자들 사이에서 자연스레 퍼지는 것을 관찰했다.

그 결과 우리는 추천 초대 기능이 알림 기능과 비교해 앱 채택 가능성을 높이는 데 3배나 더 효과적이라는 사실을 알게 되었다. 추천 초대 기능은 통제 집단과 비교했을 때 채택률이 6% 증가했지만, 알림 기능은 2% 증가에 그쳤다. 그러나 추천 초대 기능을 통해 전 세계적인 앱 확산율이 거의 2배 높아져 98% 증가했지만, 수동적인 알림 기능의 경우 그보다 훨씬 높은 246% 증가를 보였다. 추천 초대 기능이 메시지별 효과는 더 좋았지만, 전반적인 효과 측면에서 보았을 때는 알림 기능이 더 좋았다. 알림 기능이 더 많은 자동 메시지를 만들어냈고, 그 결과 더 많은 사람이 해당 앱에 노출되었기 때문이다.

추천 초대 기능은 사용자들의 앱 사용 기간을 17% 늘려주었지만, 알림 기능의 효과는 거의 없었다. 기존 사용자들이 친한 친구들에게 앱을 소개해 실제로 사용하게 되면 앱에 더 애착을 가져 더 오래 사용하게 된 것이다. 이 같은 결과로 미루어 보건대 앱 사용 기간이 늘어나는 것은 페이스북의 로컬 네트워크 효과 때문인 것 같았다. 각 사용자에게 앱의 가치는 단순히 얼마나 많은 친구가 그 앱을 사용하는가에 달린 게 아니라, 가장 친한 친구들이 그것을 사용하는가에 달린 것이다. 결국 플랫폼의 네트워크 효과를 높이는 데 가깝고 친한 사람들 간의 유대 관계가 그만큼 중요했다.

입소문 기획이 첨단 디지털 제품에만 적용된다고 생각한다면 잘못된 생각이다. 오늘날 우리가 생각해낼 수 있는 가장 아날로그적인 제품들조차 하이프 머신에 연결되고 있기 때문이다. 인류 역사상 가장 아날로그적인 제품 중 하나인 운동화를 예로 들어보자. 운동화를 하이프 머신에 연결하고 싶은가? 그렇다면 운동화에 컴퓨터 칩을 심어 앱을 통해 페이스북과 인스타그램 같은 소셜 네트워크에 연결하기만 하면 된다. '나이키 런 클럽' 앱이 바로 그것이다.

나이키는 사람이 달릴 때 생기는 열과 압력에서 발생하는 전기를 감지하는 칩을 만들어 운동화에 심었다. 그런 다음 그 칩에 송신기를 달아 2.4GHz 무선 라디오로 휴대전화 속 수신기와 교신하게 했다. 그 데이터는 당신의 발과 휴대전화 사이에 무선 전송이 일어나는 동안 암호화된다. 그러면 달릴 때의 기온 등 다른 정보와 함께 그 데이터를 페이스북, 트위터, 인스타그램 등에 공유할 수 있었다. 앞서 온라인 운동 전염 연구에서 살펴보았듯이 이런 종류의 입소문 기획들은 네트워크상에서 달리기의 사회적 영향을 전염시킨다. 각종 장치가 점차 스마트해지면서 입소문 기획은 더욱 사회화되고 있으며 하이프 머신의 범위 또한 아날로그 세계로까지 확대되고 있다. 그리고 앞서 가짜 뉴스 연구에서 보았듯이 잘못된 정보들이 가장 충격적이고 선정적인 콘텐츠로 우리의 감정을 자극하면서 입소문을 타 널리 퍼지고 있다.

인플루언서 마케팅

2009년 아리엘 차나스Arielle Charnas는 뉴욕의 미트패킹 디스트릭트에 있는 의류업체 떠어리에서 일하면서 패션 블로그를 시작했다. 아리엘 차나스는 자신의 브랜드에 섬씽 네이비Something Navy라는 이름을 붙이고 일명 '격조 높은 기본elevated basic'이라고 칭하며 자신의 스타일 팁을 다양한 소셜 미디어 플랫폼을 통해 공유했다. 그러다가 2010년 인스타그램이 출시되자 이 채널에서도 게시물을 올리기 시작했다. 게시물들에 실린 그녀의 외모와 스타일은 패셔너블했다. 나아가 그녀는 가족에 관한 이야기도 자주 올렸다.

아리엘 차나스의 영향력은 대단했다. 2016년 그녀가 겔 타입의 마스크팩을 스냅챗에 올리자 하루 만에 1만 7,565달러어치의 제품이 팔렸다. 그런 식으로 한 달간 팔렸다면 52만 7,000달러, 1년간 팔렸다면 거의 640만 달러에 달하는 매출이었다.[275] 차나스가 미국 유통업체 노드스트롬과 처음 내놓은 의류 브랜드는 24시간 만에 100만 달러어치가 팔렸다. 이후 그녀가 두 번째 의류 브랜드를 내놓자 노드스트롬의 웹사이트는 폭발했다.[276] 출시 후 1시간도 채 되지 않아 노드스트롬 홈페이지가 다운될 정도였고, 400만 달러에서 500만 달러 사이의 매출을 기록했다. 이는 노드스트롬이 가수 비욘세나 리한나와 함께 출시한 브랜드의 매출을 뛰어넘는 기록이었다.

세계적인 온라인 패션 잡지 패셔니스타닷컴 Fashionista.com의 편집장 타일러 맥콜이 아리엘 차나스에게 소셜 미디어가 그녀의 삶에 어떤 의미를 지니고 있는지 묻자 이렇게 답했다. "소셜 미디어는 제 모든 것입니다. 제가 패션 전문가로서 경력을 쌓을 수 있었던 것도, 패션 사업을 할 수 있었던 것도 모두 소셜 미디어 덕분이죠. 소셜 미디어가 없었다면 제가 뭘 할 수 있었을지 모르겠어요. 제 사업이 도약할 수 있었던 건 인스타그램 덕입니다. 물론 블로그도 멋지고 지속 가능성 있지만, 인스타그램에서처럼 활발한 활동을 벌일 순 없었거든요."[277]

아리엘 차나스는 하이프 머신 덕에 '인플루언서'로 떠오른 전형적인 인물로 현재 자신의 브랜드로 많은 사람의 행동 변화를 이끌어내고 있다.* 그녀는 지금 130만이 넘는 인스타그램 팔로워를 거느리고 있으며, 여러 소셜 미디어 플랫폼에서 강력한 존재감을 과시하고 있다. 인플루언서 10명 중 1명이 사회에서 사람들의 행동 변화를 이끌어낸다[278]는 개념은 1950년대에 폴 라자스펠드와 엘리후 카츠가 '2단계 유통 모델' 이론을 내놓은 이래 학계에서 통용되어온 개념이다. 2단계 유통 모델은 말콤 글래드웰이 《티핑 포인트》에서 소개해 일반 독자들에게 널리 알려지게 되었다.[279] 그러나 하이프 머신 덕에 이제는 많은 사람이 여러 인플루언서에게 다가가기 쉬워졌고, 인플루언서들은 다른 사람들에게 영향을 주며 명성을 쌓아갈 수 있게 되었다. 대중 설득 규모가 커지면서 인플루언서들의 영향력 또한 커진 것이다.

그것이 상품 브랜드이든 인도주의적인 대의이든 이제 우리 모두 하이프 머신상에서 대중 설득을 할 수 있는 도구를 갖추게 되었다. 하이프 머신 덕에 일부 인플루언서들은 자신들의 영향력을 이용해서 돈을 벌기도 한다. 나아가 각종 브랜드와 기업, 정부는 그러한 인플루언서들을 관찰하고 평가한 뒤 자신들의 제품이나 아이디어를 홍보하는 데 활용하기도 한다.

그렇다면 마케팅 전문가들은 하이프 머신상에서 가장 영향력이 큰 인플루언서를 어떻게 알아내고, 그 영향력에 대해 어떻게 평가할까? 가장 많이 이용하는 2가지 평가 척도는 인기도와 참여도다. 인기도는 인플루언서의 영향력이 미치는 범위로 주로 팔로워 수로 측정된다. 그리고 참여도는 인플루언서를 통한 팔로워들의 상호 작용 정도로 공개적으로는 팔로워들의 '좋아요'와 댓글로 측정되고 개인적으로는 캠페인 관리자들에 의해 클릭률과 전환율로 측정된다.

인기도와 참여도는 인플루언서들의 역량을 평가하는 데 좋은 출발점이지만 이 2가지 척도만으로는 그들의 영향력을 제대로 평가할 수 없다. 그들의 영향력을 제대로 평가하려면 행동 변화에 대한 세밀

· 영향은 양날의 검이기도 하다. 하이프 머신상에서 부정적 소셜 미디어 콘텐츠가 부정적 가치를 만들어내듯, 인플루언서들은 긍정적인 행동과 부정적인 행동 모두를 퍼뜨린다. 아리엘 차나스가 코로나바이러스 팬데믹이 기승을 부리는 상황에서 공공연히 비행기를 타고 뉴욕을 벗어나 여행을 다니자 보건 당국은 그녀의 그런 행동이 팔로워들에게 나쁜 영향을 주어 그대로 따라 하게 될 것이라며 주의를 주었다. 우리의 연구 결과 역시 소셜 미디어는 지리적·사회적 파급력을 갖고 있어 팬데믹 기간에 인플루언서들이 하는 행동은 사회적 거리두기 준수에 매우 큰 영향을 주는 것으로 나타났다.

한 분석이 필요하다. 인기도가 높다는 것은 발언권이 크다는 뜻이겠지만, 그렇다고 해서 영향력도 크다는 의미는 아니다. 영화배우 애쉬튼 커쳐를 예로 들어보자. 애쉬튼 커쳐는 하이프 머신의 초창기 인플루언서 중 한 사람이었다. 당시 그는 로스앤젤레스 405번 고속도로에 트위터에서 자신을 팔로잉해달라는 옥외 광고를 냈고, 수백만 팔로워를 거느린 인플루언서가 되어 있다. 그런데 지금 그의 영향력은 어느 정도나 될까? 공개 강연을 할 때 나는 사람들에게 트위터상에서 애쉬튼 커쳐를 팔로잉하고 있는 사람들은 손을 들어보라고 물어보곤 한다. 그러면 많은 사람이 손을 든다. 그런 다음 애쉬튼 커쳐가 제안한 일을 정말 그대로 해본 적이 있다면 다시 손을 들어보라고 물어본다. 그러면 손을 드는 사람이 거의 없다. 애쉬튼 커쳐야말로 대표적인 인플루언서인데 아무도 그의 제안대로 행동하지 않는다. 그렇다면 영향력이란 대체 무엇일까?

2020년 대통령 선거를 앞두고 한 그룹의 민주당 정치 자금 후원자들 앞에서 연설한다고 가정해보자. 민주당 지도부에서 "과연 효과가 있었나?"라는 의문이 제기될 수도 있다. 오바마의 연설이 보여준 영향력을 제대로 이해하려면, 연설을 들은 뒤 얼마나 많은 사람이 민주당의 대의를 위해 후원금을 냈는지를 아는 것만으로는 부족하다. 무엇보다 먼저 오바마의 열혈 지지자들이 그 연설장에 나타날 가능성이 크다. 오바마의 영향력을 정확히 파악하려면 민주당 후원자들이 그 연설을 듣지 않고도 후원금을 낼 가능성이 얼마나 될지를 알아야 한다.[280] 사람들의 행동 변화를 측정하려면 다음과 같은 가정을 해볼 필요가 있는 것이다. 오바마의 영향력이 없었다면 그런 행동 변화가 일어났을 가능성, 즉 후원금을 낼 가능성은 얼마나 되었을까?

영향력을 정확히 측정하려면 우리의 관점을 상관관계에서 인과관계로 옮겨야 한다. 행동 경향보다는 실제로 일어난 행동 변화에 대해 생각해야 한다.[281] 어떤 제품을 구매할 잠재력은 모든 사람이 가지고 있다. 따라서 다른 누군가가 내 구매 결정에 얼마나 많은 영향을 주었는지를 파악하려면, 그 사람의 메시지가 내 구매 가능성을 얼마나 높였는지를 측정해야 한다. 문제는 만약 당신이 그 제품을 구매하고 마음에 든다면, 그리고 당신과 내가 친구라면 동질성 선호 때문에 나 역시 이미 그 제품에 관심이 있을 가능성이 크다는 것이다. 서로 친구이니 제품에 대한 취향도 비슷하지 않겠는가? 게다가 이러한 이유로 광고 마케팅 대상 선정 원칙을 고려하면 우리 두 사람 모두 그 제품 광고에 노출되어 있을 가능성이 더 크다. 따라서 나는 당신의 영향을 받지 않고서도 그 제품을 구매할 수 있다. 이는 통계학적으로 엉킨 실타래와 같다. 딜런 워커와 나는 그 실타래를 풀고 싶었다. 그래서 한 가지 방법을 고안해 2012년 〈사이언스〉에 게재했다.[282] 이 방법을 쓰면 인플루언서를 찾아내 그 영향력을 측정하면서 이러한 문제들을 해결할 수 있었다. 앞서 입소문 기획 실험에서 언급한 영화 앱을 기억하는가? 우리는 그 실험을 활용해 거기서 한 걸음 더 나아갔다.

영화 앱 채택 결정에 미치는 사회적 영향을 측정하기 위해 우리는 그 영화 앱 사용자들의 친구 150만 명에게 무작위로 알림을 보냈다. 예를 들어 영화 〈터미네이터 2〉 평점을 매길 때 내가 준 평점이 내 모든 페이스북 친구들에게 전달되었지만, 우리는 한 걸음 더 나아가서 그 메시지 중 일부를 무작위로 차단했다. 그런 뒤 이를테면 알림을 받은 사람들과 그렇지 못한 사람들을 비교했고 그 비교를 통해 사람들이 사회적 영향에 얼마나 민감한지를 측정했다. 우리는 나이, 성별, 관계 정도 등 여러 특징을 고려해 실험을 시행했다. 이와 함께 이성끼리 메시지를 주고받았을 때 남성이 여성에게 메시지를 보냈거나 여성이 남성에게 메시지를 보냈을 경우의 특징도 분석했다.

우리는 무작위 샘플링을 활용해 남성과 여성 간의 영향과 민감성을 측정할 수 있었고, 나이에 따라 그 영향이 늘어나는지 줄어드는지도 평가할 수 있었다. 우리가 밝혀낸 바에 따르면 전체적으로는 남성이 여성보다 영향력이 더 컸으며, 여성은 다른 여성들에 대한 영향력보다는 남성들에 대한 영향력이 더 컸다. 그리고 중장년 층은 젊은 층보다 영향력은 더 컸으나 다른 사람들의 영향을 받을 가능성은 더 낮았고, 결혼한 사람들은 우리가 연구한 제품을 구매하기로 마음먹는 데 다른 사람들의 영향을 가장 적게 받았다.

나는 영국의 한 공개 강연에서 이 실험 결과를 이야기하며 두 사람이 결혼하면 어떤 식으로 유대 관계가 긴밀해지고 매사에 조화를 이루는지 설명했다. 그것은 결혼한 사람들이 다른 사람들의 영향을 덜 받는 이유를 설명해줄 수 있었다. 결혼한 두 사람은 이제 뭔가를 하려면 사전에 서로 합의를 해야 한다. 공개 강연 당시 케임브리지 대학 산지브 고얄Sanjeev Goyal 교수가 다음과 같이 말했다. "시난, 나는 의견이 좀 다릅니다. 그게… 내 경우에는 아내에게 먼저 물어보지 않고서는 아무것도 할 수 없거든요." 그의 말에 사람들은 웃음을 터뜨렸다. 물론 두 설명 모두 일리 있는 말이지만, 우리는 아직 정확한 이유에 대해서는 합의하지 못했다. 하지만 한 가지는 분명하다. 이 모든 결과는 우리가 연구했던 영화 앱의 경우에 한한 것이다. 우리가 연구하지 않은 제품을 구매할 때는 대개 남성보다 여성이 더 영향력이 컸다. 그런데 우리는 다른 사람들에 대한 영향력과 다른 사람들의 영향에 대한 민감도가 네트워크와 어떤 관계가 있는지와 관련해 다음과 같은 몇 가지 규칙성을 발견했다. 이는 인플루언서들을 어떻게 선정할 것인지와 관련된 규칙성이기도 하다.

첫째, 영향력 있는 사람은 대체로 다른 사람들로부터 영향을 거의 받지 않는다. 반대로 다른 사람들의 영향을 크게 받는 사람은 대체로 영향력이 없는 사람이었다. 누군가가 영향력이 크다는 것은 곧 그(또는 그녀)의 메시지가 자신과 연결된 사람들의 행동에 변화를 주는 때가 많은 반면 다른 사람들의 영향을 받아 자신의 행동이 변하는 경우는 거의 없다는 의미이다. 우리가 조사한 150만 명에게서 확인할 수 있었던 영향력과 민감도 사이의 상충적인 특성은 어떤 면에서는 많은 비판론자의 반대에도 굴하지 않고 꿋꿋하게 자신의 신념을 밀고 나가는 선구자적 혁신가들의 특성이기도 하다. 스티브 잡스나 그보다 약 1세기 전의 알베르트 아인슈타인처럼 일반적 사고의 틀에 과감히 도전한 기업가나 선구자들의 특성 말이다. 행동과학자 프란체스카 지노 Francesca Gino 는 이런 사람들을 가리켜 '반란군'이라 부르는데, 이들은 자신의 비전에 충실하며 대체로 다른 사람들의 의견에 좌지우지되지 않는다. 소셜 미디어에서는 '팔로워 비율', 즉 누군가의 팔로워 수와 그 사람이 팔로잉하는 사람 수의 비율로 드러난다. 다른 사람들에 대한 영향력과 다른 사람들의 영향에 대한 민감도 간의 상충적인 면을 잘 보여주는 예가 바로 도널드 트럼프 미국 전 대통령과 팝 가수 테일러 스위프트다. 트럼프는 팔로워가 7,200만 명이나 되는데 팔로잉하는 사람은 47명밖에 되지 않고, 테일러 스위프트는 팔로워가 8,500만 명이나 되는데 팔로잉하는 사람은 단 한 명도 없다.

둘째, 네트워크 내에서 인플루언서의 위치는 그들의 전반적인 영향력이란 관점에서 매우 중요하다. 연구 결과에 따르면 소셜 미디어 네트워크에는 두 부류의 인플루언서가 있다. 한 부류는 또 다른 인플루언서와 연결되어 있지만, 다른 부류는 상대적으로 영향력이 덜한 사람들과 연결되어 있었다. 또 다른 인플루언서와 연결된 인플루언서들은 네트워크 안에서 자신의 영향력을 더 폭넓게 확산시키는 경우가 많았다. 그러나 영향력 있는 친구들이 부재한 인플루언서들은 자신의 분야 안에서는 그 어떤 인플루언서 못지않은 영향력을 발휘했지만 그 영향력을 더 널리 확산시키지는 못했다.

셋째, 군집화와 영향력 사이에 어떤 관계가 있었다.[283] 우리의 페이스북 실험에서는 메시지들이 무작위로 발송되었기 때문에 사회적 영향이 인플루언서와 그 친구들이 가진 관계 수에 따라 어떻게 달라지는지를 시험해볼 수 있었다. 당신의 친구 관계를 떠올려보라. 일부 친구들과는 많은 관계를 공유할 수 있겠지만(당신은 이런 사람들로 이루어진 커뮤니티 속에 존재한다), 또 다른 친구들과는 거의 공유하지 않을 수도 있다. 그런데 연구 결과에 따르면 우리는 서로 아는 친구 관계를 많이 공유한 친구들에게 더 큰 영향력을 미친다. 다시 말해 영향력은 친구 관계로 끈끈한 유대를 맺은 사람들 사이에서 가장 강하게 발휘된다.

긴밀한 친구 관계로 연결된 하이프 머신 내 무리 속에서는 유사점은 늘고 차이점은 줄게 된다. 당연한 귀결이겠지만 결국 무리와 무리 간에는 유사점은 줄고 차이점은 늘게 된다. 이는 왜 입소문 기획이 네트워크 전체에 걸쳐 폭넓은 행동 변화를 일으키기보다는 주로 채택한 사람들 사이에서 국지적인 행동 변화를 일으키는가를 설명해준다. 이는 우리가 친밀하지 않은 사람들보다는 끈끈한 유대 관계를 맺고 있는 가까운 사람들끼리 서로 영향을 주고받는 경향이 있기 때문이다.

마지막으로 당연하게도 영향력은 같은 사회적·제도적 상황을 공유하는 사람들 사이에 더 잘 퍼진다. 우리는 같은 제도를 공유하는 친구들 사이에서 영향력이 125% 더 잘 전파된다는 사실을 알아냈다. 예를 들어 영향력은 다른 대학에 다니는 친구들보다는 같은 대학에 다니는 친구들 사이에서 1,355% 더 잘 퍼졌다. 그리고 다른 도시에 사는 친구들보다 같은 도시에 사는 친구들 사이에서 622% 더 잘 퍼졌다. 반면 같은 고향에서 자란 것은 영향력 전파와 별 관계가 없었다. 이는 과거보다는 최근의 사회적 상황 공유가 중요하다는 것을 시사한다. 이러한 결과는 하이프 머신 내에서 영향력이 어떻게 발휘되는지 그리고 영향력 있는 인플루언서들을 어떻게 찾아낼 것인지와 관련한 지식을 제공한다.

인플루언서 마케팅 전문가들이 가장 어려워하는 문제는 자신의 아이디어나 제품을 가장 널리 알릴 수 있는 인플루언서를 찾는 일이다. 이 마케팅 전문가들은 비교적 소수의 사람에게만 자신의 '씨앗'을 뿌린다. 인플루언서라는 이름으로 영향력 있는 사람을 채용하거나 무료로 제품을 보내 직접 써보길 권하거나 아니면 자신들의 아이디어나 제품을 제시하고 의견을 묻는다. 그렇다면 씨앗을 뿌릴 사람들은 또 어떻게 선정해야 할까? 이는 컴퓨터 과학과 경제학, 마케팅 분야에서 많은 연구가 이루어진 문제로 흔히 '영향력 최대화 문제'라고 알려져 있다.

영향력 최대화

마케팅 전문가들은 능력이 탁월한 인플루언서들을 어떻게 찾아낼까? 말콤 글래드웰의 《티핑 포인트》를 통해 널리 알려진 영향력 최대화 문제는 《마스터 알고리즘》의 저자인 페드로 도밍고스와 맷 리처드

슨에 의해 2001년 공식적으로 제기되었다.[284] 한 가지 확실한 접근법은 팔로워가 가장 많은 사람, 즉 유명인을 선택하는 것이다. 엄청난 영향력을 지닌 모델 겸 영화배우 킴 카다시안과 같은 유명인들로부터 인플루언서 마케팅을 시작하는 것이다. 인플루언서를 무작위로 선택하기보다는 인기 있는 유명인을 택하는 편이 효과적인 접근 방식이다. 그러나 시간이 지나면서 마케팅 전문가들은 다음과 같은 문제점들을 깨닫기 시작했다. 첫째, 인기 있는 사람들은 대체로 서로 연결되어 있어서 그들의 팔로워 네트워크는 중복되었다. 결과적으로 그들의 영향력 또한 중복되었다. 둘째, 그들의 영향력은 돈을 주고 사기에는 너무 비쌌다. 킴 카다시안의 경우 인스타그램에 게시물을 하나 올리는 데 무려 50만 달러를 요구했는데,[285] 그녀의 영향력을 활용하려면 엄청난 비용이 발생했다. 마지막으로 특정 인플루언서의 메시지가 제대로 전파될지를 예측하는 게 쉽지 않아 마케팅 전문가들은 인플루언서의 영향력이 매우 변동이 심하다고 말한다. 따라서 비용이 많이 드는 인플루언서를 선택하는 전략은 비효율적이다. 비용 대비 효과가 낮은 것이다.

'친구 관계 역설'이란 통계학적 규칙을 토대로 또 다른 전략이 나왔다(3장 참조). 친구 관계 역설은 '대부분 자신의 친구보다 친구의 친구가 더 많다'는 통계학적 규칙이다. 이 규칙에 따르면 무작위로 선정된 사람들의 친구들은 서로 밀접하게 연결된 경우가 많다.[286] 그래서 마케팅 전문가들은 더 효과적인 방식으로 인플루언서를 선정할 수 있다. 즉 불필요한 중복을 줄이거나 인플루언서 수를 줄이는 방식으로, 또 시골 마을들에서처럼 소셜 네트워크가 알려지지 않았거나 사용하는 데 비용이 많이 들 때 인플루언서 마케팅 캠페인이 제대로 진행될 수 있게 해주는 방식으로 인플루언서들을 선정하는 것이다.

이런 전략을 통해 효과적으로 인플루언서들을 찾아내기 위해 마케팅 전문가들이나 공중보건 담당자들은 2단계 방법을 사용한다. 먼저, 어떤 아이디어나 행동을 퍼뜨리고자 하는 사람들을 상대로 무작위 샘플 수집 작업을 한다. 그런 다음 그렇게 무작위 샘플 수집된 사람들의 친구들을 상대로 다시 또 무작위 샘플 수집 작업을 한다. 이 2단계 방식을 통해 네트워크상에서 많은 사람과 연결된 사람들을 찾아낸다. 서로 연결될 가능성이 낮은 사람들과 폭넓게 연결된 사람들을 찾아내는 것이다.

니컬러스 크리스타키스 연구진은 이 전략을 활용해 2012년 온두라스 렘피라 지역 시골 마을 32곳의 주민을 상대로 종합 비타민 복용 확대 캠페인을 벌였다.[287] 그들은 마을 전체를 세 그룹으로 나누어 그룹당 무작위로 9개 마을을 분류해 넣은 다음, 각 그룹에 종합 비타민 복용 확대를 위해 각기 다른 인플루언서 마케팅 캠페인 전략을 썼다. 첫 번째 그룹은 가장 인기 있는 개인(상위 5%)을 상대로 '씨앗'을 뿌렸다. 종합 비타민 60알이 든 병을 하나씩 나누어준 다음, 비타민의 이점에 대한 건강 정보를 제공하고 마을 사람들과 나누어 먹는다면 종합 비타민을 보충해줄 구매권을 주는 등의 일을 한 것이다. 두 번째 그룹은 인플루언서들에게 같은 제품과 정보를 제공하되 2단계 방식으로 네트워크에 씨앗을 뿌렸다. 즉, 먼저 마을 사람들을 상대로 무작위 샘플 수집 작업을 한 뒤, 그렇게 수집된 사람들의 친구들을 대상으로 다시 무작위 샘플 수집 작업을 했다. 세 번째 그룹은 무작위로 뽑은 주민의 5%를 대상으로 종합 비타민과 각종 건강 정보, 추가 구매권을 제공했다.

이 실험의 결과 두 번째 그룹이 다른 두 그룹보다 훨씬 좋은 성과를 보였다. 비타민 보충 구매권을 훨씬 많이 쓴 것이다. 2단계 방식을 적용한 마을은 비타민 보충률이 74%였으나, 나머지 두 그룹은 61%, 66%에 그쳤다.

그런데 이 전략은 효과가 있는 것은 분명했지만 눈에 띄는 단점도 있다. 우선, 영향력이 큰 사람일수록 다른 사람으로부터 영향을 받을 가능성은 더 낮았다. 가장 인기 있는 유명인이든 2단계 방식으로 선정된 사람들이든 마음을 움직이는 데 더 큰 비용이 든다.

둘째, 인기도와 참여도는 반비례하는 경향이 있다. 따라서 팔로워가 많은 인플루언서일수록 특정 팔로워에 대한 그 인플루언서의 영향력은 낮았다. 인간은 소셜 미디어상에서 알게 되는 그 많은 사람과 일일이 의미 있는 교류를 하는 게 쉽지 않다. 그래서 자신이 속한 네트워크가 커지면 팔로워들과의 교류는 약화된다. 미디어업계 연구에 따르면, 인스타그램 인플루언서는 팔로워 수가 많을수록 게시물에 달리는 팔로워들의 '좋아요' 수는 줄어든다.[288] 팔로워들의 입장에서 팔로워 수가 많은 인플루언서는 팔로워 수가 적은 인플루언서보다 덜 친밀하게 느껴지기 때문이다. 팔로워 수가 1,000~5,000명인 인플루언서들의 게시물에 대한 팔로워들의 '좋아요' 평균 비율은 8.8%인데 반해, 팔로워 수가 5,000~1만 명인 인플루언서의 경우는 6.3%이며, 팔로워 수가 100만이 넘는 인플루언서는 3.5%이다. 인플루언서의 인기가 높아질수록 팔로워들에 대한 장악력은 약해지는 것이다.

이탄 박시 등은 일명 '평범한 ordinary 인플루언서'[289]를 상대로 '씨앗'을 뿌리는 또 다른 전략을 제시했는데, 평범한 인플루언서란 팔로워 수는 적지만 게시물에 대한 팔로워들의 참여도는 높은 인플루언서를 가리킨다. 팔로워들의 참여를 끌어내기가 더 쉬운 것이다. 파람비어 딜론과 함께 실시한 연구에 따르면 이런 접근 방식은 확실히 효과가 있었다. 소셜 미디어 데이터를 토대로 테스트한 우리 모델들에 따르면, 상대적으로 유대 관계가 덜 끈끈하고 덜 중앙 집중적인 사람들을 상대로 씨앗을 뿌리는 게 가장 효과적이며 그런 사람들이 친구들과의 유대 관계도 더욱 강했다.[290] 우리의 연구 결과는 팔로워 수가 아주 적은 '마이크로 인플루언서microinfluencer'와 '나노 인플루언서nanoinfluencer'의 중요성을 잘 보여준다. 그리고 바로 이런 이유로 최근 몇 년 사이에 그런 인플루언서를 상대로 한 마케팅도 탄생했다.

인플루언서 마케팅과 마이크로 인플루언서에 관한 연구를 통해 얻은 한 가지 중요한 교훈은 관심의 중요성이다. 다양한 마이크로 인플루언서를 확보하는 게 유명한 인플루언서를 확보하는 것보다 마케팅 효과가 더 좋은데, 그 이유는 마이크로 인플루언서의 경우 불필요한 중복 없이 네트워크의 여러 부분에서 관심을 퍼뜨릴 수 있기 때문이다. 그들은 비록 영향력은 적지만 팔로워들의 관심에 대한 장악력이 커서 적은 비용과 노력으로 팔로워들로부터 더 높은 참여도를 끌어낼 수 있다.

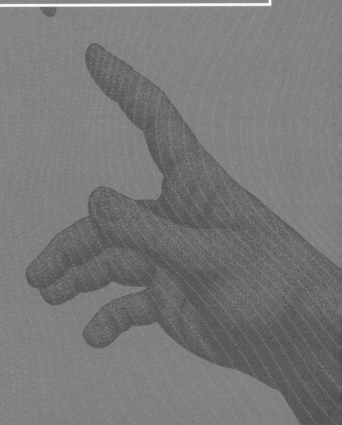

9장

The Attention Economy and the Tyranny of Trends

관심 경제와 트렌드의 횡포

풍요로운 정보 속에서 빈곤한 관심이 생겨나고 있다.

—허버트 사이먼

　　　　　2016년 9월, 지금은 불명예 퇴진
한 케임브리지 애널리티카의 최고경영자 알렉산더 닉스는 뉴욕에서
열린 콘코디아 연례 정상 회의에서 당당한 걸음으로 무대에 올랐다.
그를 상징하는 노래 〈배드 문 라이징Bad Moon Rising〉(크리던스 클리어워
터 리바이벌)이 울려 퍼지는 가운데 '빅 데이터가 전 세계 선거에 미치
는 힘'이라는 주제로 강연이 시작되었다.[291]

　나는 알렉산더 닉스나 그 강연장에 있던 그 누구도 그 노래 가사가
무엇을 예언하는지 알지 못했을 것으로 생각한다. 그로부터 꼭 18개
월 후인 2018년 3월 닉스는 비밀리에 찍은 한 동영상에서 모습을 드
러내는데, 영상에는 그가 온라인에서 가짜 뉴스를 퍼뜨려 전 세계 여
러 선거에 영향을 주었다는 내용이 담겨 있었다.[292] 바로 그달에 닉스
는 케임브리지 애널리티카의 최고경영자 자리에서 쫓겨났고 두 달 후
에는 회사가 문을 닫았다.

　2016년에만 해도 알렉산더 닉스는 데이터를 기반으로 하는 광고업

계에서 떠오르는 샛별이었다. 그가 이끌던 회사는 이제 막 테드 크루즈 상원의원의 대통령 선거 운동을 마친 상태였다. 닉스의 이야기에 따르면 당시 테드 상원의원은 "이름도 알려지지 않고, 인기도 없는 공화당 대통령 후보 중 한 명"에서 "도널드 트럼프 후보를 위협하는 유일한 경쟁자"로 떠올랐다. "어떻게 해서 그가 그렇게 될 수 있었을까요?" 닉스는 조금이라도 빨리 그 비밀을 알려주고 싶어 미치겠다는 표정으로 콘코디아 연례 정상 회의에 모인 사람들에게 물었다. 그러고는 이렇게 말을 이었다. "오늘날 대부분의 커뮤니케이션 기업들은 여전히 자사의 고객들을 인구 통계 및 지리학적 데이터로 분류하는데요. 그건 정말 어처구니없는 생각입니다. 그러니까 모든 여성은 자신의 성별 때문에 같은 메시지를 받아야 하고, 모든 아프리카계 미국인 여성은 자신의 인종 때문에, 그리고 모든 노인, 모든 부자, 모든 젊은이는 자신들의 인구 통계학적 분류 때문에 같은 메시지를 받아야 한다는 건데 이건 말도 안 되는 거죠." 이어서 닉스는 케임브리지 애널리티카가 이런 접근 방식을 어떻게 변화시켰는지에 관해 말했다. "우리는 미국에 사는 모든 성인의 성격을 예측하는 모델을 만들 수 있었습니다. 여러분이 만약 광고 대상으로 삼는 사람들의 성격을 제대로 파악한다면, 핵심 고객 그룹과 더 효과적으로 공감대를 형성할 메시지를 만들 수 있습니다. 우리는 광고 대상 고객들에 대한 방대한 개인 데이터를 활용해 어떤 메시지가 어떤 고객들의 마음에 호소할 수 있을지를 정확히 알아낼 수 있습니다. 수억 명의 사람들이 같은 우편 광고, 같은 텔레비전 광고, 같은 디지털 광고를 보고 있다는 생각은 이제 죽었습니다. 오늘날 커뮤니케이션은 대상 중심으로 흘러가고 있습니다. 모든 사람에게 맞춤화되고 있는 것입니다."

하이프 머신은 대체 어떻게 경제나 사회 전반에 걸쳐 행동 변화를 일으킬 수 있는 것일까? 이 의문에 답하려면 먼저 한 발 뒤로 물러서서 경제학자들이 그 본질이 '관심 경제'라고 얘기하는 소셜 미디어 경제의 구조와 기능을 제대로 이해해야 한다. 그리고 그 관심 경제의 작동 원리와 관련된 각종 의문에 가장 적절한 답을 줄 수 있는 사람은 아마 우리가 '게리 비 Gary Vee'라고 부르는 인물일 것이다.

#AskGaryVee

솔직히 말해 나는 게리 바이너척 Gary Vaynerchuk에 회의적이었다. 흔히 '게리 비'라 불리는 그는 지나치게 자신만만하고 원칙만을 고수한다. 바이너미디어 VaynerMedia의 설립자 겸 최고경영자이기도 한 그는 정곡을 찌르는 어휘들을 즐겨 사용하기로 유명하다. 언뜻 보기에 서커스 광대 비슷하다. 그와 나는 교육에 관한 가치관이 다르다. 게리는 종종 10대나 20대들에게 당장 학교를 중퇴하라고 조언한다(그가 이런 말을 할 때 여섯 살 난 내 아들의 귀를 막는 내 모습을 상상해보라). 그러니 내가 개인적으로 그를 회의적으로 보는 것을 양해해주기 바란다. 지금 와서 생각해보면 나는 그를 혐오했던 것 같다.

그런데 내가 틀렸다. 완전히 틀렸다. 교육과 관련해서가 아니라 게리 바이너척의 마케팅을 제대로 이해했는가 하는 문제와 관련해 잘못 생각하고 있었다. 그의 인스타그램 영상과 팟캐스트, 온라인 강연들을 보고 나서, 그가 한 기자와 텔레비전 인터뷰를 통해 자기 자신의 길을 저주하는 것을 보았을 때 나는 내가 그에 대해 얼마나 잘못 생각하고 있었는지 깨달았다. 나는 그의 콘텐츠를 더 깊이 파고들었는데, 반은 귀 기울이고 반은 혐오하다가 어느 순간 그의 말들이 일리가 있다는 것을 알게 되었다. 그러자 그 순간 그의 콘텐츠 가치와 조언들이 이해되기 시작했다. 그가 필요로 하는 한 가지, 즉 내 관심을 사로잡고 유지하는 데 성공했기 때문이다. 어떻게 그럴 수 있었을까?

그렇다. 게리 비는 얄팍한 술책이나 부리는 사람이 아니었다. 그는 디지털 경제를 움직이는 핵심 개념에 나름대로 깊은 철학을 가지고 있다(그는 그 핵심 개념이 모든 경제를 움직인다고 주장한다). 그는 내가 알고 있는 그 누구보다 디지털 소셜 미디어를 토대로 하는 오늘날의 경제 본질을 정확히 꿰뚫고 있다. 즉, 오늘날의 경제는 확고하게 '관심 경제'라는 것이다. 그는 "관심은 비즈니스계의 화폐다"라는 말을 즐겨 쓴다. 실제로 관심은 하이프 머신 내의 화폐 혹은 (기계에 비유하면) 연료다. 관심은 주요 소셜 미디어 플랫폼들이 채택한 비즈니스 모델의 원동력이기도 하다. 소셜 미디어 플랫폼들은 전 세계적인 규모의 행동 변화를 만들고자 애쓰는 기업이나 정부를 끌어들이기 위해 사람들의 관심을 놓고 치열한 경쟁을 벌인다. 그리고 관심을 받지 못하는 소셜 미디어 플랫폼들은 시들어 죽는다.

관심은 하이프 머신 내의 많은 고객과 유권자, 시민을 설득하려 애쓰는 기업과 정치인, 정부의 생명줄이기도 하다. 기업은 우리에게 자사의 최신 제품을 팔기에 앞서 먼저 우리의 관심을 끌어야 한다. 정치인은 우리를 설득해 자신들에게 표를 던지게 하기에 앞서 먼저 우리의 관심을 끌어야 한다. 정부는 우리를 설득해 우리 아이들에게 백신 접종을 하기에 앞서 우리의 관심을 끌어야 한다.

관심 경제

관심은 설득의 전제 조건이기 때문에 값어치가 있다. 페이스북, 트위터, 유튜브 같은 소셜 미디어 플랫폼들은 고객들의 관심을 끌기 위해 연결과 커뮤니케이션과 콘텐츠를 제공한다. 그런 다음 그들은 광고로 사람들의 인식과 의견, 행동을 변화시키려는 기업, 정치인, 정부에 그 관심을 판다. 이 소셜 미디어 플랫폼들이 내보내는 광고의 양과 질, 즉 그들이 팔아야 하는 광고의 양과 질은 고객 수에 따라 커지며 그 고객들의 참여도는 이 소셜 미디어 플랫폼들이 큐레이션하는 콘텐츠에 따라 달라진다(〈그림 9-1〉). 소셜 미디어 플랫폼들이 사용자 증가

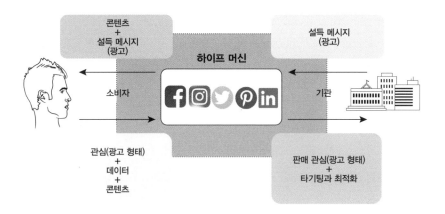

그림 9-1. 관심 경제의 구조. 하이프 머신의 근간을 이루는 소셜 미디어 플랫폼들은 소비자와 기관(기업, 정부, 비영리 단체, 중소 광고업체 등) 사이에서 중개자 역할을 한다. 소비자에게 콘텐츠와 설득 목적의 메시지를 전달하고, 소비자의 관심을 광고 형태로 기관에 판다. 그러한 가운데 소비자를 설득해 행동을 변화시킬 기회를 얻으며, 타기팅과 최적화 작업을 통해 기관의 설득 효과를 높인다.

와 참여도에 전전긍긍하는 것은 바로 이런 이유 때문이다.

휴민(2016년 틴더에 매각)을 설립했을 때 우리는 분석 작업에 집착했다. 그래서 우리 플랫폼의 전 세계적인 성장과 활용 상황을 보여주는 각종 주요 지표를 추적, 관찰할 수 있는 계기판을 만들었다. 각 팀원에게 계속 정보를 제공하기 위해 샌프란시스코 사무실 한복판에 대형 텔레비전 모니터를 설치했는데, 그 맞은편이 바로 휴게실이어서 팀원들은 잠시 쉴 때 그 모니터를 볼 수 있었다. 우리는 그 모니터를 통해 소셜 미디어 플랫폼에서 일어나는 일들을 실시간으로 축약해 보여주는 스크린들을 하나하나 확인할 수 있었다. 앱 다운로드 횟수, 사용자 참여, 사용자 간의 연결, 각종 대화, 프로필 열람, 검색 등을 실시간으로 확인할 수 있었다. 사업에서 가장 중요한 2가지 지표는 사용자 증가와 참여도였다. 우리는 돈을 받고 광고를 싣거나 사용자들의 데이터를 공유하지도 않으므로 우리의 시장 가치는 전적으로 사용자 증가 속도와 앱에 대한 사용자들의 참여도에 달려 있었다. 이 2가지 척도는 우리가 얼마나 많은 사람의 관심을 받고 있는지와 그중 어느 정도를 활용하고 있는지를 축약해 보여주었다. 그리고 근본적으로 그에 따라 우리의 가치가 결정되었다.

광고 기반의 기업은 어떤 앱이나 플랫폼, 퍼블리셔가 사용자를 더 많이 확보하고, 그들이 오랫동안 사용할수록 광고 여력이 더 많이 생기게 된다. 마케팅 관점에서 말하면 웹페이지상에서 팔 수 있는 광고 공간이 더 많아지는 것이다. 그러나 모든 광고 공간이 동일한 가치를 갖는 것은 아니다. 광고를 보여줄 대상이 누구인지, 어떤 웹페이지에서 광고를 보여주게 되는지, 광고를 보여주는 시간은 어느 정도인지, 광고 종류(예컨대 뉴스 피드 광고, 배너 디스플레이 광고 등)는 무엇인지 등에 따라 가격이 정해진다. 물론 플랫폼에 따라 광고비도 달라진다. 페이스북의 경우 클릭당 광고비를 더 높게 책정할 수 있다(광고주는 대개 직접 클릭된 광고에 비용을 지급한다). 반면 트위터의 광고비는 좀 더 낮고, 스냅챗의 클릭당 지급 방식은 그 중간쯤 된다. 스냅챗은 다른 소셜 미디어 플랫폼들과 비교해 밀레니얼 세대들의 관심이 높아 트위터보다 광고비를 더 받을 수 있는 것이다. 이처럼 관심에 대한 비용은 플랫폼마다 다르다.

게리 비는 이런 가격차를 활용하는 데 능하다. 그 스스로 '가격이 낮게 책정된 관심'에 투자해 성공했다고 말할 정도다. 그가 자신의 책과 고가의 마케팅 서비스를 각종 브랜드와 스포츠 스타, 뮤지션들에게 팔 수 있었던 것은 그에게 사람들의 관심을 끄는 그리고 그 관심을 이용해 고객들의 목표를 달성하게 하는 재능이 있기 때문이다. 게리 비는 1990년대부터 이미 재능을 발휘했다. 부친의 온라인 와인 사업을 물려받아 연 매출 규모를 300만 달러에서 6,000만 달러로 키웠다. 그는 늘 가장 싸면서도 효과적인 광고 채널을 선호했다. 가격이 낮게 책정된 광고 수단들을 찾아내 소비자들의 관심을 끄는 데 성공했다.

그 당시에 가장 낮은 비용으로 관심을 끌 수 있었던 광고 수단은 이메일 마케팅이었다. 그래서 그는 이메일에 투자해 자신의 사업을 끌고 나갔다. 그러다가 온라인상에 구글과 페이스북 같은 새로운 소셜 미디어 플랫폼 및 소셜 서비스들이 나오면서 가격과 효과에 변화가 생겼다. 구글 같은 새로운 플랫폼들은 처음에는 사업을 키우기 위해 소비자들의 관심을 끄는 것에 대한 대가를 아주 낮게 잡았다. 그러자 게리 비는 자신의 마케팅 예산을 구글에 투자했다. 자리가 잡혀가면서 구글의 '관심 가격price of attention'은 계속 올라갔고, 온라인상에는 트위터와 유튜브 같은 새로운 소셜 서비스들이 나타났다. 그들이 관심 가격을 낮추자 게리 비는 자신의 마케팅 예산을 이 새로운 플랫폼들로 옮겼다. 현재 게리 비는 틱톡이 다음의 골드러시가 될 것이라고 말한다. 그는 특정 채널에만 애착을 가지고 있지 않다면서 스스로를 '플랫폼 불가지론자'라 칭한다. 그는 그저 관심 '차액 거래'에 흥미가 있을 뿐이라며 이렇게 말한다. "나는 가격이 낮게 책정된 관심을 활용해 사업을 키워왔습니다. 1997년에는 이메일 마케팅, 2000년에는 구글 애드워즈, 2006년에는 유튜브, 2007년에는 트위터, 그다음에는 스냅챗 식으로 말이죠. 그게 저의 성공 비결입니다."

각 소셜 미디어 플랫폼의 웹사이트 광고 능력은 설득 목적의 메시지를 적절한 대상에게, 즉 설득하고자 하는 사람들에게 보낼 수 있는 능력에 따라 차별화된다. 예를 들어 어떤 정치인이 특정 주 특정 지역에 사는 35~45세의 보수 성향 유권자들에게 총기 소유 권리에 대한 설득 목적의 메시지를 보내고 싶어 한다면, 그 지역에 사는 35~45세의 총기 소유 지지자들을 가장 정확히 추려낼 수 있는 플랫폼이 자신들의 광고에 대해 더 큰 비용을 청구해 더 많은 광고 수입을 올릴 수 있을 것이다. 따라서 가장 효과적으로 적절한 대상들에게 광고를 보낼 수 있는 플랫폼들이 경쟁 우위에 서게 된다. 결국 설득 목적의 메시지를 마이크로타기팅microtargeting할 수 있는 능력, 즉 더 좁은 범주의 소비자들에게 광고를 보낼 수 있는 능력은 소셜 미디어 플랫폼들이 수집하는 데이터(플랫폼 사용자들의 인구 통계, 의견, 행동, 심리학적 프로필, 위치, 소셜 네트워크 등)의 양과 질에 달렸다.

마이크로타기팅은 효과가 있을까?

적절한 사람들을 타기팅하기 위해 브랜드 광고와 정치 캠페인 등에서는 대개 다음과 같은 과정을 밟는다. 먼저 설득 목적의 특정 메시지에 누가 가장 큰 관심을 가지고 행동 변화를 보일지를 파악해 관련 모델들을 만들고, 하이프 머신 내 여러 채널을 통해 그 메시지들을 보내 효과를 분석한 다음 메시지를 다시 다듬어서 설득하려는 소비자나 유권자들의 관심을 극대화할 수 있는 방향으로 광고 채널을 선정한다. 이것이 바로 '통합 디지털 마케팅'이다(6장 참조).

마이크로타기팅 모델들은 소비자 인구 통계(연령, 성별, 언어, 사회 경제적 지위 등), 행동(구매 기록, 검색 기록, 방문 기록 등), 선호도(소셜 미디어 '좋아요', 공유 등), 심리학적 프로필 등에 대한 개인 데이터에 의해 움직인다. 그리고 이 자료들은 한 원천과 다른 원천 사이에서 데이터가 서로 공유되는 제3자 생태계에 의해 여러 플랫폼 간에 통합된다. 인구 통계 마이크로타기팅은 이 데이터를 활용해 각종 인구 통계를 토대로 사람들을 분류한다. 반면에 행동 마이크로타기팅은 행동 방식을 토대로 사람들을 분류한다. 선호도 마이크로타기팅은 좋아하는 것을 토대로 사람들을 분류한다. 그리고 알렉산더 닉스와 케임브리지 애널리티카가 즐겨 사용한 심리적 마이크로타기팅은 성격(예컨대 외향적인가 아니면 내향적인가)을 토대로 사람들을 분류한다. 그런데 이 접근 방식들은 각기 어떻게 작동될까? 그리고 얼마나 효과가 있을까? 실시간으로 하나씩 실제 경험해보는 게 도움이 될 것이다.

만약 행동 마이크로타기팅을 직접 경험하고자 한다면 잠시 이 책을 내려놓고 스마트폰으로 연습해보자. 구글에 들어가 '페이스북 실시간 광고 경매Facebook real time bidding'와 '타기팅 인스타그램 디스플레이 광고Targeting Instagram display ads'를 검색해보라. 후원이 붙은 링크 몇 개를 각각 클릭하고 뉴스 기사 몇 개를 훑어보라. 이제 구글을 닫고 인스타그램을 열어보라. 스크롤하면 광고들이 나오는 것을 확인할 수 있을 것이다. 결국 당신의 인스타그램 피드가 소셜 미디어와 웹상에서 제품을 마케팅하려는 마케팅 전문 기업들에 의해 통제되고 있다는 것을 확인할 수 있다.

우연히 벌어진 일이라고 생각하는가? 그럼 한 번 더 시도해보자. 스마트폰으로 구글을 열어 '부츠boots', '방한 부츠warm boots', '방수 부츠waterproof boots'를 검색해보자. 그런 다음 검색 광고들에 나오는 부츠 몇 개를 하나하나 클릭해보자. 이제 구글을 닫고 인스타그램을 열어보라. 눈에 보이는 게 온통 부츠들이라 해도 놀라지 말자. 관심 경제는 데이터를 토대로 한 마이크로타기팅 덕분에 더 잘 돌아간다. 그리고 개인에 대한 세세한 데이터가 없다면 마이크로타기팅도 불가능하다(물론 사생활 침해를 막기 위해 타기팅 대상이 누구인지 모른 채 개인 데이터를 활용하는 방법도 있는데, 이에 관해서는 12장에서 다룰 예정이다).

마이크로타기팅은 효과가 있을까? 하이프 머신상에서 매일 수집되는 방대한 개인 데이터를 활용해 적절한 사람들에게 적절한 메시지를 보내는 마이크로타기팅에 의한 브랜드 광고와 정치 캠페인 등이 과연 우리의 행동을 바꿀 수 있을까? 간단히 답하면 '그렇다. 그러나…'이다. 마이크로타기팅은 대체로 작지만 의미 있는 행동 변화를 일으킨다. 따라서 수억 명이 그런 행동 변화를 보인다면 제품 매출이 오르내리고 선거 결과가 바뀌고 꺼리던 백신 접종에 대한 인식도 바뀔 수 있다. 하지만 관심 경제의 설득력에 관해 연구하면 마이크로타기팅이 효과가 있다고 일반화하기에는 좀 더 깊이 생각해야 할 것들이 있다.

2002년 7월 EU는 현재 개인 정보 보호법의 전신인 '사생활 보호와 전자 통신 지침'을 제정했다. 2011년 토론토 대학 아비 골드파브와 MIT 캐서린 터커 교수는 이 같은 유럽의 사생활 보호법의 변화를 통해 마이크로마케팅 효과를 분석했다.[293] 당시 EU의 해당 지침은 광고업체들이 광고 대상을 선정하기 위해 소비자들의 자료를 수집하고 활용하는 것을 제한하고 있었다. 아비 골드파브와 캐서린 터커는 이 같은 정책 변화와 관련한 실험을 통해 광고업체들이 타기팅 데이터를 쓸 수 없게 되면서 그들이 소비자의 구매 결정에 미치던 영향력에 어떤 변화가 나타났는지를 연구했다.

골드파브와 터커는 사생활 보호법을 시행한 유럽에서의 광고 효과와 그 법이 없는 유럽 외 국가들에서의 타기팅 광고 효과, 그리고 사생활 보호법이 발표되었지만 아직 시행 전인 국가들에서의 타기팅 광고 효과를 비교했다. 약 10만 건의 광고 캠페인을 분석한 결과, 마이크로타기팅을 위한 데이터 활용을 제한하는 사생활 보호법이 시행되자 광고 효과는 무려 65%나 줄었다. 반면에 사생활 보호법이 적용되지 않는 유럽 외 국가에서 웹 서핑한 유럽인의 경우 광고 효과는 전혀 줄지 않았다. 그리고 사생활 보호법이 적용되는 유럽 웹사이트를 서핑한 비유럽인들의 경우 광고 효과는 줄었다. 이는 곧 마이크로타기팅에 필요한 데이터 수집을 금지하는 법이 나오자 광고 효과가 줄었다는 얘기로, 결국 광고업체들은 그간 마이크로타기팅 덕분에 적절한 메시지를 적절한 사람들에게 보냄으로써 소비자들의 구매를 크게 늘릴 수 있었다는 뜻이기도 하다. 골드파브와 터커의 연구 결과는 마이크로타기팅이 광고 효과에 미치는 인과관계 영향을 잘 보여준다.

생산 시스템 안을 들여다보면 마이크로타기팅이 어떤 식으로 작동하는지를 더욱 잘 이해할 수 있다. 클라우디아 페리치와 포스터 프로보스트는 마이크로타기팅 이론 및 실천 분야를 이끄는 머신 러닝 전문가들이다. 마이크로타기팅에 대한 두 사람의 통찰력은 매우 중요하다. 두 사람은 독창적인 머신 러닝 연구로 통계에 기반을 둔 마이크로타기팅 이론을 수립하는 데 기여했을 뿐만 아니라 실제로 대규모 시스템으로 구축하기도 했기 때문이다. 결과적으로 두 사람은 디지털 경제에서 생기는 수많은 마이크로타기팅 결정을 움직이는 머신 러닝 시스템을 구축하는 데 일조했다.

두 사람과 마이크로타기팅이 과연 효과가 있는지 이야기하다 보면 한 가지 분명해지는 사실이 있는데 적절한 유형의 데이터가 중요하다는 것이다. 마이크로타기팅은 정치인이나 기업, 정부가 설득 대상을 이해하는 데 도움이 되어 더욱 효과적으로 메시지를 전달할 수 있다. 설득 대상을 잘 이해하기 위해서는 많은 데이터가 필요한데, 소셜 미디어가 수집하는 데이터가 그중 가장 예측 가능하고, 가장 가치가 있는 것이다. 2018년에 이르러 마케팅 대행사 디스틸러리Dstillery는 데스크톱, 태블릿, 스마트폰 등을 통틀어 매일 1,000억 건의 데이터를 처리하면서 CVS, 마이크로소프트, AT&T 같은 우량 기업들의 광고 타기팅 작업에 도움을 주었다. 클라우디아 페리치는 2018년 내 강의실에서 프레젠테이션을 했는데, 그때 그녀는 연령과 성별 같은 인구 통계 데이터를 선호도 데이터(예컨대 페이스북에서 소비자들이 무엇을 더 좋아하는가)와 비교하며 설득 대상이 누구인지에 따라 또는 그들이 선호하는 것이 무엇인지에 따라 타기팅하는 간단한 예를 보여주었다.

당신이 소비자들의 성별을 예측하려고 하는데 알고 있는 게 소비자들의 연령뿐이라고 가정해보자. 그런데 사람들의 나이는 그들의 성별을 예측하는 데 별 도움이 되지 않는다. 디스틸러리의 데이터를 토대로 나이만 아는 상태에서 타기팅하는 모델은 정확도가 60% 정도 되었다. 이 수치는 동전을 던져 앞면이나 뒷면이 나올 확률보다 조금 더 높은 정도인데, 디스틸러리의 데이터에서 소비자들의 연령과 성별 간에는 그만큼 관계가 없었기 때문이다. 그런데 페리치가 페이스북에서 사람들이 선택한 '좋아요' 10건을 활용해 그들의 성별을 예측했더니, 그 모델의 정확도는 86%로 뛰어올랐다. 그리고 '좋아요' 100건을 활용하자, 그 모델의 성별 예측의 정확도는 100%로 뛰어올랐다. '좋아요' 10만 건은 100건을 활용한 결과와 같았다. 데이터 특징들을 일부만 활용해도 타기팅 예측력이 개선되는 것이다.

그러면 이제 하루에 수천억 건의 데이터를 처리해 대규모 광고를 가능케 하는 타기팅 모델들을 구축하는 생산 규모의 시스템을 상상해보자. 과연 가능할까? 페리치와 프로보스트의 연구진은 2014년 저널 〈머신 러닝〉에 디스틸러리의 타기팅 시스템과 그 효과에 관한 논문을 게재했다.[294] 그들은 자신들의 시스템으로 타기팅한 광고들과 무작위로 타기팅한 광고들을 비교했다. 그 결과 자신들의 시스템으로 타기팅한 광고 캠페인이 무작위로 타기팅한 광고 캠페인들보다 5배 더 효과가 있었고, 특히 상위 15%에 속하는 광고 캠페인들은 무려 25배 이상 효과가 좋았다. 그로부터 1년 후에 발표된 2가지 대규모 현장 실험과 2가지 실험실 실험에서 알렉산더 블레이어와 마이크 아이젠바이스는 맞춤형 광고가 비맞춤형 광고보다 클릭 수와 조회 수 면에서 2배 혹은 4배 더 효과 있다는 사실을 알아냈다.[295]

그렇다면 타기팅은 어떻게 효과를 내는 것일까? 타기팅이란 단순히 설득 목적의 메시지를 가장 잘 받아들일 것 같은 사람들을 찾아내는 것이 아니다. 관심을 보이는 사람들을 타기팅하면 실제 그들의 관심과 관련해 자기 인식이 변화하여 메시지에 반응을 보일 가능성이 커진다. 크리스토퍼 서머스 등의 연구 결과에 따르면, 소비자들의 온라인 검색 및 쇼핑 패턴을 토대로 타기팅된 광고들이 인구 통계 수치를 토대로 타기팅된 광고들과 비교해 소비자들의 실제 구매를 끌어낼 가능성이 17% 더 높았다.[296] 타기팅된 광고들은 또한 '사회적 꼬리표' 같은 역할을 해 소비자들의 자기 인식이 변화했으며 그에 따라 행동까지 변했다. 예를 들어 광고업체에서 나를 운동에 관심 있는 사람으로 타기팅한다면, 나는 실제로 운동에 관심 있는 사람처럼 행동하게 되어 운동복을 산다거나 헬스클럽에 등록한다거나 하는 행동 변화를 보이게 된다.

홍미로운 사실은 '사회적 꼬리표'가 소비자들의 이전 행동과 연결되어 있을 때만, 다시 말해 마이크로타기팅이 정확할 때만 자기 인식이 변화하고 구매 의지가 생긴다는 것이다. 바로 앞서 말한 운동 광고의 경우, 무엇보다 먼저 내가 운동에 조금이라도 관심이 있을 때만 효과가 있다. 만약 타기팅이 부정확하면 자기 인식에 아무런 영향도 주지 못할 것이다.

이처럼 하이프 머신이 소비자나 유권자의 행동에 미치는 영향력이 마이크로타기팅의 정확도에 따라 달라진다면, 마이크로타기팅은 대체 얼마나 정확해야 하는 걸까? 페이스북과 트위터, 유튜브가 우리에 대해 얼마나 많은 것을 알고 있는지 그리고 그것이 소셜 미디어상에서 각 기업과 정부가 벌이는 설득 목적의 캠페인에 얼마나 많은 지침이 되는지와 관련하여 많은 이야기가 떠돌고 있는 가운데, 캐서린 터커는 이와 관련해 실제 연구를 진행했다. 2019년 12월 터커는 니코 노이만 등과 함께 여러 데이터 브로커data broker(관심 경제에서 각종 브랜드에 고용되는 제3자 기업으로, 인구 통계 및 행동 관련 데이터를 활용해 특정 고객들을 찾아내는 일을 한다)들이 수행하는 마이크로타기팅이 얼마나 정확한지에 대한 연구 결과를 발표했다.[297] 그리고 이와 함께 데이터 브로커들이 서로 다른 유형의 사람들을 얼마나 정확히 찾아내는지 그 능력 또한 비교해보았다. 터커와 노이만 등이 발견한 사실은 하이프 머신이 데이터를 얼마나 잘 행동 변화로 전환시키는지를 이해하는 데 도움이 된다.

현재 마이크로타기팅 시장은 미국에서만 200억 달러에 달하는 거대 시장이다.[298] 문제는 타기팅 알고리즘이 비밀이라는 것이다. 마이크로타기팅이 어떤 식으로 작동하는지, 과연 효과가 있는지 그리고 서로 다른 사용자나 소셜 미디어 플랫폼 및 서비스 간에도 효과를 낼 수 있는지 등에 대해 아는 사람은 아주 극소수이다. 이와 관련해 뉴욕 타임스 최고경영자 마크 톰슨이 이런 의문을 제기했다. "우리가 어떤 고객을 20~30대 여성 패셔니스타라고 말할 때, 그 말이 사실일 가능성은 얼마나 될까?" 이에 터커와 노이만 등이 바로 답했다.

터커와 노이만 등은 6개 소셜 미디어 플랫폼에서 활동 중인 19개 주요 데이터 브로커들이 '25세부터 35세 사이의 스포츠에 관심 많은 남성들', '20세부터 30세 사이의 여성 패셔니스타들'과 같이 관심사별로 그리고 제3자 인구 통계 데이터별로 분류한 90가지 유형의 사람들을 대상으로 실시한 타기팅이 얼마나 정확한지 살펴보았다. 그들은 또 인구 통계 데이터를 토대로 분류한 사람들과 관심에 따라 분류한 사람들에 대한 (데이터 소스들을 선정해 광고를 싣기 위한) 최적화 알고리즘이 있는지에 따라 2단계의 마이크로타기팅에 대해서도 살펴보았다. 그 결과 터커와 노이만 등은 마이크로타기팅이 작동하는지, 작동한다면 어떻게 작동하는지를 이해하는 데 도움이 될 하이프 머신의 블랙박스인 마이크로타기팅의 몇 가지 현실들에 대해 알게 되었다.

제3자 데이터가 최적화 알고리즘 없이 사용될 경우 마이크로타기팅 결과는 실망스러웠다. 마이크로타기팅으로 25세부터 54세 사이의 남성을 알아내는 정확도는 평균 24.4%이지만 성별을 알아내는 정확도는 평균 42.3%이다. 자연 상태에서도 전체 인구에서 25세부터 54세 사이의 남성을 알아내는 정확도는 26.5%이고 성별을 알아내는 정확도는 50%이므로, 제3자 데이터에만 의존한 마이크로타기팅은 무작위 타기팅보다도 그 효과가 떨어진다.

제3자 데이터에 최적화 알고리즘을 결합하면 그 효과는 눈에 띄게 좋아졌다. 25세부터 54세 사이의 남성을 알아내는 정확도는 평균 59%까지 올라가 무작위 타기팅과 비교해 무려 123%나 좋아졌다. 그러나 소셜 미디어 플랫폼과 타기팅 기업들 간에 광고 효과는 눈에 띄게 다르다. 클라우디아 페리치와 포스터 프로보스트는 대체 어떻게 해서 타기팅 효과를 25배나 높일 수 있었을까? 어떤 기업들은 마이크로타기팅을 더 잘한다. 가장 예측 가능한 데이터를 활용해 더 나은 알고리즘을 만들어내기 때문이다. 캐서린 터커의 연구에서 성과가 가장 좋은 기업은 적절한 사람들에게 광고를 보낼 가능성이 72%(171% 향상) 올랐고, 성과가 가장 저조한 기업도 그 가능성이 40%(50% 향상) 올랐다.

과거에는 하이프 머신이 인구 통계에 따른 세분화에 집중되었으나, 이제 마이크로타기팅의 미래는 관심을 중심으로 세분화하는 데 있다. 캐서린 터커와 니코 노이만 등은 스포츠(정확도 87.4%), 운동(정확도 82.1%), 여행(정확도 72.8%) 등에 관심 있는 사람들을 찾아내는 마이크로타기팅이 정확도가 높다는 것을 알아냈다. 이 경우 서로 다른 마이크로타기팅 기업 간의 차이도 더 작았다. 그 기업들 전부 관심 분야를 토대로 적절한 사람들을 찾아내는 데 상당한 성과를 보인 것이다. 마이크로타기팅 성과 역시 관심 분야가 좁을수록 정확했다. 사람들이 관심을 보이는 분야가 틈새 분야일수록 무작위 타기팅과 비교해 마이크로타기팅의 성과가 더 좋았던 것이다.

그렇다면 이 모든 것은 케임브리지 애널리티카의 타기팅과 어떤 관련이 있을까? 우리의 성격이 정말로 이런 틈새 관심 분야를 알려주고 타기팅 성과를 높일 수 있을까?

케임브리지 애널리티카

알렉산더 닉스는 콩코디아 연례 정상 회의 무대에서 그리고 세계 각지에서 열린 콘퍼런스에서 '심리적 프로파일링'의 중요성을 강조했다. 그는 유권자들의 행동을 조종하는 데 있어 사람들의 심리적 프로필, 즉 사람들의 성격을 제대로 이해하는 것이 가장 중요하다고 했다. "성격은 어떤 행동을 하게 만들며, 그 행동은 투표 행위에 영향을 줍니다." 케임브리지 애널리티카는 정말 어떤 비법이라도 가지고 있었던 것일까, 아니면 말도 안 되는 엉터리 약을 판매한 것일까?

2017년 산드라 매츠와 미할 코신스키, 데이비드 스틸웰 등은 페이스북상에서 이루어진 사상 최대 규모의 심리적 프로파일링 연구에서 케임브리지 애널리티카의 방법을 테스트했다.[299] 그들은 페이스북의 마이퍼스낼리티myPersonality 앱에서 얻은 데이터를 활용한 3건의 현장 연구를 통해, 심리적 맞춤 광고를 370만 명 이상에게 보낸 뒤 심리적 설득이 사람들의 제품 구매 결정에 미치는 영향을 테스트했다. 마이 퍼스낼리티 앱은 데이비드 스틸웰이 개발한 것으로, 이 앱을 사용하면 이른바 '성격 5요인 모델'을 토대로 사용자들에 대한 심리학적 테스트를 통해 점수를 매길 수 있었다.

성격 5요인 모델은 성격을 기술하는 '빅 파이브big five', 즉 중요한 심리학적 특성 5가지(개방성, 성실성, 외향성, 친화성, 신경증)를 토대로 사람들의 성격을 설명하고 분류한다. 스틸웰의 마이퍼스낼리티 앱을 쓰면 사용자들의 페이스북 프로필과 소셜 네트워크 데이터에 접근할 수 있어 연구진은 사상 처음으로 측정 가능한 개인의 성격 특성들을 그들이 페이스북에 남긴 '좋아요'들과 연결 지어 분석해볼 수 있었다. 그런 연결을 통해 연구진은 5가지 성격 특성들과 관련해 페이스북의 '좋아요'들에 점수를 매겼다. 이를테면 텔레비전 시리즈물 〈스타게이트〉에 '좋아요' 버튼을 누른 사람들은 상대적으로 내향적이었고, '사람들을 웃게 만드는 것'에 '좋아요' 버튼을 누른 사람들은 상대적으로 외향적이었다. 연구진은 페이스북상에서 팝 가수 레이디 가가나 텔레비전 시리즈물 〈하우스 오브 카드〉 등에 '좋아요' 버튼을 누른 사람들의 점수를 합산해 5가지 성격 특성들에 따른 점수를 매길 수 있었고, 그런 다음 사람들이 페이스북에서 '좋아요' 버튼을 누른 것들을 토대로 그들의 심리적 프로필을 만들 수 있었다.

여기서 우리는 잠시 이 이야기를 멈추고 마치 첩보 영화 같은 이야기를 해야 한다. 미할 코신스키와 데이비드 스틸웰 그리고 마이퍼스낼리티 앱과 케임브리지 애널리티카 스캔들 사이에 뒤얽힌 비밀스러운 이야기다. 깜짝 놀랄 만한 반전이지만, 코신스키와 스틸웰이 케임브리지 대학에서 연구를 진행할 당시 알렉산더 코건이 두 사람과 같은 학과에 있었다. 케임브리지 대학 연구원 알렉산더 코건이 미국인 5,000만 명에 대한 페이스북 데이터와 심리적 프로필을 케임브리지 애널리티카에 넘기는 바람에 그 악명 높은 케임브리지 애널리티카 스캔들이 터지면서 페이스북의 마크 저커버그까지 곤경에 처한다.

이 연구원들의 관계에 대한 조사 보고서에 따르면, 코건은 코신스키의 연구 방법에 관심이 있었고 마이퍼스낼리티 앱 데이터베이스에 접근하고자 하는 한 무명의 기업(케임브리지 애널리티카)을 대신해 코신스키에게 접근했다. 그러다 결국에는 코건이 케임브리지 애널리티카라는 회사명을 밝히고 그 회사가 '선거 조작'[300]을 전문으로 한다는 사실이 알려지면서 코신스키는 코건과의 관계를 정리한다. 그러자 코건은 '디스 이즈 유어 디지털 라이프This Is Your Digital Life'라는 앱을 직접 개발하고, 케임브리지 애널리티카는 마이퍼스낼리티 앱을 따라 만든 그 앱을 통해 모든 데이터와 방식을 공유하게 된다. 2017년 케임브리지 애널리티카는 스위스 잡지 〈다스 마가진 Das Magazin〉과의 인터뷰에서 자신들은 코신스키와 어떤 거래도 하지 않았고 그와 같은 조사 방식을 쓰지도 않는다고 주장했다.[301] 그러나 저널리스트 존 모건에 따르면, 케임브리지 애널리티카의 조사 방식들은 부인할 여지없이 코신스키의 방식들과 비슷했다. 첩보 영화를 방불케 하는 이 이야기를 하는 이유는 분명하다. 케임브리지 애널리티카의 데이터 활용 및 조사 방식이 산드라 매츠 연구진의 데이터 활용 및 조사 방식과 매우 비슷하기 때문이다.

페이스북에서는 마케팅 전문가들이 사용자들의 성격 특성을 바탕으로 광고 타기팅하는 것을 허용하지 않는다. 그래서 연구진은 직접 성격 특성을 토대로 광고 타기팅을 하는 대신, 그런 특성이 반영된 '좋아요'를 토대로 타기팅하여 성격 프로파일링의 효과를 분석했다. 내향적인 사람들은 같은 성향의 '좋아요'를 활용해 타기팅했고, 외향적인 사람들은 같은 성향의 '좋아요'를 활용해 타기팅했다. 내향적 성향의 언어나 외향적 성향의 언어로 또는 높은 수준의 개방성을 가진 언어나 낮은 수준의 개방성을 가진 언어로 광고들을 만들었다. 예를 들어 외향적인 사람들을 위한 뷰티 제품 광고에서는 한 여성이 파티에서 춤을 추는 모습을 보여주며 이런 말을 올렸다. (실은 모두 보고 있는데) "아무도 보지 않는 듯 춤춰라." 반면 내향적인 사람들을 위한 뷰티 제품 광고에서는 한 여성이 화장대 거울 앞에 앉아 화장하는 모습을 보여주며 이런 말을 올렸다. "아름다움은 굳이 외칠 필요가 없다." 그런 다음 연구진은 내향적 성향의 '좋아요'와 외향적 성향의 '좋아요'를 토대로 이 두 광고를 '내향적' 페이스북 사용자들과 '외향적' 사용자들에게 보낸 뒤, 성격에 맞춘 광고가 그렇지 않은 광고들에 비교했을 때 클릭률과 구매율 면에서 얼마나 더 효과를 보이는지를 분석했다.

그 결과 사람들의 성격에 맞춘 광고가 그렇지 않은 광고들에 비해 클릭률이 40% 더 높았으며 구매율 또한 54% 더 높았다. 외향성에 대한 조사에서는 성격에 맞춘 광고를 본 소비자들이 성격에 맞지 않는 광고를 본 소비자들과 비교해 온라인 매장에서 제품을 구매할 가능성이 54% 더 높았다. 개방성에 대한 조사에서는 성격에 맞춘 광고를 본 소비자들이 성격에 맞지 않는 광고를 본 소비자들에 비해 클릭할 가능성이 38% 더 높았고, 크로스워드 앱을 설치할 가능성 역시 31% 더 높았다. 이 모든 것으로 보아 심리적 타기팅 기법은 각자의 심리학적 특성에 맞춰 설득함으로써 한번에 많은 사람의 행동에 영향을 줄 수 있다.

과학계에서는 이 연구를 회의적으로 보기도 한다. 주로 광고 타기팅에서의 광고 대상 선정 효과에 대한 통제 및 인과관계로부터 상관관계를 분리할 수 없었기 때문이다. 앞서 6장에서 다루었던 인과관계의 중요성을 떠올리면, 페이스북 광고들이 대개 그 광고들에 더 잘 반응할 듯한 사람들에게 더 잘 노출된다는 사실을 기억할 수 있을 것이다. 따라서 사람들이 심리적 맞춤형 메시지들에 특히 잘 반응하는 것은 이 맞춤형 메시지들이 행동에 미치는 인과관계 영향 때문이라기보다는 이 같은 선정 효과 때문일 수도 있다. 예를 들어 마케팅 담당자(또는 정부 기관)가 페이스북상에서 광고 대상을 선정하면, 페이스북은 그 같은 선정 작업에 더해 최적화 작업까지 한 다음 가장 잘 반응할 것 같은 사람들에게 광고를 보낸다. 딘 에클레스와 브렛 고든 등은 이 연구에 다음과 같은 반응을 보였다. "페이스북 같은 광고 플랫폼들은 자사의 광고 캠페인 목적에 가장 잘 맞을 것으로 판단되는 사용자들에게 광고를 보여줌으로써 그 성과를 극대화하는데, 이는 그들의 연구 효과의 전부는 아니더라도 상당 부분을 설명해준다."[302] 사람들은 모든 문제에 대해 똑같이 설득되지는 않는다. 사람들을 설득해 클릭률을 높이거나 제품 구매율을 높이는 것보다는 투표 선택을 바꾸는 게 더 어렵다. 그래서 케임브리지 애널리티카에서 쓴 방법들이 선거 결과에 영향을 줄 정도로 강한 설득력이 있었는가 하는 문제에 대해서는 회의적인 부분이 많다.

어쨌든 산드라 매츠 등의 연구는 심리적 프로파일링이 적어도 상업적 목적으로 하이프 머신의 설득력을 강화할 수 있다는 사실을 보여준다. 앞으로의 연구를 통해 마이크로타기팅이 쇼핑과 투표 그리고 데이트를 비롯한 우리의 모든 행동과 의견에 어떤 영향을 주는지 더 많이 알 수 있게 될 것이다.

트렌드의 횡포

관심 경제는 마이크로타기팅 외에 사용자 참여를 높이려는 업계의 집착에서 태어나 또 다른 중요한 트렌드를 지속시킨다. 우리는 소셜 미디어상에서 보는 모든 콘텐츠에 선호, 사랑, 웃음, 분노, 슬픔, 놀람 등 다양한 감정적 반응을 보인다. 그래서 소셜 미디어 플랫폼들은 우리의 그런 반응을 활용해 콘텐츠를 각 개인에게 맞춤화할 뿐만 아니라 알고리즘을 활용해 그 콘텐츠를 확대하여 각종 트렌드를 만들어내기도 한다. 입소문은 관심 경제를 뒷받침해주는데, 입소문을 통해 인기 있는 콘텐츠가 널리 퍼지는 데다가 우리 모두 인기 있는 콘텐츠를 만들겠다는 목표를 갖게 되기 때문이다. 그런데 알고리즘들이 인기가 많아지면서 이른바 '트렌드의 횡포'가 발생하게 된다.

사람들의 관심을 끌려면 참여가 필요하므로 하이프 머신의 구조는 사람들의 참여를 최대한 끌어내고 확대하려 한다. 소셜 미디어 플랫폼들이 사용자들의 참여를 더 많이 끌어낼수록 그들의 광고 능력은 그만큼 향상되고 광고 가치 또한 높아진다. 결국 사업에 도움이 되는 것이다. 여러 구조적 특징들이 이런 모델을 뒷받침한다. 소셜 미디어 플랫폼들은 '좋아요'를 비롯한 각종 감정적 반응을 계속 기록하고 어떤 콘텐츠가 사용자들의 참여도를 가장 높이는지를 알아내 뇌의 도 파민 반응 시스템에 직접 호소할 수 있게 된다. 우리는 다른 사람들이 내 콘텐츠에 '좋아요' 버튼을 눌러주면 사회적 인정을 받는다는 생각에 도파민 분출을 경험하고, 반대로 '좋아요' 버튼을 눌러주지 않는다면 실망을 느낀다. 그래서 우리는 더 많은 '좋아요'를 받을 수 있는 콘텐츠를 만들려고 애쓰게 되며, 가치를 확인한 콘텐츠를 계속 좋아하게 된다. 바로 지난주에 우리 어머니는 내가 아직 당신이 인스타그램에 올린 휴가 사진들에 '좋아요'를 누르지 않았다고 투덜거리셨다. 그 사진들을 올린 지 이틀밖에 되지 않았는데도 말이다. 나는 여섯 살 난 아이의 아빠로서 소셜 미디어 문화가 특히 아이들의 심리와 정신 건강에 미치는 잠재적 영향들에 대해 걱정이 많다. 그래서 우리 아들은 소셜 미디어를 거의 접하지 않고 있다.

소셜 미디어 플랫폼들의 '좋아요'와 같은 점수 매기기는 사용자들의 참여를 촉진하는 또 다른 구조적 특징인 '알고리즘 확산algorithmic amplification'을 가능하게 한다. 인기 있고 참여도가 높은 콘텐츠, 즉 '트렌드'가[303] 된 콘텐츠를 큐레이션하고 확산한 뒤 그것을 훨씬 더 많은 사람에게 보여주면, 그 콘텐츠는 그만큼 더 많은 인기를 누리게 되고 그 콘텐츠에 대한 사람들의 참여도 또한 더 높아진다. 이로써 하이프 머신은 참여도를 한층 더 높이기 위한 또 다른 하이프 루프를 만들어 낸다.

알고리즘을 통한 콘텐츠 확산은 여러 형태로 이루어진다. 예를 들어 당신 친구들이 '좋아요' 버튼을 누른 콘텐츠는 당연히 당신의 뉴스 피드 안에서 보일 것이다. 그런데 비정상적일 정도로 폭발적인 인기를 누리는 주제들로 많은 참여도를 끌어내는 특이한 특징이 하나 있는데, 그것이 바로 '트렌드화'이다. 트렌드화된 주제란 단기간에 엄청난 인기를 끄는 주제다. 소셜 미디어 플랫폼은 특정 순간 사용자들이 다루는 모든 주제의 참여도와 인기도 점수를 면밀하게 분석하여 트렌드화된 주제들을 분류하며, 알고리즘을 활용해 점점 인기 상승 중인 새롭고 시기적절한 주제들을 찾아낸다. 그들은 한 주제와 관련한 '현재' 활동(한 주제에 대한 게시물, 공유, '좋아요' 또는 댓글 수)과 그 주제와 관련된 '예측' 활동(예측 모델에 의해 측정) 간의 차이를 수량화하여 그런 일을 해낸다. 그렇게 해서 관찰된 활동이 예측 활동보다 훨씬 활발하다면 그 주제는 트렌드로 여겨진다.

사람들은 다양한 주제로 게시물을 올리는데, 어떤 주제가 특정 순간 폭발적으로 눈에 띌 때 그 주제는 트렌드가 되기 시작한다. 그리고 관찰된 활동은 소셜 미디어 플랫폼들에 어떤 주제의 '인기'를 감지하게 해주지만, 어떤 주제와 관련해 관찰된 활동과 예측된 활동 간의 차이는 소셜 미디어 플랫폼들에 그 주제의 '새로움'을 감지하게 해준다. 그런 다음 시기적절성은 가장 최근의 인기도와 새로움을 측정함으로써 알 수 있다. 그렇다면 소셜 미디어 플랫폼들은 대체 어떻게 주제들을 확인할까?

우리는 머신 러닝과 자연어 처리(컴퓨터를 이용해 사람의 자연어를 분석하고 처리하는 기술-옮긴이)를 통해 소셜 미디어에 올라오는 자유 형식의 텍스트를 분석할 수 있다. 하지만 아무 지침도 없이 사용자들이 만들어내는 방대한 양의 콘텐츠를 분석한다는 것은 컴퓨터 과학 측면에서 비효율적이고 힘든 일이다. 그래서 소셜 미디어 플랫폼들은 해시태그를 주제를 나타내는 꼬리표처럼 널리 활용해오고 있다. 그렇게해서 사용자들이 각종 주제에 직접 제목을 달게 되고, 그 덕에 소셜 미디어 플랫폼들은 자신들의 업무 부담을 덜 수 있게 되는 것이다.

오늘날 소셜 미디어에서 흔히 볼 수 있는 해시태그는 10여 년 전 트위터에서 처음 선보인 것이다. 2007년 8월 23일 자칭 '디지털 유목민'이었던 트위터 사용자 크리스 메시나 Chris Messina는 관련 트윗들을 더 쉽게 찾을 수 있게 각 키워드와 관련 주제들에 파운드 기호#를 붙이는 방식을 제안했다. 그는 트윗을 통해 이렇게 물었다. "그룹들에 파운드 기호를 붙이는 걸 어떻게 생각하는가? #barcamp처럼." 그 이후 이야기는 하지 않아도 짐작할 수 있을 것이다. 트위터는 2009년에 해시태그를 지원하기 시작했으며, 2010년에는 이를 이용해 트렌드를 측정하고 촉진했다. 그리고 그 이후 하이프 머신상에서 해시태그는 널리 쓰이고 있다.

요즘은 해시태그나 주제의 형태와 관계없이 인기 있는 콘텐츠라면 리더보드leaderboard(조회 수나 순위 등이 표시되는 전광판-옮긴이)나 트렌드 리스트에 올라오며, 그것을 통해 사용자들은 현재 어떤 콘텐츠가 시기적절하며 새롭고 인기 있는지를 알 수 있다. 이는 경제학자 허버트 사이먼이 말한 이른바 하이프 머신이 만들어내는 '풍요로운 정보 속에서 빈곤한 관심' 문제를 해결하는 한 방법이기도 하다. 이런 방법을 통해 트렌드가 확산되며 인기 있는 콘텐츠는 훨씬 더 큰 인기를 끌게 된다. 그리고 알고리즘을 통한 이런 식의 확산으로 사용자들의 관심을 온통 가장 새롭고 인기 있는 트렌드로 몰리게 하는 이른바 '트렌드의 횡포'가 시작된다. 이는 오늘날 우리 문화와 정치 그리고 대중의 지혜와 광기 간의 전쟁(10장 참조)과 관련해 시사하는 바가 크다.

트렌드화는 주로 관심을 끌고 충격을 주며 감정을 북받치게 만드는 주제들을 중심으로 이루어진다. 어떤 주제가 우리의 가장 극단적인 감정들을 건드린다면 그 주제는 곧 인기를 끌고 하나의 트렌드가 될 가능성이 크다. 그리고 일단 어떤 주제가 트렌드가 되면, 리더보드와 트렌드 리스트를 통해 훨씬 많은 사람에게 전달되어 결국 그 주제의 인기는 더 올라가 극단적인 감정에 호소하는 콘텐츠가 더 각광받게 된다.

알고리즘을 통한 확산과 트렌드화는 전혀 의도치 않은 결과를 초래하기도 한다. 특정 주제를 트렌드로 만들겠다는 욕심에 사람들의 관심을 특정 주제로 돌리고 확산하며 인기 없는 콘텐츠를 인기 있게 만들어 특정 주제를 트렌드화하려는 시도가 공공연히 이루어지게 되는 것이다. 브랜드와 정부 그리고 정치 캠페인은 특정 주제를 트렌드로 만들어 사람들의 관심을 끄는 것을 워낙 중요시하므로 트위터 측에서는 기업 등의 후원을 받는 주제를 트렌드 주제 리스트 최상단에 보이게 해주는 대가로 하루에 20만 달러를 받았다.[304] 문제는 가뜩이나 큰 관심의 가치에 알고리즘 확산을 통한 주제 트렌드화가 힘을 더하면서 조작에 대한 유혹이 더 커졌다는 것이다. 소셜 미디어 전문가들은 마음만 먹으면 인간 네트워크와 소셜 봇을 동원해 사회에서 특정 주제나 아이디어를 트렌드화해 우리 사회에서 의도하는 변화, 즉 법률 통과나 크림반도 사건과 같은 국가 간 합병에 대한 개입 또는 의회 조사 과정에서 일어나는 일들에 관한 결정 등을 끌어낼 수 있다. 2018년 1월 러시아가 트렌드화하는 데 성공한 '#Release TheMemo'(메모를 공개하라) 해시태그 달기 운동이 그 좋은 예다.

#ReleaseTheMemo

2018년 1월 트위터상에서 폭발적으로 퍼진 러시아의 *#Release TheMemo* 해시태그 달기 운동은 가장 노골적인 '트렌드 만들기' 시도 중 하나였다. 문제의 메모는 공화당 하원의원 데빈 누네스의 참모가 작성한 것이다. 메모에는 2016년 미국 대통령 선거에 대한 러시아의 개입 사건을 수사하는 과정에서 FBI가 트럼프 전 대통령의 선거 고문이었던 카터 페이지를 상대로 해외정보감시법 위반 혐의에 대한 영장을 청구하기 위해 정치적 목적으로 정보들을 이용했다는 주장이 담겨 있었다. 그러자 민주당 측에서는 그 메모에는 FBI의 수사를 방해하기 위한 악의적인 거짓 주장들이 담겨 있다고 반발했다. 이후 그 메모를 공개할 것인지를 두고 갑론을박이 벌어지면서 러시아 스캔들 수사의 적법성 자체가 위협받게 되었다. 러시아 정치 전문가 몰리 맥큐에 따르면, 당시 러시아 당국은 그 메모를 공개하는 쪽으로 여론을 몰아가기 위해 하이프 머신상에서 디지털 여론전을 펼쳤다고 한다.[305]

러시아의 소셜 봇과 사이보그 소셜 계정들은 *#ReleaseTheMemo* 해시태그 달기 운동을 통해 미국 의회를 상대로 메모 공개를 압박했다. 이 해시태그는 @underthemoraine이라는 트위터 계정에서 처음 시작되었는데, 나중에 밝혀진 바에 따르면 실제 미시간주에 사는 한 사람의 계정으로 당시 팔로워는 75명도 채 되지 않았다고 한다. 그러나 이런 계정들은 종종 봇네트라는 소셜 봇 네트워크에 의해 새로 만들어져 리트윗되고 확산되는데, 봇네트는 소셜 미디어 안에서 협력 작업을 해 밈meme(문화의 전달 방식-옮긴이)이나 트렌드화된 주제를 만들어낸다. 게다가 이런 봇네트는 일반 계정과 함께 특정 밈을 만들고 정치적 목적에 따라 그런 밈을 확산시킨다. 트위터 계정 @underthemoraine이 #ReleaseTheMemo 해시태그를 사용한 직후, 자동화된 여러 소셜 계정(그중 상당수는 2012~2013년에 만들어졌으나 2016년 미국 대통령 선거 전까지는 활동이 없었다)이 서로 트윗과 리트윗, 공유를 통해 밈을 만들어냈다.

러시아는 자신들의 봇네트를 이용해 트위터상에서 그 밈을 유행시켜 영향력이 큰 인플루언서와 국회의원들에게 그 밈을 따르게 했다. 당시 여러 해시태그가 서로 그런 밈을 대변하기 위해 경쟁을 벌였으나, 일단 #ReleaseTheMemo 해시태그가 가장 큰 동력을 얻자 러시아의 봇네트는 그 해시태그를 집중적으로 확산하고 팔로워들에게 트렌화할 것을 촉구했다. 그렇게 해서 1월 18일 오후 4시에 처음 등장한 그 해시태그는 8시간이 흐른 그날 자정에 이미 67만 회나 사용될 정도로 엄청난 기세로 확산되었다. 비슷한 시기에 있었던 다른 2가지 일과 비교해보자. 우선 1월 20일에 워싱턴에서 '여성 행진Women's March'이 있었다. 그 행사에는 나도 참석했다. 그다음 날인 1월 21일에는 뉴잉글랜드 패트리어츠 팀과 잭슨빌 재규어스 팀 사이에 미식축구리그 플레이오프전이 있었다. 두 행사의 시간당 트윗은 각기 최고 8만 7,000건과 7만 5,000건이 따랐고, 총 60만 6,000건과 25만 3,000건으로 집계되었다. 반면에 #ReleaseTheMemo는 1월 19일 오전 9시에 이미 약 200만 건을 기록했다.

그런 다음 봇네트는 자신들의 트윗에 이를 반복해 언급함으로써 영향력 있는 인플루언서와 국회의원들의 관심을 끌었고, 뒤이어 그 영향력 있는 인물들의 이름을 언급하며 일반 미국인들이 트윗과 리트윗에 나섰다. 예를 들어 미국 하원 정보위원회 소속 공화당 의원들은 총 21만 7,000건이나 #ReleaseTheMemo와 함께 언급되었고 토크쇼 진행자 션 해너티는 24만 5,000건이나 언급되었다. 백악관 대변인 폴 라이언은 메모 공개에 찬성한다는 발표를 하기까지 22만 5,000건 이상의 메모 공개 촉구 메시지를 받았다. 도널드 트럼프 전 대통령 역시 100만 건에 가까운 메모 공개 촉구 메시지를 받았다.

메모 공개 관련 밈이 일정 수준을 넘어서자 #ReleaseTheMemo 해시태그는 트렌드 알고리즘에 의해 더욱 확산되면서 매스컴을 통해 집중적으로 노출되었고, 결국 뜨거운 정치적 쟁점 중 하나로 떠올랐다. 밈이 단기간 내에 상당한 세를 얻으면 자동화된 알고리즘이 작동하면서 지역 사회가 관련 밈에 관심을 보이게 되고, 그 밈은 사람들의 입에 가장 많이 오르내리는 '트렌드' 리스트에 오르게 된다. 그렇게 리스트에 오른 이슈는 '현재 가장 인기 있는 이슈'로 널리 홍보되어 한층 더 많은 관심을 끌게 된다.

어쨌든 #ReleaseTheMemo 해시태그 달기 운동이 형성되고 확산되는 과정에는 분명 러시아 소셜 계정의 개입이 있었고, 그 결과 메모 공개 여론이 고조되면서 결국 문제의 메모는 2018년 2월 2일 공화당 하원의원들에 의해 공개되었다. #ReleaseTheMemo 해시태그 달기 운동에서 나타난 소셜 미디어를 통한 선전은 러시아와의 합병 지지 여론이 급등했던 2014년의 크림반도 상황을 연상케 한다. 크림반도에서와 마찬가지로 누네스 메모 공개 운동에서도 러시아는 하이프 머신을 이용해 외국 정부의 특정 정책에 대한 대중의 인식을 왜곡하며 지지를 끌어냈다. 두 경우 모두 결국은 외국에 의한 정치 공작이었다.

관심 불평등

관심 경제의 구조, 인기에 대한 높은 의존도, 알고리즘에 의한 트렌드화 중시 등으로 인해 '새로운 소셜 시대'는 불평등으로 가득하다. 하이프 머신상에서의 관심은 균등하게 분배되지 않는다. 사실 그 정반대다. 소셜 미디어가 없었다면 생각보다 훨씬 더 적은 수의 사람과 콘텐츠가 관심의 대부분을 가져갔을 것이다. 소셜 네트워크를 움직이는 알고리즘과 함께 활동하는 인간의 자연스러운 성향 때문이다. 1999년 알버트 라슬로 바라바시가 레카 알버트와의 공동 연구에서 밝혔듯 네트워크 역학은 '선호적 연결'[306]에 좌지우지된다. 우리는 소셜 네트워크상에서 인기 있는 사람들에 연결되려는 경향이 있다는 뜻이다. 그 결과 부富와 마찬가지로 인기 역시 '빈익빈 부익부' 현상이 벌어진다.

게다가 하이프 머신의 알고리즘으로 인해 이러한 관심의 불평등은 더욱 심해지고 영구화되고 있다. 예컨대 친구 추천 알고리즘은 친구가 많은 사람에게 더 잘 받아들여지는 경향이 있는데, 그들에게 '상호' 친구가 있기 때문이다. 그 결과 친구가 더 많은 사람이 새로운 관계를 맺어가게 된다.

콘텐츠에 주어지는 관심 역시 불평등이 영구화되고 있다. 피드 알고리즘은 참여도를 높여줄 콘텐츠를 더 선호하기 때문에, '좋아요'와 댓글을 더 많이 받고 더 많이 공유된 게시물이 뉴스 피드 안에서 널리 알려질 가능성도 재공유될 가능성도 더 크다. 그 결과 콘텐츠 인기 하이프 루프가 만들어지면서 관심 불평등이 생기게 되는 것이다. 게다가 더 많은 관심을 끄는 콘텐츠는 더 널리 확산되어 빈익빈 부익부 현상을 더 심화시킨다. 린훙 주와 크리스티나 레먼은 트위터상에서 관심 경제에 관한 자신들의 연구 결과를 이렇게 정리했다. "사용자들은 거의 관심을 받지 못하며, 하위 사용자 99%가 받는 관심보다 훨씬 많은 관심을 상위 사용자 1%가 모두 가져간다."[307]

참신성, 충격 그리고 진실

만약 관심 경제가 소셜 미디어의 엔진이라면 하이프 머신상에서 관심을 움직이는 것은 무엇일까? 내가 10년간 해온 가짜 뉴스에 관한 연구를 통해 그 단서를 찾을 수 있는데, 그 연구에서 우리는 충격적이거나 예측 불가능한 콘텐츠가 가장 많은 관심을 끌고 또 가장 많은 공유를 끌어낸다는 사실을 발견했다. 내가 처음 참신성의 중요성을 발견한 것은 위 연구에서가 아니었다. 2011년에 마셜 밴 앨스타인과 나는 작업 생산성을 향상하는 데 가장 중요한 요소는 새로운 정보라는 사실을 발견했다.[308] 우리는 한 임원급 헤드헌팅 회사의 5년치 이메일 데이터를 분석해 인사 담당자들이 이메일로 주고받은 정보의 참신성을 분석했다. 그 결과 새로운 정보에 접근할 수 있는 인사 담당자들이 더 많은 프로젝트를 더 빨리 완료했고 수입 역시 많았다. 생산성에 참신성이 얼마나 도움 되었는지 판단할 수는 없었지만 적어도 그 상관관계는 놀라웠다. 이후 파람비어 딜론과 나는 전혀 다른 분야의 또 다른 기업에서 같은 연구 결과를 얻었다.[309] 그 결과는 거의 완벽할 정도로 같았다.

사실 이 두 연구를 통해 동료 론 버트와 내가 수년간 해온 주장, 즉 새로운 정보에 접근할 수 있으므로 때문에 약한 유대 관계도 가치 있다는 주장이 확인되었다. 이 모든 것은 결국 앞서 3장에서 다루었던 하이프 머신 네트워크의 구조와 연결된다. 하이프 머신 네트워크의 연결 상태는 무리 안에서는 끈끈하지만, 무리와 무리 사이에서는 느슨하다. 그리고 느슨한 상태로 많은 무리와 연결된 사람들, 즉 네트워크 분야에서 커넥터connector 혹은 브로커라 불리는 사람들은 다른 정보의 풀장에서 헤엄치기 때문에 새로운 정보를 더 많이 받아들인다. 계속 새로운 정보와 접촉하면서 네트워크 여기저기에서 일어나고 있는 일들을 손바닥 들여다보듯 하게 되는 것이다. 덕분에 그들은 각종 기회를 전해주는 매개체 역할도 하고, 다루기 힘든 문제들을 해결하기도 하며 혁신을 이끌기도 한다. 이처럼 참신한 콘텐츠는 우리의 지식을 업데이트해주며 관심을 끌고, 또 그것을 공유하게끔 만든다.

우리의 관심을 끄는 것과 그 관심을 계속 잡아두는 것이 늘 같을 필요는 없다. 어떤 점에서 우리의 관심을 지속해서 잡아두는 것은 충격효과와 반대되는 것인데, 그것이 바로 진실성이다. 로컬 네트워크 효과는 느슨한 유대 관계가 아닌 끈끈한 유대 관계에서 가장 강하게 발휘된다.[310] 가까운 친구나 가족이 제공하는 장기적 가치가 유명인이 제공하는 눈길을 끄는 단기적 가치보다 더 크기 때문이다. 이는 왜 마이크로 인플루언서가 유명한 인플루언서보다 더 많은 참여도를 끌어내는지, 왜 로컬 네트워크 효과가 강한 유대 관계에서 가장 강하게 발휘되는지, 왜 복잡한 작업은 생산성이 강한 유대감으로 향상되는지 등을 설명해준다. 관심에 관한 한 참신성이 단기전이라면 진실성은 장기전이다.

'평균치'는 무의미하다

소셜 미디어 메시지에 대한 우리의 관심은 단순히 불평등한 정도가 아니다. 소셜 미디어 메시지는 네트워크 내의 다른 사람들에게 매우 다른 영향을 줄 수 있다. 예를 들어 민주당 지지자들을 똘똘 뭉치게 만드는 정치 광고가 공화당 지지자들로부터는 조롱의 대상이 된다. 외향적인 사람들을 위한 광고 메시지를 내향적인 사람들에게 보낸다면 씨알도 먹히지 않을 것이다. 우리가 발견한 바에 따르면, 소셜 미디어 메시지들의 평균 효과는 그 메시지가 특정 사람들에게 미치는 영향보다 훨씬 덜 중요하다. 평균적인 효과들만 신경 써서는 소셜 미디어를 제대로 이해할 수 없다. 그런 메시지들이 특정 집단에 미치는 특별하면서도 다양한 효과의 집합 또한 유념해야 한다. 이는 내가 진행한 한 연구 결과로 입증된 사실이다.

최근 몇 년간 보안에 대한 우려로 소셜 미디어 기업들은 가능한 한 사람들의 신원을 알아내 밝히는 쪽으로 노력해왔다. 〈뉴요커〉 카툰은 인터넷상에서의 익명성 문제를 잘 묘사하고 있다. 개 한 마리가 컴퓨터 앞에 앉아 다른 개와 대화를 나누는 카툰이었다. 컴퓨터 앞에 앉은 개가 다른 개에게 말한다. "인터넷상에서는 그 누구도 네가 개라는 걸 몰라." 상거래를 촉진하고 보안을 보장하려면 신원을 밝혀야 한다는 주장과 표현의 자유를 위해서는 익명성을 유지해야 한다는 주장의 갈등을 더없이 잘 포착한 카툰이다. 당시 나와 숀 테일러 등은 소셜 미디어에서의 익명성에 관해 연구하고 있었다. 우리는 익명성 여부로 하이프 머신상에서 사람들이 어떻게 행동하는지 알고 싶었다.

익명성 보장이 소셜 미디어 행동에 미치는 영향을 시험하기 위해 거대 소셜 미디어 플랫폼상에서 실험을 진행했다.[311] 우리는 사람들이 레딧 같은 소셜 뉴스 웹사이트에 올리는 댓글의 5%에 대해서는 익명성을 보장하고, 나머지 95%에 대해서는 실명을 밝혔다. 그러나 사람들이 올린 게시물의 그 나머지 사항들, 즉 콘텐츠 그 자체, 콘텐츠가 올라온 순서, '좋아요'나 댓글 등은 그대로 두었다. 그런 다음 익명성이 익명성을 보장해준 게시물에 달린 '공감' 및 '비공감'의 수에 미치는 영향과 그렇지 않은 게시물에 달린 '공감' 및 '비공감'의 수에 미치는 영향을 비교해보았다. 그 결과 우리는 '평균치'라는 게 얼마나 무의미한지를 알 수 있었다.

우리는 먼저 익명성이 소셜 미디어 반응에 미치는 '평균' 효과를 측정했는데 아무 효과도 발견하지 못했다. 평균적으로 볼 때 게시물을 익명으로 올리느냐 마느냐 하는 것이 그 '좋아요'를 받느냐 마느냐 하는 것에 아무 영향도 주지 못한 것이다. 그런 다음 우리는 익명성이 사람들에게 미치는 영향에 대해 살펴보았다. 그리고 아주 상반되는 2가지 특징을 발견했다. 어떤 사람들의 경우 실명을 밝히는 것이 큰 도움이 되어 사람들은 누가 올린 건지 알 수 있는 콘텐츠를 더 선호했다. 그러나 또 다른 사람들의 경우 실명을 밝히는 일이 정반대의 효과를 내서 사람들은 누가 올린 건지 알 수 있는 콘텐츠는 싫어했다. 사회적으로 지명도가 있는 사람들에게는 실명으로 콘텐츠를 올리는 것이 더 도움이 되었지만, 지명도가 낮거나 부정적인 이미지를 가진 사람들에게는 오히려 손해였다. 우리가 평균 효과를 보지 못한 것은 전체적으로 봤을 때 긍정적인 효과와 부정적인 효과가 서로 상쇄되었기 때문이다. 이는 사실 소그룹 관점에서 볼 때 무시할 수 없는 효과였다.

소셜 미디어 안에서 이런 현상은 자주 찾아볼 수 있다. 앞서 다뤘던 온라인 운동 전염 연구에서 우리가 발견한 바에 따르면,[312] 누군가 소셜 미디어에 달리기 현황을 올리면 주변 친구들도 덩달아 더 많이 달렸지만, 그런 영향은 일부에서만 특히 강하게 나타났다. 우리는 운동 성과를 다른 사람과 비교해 평가하는 경향이 있기 때문이다. 연구진은 이런 의문을 가졌다. 더 많이 달리는 사람들과 비교할 경우와 덜 달리는 사람들과 비교할 경우 어느 쪽이 우리는 더 많이 달리게 될까? 우리보다 많이 달리는 사람들과 비교하면 더 열심히 달려야겠다는 동기가 생긴다.[313] 그러나 우리보다 덜 달리는 사람들과 비교하면 '우리의 우세를 지키려는 경쟁 행동'[314]을 하게 된다. 이런 소그룹들을 좀더 면밀하게 관찰한 결과, 우리는 더 열심히 달리는 사람들이 덜 열심히 달리는 사람들에게 주는 영향보다는 덜 열심히 달리는 사람들이 더 열심히 달리는 사람들에게 주는 영향이 더 크다는 것을 알게 되었다. 나아가 규칙적으로 달리는 사람들이 드문드문 달리는 사람들에게 주는 영향보다는 드문드문 달리는 사람들이 규칙적으로 달리는 사람들에게 주는 영향이 더 크다는 것도 알게 되었다. 이런 결과들을 통해 우리는 달리기 운동과 관련해 소셜 미디어상에서의 자기 평가에 관한 '하향 비교'(우리보다 덜 달리는 사람들과의 비교)가 '상향 비교'보다 영향력이 더 크다는 사실을 확인할 수 있었다.

우리는 온라인이 운동 행동에 미치는 영향이 동성 간에 가장 강하고, 이성 간에는 약하다는 사실도 발견했다. 남성은 다른 남성에게 큰 영향을 주었지만, 여성은 남성과 여성 모두에게 그리 큰 영향을 주지 못했다. 놀라운 사실은 남성은 여성에게 전혀 영향을 주지 못했다는 것이다. 이는 운동이나 경쟁 관련한 동기 부여 측면에서 남성과 여성이 서로 다른 데서 기인하는 것으로 보인다. 남성은 이런저런 운동을 할 때 친구의 영향을 많이 받지만, 여성은 친구의 영향보다는 자기 통제와 개인적 계획에 더 많은 영향을 받는다고 한다.[315] 게다가 여성은 남성과의 경쟁에 별 영향을 받지 않지만, 남성은 여성과의 경쟁에 더 많은 영향을 받는다고 한다.

이 같은 소그룹 효과의 또 다른 예는 소셜 미디어의 영향에 관한 위챗 연구와 페이스북 투표 실험에서 찾을 수 있었다. 위챗 연구에서 우리가 밝혀낸 바에 따르면 어떤 사용자에게 친구들이 어떤 광고를 좋아한다는 것을 알려주면 평균적으로 그 광고에 대한 참여도가 높아졌다. 그런데 모든 친구가 똑같은 영향을 준 건 아니었다.[316] 사회적 지위(위챗상에 친구가 얼마나 많은지로 판단)가 높은 친구들이나 어떤 광고 제품에 대한 전문 지식이 많은 친구들이 영향력이 더 컸다. 페이스북 투표 실험에서는 끈끈한 유대 관계를 맺은 사람이 그렇지 않은 사람들보다 영향력이 더 컸다.[317]

여기서 반드시 기억해야 할 점은 소그룹 효과가 워낙 강력해 소셜 미디어의 영향을 평가할 때는 아주 조심해야 한다는 것이다. 단순히 러시아의 잘못된 정보가 선거에 미치는 평균 효과나 백신 접종 거부 광고가 접종 기피 현상에 미치는 평균 영향에 대해 아는 것만으로는 충분치 않다. 우리는 그런 메시지들이 특정 소그룹들에 미치는 영향과 사회에 미치는 다양하고 상반된 효과들에 대해서도 알아야 한다. 그 좋은 예가 바로 선거 조작이다. 투표 선택에 대한 온라인 광고의 평균 효과는 미미하거나 아예 없을 수도 있지만, 적절한 소그룹이나 지역(주 또는 투표구)을 대상으로 삼는다면 선거 결과에 변화를 줄 가능성은 여전히 실재한다.

10장

The Wisdom and Madness of Crowds

대중의 지혜와 광기

역설적이게도 한 집단이 똑똑해지는 가장 좋은 방법은
그 집단에 속한 사람들이 각자 최대한
독립적으로 생각하고 행동하는 것이다.

−제임스 서로위키

인간에게 상호 의존은 자급자족만큼이나 이상적인 가치가 되어야 한다.
인간은 사회적 존재이기 때문이다.

−마하트마 간디

제임스 서로위키는 《대중의 지혜》
에서 인류가 안고 있는 가장 힘겨운 문제들, 즉 예측, 혁신, 통치, 전략
적 의사 결정 그리고 최고의 축구팀이나 야구팀을 어떻게 만들 것인가
하는 일상적인 문제들을 해결해주는 '집단적 판단력 collective judgement'
에 관해 이야기한다.[318] 이 이론은 100여 년 전, 영국 인류학자 프랜시
스 골턴이 처음 제시한 것으로, 충분한 수의 개인이 낸 추측들을 평균
내서 낯선 사람들로 이루어진 대중이 어떻게 황소의 몸무게를 실제
무게에 가깝게 추측해낼 수 있는지를 설명한다.[319]

그 개념은 간단했다. 각자의 의견을 모아 지혜로 활용할 수 있다면,
대등하면서도 다양하고 독립적인 의견을 가진 대중이 다양한 문제에
직면해 그 어떤 전문가보다도 나은 해결책을 내놓을 수 있다는 것이
다. 일견 일리 있는 이론이다. 그러나 야구 감독 요기 베라가 말했듯,
"이론상으로는 이론과 실제 사이에 아무런 차이가 없다. 그러나 실제
로는 차이가 있다."

제임스 서로위키의 이론에 문제가 있다면, 그의 책이 마크 저커버 그가 페이스북을 설립한 해인 2004년에 쓰였다는 것이다. 그 이후 10년간 하이프 머신은 대중의 지혜를 뒷받침하는 3가지 기본 전제들을 하나하나 무력화했다. 무엇보다 대중의 지혜는 대등하면서도 다양하고 독립적인 의견들을 전제로 한다. 그런데 지금까지 살펴보았듯 하이프 머신은 우리를 초사회화시켜 개인적 판단을 알고리즘을 통해 점차 상호 의존적으로 만들고 있다. 그리고 우리를 양극화시켜 유유상종, 즉 비슷한 사람들끼리 모여 공동체를 이루게 한다. 인기 있는 사람들의 인기를 고착화하고, 각종 트렌드를 만들어내 사람들을 따라 하게 만드는 불평등한 커뮤니케이션 시스템 안에 우리를 몰아넣고 있다.

그 결과 우리는 지금 제임스 서로위키의 비전인 대중의 지혜에서 벗어나 이론상 그 대척점이나 다름없는 찰스 맥케이 Charles MacKay의 '대중의 광기'를 향해 나아가고 있다. 결국 우리가 하이프 머신을 어떻게 설계하고 활용하고 통제하느냐에 따라 하이프 머신이 지혜로 향할 것인지 광기로 향할 것인지가 결정될 것이다. 어떻게 하면 하이프 머신을 집단적 광기에서 멀어지게 설계할 것인지에 대해 내가 처음으로 생각한 것은 뉴욕에서 있었던 한 점심 식사 자리에서였다.

평점 조작 실험, 그 결과는?

MIT에서 강의하기 전에 나는 스트리트 재즈와 비트 시 beat poetry의 메카이자 음식의 메카이기도 한 그리니치 빌리지 한복판에 있는 뉴욕 대학에서 교수 생활을 했다. 마리오 바탈리의 밥보, 마모운의 팔라펠,

티루 쿠마르의 도사 카트 등 사무실 근처에 있는 식당들은 모두 최고였다. 워싱턴 스퀘어 공원 근처에서 식사해본 사람이라면 내 말이 무슨 말인지 잘 알 것이다. 그곳의 음식 냄새와 맛은 정말이지 잊을 수가 없다. 나는 각종 연구나 집필 작업을 하다가 학생들이나 동료 교수들과 함께 종종 그곳에서 식사했고, 그러면서 잠시 머리도 식히며 새로운 아이디어를 떠올리기도 했다.

하루는 여럿이 함께 도조라는 식당을 찾았다. 점심값을 아끼려는 학생들이 자주 찾는 식당이었다. 마리오 바탈리의 밥보처럼 고급 식당은 아니었지만, 그렇다고 노상 식당 수준도 아닌 그 중간쯤에 있는 식당이었다. 식사 후에 온라인에서 식당 평점을 매겨 내 경험을 공유해야겠다고 생각했다. 혀끝에 아직 진저 드레싱의 맛이 남아 있는 상태에서 사무실로 돌아와 유명한 식당 평가 사이트 옐프에 접속했다.

그날 오후 음식이나 서비스, 분위기 모두 평균이었다. 그래서 나는 그 식당에 중간 점수, 즉 별 5개 중 3개를 주고 싶었다. 그런데 별 3개 표시를 하려던 그때 옆에 'Shar H.'라는 사용자가 남긴 후기를 보게 되었다. 밝은 빨간색 별 5개와 함께 "가격이 정말 괜찮다. 특히 달콤하면서도 새콤한 진저 드레싱은 정말 신선하고 맛있었다"라고 적혀 있다. 그 순간 생각했다. '정말 정확히 짚었네. 그들이 내놓은 음식과 가격은 정말 괜찮았지. 게다가 새콤달콤한 진저 드레싱은 정말 맛있었어!' 그래서 나는 그 식당에 별 3개가 아닌 4개를 주었다.

잠시 후 다시 생각해보니 내가 한 행동은 옳지 않았다. 옐프처럼 평점을 매기는 사이트들은 대중의 편견 없는 의견들을 모을 수 있어야 한다. 그런 사이트들은 어떤 식당이나 호텔이 좋은지 나쁜지에 대해 거짓 없는 대중의 의견들을 제공하게 되어 있고, 그 덕분에 우리는 더 좋은 선택을 할 수 있는 게 아닌가. 내가 만약 바로 앞서 식당 평점을 매긴 사람의 의견에 휘둘린다면 이는 분명 대중의 의견에 편견을 넣는 행위가 될 것이다. 다른 사람들도 앞서 올린 사람들의 평에 휘둘린다면, 일종의 대중 심리가 만들어지면서 대중의 지혜가 심각하게 왜곡될 것이다. 나로서는 그야말로 뭔가 깨달음을 얻은 순간이었다.

나는 의자를 박차고 일어나 바로 옆 사무실의 박사 후 연구원 레브 무치니크(현 예루살렘 히브리 대학 교수)에게 갔다. 무치니크의 사무실 문은 늘 열려 있어 나는 문 안으로 고개를 들이민 채 문틀을 똑똑 두드렸다. 그는 컴퓨터에서 눈길을 돌려 나를 올려다보았고, 나는 방금 있었던 일을 얘기했다. 그리고 우리는 그 의미에 대해 논의하기 시작했다. 우리가 이런 역학 모델을 만들 수 있을까? 물론이다. 하지만 대중 심리에 대한 모델들은 수십 년 전에도 있었다. 우리가 정말 알고 싶은 것은 다음과 같았다. 이런 일이 실생활에서도 종종 일어날까? 만약 그렇다면 그게 온라인상에서 평점을 매기고 의견을 내는 것과 무슨 관계가 있을까?

이 질문들은 중요하다. 평점 매기기가 우리의 선택에 영향을 주기 때문이다. 연구 결과에 따르면 소비자의 92%가 후기를 읽고 있으며, 그중 46%는 그 후기에 영향을 받아 제품을 구매하고, 43%는 후기의 영향을 받아 제품을 구매하지 않으며, 단 3%만이 후기에 전혀 영향을 받지 않는다고 답했다고 한다.[320] 게다가 소비자의 92%가 후기를 읽지만, 후기를 쓰는 사람은 6%밖에 되지 않는다. 목소리가 큰 극소수의 사람들이 절대다수의 의견에 영향을 주고 있다는 얘기이다. 평점 매기기의 잠재적 효과는 상당한데, 그 6%의 사람들이 나머지 모든 사람의 쇼핑 방식에 지대한 영향을 주기 때문이다.

그때 당시 박사 과정 중에 있던 숀 테일러(현 리프트Lyft 선임 데이터 과학자)가 우연히 무치니크와 나의 대화를 듣고는 우리한테 다가오며 물었다. "지금 무슨 얘기 하는 거예요?" 사회과학은 늘 이런 식으로 시작된다. 일상생활에서의 평범한 질문들에서 출발해 '어떻게?', '왜?' 등에 대한 조사로 발전한다.

나는 무치니크, 테일러와 함께 대중 심리에 대한 질문들을 가지고 대중 의견의 역학에 대한 진실을 파고드는 연구 프로젝트에 착수했다.[321] 현재 평점이 미래 평점에도 영향을 줄까? 만약 그렇다면 그것과 온라인상의 대중 의견에 숨어 있는 편견들과는 무슨 관계가 있을까? 현재 평점과 미래 평점 간의 상관관계를 알아낸다고 해서 새롭게 알 수 있는 것은 많지 않을 것이다. 과거 평점과 현재 평점 간의 상관관계는 품질에 의해 좌우될 테니 말이다. 고급 식당(또는 신발이나 호텔)들은 현재에도 미래에도 높은 평점을 받을 것이고, 저급 식당은 오늘도 내일도 낮은 평점을 받을 것이다. 과거 평점은 미래 평점과 상관관계가 있지만, 우리가 과거 평점이 미래 평점에 영향을 주는지를 결정하는 방법은 한 가지밖에 없었다. 우리는 평점을 조작하는 실험을 해야 했다.

우리는 레딧과 유사한 한 소셜 뉴스 웹사이트와 공동 연구를 통해 대규모 대중 심리 테스트를 진행했다. 그 웹사이트는 사용자들에게 뉴스 기사와 댓글을 올리고 평가하는 것을 허용하고 있었다. 그러나 별점 대신 찬성이나 반대 평점을 매길 수 있는 옵션을 주고 있었고, 그 덕에 실험 결과가 더 명확하게 나올 수 있었다. 실험에서 우리는 그 웹사이트에 올라온 콘텐츠에 한 집단의 경우 임의로 1개의 찬성 평점을 그리고 또 한 집단의 경우 1개의 반대 평점을 주었다. 이와 함께 한 통제 집단에는 평점을 전혀 주지 않았다. 그런 다음 그 세 집단의 평점 변화를 지켜보았다. 각 콘텐츠에는 대개 수백 개 또는 수천 개의 평점이 달렸으므로 임의로 찬성이나 반대 평점을 준 것은 그야말로 최소한의 조작이었다. 말하자면 평점 조작을 심하게 하지 않으려 한 것이다. 그러나 그렇게 최소한의 조작을 했음에도 그 결과는 놀라웠다.

〈그림 10-1〉에서 상향 화살표들이 있는 선(임의로 1개의 찬성 평점을 준 집단)을 별들이 있는 선(아무 평점도 주지 않은 통제 집단)과 비교해 보라. 찬성 평점으로 긍정적인 조작을 한 경우는 전체 평점 분포가 오른쪽으로 옮겨졌다. 평점 라이프 사이클이 시작될 때 임의로 1개의 찬성 평점을 주어 긍정적인 조작을 하면 긍정적인 평점이 32% 늘었고, 평균 평점은 25% 늘었다. 사실 긍정적인 조작 효과는 워낙 강력해 일부 콘텐츠의 경우 대중 심리로 찬성 평점이 눈덩이처럼 불어나 평점 스타덤에 오르는 '슈퍼스타 효과superstar effect'가 일어나기도 했다. 그리고 콘텐츠에 임의로 1개의 찬성 평점을 추가할 경우 점수가 10점을 넘을 가능성이 30% 높아졌는데, 평균 평점이 1.9점이라는 것을 고려하면 10점은 결코 작은 점수가 아니었다. 평점 라이프 사이클 시작 단계에서 임의로 평점을 조금만 올려도, 콘텐츠가 슈퍼스타 효과를 낼 가능성이 30%나 높아진 것이다.

〈그림 10-1〉에서 눈에 띄는 또 다른 결과는 대중 심리의 효과가 비대칭적으로 나타난다는 것이었다. 평점 상향 조정 집단(상향 화살표들이 있는 선)의 평점은 눈에 띄게 오른쪽으로(더 높은 평점들 쪽으로) 옮겨졌지만, 평점 하향 조정 집단(하향 화살표들이 있는 선)의 평점은 그렇게까지 왼쪽으로(더 낮은 평점들 쪽으로) 많이 옮겨지지 않은 것이다. 소비자들은 평점 상향 조정에 맞춰 자신들의 찬성 평점 또한 올렸지만 평점이 하향 조정된 경우에도 찬성 평점을 주는 반응을 보였는데,

이는 자신들이 부당하다고 본 것을 수정하는 과정으로 보인다. 결국 부정 조작, 즉 임의의 평점 하향 조정은 이런 '수정 효과'에 의해 상쇄되어 부정적 대중 심리 효과가 완화되는 효과를 냈다. 앞으로 살펴보게 되겠지만 이는 온라인 평점에서의 향후 대중 심리 방향에 지대한 영향을 주게 되며 긍정적 대중 심리를 만드는 데 도움이 된다.

우리는 깜짝 놀랐다. 소셜 미디어의 영향이 사람들의 의견에 그렇

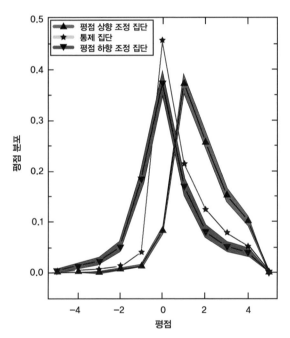

그림 10-1. 소셜 미디어가 평점에 미치는 영향. 이 그래프는 레딧과 비슷한 소셜 뉴스 웹사이트 상에서 임의로 선정된 세 집단이 올리는 콘텐츠의 평점 분포를 보여준다. 평점 상향 조정 집단 (상향 화살표들이 있는 선)의 경우, 평점 라이프 사이클 시작 단계에서 게시물에 임의로 1개의 찬성 평점을 주는 조작을 했다. 평점 하향 조정 집단(하향 화살표들이 있는 선)의 경우, 평점 라이프 사이클 시작 단계에서 게시물에 임의로 1개의 반대 평점을 주는 조작을 했다. 그리고 통제 집단(별들이 있는 선)의 경우 아무런 조작을 하지 않았다(베이지안 로지스틱 회귀 모형에서 95%의 신뢰 구간들이 추론된다).

게까지 놀라운 변화를 주리라고는 예상하지 못했다. 문제는 대중 심리에서 생겨나는데, 우리가 주변 사람들의 생각과 행동을 그대로 따라 하기 때문이다. 디지털 시대를 맞아 우리는 매일 페이스북과 인스타그램, 트위터, 옐프 등에서 다른 사람들의 의견에 매몰된다. 초사회화되고 있는 것이다. 아마존에서 책을 검색하면 다른 사람들이 이런저런 책들을 얼마나 좋아하는지(또는 싫어하는지)를 알게 된다. 여행 웹사이트 익스피디아에서 사용자들이 매긴 평점을 보면서 호텔들을 비교한다. 유튜브 동영상에 붙은 '좋아요'와 '싫어요'의 숫자를 보면서 동영상을 볼지 말지 결정한다. 심지어 우리는 담당 의사를 선택하는 중요한 일도 앞서 진료를 본 다른 환자들이 남긴 평을 보고 결정한다.

우리가 소셜 미디어를 통해 다른 사람들로부터 받는 영향은 단순히 겉으로 순응하는 것, 즉 다른 사람들이 좋아하는 것을 좋아하는 척하는 것만으로 끝나지 않는다. 다른 옵션들에 대한 우리의 가치 판단 자체에도 실제 변화가 온다. 한 뇌 영상 실험 참가자들에게 다른 사람들의 외모에 평점을 매겨보라고 한 뒤 다른 사람들의 의견을 보여주었다. 그러면서 fMRI 영상을 보니, 실험 참가자들은 단순히 외모에 대한 다른 사람들의 의견에 따르고 있을 뿐만 아니라 주관적인 가치 판단을 주관하는 뇌 부위들까지 활성화되고 있었다. 결국 사회적 규범에 대한 노출이 가치 판단과 관련된 뇌 신경 부위에도 영향을 준다는 게 밝혀졌다.[322] 또 다른 실험에서는 참가자들에게 음악에 대한 의견을 물은 뒤, 전문가들과 다른 사람들의 의견을 보여주었다. 그러자 사회적 영향에 의해 음악에 대한 그들의 의견이 바뀌었을 뿐만 아니라 fMRI 관찰 결과 역시 사회적 영향으로 아주 기본적인 가치 신호들이 바뀌었다.[323]

우리가 온라인상에서 무언가를 평가할 때는 다른 사람들을 따라 하려는 본능의 영향도 받지만, 특히 긍정적인 사회적 영향을 더 많이 받는다. 다른 사람들이 어떤 책이나 호텔, 식당 또는 의사를 좋게 평가해 높은 평점을 주면, 우리 역시 그 책이나 호텔, 식당 또는 의사에게 비슷한 평점을 주면서 더 좋게 평가하게 된다. 실험 결과에 따르면 사람들은 음악을 고르는 것과 같은 문화적 선택이나[324] 길모퉁이에서 관심을 둘 방향을 정하는[325] 문제와 관련해서도 대중 심리에 휘둘리는 경향이 있다. 아마존 같은 전자상거래 웹사이트에서는 그야말로 의외의 별점 분포를 볼 수 있는데, 그 역시 대중의 의견이 갖는 이 같은 불합리성으로 설명할 수 있다.

온라인 별점들이 그린 J 곡선

온라인 별점 분포도는 늘 나를 당혹스럽게 한다. 실제로 신발을 구매하거나 호텔 패키지 상품을 구매한 사람들을 상대로 무작위 별점을 매겨보라고 한다면, 대략 종 모양의 곡선을 예상할 수 있다. 대개 소수의 사람만이 아주 긍정적인 구매 경험을 한다. 마찬가지로 소수의 사람이 끔찍한 구매 경험을 한다. 대부분은 아주 좋지도 아주 나쁘지도 않은 평균적인 구매 경험을 한다. 물론 아주 뛰어난 제품들의 별점 분포는 평균보다 오른쪽으로 이동할 것이고, 아주 형편없는 제품들의 별점 분포는 평균보다 왼쪽으로 밀릴 것이다. 좋은 제품과 나쁜 제품에 대한 모든 소비자의 별점 분포를 모아보면 대략 정상적인 분포도, 즉 종 모양의 곡선을 보게 된다(〈그림 10-2〉 참조).

하지만 여러 소셜 미디어 플랫폼들에서의 많은 제품 및 소비자들과 관련된 온라인 별점을 모아보면, J 모양을 한 분포도를 보게 된다. 별점 4~5개는 많고, 별점 1~2개는 중간쯤이고, 별점 3개는 아주 드문 J 모양의 묘한 곡선이 만들어지는 것이다. 온라인 별점 분포도인 J 곡선은 놀라울 정도로 일관성이 있다.[326] 근처에 컴퓨터가 있다면 아마존에 접속해 무작위로 몇 개 품목들을 검색해보라. 어떤 품목 또는 어떤 범주의 제품을 선택하느냐와 상관없이 별점 분포는 대개 J 곡선이 된다. 별점을 많이 받은 제품들은 대개 별점 1개짜리가 적어 하키 스틱처럼 더 평평한 J 곡선이 되며, 평균 별점을 많이 받은 제품들은 별점 1개짜리가 더 많아 더 가파른 J 곡선이 된다. 그러나 어쨌든 별점 4~5개는 많고, 별점 1~2개는 중간쯤이며, 별점 3개는 아주 드문 J 곡선을 가장 흔히 볼 수 있다. 그 이유는 무엇일까?

증거들에 따르자면 3가지 설명이 가능하다. 첫째, '구매 편향'이 있

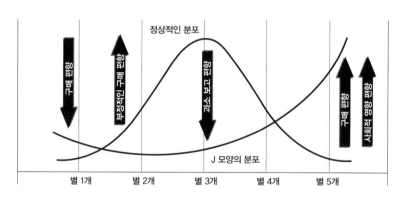

그림 10-2. 묘한 J 모양의 온라인 별점 분포도. 보통 소비자들의 제품 구매 경험은 평균 평점이 대부분을 차지해 종 모양이 될 거라고 예상하지만, 온라인 평점 분포도는 대개 별점 4~5개는 많고, 별점 1~2개는 중간쯤이며, 별점 3개는 아주 드문 J 모양이 된다. 이런 현상은 구매 편향과 과소 보고 편향, 사회적 영향 편향으로 설명할 수 있다.

다. 특정 제품을 구매한 (그래서 검증된 평을 남길 수 있는) 소비자들은 애초부터 해당 제품에 더 좋은 감정을 가지고 있다. 그래서 그 제품을 산 것 아니겠는가. 둘째, '보고 편향'이 있다. 대개 정말 좋거나 정말 나쁜 구매 경험을 한 소비자들이 평점을 남길 동기가 더 많다. 평균적인 구매 경험을 한 사람들은 보통 굳이 평을 남기려 하지 않는다. 그래서 평점을 매겨보면 좋은 구매 경험과 나쁜 구매 경험이 과도하게 많고, 좋은 구매 경험이 나쁜 구매 경험보다 훨씬 많다. 소비자들이 거래업체 측과 서로 이익이 되는 쪽으로 움직이는 것 역시 이런 현상에 일조한다. 예를 들어 우버와 리프트는 간단한 한 가지 속임수로 운전자와 탑승자들에게 서로 좋은 평점을 주도록 만든다. 탑승자가 우버 택시에서 내리며 운전자에게 "5대 5?"라고 묻는데, 이는 "당신이 별 5개를 준다면 나도 5개를 줄게요"라는 뜻이다. 평점 인플레를 일으키는 관행인 것이다. 마지막으로 우리의 평점 실험에 따르면 사람들이 부정적인 대중 심리보다 긍정적인 대중 심리에 영향을 더 많이 받는 것은 '사회적 영향 편향'으로 설명할 수 있다. 결국 온라인 평점 분포가 J 곡선을 이루는 것은 바로 이런 3가지 이유 때문이다.

온라인상에서 흔히 볼 수 있는 이런 긍정적 대중 심리는 비즈니스 전략과 부정행위 방지, 주가 그리고 심지어 선거에도 영향을 미친다. 예컨대 브랜드 평판을 높이기 위한 손쉬운 전략들 가운데 하나가 바로 만족스러워하는 소비자들에게 평점을 매기게 하되 다른 소비자들보다 먼저 매기게 하는 것이다. 긍정적 구매 경험을 한 소비자들에게 먼저 평점을 매기게 하면, 뒤따라 평점을 매기는 소비자들 또한 더 높은 평점을 매기게 되어 그 결과 해당 브랜드의 호감도가 올라가게 된다. 그리고 평점은 실제 소비자들이 매기는 것이기 때문에 이는 부정직한 방법도 아니다.

긍정적 대중 심리는 부정행위를 막는 데 방해가 될 수도 있다. 레딧 같은 웹사이트들은 머신 러닝을 활용해 가짜 후기들을 찾아내고 삭제한다. 그러나 가짜 후기를 삭제한다고 해서 그 가짜 후기가 이후의 모든 적법한 후기들에 미치는 영향까지 제거하지는 못한다. 가짜가 시스템 안에 스며들어 적법한 후기까지 오염시키는 것이다.

대중 심리 이론에 따르면 사람들 사이에 공유되는 정보의 '폭포 현상'은 주가에서 주택 공급에 이르는 시장의 모든 것에 거품이 끼게 한다. 그 같은 거품 현상의 역사적 사례로 종종 인용되는 게 바로 '네덜란드 튤립 파동'(1600년대에 튤립이 번영의 상징이라고 해서 인기가 치솟자 튤립 가격도 천정부지로 치솟았던 사건-옮긴이)이다. 그런데 오늘날에는 하이프 머신 덕에 사회적 영향 편향은 워낙 폭넓게 제도화되고 자동화되어 어디서나 볼 수 있게 되었다. 그리고 그 영향은 워낙 지대해 우리가 제대로 이해하고 있는지 확실치가 않다.

선거를 예로 들어보자. 2012년 미국 대통령 선거가 한참 진행 중일 때 우리는 사회적 영향 편향에 관한 연구 결과를 발표했다. 우리가 실험을 통해 긍정적 대중 심리의 놀라운 영향에 관해 분석하고 있을 때 버락 오바마 대통령의 지지도를 보여주는 여론 조사 결과들이 나왔고, 그것을 통해 우리는 대통령 선거에서 어떤 후보가 앞서가고 있는지를 알 수 있었다. 우리의 편향 실험 결과들이 아직 생생히 기억나는 상태에서 나는 이런 의문을 갖지 않을 수 없었다. 이런 여론 조사들은 선거 결과를 예측하는 것인가, 아니면 선거 결과를 몰아가는 것인가? 정치학을 전공하는 동료 교수들에 따르면 여론 조사는 투표율에 영향을 줄 수 있다. 당신이 지지하는 후보가 앞서가면 당신은 아마 이런 생각을 할 것이다. '이번 선거에서 우리는 절대 질 수 없어. 그런데 굳이 나까지 투표할 필요가 있을까?' 우리의 연구 결과에 따르면 대중 심리는 사람들의 투표 여부는 물론 투표 방식에도 영향을 미친다. 우리의 연구는 투표 그 자체에 대한 연구는 아니었으나 사실 대중 심리는 인간의 다른 많은 행동에 영향을 미친다. 선거도 예외라고 할 수 없는데 페이스북의 투표 실험의 결과들이 이를 뒷받침해준다.

우리의 해결책은 웹사이트들이 충분한 평점들을 확보할 때까지 온라인 평점들을 공개하지 않는 것이다. 실제로 우리가 〈사이언스〉에 사회적 영향 편향에 관한 연구를 발표하고 몇 개월 후에 레딧은 운영 방침을 바꿨다. 각 콘텐츠에 대한 평점들이 수백 개씩 축적될 때까지 평점들을 감추기로 한 것이다. 만약 충분한 수의 표들이 비공개로 던져지고 대중의 의견에 독립성이 유지된다면, 적어도 각 표가 대중에게 영향을 줄 가능성은 사라질 것이다. 레딧 측은 블로그에서 그렇게 하면 사회적 영향 편향을 피할 수 있고 부정행위도 줄일 수 있을 것이라고 설명했다. 2019년에는 인스타그램이 전혀 다른 이유로 자신들의 소셜 미디어 플랫폼에서 '좋아요'를 숨기기 시작했다. 이런 정책 변화들이 사회에 미치는 영향은 무엇일까? 이제 곧 살펴보게 될 것이다.

하이프 머신의 그늘에 가려진 집단 지성

하이프 머신은 종종 벌집형 '하이브 마인드 hive mind'(벌집형 사고, 패거리적 사고, 대중 의식)의 원조로 불린다. 하이프 머신 알고리즘은 적절히 활용할 경우 대중의 의견을 빠른 속도로 지혜롭게 끌어모아 집단 지능을 끌어올릴 수도 있다. 그러나 그 알고리즘들이 우리의 집단 결함을 끌어모아 대중의 행동으로 옮길 경우 오히려 우리의 예측 능력을 앗아가고 집단적 판단력 또한 흐리게 만들 수 있다. 우리는 그 완벽한 예를 집단 알고리즘을 통해 팬데믹을 예측하려는 각종 시도에서 찾아볼 수 있다.

2020년의 코로나바이러스 팬데믹 상황에서 여러 기업과 연구 집단은 소셜 미디어와 검색 질의 안에 올라온 코로나바이러스 증상에 대한 각종 언급을 분석해 바이러스 확산을 예측하려고 했다. 새로운 접근 방식은 아니었다. 2009~2013년 독감을 예측하는 방법으로 인기가 있었다. 전 세계적으로 독감으로 사망하는 사람은 연간 100만 명 정도 되는데, 이 책을 쓰고 있는 지금 단 몇 개월간 코로나바이러스로 사망한 사람은 무려 10만 명이 넘었다. 그러나 신속한 대처로 조기에 발견할 수만 있다면, 팬데믹으로 인한 피해는 얼마든지 줄일 수 있다. 또한 바이러스 출몰을 미리 예견할 수만 있다면, 자원을 적절히 배분할 수 있을 뿐만 아니라 미국 질병통제예방센터CDC 같은 기관들이 대응 계획을 짜는 데도 도움이 될 수 있다. 2009년까지만 해도 미국 질병통제예방센터는 독감 관련 의사 방문 기록과 기타 바이러스 및 임상 건강 데이터를 활용해 1~2주 간격으로 독감 발병을 보고했다.

그러다가 2009년 2월 구글이 '구글 플루 트렌드Google Flu Trends' 라는 이름의 독자적인 독감 감지 시스템을 가동하기 시작했는데, 이 시스템은 수천억 건에 달하는 구글 검색 중 독감 관련 질문 검색 5,000만 건을 찾아내 미국 전역에 걸친 주간 독감 발병 상황을 예측했다. 원리는 간단했다. 독감에 걸린 사람들은 대개 의사를 찾기 전에 먼저 온라인상에서 독감 증상과 민간요법 등을 검색한다. 이처럼 검색을 활용하는 모델을 통해 전통적인 독감 감지 시스템보다 훨씬 더 빨리 독감을 예측할 수 있다는 것이다. 말하자면 알고리즘을 통한 집단 지성에 모든 것을 걸어본 셈인데, 알고 보니 그게 꽤 괜찮은 도박이었다.

구글 플루 트렌드는 0.97의 평균 상관관계로 미국 질병통제예방센터보다 훨씬 더 빨리 그리고 1~2주 걸리던 전통적인 독감 감지 시스템보다 훨씬 더 짧은 하루 시차로 독감을 예측해냈다.[327] 결과는 놀라웠다. 구글 플루 트렌드는 건강을 위한 집단 지성의 활용에 이정표를 마련한 선구적 시스템이었다. 독감 증상들(두통, 코 막힘, 열 등)과 민간요법들(목캔디, 뜨거운 허브볼을 이용한 태국식 전통 마사지 등)을 알아보려는 수십억 건의 검색을 통해 대중의 지혜를 활용하는 방식은 전통적인 독감 감지 시스템보다 훨씬 개선된 시스템이었다.

2009년 6월부터 2011년 6월까지 구글 플루 트렌드는 독감 발병 상황을 거의 완벽하게 예측했다. 그러다가 그 예측이 2011년 6월부터 갑자기 빗나가기 시작했다. 2011년 8월부터 시작해 108주 가운데 100주 동안 독감 확산을 지나치게 높게 보고하는 등 2011년부터 2013년까지 무려 50%가 넘는 과다 예측을 한 것이다. 2012년부터 2013년 겨울까지 구글의 독감 발병 예측은 미국 질병통제예방센터의 예측보다 2배 이상 높았다.

어떻게 해서 대중의 지혜가 이렇게 갑자기 대중의 광기로 바뀐 것일까? 크게 2가지 이유가 있다. 첫째, 구글 플루 트렌드 제작자들이 데이비드 레이저 등이 말하는 이른바 '빅 데이터 교만big data hubris'[328]에 빠졌다. 예측 작업 시 객관적 독감 기록(수천 회에 걸친 의사들의 방문 관찰)은 상대적으로 빈약한데 너무 방대한 양의 데이터(수백만 가지 검색어를 통한 수십억 건의 검색)를 사용하여 이 예측 모델이 통계학자들이 말하는 이른바 '과적합 허구적 상관관계'를 겪게 된 것이다. 독감과 관련된 5,000만 가지 검색어 가운데 상당수는 시간상으로는 관계가 있지만, 사실 독감 그 자체와는 아무 관계도 없었다. 예를 들어 독감 시즌이 대충 농구 시즌과 일치할 수도 있는데 이는 사실 우연의 일치였을 뿐이다. 겨울과 관련된 검색어도 마찬가지이다. 결국 2009년 비시즌에 발생한 신종 플루(H1N1) 팬데믹 같은 구글 플루 트렌드의 비시즌 독감 예측은 완전히 빗나갔다. 이와 관련해 데이비드 레이저 등은 이렇게 적었다. "결국 구글 플루 트렌드는 반은 독감 감지 시스템, 반은 겨울 감지 시스템이었다."

둘째, 구글 검색 알고리즘상에 여러 가지 작은 수정들이 가해지면서 구글 플루 트렌드의 정확도가 떨어지게 되었다. 2011년 6월 구글은 사용자들의 검색 질의와 관련해 추가 검색어들을 제시하기 시작했다. 그리고 2012년 2월에는 사용자들이 열이나 기침 같은 독감 증상들을 검색하면 추가 제안된 검색어들로 잠재적 진단을 보여주기 시작했다. 이런 설계상의 변화로 하이프 머신 코드에 편향성이 들어갔고, 그 결과 구글 사용자들은 이런 알고리즘이 없을 때보다 독감 관련어들을 더 많이 검색하게 되었다. 이같이 새로운 검색어 제시 방식으로 더 많은 독감 검색이 이루어졌고 구글 플루 트렌드는 실제보다 더 많은 독감이 발병했다고 판단하게 된 것이다. 이는 소프트웨어 코드가 하이프 머신의 파급력에 어떤 영향을 주는지를 보여주는 적나라한 예다. 알고리즘상의 조그만 변화들만으로도 대중의 지혜를 떠받치는 3개 기둥 가운데 하나를 무너뜨려, 즉 원래 독립적이었던 대중의 의견을 상호 의존적인 것으로 만들어버려 대중의 지혜가 대중의 광기로 바뀌게 된다. 이론상 현명한 대중이라면 대개 독립성, 다양성, 평등성이 3가지 요소를 가지고 있어야 한다. 그런데 문제는 하이프 머신이 이 3가지 요소를 모두 저해한다는 것이다.

독립성: 정보의 폭포를 피할 수 있을까?

대중은 서로 각 개인의 실수를 상쇄하므로 예측이 정확하다. 황소의 몸무게를 추측해낸다는 프랜시스 골턴의 '집단적 판단력'을 상기해보라. 황소의 몸무게를 추측해본 경험이 아무리 많더라도, 통찰력이 뛰어난 개인이라 할지라도 실수하게 마련이다. 누군가는 과대평가할 것이고 또 누군가는 과소평가할 것이다. 그러나 이런 실수들이 서로 상관관계가 없고(즉 서로 관련이 없고) 편향적이지 않다면(즉 조직적으로 진짜 몸무게를 과대평가하거나 과소평가한 게 아니라면) 그리고 충분한 추측을 한다면 그렇게 해서 나온 의견은 진실에 가까워질 것이다. 수학적 관점에서 실수들 사이에 서로 상관관계가 없다면 추측 수가 많을수록 대중의 지혜가 나오게 된다.

독립성은 대중의 지혜에서 아주 중요하다. 각 개인이 다른 사람들의 의견에 영향받는 일 없이 또 한 의견 때문에 전체가 잘못된 길로 가는 일 없이 각자의 정보를 집단 추측에 보탤 수 있기 때문이다. 반면에 사회적 영향은 개인들의 추측에 많은 영향을 주는데, 우리가 다른 사람들은 우리가 모르는 것을 안다고 생각하거나 집단에 순응해야 한다는 압박을 느껴 다른 사람들의 의견을 따라가려 하기 때문이다. 이로 인해 대중 심리가 생겨나고, 그 결과 대중은 이런저런 추측에 휘둘리게 되면서 실수를 상쇄할 수 없게 된다. 온라인 평점제의 편향성과 구글 플루 트렌드의 독감 예측력 상실이 그 대표적 예다.

　제임스 서로위키는 인간이 '사회적 존재'라는 것을 인정했다. 그는 《대중의 지혜》에서 이렇게 말했다. "우리는 서로에게 배우고 싶어 한다. 그리고 배움은 사회적 과정이다. 우리가 사는 동네, 우리가 다니는 학교, 우리가 일하는 직장이 모두 우리의 사고방식과 감정에 영향을 준다."[329] 서로위키는 사회적 영향이 피할 수 없는 삶의 한 측면이라는 것을 인정하면서도, 지혜는 독립성을 필요로 한다는 자신의 주장을 굽히지 않고 이렇게 썼다. "내가 말하고자 하는 것은 다음과 같다. 한 집단의 구성원들이 서로 더 많은 영향을 주고받을수록 그리고 서로 개인적 접촉이 더 많을수록 그 집단의 결정들은 그만큼 현명한 것이기 어렵다. 서로 더 많은 영향을 주고받을수록 서로 같은 것을 믿거나 같은 실수를 할 가능성이 커지기 때문이다. 우리는 개인적으로는 더 똑똑해지면서도 집단적으로는 더 아둔해질 수도 있는 것이다."

　지금 하이프 머신으로 인해 도처에서 사회적 영향이 나타나고 있는데, 제임스 서로위키가 이런 상황을 예측했는지는 모르겠다. 그는 이렇게 말을 이었다. "정보의 폭포 현상이 존재할까? 두말하면 잔소리다. 정보의 폭포 현상은 '식당 가기' 모델에서 제시하는 것보다는 덜 흔한데, 예일 대학 경제학자 로버트 쉴러가 말한 것처럼 사람들은 대개 이런저런 결정을 하면서 순서대로 하지는 않기 때문이다. 이와 관련해 쉴러는 대부분의 경우, 많은 사람은 다른 사람들의 행동을 관찰하지 않고 자기 나름의 신호들에 따라 독립적으로 행동을 결정한다고 했다." 물론 서로위키도 쉴러도 위와 같은 결론을 내릴 당시 인스타그램이나 옐프, 트위터, 해시태그, 입소문 밈, 트렌드화된 주제들은 물론 소셜 미디어 인플루언서라는 것을 경험한 적이 없었다.

오늘날 우리는 이런저런 결정들을 내리면서 계속 다른 사람들의 행동을 관찰한다. 이제 뭔가를 결정하는 시점에서 다른 사람들의 의견을 구하는 것은 예외적인 일이 아니라 일상이 되었다. 굳이 사회적 영향을 찾아 나설 필요도 없다. 스스로 찾아오기 때문이다. 좋으나 싫으나 종일 푸시 알림을 통해 다른 사람들의 의견이 쏟아져 들어온다. 온라인 평점제나 각종 후기, 트윗, 공유, 추천 등의 관점에서 쉴러의 결론을 현재 상황에 맞게 고쳐보자면, 오늘날에는 많은 사람이 자신의 행동을 결정할 때 반드시 다른 사람들의 행동을 관찰한다. 그런데 그게 잘못된 일일까? 상황에 따라 다르다. 이 이야기는 잠시 후 다시 하기로 하자.

다양성: 양극화의 역설과 심화

대중의 지혜를 떠받치는 두 번째 기둥은 다양성이다. 모든 사람이 똑같은 의견을 가지거나 철저히 양극화된 의견을 가지고 있다면 그 대중은 현명할 수 없다. 그러나 집단적 판단력을 슬기롭게 끌어모으면 문제 해결 및 예측 과정에서 다양한 아이디어의 혜택을 볼 수 있다. 다양성을 가진 집단은 다양한 해결책은 물론 그것을 효과적으로 활용할 방법도 내놓기 때문이다. 시스템 과학자 스콧 페이지에 따르면[330] 다양성은 문제 해결 집단 내 동질성보다 낫고 또 적절한 상황*하에서는 능력보다 낫다. 다양한 인지 능력을 갖춘 집단이 최고의 문제 해결

• 문제들은 어려워야 하며, 문제 해결 능력을 갖춘 사람들로 이루는 집단은 그 규모가 충분히 커야 한다.

능력을 갖춘 집단보다 더 나은 성과를 거두는데, 능력이 뛰어난 사람들은 생각이 비슷해 굳이 더 나은 대안을 찾기 위해 가능한 해결책들을 더 찾아보려 하지 않기 때문이다. 선거 결과나 주가 또는 황소의 몸무게를 예측하는 데 대중의 다양성은 그 대중을 이루는 개인들의 정확성만큼이나 중요하다. 그리고 대중의 예측을 끌어모으면 그 예측은 늘 적어도 대중 가운데 한 사람의 평균 예측만큼 정확하다. 이 같은 수학적 규칙성은 대체로 대중의 다양성을 바탕으로 한다.

다양성을 약화시킬 수 있는 경향 가운데 뜨거운 논란을 일으키고 있는 한 가지는 양극화 현상이다. 양극화는 사회적 정보를 효율적으로 처리하는 능력을 떨어드리고 정체시키는 위험이 있고, 자신의 믿음을 더욱 확고하게 해주는 아이디어를 더 선호하는 편향성을 증폭시킨다. 이는 자신의 확고한 믿음에 반하기보다는 부합되는 사실과 의견들을 더 믿으려 하는 인간의 자연스러운 성향에서 비롯된다. 미국 내 민주당 지지자들과 공화당 지지자들 간의 갈등에서부터, EU 탈퇴 의사를 묻는 영국 브렉시트 투표에서 '이탈' 또는 '존속'을 지지하는 영국인들 간의 갈등 그리고 최근 브라질 대통령 선거에서 우파 성향과 좌파 성향의 브라질인들 간의 갈등에 이르기까지 양극화 현상은 지금 전 세계를 휩쓸고 있는 듯 보이는데, 정말 그러할까?

양극화의 역설

데이터를 깊이 파고들면 전 세계적으로 심지어 미국 내에서도 양극화 현상이 어떻게 확산되었는지는 그리 분명치 않다. 1994년 이후 퓨리서치 센터가 비교해오고 있듯 각종 정치 문제들에 대한 자칭 공화당 지지자들과 민주당 지지자들의 견해를 비교해보면, 두 정당 지지자들은 페이스북이 설립된 해인 2004년부터 확연히 분리 현상을 보인다.[331] 그 분리 현상은 '정치 참여도가 높은 사람들' 사이에서 훨씬 더 분명하게 나타난다(〈그림 10-3〉 참조).

하지만 정당 지지도나 이데올로기, 특정한 정치적 문제들에 대한 견해를 분석하면 1960년대 이후 별 변화가 없다는 것을 알 수 있다. 미국 경제학자 매튜 겐츠코프는 이런 말을 했다. "소속 정당 측면에서든 진보-보수 성향 측면에서든 지난 50여 년간 미국 유권자들 사이에서 양극화가 더 심화되고 있다는 증거는 없다. 아주 극소수의 미국인만이 스스로를 '아주' 진보적이라거나 '아주' 보수적이라고 말한다. 그리고 그 나머지 미국인 가운데에서 스스로를 '진보적'이라거나 '보수적'이라거나 '중도적'이라고 말하는 미국인들의 정치 성향은 상당히 안정적이어서, 최근 몇 년 사이에 극단적인 진보나 보수 쪽으로 기울었다는 징후는 전혀 없다"(〈그림 10-4〉 참조).[332] 만약 정치적 문제들에 대한 의견들이 양극화되고 있다면, 경제 및 사회 문제 전반에 대한 미국인들의 의견 또한 더 양극화될 것이라 짐작할 수 있다. 그러나 대부분의 미국인은 대부분의 문제에 중도적인 입장을 보여 경제 및 사회 문제들 전반에 대한 의견들도 안정적으로 단봉형 분포도를 유지한다.

그런데 선거 데이터를 보면 점점 양극화 현상이 심화되고 있다는 비명이 들리는 듯하다. 대통령 후보들이 20%가 넘는 표차로 일방적 승리를 거두는 카운티에 사는 미국 유권자들의 비율은 1976년 25%에서 2016년에는 60%까지 치솟았다.[333] 미국 유권자들의 표는 이제 더는 대통령 및 의원 선거 모두에서 정당 정책들에 따라 분산되지 않는다.[334] 유권자들이 대통령 및 의원 선거에서 같은 당에 투표하는 경향이 점점 강해지면서[335] 각 카운티의 표가 한곳으로 쏠리고 있다.[336]

미국 유권자들 사이에서의 정치적 양극화(1994~2017)

정치 참여도가 높은 미국 유권자들 사이에서의 정치적 양극화(1994~2017)

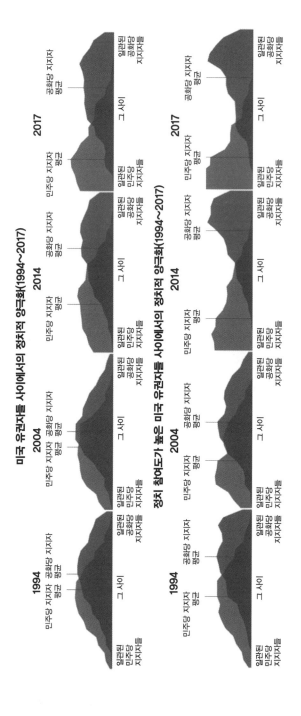

그림 10-3. 1994~2017년까지 미국 내 정치적 양극화의 흐름. 이 그래프를 보면 1994년, 2004년, 2014년, 2017년 기준 민주당 지지자들(왼쪽)과 공화당 지지자들(오른쪽)의 분포를 알 수 있다. 이는 퓨 리서치 센터가 설문 조사를 통해 미국인들에게 10가지 정치 문제에 대한 질문을 던져 정부의 크기와 범위, 사회 안전망, 이민, 동성애, 비즈니스, 환경, 외교 정책, 인종차별 같은 문제들에 그들이 얼마나 진보적 태도 또는 보수적 태도를 보이고 있는지를 측정한 것이다.

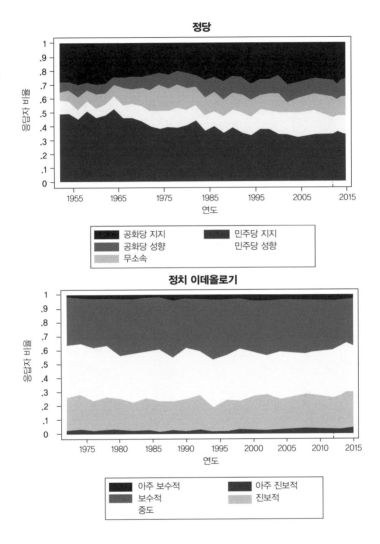

그림 10-4. 미국 유권자들의 지지 정당과 이데올로기 성향 추이. 이 그래프에는 미국 전국 선거 연구 설문 조사에 응한 사람들 가운데 공화당 지지, 공화당 성향, 무소속, 민주당 성향, 민주당 지지라고 답한 사람들의 비율과 아주 보수적, 보수적, 중도, 진보적, 아주 진보적이라고 답한 사람들의 비율이 나와 있다. 2012년 이후의 데이터는 퓨 리서치 센터에서 행한 별도의 설문 조사 결과를 따랐고, 중복되는 기간에 같은 평균치가 나오게끔 조정했다.

어떻게 된 것일까? 공화당 지지와 민주당 지지(지지 정당) 그리고 보수와 진보(정치 이데올로기) 비율은 수십 년간 일정한 수준을 유지하고 있는데, 중요한 사안들에 대한 정치 이데올로기와 견해는 어떻게 이렇게 극적으로 변할 수 있는 것일까?

답은 간단하다. 지지 정당과 사람들이 지닌 견해 간의 연관성이 그만큼 더 커진 것이다. 미국인들은 2가지 동질적인 믿음 체계에 의해 두 진영으로 나뉘었다.[337] 대부분의 미국인은 대부분의 문제에 대해 대체로 중도적 견해를 유지해오고 있지만, 정당 정책 안에서 사안별로 또는 후보자별로 자신의 견해를 재조정해왔다. 예컨대 이민에 찬성하는 미국인과 반대하는 미국인의 전반적인 비율은 변하지 않았지만, 이민에 찬성하는 공화당 지지자들의 비율이나 이민에 반대하는 민주당 지지자들의 비율은 크게 줄어들었다. 사안 중심으로 달랐던 유권자들의 견해가 한 정당의 노선 안에서 동질화된 것이다. 물론 늘 그랬던 것은 아니다. 이에 대해 매튜 겐츠코프는 이렇게 적고 있다. "한때 사람들은 어떤 문제들(이를테면 사회 정책)에 대해서는 진보적인 견해를 취하고 또 어떤 문제들(이를테면 경제 정책)에 대해서는 보수적인 견해를 취했다. 그런데 오늘날에는 더 많은 사람이 모든 문제에서 진보적인 성향을 띠거나 보수적인 성향을 띤다."[338]

이 같은 분리 현상은 미국 문화 곳곳에 스며들었다. 수잰 카프너와 단테 치니는 소비자 브랜드 선호도 설문 조사인 시몬스 전국 소비자 설문 조사(2004~2018)를 분석한 결과, 최근 각 브랜드가 공화당이나 민주당 어느 한쪽과 점점 더 깊은 연관을 맺고 있다는 게 밝혀졌다.[339] 소비자들의 브랜드 충성도와 구매 패턴을 들여다보면, 공화당 지지자들은 랭글러 진을 사는 데 반해 민주당 지지자들은 리바이스 진을 산다. 공화당 지지자들은 제너럴 모터스 차를 사는 데 반해 민주당 지지자들은 폭스바겐 차를 산다. 그리고 잘 알다시피 공화당 지지자들은 폭스 뉴스를 보고, 민주당 지지자들은 CNN을 본다.

이런 분리 현상은 소비자들의 취향이 분화된 데 따른 것이기도 하지만, 브랜딩과 마케팅, 타기팅의 영향을 받는 데 따른 것이기도 하다. 브랜드들은 지금 중요한 사회적 문제들에 대해 나름의 입장을 보이는데, 이는 각종 사회적 가치들에 대한 자신들의 리더십을 표명하는 방식일 수도 있고 특정 소비자 집단과 자신들을 동일시하기 위한 시도일 수도 있다. 예를 들어 리바이스는 총기 규제와 친이민 정책 같은 진보적 정책들을 지지해오고 있다. 질레트는 거친 남성성을 드러낸 광고와 아버지가 성전환 수술을 한 아들에게 면도하라고 훈계하는 등의 보수적인 광고들로 논란을 일으킨 적이 있다. 그리고 아마 나이키가 샌프란시스코 포티나이너스의 쿼터백이었던 콜린 캐퍼닉 Colin Kaepernick을 지지한 것을 기억 못 하는 사람은 없을 것이다. 콜린 캐퍼닉은 소수 민족 탄압에 저항하는 뜻으로 미국 국가가 연주되는 동안 무릎을 꿇었다. 사회적 이슈들에 어떤 입장을 취하느냐에 따라 해당 브랜드를 선택하거나 바꾸거나 피하거나 구매 거부 운동을 벌이겠다고 말하는 미국인들의 비율은 2017년 47%에서 2018년에는 60%로 뛰었다. 이런 관점에서 2018년 기준 나이키 고객 가운데 공화당 지지자는 31%밖에 되지 않고, 민주당 지지자가 46%라는 것은 놀랄 일도 아니다.

공화당 지지자들과 민주당 지지자들이 이슈별로 서로 끈끈한 동질적 공동체를 형성하고 특정 브랜드에 어느 정도 충성도를 보이는 상황에서, 양당 지지자들이 서로를 어떻게 보는가와 관련해서도 비슷한 분리 현상이 생겨났다. 자기 정당 지지자들과 상대 정당 지지자들에게 응답자들이 느끼는 상대적 감정을 '따뜻함'에서 '차가움'까지 백분율로 측정하는 미국 '감정 온도'[340] 평가와 자기 정당 지지자들과 상대 정당 지지자들이 '이기적'인지 아니면 '지적'인지 평점을 매기는 내집단과 외집단의 평가, 자녀들이 상대 정당 지지자와 결혼하는 것을 꺼리는 사람들의 비율을 보는 평가에서 양당 지지자들 간에 서로 미워하고 불신하고 적대시하는 '감정적 양극화' 현상이 심화되기 시작한 것은 1990년대 중반과 후반 사이다. 현재 감정적 양극화 현상은 60년 만에 최고 수준에 도달해 있는데, 이는 퓨 리서치 센터가 실시한 1994~2017년의 조사에서 나타난 정치적 양극화 현상과도 일치한다.

이제 자연스레 '왜'라는 의문이 생긴다. 왜 우리는 미국을 비롯하여 방글라데시, 브라질, 캐나다, 스위스, 콜롬비아, 인도, 인도네시아, 케냐, 폴란드, 터키 등 그야말로 전 세계에서 이런 분리나 양극화 현상이 심화되는 상황을 보게 되는 것일까? 양극화의 기원은 복잡하다. 그리고 그 이유는 아직 과학적으로 밝혀진 바가 없다. 논란의 여지가 있으나 그 이유로 꼽을 만한 요소들은 여럿 있다. 첫째, '당파 분류'가 이루어졌다. 다시 말해 인종, 종교 같은 이데올로기들과 사회 정체성이 재분류되어 정당 정책들과 합쳐졌다. 그래서 복음주의 기독교인들은 공화당에 압도적인 지지를 보내고, 아프리카계 미국인들은 민주당에 압도적인 지지를 보낸다.

둘째, 지난 10여 년간 미국 유권자들이 경제적으로 양극화되었다.[341] 먼저 교육 수준이 높고, 전문직에 종사하는 사람들이 주를 이루는 도시 및 교외 중심의 민주당 지지 지역들에서는 평균 가구 소득이 17% 늘어났다. 반면에 교육 수준이 낮고 노동자 계층이 주를 이루는 시골의 공화당 지지 지역들에서는 평균 가구 소득이 3% 줄었는데, 이들은 또 농업과 숙련도 낮은 제조업에 종사하는 경우가 많아 해외 경쟁에 더 취약하다.

셋째, 케이블 뉴스 미디어들이 정치적으로 양극화되면서 정치적 정체성이 더 심화되었고, 정당은 물론 그 지지자들 간의 감정적 양극화 현상 또한 심해졌다.[342] 정당을 중심으로 한 양극화로 인해 뉴스 미디어의 독자나 시청자들 역시 좌우로 나뉘었고, 그 바람에 뉴스 미디어가 양극화를 초래하는 것인지 아니면 이미 양극화된 일반 대중이 단순히 양극화된 뉴스 미디어를 고르는 것인지 구분할 수 없게 되었다.

넷째, 인터넷이 양극화를 심화시키는 데 중요한 역할을 한다는 얘기도 자주 나온다. 맞춤화와 타기팅 전략이 합쳐져 법률학자 캐스 선스타인과 사회 운동가이자 무브온MoveOn.org의 책임자인 일라이 페리저가 말하는 이른바 양극화된 콘텐츠의 '필터 버블'이 만들어지고,[343] 그 결과 다양한 사람들이 철저히 다른 정보와 사실들을 소비하게 되는 것이다. 어쨌든 인터넷이 양극화에 일조하고 있다는 증거들은 있지만 논란의 여지가 많다. 어떤 연구 결과들은 인터넷 사용으로 양극화가 조금씩 증가한다고 하고,[344] 또 어떤 연구 결과들은 인터넷을 덜 사용하는 사람들 사이에서 오히려 양극화가 더 심하다고 한다.[345]

국가 간에 감정적 양극화가 분화하고 있다는 증거는 레비 박셀과 매튜 겐츠코프 등이 유일하게 실시한 이문화 간 종단적 연구들 중 하나에서 나왔다.[346] 8개 국가에서 40여 년간 진행한 그들의 분석 결과에 따르면, 지난 40여 년간 미국과 캐나다와 스위스에서는 감정적 양극화 현상이 꾸준히 늘었지만, 호주와 뉴질랜드, 영국, 스웨덴, 노르웨이, 독일에서는 꾸준히 줄었다.

거론한 나라들에서는 해당 기간에 인터넷 사용이 늘어났기 때문에 감정적 양극화 현상이 늘어난 것이라고 설명하는 데는 무리가 있다. 물론 캐스 선스타인 등은 "많은 나라에서 2000년 이후에 양극화 현상이 더 빠르게 확산되었다는 사실을 보면 디지털 미디어의 역할론은 일리가 있다"[347]라고 말했다. 그러나 이는 그렇다면 왜 1990년대에도 양극화 현상이 일어났는지 그리고 또 왜 그런 추세가 2000년 이후 어떤 국가에서는 늘고, 어떤 국가에서는 줄었는지를 설명하지 못한다. 이는 곧 감정적 양극화 현상의 확산에는 여러 요소가 작용하고 있음을 시사한다. 예를 들어 미국의 경우 점점 심화되는 소득 불평등과 인종차별, 케이블 뉴스의 급부상 같은 추세가 디지털 미디어 및 소셜 미디어와 합쳐져 양극화 현상을 만들고 있다.

지난 몇 년간 많은 사람이 하이프 머신이 대체 어떻게 이 모든 불협화음과 관련이 있는지 궁금해했다. 자동화되고 맞춤화된 타기팅 및 트렌드 알고리즘들이 우리를 점점 더 심한 동질화 및 양극화의 길로 몰아온 것으로 보인다. 초사회화 그 자체도 다양성을 줄이는 데 일조했다. 우리가 다른 사람들의 의견을 중심으로 무리를 지으면서 우리 자신과 비슷한 사람들과 긴밀한 유대 관계를 이루며 일종의 '사고 거품'을 만들어낸 것일지도 모른다.

하이프 머신이 점점 심화되는 소득 불평등과 인종 분리, 당파 정치 같은 특정 국가의 특정 요소들과 합쳐져 온라인 반향실을 만들어내고 그로 인해 감정적 양극화가 더 심화될 수도 있을까? 그런 요소들 때문에 정당을 중심으로 모인 동질의 집단들이 페이스북이나 다른 소셜 미디어상에서 더 쉬운 표적이 되는 것일까? 답하기 쉽지 않은 복잡한 문제들이다. 뉴스 피드의 평점 매기기 알고리즘이나 친구 추천 알고리즘 등이 우리 자신의 선택과 합쳐져 우리가 읽고 믿는 것들에 영향을 미쳐 우리를 더 갈라놓는 것일 수도 있다. 이런 가능성을 과학적 관점에서 본다면 어떨까?

하이프 머신은 우리를 양극화시키는가?

첫째, 피드 알고리즘들은 우리가 클릭하고 참여하고 좋아하는 것들로부터 우리의 호불호를 파악하여 우리가 참여할 수 있는 것을 더 많이 주려 한다. 물론 소셜 미디어 플랫폼들은 단순히 클릭 수를 극대화하려는 게 아니라고 한다. 자신들의 알고리즘에는 다양성을 늘리기 위한 요소들이 포함되어 있다고 주장한다. 그러나 내가 보기에 하이프 머신 알고리즘들에 포함된 다양성을 추구하는 요소들은 순전히 자신들의 정확도를 높이기 위해 우리의 호불호를 알아내려 하는 것들일 뿐이며, 소비의 다양성을 늘리기 위한 것은 아니다(소셜 미디어 플랫폼들이 자신들의 알고리즘들을 공개하지 않기 때문에 그 진위를 알아내기란 쉽지 않다). 알고리즘은 평소 우리가 좋아하는 콘텐츠와 다른 콘텐츠를 시도하게 해 우리의 관심사를 추적하여 놓친 것은 없는지 혹은 우리의 호불호가 바뀌지는 않았는지 확인한다. 그러나 이런 다양성 요소들은 알고리즘 자체의 아주 중요한 목표, 즉 우리의 참여도를 높이는 목표에 매몰된다.

둘째, 하이프 머신의 콘텐츠를 큐레이션하는 알고리즘들은 우리를 양극화 현상으로 몰아가는 하이프 루프를 통해 소비의 다양성을 손상한다. 예를 들어 친구 추천 알고리즘들은 우리를 비슷한 사람들에게 연결해주므로 다양성은 더 줄어들 수밖에 없다. 그래서 잘 아는 사람들과 공유되는 콘텐츠는 우리 자신의 관점에 맞춰 편향된다. 게다가 뉴스 피드 알고리즘들은 우리가 선호하는 콘텐츠로 시야를 좁혀 그 다양성을 떨어뜨린다. 그래서 우리는 이후 훨씬 줄어든 선택의 폭 내에서 콘텐츠를 소비하게 되고, 그 결과 그렇게 편향된 선택들이 우리가 원하는 것을 추론해내는 기계 지능에 제공되어 양극화 사이클이 만들어지면서 우리는 다시 편향된 정보 거품 속에 밀려들어간다. 이것이 바로 알고리즘과 우리 각자의 선택이 힘을 합쳐 만들어내는 하이프 루프 악순환이다. 이 악순환으로 인해 우리는 이 세상에 대한 근시안적이며 양극화된 관점을 갖게 된다.

2015년 페이스북 연구원 이탄 박시와 솔로몬 메싱 등이 〈사이언스〉에 발표한 논문은 우리의 네트워크와 뉴스 피드 알고리즘 그리고 각자의 선택들이 우리가 페이스북상에서 다양한 뉴스들에 노출되는 데어느 정도 영향을 주는지를 연구했다.[348] 이탄 박시와 솔로몬 메싱 등은 미국 페이스북 사용자 1,000만 명이 자신들의 뉴스 피드상에서 어떻게 서로 공유된 뉴스들과 상호 작용하는지를 분석했다. 그 결과 친구들과 공유하기로 한 결정과 뉴스 피드 알고리즘, 우리 자신의 읽을거리 선택 등에 대한 큐레이션이 각 단계에서 콘텐츠 옵션의 범위를 좁힌다는 것을 알게 되었다.

큐레이션 과정의 각 단계에서 우리는 이데올로기적으로 다양하던 관점들이 점점 줄어드는 것을 보게 된다. 소셜 네트워크들은 친구 추천과 우리의 개인적 연결 선호도에 의해 양극화되는데, 둘 다 동질성 선호 쪽으로 이어지게 되어 페이스북상에서 아주 심한 정당 중심의 군집화가 이루어지기 때문이다. 연구진이 밝혀낸 바에 따르면 네트워크 안에서 일어나는 이 같은 양극화 현상에 맞춰 우리 친구들이 우리와 공유하는 뉴스 콘텐츠들에도 심한 양극화 현상이 일어난다. 〈그림 10-5〉를 보면 네트워크와의 공유를 통해 이른바 '하드 뉴스'(정치, 경제, 국제 정세 등 딱딱한 뉴스)는 극적일 정도로 양극화되었고 '소프트 뉴스'(스포츠, 연예, 여행 등 가벼운 뉴스)는 상대적으로 양극화가 덜 된 것을 알 수 있다. 그런 다음에는 뉴스 피드 알고리즘을 통해, 다양한 콘텐츠에 노출될 가능성이 자칭 진보적인 사람들의 경우 8% 줄었고, 자칭 보수적인 사람들의 경우 5%가 줄었다. 마지막으로 알고리즘에 의해 큐레이션되는 뉴스 피드 콘텐츠들에 대한 개인적인 선택을 통해 다양한 콘텐츠에 노출될 가능성이 진보적인 사람들의 경우 6% 줄었고, 보수적인 사람들의 경우 17%가 줄었다.

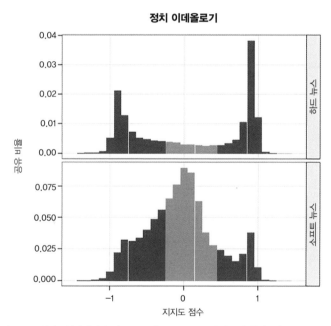

그림 10-5. 페이스북상에서의 하드 뉴스와 소프트 뉴스의 양극화 현상. 이 그래프를 보면 미국 페이스북 사용자 1,000만 명의 뉴스 피드에서 공유되는 하드 뉴스와 소프트 뉴스의 지지도 점수 분포를 알 수 있다. 보수 및 진보 성향의 콘텐츠에 대한 이데올로기적 지지도는 총 공유 수에 의해 가중치가 주어지는 공유자들의 평균 지지도로 측정된다. 따라서 만약 진보 성향의 친구들이 어떤 콘텐츠를 공유했다면 그것은 진보적인 콘텐츠라 부를 수 있다.

이 같은 연구 결과들이 시사하는 바는 명백했다. 먼저 우리는 페이스북상에서 다른 사람들을 팔로잉(이는 친구 추천으로 아주 큰 영향을 받는다)하면서 정치와 국제 정세 같은 하드 뉴스에 제한적으로 노출된다. 그런 다음 뉴스 피드 알고리즘을 통해 이런 양극화가 더 심화된다. 마지막으로 개인적 선택을 통해 우리가 접하는 콘텐츠는 훨씬 더 제한되고, 그 결과가 우리가 원하는 것을 주려는 하이프 머신에 피드백되어 다시 양극화가 심해지는 악순환이 일어난다.

알고리즘 큐레이션 vs. 인간 큐레이션

페이스북을 관찰한 연구를 바탕으로 알고리즘과 우리의 선택 때문에 하드 뉴스에 대한 노출에 양극화 현상이 일어난다고 결론짓기는 어렵다. 페이스북 연구가 인과관계보다는 상관관계를 토대로 행해졌기 때문이다. 그러나 MIT 박사 후 연구원 아난야 센 등이 2017년부터 2018년까지 연구를 통해 독일의 한 대형 뉴스 웹사이트상에서 수집한 실험 증거들 덕분에 양극화 현상과 알고리즘이 큐레이션한 뉴스 간에 인과관계가 최초로 입증되었다.[349]

아난야 센 등은 임의로 일부 독자들은 알고리즘이 수집한 뉴스를 받게 하고 또 일부 독자들은 인간이 수집한 뉴스를 받게 하는 대규모 실험을 통해 알고리즘이 큐레이션하여 필터 버블들이 생겨나는지를 시험해보았다. 즉 실험 집단에 속한 독자들은 이전에 본 콘텐츠 기록을 토대로 알고리즘이 큐레이션한 뉴스 콘텐츠를 보았고, 통제 집단에 속한 독자들은 편집자들이 수집한 뉴스 콘텐츠를 보았다. 이렇게 총 1,500만 명을 대상으로 한 실험을 분석한 결과 알고리즘이 큐레이션하는 것과 관련해 다음과 같은 3가지 사실을 확인할 수 있었다.

첫째, 독자 참여도를 극대화하는 측면에서는 알고리즘이 한 큐레이션이 인간이 한 큐레이션보다 나았다. 알고리즘은 단 6차례의 방문에 대한 자료를 수집해 독자들이 원하는 것을 예측하는 데 있어 편집자들보다 더 나았고, 독자들의 실제 클릭 수를 높이는 데도 일관되게 더 나았다.[*] 이로써 대규모로 독자들의 참여도를 극대화하는 데는 알고리즘이 한 큐레이션이 인간이 한 큐레이션보다 더 효과가 있다는 게 입증되었다. 그리고 데이터가 많을수록 알고리즘이 큐레이션하면 독자들의 참여도 또한 더 높았다.

둘째, 알고리즘이 한 큐레이션은 필터 버블을 만들어내 뉴스의 다양성이 눈에 띄게 줄어들었다. 실험에서 연구진은 웹사이트에 여러 차례 되돌아오는 독자들에게 알고리즘이 한 큐레이션과 편집자가 한 큐레이션을 임의로 적용해보았다. 알고리즘이 한 큐레이션을 적용한 경우 필터 버블이 정착되면서 독자들이 뉴스를 선택하는 폭은 더 좁아졌다. 반면 인간이 한 큐레이션을 적용한 경우 독자들이 뉴스를 선택하는 폭은 더 넓어졌다.

셋째, 알고리즘이 한 큐레이션은 다양한 콘텐츠에 대한 독자들의 선택권을 좁힐 뿐만 아니라 읽을거리 자체에 대한 선택권 역시 좁혔다. 다시 말해 필터 버블은 뉴스 피드 내 뉴스 선택권에만 영향을 준 게 아니라 더 일반적인 콘텐츠 소비 선택권에도 영향을 준 것이다. 알고리즘이 한 큐레이션을 적용한 독자들의 경우 읽을 뉴스거리만 줄어든 게 아니라 편집자가 큐레이션한 다른 뉴스거리들에서도 읽을거리

---

[*] 흥미로운 사실은 속보가 나오는 날에는 편집자들이 알고리즘보다 더 나았는데, 이는 뉴스 가치가 있는 콘텐츠에 대한 독자들의 취향을 예측하는 데 인간이 더 나을 수도 있음을 시사한다.

가 줄어들었다.

나는 박사 과정에 있던 데이브 홀츠 등과 함께 음악 스트리밍 플랫폼 스포티파이상에서 맞춤형 추천 제도가 콘텐츠 소비의 다양성에 미치는 영향을 시험하기 위한 대규모 실험을 진행했는데, 이 실험에서도 앞의 연구와 비슷한 결론이 나왔다.[350] 이 실험에서 일부 스포티파이 사용자들에게는 그들의 이전 음악 감상 기록을 토대로 맞춤형 팟캐스트를 추천했고, 다른 사용자들에게는 그들의 인구 통계학적 집단 내에서 가장 인기 있는 팟캐스트를 추천했다. 알고리즘 추천으로 사용자 참여도가 높아졌다. 팟캐스트를 스트리밍하는 사용자의 수가 36.33% 늘었고, 사용자당 평균 팟캐스트 스트리밍은 28.90% 늘었다. 그러나 이로 인해 양극화된 콘텐츠 소비 무리가 생겨났다. 맞춤형 팟캐스트를 추천받은 사용자들은 서로 비슷한 콘텐츠를 소비한 반면, 그렇지 않은 사용자들은 서로 다른 콘텐츠를 소비한 것이다. 또한 추천 제도로 개인별 팟캐스트 스트리밍의 다양성은 11.51% 줄었고, 팟캐스트 스트리밍 전체의 다양성은 5.96% 늘었다. 우리의 연구 결과에 따르면, 아난야 센 등의 연구 결과와 마찬가지로 알고리즘이 한 큐레이션으로 사용자들의 콘텐츠 선택권이 좁아졌다. 그리고 사용자들의 콘텐츠 선택권은 알고리즘 추천이 행해지는 웹페이지에서만 좁아진 게 아니라, 사용자들의 라이브러리나 라디오 방송국 페이지같이 알고리즘 추천이 행해지지 않는 소셜 미디어 플랫폼의 다른 분야에서도 좁아졌다.

우리의 실험에서 알고리즘이 한 큐레이션의 필터 버블 효과는 큐레이션 내내 나타나지 않았다. 그리고 우리가 알고리즘을 이용한 추천 제도를 중단시키자, 사용자들은 다시 다양하게 콘텐츠를 소비했다. 원래 누리고자 했던 다양한 선택권이 알고리즘 큐레이션의 양극화 현상으로부터 회복되고 있다는 것을 보여준다. 이는 참여도를 극대화하기 위해 고안된 자동화된 알고리즘이 우리의 콘텐츠 소비 패턴을 영구히 바꿔놓는 게 아닐 수도 있으며, 알고리즘을 더 잘 만들면 소셜 미디어 상에서의 콘텐츠 소비가 다시 다양해질 수도 있음을 생각해보게 한다.

위 연구들에서는 양극화된 소셜 미디어 소비가 정치적 양극화에 미치는 영향들을 조사하지 못했다. 소셜 미디어와 정치적 양극화 간의 직접적인 연관성을 밝히기 위해서는 소셜 미디어 사용자들의 뉴스 피드를 무작위로 추출해 그 결과로 뉴스 소비와 정치적 태도에서 생기는 변화를 측정해야 한다. 그리고 그런 연구를 최대한 타당하게 또 널리 적용할 수 있게 하려면 페이스북상에서 실시하는 게 이상적이다. 현재로서는 소셜 미디어상에서 뉴스 소비에 관한 한 페이스북이 세계 최대 규모의 플랫폼이기 때문이다. 그런데 예일 대학의 로이 레비가 바로 그런 연구를 진행했다.[351]

로이 레비는 일부 미국 성인 페이스북 사용자들에게 진보 언론 매체나 보수 언론 매체 중 하나를 구독하게 했다. 실제 참가자들의 절반이 구독했는데, 진보 언론 매체를 구독한 사람들은 자신들의 뉴스 피드에서 더 진보적 뉴스를 받아 보았고, 보수 언론 매체를 구독한 사람들은 더 보수적 뉴스를 받아 보았다. 그런 다음 레비는 진보 콘텐츠와 보수 콘텐츠를 무작위로 사용자들에게 주입했을 때 어떤 효과들이 발생하는지, 또 그 결과 그들의 정치적 의견과 태도에 어떤 변화가 일어나는지를 분석했다. 실험 결과 4가지 중요한 사실이 밝혀졌다.

첫째, 이 실험에서 페이스북 뉴스 피드는 온라인 뉴스 소비를 크게 변화시켰다. 진보적 뉴스와 보수적 뉴스를 사용자들의 뉴스 피드에 주입하자 사용자들의 정치 성향에 변화가 나타난 것이다. 주로 진보적 뉴스를 받은 보수적인 사람들은 정치 성향이 진보 쪽으로 이동했고, 보수적 뉴스를 받은 진보적인 사람들은 보수 쪽으로 이동했다. 양극화라는 관점에서 볼 때 이는 기쁜 소식일 수도 있고 나쁜 소식일 수도 있다. 이는 한편으로는 페이스북이 각 개인의 이데올로기에 반하는 뉴스에 더 많이 노출되게 하는 효과적인 수단이 될 수도 있다는 뜻이고, 다른 한편으로는 페이스북이 사용자들에게 정치 성향을 더 강화할 뉴스를 공급한다면 소셜 미디어의 편향성이 더 커지게 된다는 뜻이기도 하다. 이는 모두 알고리즘을 어떻게 설계하느냐에 달렸다.

둘째, 개인의 믿음에 반하는 뉴스들에 노출되자 자신이 지지하는 정당을 지지하지 않는 사람들에 대한 반감이 줄었다. 레비는 뉴스 피드에 일어난 이런 변화의 효과를 측정하기 위해 고전적 '온도계'를 활용했다. 1996년부터 2016년까지 감정적 양극화 현상에 대한 '감정 온도', 즉 민주당 지지자들에 대한 공화당 지지자들의 반감 또는 공화당 지지자들에 대한 민주당 지지자들의 반감은 전반적으로 3.83도 올라갔다. 그러나 레비가 한 실험에서 그런 양극화 지수는 0.98도 낮아졌다. 그런데 페이스북이 사용자들을 '똑같은 비율의 친성향 및 반성향 뉴스'에 노출시키면 정당에 대한 감정 온도 차이가 3.76도나 낮아졌다. 3.76도라면 지난 20년간 오른 전체 감정 온도와 맞먹는 것이다.

셋째, 뉴스 피드 조작은 정치적 의견들에 주목할 만한 영향을 주지 못했다. 이는 앞서 언급한 '양극화의 역설'과도 일맥상통한다. 지난 20년간 미국에서는 심각한 정치적 양극화 현상이 나타났지만 미국 유권자들의 정치적 의견은 변함없이 일정했다. 반면에 민주당 지지자나 공화당 지지자라는 것이 의미하는 바는 양당 내에서 더 동질화되었다.

마지막으로 레비는 페이스북 뉴스 피드 알고리즘이 필터 버블을 만들어낸다는 것을 발견했다. 알고리즘은 사람들에게 그들의 기존 태도에 반하는 뉴스를 공급할 가능성이 적다. 실험에서는 사람들에게 견해가 상반되는 뉴스를 보게 권했다. 하지만 페이스북의 알고리즘은 사람들이 자신의 정치적 관점에 반하는 언론 매체를 구독했는데도 계속 이전 정치적 관점에 맞는 콘텐츠를 공급했다.

하이프 머신이 양극화 현상을 부추기고 있다고 주장하는 사람들은 하이프 머신이 필터 버블을 만들어내고, 그 필터 버블이 다시 우리를 양극화한다고 주장한다. 하이프 머신이 양극화 현상을 만들어내는 데 한몫하고 있다는 사실을 입증하거나 부정하는 구체적인 증거는 없지만, 여러 실험 연구에서 나온 증거에 따르면 하이프 머신의 추천 알고리즘들이 양극화된 콘텐츠 소비의 필터 버블을 만들어낸다. 이런 결과들은 최근에 확인된 다음과 같은 사실과도 일맥상통한다. "미국인들은 정부 및 사회에 대한 태도와 정책 문제들에 대한 관점만 양극화되어 있는 게 아니라 사실에 기반을 둔 동일한 현실에 대한 인식도 양극화되어 있다."[352]

코드를 염두에 둔다면 우리는 스스로에게 다른 관점에 대한 노출을 권할 수도 있다. 이와 함께 하이프 머신의 추천 알고리즘을 설계하는 사람들이 소프트웨어 코드로 다양한 목표를 이루는 다목적 최적화 기법을 활용하면서 다양한 콘텐츠와 관점에 참여하고 노출되는 것을 장려할 수도 있다. 스포티파이의 '디스커버 위클리discover weekly' 추천이 그 적절한 예다. 디스커버 위클리는 사용자들이 과거에 들은 음악을 토대로 아직 한 번도 듣지 않았지만 좋아하리라 예측되는 새로운 음악들을 소개해주고자 만들어졌다. 아주 매력적인 접근 방식이다. 비록 다양한 정치적 관점이나 콘텐츠에 대한 노출과는 상관없는 접근 방식이지만 이와 같은 로직은 우리의 뉴스 피드에도 그대로 적용할 수 있을 것이다. 나는 다양성을 환영한다.

평등성: 지혜가 없는 사회는 균형도 없다

대중의 지혜란 본질적으로 팀이나 공동체가 사회 안에서 축적한 의견과 관련한 일종의 수학적 개념이다. 이 수학적 개념은 프랜시스 골턴이 황소의 몸무게를 추측하는 방법으로 우리의 집단 지성을 처음 계산해낸 이래 꾸준히 발전했다. 지난 10여 년간 대중의 지혜에 대한 생각에서 가장 크게 발전한 부분은 대중이 어떻게 자신을 연결해주는 네트워크들로 공동체를 형성하게 되는지를 깨닫게 되었다는 것이다. 대중의 지혜를 네트워크로 확장하면서 우리는 평등이 얼마나 중요한지 알게 되었다. 소셜 미디어 시대에는 단순히 그 도덕적 가치 때문만이 아니라 집단 지성의 잠재력을 깨닫기 위해서도 평등과 소수 집단 의사 표명이 더없이 중요하다. 그 이유를 이해하기 위해 우리는 먼저 어떻게 사회적 상호 작용으로부터 배울 것인지 또 어떻게 사회적 상호 작용을 구축할 것인지를 생각해야 한다.

우리는 책을 읽거나 뉴스를 듣거나 아니면 이런저런 일들을 직접 관찰하면서 새로운 정보를 통합하고 세상에 대한 우리의 믿음을 갱신한다. 우리는 또 친구들의 믿음과 의견, 인식을 우리 자신의 관점으로 통합하면서 사회적으로 배운다.[353] 사실 우리는 매일 지인들과 뉴스 속보나 패션 트렌드, 각종 정책 등을 이야기하며 삶의 전반에 대한 '사회적 학습'을 한다.

지난 10여 년간 하이프 머신은 사회적 신호들을 큐레이션하거나 소셜 피드백을 촉진(또는 저하)하며 우리의 사회적 학습에 끼어들었다. 공유된 콘텐츠에 '좋아요'를 보여주거나 감추고(2019년 인스타그램), 충분한 수가 누적될 때까지는 평점을 비공개하고(2013년 레딧), 정보 공유의 횟수를 제한하는(2019년 왓츠앱은 코로나바이러스에 대한 잘못된 정보를 막기 위해 사용자들의 재공유를 5회로 제한하고 다시 2020년에는 1회로 제했다[354]) 방식으로 우리의 사회적 학습에 끼어들었다. 이런 알고리즘 설계의 선택과 우리의 선택이 합쳐져 세상에 대해 배우는 방식이 변한다.

다른 사람들의 의견이 우리에게 다가오는 사회적 구조 또한 영향력이 매우 크다. 우리의 세계관은 주변 사람들과 주고받는 정보와 의견으로부터 영향을 받는 바가 커서, 우리를 연결하는 사회적 유대 관계의 구조 또한 사회 내 각종 인식과 의견과 아이디어들의 흐름에 지대한 영향을 주기 때문이다. 그리고 집단 지성을 뒷받침해줄 가능성이 가장 큰 사회적 구조들은 대개 그 바탕에 평등성이 깔려 있다.

이에 필요한 해법을 스탠퍼드 대학 매트 잭슨 교수와 그의 제자였으며 현재 하버드 대학에 재직 중인 벤 골럽이 제시했다.[355] 두 사람은 네트워크 맥락 안에서 프랜시스 골턴의 이론을 모델화하는 작업에 착수했다가 평등의 중요성에 맞닥뜨리게 되었다.* 결국 잭슨과 골럽은 다

---

* 잭슨과 골럽은 사람들이 각자의 관점과 자신이 교류하는 친구, 가족, 동료의 관점에서 가중 평균치를 취해 자신의 믿음을 갱신하는 모델을 생각했다. 프랜시스 골턴은 외부 관찰자가 진실을 종합해낼 수 있느냐에 관심이 있었지만, 순수한 형태의 집단 지성은 사회가 스스로 진실에 다가갈 수 있느냐와 깊은 관련이 있다. 따라서 대중의 지혜가 가장 좋은 꿀을 찾아내려 애쓰는 벌들이라고 한다면, 이 비유는 벌들의 선택을 종합해 그 벌들과 꿀까지의 거리를 계산해내는 양봉가의 능력이 아니라 현명하게 꿀을 찾아내는 벌들의 능력을 묘사하는 것이다.

음과 같은 질문을 한다. 우리가 알아야 할 어떤 진실이 있는데, 일부는 알고 일부는 모른다고 가정해보자. 이런 경우 소셜 네트워크로 온 사회가 힘을 합쳐 그 진실을 알아낼 수 있지 않을까?** 그들은 그런 사회를 '현명한' 사회라고 했다.

잭슨과 골럽은 사회 네트워크가 하나의 단순하면서도 완벽한 지혜, 즉 진실에 도달할 수 있는 한 가지 요건을 지니고 있음을 발견했다. 그것은 현대적 의미의 '인플루언서'가 존재하지 않는 것이다. 잭슨과 골럽은 이렇게 썼다. "지나친 인기는 지혜를 가로막는 유일한 걸림돌이다. … 지나치게 두각을 드러내는 사람들이 있다면 제한적 믿음에 대한 그들의 영향력이 과도해서 배우는 게 불가능해지기 때문이다."[356] 지혜가 없는 사회는 '균형감'도 없다. 다시 말해 일부 집단이 다른 집단들과 비교해 지나치게 큰 영향력을 가지고 있어서 나머지 세상에 충분한 관심을 기울이지 않게 될 수 있다.

왠지 귀에 익은 얘기 같은가? 그렇다. 바로 오늘날 우리가 살고 있는 세상의 이야기다. 버락 오바마와 도널드 트럼프는 각기 트위터 팔로워가 무려 1억 1,000만 명과 7,200만 명이나 된다. 미국인 래퍼 카니예 웨스트는 팔로워가 3,000만 명이고, 자신이 팔로잉하는 사람도 300명이나 된다. 트렌드 알고리즘은 가장 인기 있는 사람과 콘텐츠를 널리 알려주고, 이른바 '선호적 연결'(네트워크 안에서 인기 있는 사람일수록 더 많은 사람과 연결되는 경향) 현상 때문에 가장 인기 있는 사람들

** 이는 아주 중요한 질문으로 대중의 지혜 수집 또는 모든 사람이 알고 있는 사실을 토대로 정확한 진실을 알아내려 하는 외부 관찰자의 능력과 관련한 것이다. 이때 잭슨과 골럽은 사회 안에서 각 개인이 진실을 향해 힘을 합칠 수 있느냐에 관심을 가졌다. 그래서 그들은 어떤 핵심 계획자가 개인의 믿음 속에서 진실을 종합해낼 수 있다는 시나리오에서 출발했는데, 이는 마치 순수한 자연 상태에 약간 인위적인 요소를 가미한 것과 같았다.

이 더 인기를 얻게 된다. 잭슨과 골럽은 이런 사회가 대중의 광기에 이르기 쉽다는 사실을 발견했다.[357]

멋진 이론이고 그 설명도 흠잡을 데 없다. 그러나 실증주의자인 나는 늘 우리의 이론이 실생활에서도 적용 가능한지 묻는다. 펜실베이니아 대학에 있는 데이먼 센톨라 교수와 연구진은 일련의 온라인 실험들로 그 이론을 테스트했다. 나는 2015년 여름 헬싱키에서 열린 국제 계산 사회과학 콘퍼런스에서 데이먼 센톨라 교수의 제자 데본 브랙빌과 그 실험에 관해 이야기했다. 데본 브랙빌은 데이먼 센톨라 연구진이 소셜 미디어의 영향력이 갈수록 커지는 상황에서 대중의 지혜가 가진 한계에 대해 그리고 중앙 집권화된 네트워크와 대등한 네트워크들이 집단 지성에 미치는 영향에 대해 알아보는 일련의 실험을 진행하고 있다고 했다.

데이먼 센톨라 연구진은 사람들 1,000명을 서로 다른 온라인 소셜 네트워크에 집어넣고, 그들에게 대중의 지혜를 테스트해볼 수 있는 과제들을 주어 결과의 정확도가 높으면 보상을 해주었다.[358] 일부 참가자들은 모두 평등하게 연결된 '대등한' 네트워크에 들어갔고, 다른 일부 참가자들은 인플루언서 혼자 지나칠 정도로 많은 사람과 연결된 '중앙 집권화된' 네트워크에 들어갔다. 나머지는 통제 집단, 즉 연결이 전혀 없는 그야말로 '독립된' 대중이었다. 그런 다음 연구진은 각 집단에 과제들을 주었다. 예를 들어 음식의 열량이나 유리병 속 사탕 수를 예측해보라는 식의 과제들을 준 것이다. 연구진은 실험 참가자들이 자신이 속한 소셜 네트워크 안에서 커뮤니케이션을 통해 이런저런 예측을 하며 진실에 다가가는 모습을 보면서, 각 집단의 과제 해결 능력에 어떤 차이가 있는지를 알아보았다.

이 실험을 통해 잭슨과 골럽의 이론이 옳다는 게 입증되었다. 모든 사람이 평등하게 연결된 대등한 네트워크의 경우 사람들이 서로 커뮤니케이션을 하면서 예측의 정확도가 올라갔지만, 중앙 집권화된 네트워크의 경우에는 가장 영향력 있는 인플루언서의 믿음 쪽으로 예측이 편향되었다. 이 실험의 결과로 우리는 네트워크화된 대중의 지혜에 대해 많은 것을 배우게 되었다. 사회적 영향으로 독립성이 사라졌고 대중 예측의 다양성이 줄어들어 프랜시스 골턴과 제임스 서로위키가 강조한 독립성과 다양성의 중요성이 다시 부각되었다.

하지만 사회적 영향이나 상호 의존성이 꼭 대중의 지혜를 갉아먹는 것은 아니었다. 사회적 영향에 의해 상호 의존하게 된 대중도 서로 평등하거나 또는 평등하지 않아도 현명한 인플루언서가 있다면 여전히 지혜를, 심지어 더 큰 지혜를 보여줄 수도 있었다.

데이먼 센톨라 연구진은 자신들의 실험에서 2가지 유형의 중앙 집권화된 네트워크를 발견했다. '진실을 향해 집중된' 네트워크와 '진실에서 멀어지는 쪽으로 집중된' 네트워크가 바로 그것이다. 진실을 향해 집중된 네트워크는 인플루언서들의 예측이 집단 평균과는 다른 진실의 반대편에 있었고, 그래서 집단 평균 예측을 진실 쪽으로 끌어당겨 집단 예측의 정확도가 높아졌다. 반면에 진실에서 멀어지는 쪽으로 집중된 네트워크는 집단 평균 예측이 인플루언서들의 예측과 진실 사이에 있었고, 그래서 인플루언서들이 집단 구성원을 진실에서 먼 곳으로 이끌어 집단 예측의 정확도 자체가 떨어졌다.

다음 예를 생각해보자. 유리병 속에 사탕이 50개 들어 있고 집단 평균 예측이 40개일 경우, 55개(집단 평균 예측보다 정확) 또는 65개(집단 평균 예측보다 부정확)로 예측하는 인플루언서는 집단 평균 예측값을 참에 가깝게 끌어올린다. 그러나 35개로 예측하는 인플루언서는 집단 평균 예측값을 참에서 멀어지게 한다. 결국 모든 게 인플루언서가 집단과 비교해 얼마나 진실에 가까운지에 달린 것이다.

이 모든 것으로 미루어 볼 때 초사회화가 우리를 집단 지성으로 이끄느냐 아니면 집단 광기로 이끄느냐는 우리가 만들어내는 네트워크의 구조와 사회 안에서 사회적 신호들을 퍼뜨리는 시스템의 구조, 인플루언서들의 지혜 그리고 파괴적 방식이 아닌 생산적 방식으로 사회적 환경에서 무엇인가를 배우는 우리의 능력 등에 달려 있다. 미래를 희망적으로 봐도 좋을 것이다. 최근 들어 대중의 지혜를 집단적 선을 위해 활용하는 해결책들로 생각이 모이고 있기 때문이다.

대중의 지혜여, 영원하라

하이프 머신의 현재 구조는 대중의 지혜를 떠받치는 3개 기둥을 뒤흔들어 집단 지성에 이를 수 있는 우리의 능력을 위협하며 사회를 집단의 광기와 밀접히 관련된 양극화 및 불평등 상태로 몰아가고 있다. 그리고 이러한 경향은 하이프 머신 때문에 사회적 정보를 처리해 최적의 사회적 상태를 만들어가는 우리의 능력이 상실되고, 민주주의와 시장은 물론 전염병을 예측하는 능력까지 저하될 수도 있음을 시사한다. 그러나 최근 연구 결과들은 우리가 독립성과 다양성과 평등성을 회복하거나 아니면 그런 것 없이도 대중의 지혜를 손에 넣는 방법도 있다는 것을 보여준다. 그렇게 하려면 하이프 머신의 설계와 구조는 물론 그 활용법에 대한 생각까지 획기적으로 바꾸어야 한다. 그렇다면 단 몇 페이지를 할애해 그런 획기적인 생각을 해볼 만하다. 우리의 집단 지성을 좋은 쪽으로 활용하고 확대할 수 있게 해주는 하이프 머신에 대해 생각해보지 않을 이유가 없다.

데이먼 센톨라 연구진이 네트워크화된 대중에 관해 연구하며 배운 한 가지 사실이 있는데, 가장 영향력 있는 개인이 모든 것을 가장 정확히 예측하는 사람이라면 대중의 지혜는 사회적 영향에 의해 개선될 수 있다는 것이다. 만약 소셜 네트워크가 더 높은 정확도와 신뢰성을 가지고 진실에 접근하는 사람들의 의견에 더 많은 비중을 둔다면, 독립성이 강한 대중들보다 더 많은 것을 더 정확히 예측할 수 있을 것이다(기후 변화와 팬데믹에 대한 대처에서 "과학자들의 말에 귀 기울이라"라는 외침이 떠오른다). 그런데 대체 어떻게 하면 하이프 머신이 그런 사람들에게 더 많은 관심을 기울이고 더 큰 비중을 두게 할 수 있을까?

하이프 머신은 이미 각종 피드백 메커니즘들로 무장하고 있다. 그저 잘못된 신호들에 대해 피드백하게끔 설계된 것이다. '좋아요'를 예로 들어보자. '좋아요'는 관심 경제의 엔진이다. 하이프 머신은 우리의 관심을 포착해 각종 콘텐츠에 대한 찬성이나 반대를 끌어내고, 인센티브로 도파민이 분출되게 하여 우리에게 더 많은 콘텐츠를 만들어내게 한다. 소셜 미디어 콘텐츠를 더 선호할수록 우리는 그 콘텐츠에 더 많은 관심을 가지며, 그 결과 특정 광고를 보게 될 가능성 또한 더 커진다. 그러나 '좋아요'에는 또 다른 목적이 있다. 우리가 더 많은 콘텐츠에 '좋아요'를 누르면 하이프 머신에 우리의 호불호를 알려주게 되고, 그것을 토대로 하이프 머신은 적절한 사람들에게 광고를 보낼 수 있다.

자, 이제 '좋아요' 버튼을 만들기 전 세상으로 되돌아가 그 버튼 대신 '진실' 버튼(진짜라고 생각되는 콘텐츠), '신뢰' 버튼(믿을 만한 출처라고 생각되는 콘텐츠), '건전' 버튼(유익한 콘텐츠), '교육' 버튼(교육적이라고 생각되는 콘텐츠)을 만들었다고 상상해보자. 이런 사고 실험만으로도 우리는 소셜 미디어에서 보는 피드백에 대해 다시 생각해보게 되며, 코드 변화를 통해 하이프 머신이 어떻게 긍정적인 방향으로 변화할 수 있는지도 생각해보게 된다. 사실 우리는 이미 각종 규범을 활용해 그런 노력에 착수했다. 예를 들어 우리 사회는 트위터상에서 리트윗들이 꼭 지지를 뜻하는 것은 아니라는 사실을 대체로 받아들였다. 그래서 우리는 어디서나 볼 수 있는 'RT≠Endorsement'(리트윗이 지지는 아니다) 태그를 이용해 리트윗의 의미를 수정했다. 연구 결과에 따르면 피드백은 사회적 정보를 집단에 유익한 쪽으로 처리하는 데 꼭 필요하다. 따라서 피드백을 공식적으로든 비공식적으로든 어떻게 설계하느냐에 따라 하이프 머신이 우리에게 영향을 주는 방식에도 변화가 생길 수 있다.

만약 소셜 미디어에 콘텐츠를 올릴 때마다 우리가 그 콘텐츠에 얼마나 '자신 있는지'를 표시할 수 있는 옵션이 있다면, 아니면 다른 사람들이 올린 내용이 사실이라고 생각하는지를 표시할 수 있는 옵션이 있다면 어떨까? 모든 미국인이 50개 주의 정확한 주도를 알기까지 얼마나 걸릴까? 모든 미국인이 미란다 원칙에 대한 자신의 권리를 숙지하기까지 얼마나 걸릴까?

피드백은 단순히 우리가 받는 정보를 좋은 방향으로 저울질하는 일이 아니다. 우리에게 네트워크 그 자체를 받아들이게 만드는 일이기도 한 것이다. 만약 트위터에서 우리가 팔로잉하는 사람들의 프로필에 그들의 게시물에 대한 '진실성' 점수를 보여준다면, 우리는 과연 팔로잉하는 사람들을 바꾸게 될까? 만약 누구를 팔로잉할지를 결정하는 데 있어 상대가 얼마나 진실한 사람인지가 영향을 준다면 그리고 진실을 말하는 사람들이 더 많은 팔로워를 끌어모은다면, 모두들 더 진실해지려 애쓰게 되지 않을까? 그렇게 되면 잘못된 정보가 다시 공유되는 횟수와 가짜 뉴스를 퍼뜨리는 계정의 팔로워 수가 줄어들까?

MIT 압둘라 알마아토우크 연구진은 데이먼 센톨라 등과 비슷한 실험을 했다.[359] 연구진은 1,500명을 서로 다른 온라인 소셜 네트워크에 넣고 그들에게 대중의 지혜를 테스트할 과제들을 주었다. 그러나 이 실험에서는 임의로 피드백과 가소성plasticity(사람들이 팔로잉하는 사람들을 바꿀 수 있는 능력)을 달리했다.

첫 번째 실험에서 연구진은 가소성을 달리하고 피드백은 그대로 유지했다. 각 집단은 임의로 과제를 혼자 해결해야 하는 '솔로' 조건에 놓이거나, 소셜 네트워크들이 변하지 않는 '정적인static 네트워크' 상태에 놓이거나, 아니면 팔로잉하는 사람들을 바꿀 수 있는 '역동적인dynamic 네트워크' 상태에 놓였다. 두 번째 실험에서 집단들은 임의로 성과 피드백(답이 얼마나 정확한가에 대한 피드백)이 없는 솔로 상태에 놓였는데, 사람들이 소셜 네트워크 안에 있으면서 어떤 성과 피드백도 보지 못하는 경우는 '노 피드백no feedback' 집단, 소셜 네트워크 안에 있으면서 자신들의 성과에 대해서만 피드백을 볼 수 있는 경우는 '셀프 피드백self-feedback' 집단 그리고 소셜 네트워크 안에 있으면서 자신들의 성과 피드백은 물론 모든 참여자에 대한 성과 피드백을 볼 수 있는 경우는 '풀 피드백full feedback' 집단으로 나누었다.

이 집단들은 모두 자신들에게 보이는 산포도(상관 연구에서 사용되는 일종의 도표로, 가로축과 세로축에 X변수와 Y변수를 설정하고 각각의 X값에 해당되는 Y값을 도표상에 점으로 표시해 X와 Y의 상관 정도를 추정하는 도표-옮긴이)에서 상관관계들을 추측하는 게임을 했으며, 정확도에 따라 보상을 받았다. 그런데 어떤 산포도들은 상관관계가 쉽게 보였지만, 어떤 산포도들은 쉽게 보이지 않았다. 〈그림 10-6〉에는 같은 상관관계를 가진 두 산포도가 나와 있는데 데이터, 즉 정보가 많은 왼쪽 패널은 정보가 훨씬 적은 오른쪽 패널보다 더 쉽게 그 상관관계가 눈에 들어온다.

연구진은 각 집단에 각 산포도를 보는 대로 그 상관관계에 대한 추측을 기록하게 했다. 그리고 피드백을 받는 집단들에게는 그들과 그 동료들이 얼마나 잘하고 있는지를 얘기해주었고, 역동적인 네트워크에 속한 집단들에게는 성과 피드백에 따라 네트워크를 바꿀 수 있게

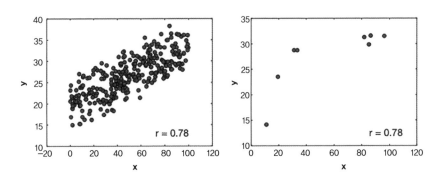

그림 10-6. '상관관계 추측' 게임. 이 그래프들에는 '네트워크화된 대중들의 지혜' 실험에 사용한 산포도의 예들이 나와 있다. 게임을 할 때마다 모든 참가자는 똑같은 참 상관관계를 공유하고 있는 산포도들을 보았지만, 데이터를 보고 구분하기가 어떤 산포도들은 더 어려웠고(오른쪽) 어떤 산포도들은 더 쉬웠다(왼쪽).

허용했다. 그런 다음 연구진은 각 집단이 데이터 내 참 상관관계를 향해 얼마나 잘 접근해가는지를 기록했다.

실험 결과 피드백에 따라 적응형 집단들이 다른 집단들보다 대중의 지혜를 더 잘 끌어모을 수 있다는 게 확인되었다. 다시 말해 네트워크화된 집단들이 독립적 집단들보다 나았던 것인데, 이는 상호 의존성도 적절한 여건에서는 생산적이게 될 수 있음을 보여준다. 피드백에 따라 적응형의 역동적인 네트워크들은 실험 내내 계속 적응하여 예측 실패율도 가장 낮았다.

이런 결과들이 하이프 머신과 관련해 시사하는 바는 분명하다. 지난 10여 년간 우리가 매일 소셜 미디어에 올리는 '좋아요'와 공유, 리트윗, 댓글들의 피드백은 엄청난 쓰나미처럼 몰려왔고, 그 과정에서 우리는 30억 명 이상을 연결하는 역동적인 범세계적 네트워크를 만들어냈다. 그리고 이 네트워크는 적응 가능해 우리는 언제든 팔로잉하는 사람을 바꿀 수도 있고 팔로잉을 멈출 수도 있다. 대중의 지혜와 관련한 가장 최근의 실험들에 따르면, 질 높은 적절한 성과 피드백만 제공된다면 적응형 네트워크가 독립적 집단들이나 가장 성과가 좋은 개인들보다 대중의 지혜를 더 잘 끌어모을 수 있다. 이것이 의미하는 바는 분명하다. 적절한 여건만 조성된다면 점점 심화되는 상호 의존성과 초사회화 현상은 걸림돌이 아니라 오히려 인류 문명에 도움을 주는 자산들이 될 수 있다는 것이다.

이제 우리는 이런 질문에 직면하게 된다. 그렇다면 우리는 어떻게 우리 집단 지성의 힘을 활용하고 대중의 광기를 피할 수 있는 하이프 머신을 설계할 것인가? 우리는 닥쳐오는 도전들에 맞서 집단 사고를 바꿔나가는 벌들과 같다. 사실 인간은 벌들보다는 훨씬 더 유리한 처지에 있다. 우리는 피드백 메커니즘을 설계할 수 있고 또 사회적 적응을 통해 더 현명한 종으로 진화해나갈 수 있기 때문이다.

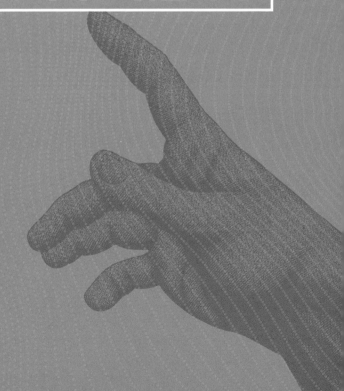

11장

Social Media's Promise Is Also Its Peril

소셜 미디어의
장밋빛 약속도 위험하다

사람들이 서로 연결될 때 우리는 위대한 일들을 할 수 있다.
우선 일자리, 교육, 건강 그리고 커뮤니케이션에 접근할 기회를 얻게 된다.
또한 더 가까이하고 싶은 사람들을 가까이할 기회도 갖게 된다.
정말 큰 차이가 생기는 것이다.

―마크 저커버그

그들은 정교한 기술로 인간의 가장 취약한 심리적 약점들을 파고들고,
개인 자료를 수집해 활용하고, 각종 부작용으로부터 우리를 보호해주지
못하는 비즈니스 모델을 만드는 등 우리의 신뢰를 악용했다.

―로저 맥나미

하이프 머신은 이따금 삶을 확인시켜주는 밝은 빛들로 반짝인다. 2015년 4월도 그런 순간 중 하나였다. 당시 네팔은 100년 만에 가장 참혹한 자연재해를 겪었다. 수십억 년 동안 인도 지각판은 히말라야산맥을 만든 단층선을 따라 유라시아 지각판 밑에서 갈렸다. 4월 25일 이 단층선에서 리히터 규모 8.1의 지진이 발생해 네팔을 강타했는데,[360] 그 지진은 워낙 강력해 무려 225km나 떨어진 에베레스트산에서 산사태가 일어났다. 모든 마을이 파괴되어 수십만 네팔인이 집을 잃었다.

당시 지진이 네팔을 덮친 지 몇 초 만에 페이스북의 '세이프티 체크Safety Check'가 작동해 사용자 수백만 명에게 안전을 묻는 알림들을 보냈다.[361] 전화도 불통인 상황이었다. 그러나 세이프티 체크는 자동으로 850만 명의 위치를 탐지해내 단 몇 분 만에 그들의 사랑하는 사람들 1억 5,000만 명에게 무사를 알렸다. 그날 페이스북은 세이프티 체크의 알림을 통해 생존자들의 위치를 알려주었고, 또 인류에게 역사상 가장 큰 안도감을 경험하게 해주었다. 안도감이 가라앉고 실제 구호 작업이 시작되었다.

전 세계가 네팔을 향해 도움의 손길을 뻗었다. EU는 300만 달러를 기부했고, 캐나다는 400만 달러, 중국은 990만 달러, 미국은 1,000만 달러를 기부했다. 뭔가 한 역할을 하고 싶었던 페이스북도 '기부' 버튼을 만들어 재난 구호에 필요한 돈을 모금했고, 그 결과 175개 국가에서 77만 명이 1,550만 달러를 기부했다. 이는 EU와 미국의 기부금을 합친 것보다 많은 금액이었다. 이 기부금은 응급 의료 시설 구축과 질병 통제, 위생, 건강 프로그램, 여성 안전 프로그램 등을 위해 쓰이면서 수백만 명에게 도움을 주었다.

하이프 머신은 이처럼 엄청난 가치를 창출할 수 있다. 그러나 현실적으로는 그 가치를 제대로 보지 못하는 경우가 많다. 그래서 나는 하이프 머신의 경이로운 힘이 세상에 긍정적인 변화를 줄 수 있다는 것을 상기하고 싶다. 하지만 모든 것을 낙천적으로만 볼 수는 없는데, 긍정적 힘의 원천인 그 하이프 머신이 우리가 피하고자 하는 모든 악의 원천이 될 수도 있기 때문이다. 따라서 다음과 같은 간단한 결론이 사실상 이 책의 중심 주제라 할 수 있다. 하이프 머신은 긍정적 힘의 원천인 동시에 어두운 면들을 감춘 악의 원천이기도 하다. 이런 양면성 때문에 소셜 미디어를 관리한다는 것은 결코 쉬운 일이 아니다. 세심하게 접근하지 않으면 가치를 만들어내면서 동시에 어둠도 만들어내게 될 것이다. 그리고 그 어둠에 맞서다가 가치까지 떨어뜨릴 수 있다.

집단행동을 바꾸는 하이프 머신

인류의 발전을 가로막는 근본적인 걸림돌 가운데 하나는 공공선을 위해 행동할 수 있게 다수 집단을 조율하지 못하는 것이다. 그러나 페이스북의 '세이프티 체크' 같은 간단한 기능들은 자동화된 대규모 커뮤니케이션 플랫폼들이 그런 일을 할 수 있다는 것을 보여준다. 정치철학자들과 사회과학자들은 지난 수 세기 동안 집단행동이 인센티브와 신호와 관련하여 만들어내는 광범위한 문제를 놓고 논쟁을 벌여오고 있다. 서로 협력하면 모두 잘 지낼 수 있지만, 서로 협조하고 있는데 일부 사람들이 무임승차를 한다면 문제가 생긴다. 그래서 집단행동을 잘하려면 커뮤니케이션을 통해 공동 행동을 조율하고 모두의 협력을 이끌어내야 한다.

오늘날 가장 시급히 해결해야 할 전 세계적 과제의 핵심이 집단행동 문제다. 기후 변화 문제를 해결하려면, 설사 한 개인의 행동으로는 아무런 변화도 줄 수 없다 하더라도 많은 사람이 (그리고 기업이) 서로 협력해 '탄소 발자국'(개인 또는 기업 등의 각종 활동이나 상품 생산 및 소비 과정에서 발생하는 온실가스, 특히 이산화탄소의 총량-옮긴이)을 줄여야 한다. 활기찬 민주주의를 만들려면, 설사 한 사람의 표는 별 게 아니더라도 많은 사람이 투표에 참여해야 한다. 전염병에 맞서 싸우려면, 사람들이 충분한 사회적 거리를 두거나 백신을 접종해 집단 면역을 형성해야 한다. 설사 잘못된 정보로 일부 사람들이 백신 접종의 위험을 과장하거나 일부 부모들이 자기 아이에게 백신 접종을 시키지 않으려 한다 해도 말이다.

트위터 공동 설립자 비즈 스톤과 처음 만나 집단행동에 관한 얘기를 나누었던 기억이 난다. 2014년 2월 우리는 기술 변화를 주제로 옥스퍼드 대학과 UCLA가 공동 개최한 한 행사에 패널로 참여했다. 점심시간 때 UCLA 캠퍼스 내 한 건물의 테라스에서 밝은 햇살 아래 샐러드를 먹으면서 비즈 스톤은 내게 전혀 예상치 못한 이야기를 들려주었다. 트위터의 큰 인기를 예감한 순간에 관한 이야기였다. 빠른 속도로 사람들을 조직화하는 하이프 머신의 힘에 관한 이야기이기도 했다.

비즈 스톤 말에 따르면 트위터 베타 버전을 만든 직후 트위터 설립자들과 초기 엔지니어들을 비롯해 그들의 친구들이 한 술집에 모였다. 모두 종일 열심히 일한 뒤라 스트레스를 풀고 싶었다. 사람들은 술집 여기저기 흩어져 있었다. 몇몇은 각기 테이블에, 또 몇몇은 무리 지어 앉아 있었다. 그리고 몇몇은 술집 바깥 입구 바로 옆에서 얘기들을 나누고 있었다. 비즈 스톤과 친구 두어 명은 길 아래쪽 자신들이 잘 아는 술집으로 자리를 옮기고 싶었다. 그러나 모두를 주목하게 하는 일은 쉽지 않았을 것이다. 특히 점잖게 하려면 말이다. 높은 술집 의자에 올라가 소리를 지를 수는 없었다. 그렇다고 무슨 대규모 화상 전화 회의도 할 수 없는 노릇이었다. 무엇보다도 그렇게 시끌벅적한 술집에서 집단행동을 조율한다는 것은 거의 불가능에 가까웠다. 그 순간 그들은 집단의 관심사를 알리고 집단행동을 조율하는 데 트위터가 더없이 효과적이라는 사실을 깨달았다. 물론 그들은 트위터를 실시간 정보 네트워크로 설계했지 그런 조율을 목적으로 만든 것은 아니었다. 그 당시 트위터 네트워크의 규모는 작았다. 모두 트위터상에서 서로를 팔로잉하고 있었다. 그래서 그들은 "길 아래쪽 아일랜드 술집으로 옮기자", "지금?", "그래, 지금" 이렇게 단 세 트윗으로 합의를 끌어낼 수 있었고, 덕분에 말 한마디 할 필요도 없이 집단행동을 끌어낼 수 있었다. 비즈 스톤은 내게 말했다. "트위터가 큰 인기를 끌 거라는 걸 깨달은 건 바로 그때였어요."

집단행동을 바꾸는 하이프 머신의 힘은 소셜 미디어가 각종 집단 시위나 사회적 운동에 미치는 영향에서도 잘 드러난다. 우리는 이집트, 러시아, 우크라이나 그리고 가장 최근에는 홍콩에서 그런 영향이 되풀이되는 것을 보았다. 하지만 소셜 미디어와 집단 시위, 사회적 운동 간의 관계에는 장밋빛 약속과 위험이 산재한다.

내가 '샤를리 에브도'다

2015년 1월 7일 총기로 무장한 알카에다 요원들이 프랑스 풍자 전문 주간지 〈샤를리 에브도〉의 파리 지부를 공격해 12명이 사망하고 11명 이상이 부상을 입었다. 두 달 전 〈샤를리 에브도〉 표지에 실린 예언자 무함마드를 풍자한 만평에 대한 반발로 이런 끔찍한 일이 발생하자 전 세계에서는 테러에 반대하고 표현의 자유를 지지하는 대규모 시위들이 벌어졌다. 공격이 있었던 날 저녁 파리에서만 3만 5,000명이 그리고 프랑스 전역에서 10만 명 이상이 시위에 참여했다. 전 세계적으로 "내가 샤를리다 Je suis Charlie"라는 슬로건이 시위에 연대한다는 상징으로 쓰였다. 이 슬로건은 각종 간판과 웹사이트, 옥외 광고, 티셔츠에 새겨졌고, 1월 7일 테러 공격 이후 트위터상에는 '#jesuischarlie'라는 해시태그가 가장 많이 달렸다. 시위는 이후 3일간 전 세계에서 계속 벌어졌다. 1월 10일에는 프랑스에서 70만 명이 모였고, 1월 11일에는 그 수가 200만 명까지 치솟았다.[362] 테러 공격 이후 꼭 4일

만에 프랑스에서는 거의 400만 명이 시위에 참여했는데, 이는 제2차 세계 대전 이후 가장 큰 규모의 대중 집회였다.

이런 종류의 시위에는 집단적 협력과 조율의 신호들이 필요하다. 그리고 하이프 머신은 빠른 속도로 각종 정보와 지지와 동지애를 살포하고 시위를 언제 어디서 어떻게 벌인 것인지에 대한 소식도 효과적으로 퍼뜨려 그런 협력과 조율을 전부 가능하게 한다. '좋아요'와 해시태그 공유는 물론 프로필 사진 게재 등 소셜 미디어 안에는 지지와 연대를 나타내는 상징들이 얼마든지 있다(예컨대 프랑스 바타클랑 극장과 미국 올랜도 나이트클럽 총기 난사 사건이 발생하자 피해자들을 추모하고 성 소수자 권리를 지지하기 위한 각종 해시태그와 관련 상징이 들어간 프로필 사진들이 트위터를 뒤덮었다). 하이프 머신 이전에 우리는 이메일과 전화, 인쇄 전단 등으로 커뮤니케이션을 했다. 소셜 미디어 이전에도 분명 집단 협력과 조율은 존재했다. 그렇다면 소셜 미디어는 정말 뭔가 다른 변화를 일으키고 있는 것일까? 비즈 스톤의 술집 일화는 많은 것을 시사한다. 그런데 정말 소셜 미디어가 집단행동 문제를 극복하게 해주고 대중을 조직화하는 데 필요한 조율과 커뮤니케이션을 가능하게 해준다는 증거가 있는 것일까?

정치학자 제니퍼 라슨과 조나단 네이글러 등이 그 문제를 알아내려 했다. 제니퍼 라슨과 조나단 네이글러 등은 '샤를리 에브도' 시위 기간 중 트위터 사용자 1억 3,000만 명에 대한 데이터를 수집해, 트위터상에서 다른 사람들의 의도에 노출되거나 다른 사람들과 커뮤니케이션한 것이 시위 참여에 영향을 미쳤는지를 분석했다.[363] 이 연구의 핵심은 사람들의 소셜 미디어 커뮤니케이션에 대한 세세한 데이터를 그들의 위치 정보와 비교해보는 데 있었다. 위치 정보를 보면 누군가가 시위에 참여했는지를 알 수 있었다. 연구진은 커뮤니케이션 네트워크와 시위 참여 간의 관련성을 분석하여 소셜 미디어가 시위를 일으킬 수 있는지를 확인해보았다.

시위 참여는 동료 효과에 달려 있다. 누군가가 트위터상에서 시위하는 사람들과 연결 관계가 밀접할수록 그 사람은 시위할 가능성이 크다. 그래서 제니퍼 라슨 연구진은 시위 현장에 있었던 트위터 사용자들과 시위에 관심 있고('샤를리 에브도' 해시태그 사용 여부로 확인) 참여할 수도 있었지만(시위 현장과 가까운 곳 있었던 것으로 확인) 실제로는 참여하지 않은 사용자들을 비교해보았다. 그런 다음 직접 연결된 사람들(팔로워와 팔로잉)은 물론 한 다리 건너 연결된 사람들에 대한 데이터까지 수집하여 시위에 참여한 사용자들과 참여하지 않은 트위터 사용자들의 네트워크들을 비교하고 분석했다.

분석 결과 시위 참여자들은 다른 시위 참여자들에게서 오는 사회적 신호들에 더 많이 노출되었고, 다른 시위 참여자들과의 유대 관계 역시 더 돈독했다. 그들은 다른 시위 참여자들과 더 많은 공통의 친구들을 갖고 있었고 그들의 유대 관계는 상호적이었다. 시위 참여자들 사이의 팔로잉 비율도 더 높았다. 이는 소셜 미디어가 사람들에게 사회적 신호를 보내고 사람들을 대거 동원해 각종 시위를 일으킬 수도 있다는 뜻이다.

하지만 소셜 미디어가 시위의 원인이라는 합리적 의심을 넘어설 만한 증거는 없다. 소셜 미디어 네트워크 때문에 시위에 참여한 게 아니라 단순히 어떤 시위 참여자들이 같은 시기에 다른 시위 참여자들과 함께 네트워크에서 활동한 것일 수도 있다. 하이프 머신이 세상에 미치는 영향을 분석할 때마다 부딪히는 문제는 인과관계다. 소셜 미디어가 존재하지 않았다면 대체 어떤 결과가 일어나지 않았을까? 하이프 머신이 이집트와 러시아, 우크라이나, 홍콩 등에서 일어난 시위와 사회 운동들에 영향을 미쳤는지는 결국 그런 시위와 사회 운동들이 소셜 미디어가 없었어도 일어날 수 있었을지, 또 그렇게 대규모로 그렇게 빠른 속도로 일어날 수 있었을지의 문제로 이어진다. 소셜 미디어로 인해 각종 시위가 일어날 수 있는지 제대로 이해하려면, 소셜 미디어계의 슈퍼스타 '러시아의 네오the Neo of Russia'부터 알아두어야 한다. 그리 잘 알려진 인물은 아니지만 그의 이야기는 한 편의 첩보 영화처럼 흥미진진하다.

러시아의 네오

'러시아의 마크 저커버그', '소셜 미디어 스타', '러시아의 네오'(네오는 영화 〈매트릭스〉의 주인공 이름에서 따온 것이다) 등 파벨 두로프 Pavel Durov[364]는 별명도 많다. 혹 그의 이름을 들어본 적이 없다면, 그가 형 니콜라이 두로프 Nikolai Durov와 함께 세계 최대 규모의 소셜 미디어 플랫폼을 2개씩이나 설립한 인물이라는 사실을 알면 깜짝 놀랄 것이다. 더욱이 그것도 그로 인해 권력이 위협받는 블라디미르 푸틴과 그 추종자들의 감시를 피해 이 대륙에서 저 대륙으로 이 호텔에서 저 호텔로 옮겨 다니는 비밀스러운 삶을 살면서 말이다.

파벨 두로프는 영화 〈매트릭스〉의 영웅 네오와 외모까지 비슷해 둘의 비교는 더욱 설득력을 얻는다. 두로프는 짧은 검은 머리에 턱선이 날렵하다. 긴 검정 트렌치코트 아래 온통 짙은 색 정장을 즐겨 입으며, 자유주의적 정치 성향을 가지고 있어 러시아 정부의 통제를 거부한다. 그는 상트페테르부르크 국립대학을 졸업하던 2006년에 자신의 첫 번째 중요한 소셜 네트워크인 브콘탁테VKontakte(러시아어로 '접촉'이라는 뜻이며 주로 줄여서 VK라고 한다-옮긴이)를 설립했다. 서구 세계에서는 잘 알려지지 않은 소셜 네트워크지만 등록된 사용자 수가 4억이 넘어 세계 최대 규모의 소셜 네트워크 중 하나로 손꼽힌다. 특히 러시아에서는 페이스북과 트위터는 물론 러시아 내 다른 모든 경쟁업체를 제치고 가장 큰 인기를 누리는 소셜 미디어 네트워크이기도 하다. 사용자들의 1회 방문당 페이지뷰 수가 42건이고, 방문당 체류 시간은 평균 27분으로 사용자 참여도도 엄청나게 높다(참고로 페이스북은 1회 방문당 페이지뷰 수가 16건이고, 방문당 체류 시간은 평균 10분이다).[365] 트래픽 통계 사이트 시밀러웹은 VK를 중국을 제외한 세계에서 트래픽이 가장 많은 소셜 미디어 네트워크 4위로 꼽는다. 이는 페이스북과 인스타그램, 트위터에 뒤이은 것으로 왓츠앱이나 링크드인, 핀터레스트, 레딧보다 높은 순위다.

러시아 정부는 처음 VK가 출현했을 때 방임하는 태도를 보였다. 페이스북의 디자인을 모방했지만 더 진보적인 콘텐츠 정책들을 가지고 있던 VK는 곧 러시아 젊은이들의 안식처가 되었고, 러시아 정치 및 문화의 초석이 되었다. 그러다 2011년 의회 선거가 부정으로 얼룩졌다는 주장이 널리 퍼지자 러시아인들은 거리로 쏟아져 나와 1990년대 이래 최대 규모의 시위들을 벌였다. 이른바 '백색 혁명Snow Revolution'은 VK와 페이스북, 트위터, 라이브저널LiveJournal에서 조직화되어 많은 지지를 받았으며, 그 규모가 점점 커져 12월이 지나면서는 모스크바, 상트페테르부르크, 블라디보스토크, 칼리닌그라드, 톰스크, 옴스크 등 러시아의 여러 도시들로 번졌다.

시위가 확대되자 VK에 유화적이던 푸틴의 태도가 강경하게 바뀌었다. 러시아 연방보안국은 VK를 향해 그 소셜 네트워크를 활용해 시위를 부추기고 조정하는 7개 단체의 웹페이지를 삭제할 것을 요구했다. 두로프는 거절했다. 거기다 한술 더 떠, 연방보안국에서 보낸 공식 요청서 복사본 바로 옆에서 후드티를 걸친 개가 혀를 내밀고 있는 조롱하는 듯한 사진을 올렸다.[366] 당연히 모스크바 당국이 이를 좋게 받아들일 리 없었다. 얼마 후 상트페테르부르크에 있는 자신의 아파트에서 잠이 깬 두로프는 문을 부수고 들어오겠다며 위협하는 무장한 러시아 보안군들과 맞닥뜨렸다.[367] 그가 문을 열기를 거부하자 보안군들은 1시간 가까이 복도에서 대치를 벌인 끝에야 물러갔다. 메시지는 분명했다. 푸틴은 온라인이 시위의 온상이 되는 것을 방치하지 않으려 했다. 연방보안국은 VK에서 시위가 조직화되는 것을 막기 위해 압력을 한층 더 높였다. 두로프를 향해 야당 지도자 알렉세이 나발니를 지지하는 단체의 웹페이지와 우크라이나 수도 키예프에서 벌어지고 있던 마이단 시위를 이끄는 우크라이나 활동가들의 웹페이지를 폐쇄할 것을 요구했다.

결국 러시아 정부는 VK의 최대 경쟁업체 메일닷루 Mail.ru와 푸틴과 관련 있는 투자 펀드사인 유나이티드 캐피털 파트너스를 앞세워 두로프에게 매각 압력을 넣으면서 VK에 대한 적대적 인수를 꾀했다.[368] 연방보안국이 다시 VK 사무실과 두로프의 자택을 급습했으나 두로프는 이미 빠져나간 상태였다. 그는 소셜 미디어상에 "VK를 메일닷루와 인수하려는 그들의 시도"라는 글에 중지를 들어 욕을 하는 사진과 털이 북실북실한 개들 사진을 올렸다. 그러나 결국 유나이티드 캐피털 파트너스가 VK의 주식 48%를 손에 넣었고, 2014년 1월 두로프는 강압에 못 이겨 자신의 남은 주식 12%를 메일닷루 소유자 측(당시 유나이티드 캐피털 파트너스의 주식을 사들이고 있었다)에 넘겨 VK의 지배권은 완전히 메일닷루로 넘어갔다.

VK와 백색 혁명

VK가 백색 혁명이 일어나는 데 얼마나 큰 역할을 했을까? 소셜 미디어의 출현 이후 백색 혁명에서부터 반(反)월가 시위에 이르기까지, 이집트 타흐리르 광장에서부터 홍콩 거리에 이르기까지 극적인 사회적 시위들이 벌어지고 있는 것은 사실이나, 소셜 미디어와 시위 참여 간에 상관관계가 있다는 증거는 소셜 미디어가 시위를 촉발한다거나 시위를 가능하게 만들고 있다는 증거가 될 수 없다. 하지만 VK의 성장 과정은 과학자들에게 그 영향력을 분석해보는 데 필요한 데이터를 제공했다.

페이스북이 어떻게 마이페이스를 제쳤는지를 떠올려보라. 대학들을 중심으로 마케팅한 덕분에 페이스북은 모든 사람이 서로 잘 알고 있는 네트워크를 구축할 수 있었다. 그 결과 사람들은 마이페이스보다는 페이스북에 가입하면 이미 알고 있는 많은 사람을 만날 가능성이 더 컸다. 그렇게 해서 생긴 '로컬 네트워크 효과'로 페이스북은 새로운 사용자들에게 더 가치 있는 네트워크가 될 수 있었다.

VK의 성장 과정도 이와 유사했다. 파벨 두로프는 상트페테르부르크 국립대학 학생 온라인 포럼에 VK 회원 가입을 신청하는 초대장을 올리면서 역사를 쓰기 시작했다. 학생들이 VK에 접속을 요청하면 두로프는 직접 새 계정들을 승인했다. 최초 VK 사용자들은 두로프의 대학 친구들이었다. 그들이 자기 고향에 있는 친구와 가족들을 초대하면서 이 같은 마케팅 전략은 그 도시에 VK 가입 바람을 불러일으켰다. 그러나 다른 도시들은 잠잠했다. 이렇게 VK의 확산세는 다른 도시들에 비해 파벨 두로프의 대학 친구들의 고향 도시들에서 오랫동안 두드러졌다. 이는 곧 '자연 실험'이었다.

이 자연 실험을 활용하면 VK의 확산세가 두드러졌던 도시들과 그렇지 않았던 도시들에서의 시위 참여를 비교해 VK가 시위 참여에 미친 영향을 측정해볼 수 있다. 마리아 페트로바 등이 바로 이 방법을 활용해 백색 혁명 기간 중 VK의 확산이 시위 참여에 미친 영향을 분석했다.[369] 연구진은 2011년 이전 VK에 가입한 계정주들이 거주하는 도시에 대한 데이터를 매우 힘들게 수집했다. 각종 뉴스와 경찰, 시위 주최 측의 공식 발표 등으로부터 얻은 각 도시의 시위 횟수 및 시위자 수와 함께 러시아 총 625개 도시를 대상으로 각 도시 출신의 상트페테르부르크 국립대학 학생 가운데 파벨 두로프가 태어난 해에서 수년 이내에 태어난 학생 수 등을 수집한 것이다.

나는 마리아 페트로바가 이 같은 연구 결과를 2015년 여름 전미경제연구소에서 발표했을 때, 현장에서 그녀와 토론하면서 마침내 소셜 미디어와 집단행동 간의 인과관계에 대한 증거가 나왔다고 생각했다. 그날 현장에 있던 사람들 모두 나와 같은 생각을 했을 것이다. 마리아 페트로바 등은 소셜 미디어가 각종 시위와 사회 운동에 미치는 영향은 상당하다고 확신했다. 도시 규모와 다른 요소들을 고려했을 때, 어떤 도시에서 VK 사용자 수가 10% 늘면 시위 참여자 수는 19% 늘었고 시위가 일어날 가능성 또한 4.6%가 늘었다.

유사 이래 하이프 머신은 분명 집단행동을 일으키는 데 가장 효과적인 수단이다. 하이프 머신은 수십억 사람들을 실시간으로 연결하며, 규모가 큰 집단들이 서로 신호를 보내 자신들의 행동을 조율하는 데 큰 도움을 준다. 하지만 시위와 성공적 사회 운동은 크게 다르다. 하이프 머신의 등장으로 조직화 속도가 빨라지고 그 규모도 커졌으나, 실은 그것이 곧 오늘날 시위나 사회 운동의 아킬레스건이 되고 있기도 하다.

디지털 집단행동의 힘과 취약성*

소셜 미디어는 집단행동을 조직화하는 데 도움을 준다. 그러나 최근 러시아나 우크라이나, 미국, 홍콩 등에서 소셜 미디어로 촉발된 시위들을 보면, 그게 꼭 성공적 사회 운동으로 이어지지 않는다는 것을 알 수 있다. 시위는 변화를 일으키는 데 도움을 주기는 하지만 의미 있는 승리에 이르지 못하는 경우가 많다. 오늘날 조직화가 이처럼 한 스텝 앞으로 갔다가 두 스텝 뒤로 가는 탱고 스텝을 밟는 데는 2가지 이유가 있다. 기술의 발전으로 가능해진 시위들은 취약하다는 것과 정부가 시위의 원천인 그 기술 자체를 무력화할 수 있다는 것이다.

사회학자 제이넵 투펙키가 쓴《트위터와 최루탄》을 보면 소셜 미디어가 사회 운동을 어떻게 변화시켜왔는지 소상히 알 수 있다. 많은 연

• 이는《트위터와 최루탄》의 부제이기도 하다.

구로 뒷받침되고 있는 그녀의 주장에 따르면, 기술 덕분에 가능해진 시위들은 빠른 속도로 세를 불리지만 그 정점에서 좌절되는 경우가 많다. 거리로 쏟아져나가 세상의 관심을 사로잡는 바로 그때 사람들은 투펙키가 말하는 이른바 '전략 동결'[370] 상태에 이른다. 전략을 수정하지 못하고 요구 조건들을 타결하지도 못해 가시적인 정책 변화들을 끌어내지 못하는 상태를 경험하게 된다. 왜 이런 일이 일어날까? 하이프 머신으로 신속하게 대중을 동원할 수 있었지만, 이는 대개 리더가 없는 상태에서 이루어져 의사 결정 과정이 즉흥적인 데다가 철저한 사전 계획 없이 시작되어 조직 자체가 취약하다.

마틴 루터 킹 주니어가 이끈 민권 운동이나 마하트마 간디가 이끈 인도 독립운동처럼 성공한 사회 운동은 해를 거듭하며 발전해나갔다. 그런 운동들은 철저하게 계획되었고 치밀하게 조직화되었으며, 분명하면서도 구체적인 정책들을 요구했다. 반면에 네트워크에 기반을 둔 오늘날 시위는 그 확산 속도가 워낙 빨라 미처 제대로 된 조직을 짜거나 지도부를 세울 수 없고, 의사 결정 구조나 효과적인 전술과 전략을 짤 여유도 없다.

게다가 시위를 벌이게 해준 그 기술이 시위 참여자들이 반대하는 정부에 의해 무력화될 수 있다. 예를 들어 2019년에 중국 정부는 소셜 미디어에 허위 정보를 확산시켜 홍콩 시위를 방해했고 시위로 인해 행인들이 입는 피해를 과장하여 시위대에 대한 국내외의 인식을 왜곡했다.[371] 중국 정부는 또한 무려 200만 명을 고용해 소셜 미디어 내에서 선전 선동을 한 것으로 의심받고 있다.[372] 하버드 대학의 정치학자 겸 통계학자인 개리 킹 등은 중국 정부가 정치적 선전 선동을 목적으로 연간 약 4억 4,800만 건의 소셜 미디어 댓글을 올리고 조작했다고 추산한다. 러시아에서는 푸틴의 측근들이 VK를 매수해 아예 시위 참여자들의 온라인 관계 자체를 뭉개버렸다. 이처럼 오늘날 시위는 하이프 머신으로 대중을 동원할 수 있게 되었지만 그 동원에는 취약한 면이 많다.

그렇다고 해서 소셜 미디어로 가능해진 시위들이 성공적 사회 운동으로 발전할 수 없다는 뜻은 아니다. 제이넵 투펙키는 이렇게 썼다. "역사적으로 사회적 운동들은 대개 여러 해 동안 조직화된 끝에 시위를 지속하며 그 세를 불려나갔다. 그렇다고 해서 소셜 미디어에 기반을 둔 오늘날 사회 운동이 실패작이라고 말하는 것은 옳지 않다. 그것은 오늘날 사회 운동은 과거와 그 궤적 자체가 다르기 때문인데… 어쩌면 그야말로 혜성처럼 등장한 사회 운동의 초기 순간으로 봐야 할 것이다. 아주 길어질 수 있는 여정의 첫 단계에 불과하지만 말이다."[373] 그렇다면 하이프 머신에 기반을 둔 사회 운동의 유산은 무엇일까? 그것은 우리가 말하는 대로 쓰이고 있다. 때로는 압제에 맞서 싸우는 발전적 사회 운동들을 가능하게 하고 촉진시키지만, 또 때로는 폭력적 극단주의를 감싸거나 지지한다.

텔레그램과 테러리스트

파벨 두로프는 백색 혁명을 가능케 한 VK를 만든 뒤 몇몇 개발자들과 함께 러시아를 빠져나오면서 한 스위스 은행에 구좌를 개설해 VK 매각 대금 3억 달러를 예치했다. 그는 카리브해 작은 섬나라인 세인트키츠의 설탕 산업에 25만 달러를 기부 투자해 시민권을 얻은 덕분에

비자 없이 유럽을 방문하는 게 가능해졌다. 파벨 두로프는 은밀한 유목민 생활을 시작했다. 그의 팀은 이 나라에서 저 나라로, 이 호텔 스위트룸에서 저 호텔 스위트룸으로 옮겨 다니면서 두 번째 대규모 소셜 플랫폼을 개발했다. 막대한 은행 예치금과 세인트 키츠 여권, 개발자 팀으로 무장한 파벨 두로프와 형 니콜라는 그렇게 가볍고 빠른 암호화 메신저 앱 텔레그램을 개발했다.

텔레그램은 파벨 두로프의 정치 철학을 구현한 것이다. 아무 조건 없이 개인의 자유와 정부 감시로부터의 자유를 보장해주는 메신저 앱이 바로 텔레그램이다. 두로프 형제는 텔레그램을 구축해 자신들의 커뮤니케이션을 러시아 정부로부터 보호했다. 이제 그들은 감시로부터 자유로운 세상을 사람들에게도 주고 싶었다. 그리고 세상 사람들은 열렬히 그 자유를 받아들였다. 텔레그램은 왓츠앱이나 페이스북, 트위터 등 그 어떤 소셜 미디어 플랫폼들보다 빨리 발전해[374] 단 2년 만에 월 활성 사용자 수가 1억에 이르렀고 2020년에는 5억에 도달했다.[375]

암호 전문가들은 텔레그램의 암호화 수준에 의문을 표해왔지만, 텔레그램은 투철한 사생활 보호 정신과 끝없이 정부 개입에 맞서는 두로프의 저항 정신으로 은밀한 사적 커뮤니케이션의 상징이 되었다. 텔레그램은 사용자들의 메시지를 가볍게 암호화하고 데이터를 여러 관할권에 저장해 그 데이터에 접근하는 게 쉽지 않다. 비밀 대화 기능은 자동 삭제 시간을 설정해 메시지를 보낼 수 있고, 공개 채널 관리자는 무제한 구독자들에게 메시지를 보낼 수도 있다. 어쨌든 두로프가 텔레그램을 만들면서 유일하게 중요시한 것이 사생활과 개인 정보 보호였다. 그는 그간 데이터를 넘겨달라거나 텔레그램 인프라 안으로 들어갈 수 있게 뒷문을 열어달라는 각국 정부들의 요청을 거절해왔다.

내부 고발자 에드워드 스노든의 폭로와 케임브리지 애널리티카 스캔들, 넷플릭스 다큐멘터리 〈거대한 해킹〉 공개 등에 힘입어 이제 텔레그램이 급성장한 이유가 무엇인지 분명해진 듯하다.[376] 전 세계 개인들은 사생활 보호, 안전, 감시로부터의 자유를 외치고 있다. 애플의 최고 경영자 팀 쿡은 미국 샌버너디노 총기 난사 사건 범인의 개인 아이폰 데이터를 볼 수 있게 보안 기능을 해제해달라는 미국 정부의 요청을 거부해 찬사를 받았다. 사생활과 데이터는 분명 계속 보호받아야 할 가치가 있기 때문이다. 그러나 아무 제약 없는 익명의 은밀한 커뮤니케이션은 소셜 미디어의 어둠을 조장하고 더 심화시킬 수도 있다.

2015년 여름 전미경제연구소에서 마리아 페트로바 연구진이 소셜 미디어가 백색 혁명에 미친 영향에 관한 논문을 발표하고 4개월 정도 뒤인 11월 13일 미국 록 밴드 이글스 오브 데스 메탈이 프랑스 파리 바타클랑 극장에서 콘서트를 열었다. 콘서트가 시작되고 한 시간쯤 지났을 무렵 자동 소총 4대에서 총성이 터져 나왔다. 무장한 괴한들이 클럽 안으로 들어와 수백 발을 난사했다. 그들은 조직적인 공격으로 90명의 목숨을 앗아갔다. 이날의 테러 공격은 스타드 드 프랑스 축구 경기장에서의 자살 폭탄 테러와 파리의 여러 카페들에서 일어난 추가 총기 난사 사건의 희생자들까지 포함하면 총 130명의 목숨을 앗아갔다. 2004년 스페인 마드리드 열차 폭발 테러 사건 이후 유럽 대륙에서 벌어진 최악의 테러 행위였다. 이 대학살 직후 이슬람국가 IS는 시리아와 이라크를 겨냥한 프랑스군의 공습에 대한 보복으로 자신들이 벌인 짓이라고 주장했다.

이 테러리스트들은 시리아에서 계획하고, 벨기에에서 한 조직과 공모했다. 사전에 발각되는 것을 피하려고 대부분 직접 대면하거나 재

활용 휴대전화들을 이용했다. 하이프 머신도 한몫했다. 경찰 발표에 따르면 테러리스트들은 공격이 있던 날 아침에 자신들의 휴대전화로 텔레그램을 내려받았다.[377] 사생활 보호와 안전한 커뮤니케이션의 상징인 텔레그램을 이용해 자신들의 집단행동을 조율했다. 현재 그 당시 벨기에에 있던 테러리스트들과 파리에서 공격에 나선 테러리스트들 사이에 오간 음성 통화와 문자 메시지들이 기록으로 생생하게 남아 있고 IS 작전들에 대한 정보들도 남아 있다. 하지만 텔레그램으로 나눈 대화 기록은 전혀 없다. 플랫폼의 암호화 기능과 메시지 자동 삭제 기능으로 이 조직적인 대학살극에 대한 비밀을 유지할 수 있었다.

선과 악의 전달자

소셜 미디어가 이집트, 러시아, 홍콩 등지에서 벌어진 반부패 시위에서 한 역할과 파리 테러 공격에서 한 역할을 보면 하이프 머신은 선의 전달자이자 동시에 악의 전달자다. 이처럼 선과 악을 오가는 하이프 머신의 실체가 가장 드러나는 때가 바로 테러와의 전쟁에서다. 알카에다와 IS가 소셜 미디어를 활용해 테러리스트 선전 선동을 벌이고, 참수 동영상을 퍼뜨려 공포를 확산하고, 구인 동영상을 퍼뜨려 신병 모집을 한다는 것은 잘 알려진 사실이다. 그런데 이를 저지하는 데도 동일한 기술을 사용한다.

구글의 싱크탱크 직소는 기술을 이용해 세상을 더 안전하게 만드는 일을 한다. 직소는 표현의 자유를 지키고 괴롭힘과 부당함 그리고 폭력적 극단주의를 퇴치하는 일을 한다. 이와 관련해 직소는 '리다이렉트 메소드 Redirect Method'378라는 대테러 기법을 개발했다. 테러리스트들이 잔혹 행위를 저지르기 전에 아예 새로운 테러리스트 모집 자체를 못하게 만들 목적으로 개발되었다.

IS의 주장을 반박하는 리다이렉트 메소드는 애드워즈 Adwords (현재 구글 애즈로 구글의 검색 광고나 리타기팅 광고 플랫폼이다-옮긴이) 타기팅 툴을 활용하며, 유튜브 동영상을 큐레이션하여 보여줌으로써 온라인 과격화를 저지한다. IS 동영상들은 자신들의 '훌륭한 통치', '군사력', '종교적 정통성', '성전에 대한 신의 부르심', '전 세계 이슬람교도들의 희생' 등 5가지 사항을 앞세워 신병 모집을 한다. 리다이렉트 메소드는 영어와 아랍어로 된 두 채널을 만들어 이 5가지 사항에 대응하고 있다.

직소는 IS가 신병 모집 시 내세우는 5가지 사항을 반박하기 위해 시민들의 증언과 현지 보도, 반IS의 종교적 호소 등으로 이루어진 설득력 있는 동영상들(예컨대 식량을 타기 위해 사람들이 길게 줄지어 선 모습이나 IS 병사들이 나이든 무력한 주민들을 학대하는 장면, 공중보건 시스템이 제대로 돌아가지 않는 실정 등)을 찾아내 큐레이션했다. 직소는 또 이슬람 성직자들이 폭력적 극단주의에 반대하고 IS의 종교적 정통성을 인정하지 않는 내용이 담긴 동영상들은 물론 IS를 탈출한 사람들이 그들의 무자비한 폭력을 비난하는 동영상들도 큐레이션했다. 그러나 BBC 같은 서방 세계 언론사에서 제작한 동영상들은 사용하지 않았다. IS를 탈출한 사람들과 인터뷰한 바에 따르면 테러리스트들이 십중팔구 그런 동영상을 제작한 곳을 공격할 것이라고 했기 때문이다.

이렇게 큐레이션된 동영상들은 유튜브 채널에 체계적으로 올라갔고 자동 재생목록에서 반복되게 설정되었다. 예를 들어 IS의 '훌륭한 통치'를 반박하는 재생목록에서는 IS가 통치하는 지역들의 식량 부족 현상과 교육 및 의료 시설 부족을 보여주는 동영상들이 재생되었다. '군사력'을 반박하는 재생목록에서는 IS가 쿠르드족과 이라크군, 연합군의 손에 궤멸 중인 상황이 생생히 담긴 동영상들이 재생되었다. 직소는 또한 애드워즈 광고를 IS 가입 방법과 관련된 정보를 찾는 개인을 겨냥해 IS의 주장을 반박하는 동영상들로 '리다이렉트', 즉 방향을 전환시켰다. 문자, 이미지, 동영상 광고 등이 IS가 만드는 콘텐츠와 형식이나 느낌이 비슷해 덤덤한 본문 톤, 눈에 띄는 이미지 등이 특징이었고, 잠재적 IS 신병들을 대상으로 스스로 자문해볼 만한 여러 가지 의문을 제기했다. 광고들은 주로 IS 지지자들의 슬로건, IS 공식 매체명, 성전 또는 파트와fatwa(저명한 권위자들이 내놓은 이슬람법과 관련된 판결-옮긴이)에 대한 IS의 언급은 물론 심지어 IS 신병들이 자칭 칼리프 제국까지 가는 도중 묵는 것으로 알려진 호텔명 등의 검색어들을 표적으로 삼았다.

2016년 8주간에 걸쳐 32만 명의 잠재적 IS 신병들을 대상으로 예비 실험을 실시했는데, 그들은 총 50만 분 넘게 반IS 콘텐츠들을 시청했다. 이 캠페인의 클릭률은 그 이전 12개월간 비슷한 검색어에 대한 기준 광고들의 클릭률을 훨씬 웃돌아 그 증가율이 영어 광고들은 3.1%(벤치마크 광고들의 1.7%와 비교해 76% 증가), 아랍어 광고들은 4.3%(벤치마크 광고들의 2.4%와 비교해 79% 증가)였다. 이 예비 실험 이후 리다이렉트 방법은 자살 방지는[379] 물론 온라인상에서의 혐오 표현, 극단주의, 케이케이케이단(백인 우월주의 집단-옮긴이) 등의 문제에 대한 대책으로도 쓰이고 있다.[380]

소셜 미디어가 좋은 쪽으로 쓰이는 사례는 많다. 2014년 두 달간 루게릭병 환자들을 돕기 위해 진행된 아이스 버킷 챌린지 캠페인[381]에서는 2억 5,000만 달러 이상이 모금되었다. 2012년 전까지만 해도 미국에서는 장기 이식 대기자 12만 명 중 하루 평균 20명이 기증을 기다리다가 세상을 떠났고, 이에 비해 장기 기증 희망자는 하루 평균 600명밖에 안 되었다. 그러다 2012년에 페이스북이 장기 기증 캠페인을 벌이자 첫날에만 1만 3,000명이 새로 장기 기증 희망자로 등록했는데, 이는 하루 평균 기증자의 무려 21배였다.[382] 이 캠페인 덕분에 하루 평균 장기 기증의 2배가 넘는 기증이 이루어졌다. 그리고 나이지리아(2014)와 라이베리아(2015), 콩고(2018)에서 치명적인 에볼라가 발병했을 때도[383] 소셜 미디어는 적은 비용으로 질병 예측 능력을 향상하고 질병 발병의 지리학적 변화들을 탐지해내며 공중보건 서비스를 더 넓은 지역들로 확대하는 데 일조했다. 그러나 소셜 미디어는 에볼라에 대한 잘못된 정보들도 퍼뜨렸다. 예를 들어 나이지리아에서는 소금물을 많이 마시면 에볼라바이러스를 퇴치할 수 있다는 잘못된 정보가 퍼져 여러 명이 목숨을 잃었다.[384] 유사한 일은 코로나바이러스 팬데믹 상황에서도 벌어졌다. 소셜 미디어는 인명을 구해줄 정보들을 전달하고 사회적 거리를 두고 살아야 하는 시기에 사람들끼리 연결될 기회도 만들어주었지만, 전 세계적으로 잘못된 정보와 가짜 치료법도 퍼뜨려 코로나바이러스 팬데믹을 잡으려는 보건 당국의 노력을 방해했다.

투명성 역설

케임브리지 애널리티카 스캔들이 터진 직후 〈MIT 테크놀로지 리뷰〉에 실을 마틴 가일즈와의 인터뷰에서 나는 하이프 머신이 곧 딜레마에 직면하게 되리라 예측했다.[385] 소셜 미디어 플랫폼들은 한편으로 자신들의 내부 작동 방식(트렌드 및 광고 타기팅 알고리즘들의 작동 방식과 그 안에서 잘못된 정보들이 확산되는 방식, 추천 엔진들로 인한 양극화 심화 여부 등)과 관련해 더 개방적이고 투명한 정책을 취하라는 압박에 직면할 것이다. 사람들은 페이스북과 트위터를 향해 비밀주의에서 벗어나 내부 작동 방식을 공개하기를 원하고 있다. 이를 통해 소셜 미디어를 어떻게 활용하고 손볼 것인지를 알게 될 것이다.

한편 하이프 머신은 사람들의 사생활과 안전한 커뮤니케이션 보장, 소비자 데이터 보호, 개인 정보 제3자 공유 금지, 케임브리지 애널리티카 스캔들과 같은 데이터 유출 금지 등을 요구하는 압력에도 부딪히게 될 것이다. 유럽의 개인 정보 보호법과 캘리포니아 소비자 사생활 보호법CCPA(미국에서 가장 적극적인 개인 정보 보호 규정)은 하이프 머신이 소비자 데이터를 취급하고 보존하고 공유하는 방식에 대해 훨씬 더 엄격한 통제를 의무화하고 있다. 결국 세상 사람들은 한편으로는 더 높은 투명성을 요구하면서도 또 다른 한편으로는 사생활 보호와 개인 데이터 보안을 원하고 있는 것이다. 그리고 이 같은 2가지 요구에는 서로 상충하는 면들이 있어 이른바 '투명성 역설'이 생겨나고 있다.

자유로운 민주주의 사회에서 사생활 보호는 필수 요소다. 투명성도 소셜 미디어를 그 위험은 피하고 장밋빛 약속은 구현할 수 있게 만드는 데 반드시 필요하다. 우리 시민과 입법자, 하이프 머신 관리는 모두 소셜 미디어 플랫폼이 어떻게 작동하는지 속속들이 알고 싶어 한다. 그래야 어떻게 하면 온라인상에서 증오가 퍼지는 것을 막고 조작으로부터 민주주의를 지키고 우리 아이들을 집단 따돌림이나 학대로부터 보호할 수 있는지를 알 수 있기 때문이다. 그러나 우리는 또 개인 데이터가 비밀리에 안전하게 보존되기도 바란다. 〈MIT 테크놀로지 리뷰〉와의 인터뷰에서 나는 먼저 사생활 보호와 개인 데이터 보안이 가장 문제가 되리라 예측했다.

그 인터뷰 이후 한 달 뒤 마크 저커버그는 페이스북 개발자 콘퍼런스 F8에서 기조연설을 하며 이렇게 주장했다. "미래의 키워드는 사생활 보호입니다. 우리 삶에서 디지털 광장보다는 사생활이 보호되는 소셜 플랫폼이 훨씬 더 중요해질 겁니다."[386] 그러면서 그는 '세상을 연결하는 일'에서 '사생활 중심의 소셜 네트워크' 비전으로의 대전환을 강조했다. 페이스북은 왓츠앱에서 메신저, 인스타그램에 이르는 자신들의 메신저 서비스들을 통합하고, 사생활 보호를 중시하는 안전한 암호화 정책을 펼 예정이라고 선언했다. 저커버그는 이런 말도 덧붙였다. "페이스북은 그간 네 번의 중요 버전 업데이트가 있었으니, 이러한 새로운 전환은 다섯 번째 버전이 될 것입니다. 따라서 우리는 이를 FB 5라 부를 겁니다." 페이스북이 사생활 보호와 데이터 보안의 기치를 높이 든 것이다.

이 모든 변화가 일어난 건 2가지 충격 때문이었다. 첫째, 케임브리지 애널리티카 스캔들로 인해 행동 타기팅과 선거 조작 그리고 민주주의에 대한 폭넓은 위협을 위해 하이프 머신의 개인 데이터를 멋대로 공유하는 일이 얼마나 위험한지가 만천하에 드러났다. 둘째, 이 같은 변화에 기여한 또 다른 위협이 있었다. 세상은 소셜 미디어 플랫폼 상에서 이루어지는 그 모든 유해한 콘텐츠나 행위, 이를테면 뉴질랜드 크라이스트처치에서 벌어진 끔찍한 학살극의 온라인 생중계 등에 책임이 있는 하이프 머신을 제대로 통제하고 싶어 했다.

기자 캐롤 캐드월러드와 내부 고발자 크리스토퍼 와일리가 케임브리지 애널리티카 이야기를 〈가디언〉에 폭로한 지 3일 후인 2019년 3월 15일, 총기로 무장한 한 병적인 인종차별주의자가 크라이스트처치의 한 이슬람 사원을 공격하면서 이를 페이스북으로 생중계했다. 그 바람에 세상 사람들은 마치 1인칭 슈팅 게임을 연상케 하는 끔찍한 범죄의 목격자가 되었다. 해당 테러 동영상은 곧 입소문을 타고 온라인에서 널리 퍼져나갔다. 살인자는 인종차별적 주장들로 가득 찬 74페이지짜리 성명서를 올렸고[387] 곧 있을 소셜 미디어상에서의 온라인 생중계를 위한 링크를 여러 개 걸어두었다. 그 이후 문제의 동영상을 자신의 페이스북에도 올렸다. 수천 명이 실시간으로 테러 공격을 보았고, 이후 단 몇 시간 만에 또 다른 150여만 명이 페이스북상에서 해당 동영상을 공유하려 했다. 페이스북 측에서 그렇게 올라온 동영상 120만 개를 차단했지만 30만 개는 콘텐츠 변경을 통해 빠져나갔다.

2019년 가을에 미국 상원의원 엘리자베스 워런과 민주당 대통령 후보 조 바이든은 도널드 트럼프 전 대통령이 정치 광고들을 통해 바이든에 대한 잘 알려진 허위 정보를 퍼뜨리는 것을 방치하고 있다며 페이스북을 비난했다. 그러나 페이스북은 해당 광고들이 페이스북 정책에 어긋나지 않는다면서 그 광고들을 내리기를 거부했다. 크라이스트처치 동영상과 2020년 미국 대통령 선거 운동 기간에 올라온 잘못된 정치 광고들은 하이프 머신을 어떻게 다루어야 하는가 하는 문제와 관련해 심각한 딜레마를 야기했다. 기괴하고 선정적인 콘텐츠에 대한 문제도 있다. 아동 포르노물 제작자들과 사용자들에 대한 문제도 있다. 폭력적 극단주의와 그 추종자들에 대한 문제도 있다. 정치적 이득을 위해 거짓말을 밥 먹듯이 하는 사람들과 그런 거짓말을 공유하려 드는 사람들의 문제도 있다. 그렇다면 우리는 대체 이 새로운 선과 악의 전달자를 어떻게 다루어야 할까? 페이스북과 트위터, 인스타그램, 왓츠앱 등이 치안 유지 연설을 할 책임이 있는 걸까? 그리고 또 우리는 그들에게 그런 책임을 맡길 수 있을까?

2019년 10월 미국 법무장관 윌리엄 바William Barr와 영국 내무부장관 프리티 파텔Priti Patel, 호주 내무부장관 피터 두톤Peter Dutton은 마크 저커버그에게 편지를 보내 종단 간 암호화 계획을 중단할 것과 페이스북상에서 활동 중인 범죄자들을 뿌리 뽑을 수 있게 세 나라 정부에 비밀 접근 권한을 달라고 요청했다.[388] 며칠 후에는 FBI 국장 크리스토퍼 레이Christopher Wray가 "약탈자들과 아동 포르노물 제작업자들의 꿈이 이루어지고 있다"라고 페이스북의 암호화 계획을 규탄하며 이런 말을 덧붙였다. "페이스북의 사생활 보호 및 암호화 정책으로 인해 미국인들과 그 대표들이 아닌 한 대기업 소유주들이 만들어내는 무법 공간이 생겨날 것입니다. 우리는 지금 도망쳐 다녀야 하는 사람들을 찾아낼 능력을 상실하고 있습니다. 우리는 지금 악인들을 찾아낼 능력을 상실하고 있습니다."[389]

사생활 옹호론자들과 데이터 보안 전문가들은 즉각 반발했다. 전자 프런티어재단Electronic Frontier Foundation은 암호화가 공공의 안전을 위협한다는 주장은 과장되었다고 하면서 소셜 미디어 플랫폼들 내에 비밀 접근 권한을 프로그래밍하지 않고도 범죄자들의 데이터에 접근하는 방법은 얼마든지 있고, 암호화는 가장 취약한 사용자들은 물론 우리 모두를 위해 온라인상에서의 안전과 함께 신체적 안전을 지키는 데도 도움이 된다고 주장했다. 이런 주장은 사생활 보호 및 데이터 보안을 신성불가침의 원칙으로 삼는 파벨 두로프의 철학과도 일맥상통한다.

특별 검사 로버트 뮬러가 2016년 미국 대통령 선거에 개입한 혐의로 러시아를 고발한 이후, 데이터 과학업계는 그 답을 찾는 데 전력을 기울였다. 전 세계적 선거 조작 움직임과 잘못된 정보의 폭과 규모 그리고 그 영향을 수량화하기 위한 연구들이 시작되었다. 과학자들은 민주주의가 위협받고 있으며, 또 자신들이 민주주의를 지키는 데 일조할 수 있다는 사실을 알고 있었다. 하버드 대학의 개리 킹Gary King과 스탠퍼드 대학의 나다니엘 퍼실리Nathaniel Persily는 소셜 사이언스 원Social Science One을 발족했다. 이 새로운 산학 협력 기구의 목표는 하이프 머신이 민주주의와 사회에 미치는 영향을 이해하는 데 필요한 소셜 미디어에 대한 과학적 접근을 촉진하는 것이었다. 여러 재단이 자금을 지원하고 사회과학연구위원회가 후원하는 이 기구는 페이스북과 함께 하이프 머신이 세상에 미치는 영향을 이해하기 위한 연구에 필요한 데이터와 자금을 제공한다는 야심 찬 프로젝트에 착수했다.

하지만 프로젝트는 난관에 봉착했다. 투명성을 요구하자 페이스북이 난색을 보였기 때문이다.[390] 사생활 보호와 데이터 보안에 대한 원칙으로 페이스북이 애초에 동의한 데이터 접근이 어려워졌다. 당시 페이스북에서는 솔로몬 메싱이 데이터 접근 문제를 총괄하고 있었다. 그의 설명에 따르면 페이스북은 데이터를 공개하고 싶어 했으나, 그러자니 사용자의 사생활 보호와 데이터 보안이 문제가 되었다. 그야말로 투명성 역설에 빠진 것이다.

공공의 안전도 사생활 및 데이터 보안도 지켜야 하는데, 그 사이 적절한 경계선은 어디일까? 공공의 안전을 위해 소셜 미디어상에서 오가는 말들에 접근할 합법적 방법이 전혀 없는 것도 바람직하지 않고,

정부가 정당한 근거도 없이 자신들이 원하는 온라인상의 대화를 맘대로 엿볼 수 있는 것도 바람직하지 않다.

나는 제3의 방법이 있다고 믿는다. 투명성 역설의 딜레마를 극복하기 위해 소셜 미디어 플랫폼들은 더 투명해져야 하며 동시에 보안도 더 강화해야 한다. 예를 들면 '차분 프라이버시differential privacy' 기술을 도입해 사생활을 보호하는 동시에 투명성도 확보하는 것이다. 차분 프라이버시 기술은 개인들의 데이터를 익명으로 처리하는 방식으로, 이를 활용하면 데이터 분석을 통해 선거 조작과 범죄 패턴을 파악하는 동시에 개인들의 익명성도 보장해줄 수 있다(12장 참조).

대가가 따르는 복지

(취약한) 사회 운동들을 가능하게 해주고, 선과 악의 전달자 역할도 하고, 투명성과 사생활 보호 사이에 끼어 딜레마를 겪고 있는 하이프 머신은 엄청난 경제적 이익들도 창출한다(물론 그에 대한 대가는 지불해야 한다). 최근 몇 년간 소셜 미디어가 주는 폐해에 주목하고 있지만 하이프 머신은 많은 이점을 가지고 있다. 하이프 머신 덕에 우리는 온갖 뉴스와 정보에 자유롭게 접근할 수 있고 사업상 도움이 되는 사람들과 쉽게 연결될 수 있다. 각종 경제적·사회적 기회들을 잡을 수 있고, 새로운 기술들을 익힐 수 있고, 여러 사회적 지원도 받을 수 있다. 하이프 머신에 의해 창출되는 경제적 가치는 그 잠재력이 무궁무진하다. 이 모든 잠재적 이점과 단점들을 고려할 때, 소셜 미디어의 혜택들과 그에 따른 대가들은 대체 어떻게 측정할 수 있을까?

국내 총생산과 생산성처럼 흔히 쓰이는 경제 활동 지수들은 경제 '성과'에 대해 설명을 해주지만, 국민 복지에 대해서는 설명할 수 없다. 일부 경제학자들은 삶의 만족도나 행복 같은 주관적인 측정치로 복지를 측정하려 했다. 그러나 그런 측정치들은 부정확하다. 결국 한 국가의 경제적 복지를 측정하는 최고의 방법은 경제적 '잉여'를 측정하는 것이다.

잉여란 어떤 제품이나 서비스를 소비자가 지급할 용의가 있는 가격보다 낮은 가격에 사거나(소비자 잉여) 생산자들이 팔 용의가 있는 가격보다 높은 가격에 팔았을 때(생산자 잉여) 얻게 되는 경제적 가치다. 소비자들은 대개 혁신으로부터 98%의 복지 이득을 취하기 때문에 소비자 잉여는 경제 복지의 중요한 요소이다.[391] 만약 내가 새로운 아이폰을 800달러에 구매할 용의가 있는데 실제 600달러에 구매했다면, 나는 그 아이폰을 구매함으로써 200달러의 소비자 잉여를 취한 셈이다. 그리고 소비자들이 각 제품이나 서비스에 기꺼이 지급하려 한 가격과 실제 지급한 가격 간의 차이들을 다 합치면 경제의 총 소비자 잉여, 즉 소비자들이 모든 거래로부터 얻는 복지 이득이 된다.

소셜 미디어는 무료이므로 사용자들이 얼마에 살 것인지 또 판매자들이 얼마에 팔 것인지 측정하기 어렵다. 하이프 머신의 비즈니스 모델(9장 참조)은 기업이나 정치인 등에게 광고를 팔고 대신 광고 대상인 소비자들에게 무료로 서비스를 제공하는 식이다. 그리고 무료라는 사실 때문에 소셜 미디어는 독과점 규제 등을 적용하기도 복잡하다 (12장 참조). 그렇다면 제품이나 서비스가 무료면 잉여는 어떻게 측정해야 할까? 이는 오늘날과 같은 디지털 시대에 경제학자들이 직면한 아주 중요한 문제다. 스포티파이, 유튜브, 위키피디아 같은 무료 디지털 제품들이 우리 경제에서 점점 더 많은 비중을 차지하고 있고, 또 페이스북, 트위터, 인스타그램 등이 모두 하이프 머신의 일부이기 때문이다.

MIT 에릭 브린욜프슨은 펠릭스 에거스 등과 함께 최근 하이프 머신의 복지 효과를 어떻게 측정할 것인가 하는 문제와 관련해 어떤 깨달음 같은 것을 얻었다. 페이스북은 무료이므로 우리는 페이스북을 이용하기 위해 기꺼이 지급할 용의가 있는 가격과 실제로 지급하는 가격 간의 차이를 직접 측정할 수 없다. 대신 페이스북 이용을 포기하는 대가로 얼마를 받을 것인지를 확인하여 페이스북의 복지 기여도를 측정할 수 있다. 2016년부터 2018년 사이 에릭 브린욜프슨 연구진은 일련의 대규모 온라인 선택 실험으로 이를 측정했다. 사람들에게 페이스북 이용을 포기하는 대가로 돈을 지급하고, 그렇게 지급한 돈을 합산해본 것이다.[392]

연구진은 먼저 사람들에게 한 달간 페이스북을 이용하지 않는 대가로 얼마를 받겠냐고 물었다. 그런 다음 사람들의 페이스북 계정이 아무런 활동이 없었다는 것을 확인(이는 실험 참가자들이 돈을 받는 조건으로 허용했다) 뒤 돈을 지급했다. 그러고 나서 사람들에게 한 달간 트위터, 인스타그램, 스냅챗, 링크드인, 왓츠앱 등의 사용을 포기하는 대가로 얼마를 받아야겠냐고 물었다. 연구진은 또 웹 검색, 이메일, 지도, 메신저 그리고 동영상 및 음원 스트리밍 같은 다른 무료 디지털 서비스들은 물론 돈이 많이 드는 몇 가지 비디지털 행위들(1년간 아침에 시리얼을 먹지 않기, 1년간 텔레비전 보지 않기, 1년간 집 안 변기를 쓰지 않기 등)에 대해서도 같은 질문을 했다. (물론 연구진은 비디지털 행위들에 대해서는 하이프 머신의 경우처럼 실천 여부를 확인할 수 없었다. 세상에 완벽한 연구는 없는 법이다.) 이 실험들을 통해 연구진은 미국인 전체를 대표하는 소비자 수천 명에게서 얻은 데이터를 활용해 필요한 수요 곡선을 예측해볼 수 있었다.

2016년과 2017년에 평균 사용자는 한 달간 페이스북 사용을 포기하는 대가로 48달러를 받아야 한다고 했는데, 이는 곧 미국 사용자들이 페이스북에서 한 달에 48달러의 소비자 잉여를 취하고 있다는 뜻이다. 이 측정치는 사용량과 관련이 있었다. 업데이트를 더 많이 하고, '좋아요' 버튼을 더 많이 누르고, 사진과 뉴스를 더 많이 공유하고, 게임을 더 많이 하고, 친구를 더 많이 만들수록 사용자들은 페이스북을 더 가치 있게 보았고 그 결과 이용을 포기하는 대가로 더 많은 돈을 받아야 한다고 했다.

헌트 올콧과 매튜 겐츠코프 등도 이와 비슷한 선택 실험을 했다. 그 결과에 따르면 페이스북은 미국 내에서 한 달에 약 310억 달러의 소비자 잉여를 창출하고 있는데, 이를 연간 경제 복지 이득으로 환산하면 무려 3,700억 달러에 달했다.[393] 이제 이 수치를 전 세계로 그리고 페이스북뿐만 아니라 인스타그램, 트위터, 스냅챗, 위챗, 왓츠앱, VK, 텔레그램 등으로까지 확대해 생각해보라. 하이프 머신은 그야말로 지금 엄청난 경제 복지 이득을 창출하고 있는 것이다. 그런데 그 대가는 무엇일까?

소셜 미디어의 대가는 달러나 루피, 리라, 유로 등으로 축적되지 않는다. 돈으로 환산하기도 어렵고 측정하기도 어려운 사용자 피해들로 나타나고 있다. 아마 이런 말을 들어본 적이 있을 것이다. "어떤 제품에 돈을 지급하지 않는다면 당신 자신이 제품이다." 무료 제품은 대개 광고주에게 소비자의 관심에 대한 접근권을 판다는 뜻이다. 소비자들에게 제공되는 무료 서비스에 대한 '대가'는 돈이 아니라 그 서비스를 받는 대신 포기해야 하는 것들로 지급된다. 가짜 뉴스가 민주주의와 우리의 정신 및 육체 건강에 미치는 부정적인 영향과 케임브리지 애널리티카 스캔들 이후 가장 많이 언급된 사생활 유출과 소비자 데이터의 취약성 등과 같은 해로운 영향들이 사용자가 치러야 하는 '대가'이다.

개인적 차원에서 소셜 미디어 사용은 행복 및 정신 건강에 대한 부정적 영향들과 관련이 있다. 소셜 미디어와 스마트폰 사용이 늘면서 우울증과 자살이 급증한 것은 사실이나 아직까지는 그 둘 사이에 인과관계가 있다는 직접적인 증거는 없다. 사회적 차원에서는 가짜 뉴스가 민주주의는 물론 반향실 효과와 정치적 양극화 현상에도 영향을 주고 있다.

이런 비용들은 유감스럽게도 가격을 매겨 경제 복지로 계산해내기 힘들다. 그 이유는 다음과 같다. 첫째, 사용자들은 개인적으로 부정적 영향들을 알아채지 못한다. 헌트 올콧과 매튜 겐츠코프 등에 따르면 페이스북 사용자들은 페이스북 사용으로 친구나 가족들과 직접 얼굴을 맞대고 함께할 시간도 줄어들고 행복도 줄었지만, 실험에서 페이스북 사용을 포기한 뒤에야 자신들이 그간 그런 대가들을 치르고 있었다는 사실을 깨달았다. 페이스북 사용자들은 또한 페이스북을 사용할 때보다 페이스북 사용을 포기한 뒤에 페이스북을 덜 가치 있게 보았다. 페이스북에서 보내던 시간에 다른 활동을 하면서 그런 활동들의 가치와 즐거움을 깨달았기 때문이다.

둘째, 우리는 소비하는 제품이나 서비스가 주는 개인적 이점들에서 사회적 폐단을 정확히 가려내는 일에 능하지 못하다. 예를 들어 우리는 대개 페이스북이 민주주의에 미치는 영향들 때문에 페이스북의 가치를 낮추려 하지는 않는다. 자동차가 환경에 미치는 영향들 때문에 자동차의 가치를 낮추려 하지 않는 것처럼 말이다(물론 일부 사람들은 더 많은 돈을 지급하더라도 하이브리드 자동차나 전기 자동차를 구매해 어느 정도는 사회적 영향을 중시하기도 한다).

그간 하이프 머신의 순수한 이점들을 제대로 측정한 연구가 없었고 아마 앞으로도 그런 연구는 없을 것이다. 사회적 차원에서 하이프 머신의 대가들, 다시 말해 하이프 머신이 우리의 행복과 정신 건강에 미치는 부정적인 영향들을 측정하는 게 매우 어렵기 때문이다. 가령 소셜 미디어가 민주주의에 미치는 영향이라는 대가를 무슨 재주로 정확히 측정할 수 있겠는가?

불평등한 기회

소셜 네트워크는 경제적 기회와 사회적 신분 이동을 만들지만, 이는 대개 특정한 사람들의 경우다. 소셜 미디어 네트워크들은 '약한 유대 관계의 힘'으로 기회를 만들어낸다(3장 참조).[394] 이 이론에 따르면 경제적 기회들은 약한 유대 관계를 통해 우리에게 불평등하게 주어진다. 친구들 외에 약하게 연결된 사람들이 우리의 네트워크를 다양하게 만들고 다른 사람들은 보지 못하는 기회(예컨대 취업 기회)를 본다.

네이선 이글과 마이클 메이시 등은 전 국민을 대상으로 이 이론을 확인해보았다.[395] 그들은 영국의 전 국민 전화(휴대전화와 일반전화) 통화 자료를 수집하고, 이를 사회 발전 및 경제 발전에 관한 전 국민 설문 조사 데이터와 연결했다. 또한 모든 휴대전화의 90%와 일반전화의 99%를 포착해, 총 6,800만 명의 통화 패턴들을 분석했다. 이를 통해 자신이 속한 커뮤니케이션 네트워크 안에서 약하지만 더 다양한 유대 관계를 맺고 있는 사람들이 더 높은 사회 경제적 지위를 누리고 있는지를 확인해보았다. 결과는 실제로도 그랬다. 커뮤니케이션 네트워크 내에서 다양성이 더 큰 사람들, 즉 더 다양한 사람들을 만나는 사람들이 사회 경제적 지위가 더 높았다(〈그림 11-1〉 참조).

지금까지 봐왔듯이 나는 상관관계와 인과관계의 구분을 중요하게 여기는 사람이다. 이 경우에도 상관관계와 인과관계의 구분은 중요하다. 경제적 기회를 더 많이 누리는 사람들이 대개 (기회를 제공하는 네트워크들보다) 더 다양한 인적 네트워크들을 만들어낸다면, 그건 하이프 머신이 경제적 기회를 '만들어내서라기'보다는 경제적 기회를 '반영하기' 때문일 가능성이 더 클 것이다. 이 모든 것에서 하이프 머신은 얼마

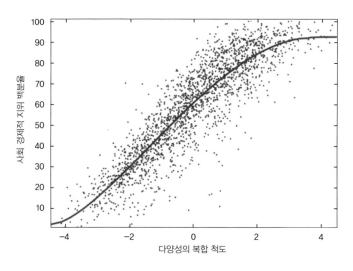

그림 11-1. 이 그래프는 소셜 네트워크 내에서의 다양성과 사회 경제적 지위 간의 관계를 보여준다.

나 중요할까? 우리는 그저 기존의 사회적 네트워크를 소셜 미디어상에서 재현하고 있는 것일까, 아니면 하이프 머신의 추천 엔진들이 우리에게 새로운 경제적 기회들을 제공하고 있는 것일까?

에릭 브린욜프슨과 나는 링크드인의 기욤 생 자크 등과 함께 이를 알아보기로 했다. MIT에서 박사 과정을 밟고 있던 기욤 생 자크 덕분에 우리는 약한 유대 관계와 일자리 이동 간의 인과관계를 알아볼 수 있었다.[396] 우리는 링크드인 사용자들에게 새로운 연결을 추천해주는 링크드인의 PYMK 알고리즘상에서 이루어진 60차례의 무작위 실험에서 얻은 데이터를 활용했다. 이 실험에서는 약한 연결을 더 많이 또는 더 적게 추천함으로써 사용자 8,000만 명으로 이루어진 네트워크 안에서 약한 연결의 수가 계속 달라졌다. 그래서 우리는 약한 유대 관계가 어느 정도 일자리 이동의 원인이 되는지를 테스트해볼 수 있었다. 그 결과 약한 유대 관계가 취업 기회를 만들어내고, PYMK 알고리즘이 약한 유대 관계를 만들어낸다는 사실을 처음으로 확인했다. 결국 우리가 어떻게 설계하느냐에 따라 하이프 머신은 일자리 이동과 경제적 기회를 만들어낼 수 있고 또 그 경제적 기회의 분배에 영향을 줄 수도 있다.

최근 들어서는 스탠퍼드 대학에서 경제학 박사 과정을 밟고 있던 루이스 아르모나가 한 가지 자연 실험을 분석해 페이스북이 경제적 기회와 임금에 미치는 영향을 측정해보았다.[397] 토크쇼 진행자 지미 펄론이 페이스북 공동 설립자 숀 파커와 페이스북의 시장 진입 전략에 관해 나누었던 대화를 떠올려보라. 페이스북은 대학 캠퍼스를 중심으로 시장에 진입했다. 그러나 모든 대학이 동시에 온라인에 들어온 것은 아니었다. 2004년 2월부터 2005년 5월 사이에 페이스북에 합류한 760개 대학이 서로 다른 시간대에 온라인에 들어왔다. 어떤 대학 학생들은 페이스북에 접속한 때에 어떤 대학 학생들은 그렇지 않았다는 얘기이다. 아르모나는 페이스북에 접속했던 학생들과 한동안 그러지 못했던 학생들의 이후 임금 상승률을 비교해봄으로써, 하이프 머신 이용이 경제적 기회와 임금에 어떤 영향을 주는지를 측정할 수 있었다. 그 결과 대학 시절 4년간 페이스북을 이용한 경우 평균 수입이 3% 가까이 늘어났다는 것을 알게 되었다. 3%라면 유의미한 효과다. 또한 링크드인 분석과 다른 데이터들을 통해 아르모나가 밝혀낸 바에 따르면, 페이스북에 의해 임금이 상승한 것은 학창 시절 친구들과 사회적 유대 관계를 공고히 한 덕에 대학 동창들 간에 강력한 취업 네트워크가 형성된 데 따른 것이었다.

와튼 스쿨에 몸담고 있는 린 우는 이런 결과들을 뒷받침해주는 자연 실험을 했다. 그녀는 소셜 미디어를 도입한 한 기업을 대상으로 소셜 미디어가 그 기업 직원들의 경제적 기회에 어떤 영향을 주는지 분석했다.[398] 린 우의 분석에 따르면, 우선 소셜 미디어로 인해 직원들은 각자의 전문 지식에 따라 기업 내에서 새로운 사람들과 유대 관계를 맺을 수 있었고, 그만큼 직원들의 사회적 네트워크 연결은 더 다양해졌다(이는 이메일 커뮤니케이션을 이용해 알 수 있었다). 그리고 생산성이 높아지고 해고율은 떨어졌다.

경제학 프로그램 박사 과정을 밟고 있던 MIT 졸업생 시드니 콜드웰은 린 우의 실험을 덴마크에서 임금 및 일자리 이동에 대한 분석에 그대로 적용했다. 콜드웰은 니콜라이 하몬과 함께 동료 네트워크, 임금, 일자리 이동 그리고 동료가 옮긴 새 직장의 인력 수요 등에 관한 세세한 데이터를 분석해, 전직 동료의 새 일자리가 실험 대상의 임금 상승 및 취업 기회와 관련이 있는지 알아보았다.[399] 콜드웰과 하몬은 또한 생산성이 비슷한 직원 중에서 다른 직장에 대한 취업 정보를 제공해주는 네트워크를 가진 직원에게 현재 직장에서 더 유리한 임금 협상을 할 수 있는지 물었다. 그 답은 확실한 '예스'였다. 더 나은 정보 네트워크를 가진 직원이 임금 협상도 더 잘했고 일자리 이동도 더 나았고 수입도 더 많았다.

하지만 모든 사람이 소셜 네트워크 정보 혜택을 받는지 분석하자 콜드웰과 하몬은 그렇지 않다는 것을 발견했다. 수입에 영향을 받는 직원은 대부분 숙련도가 높은 직원이었다. 특별한 기술을 가진 직원은 평균적인 직원과 비교해 임금 상승 영향을 2배 받았고, 기술이 가장 없는 직원과 비교해서는 5배 가까이 받았다. 더욱이 기술이 있는 직원은 기본 수입 자체가 높아 전체 수입이 상당히 오르는 효과가 있었다. 소셜 네트워크 정보는 기술이 가장 없는 직원, 즉 조립이나 육체노동을 하는 직원에게는 아무 영향도 주지 않았다. 그리고 여성도 남성과 비교해 대체로 영향을 덜 받았다. 결국 하이프 머신이 더 나은 일자리 이동과 더 높은 임금, 더 높은 생산성, 더 나은 고용 안정 등으로 경제적 기회를 만들어내고 있지만, 그 기회는 대부분 남성과 고학력자, 숙련자들에게 돌아가고 있는 것이다. 여기서도 빈익빈 부익부의 현상이 벌어지고 있다.

이렇듯 하이프 머신이 창출하는 기회들이 불평등하게 분배되는 데는 3가지 원인이 있다. 첫째, 지리적 여건과 사회 경제적 지위, 성별에 따라 하이프 머신에 접근할 수 있는 기회 자체가 불균등하다. 개발 도상국들은 인터넷과 소셜 미디어, 스마트폰 접근성 측면에서 선진국들에 뒤처져 있다. 소셜 미디어에 대한 접근성 격차 외에 에스터 하르지

타이가 말하는 이른바 '디지털 능력 증진'[400]과 소셜 미디어의 일상적 이용 사이에도 격차가 있다. 경제적으로 발전한 국가들에서는 '사회적 신분 상향 조정 기회들'을 제공하는 방식으로 소셜 미디어를 이용한다. 소셜 미디어를 이용해 인간관계와 명성을 쌓고, 정보를 수집하고, 다른 사람들과 서로 협력하고, 목적을 위해 사람들을 동원하고, 더 많은 정보를 가지고 정치에 참여하고, 경력을 쌓고, 재정 및 건강에 대한 정보를 찾는 등의 활동을 벌이는 것이다.[401] 하르지타이의 연구 결과에 따르면 소셜 미디어 이용은 별로 내세울 만한 배경이 없는 사람들에게 자기 계발을 할 수 있게 해주는 활동들에는 긍정적인 효과들이 있지만, 막상 그런 활동들에 대한 실제 참여도가 낮아 결국 소셜 미디어 혜택 배분의 불평등 문제는 더 심해진다.

둘째, 하이프 머신 네트워크는 빈익빈 부익부 현상을 더 심화시킨다. 사람들은 소셜 미디어상에서 다른 사람들과 연결될 때 자신과 비슷한 사람들과 연결된다(동질성 선호). 사람들이 새롭게 연결될수록 기존의 불평등 현상은 더 심해진다. 친구 추천 알고리즘은 어느 정도 사용자의 현재 연결을 토대로 한다. 소셜 미디어상에서 서로의 친구들이 PYMK 추천을 주도하므로 자신과 비슷한 사람들과 연결되는 경향은 빈익빈 부익부 현상을 더 심화시킨다.

셋째, 하이프 머신 내에서는 소셜 미디어가 제공하는 정보와 지식, 기술 등의 획득 및 처리에 의존하는 숙련된 전문직에 이익이 더 많이 주어져[402] 불평등이 더 심화될 수밖에 없다.*

---

* 루이스 아르모나에 따르면 페이스북 사용으로 여학생과 중하위층 출신 학생들의 임금이 더 상승했는데, 이는 하이프 머신을 잘 활용하면 성별 및 소득 불평등을 줄일 수도 있음을 시사한다. 그러나 아르모나가 연구한 표본은 선별된 4년제 대학 760개에 한정되어 있어 졸업생

하이프 머신은 엄청난 장밋빛 약속과 심각한 위험을 동시에 지니고 있다. 광범위하면서도 신속한 수집 행위를 가능하게 해주지만 그 행위에 취약한 면이 많다. 긍정적인 콘텐츠와 행동도 퍼뜨리지만 해로운 콘텐츠와 행동도 퍼뜨린다. 사생활과 데이터 보안을 위해 프로그램할 때는 투명성을 포기하게 된다. 돈으로 환산할 수 없는 경제적 인센티브는 물론 각종 폐단도 널리 퍼뜨린다. 사회적 기회와 경제적 기회를 창출하지만 그 기회의 배분은 불평등하다. 하이프 머신의 장밋빛 약속은 실현하고 위험을 피하자면 큰 칼이 아니라 작은 메스가 필요하다.

칼이 아닌 메스를 들고

내가 하버드 대학 케네디 행정대학원에서 배운 한 가지 교훈은 시장은 종종 실패한다는 것이다. 그곳에서 나는 시장이 언제 왜 어떻게 실패하며 시장 실패를 바로잡으려면 어떻게 해야 하는지에 관해 분석했다. 이런 교훈들은 소셜 미디어에도 도움이 되는데, 이제 하이프 머신이 시장 실패를 경험할 때도 되었기 때문이다. 기술로 인해 잘못된 정보와 테러리즘, 선거 조작, 보건 정책 방해, 개인 정보 유출 같은 문제들이 확산되고 있다. 이런 문제들은 돈으로 환산할 수 없을 정도로 심각한 상황이어서 이제 합리적인 정부 규제가 뒤따라야 할 때가 되었다.

들은 기술 배분의 상층부에 속할 가능성이 크다. 콜드웰과 하몬 연구와 하르지타이 연구가 대상으로 삼은 숙련도 낮은 직원들은 최근 이루어진 아르모나 연구에서 그 표본 때문에 대부분이 해당 분석에서 제외되었다.

하지만 잘못된 규제는 오히려 혁신과 표현의 자유, 생산성, 발전, 소비자 잉여 그리고 소셜 미디어 기술들의 사회적 이점과 경제적 이점들을 가로막는 걸림돌이 될 수도 있다. 소셜 미디어의 장밋빛 약속을 뒷받침하는 요인들이 우리가 피하려는 위험의 요인들이기도 하다는 점을 고려한다면 섣부른 규제는 실패할 가능성이 크다. 따라서 소셜 미디어 규제는 위험은 피하면서 장밋빛 약속은 실현할 수 있는 방향으로 조심스럽게 접근해야 한다. 소셜 미디어에 대한 규제 없이도 문제를 해결한 최근 몇몇 사례들을 보면 우리가 왜 칼이 아닌 섬세한 메스를 필요로 하는지를 분명히 알 수 있다.

침체될 대로 침체된 우간다 경제하에서 국민과 기업은 정보 통신 인프라의 고도화를 위해 온라인 활동을 늘렸다. 그러나 2018년 7월 우간다 대통령 요웨리 무세베니는 자신의 통치에 반대하는 시위들이 잇따르자 반정부 감정을 억누르고 세수를 늘리기 위해 소셜 미디어 사용에 하루 5센트의 세금을 부과하고 전자 화폐에는 5%의 세금을 부과했다. 그런데 이 같은 접근 방식은 우간다에 예기치 않은 엄청난 악영향을 끼쳤다.

많은 우간다인의 입장에서 소셜 미디어는 인터넷으로 가는 진입로였다. 페이스북과 왓츠앱 같은 앱들은 비즈니스와 교육, 뉴스, 사회적 지원 등을 위해 필수였다. 그런 소셜 미디어에 세금을 부과한 지 6개월이 지나자 우간다 인터넷 사용률은 26%나 떨어졌다.[403] 세금에 대한 금전적 부담으로 줄지어 온라인에서 탈출했기 때문이다. 인터넷을 적정한 가격에 보급하기 위해 모인 국제 동맹 A4AI의 추산에 따르면, 세금 인상으로 우간다의 부유층은 인터넷 접속 비용이 1% 늘었지만[404] 극빈층은 그 비용이 10% 늘었다. 데이터 1GB당 비용 역시 극빈층의 월 평균 수입의 40%나 되었다. 이 모든 게 소셜 미디어에 냉각 효과를 가져와 우간다는 경제 성장률은 물론 고용과 기업 매출도 떨어졌다. 한 연구에 따르면 이 세금으로 우간다 경제는 7억 5,000만 달러,[405] 즉 국내 총생산의 3%에 해당하는 손실을 보았고, 그 결과 1억 900만 달러의 세수 손실도 보았다. 무세베니가 반정부 감정을 억누르기 위해 휘두른 칼이 우간다 경제의 힘줄과 근육을 끊었고 국민들이 소셜 미디어의 장밋빛 약속에 다가가는 것을 막은 셈이다.

러시아 역시 텔레그램 규제를 시도하는 칼을 휘둘렀다 역풍을 맞았다. 2016년 러시아가 제정한 야로바야 Yarovaya, 즉 '빅 브라더 Big Brother' 법은 소셜 미디어와 메신저 앱들을 상대로 그들의 인프라에 들어갈 수 있는 뒷문을 만들어달라고 요구했다. 테러리즘 수사 등을 위해 러시아 연방보안국이 암호화된 메시지에 폭넓게 접근할 수 있게 하라는 것이었다. 그러나 야로바야 법은 "텔레그램의 사생활 보호 정책과 양립할 수 없다"[406]면서 두로프가 거부하자 2018년 4월 러시아 정부는 텔레그램 사용을 금지했다.

사용 금지령은 내리긴 쉬워도 집행하기는 어려웠다. 미국의 연방통신위원회인 격인 러시아 로스콤나드조르 Roskomnadzor는 텔레그램 서비스를 호스팅 중인 IP 주소들을 폐쇄했고, 스토어에서 텔레그램을 제거해달라고 구글과 애플 측에 요청했다. 그러나 두로프는 텔레그램의 웹호스팅을 아마존과 구글 같은 제3 클라우드 제공업체로 옮겨 계속 유지했으며, 애플과 구글은 스토어에서 텔레그램을 제거하기를 거부했다. 결국 러시아는 구글과 아마존의 클라우드를 폐쇄해 적어도 1,900만 개의 IP 주소들을 차단했다.

하지만 텔레그램은 계속 사용 가능했다. 러시아인들은 가상 사설 네트워크VPN를 활용해 텔레그램에 접속하기 시작했고,[407] 그 결과 텔레그램 사용 금지령이 내려진 2018년 4월 370만이었던 하루 이용자 수는 2019년 2월 440만으로 뛰어올랐다. 텔레그램은 현재 러시아에서 왓츠앱과 바이버Viber에 이어 세 번째로 인기 있는 메신저 앱이다. 러시아는 텔레그램을 죽이는 데는 실패했지만 자국 내 많은 '합법적인' 온라인 서비스들을 죽이는 데는 성공했다.[408] 러시아의 온라인 서비스 봉쇄 전략이 텔레그램만 표적으로 삼을 만큼 정교하지는 않았기 때문에 바이버와 탐탐TamTam(국가에서 후원하는 텔레그램 대체 앱) 같은 메신저 앱들과 많은 온라인 소매업체, 주요 온라인 금융 서비스, 전자상거래 웹사이트 등이 모두 타격을 입었다. 심지어 로스콤나드조르가 블랙리스트에 올린 기업을 호스팅하는 웹사이트도 큰 타격을 입었다.

하이프 머신 규제는 아주 신중하게 접근해야 한다. 우간다와 러시아가 취한 규제들은 선의의 규제도 아니었지만, 이런 무딘 정책들의 결과를 보면 소셜 미디어 규제는 권위주의 정권을 지탱해주는 수단이 될 수도 있고 의도치 않은 결과들을 불러올 수도 있다. 한 측면에서 보면 이런 예들은 소셜 미디어를 규제하지 않고 문제를 해결해야 하는 이유를 보여주는 예일 수도 있다. 그러나 때로는 우리가 해야 할 선택이 그리 명확하지 않은데, 이제 마지막 장에서 어떻게 하이프 머신에 적응할지를 논의하다 보면 그 선택들이 명확해질 것이다.

12장

Building a Better Hype Machine

더 나은 하이프 머신은
가능한가?

끔찍한 일이지만 기술이 이미 우리 인류를 넘어섰다는 것이
점점 분명해지고 있다.

-알베르트 아인슈타인

우리는 지금 사생활 보호와 데이터 보안, 표현의 자유와 혐오 표현, 진실과 거짓, 민주주의와 권위주의, 포용과 양극화의 갈림길에 서 있다. 이 모두가 하이프 머신 때문에 생겨난 일들은 아니지만, 하이프 머신이 중요한 역할을 하고 있는 것은 사실이다. 소셜 미디어가 민주주의와 경제, 시민 사회 구조 그 자체에 미치는 영향을 생각하다 보면 불가피하게 다음과 같은 문제들에 직면한다. 어떻게 하면 그런 소셜 미디어에 적응할 수 있을까? 어떻게 하면 새로운 소셜 기술들을 제대로 만들고 규제하고 활용해 그 잠재력은 그대로 실현하고 그 위험은 피할 수 있을까? 답하기 어려운 복잡한 문제들이지만 분명 더 밝은 미래로 가는 길들이 있으리라 믿는다.

이 장에서는 혁신과 독점 금지, 사생활 보호와 데이터 보안, 잘못된 정보와 가짜 뉴스, 선거의 공정성 보장, 표현의 자유, 좀 더 건강한 커뮤니케이션 생태계 구축 같은 문제들의 해결책들을 모색해보려 한다. 이를 위해 지금까지 강조해온 4가지 지렛대(돈, 코드, 규범, 법)에 의존할 것이며, 우리의 디지털 미래를 함께 좌지우지할 세 이해 당사자들(소셜 미디어 플랫폼, 정책 결정자, 일반 시민) 문제도 다룰 것이다. 그럼 먼저 오늘날 소셜 미디어 규제와 관련해 우리가 직면한 가장 일반적인 문제부터 살펴보자. 페이스북 같은 소셜 미디어들을 해체해야 할까?

페이스북을 해체해야 할까?

2019년 3월 당시 상원의원이자 대통령 후보였던 엘리자베스 워런은 페이스북과의 전쟁을 선포했다. 그러면서 그녀는 이렇게 말했다. "오늘날 거대 기술 기업들은 너무 많은 힘을 가지고 있다. 경제와 사회, 민주주의에 지나치게 많은 힘을 행사하고 있다. 그들은 불도저처럼 경쟁사들을 밀어붙이고 있고 우리의 개인 정보를 활용해 이익을 얻고 있으며, 다른 모든 기업에게 불리한 기울어진 운동장을 조성하고 있다."[409] 기업 해체를 요구하면서 워런은 정말 분노에 차 있었다. 워런만 분노한 게 아니었다. 페이스북 공동 설립자 크리스 휴즈는 〈뉴욕 타임스〉 사설에 다음과 같은 글을 썼다. "나는 페이스북이 우리 세계에 일으킨 대혼란에 분노와 책임을 느낀다. 마크 저커버그의 힘은 사상 유례가 없이 막강하며 반미국적이다. 이제 페이스북을 해체할 때가 되었다."[410] 그들과 전 세계 페이스북 사용자 수백만 명의 분노는 이해할 만했다. 나는 지금껏 이 책에서 하이프 머신이 사생활 보호와 잘못된 정보, 혐오 표현, 선거 공정성 등의 문제에서 어떻게 우리에게 실망을 안겨주고 있는지에 관해 얘기해왔다. 나 역시 분노를 느낀다. 하지만 분노해서는 올바른 정책을 만들어낼 수 없다. 하이프 머신을 제대로 통제하고 활용하려면 아주 철저하면서도 세심해야 한다.

엘리자베스 워런과 크리스 휴즈가 한 주장은 일면 옳다. 경쟁은 더 밝은 소셜 시대의 토대다. 우리가 적응해야 하는 다른 모든 것들을 떠받치는 게 바로 경쟁이다. 경쟁은 시장 지배력을 견제하며 사회적 가치가 기업의 가치가 되게 한다. 따라서 소셜 미디어 시장에서 경쟁을 억압하면 연이은 시장 실패들로 이어져 사생활 보호도 혁신도 진리도 민주주의도 지킬 수 없게 된다. 엘리자베스 워런은 트위터에 이런 글을 올렸다. "페이스북과 인스타그램이 당신의 데이터를 팔기 위해 협력하고, 잘못된 정보가 넘쳐나게 하고, 선거를 망치려 드는 대신 개인 정보를 보호하고, 잘못된 정보를 피드에 올리지 않기 위해 서로 경쟁한다고 상상해보라. 그래서 우리는 #BreakUpBigTech(거대 기술 기업들을 해체)해야 한다."[411]

워런과 휴즈는 문제는 정확히 파악했지만 해결책은 잘못 생각한 것 같다. 엘리자베스 워런은 대통령 선거 운동 기간에 거대 기업들이 지닌 제어되지 않는 힘에 반대했을 뿐만 아니라 마크 저커버그가 소유한 막대한 부와 페이스북이 민주주의 및 사생활에 미치는 악영향에 대해 개인적 공격도 마다하지 않았다. 그러면서 그녀는 "독점 기업들은 더는 독점으로 돈을 벌지 못할 것이다" 말하며 거대 기술 기업 페이스북의 해체 계획을 얘기했다. 그러나 독점 금지를 소셜 미디어 딜레마의 해결책으로 내세우는 것은 그야말로 말뿐인 약속이다. 어느 정도 후면 선거 운동 현수막과 온갖 정치 관련 색종이들은 사라지고 실제 새로운 소셜 시대를 제대로 손봐야 하는 엄청난 일이 우리를 기다릴 테니 말이다. 페이스북 해체는 소셜 미디어가 직면한 중대한 문제들 가운데 그 어떤 문제도 해결하지 못할 것이며, 정치적 슬로건으로 이런 문제들을 해결하려는 것은 사태를 더 악화시킬 뿐이다.

페이스북을 상대로 독점 금지법 관련 소송을 제기하는 것은 소셜 미디어 시장이 집중될 수밖에 없는 경제 여건들을 무시하는 행위이다. 그런 행위는 사생활을 보호하고, 표현의 자유를 혐오 표현과 구별하고, 선거 공정성을 보장하고, 가짜 뉴스를 줄이는 데 아무런 도움이 안 된다. 병의 원인은 내버려둔 채 증상만 없애려는 것이나 다름없다. 경쟁은 사회적 가치들을 보호해주는 장치들로 우리의 관심을 끌도록 소셜 미디어 플랫폼들을 부추길 수는 있지만, 새로운 소셜 시대를 독점으로 기울게 만드는 시장 지배력은 설사 페이스북이 해체된다 해도 아무런 변화가 없을 것이다. 결국 더 근본적인 해결책들이 있어야 한다.

페이스북이 시장을 독점하고 있다는 증거는 미약하다. 그리고 무엇보다 중요한 것은 페이스북 해체에 집중하다 보면 우리가 안고 있는 사회적 문제들, 즉 광범위한 사생활 보호법 개혁과 열린 시장을 가능하게 할 데이터 이동 합법화, 소셜 미디어상에서의 정치 광고 및 혐오 표현 규제 같은 문제들을 위한 더 지속적인 해결책들을 개발하기 힘들어지게 된다는 점이다. 페이스북을 상대로 한 독점 금지법 위반 관련 소송은 최소 10년은 끌다 결국 무위로 끝날 가능성이 크다. 그러므로 그보다는 차라리 관련 규제 문제들을 해결하는 편이 더 효과적일 것이다.

페이스북과 독점 금지법

〈뉴욕 타임스〉 사설에서 크리스 휴즈는 1890년 셔먼의 독점 금지법으로 독점은 금지되었다고 썼다. 정확한 말은 아니다. 미국의 독점 금지법상 상황에 의해 독점을 하게 되는 것은 불법이 아니다. 스스로 시장을 독점하거나 아니면 독점력을 이용해 경쟁을 억누르는 반경쟁적 관행들로 인접 시장들에 지배력을 행사하는 게 불법이다. 독점 금지법의 취지는 규모가 커진 기업을 처벌하는 데 있는 게 아니라 소비자들을 무경쟁 시장으로 인한 피해로부터 보호하는 데 있다. 만약 한 기업이 혁신과 경쟁을 통해 규모가 커진다면 그 폐해는 독점에서 나오는 게 아니라 규제해야 하는 각종 관행에서 나오는 것이다. 우리가 만약 무슨 묘책인 양 페이스북 해체에 집중한다면, 우리는 하이프 머신에 의해 생겨나는 폐해들의 근본 원인을 규제하는 일에 소홀하게 될 것이다.

1970년대 이래 미국의 독점 금지법은 예일 대학 법학 교수이자 항고심 판사 로버트 보크Robert Bork가 정의하고 시카고 경제학파가 널리 알린 '소비자 복지' 관점에서 행해지고 있다. 소비자 복지는 가격 상승(그리고 부차적으로는 제한된 생산량과 품질 저하)의 결과로 생겨나는 무경쟁 시장에서 소비자가 입는 피해를 좁게 해석한 개념이다. 이렇게 좁은 관점으로 보면 페이스북은 해당 사항이 전혀 없다. 페이스북은 무료다. 애초에 소비자들에게 비용을 청구하지 않기 때문에 페이스북이 가격을 올린다 해도 소비자들은 피해를 보지 않는 구조다. 그러나 소비자들은 소셜 미디어 내에서 벌어지는 부적절한 경쟁으로 피해를 볼 수는 있는데, 확실한 대안이 없을 경우 페이스북은 가짜 뉴스와 잘못된 정보와 혐오 표현들로 더럽혀진 네트워크 안에서 개인의 데이터를 사용하는 것과 관련해 우리를 아주 엄격한 정책들 안에 가둘 수도 있기 때문이다. 경쟁이 없는 상태에서는 실제로 이런 부작용이 나타날 수 있다.

오늘날 소비자 피해에 대한 로버트 보크의 이처럼 좁은 관점은 독점 금지법의 진화된 비전에 의해 도전받고 있다. 예일 대학 법대 재학 시절에 리나 칸은 "아마존 독점 금지의 역설"(로버트 보크의 유명한 책 《독점 금지 역설The Antitrust Paradox》에 빗댄 제목)이란 글을 썼다.[412] 여기에서 리나 칸은 소셜 미디어 플랫폼 시대를 맞아 독점 금지 규제를 수정해야 한다는 법리적 주장을 펼쳤다. 그녀는 디지털 시장을 움직이는 원칙과 알고리즘들을 지배하고 있는 아마존 같은 소셜 미디어 플랫폼들의 경우 그 시장에 자신들의 상품들을 팔 때 이해 충돌이 생겨난다고 주장했다. 출판사 오렐리 미디어의 설립자인 팀 오렐리와 엘리자베스 워런도 아마존과 구글에 대해 이와 비슷한 주장을 하고 있다.[413] 아마존은 자신들의 플랫폼상에서 각종 상품이 알고리즘들에 의해 노출되고 판촉되는 방식들을 좌지우지하고 있으므로 마음만 먹으면 언제든 경쟁사들의 상품보다 자체 상품에 우선권을 줄 수 있다. 상원의원 엘리자베스 워런은 이와 관련해 이런 말을 했다. "심판을 보는 사람이 경기에 참여하는 팀까지 가져선 안 된다." 중요한 말이다. 가격이 전부는 아니다. 아마존의 자체 상품은 경쟁사들의 상품보다 더 싼 경우가 많지만, 선택 기회의 상실은 아마존의 혁신 인센티브를 떨어뜨린다. 물론 아마존의 자체 상품이 가격이 낮아 일부 경쟁업체들이 시장에서 밀려나게 된다면, 아마존은 나중에 가격을 올려 이익을 늘릴 수 있다.

구글과 아마존, 애플, 페이스북을 상대로 독점 금지법 관련 주장을 펴는 정치인과 전문가, 미디어는 '거대 기술 기업 해체'라는 기치 아래 모이는 경우가 많다. 그러나 각 기업에 대한 독점 금지법과 관련하여 고려할 사항들이 판이하다. 시장도 다르고 반경쟁 관행들도 다르고 소비자 피해 가능성도 다 다르다. 따라서 소셜 미디어 플랫폼을 운영하면서 자체 상품을 판매하는 아마존 같은 기업이 독점 금지법에 연루된다는 것은 좀 더 억지스러운 면이 있다. 페이스북이 독점 금지법을 위반했다는 주장은 더 그렇다. 유명한 사상가들이 페이스북을 해체해야 할 이유를 댔지만, 그들 중 누구도 독점 금지법 위반 소송까지 제기하지 않은 것은 바로 이 때문이다.

클린턴 대통령 시절에 노동장관을 지낸 UC 버클리 대학 공공정책 교수 로버트 라이시는 이렇게 주장한다. "페이스북과 트위터는 트럼프의 거짓말들을 퍼뜨리고 있다. 따라서 우리는 그들을 해체해야 한다. 미국인들의 45%가 페이스북으로 뉴스를 보는 데다 트럼프의 트윗은 6,600만 명이 보고 있어 이들은 독점 기업에 가깝다."[414] 서로 경쟁 중인 페이스북과 트위터를 한데 묶어 독점 기업으로 보는 문제는 차치하고, 트위터는 그 사용자가 3억 명으로 전 세계 소셜 네트워크 중 두 번째다. 라이시가 말하는 45%라는 수치도 뉴스 독점이라 보기 어려운 비율이다. 그 수치는 모든 뉴스가 아니라 일부 뉴스만 페이스북에서 보는 사용자 수를 의미한다. 게다가 트럼프의 트윗을 6,600만 명이 본다는 것도 사실이 아니다. 6,600만 명이 도널드 트럼프의 팔로워일 수는 있지만, 트위터 알고리즘은 그의 트윗을 팔로워 일부에게만 배포한다. 이는 마치 텔레비전을 가지고 있고 폭스 뉴스가 포함된 채널 패키지를 구독하는 사람들 전부가 폭스 뉴스를 시청한다는 얘기나 다름없다. 그리고 무엇보다도 거짓말을 퍼뜨리는 것은 분명 미덕은 아니지만, 그렇다고 해서 그 자체가 반경쟁적 행위는 아니다. 법적 조사가 필요한 피해지 독점 금지법 위반 행위로 볼 일은 아닌 것이다.

그렇다고 해서 규제되지 않은 가짜 뉴스들이 민주주의에 미치는 영향이나 정치적 거짓말들에 대한 라이시의 우려가 잘못되었다는 얘기는 아니다. 하지만 이런 법적 근거만으로 페이스북을 해체하려 한다면 소송에서 패할 것이며, 설사 소송에서 이긴다 해도 독점 금지법 규제 자체가 와해될 가능성이 크다. 반면에 소셜 미디어상에서의 정치적 발언에 대한 강력한 법적 규제는 독점 금지법 위반 소송으로 해체하려는 어떤 한 소셜 미디어 플랫폼뿐만 아니라 페이스북과 트위터를 비롯한 모든 규모의 소셜 미디어 플랫폼들에 적용된다.

독점 금지법과 관련된 두 번째 주장은 오픈마켓 인스티튜트 Open Markets Institute에 몸담고 있는 맷 스톨러에게서 나왔다. 그는 구글과 페이스북이 광고 시장에서 벌이고 있는 독점 행위로 전 세계 신문들이 죽어가고 있다고 주장한다.[415] 그런데 신문사와 채용 그리고 신문 발행 부수는 모두 1980년대 말부터 줄어들기 시작했고[416] 신문 광고 수입은 금세기에 들어오면서 인터넷의 출현과 함께 줄어들기 시작했다.[417] 반면 온라인 뉴스 배포와 디지털 광고 수입은 지난 10년간 늘어났다.[418] 그리고 실험 결과에 따르면 구글의 경우 뉴스 독자 수가 오히려 늘고 있다.

2014년 스페인은 저작권법을 개정해 신문사들이 구글 뉴스에 링크된 자사 뉴스들에 대해 콘텐츠 사용료를 청구할 수 있게 했다. 이에 반발해 구글이 스페인 구글 뉴스를 폐쇄하자,[419] 전체 뉴스 소비가 20% 줄었고 구글 뉴스 외의 다른 뉴스 공급자들의 웹사이트 페이지뷰도

10% 줄었다(주로 소규모 뉴스 공급자들의 웹사이트 페이지뷰가 줄어들었다). 이는 뉴스업계의 광고비 전용은 무시한 것이긴 하지만, 구글 같은 뉴스 수집업체들이 전통적인 공급자들, 특히 소규모 뉴스 공급자들과 경쟁 관계라기보다는 보완 관계임을 시사한다. 게다가 구글과 페이스북에 의해 가능해진 타기팅 광고 때문에 뉴스 공급자들의 수입은 오히려 더 늘어나고 있다(사용자가 타기팅 광고를 선택 해제하면[420] 소비자당 9달러 정도의 손실이 발생했다). 나 역시 고향의 신문이 없어진 것을 슬퍼하고 있다. 하지만 구글과 페이스북이 뉴스를 죽이고 있는 것은 아니며 신문의 쇠퇴가 구글이나 페이스북을 해체해야 할 이유가 되지는 않는다.

2019년 예일 대학 법대 학생이었던 디나 스리니바산은 페이스북의 독점 금지법 위반 관련 소송에 대해 더 면밀한 분석을 내놓았다.[421] 그녀는 페이스북이 사용자들의 개인 정보를 보호하겠다는 약속으로 독점력을 확보했지만 일단 시장에서 지배적인 위치에 올라서자 그 약속을 저버렸다고 주장했다. 스리니바산은 페이스북의 반경쟁적 특정한 관행, 즉 솔직하지 못한 개인 정보 보호 홍보가 페이스북 독점의 원천이라고 주장했으며, 그로 인해 개인 정보가 궁극적으로 소멸되는 것이 실질적인 피해라고 보았다. 그러면서 이는 경쟁 시장에서 일어날 수 없는 일이라고 주장했다.

페이스북이 시간이 지남에 따라 개인 정보 보호를 제대로 못 한 것은 사실이다. 하지만 개인 정보 보호를 약속하여 사용자 수가 늘어났다는 증거는 없어 디나 스리니바산의 주장에는 문제가 있다. 사용자들은 각종 설문 조사에서 사생활 보호에 대한 우려를 표명한다. 그러나 각종 증거에 따르면 사실 사용자들은 사생활 보호 정책들을 읽어

보지도 않고, 제품과 서비스를 선택할 때도 사생활 보호 문제는 그리 중요시하지 않는다. 결국 페이스북이 성장하고 시장에서 지배력을 갖게 된 데는 강력한 로컬 네트워크 효과와 대학 중심 시장 진입 전략의 공이 훨씬 더 컸을 것이다(5장 참조).

페이스북 해체를 지지하는 또 다른 사람들은 페이스북이 왓츠앱과 인스타그램을 인수한 것은 반경쟁 관행으로 그로 인해 독점력이 생겼다고 주장한다. 그러나 법정에서 그런 주장을 하려면 소셜 미디어 시장에 대한 복잡하면서도 어쩌면 지나치게 광범위할 수도 있는 정의가 요구된다. 페이스북은 친구와 가족에 집중된 소셜 네트워크이다. 왓츠앱은 개인 메신저 서비스이고, 인스타그램은 사진 공유 앱이다. 이들은 많은 경쟁업체와 함께 별개의 시장에서 움직인다. 이들을 인수한 것이 독점적 관행이라고 주장하려면 각 시장에 대한 복잡한 정의를 제대로 알아야 하고, 또 덜 집중된 소셜 네트워크 시장인 인접 메신저 시장과 사진 공유 시장에 대한 페이스북의 반경쟁적 독점도 입증해야 한다. 이 소송은 비용이 많이 들 것이고 설사 소송에서 이긴다 해도 시간이 오래 걸릴 것이다.

마지막으로 페이스북이 너무 큰 정치적 영향력을 가지고 있다며 그 해체를 주장하는 사람들도 있다. 그러나 독점 금지 규제는 기업의 정치적 영향력을 통제하는 데 최적화되어 있지 않다. 서면의 독점 금지법이 부분적으로는 거대 기업들의 정치적 영향력 문제를 해결하기 위해 만들어진 것은 사실이다. 그러나 독점 금지법 전문 경제학자이자 전 미국 법무부와 경제자문위원회 자문 칼 샤피로는 이런 말을 했다. "독점 금지법 관련 기관들은 거대 기업들의 과도한 정치적 영향력 문제를 해결하는 데 적절하지 않다." 독점 금지법 관련 당국이나 법원은 독점 기업들의 경제적 영향들은 측정할 수 있지만 정치적 영향력을 측정할 수 있는 믿을 만한 방법은 없다. 샤피로는 이런 말도 했다. "정치적 영향력을 토대로 독점 금지법을 적용하려다 보면, 그 과정이 정치적으로 문제가 될 뿐만 아니라 담당자들이 독점 금지법 위반 소송 중 자신의 적들은 벌주고 자기편은 감싸려 해 부정부패가 생겨난다. 그리고 또 법원을 향해 기업들이 합병 시 정치적 영향력을 토대로 기업 인수를 승인해달라거나 막아달라고 요청할 경우 법 규칙을 저해하게 되며 사법부 또한 정치적 고려를 하지 않을 수 없게 된다."[422] 기업의 돈이 정치에 미치는 영향력을 줄이려면 실효성 있는 선거 자금 및 부정부패 방지법을 통과시키는 편이 더 낫다. 이 경우 페이스북 해체는 전혀 문제 해결책이 될 수 없다.

경제적 규제 관점에서 보자면 페이스북 해체는 마치 종양에 밴드를 붙이는 격이다. 페이스북 해체는 경쟁 활성화에 필요한 시장 여건들을 조성하는 데 전혀 도움이 안 되는데, 이는 소셜 미디어에 내재한 네트워크 효과들로 결국은 또 다른 제2의 페이스북이 나타나 시장을 지배할 것이기 때문이다. 이 시장에서의 문제는 상호 운용성에 있다. 다양한 소셜 미디어 서비스들이 소비자들을 놓고 공정한 경쟁을 벌일 수 있는 장이 바로 이 시장이다. 여러 소셜 미디어 기술들 가운데 선택할 수 있는 자유가 제한된 담으로 둘러싸인 정원 같은 첨단 기술에 네트워크 효과가 더해지면 소셜 미디어 시장은 독점 체제로 가기 쉽다. 그래서 한 기업을 해체한다고 해서 그 같은 시장 경제가 변하진 않는다. 현재 통신 시장에서 하는 것처럼, 데이터와 소셜 그래프들(소셜 미디어상에서 접촉한 네트워크들)을 이동 가능하게 만들어 소비자들이 자신의 데이터를 가지고 여러 기업 중 하나로 갈 수 있게 소셜 미디어 시장을 구조적으로 개혁하는 게 더 포괄적이고 장기적인 해결책이 될 것이다.

개인의 소셜 그래프와 데이터 이동성

2018년 마크 저커버그가 미국 의회 청문회에서 증언했을 당시 존 케네디 상원의원이 이런 질문을 던졌다. "페이스북에 올린 데이터를 나중에 그대로 다른 소셜 미디어 플랫폼으로 옮길 수 있는 권리를 나에게 줄 의향이 있습니까?" 데이터 이동성이 없어 사용자들이 어쩔 수 없이 페이스북 네트워크에 갇힌 신세가 되어버리는 현상에 대해 우려를 표한 것이다. 만약 사용자들이 자신의 데이터를 다른 소셜 미디어 플랫폼으로 그대로 가져갈 수 있다면, 경쟁이 촉진될 것이고 새로운 소셜 네트워크들은 번성할 수 있을 테니 말이다. 그 질문에 저커버그는 이렇게 답했다. "의원님은 지금도 데이터를 그대로 옮길 수 있습니다. 우리에게는 '다운로드 유어 인포메이션 Download Your Information' 이라는 도구가 있어 자신의 모든 콘텐츠를 한 파일로 받을 수 있고, 그 파일로 뭐든 마음대로 할 수 있습니다."

얼핏 들으면 데이터 이동성 얘기 같지만 실상을 잘 아는 사람으로서는 그야말로 웃기는 얘기다. 현재 페이스북 등의 소셜 미디어들에는 다운로드 유어 인포메이션과 같은 데이터 이동 도구들이 있는데, 이를 가지고는 자신의 프로필 항목에 있는 글이나 게시물 목록, '좋아요'를 표시한 콘텐츠 등이 담긴 간단한 문서 파일들에만 접근할 수 있다. 하지만 그 데이터마저도 다른 소셜 미디어에서는 사용이 불가능하다. 바로 이것이 페이스북이 원하는 바다. 완벽하게 데이터 이동이 가능해지면 자신들의 경쟁 우위가 위태로워지고 네트워크 효과도 그 위력을 상실할 테니 말이다.

페이스북에서 당신의 소셜 그래프, 즉 페이스북을 이용하면서 생긴 모든 개인 정보를 내려받으려 하면 다른 네트워크들과 쉽게 호환되는 이동 가능한 접촉 데이터베이스는 받지 못한다. 대신 친구들의 이름과 그들이 페이스북에 가입한 날짜 등이 담긴 텍스트 파일을 받게 되는데, 사실 이는 아무짝에도 쓸모가 없다. 반면에 진정한 '상호 운용성'은 새로운 네트워크들이 성장하고 경쟁하는 데 꼭 필요하다. 소셜 미디어와 소셜 네트워크 안에서 계속 혁신을 일궈내려면, 우리가 원할 때 우리의 소셜 네트워크를 그대로 경쟁업체로도 가지고 갈 수 있어야 한다. 우리는 서로 다른 여러 네트워크 서비스를 사용할 수 있어야 한다. 어떻게 하면 가능할까? 데이터 이동성과 공정한 경쟁을 가능하게 할 한 가지 방법은 기술 플랫폼들이 데이터, 특히 소셜 네트워크를 이동할 수 있게 하도록 법으로 강제하는 것이다.

2017년 여름 시카고 대학의 루이기 진갈레스와 가이 롤닉이 그 해결책을 제시했다. 그들은 사용자가 자신의 소셜 그래프들을 소유해야 하며, 서로 다른 소셜 미디어 플랫폼의 소셜 그래프들은 상호 운용이 가능해야 한다(한 네트워크의 메시지를 바로 다른 네트워크로 가져갈 수 있어야 한다)고 주장했다.[423] 이는 통신업계의 '번호 이동성'과 비슷한 개념이다. 1996년 미국 연방통신위원회는 미국 내 휴대전화 및 일반전화 제공업체 간의 경쟁을 촉진하기 위해 번호 이동성제 시행을 명령했다. 소비자들이 자신의 이동전화번호를 소유하고 있는 것이라면 당연히 자신의 통화 네트워크들(그 번호들로 연결되는 사람들)을 그대로 가지고 통신사를 쉽게 바꿀 수 있어야 하며, 그래야 업체 간 경쟁이 촉진되고 가격도 싸진다는 취지에서 나온 조치였다.

1990년대 말에 있었던 '채팅 전쟁'을 떠올려보자. 마이크로소프트와 야후는 AOL의 인스턴트 메신저 AIM의 네트워크를 상호 운용할 수 있게 만들려 했다. 예를 들어 사용자가 메신저를 AIM에서 MSN으로 바꾸려 할 때 자신과 연결된 사람들의 네트워크도 그대로 가져갈 수 있고, 또 쉽게 한 네트워크에서 다른 네트워크로 친구들에게 메시지를 전송할 수 있게 하려 한 것이다. 한 네트워크의 사용자가 다른 네트워크의 사용자와 쉽게 연결될 수 있다면, 네트워크 효과의 가치는 줄고 경쟁은 촉진될 것이다. 그리고 그 결과 시장에 막 진입한 기업들에는 더 많은 기회가 생기게 되어 기존 기업들의 영향력은 줄어들게 될 것이다.

소셜 그래프 이동성은 사용자들이 자신의 소셜 그래프를 소유한다는 개념을 토대로 한다. 사용자들이 새로운 소셜 네트워크 서비스로 옮길 때 모든 접촉 및 친구들에 대한 데이터도 그대로 이동되어 새로운 네트워크상에서는 물론 다른 네트워크들과도 호환이 되는 것이다. 그러나 이동전화번호 이동성의 논리를 소셜 그래프 이동에 그대로 적용하려 할 경우 많은 기술적 어려움이 따른다.

첫째, 소셜 그래프와 전화번호는 전혀 다르다. 소셜 그래프는 서로 복잡하게 뒤얽힌 연결망으로 재산권 분배가 쉽지 않다. 소셜 그래프 차원에서 재산권에 대한 정의를 규정해도 그 관리가 복잡해지며, 소셜 그래프 연결들이 수시로 변화하는 역동적 환경에서는 점점 관리하기가 힘들어진다. 토론토 대학의 조슈아 갠즈는 이렇게 복잡한 문제들을 해결하기 위해 변형된 소셜 그래프 이동성을 제안하고 있다. 사용자들에게 소셜 그래프에 대한 권리를 부여하는 게 아니라 그 권리는 신원 차원에서 부여하고 사용자들이 네트워크상에서 메시지를 주고받을 대상에 관해 설명할 권한을 주자는 것이다. 소셜 그래프 이동성을 대신할 이런 방식을 갠즈는 '신원 이동성'[424]이라고 부른다.

결국 사용자들이 자신의 소셜 그래프가 아닌 신원에 대한 권리를 소유하고 네트워크상에서 어떤 사람들과 메시지를 주고받을 것인지를 설명할 권한을 부여받아 한 네트워크에서 다른 네트워크로 자유롭게 옮겨갈 수 있게 하자는 아이디어인 것이다. 그러면서 갠지스는 이렇게 주장한다. "그 결과 소셜 미디어 플랫폼들을 경쟁의 압력에서 자유롭게 해주던 네트워크 효과들이 줄어들면서 개인들은 자신의 취향과 선호도뿐만 아니라 플랫폼의 혁신 정도에 따라 소셜 미디어 플랫폼을 바꿀 수 있게 된다. … 결국 신원 이동성으로 사용자들의 관심을 끌어 돈을 버는 소셜 미디어 시장에서 더 공정한 경쟁이 가능해지게 되는 것이다."[425]

둘째, 소셜 미디어 서비스는 전화 서비스와는 다르다. 문자와 음성 교환은 표준화되어 있어 쉽게 호환될 수 있는 편이다. 그러나 페이스북이나 왓츠앱, 트위터, 스냅챗상에서 오가는 메시지들을 다른 네트워크 사이에서 매끄럽게 이어지게 하는 일은 한층 더 어렵다. 예를 들어 스냅챗상의 메시지들은 곧 사라지지만, 페이스북상의 메시지들은 계속 남아 있다. 트위터상의 메시지들은 공개가 되며 240자 이내로 제한되지만, 왓츠앱상의 메시지들은 비공개로 글자 수 제한도 없다. 특정한 메시지 형식을 위한 프로토콜들이 개발될 수 있지만, 이런 측면에서 상호 운용성은 이동전화상에서의 음성 통화 및 문자 메시지 교환과 비교해 한층 더 복잡하다.

그래서 이제 세 번째 문제가 대두된다. 메시지 표준에 따르다 보면 차별화가 줄어들게 되는데, 이것이 바로 소셜 그래프 이동성이 뒷받침하려는 혁신이다. 만약 새로운 소셜 네트워크가 그저 기존 네트워크들의 네트워크 효과를 보자고 그들의 메신저 포맷을 그대로 따른다면 혁신도 새로운 방식의 상호 운용성도 어려워지게 될 것이다.

네트워크 상호 운용성은 기술적으로 해결하기가 쉽지는 않지만, 공정한 경쟁을 위해 꼭 필요한 요소로 혁신과 독점 금지를 위한 우리의 노력에서 큰 비중을 차지하게 될 것이다. 또한 독점 금지 규정들을 제대로 받아들인다면 소셜 미디어 플랫폼들은 상호 운용성 방식을 혁신하게 될 것이다. 소셜 미디어 플랫폼들은 과거에 훨씬 더 어려운 문제들도 해결했다. 나는 서로 다른 메시지 형식들을 받아들이고 그 어떤 형식도 독점하지 않는 소셜 미디어 플랫폼들을 상상해본다. 이 상상이 실현된다면 메신저 및 소셜 미디어 시장은 공정한 경쟁이 가능해질 것이다.

이런 해결책들이 너무 과한 것 같은가? 정부가 이와 같은 방식으로 개입한 선례들이 이미 있었다는 사실을 알면 당신은 아마 놀랄 것이다. 1968년 미국 정부는 시장에 개입해 AT&T가 경쟁사들에 수화기 제작 및 판매를 막는 것을 금지했다. 2001년에는 또 마이크로소프트가 소비자들에게 인터넷 브라우저로 익스플로러만 사용하게 하는 것을 금지했다. 그리고 1980년대와 1990년대에는 각종 규제를 완화하면서 지역 통신사들에게 네트워크 상호 운용성을 구현하게 해 사용자들이 한 네트워크에서 다른 네트워크로 통화하는 게 가능해졌다. 1990년대 말에 있었던 채팅 전쟁 또한 정부의 개입으로 끝났다. 미국 연방통신위원회는 2002년 AOL과 타임 워너의 합병을 승인하면서, AOL에 인스턴트 메신저 AIM을 야후 메신저와 MSN 메신저 등과 상호 운용되게 하라고 명령했다. 그 결과 인스턴트 메신저 분야에서 AOL의 시장 점유율은 합병 전 65%에서 1년 후 59%로, 3년 후에는 50% 정도까지 떨어졌다.[426] 그리고 2018년에 이르러 AIM은 전체 메신저 시장을 애플과 페이스북, 스냅챗, 구글 등 새로 뛰어든 기업들에 넘겨주었다. 이런 역사를 돌이켜보면 상호 운용성을 추구할 법한 애플 등이 그러지 않고 있다는 사실이 오히려 놀라울 정도다.

마지막으로 소셜 그래프 및 데이터 이동성만으로는 공정한 경쟁을 보장할 수 없다. 그 방대한 소셜 그래프와 데이터를 처리하자면 그에 걸맞은 규모의 시스템을 갖춰야 한다. 시장 선발 주자들은 데이터를 사용할 수 있게 해주어야 할 뿐만 아니라 그 데이터를 처리하는 시스템들도 사용할 수 있게 해야 한다. 그런 전례가 없었던 것도 아니다. 1996년에 제정된 미국 전자 통신법은 기존의 통신 기업들이 소유 및 운영 중인 전화선 등의 통신 인프라를 새로 시장에 뛰어든 기업들도 규정된 비율만큼 사용할 수 있게 명문화했다. 그로 인해 신규 업체들은 기존 업체들과 공정하게 경쟁할 수 있었다. 하지만 기존 업체들은 통신 인프라에 투자할 의욕이 떨어졌다. 페이스북도 이와 비슷하다. 신규 업체들에게 공정한 경쟁 환경을 만들어주자면 페이스북 같은 기존 업체들이 자신들의 데이터 처리 인프라를 어느 정도 제공해야 한다. 그리고 실제 페이스북은 소스 코드를 공개하고 있다.

미국 정책 입안자들은 지금 소셜 그래프 및 데이터 이동성 구현을 위한 조치들을 하나둘 취해나가고 있다. 예를 들어 여야를 초월해 민주당 의원 마크 워너 Mark Warner와 리처드 블루먼솔 Richard Blumenthal 그리고 공화당 의원 조쉬 하울리 Josh Hawley가 공동 발의한 경쟁 및 호환 촉진을 위한 서비스 전환 지원 법률ACCESS Act(Augmenting Compatibility and Competition by Enabling Service Switching Act)[427]은 소셜 미디어 네트워크들의 상호 운용성 구현을 목표로 한다. 이 법에 따르면 페이스북과 트위터, 핀터레스트처럼 사용자가 1억 명이 넘는 소셜 미디어 플랫폼들은 소셜 네트워크를 상호 운용할 수 있게 사용자들의 데이터 이동성을 보장해주어야 한다.

물론 소셜 미디어 플랫폼들 역시 지금 소셜 그래프 및 데이터 이동성을 구현하는 쪽으로 움직이고 있다. 케네디 상원의원이 청문회에서 마크 저커버그에게 데이터 이동성에 대해 질문을 던진 이후 페이스북은 구글, 트위터, 마이크로소프트, 애플 등과 함께 개인 정보 이동 프로젝트를 추진해오고 있다. "이 프로젝트의 목표는 소스 코드를 공개하여 공동 틀을 구축하고 온라인 서비스 제공업체 간의 데이터 이동을 촉진하여 사용자들이 언제든 쉽게 한 플랫폼에서 다른 플랫폼으로 자신의 개인 정보를 이동할 수 있게 하는 것이다."[428] 2019년 12월 트위터 최고경영자 잭 도시는 블루스카이Bluesky라는 새로운 단체를 발족했는데, 이 단체는 소셜 미디어 플랫폼들이 콘텐츠를 공유하고 관리할 수 있게 해주는 분산된 공개형 기술 표준을 만들고 있다.[429]

업계 중심의 이런 노력들이 상호 운용성을 얼마나 잘 구현해낼지는 아직 미지수다. 그리고 만약 이런 노력들이 상호 운용성을 규정하는 표준을 누가 지배하느냐 하는 '표준 전쟁'으로 변질된다면, 정책 입안자들이 팔을 걷어붙이고 나서 엄격하면서도 개방된 상호 운용성 표준을 정해 공정한 시장 경쟁을 유도하고 소비자들의 개인 정보 통제권을 보장해주어야 할 것이다. 소셜 미디어 플랫폼들이 상호 운용성을 구현하려면 소비자 데이터에 대한 제3자의 접근을 허용해야 하는 문제가 생긴다(11장 참조). 그런 접근은 사생활 보호 원칙에 어긋나며, 자 첫 잘못하면 2018년에 일어난 케임브리지 애널리티카 스캔들과 같은 문제로 이어지게 될 것이다. 따라서 정책 입안자들과 소셜 미디어 플 랫폼들은 더 공개적이면서 동시에 더 안전해야 한다는 '투명성 역설' 문제를 해결하기 위해 향후 머리를 맞대고 계속 고민해야 할 것이다. 그리고 ACCESS 법에서도 강제하고 있듯이 어떤 해결책이든 그 안에 는 필히 상호 운용성 프로젝트를 이끄는 제3자들에 대한 엄격한 감시 와 데이터 공유를 위한 사생활 보호 방법, 안전한 상호 운용성 프로토 콜 등이 포함되어야 한다.

상호 운용성 구현 없이 소셜 미디어를 해체하는 일은 아마 생각해 낼 수 있는 모든 해결책 가운데 최악의 해결책일 것이다. 소셜 미디어 는 엄청나게 많은 소비자 복지를 창출해낸다(11장 참조). 그리고 그 복 지는 대개 개인적으로 또 직업적으로 우리에게 중요한 사람들에게 연 결된다는 '로컬 네트워크 효과'로 인해 창출되는 가치에서 나온다. 어 떤 네트워크가 커지면 그 직접 네트워크 효과도 로컬 네트워크 효과 도 더 커지게 된다(5장 참조). 따라서 그런 네트워크들 속에서 소비자 들이 서로 쉽게 연결될 수 있게 해주지도 못한 채 소셜 미디어를 점점 더 작은 네트워크로 만들어버린다면, 소셜 미디어 때문에 생겨나는 문제들은 전혀 해결하지 못한 채 소셜 미디어가 창출하는 경제적 가 치와 사회적 가치만 크게 훼손될 것이다.

소셜 미디어 경쟁에 대한 규제는 미래 지향적으로 이루어져야 한 다. 시장은 빠르게 움직이고 매일매일 새로운 혁신들이 쏟아진다. 메 신저 분야에서 텔레그램의 부상과 동영상 공유 분야에서 틱톡의 부상 이 빠른 혁신의 증거이다. 인간은 비선형적 혁신을 예측하는 데 아주 서툰데, 소셜 미디어 시장은 현재의 우리가 알 수 없는 쪽으로 진화할 가능성이 크다. 동영상은 이미 이미지를 집어삼키고 있다. 동영상은 증강현실에 먹힐 수 있다. 그리고 가상현실과 자동화된 가상 존재들이 그 둘을 대체할 수도 있다. 혁신이 어디에서 오는지 또는 어디로 가는지 예측하기는 어렵다. 나는 이미 존재하는 소셜 미디어를 해체하는 것은 과거 지향적 방식이라고 본다. 따라서 우리는 경쟁에 대한 미래 지향적 감독에 관심을 집중해야 한다. 기업 합병이나 인수가 이루어지기 전에 먼저 그것이 경쟁에 미치는 영향을 꼼꼼히 검토하는 것처럼 말이다. 소송을 통해 페이스북을 해체하는 일은 아마 족히 10년은 걸릴 것이다. 그리고 그때쯤 되면 아마 페이스북과 소셜 미디어의 환경은 지금과는 전혀 달라져 있을 것이다. 결국 경쟁, 열린 시장, 공정한 운동장을 보장해주는 법을 제정하려는 미래 지향적 접근 방식이 이미 존재하는 소셜 네트워크와 기업들을 해체하려는 과거 지향적 접근 방식보다는 훨씬 더 생산적일 것이다.

사생활과 데이터 보호

케임브리지 애널리티카 스캔들과 저소득 소수자들을 겨냥한 약탈적인 대출, 채용 광고에서의 남녀 성차별, 외국의 선거 개입 등에서 우리는 개인 데이터가 남용될 가능성을 엿볼 수 있었다. 이제 포괄적인 사생활 및 데이터 보호법의 필요성은 너무도 분명하다. 하지만 사생활 절대주의에 대한 맹목적인 집착은 탐사 저널리즘, 당뇨병 및 알츠하이머병 연구, 머신 러닝의 경쟁 이점들, 선거 공정성에 대한 감사,

광고 경제에 의해 만들어지는 경제적 잉여 등을 위태롭게 할 수 있다. 물론 우리의 권리들을 보호하고 케임브리지 애널리티카 스캔들 같은 개인 정보 유출로 인한 피해를 최소화할 강제적 사생활 보호법을 제정할 수 있다. 그러나 그렇게 하려면 세심한 주의가 필요하다. 다른 중요한 사항들도 고려하기 때문이다. 그야말로 악마는 디테일에 있는 것이다.

지난 10여 년간 전 세계적으로 사생활에 접근하는 방식은 크게 3가지로 나타났다. 먼저, 중국은 감시 국가를 확립해 모든 중국 국민의 개인 정보에 아무 제약 없이 접근하고 있고 사기업들에 거의 제약 없이 개인 정보를 수집할 권한을 주고 있다. 거의 모든 것이 디지털 감시 체제하에 있으며, 중국 국민은 자신의 개인 정보에 대한 권리가 전혀 없고 정부나 사기업들이 자신의 정보를 사용하는 것을 막을 방법도 없다. 이와 상반된 접근 방식을 취하는 곳이 유럽이다. EU에서는 개인 정보 보호법에 따라 소비자 데이터를 엄격히 보호하고 있고, 개인 정보 사용에 대한 시민의 권리를 분명히 하고 있다. 이를 어길 경우 엄중하게 처벌한다. 모든 EU 회원국은 국내법에 개인 정보 보호법을 반영하고 있다. 호주와 뉴질랜드, 일본 같은 EU 외의 국가들도 그와 비슷한 법을 시행해 시민들의 사생활 및 데이터를 보호하고 있다. 이런 국가들과 유럽의 중간쯤 되는 국가가 미국이다. 미국은 지금도 계속 주 정부 및 연방 정부 차원에서 사생활 및 데이터 보호 관련 혁신들을 꾀하고 있다. 연방 정부 차원의 포괄적 사생활 관련 혁신은 아직 갈 길이 멀지만, 미국 전역에서는 지금 캘리포니아 소비자 사생활 보호법을 필두로 주 정부 차원의 사생활 관련 법들을 제정 중에 있다.

미국은 사생활에 대한 정부의 자유방임적 접근 방식 때문에 구글,

페이스북 같은 데이터 기반 기업들이 역사상 유례없는 혁신과 성장을 이룩하고 있다. 그러나 그 같은 접근 방식으로 미국의 민주주의와 시민의 권리가 큰 피해를 입고 있기도 하다. 미국이 사생활 관련 법을 제정하는 데 가장 생산적인 접근 방식을 취하려면 세계의 다른 사생활 보호 시스템들로부터 배워야 하며, 각 시스템이 시민들에게 어떤 영향을 주는지도 꼼꼼히 확인해야 한다.

사생활 보호는 도덕적, 현실적, 공리적 이유에서 꼭 필요하다. 사적 공간, 사적 대화, 사적 행동에 대한 권리는 억압을 막아주는 방벽이다. 개인적 믿음과 행동을 말살하는 권위주의 정부는 반대자들을 색출해 처벌한다. 권위적 정권은 말뿐인 사생활 보호법하에 반대자들을 감시한다. 기업 역시 개인 정보를 이용해 행동과 믿음 또는 경제적 형편과 사회적 환경에 따라 직원들을 차별할 수 있다. 개인의 정치적 믿음과 건강 상태에 대한 정보를 보호한다면 그런 차별을 막는 데 도움이 될 수 있다. 보복으로부터 자유롭기 위해서 그리고 감시는 사기 저하의 원인이라는 이유에서 사생활 보호는 표현의 자유의 토대이기도 하다. 프랑스 철학자 미셸 푸코는 18세기 영국 철학자 제러미 벤담의 팬옵티콘을 예로 들며 원형 감옥처럼 매 순간 사람들을 감시할 수 있는 구조는 매 순간 우리의 행동 및 대화 방식을 조직적으로 변화시킬 것이라고 했다.[430] 컬럼비아 대학 법학 교수 팀 우는 이와 관련해 다음과 같이 언급했다. "사생활이 보호된다는 것은 감시당하지 않고 자유롭게 행동할 수 있다는 의미이며, 또 어떤 면에서는 다른 사람들이 생각하는 내가 아니라 진정한 나 자신이 되는 것이다. 그런데 영혼과 비슷한 그 사생활이 지금 위태롭다."[431]

포괄적인 사생활 관련 혁신이 꼭 필요하기는 하지만 사생활 절대주의에 집착하다 보면 다른 사회적 관심사들에 문제가 생기게 된다. 예를 들어 유럽의 개인 정보 보호법 때문에 현재 국제적인 의학 연구가 중단되었다. 2018년 5월부터 여러 유럽 국가들은 개인 정보 보호 문제와 관련해 원만한 합의를 보지 못해 당뇨병 및 알츠하이머병 연구 데이터를 더는 미국 국립보건원과 공유하지 않고 있다. 그 연구에서는 미국과 유럽에서 실험 대상자들의 DNA 샘플을 수집하고 있었는데, 현재 유럽의 여러 나라에서는 그런 연구 자체가 사실상 법으로 금지되고 있기 때문이다.

의학 연구는 미국의 개인 정보 보호 기준을 유럽 기준까지 끌어올릴 좋은 계기가 된다고 주장하는 사람도 있을지 모르나, 그랬다간 유럽의 개인 정보 보호법상의 개인 정보 유지 및 사용 금지 조항들 때문에 하이프 머신이 사회에 미치는 영향에 대한 연구나 선거 감사 등이 불가능해질 수도 있다. 그래서 우리는 법을 제정할 때, 예컨대 선거 공정성과 개인 정보 사이의 균형에 대해서도 깊이 생각해야 한다. 이와 관련해 딘 에클레스와 나는 〈사이언스〉에 이런 글을 게재했다. "물론 좋은 의도에서의 사생활 관련 규정들은 중요하지만, 그 규정들 때문에 선거 개입 수사가 지연될 수도 있다."[432] 선거 조작을 수사하는 데 필요한 개인 정보들을 절차상 보유하기 힘들어지거나 심한 경우 불법이 될 수도 있기 때문이다. 나는 개인 정보 보호법 찬성론자다. 그러나 개인 정보 보유를 금지하는 너무 광범위한 법을 제정할 경우 소셜 플랫폼들을 감사하기 어려워질 것이다. 따라서 우리는 사생활을 보호하는 법을 만들면서 동시에 우리 사회에서의 하이프 머신 역할에 대해 아무 제약 없이 관찰하고 연구하고 이해할 수도 있어야 한다. 사생활을 보호하면서 개인 정보도 공정 선거도 지킬 방법들은 얼마든지 있다(뒤에서 더 자세히 다룰 예정이다). 그런 방법들을 제대로 활용하기 위해 미국 의회는 다양한 목표들을 인정하고 전문가들의 조언을 받아야 한다.

사생활 관련 혁신은 공중의 알 권리와 상충할 수도 있다. 2018년 한 탐사 보도 프로젝트를 통해 루마니아의 고위 관료 리비우 드라그네아가 중대한 부정행위를 저질렀다는 사실이 밝혀졌다. 탐사 보도진이 익명의 제보자에게서 받은 이메일과 사진, 동영상, 스크린 숏 등 모든 증거물과 함께 부정행위를 폭로하자, 드라그네아의 개인 정보를 유출해 루마니아 데이터 보호법을 위반했다면서 루마니아 데이터 보호국이 그들을 급습했다.[433] 루마니아 당국은 보도진에 제보자의 신원을 밝히라고 다그치면서 그 정보를 어떻게 받아 어떻게 저장했는지, 드라그네아 외에 다른 루마니아 정치인들에 대한 개인 정보는 더 없는지 등을 캐물었다. 결국 유럽의 개인 정보 보호법이 정치적 보복과 미디어 탄압을 위한 무기로 사용된 것이다. 기자들은 2,000만 유로의 벌금을 내야 한다는 위협에 시달렸는데, 이는 앞으로 루마니아에서 탐사 보도와 기자들의 활동을 위축시킬 만한 큰 위협이었다.

사생활 보호법은 또한 미국과 유럽 경제는 물론 세계 경제에서 차지하는 비중이 점점 더 커지고 있는 머신 러닝과 데이터 처리 기술의 상업적 발전을 저해할 수 있다. 유럽의 개인 정보 보호법 아래에서는 인간의 관리 감독이 필요 없는 기계의 자동화된 의사 결정(머신 러닝 모델) 기술이 발전하기 어렵다(유럽의 개인 정보 보호법 22항 참조). 이 규정에 따르면 머신 러닝을 추천 시스템이나 광고 시스템, 소셜 네트워크, 평점 매기기 기능 등에 적용하기도 쉽지 않을 듯하다. 그러나 계약상 그런 것들이 필요하거나 법에 따라 별도로 인정받은 경우, 데이터 주체가 분명히 허락한 경우 등에는 유럽에서도 머신 러닝 활용은 가능할 것으로 보인다. 물론 그렇다 해도 유럽의 개인 정보 보호법을 준수하려면 비용이 크게 증가할 것이다. 게다가 개인 정보 보호법에 따라 머신 러닝 결정을 활용할 경우 데이터 주체들에게 그것을 설명해야 하는 문제를 놓고도 논란이 많다. 만약 설명해야 한다면 애초부터 데이터 주체들에게 설명하기 어려운 딥 러닝, 서포트 벡터 머신, 랜덤 포레스트 같은 머신 러닝 모델들을 활용하기가 더 힘들어질 수도 있다.

데이터 보호법 시행에 따라 예기치 않은 결과가 벌어진 가장 어처구니없는 사례는 미국 닭고기 가격 담합 사건이다. 2008년부터 2016년 사이에 닭고기 가격은 무려 50%나 뛰었다. 닭 사육비는 물론 돼지고기와 소고기 가격도 모두 크게 떨어진 가운데 닭고기 가격만 뛴 것이다. 다국적 기업 타이슨과 필그림스 프라이드 같은 '대형 육계 기업들'을 상대로 한 집단 소송에 따르면, 이 기업들은 달걀을 생산하는 암탉들의 수를 조정해 닭고기 가격을 조작한 것으로 드러났다. 대형 육계 기업들이 '어그리 스탯츠Agri Stats'라는 사설 정보업체 앱을 이용하여 서로 영업 이익과 암탉들의 생체중 및 개월 수 등에 관한 자세한 정보를 익명으로 공유했고, "그에 따라 경쟁사들의 달걀을 생산할 수 있는 암탉 수를 추정해 자신들의 달걀 생산량을 줄인 것이다."[434] 결국 문제의 앱 때문에 절대 공개적으로 공유할 수 없는 데이터 공유가 가능해져 대형 육계 기업들의 공모 사실이 은폐될 수 있었던 것이다.

마지막으로 유럽의 개인 정보 보호법은 광고 시장에도 부정적인 영향을 미쳐 뉴스 공급자와 광고업체들은 수입과 일자리 측면에서 큰 손실을 겪어야 했다. 개인 정보 보호법이 발효되기 직전과 직후에 유럽 광고 시장에서는 무려 25~40%까지 광고 수요가 급감했다.[435] 개인 정보 보호법으로 소비자 데이터 수집 비용도 뛰었으며, 그 결과 타기팅 광고를 하기가 어려워졌고 맞춤형 웹사이트를 경험하기도 더 힘들어졌다. 개릿 존슨과 스콧 슈리버의 추산에 따르면 개인 정보 보호법 시행 이후 유럽에서 뉴스 공급자의 구독자 수와 광고 수입은 10%가 떨어졌다.[436] 이후 두 사람이 샤오인 두 Shaoyin Du와 함께 다시 조사한 바에 따르면 뉴스 공급자들의 경우 더는 타기팅 광고를 할 수 없게 되면서 타기팅 광고가 가능했던 그 이전과 비교해 광고 수입이 무려 52%나 줄었다.[437] 구글의 디팩 라비찬드란과 니티시 코룰라가 실시한 대규모 무작위 실험에서도 세계 500대 뉴스 공급자들을 상대로 임의 선정된 집단의 쿠키를 사용하지 못하게 하자 광고 수입이 52% 줄었다.[438] 이는 하이프 머신에 의해 가능해진 타기팅 광고가 뉴스 공급자와 기업 수입에 상당히 기여하고 있음을 시사한다.* 게다가 사생활 보호법은 고용에도 영향을 미친다. 지안 지아 등이 실시한 연구에 따르면 유럽에서는 개인 정보 보호법 시행 이후 4개월간 기술 신생 기업 분야에서만 일자리 4만 개가 사라졌다.[439]

이 모두가 미국이 연방 정부 차원의 사생활 보호법 제정을 피하고 있는 이유는 아니지만 새로운 사생활 관련 법들을 제정하는 이유기는

---

* 타기팅 광고 비판론자들은 대개 알렉산드로 아퀴스티 등이 쓴 논문을 인용하는데, 보통 뉴스 공급자들이 광고 수입이 50% 이상 줄었다고 하는 데 반해 알렉산드로 아퀴스티 등의 논문은 4%밖에 안 줄었다고 주장한다. 이 논문은 기업 차원의 변수들을 통제해 사생활 보호법의 진정한 영향을 제대로 측정하지 못했다는 비판을 받고 있다. Veronica Marotta, Vihanshu Abhishek, and Alessandro Acquisti, "Online Tracking and Publisher's Revenue: An Empirical Analysis," Carnegie Mellon University Working Paper, 2019.

하다. 미국은 지금 사생활 보호 조치들을 취해 유럽과 보조를 맞추는 동시에 전면적인 사생활 관련 혁신에 따른 사회·경제적 영향과 민주주의에 가해지는 영향을 최소화하려는 것이다.

미국에서 사생활에 대한 권리는 1965년 '그리스월드 대 코네티컷Griswold v. Connecticut' 사건에 대한 대법원 판결로 정립되었다. 그 사건에서 윌리엄 더글러스 대법관은 사생활 보호는 헌법에서 분명히 보호하고 있는 다른 권리들의 연장선에 있다는 다수 의견을 지지했다. 미국에는 아직 디지털 개인 정보를 보호해주는 연방법이 없지만, 내가 한참 이 책을 쓰고 있던 2020년 1월 1일에 최초의 주정부 법인 캘리포니아 소비자 사생활 보호법이 발효되었다.

캘리포니아 소비자 사생활 보호법은 EU의 개인 정보 보호법과 비슷하나, 가구 정보를 포함하는 등 개인 정보에 대한 정의가 더 광범위하다. 하지만 여러 면에서 개인 정보 보호법보다는 덜 엄격하다. 개인 정보 보호법의 경우 EU 시민에게 어떤 회사가 자신의 어떤 개인 정보를 수집했는지를 알 수 있는 권리와 타기팅 광고나 추천처럼 자동화된 결정들에 자신의 개인 정보가 어떻게 활용되었는지 설명을 들을수 있는 권리, 프로파일링에 반대할 수 있는 권리, 사용자의 요청이 있을 경우 데이터 수집업체들은 해당 정보를 삭제해야 한다는 '잊혀질 권리'를 준다. 또한 개인 정보 보호법하에서 EU 회원국은 데이터 보호 전담 기구나 부서를 두어 시민에게 권리를 알려주고 그들의 사생활을 보호해주고 고충 사항들을 해결해주어야 한다.

반면 캘리포니아 소비자 사생활 보호법의 경우 소비자는 자신의 개인 정보를 제3자와 공유하거나 제3자에게 판매하는 것을 거부할 수 있고, 기업들은 개인 정보를 제3자와 공유하거나 제3자에게 판매를 허용한 소비자에게 할인 혜택 등을 줄 수 있다. 그리고 소비자에게 어떤 회사가 자신의 어떤 개인 정보를 수집하고 있는지 알 권리도 준다. 소비자로부터 해당 요청이 있을 경우 기업들은 45일 이내에 소비자에게 자신들이 가진 개인 정보에 대해서는 물론 지난 12개월간 어떤 제3자들에게 개인 정보를 판매했는지도 알려주어야 한다.

연방 정부 차원의 사생활 보호법의 각 조항에 대해서는 많은 논의와 생각을 해봐야겠지만, 이러한 법을 관장하고 집행할 새로운 연방 기구도 없이 법이 제정된다는 것은 상상하기 어려운 일이다. 실제 그런 연방 기구가 생기면 미국의 개인 정보 수집 및 처리 관행에는 극적인 변화가 생길 것이다.

가짜 뉴스와 잘못된 정보

크림반도 합병, 선거 및 주가 조작 그리고 최근의 코로나바이러스 팬데믹 발생과 홍역의 부활 등은 온라인상에서 확산되는 가짜 뉴스가 지닌 잠재적 영향력을 잘 보여준다. 그러나 가짜 뉴스는 복잡한 문제로 간단한 해결책이 없다. 경쟁과 사생활 보호는 규제할 수 있고 규제해야 한다. 반면에 잘못된 정보는 규제하기가 쉽지 않다. 이는 해당 정보의 진위를 가려줄 중재자를 선정해야 하는데, 정부가 그 중재자 역할을 하는 것은 (사람들이 꽉 찬 극장 안에서 "불이야!"를 외치는 것처럼 공공의 안전과 관련된 극단적인 경우들을 제외하면) 대개 적절치 않기 때문이다. 그러므로 잘못된 정보와의 싸움은 정책 입안자들이 아닌 소셜 미디어 플랫폼들과 사람들에 의해 수행되어야 한다. 특별히 묘책이 있는 것은 아니지만 동시에 여러 접근 방식을 쓴다면 가짜 뉴스의 확산과 영향을 줄일 수 있다.

첫 번째 접근 방식은 '라벨 붙이기labeling'다. 이런 식으로 생각해보자. 마트에 가면 대부분의 제품에 라벨이 붙어 있는 것을 볼 수 있다. 그래서 우리는 식품의 경우 각 제품의 열량이나 지방 함유량뿐만 아니라 알레르기 증상이 있는 소비자들을 위해 해당 제품이 밀이나 땅콩을 사용한 제품과 같은 시설에서 생산되었는지까지 알 수 있다. 이런 영양 성분 표시는 법적 의무 사항이다. 그러나 온라인 뉴스에서는 우리가 소비하는 정보의 출처나 진실 여부를 알려주는 라벨을 전혀 볼 수 없다. 이 정보에는 어떤 내용이 포함되어 있는가? 출처는 믿을 만한가? 정보는 어떻게 수집되었는가? 이 콘텐츠의 편집 방침은 무엇인가? 어떤 주장을 발표하기 전에 얼마나 많은 출처를 밝혀야 하는가? 이 출처에서는 사실 여부가 확인된 정보를 얼마나 자주 올리는가? 우리는 지금 우리가 소비하는 식품에 대해서는 폭넓은 정보를 받고 있지만, 소비하는 정보에 대해서는 거의 아무런 정보도 받지 못하고 있다.

연구 결과에 따르면 라벨 붙이기를 제대로 하면 잘못된 정보의 확산을 억제할 수 있다. 데이비드 랜드와 고든 페니쿡은 가짜 뉴스에 관한 한 소비자들은 '게으르지만 편향적이지는 않다'는 것을 알아냈다. 두 사람은 소비자들의 경우 뉴스에 대해 분석적으로 생각할 때 가짜와 진짜를 더 잘 구분한다면서 이렇게 썼다. "사람들이 가짜 뉴스에 속는 것은 제대로 생각을 하지 않기 때문이다."[440] 사람들에게 자신이 소비하는 정보에 대해 제대로 생각하게 한다면 무언가를 믿고 공유하는 방식에 변화가 오게 된다는 뜻이다. 이는 페이스북상에서 어떤 소셜 미디어 소문들이 잘못되었다는 것을 밝히면 사람들은 그 잘못된 정보의 재공유를 삭제한다는 애드리언 프리게리 등의 연구 결과[441]를 뒷받침해준다.

고든 페니쿡과 데이비드 랜드, 딘 에클레스는 최근에 지브 엡스타인 등과 함께 이런 접근 방식을 잘못된 정보의 확산을 줄이기 위한 온라인상에서의 일련의 실험들에 그대로 적용해보았다.[442] 그 결과 사람들에게 자신이 보는 콘텐츠의 진위에 대해 생각해보게 하면 그들이 공유하는 정보의 질을 높일 수 있다는 것을 알게 되었다. 브랜든 나이한 연구진이 한 별도의 실험에 따르면, 가짜 뉴스 라벨을 붙이면 사람들은 가짜 뉴스 제목을 정확도가 떨어진다고 인식했다.[443] 이 모든 결과를 종합해보면, 사람들에게 뉴스의 정확성과 진위에 대해 조금만 생각해보게 하면 소셜 미디어에서 믿을 수 없는 정보가 퍼지는 것을 줄일 수 있다. 이는 좋은 소식이다. 라벨을 붙이고 정확도를 생각해보게 하는 일은 얼마든지 시도해볼 만한 해결책들이기 때문이다. 그러나 이 해결책들은 완벽하지 않다. 브랜든 나이한 등의 연구에 따르면 가짜 뉴스 라벨 붙이기는 진짜 뉴스들에 대한 믿음까지 떨어뜨렸는데, 이는 라벨 붙이기가 뉴스에 대한 전반적인 불신을 만들어냄을 시사한다. 이런 현상은 미국 증권거래위원회가 주식 시장 뉴스 사이트들에서 퍼지는 가짜 뉴스들을 폭로했을 때(2장 참조) 실제로 목격되었다. 게다가 가짜 뉴스 라벨 붙이기로 '암시적 진실 효과'[444]가 발생할 수 있다. 소비자들은 라벨이 붙지 않은 허위와 사실의 경계선에 있는 뉴스들은 가짜라는 게 밝혀지지 않았으니 분명 진실일 것으로 추정하게 된다. 따라서 꾸준히 라벨을 붙이려 한다면 그 시행 과정에서의 어려움은 피하면서 효과적으로 가짜 뉴스를 줄일 수 있어야 한다.

나는 제네바 유럽 입자물리연구소CERN에서 열린 2018년 테드엑스TEDx 강연에서 가짜 뉴스에 라벨 붙이기를 강력히 지지했다.[445] 그 이후 주요 소셜 미디어 플랫폼들은 이 라벨 붙이기를 잘못된 정보를 근절하기 위한 선제적 접근 방식으로 채택해왔다. 트위터는 2020년 3월에 정교한 딥페이크 동영상과 속기 쉽게 편집된 간단한 동영상 및 오디오, 즉 콘텐츠 내용 자체가 뒤바뀔 정도로 조작되거나 변형된 미디어에 라벨 붙이기를 시작했다. 2019년 10월 페이스북은 더 분명하게 가짜 게시물들에 라벨 붙이기를 시작했지만, 현재까지도 정치 광고나 정치 콘텐츠에는 라벨 붙이기를 거부하고 있다. 조 바이든 대통령 후보가 자신은 대통령에 당선될 수 없을 거라고 인정하는 것처럼 보이게 편집된 가짜 동영상에 트위터가 조작이라는 미디어 라벨을 붙였을 때도, 페이스북은 이 동영상에 라벨을 붙이지 않아 조 바이든 캠프로부터 맹비난을 받았다. 거짓과 진실을 구분하기 위한 싸움의 최전선에는 이처럼 개인적 견해와 잘못된 정보들에 대한 라벨 붙이기 정책이 있을 것이다. 따라서 우리는 이런 정책들의 잘 알려진 단점들은 피하면서 최대한 효과적으로 정책들을 시행해야 한다.

　둘째, 우리는 허위 정보의 제작 및 확산을 뒷받침하는 경제적 인센티브 문제를 해결해야 한다. 2016년 미국 대통령 선거 당시 마케도니아에서 쏟아져 나온 허위 정보들은 거기에 붙는 광고들을 통해 돈을 벌기 위한 목적으로 만들어졌다. 정치적 동기는 전혀 없었다. 가짜 뉴스는 진짜 뉴스보다 훨씬 더 빨리 멀리 깊게 그리고 또 넓게 퍼지는 데다가 (우리의 연구에서도 알 수 있듯) 70%나 더 많이 재공유되므로, 무엇보다 먼저 가짜 뉴스를 퍼뜨리는 것에 대한 금전적 보상을 없애고 가짜 뉴스 확산을 부채질하는 경제적 인센티브를 줄여야 한다.

유튜브는 백신 접종에 반대하는 잘못된 정보들의 확산을 막기 위해 바로 이 같은 접근 방식을 취했다. 2019년 2월 백신 접종에 반대하는 모든 동영상에 광고 게재를 제한하고 계정에 노란딱지를 붙여 광고로 수익을 내는 것을 불가능하게 했다. 유튜브 커뮤니티 가이드라인을 보면 이렇게 되어 있다. "심각한 육체적·감정적 또는 심리적 피해를 주는 유해하거나 위험한 행동을 조장하는 콘텐츠는 광고에 적합하지 않다. … 안티백신 또는 에이즈 부정 운동같이 건강상 또는 의학적으로 위험한 주장을 하거나 지지하는 행동… 그리고 위중한 질병들이 존재하지 않는다거나 정교한 조작이라고 암시하는 행동 등이 유해하거나 위험한 행동에 속한다." 핀터레스트는 안티백신 콘텐츠에 대한 검색 자체를 막아버렸다. 유튜브나 핀터레스트 같은 소셜 미디어 플랫폼들이 이렇게 행동에 나선다면, 잘못된 정보에 더 이상의 광고비를 주지 않으면서 동시에 유해한 콘텐츠의 제작 및 검색을 차단해 온라인상에서 잘못된 정보의 씨를 말리는 데 성공할 가능성이 더 커진다.

셋째, 미디어 리터러시media literacy(미디어 정보 해독력)와 가짜 뉴스 퇴치에 대한 연구는 아직 걸음마 단계에 있지만, 미디어 리터러시는 사람들에게 편견과 가짜 뉴스에 맞서는 힘을 기르게 하는 데 중요한 역할을 할 수 있을 것이다. 미디어 리터러시란 초중등 교육을 통해 사람들에게 자신이 소비하고 공유하는 정보에 대해 비판적으로 생각할 능력을 갖게 해주는 것과 관련이 있다. 그리고 각종 의견으로부터 사실을 가려내는 능력, 가짜 뉴스를 잡아내는 능력, 설득을 위한 미디어 활용을 이해하는 능력 등이 포함된다.

현재 구글의 '비 인터넷 어썸Be Internet Awesome'을 비롯한 여러 프로그램들이 개발 또는 테스트 중인데, '비 인터넷 어썸'은 "아이들에게

피싱 사기를 피하는 방법과 믿을 만한 정보를 가려내는 방법, 출처를 평가하는 방법, 온라인상의 허위 정보를 알아내는 방법, 가짜 URL을 알아내는 방법 등을 가르쳐주는 프로그램이다."[446] 케임브리지 대학은 2018년 '배드 뉴스 Bad News'[447]라는 게임을 출시했다. 인터넷 사용자들에게 직접 가짜 뉴스를 만들어보게 해서 가짜 뉴스를 알아볼 수 있게 하는 게임이다. 이 웹게임에서 사용자들은 트위터 봇들을 이용해 포토샵 증거를 만들고 음모론을 퍼뜨려 팔로워들을 끌어들이면서 동시에 높은 '신뢰성 점수'를 유지하려 애쓰게 된다. 케임브리지 사회적의사결정연구소 소장인 샌더 밴 데어 린덴은 배드 뉴스 게임이 사용자들을 약간의 거짓 정보에 노출시켜 면역력을 키워준다면서 이렇게 말한다. "우리 게임은 심리학적 백신 접종과 비슷한 방식으로 작동한다." 1만 5,000명의 참여자를 상대로 연구한 결과, 사람들은 배드 뉴스 게임을 통해 가짜 뉴스에 대한 판별력이 평균 21% 높아졌고 진짜 뉴스를 받아들이는 데 아무 영향을 받지 않았다.[448] 게다가 애초에 가짜 뉴스 제목에 잘 속아 넘어가던 사람들에게 더 효과가 있었다.

넷째, 우리는 잘못된 정보의 확산을 막기 위해 기술적 해결책들을 찾아야 한다. 머신 러닝 알고리즘들이 만병통치약은 아니지만 온라인상에서 잘못된 정보를 뿌리째 뽑을 수 있다. 가장 뛰어난 알고리즘들은 거짓 정보의 언어와 구조, 주장 등과 같은 콘텐츠의 특징들을 활용하고, 정보가 어떤 방식의 거짓 신호들로 퍼지는지 그 특징들을 면밀히 찾아낸다. 다트머스 대학 소로쉬 보수기 교수는 2015년 소문 감별기를 만들었는데, 저널리스트와 법집행관들을 비롯한 그 어떤 사람들보다 빨리 트위터상에서 퍼지고 있는 소문들 가운데 75%의 진위를 정확히 감별해냈다.[449] 오늘날 기술은 빠른 속도로 발전하고 있고, 주요 소셜 미디어 플랫폼들에 의해 사용되는 첨단 알고리즘들은 점점 더 뛰어난 효율성을 발휘하고 있다. 그리고 이제 새로운 알고리즘들을 훈련하는 데 쓰이는 데이터들은 데이터 과학 경진 대회 웹사이트 캐글 Kaggle 등에서 얼마든지 접할 수 있다. 그러나 기술이 묘책은 못 된다. 그 기술의 루프 안에는 여전히 인간이 있어야 하는 것이다. 문제의 규모가 인간의 힘만으로 해결하기에는 너무 방대하지만, 그렇다고 해서 정보의 진위를 판단하는 우리의 책임을 회피할 수도 없다. 인간이 붙이는 라벨들은 머신 러닝 알고리즘들을 훈련하는 데 필수며, 진실과 거짓을 판명하는 문제에 관한 한 우리의 판단이 알고리즘의 판단으로 이어지게 해야 한다.

다섯째, 소셜 미디어 플랫폼들의 정책 또한 도움이 된다. 모든 소셜 미디어 플랫폼들은 각종 알고리즘들을 활용해 우리가 보는 정보를 큐레이션한다. 따라서 그 알고리즘들에 신뢰할 만한 척도들을 넣어주면 온라인상에서 저질 정보와 잘못된 정보의 확산을 줄일 수 있다. 우리는 반복이 가짜 뉴스를 믿게 만든다는 사실을 잘 알고 있다. 따라서 잘못된 정보의 확산을 줄이는 소셜 미디어 플랫폼들의 정책을 통해 온라인상에 진짜 정보가 더 많아지게 할 수 있을 것이다. 2019년에 왓츠앱은 전 세계적으로 사람들이 메시지를 전달할 수 있는 횟수를 5회로 제한했다. 왓츠앱 채팅 그룹은 최대 256명까지 지원하므로, 재공유 5회 제한은 한 사람이 특정 콘텐츠를 보낼 수 있는 사람들의 수를 1,280명(256명×5)로 제한하는 효과가 있었다. 왓츠앱은 이 같은 제한 조치는 '잘못된 정보 및 소문'[450]과의 싸움의 일환으로 정보 확산을 줄여 잘못된 정보에 진짜 정보가 묻지 않게 하는 게 그 목표라고 밝혔다. 2020년 3월 왓츠앱은 코로나바이러스 팬데믹 기간에 잘못된 정보의 확산을 막기 위해 공유 횟수가 많은 메시지의 전달을 제한했다. 왓츠앱은 이 같은 한층 더 강화된 조치로 바이럴 메시지의 공유를 70%나 줄였다.[451]

가짜 뉴스 문제를 해결하기 위한 각종 규제 및 기술적 해결책을 모색하는 이 모든 논의에서 우리가 반드시 짚고 넘어가야 할 근본적인 문제가 하나 있는데, 진실과 거짓을 어떻게 정의하느냐다. 우리 사회는 무엇이 진실이고 무엇이 거짓인지 어떻게 결정해야 할까? 그리고 누가 그 결정을 해야 할까? 이 문제에 관한 한 기술은 해결책이 될 수 없다. 도덕과 철학이 해결책을 제시해줄 것이다. 사실 왜곡의 시대에 많은 거짓을 어떻게 처리할 것인지를 결정하는 과정에서 우리는 그 모든 결정을 끌어줄 도덕과 철학을 중요시하지 않을 수 없다. 그리고 이런 문제들은 결국 도덕과 정책의 갈림길에 놓여 있어 진실과 거짓을 어떻게 구분하고 표현의 자유와 혐오 표현을 어떻게 구분하며 또 그런 구분을 누가 할지 정하려면 철학적 고려는 물론 현실적 고려도 해야 할 것이다.

선거의 공정성

2020년 미국 대통령 선거에서 미국은 러시아뿐만 아니라 중국, 이란 등에 의한 선거 조작 시도를 경계해야 했다. 전 세계 자유 민주주의는 지금 영국과 스웨덴, 독일, 브라질, 인도의 선거에서 잘못된 정보가 어떤 역할을 했는지에 대해 제대로 된 답도 얻지 못한 채 위기를 맞고 있다. 만약 선거가 공정하게 치러지지 않는다면 그 어떤 표현의 자유나 포용으로도 우리의 민주주의를 구할 수 없다. 그 모든 권리를 지키는 게 투표이기 때문이다. 불행히도 미국에서는 지금 어떤 조치들도 취해지지 않고 있다. 선거의 공정성을 지키기 위해 제안된 법안들은 대부분 미국 상원에서 저지되었고, 소셜 미디어 플랫폼들은 선거 개입에 관한 자체 연구를 거부하고 있다.

우리는 2016년 미국 대통령 선거 당시 러시아가 '광범위하고 조직적인' 공격을 감행했다는 사실을 안다. 그들은 페이스북상에서 적어도 1억 2,600만 명에게 그리고 인스타그램상에서는 2,000만 명에게 잘못된 정보를 퍼뜨렸으며, 트위터상에서는 600만 명 이상의 팔로워를 거느린 계정들에서 1,000만 개의 트윗을 올렸다. 우리는 또한 적어도 44%의 미국 유권자들이 선거 전 마지막 몇 주 동안 가짜 뉴스 웹사이트를 방문했다는 사실도 안다. 또한 러시아가 잘못된 정보를 주로 경합 주들에 뿌렸고, 50개 주 전체에서 투표 시스템을 공격했다는 사실도 안다. 우리가 모르는 사실은 이 모든 일이 2016년 대통령 선거 결과를 뒤집었는지, 또 2020년 대통령 선거에도 영향을 주었는지 하는 것들이다. 직접 조사해보지 않아 모르는 것이다. 우리의 민주주의가 디지털 조작 위협으로부터 안전하려면 연구하고 입법화해야 한다. 연구를 통해 위협의 실체를 알고 입법화를 통해 그 위협을 완화해야 한다. 그러나 현재 그 위협은 통제되고 있지 않다.

딘 에클레스와 내가 2019년 8월에 〈사이언스〉에 썼듯이 선거 개입에 대한 연구는 워낙 드문 데다 제대로 행해지지도 않아 아직도 온라인상에서는 온갖 추측들이 난무하고 있다.[452] 그래서 우리는 잘못된 정보들이 언제, 어떻게, 어느 정도 선거에 영향을 미치는지 제대로 알기 위한 4단계 조치를 제시했다. 우선 조작된 미디어에 대한 노출을 분류하고, 그 노출 데이터에 투표 행위에 대한 데이터를 추가한다. 그 다음 조작된 메시지들이 투표에 미치는 영향을 측정하고, 그 결과 투표 행위에 나타난 변화를 평가한다. 나는 우리가 이런 4단계 조치를 취하고 투표 시스템에 대한 해킹을 방지함으로써 민주주의를 지키는 방법을 배우게 될 것이라고 믿는다. 그렇지 않다면 민주주의는 국내외의 공격에 계속 약점을 드러낼 것이다.

소셜 미디어 플랫폼들은 잘못된 정보의 위협을 제대로 파악하기 위해 독립적 연구진들에 더 공개적으로 협조해야 한다. 트위터 최고경영자 잭 도시는 트위터상에서의 가짜 뉴스 확산에 대한 10년에 걸친 우리의 연구에 많은 도움을 주었다. 잭 도시의 지원은 공공선을 위해서였다. 그는 부정적 언론 보도들이 있을 수 있음에도 꾸준히 지원해주었다. 마찬가지로 페이스북 역시 가끔은 정치적 커뮤니케이션 및 잘못된 정보에 대한 중요한 과학적 연구들에 도움을 주었다. 그러나 불행하게도 페이스북의 도움은 대개 일회성에 그쳤다. 심지어 소셜 사이언스 원처럼 가장 체계적인 프로젝트도 선거 조작에 대한 데이터에 접근하는 것 자체가 소셜 미디어 플랫폼들에 의해 저지되곤 했다.

소셜 사이언스 원은 산학 협력 프로젝트로 소셜 미디어가 민주주의에 미치는 영향을 연구하는 데 필요한 자금과 데이터를 제공한다. 그러나 페이스북은 연구진에 데이터를 넘겨주기로 약속을 하고서도 데이터 방출을 늦췄다. 그러자 소셜 사이언스 원에 자금을 대던 사람들은 페이스북이 약속을 지키지 않는다면 프로젝트에서 손을 빼겠다고 공언했다.[453] 이에 페이스북은 개인 정보와 보안을 모두 지키는 방향으로 데이터 방출을 하려 애쓰고 있다고 주장했다.

나는 페이스북에서 산학 협력 프로젝트를 맡고 있는 연구원들을 잘 알고 있었는데, 그들은 정말 열심히 협력하려 하는 것 같았다. 그래서 당시 나는 텔레비전에 출연해 투명성 역설 문제를 해결하는 게 쉽지 않다는 그들의 공식 입장을 옹호하는 발언을 했다. 그러나 5개월이 지나도 페이스북 측은 여전히 데이터를 넘겨주지 않았고, 결국 소셜 사이언스 원에 자금을 대던 사람들은 철수하기 시작했다. 당시 그들은 이런 말을 했다. "(페이스북) 안팎으로 계속 모든 게 지연되고 장애물들이 나타나 현재 상황은 그야말로 진퇴양난이며… 우리는 이제 잠재적 위험과 혜택들을 측정하는 데 필요한 적절한 데이터가 없어 어둠 속에 남겨져 있습니다. 받아들이기 힘든 상황이에요. 특히 과학적 지식을 위해서도, 더 일반적으로는 우리의 민주주의 사회를 위해서도 그 결과가 너무도 끔찍한 상황입니다."[454]

그러다가 2020년 2월 페이스북 내에서 개인 정보를 익명화하여 소셜 사이언스 원 프로젝트에 넘겨주는 일을 맡고 있던 솔로몬 메싱이 페이스북의 노력에 대한 내 믿음이 헛되지 않았음을 행동으로 보여주었다. 페이스북이 그간 구축한 사상 최대 규모의 소셜 미디어 데이터 중 하나를 넘기려 한다면서 이런 발표를 했다. "데이터 규모가 무려 1EB(엑사바이트)에 달해… 페이스북상에서 공유되고 웹에서 퍼지는 잘못된 정보에 대한 연구에 큰 도움이 될 것입니다."[455] 그러자 소셜 사이언스 원 프로젝트팀은 이렇게 화답했다. "3,800만 건의 URL이 요약된 데이터로… 콘텐츠를 본 사람들, 공유한 사람들, '좋아요'를 누른 사람들, 댓글을 단 사람들, 콘텐츠는 보지 않고 공유만 한 사람들 등에 대한 정보가 담겨 있습니다."[456] 소셜 사이언스 원 프로젝트를 시작할 당시 데이터를 확보하기까지 2개월 정도의 작업이 필요할 것으로 생각했다. 그런데 실제로는 거의 2년이 걸렸다. 이 정도 규모의 데이터를 개인 정보를 보호하면서 방출한다는 게 그렇게 힘든 일이다. 이 정도도 긍정적인 일이긴 하나 아직은 가야 할 길이 멀다.

　나는 몇 가지 조치만 취한다면 하이프 머신이 선거와 민주주의에 미치는 영향을 과학적으로 연구하는 데 다시 힘을 불어넣어 줄 수 있을 것으로 생각한다. 첫째, 우리는 투명성 역설 문제를 해결할 기술적 해결책을 찾아야 한다. 그래야 소셜 미디어 플랫폼들이 더 투명해지면서 동시에 더 안전해질 수 있다. 개인 정보를 연구진에 넘기기 전에 익명화하는 방법도 개인 정보를 지키면서 우리의 민주주의도 지키는 데 일조할 것이다. 페이스북이 사상 유례없는 대규모 데이터 방출을 할 수 있었던 것은 행동 차원의 '차분 프라이버시' 기술, 즉 사생활 또는 개인 정보를 보호해주는 데이터 난독화 기술 덕분이었다. 데이터를 익명으로 방출하려면 그 데이터를 제대로 볼 수 없게 만드는 '잡음 noise'을 추가해야 한다. 그리고 잡음을 많이 추가할수록 실측 자료로부터 더 많은 것을 얻게 된다. 이 문제를 해결하기 위해 솔로몬 메싱과 다니엘 카이퍼는 《알고리즘 윤리》(공저)의 저자이자 컴퓨터 과학자인 아론 로스 연구진과 손을 잡았다. 그리고 함께 차분 프라이버시 기술 실행에 필요한 지침들을 마련해 사생활을 보호하면서 연구 목적의 데이터 활용을 극대화했다.[457] 물론 이 기술들을 더 효율적으로 더 안전하게 더 대규모로 활용하자면 페이스북이나 구글, 트위터 같은 기업들 안에서 그리고 과학 커뮤니티 안에서 차분 프라이버시 기술을 활용한 연구가 더 진행되어야 한다. 차분 프라이버시 기술은 현재 미국 인구 조사에서 얻은 데이터에 적용되고 있으며, 이는 투표권과 기금 분배, 정치적 할당 등에 대한 의사 결정을 내리는 데 활용되고 있다.

차분 프라이버시 기술이 적용된 인구 조사 데이터는 소수 대표제의 필요성을 모호하게 만드는 잡음을 추가하여 소수 집단에게 불공평한 영향을 주고 불평등을 심화시킬 수도 있다. 예를 들어 2개 언어 소셜 서비스에 필요한 자금을 마련하기 위해 소수 집단이 포함된 어떤 커뮤니티에서 데이터를 빼내 잡음을 추가하면 각 소수 집단의 차별성이 희미해져, 개인 정보 보호로 얻는 이익보다 치러야 할 대가가 더 커지게 된다. 따라서 차분 프라이버시 기술의 함정들을 피하면서 이점을 누릴 수 있게 더 많이 노력해야 한다.

둘째, 정책 입안자와 소셜 미디어 플랫폼은 과학자들이 민감한 데이터에 접근해 분석할 수 있게 '면책 요건'을 만들고 지원해야 한다. 민감한 공공 행정과 건강 및 의료 분야 데이터에 대한 연구에 공동으로 적용될 그 면책 요건 내에서 과학자들은 접근해 분석할 수 있는 데이터의 종류와 규모는 물론 자신들의 분석 수행에도 명확한 제한을 두게 될 것이다. 미국 인구조사국에서 이미 이런 모델을 채택하고 있다. 인구조사국은 필요한 배경 조사를 거쳐 조사국 내에서 데이터 분석 작업을 '위임할' 과학자들을 선출한다. 대신 이 과학자들은 인구조사국 허락 없이 데이터를 옮길 수 없다.

셋째, 소셜 미디어 플랫폼들은 검증 가능하고 강제력이 있는 회사를 설립해 공공의 이익에 따라 가장 시급한 문제들을 과학적으로 연구하는 데 필요한 데이터를 제공해줄 수 있어야 한다. 여기에는 페이스북, 트위터, 유튜브 같은 기업들이 포함되어야 한다. 전문가들이 연구하는 데 필요한 데이터에 접근하기 위해서는 입법자와 대중이 가하는 압력만이 해결책이 될 수 있을지도 모른다. 소셜 사이언스 원처럼 소셜 미디어 플랫폼과의 협력 또한 소셜 미디어 조작이 민주주의에 미치는 영향을 파악하는 데 필요한 데이터에 접근이 용이하게 할 것이다. 전 세계적으로 민주주의를 지키려면 반드시 연구가 필요하다는 깨달음이 있어야 한다. 그래야 비로소 당파성과 근시안적인 상업적 이해관계들을 극복할 수 있고, 그 결과 필요한 데이터를 활용하면서 개인 정보도 보호할 수 있다. 그러나 현재 이 중요한 문제들을 다룰 과학적 연구는 존재하지 않는다. 우리는 먼눈으로 비행을 하고 있는 셈이다. 만약 소셜 미디어 플랫폼들이 선제적으로 나서 우리의 민주주의를 지킬 과학적 연구를 지원하지 않는다면, 국익을 지키는 차원에서 의회가 나서 지원을 강제해야 한다.

불행히도 현재 선거 조작으로부터 민주주의를 지키는 법 또한 존재하지 않는다. 2019년 상원 다수당 원내대표 미치 매코널은 각 주가 투표 제도를 지키고 강화하는 것을 지원하기 위해 선거 기금으로 2억 5,000만 달러를 제공한다는 데 동의했다.[458] 그러나 그 금액은 미국 연방 선거 보안법에서 요청한 기금의 절반에도 미치지 못했고, 선거를 보호하기 위한 의미 있는 법적 개혁 조치도 없었다. 상원 소수당 원내대표 척 슈머는 이렇게 말을 했다. "민주주의를 파괴하려는 외국의 영향력을 배척하여 우리의 선거 제도를 지키고 선거에 개입하려는 적대국들의 책동을 막기 위한 초당적 법안들이 아직도 통과되지 못하고 있습니다. … 우리가 더 많은 노력을 하지 않는다면 이 모든 게 계속 불완전한 상태로 있을 것이고 우리의 민주주의는 계속 취약해질 것입니다."[459] 미국 의회는 신속하면서도 신중하게 움직여야 한다. 만약 '국민을 위한 법안 HR 1(For the People Act)'과 같이 포괄적인 선거 개혁 법안들이 논란의 여지가 많다면 대외 영향력 보고법인 '파이어 법 FIRE Act(the Foreign Influence Reporting in Elections Act)', 우리의 민주주의 보장법, 투표 시스템 사이버 보안법 등과 같은 더 목표 지향적인 법안 통과에 초당적 노력을 기울여야 한다. 또한 연방 기금이 추가 지원되면 각 주가 선거 및 투표 시스템들을 지키는 데 도움이 될 것이며, 위험 관리 감사는 투표 그 자체의 공정성을 유지하는 데 도움이 될 것이다.

잘못된 정보는 점점 더 은밀하게 퍼지고 있다. 우리는 이미 조작된 이미지와 동영상들의 역할이 점점 더 커지고 있는 상황을 목격하고 있다. GAN 분야의 급속한 혁신으로 딥페이크들이 정교해지면서 구분하기도 점점 더 어려워지고 있다(2장 참조). 만약 외국 정부들이 선거를 조작하는 데 성공할 수 있게 된다면 또는 성공한 것처럼 보이게 된다면 우리 정부 시스템의 토대들은 거의 확실히 초토화될 것이다. 오직 입법부와 업계와 과학계의 공동 노력만이 우리의 선거 제도를 공고히 하고 민주주의를 지킬 수 있다. 이런 노력에 반대하는 입법자 (공화당이든 민주당이든)와 소셜 미디어 플랫폼, 과학자는 잘못된 역사의 편에 서 있는 것이다.

표현의 자유와 혐오 표현

사회에서 하이프 머신의 역할을 한층 더 복잡하게 만드는 또 다른 중요한 딜레마는 표현의 자유와 혐오 표현 간의 긴장이다. 표현의 자유는 자유 민주주의와 자유 사회의 초석이다. 반면 우리는 페이스북 상에서 대량 학살과 테러리스트 공격이 라이브로 방송되는 일은 막고 싶어 한다. 대체 어떻게 하면 표현의 자유를 억누르지 않으면서 혐오 표현을 금지할 수 있을까?

표현의 자유와 혐오 표현 간의 긴장 문제는 하이프 머신이 생기기 훨씬 전부터 이미 존재했다. 건국 이래로 우리는 내내 그 문제와 싸워 오고 있다. 미국 연방 수정 헌법 제1조는 의회가 표현의 자유를 위축시키는 법을 통과시키는 것을 금지하고 있지만, 수정 헌법 제14조는 모든 시민이 법 아래에서 평등하게 보호받을 수 있는 권리를 보장해 주고 있다. 이 2가지 이상은 한 사람의 말이 다른 사람의 권리를 위축시킬 때 긴장을 일으킨다. 인종차별주의자들이 침묵하는 소수들을 위협할 때, 심한 편견이 폭력을 낳을 때, 직장 내에서 성차별주의적 언어나 행동이 여성들을 위협할 때 갈등이 생겨난다. 표현의 자유와 혐오 표현 간의 긴장은 이런 문제를 제기한다. 그 경계선을 어디에 그을 것인가? 온라인상에서는 어디에서 표현의 자유가 끝나고 어디에서 혐오 표현으로부터의 자유가 시작되는 것인가?

표현의 자유 절대주의는 지지하기 어렵다. 그리고 우리는 모두 테러리스트 공격과 대량 학살은 표현이 아니라는 데 동의한다. 미국 연방 대법원도 온라인상의 모든 콘텐츠가 연방 수정 헌법 제1조의 보호를 받아야 하는 것은 아니라는 데 동의한다. 그래서 우리는 아동 포르노물, 폭력 선동, 중상, 명예 훼손 등을 규제한다. 표현의 자유가 다른 사람들의 안전과 권리를 지키는 선 안에서 보장되어야 한다는 사례는 얼마든지 있다. 그러나 그 반대쪽 극단 또한 문제가 있다. 전면적 검열은 자유로운 열린 사회를 불가능하게 하며, 그대로 탄압과 권위주의로 이어진다. 그 극단적인 사례가 소셜 미디어에 대한 중국의 감시인데, 그런 사례는 그뿐만이 아니다.

나렌드라 모디 총리가 이끄는 인도 정부는 지금 누군가를 중상모략

하거나 사람들 사이에 증오심을 불러일으키는 콘텐츠 또는 잘못된 콘텐츠의 삭제를 소셜 미디어 플랫폼에 강제하는 법을 제정하려 하고 있다.[460] 싱가포르는 가짜 뉴스 퇴치법을 제정해 검색 엔진과 소셜 미디어, 메신저 앱들에 사용자들이 보는 콘텐츠를 일일이 다 기록하게 하고 정부의 입장에서 잘못되거나 진실을 호도한다고 판단되는 콘텐츠를 내리거나 그런 콘텐츠에 라벨을 붙이게 하고 있다.[461] 러시아에서는 정부가 볼 때 뉴스 공급자들이 사회와 정부, 국가 상징들, 헌법, 정부 기관들을 욕한다고 판단되는 콘텐츠를 퍼뜨릴 경우 벌금형을 내리거나 구속할 수 있다.[462] 이처럼 정부가 표현을 규제하는 예는 자유민주주의의 원칙들에 반하는 것이다. 그렇다면 적절한 경계선은 어디쯤에 그어져야 할까?

2017년 제정된 독일 네트워크 시행법에 따르면, 소셜 미디어 기업들은 혐오 표현과 아동 포르노물 제작, 신성 모독 그리고 기타 많은 표현 규제에 위배되는 게시물들을 삭제해야 했다. 이는 소셜 미디어 기업들이 자신들의 플랫폼에 게시된 콘텐츠에 책임을 지게 하는 최초의 광범위한 법이었다. 이 법이 통과된 뒤 저널리스트이자 작가인 버지니아 헤퍼넌Virginia Heffernan은 다음과 같은 트윗을 올렸다. "나는 나치와 그 돌격대 봇에 시달려 한 재빠른 친구의 조언에 따라 독일로 트위터 주소를 옮겼다. 그랬더니 싹 사라졌다. 독일은 확실히 아주 강력한 혐오 표현에 관한 법들을 가지고 있다." 팩트체크 웹사이트인 스놉스는 헤퍼넌의 주장이 대체로 옳다고 결론 내렸다.[463] 사용국이 독일인 트위터 사용자가 봤을 때 국가 사회주의자, 백인 민족주의자, 나치 트위터들의 프로필들이 다 사라졌기 때문이다. 정부에서 온라인에 올리는 글을 규제하면 부정적이거나 선동적인 글을 올리는 사람들은 다

사라질 수밖에 없다.

그런데 소셜 미디어 플랫폼이 적당한 조치를 취해도 이와 비슷한 효과가 나타나는 것으로 밝혀졌다. 2015년 레딧은 자신들의 폭력에 관한 규정을 어긴 많은 서브레딧을 폐쇄했다. 이쉬와르 찬드라세카란 연구진에 따르면 해당 폐쇄 조치 이후 레딧에서는 폐쇄된 서브레딧을 자주 이용하던 사용자들의 혐오 표현이 무려 80%나 줄어들었다.[464] 폐쇄된 서브레딧의 사용자들은 곧 다른 서브레딧으로 옮겨갔지만 새로운 커뮤니티로 혐오 표현을 가져가지 않았고, 그 커뮤니티에 오래 있던 사용자들도 그들의 혐오 표현을 끌어 올리지 않았다.[465] 레딧은 그렇게 혐오 표현들의 확산을 막았다.

관련법과 소셜 미디어 플랫폼들에 의한 콘텐츠 규제는 둘 다 효과가 있는 듯하다. 그렇다면 우리는 어떻게 입법자와 소셜 미디어 플랫폼을 행동에 나서게 할 수 있을까?

미국에서 이루어지는 논의는 대부분 통신 품위법CDA 제230조에 집중되어 있다. 통신 품위법 제230조에 따르면 소셜 미디어 플랫폼과 다른 '양방향 컴퓨터 서비스' 기업은 사용자들이 게시한 콘텐츠로 인한 민사 고발을 당하지 않게 되어 있다. 그래서 일부에서는 이 법을 사용자들이 만드는 콘텐츠를 관리해야 할 소셜 미디어 플랫폼의 책임을 면책해주는 법으로 잘못 해석하기도 한다. 그런데 사실 이 법을 만든 취지는 그 정반대였다. 인터넷 초창기에 미국 법원은 커뮤니티 기반의 커뮤니케이션 플랫폼 컴퓨서브CompuServe가 자신들의 플랫폼상에 있는 콘텐츠들을 관리하지 않았다는 이유로 고발당하는 것을 받아들이지 않았다. 반면 법원은 컴퓨서브의 경쟁업체인 프로디지Prodigy에 대해서는 콘텐츠 관리 결정에 책임이 있다고 보았다. 이것이 소셜 미디어 플랫폼들이 콘텐츠 관리 결정에 따른 책임을 피하고자 콘텐츠 관리를 기피하는 잘못된 유인책이 되었다. 미국 정부는 결국 소셜 미디어 플랫폼들에게 콘텐츠 관리를 할 유인책을 주어야 할 필요성을 느꼈고, 그래서 소셜 미디어 플랫폼들이 민사 고발에 대한 두려움 없이 강력한 콘텐츠 관리 결정을 내릴 수 있게 통신 품위법 제230조라는 일종의 안전장치를 제공한 것이다.[466]

이런 배경을 알고 나면 통신 품위법 제230조가 표현의 자유를 지켜주면서 동시에 우리의 커뮤니케이션 생태계의 질을 높이는 데 도움이 된다는 사실이 명확해진다. 만약 소셜 미디어 플랫폼이 매일 몇 조에 달하는 메시지를 올리는 30억 사용자 중 한 사람이 올린 잘못된 콘텐츠에 대해서도 책임을 져야 한다면, 소셜 미디어는 물론 온라인 무료 백과사전 위키피디아를 비롯한 다른 많은 인터넷 서비스와 온라인 신문의 논평 섹션은 하룻밤 새에 작동 불능 상태에 빠지질 것이다. 결국 소셜 미디어 플랫폼과 온라인 신문의 논평 기사 그리고 심지어 위키피디아까지 존재할 수 있는 것은 통신 품위법 제230조 때문이라 할 수 있다.

오늘날 통신 품위법 제230조에 대한 관점은 다양하다. 소셜 미디어 플랫폼들이 보수적 목소리들에 편향적 태도를 보이면서 너무 많은 통제를 가하고 있다고 보는 관점도 있고, 소셜 미디어 플랫폼들이 가짜 뉴스와 선전 선동 그리고 잘못된 정치 광고 등을 너무 소극적으로 통제하고 있다고 보는 관점도 있다. 그 경계선을 어디쯤에 그어야 하는가 하는 논쟁으로 인해 지금 더 중요한 한 가지 문제가 가려져 있다. 대체 누가 그 경계선을 그어야 할 것인가 하는 문제다.

소셜 미디어상에서의 보수적 목소리들에 편향된 인식 문제를 해결하기 위해 미주리주 공화당 상원의원 조쉬 하울리는 한 법안을 제출했는데,[467] 소셜 미디어 플랫폼이 통신 품위법에 따라 제230조의 보호를 받기에 앞서 먼저 대통령이 임명하는 5명의 위원으로 구성되는 연방거래위원회로부터 정치적 중립성을 확인받게 하자는 법안이었다. 이런 법이 시행된다면 소셜 미디어 플랫폼은 현재 통신 품위법 제230조에 의해 면책받고 있는 민사 고발을 피하기 위해 연방거래위원회의 표현의 자유 요건들에 따르게 될 것이고, 그러면 정부는 자연스레 소셜 미디어 플랫폼상의 표현 문제를 관리 및 감독할 수 있게 될 것이다. 트럼프 전 대통령은 의회가 만약 통신 품위법 제230조 개혁법안을 통과시켜 온라인상에서 보수적 목소리들을 보호해주지 않는다면, 자신이 행정 명령을 내려 소셜 미디어상에서의 표현 수위 통제를 관리 및 감독하고 반보수적 편향성을 바로잡기 위해 언제 통신 품위법 제230조를 적용할 것인지를 연방통신위원회가 결정하게 하겠다고 공언했다.[468] 이런 접근 방식들을 취할 경우 행정 기관과 관련 위원회들이 바로 온라인상에서의 표현 수위 규제에 나설 수 있게 될 것이다.

예를 들어 성매매 조력 방지법–온라인 성매매 퇴치법Fosta-Sesta 등은 매춘을 조장하는 온라인 서비스들에 대해 통신 품위법 제230조에 의한 보호를 철회하는 법인데, 이처럼 의회에서 사례별로 법을 만들어 제한을 두는 방법도 대안이 될 것이다. 이 같은 특정 제한들의 적절성에 대해서는 논란의 여지가 있을 수 있지만(Fosta-Sesta의 경우 일부 성매매업에 종사하는 사람들이 자신들의 삶을 더 위험하게 만든다고 주장하는 등 논란이 많았다), 법을 통한 해결 방식이라는 데 의미가 있으며 신중하게 접근해야 한다.

신중하게 접근해야 하는 대표적인 사례를 꼽으라면 소셜 미디어 상에서의 정치적 발언에 관한 규제를 꼽을 수 있을 것이다. 러시아가 2016년 미국 대통령 선거에 개입하면서 소셜 미디어 타깃 광고의 경우 잘못된 정치 광고는 모두 자유롭고 공정한 선거를 가로막는 규제되지 않는 정치적 발언으로 그 위험성이 부각되었다. 이는 민주당 하원의원 알렉산드리아 오카시오 코르테스가 미국 의회에서 마크 저커버그에게 질문을 던지면서 큰 주목을 받았다. 러시아의 선거 조작에 맞서 상원의원 마크 워너와 에이미 클로버샤, 존 매케인은 '정직한 광고법Honest Ads Act'을 발의했는데, 이 법에 따르면 소셜 미디어 플랫폼은 누가 정치 광고를 사고 있는지, 얼마나 많은 돈을 쓰고 있는지, 어떻게 광고 대상이 되고 있는지를 공개해야 하며, 또한 외국 정부가 광고를 사는 것을 막기 위해 '합당한 노력'[469]을 해야 한다. 이 법은 소셜 미디어 플랫폼은 선거 기간 중에 정치 광고들을 팩트체크해 진실을 유지할 것을 요구하고 있다. 현재 페이스북은 정치 광고에 대한 팩트체크를 거부하고 있고, 트위터는 정치 광고를 전면 금지하고 있다.

표현의 자유를 옹호하는 사람들은 정직한 광고법과 같은 법들로 정치적 발언이 크게 위축될 것이라고 주장한다. 실제로 메릴랜드와 워싱턴에서 그와 비슷한 법을 시행에 옮기자, 구글은 2주 만에 정치 광고 게재를 전면 중단했고 페이스북은 워싱턴에서의 정치 광고 게재를 중단했다. 이미 지방 법원은 연방 수정 헌법 제21조에 비추어 메릴랜드 법이 위헌이라고 결정했다. 만약 정치 발언에 대한 제재에 부담을 느낀 소셜 미디어 플랫폼들이 책임을 면하기 위해 아예 유료 정치 발언을 다 없애버린다면, 이는 수용할 수 있는 범위를 벗어난 표현의 자유에 대한 억압이 될 수도 있다. 알렉산드리아 오카시오 코르테스가 마크 저커버그에게 던진 질문의 핵심은 소셜 미디어 플랫폼이 자율 규제에 나서야 한다는 것이었다. 만약 페이스북이 광고를 팩트체크해 스스로 외국의 정치 광고를 제한한다면, 규제의 필요성은 그만큼 줄어들게 될 것이다. 그러나 이는 순전히 규제의 부담을 소셜 미디어 플랫폼에 떠넘기는 조치로, 마크 저커버그가 필사적으로 피하려 하는 조치이기도 하다.

이 모든 논란이 제기하는 중요한 문제는 어떤 표현을 규제하느냐 하는 것이 아니다. 물론 그것도 분명 중요하지만, 그보다 더 중요한 문제는 어떤 표현이 적법하고 어떤 발언은 제지되어야 하는지를 누가 결정하느냐다. 결국 여기서 우리는 다음과 같은 결론으로 되돌아가게 된다. 어떤 표현을 허용하고 어떤 표현을 제지하느냐를 결정하는 일보다 더 중요한 것은 그 경계선을 어떻게 그을 것이며 또 누가 그을 것이냐를 결정하는 일이다. 소셜 미디어 플랫폼이 표현의 자유의 한계를 결정해야 할까? 대통령이 임명하는 5명의 위원회가 결정해야 할까? 아니면 대통령의 행정 명령으로? 아니면 법으로?

하이프 머신상에서 표현의 자유와 혐오 표현 간에 어떻게 균형을 잡아야 하느냐를 생각할 때 우리는 결과 이전에 먼저 과정을 생각해야 한다. 표현의 자유를 제한하면 중요한 도덕적 문제들과 헌법상의 문제들이 생겨난다. 표현의 자유 문제는 사례별로 대처해야 한다. 우리 사회의 규범과 환경은 기술과 함께 변화하므로 신중한 과정이 중요하다. 기본적으로 표현의 자유를 폭넓게 지켜나가되 그 정의를 규명하는 일은 법원에 맡기고, 사용자가 올린 유해 콘텐츠로 인한 민사 고발에 면책권을 제한하는 일은 의회에 맡기는 것이다. 표현의 자유에 제한을 두는 것은 그 자유가 특정 상황들에서는 아주 유해하기 때문에 나름대로 일리가 있지만, 그런 제한을 결정하는 과정을 선택받은 소수의 사람이 서둘러 진행해서는 안 되며 대표성이 있는 사람들이 신중하게 진행해야 한다. 과정이 신중해야 그 변화도 신중해지는데, 표현의 자유에 제한을 둘 때도 그렇게 해야 한다.

나는 이 책을 쓰기 위해 이런저런 조사를 하는 과정에서 마크 저커버그, 잭 도시, 순다르 피차이(구글 최고경영자), 수잔 보이치키(유튜브 최고경영자) 같은 첨단 기업의 경영인들이 의회에서 한 증언을 여러 시간 동안 시청했다. 사생활 보호, 독점 금지법, 선거 조작, 데이터 보호, 알고리즘 편향성, 안티백신을 부추기는 소셜 미디어의 영향, 표현의 자유, 정치적 편향성, 필터 버블, 가짜 뉴스 등에 대한 증언을 지켜보았다. 나는 의원들이 첨단 기업의 경영인들에게 질문하는 것을 보면서 줄곧 시대를 이끌어갈 전문가들이 더 많아야겠다는 생각을 했다. 기술의 미래를 만들어가는 일은 복잡하면서도 전문적이며 세심한 주의가 필요한 일이 될 것이다. 표현의 자유에 대한 우리의 접근 방식은 데이터 보호에 영향을 줄 것이고, 사생활 보호법은 선거의 공정성에 영향을 줄 것이고, 독점 금지 정책은 사생활과 민주주의에 영향을 줄 것이다.

우리에게는 소셜 미디어 늪에서 우리를 끌어줄 다양한 전문가들이 필요하다. 현재의 문제들은 물론 어떻게 서로 협력해야 하는지 잘 아는 과학자와 업계 대표, 정책 입안자들로 이루어진 초당적 기술 및 민주주의 국가 위원회가 필요하다. 그간 국가 위원회들은 복잡하게 뒤얽힌 위기 상황을 헤쳐 나가는 데 중요한 역할을 한 경우가 많다. 물론 이런 접근 방식이 새로운 것은 아니다. 실제로 그간 많은 사람이 이 위기를 헤쳐 나가기 위한 위원회 설치를 제안했다.[470] 이제 더 건강한 소셜 생태계를 구축하기 위해 가장 의미 있고 적절한 전문 지식을 총동원할 때가 되었다.

건강한 소셜 생태계에는 무엇이 필요한가?

그렇다면 우리는 어떻게 더 건강한 소셜 생태계를 구축할 수 있을까? 이는 이 책에서 내가 줄곧 제기해온 중요한 질문이다. 그 답을 찾으려면 하이프 루프, 즉 기계 지능과 인간 지능의 피드백 루프로 되돌아가야 한다. 루프 중 한쪽에만 집중해서는 안 된다. 어떤 사람들은 설계와 공학을 우리 디지털 미래의 핵심 동인들로 본다. 그러나 기계 설계는 인간이 하는 선택과 아무 관련이 없다. 그리고 또 어떤 사람들은 결국 우리의 선택 때문에 이 지경이 되었다고 믿는다. 우리 세계를 조직화하는 기계의 힘을 과소평가하고 있는 것이다. 따라서 더 건강한 소셜 생태계 구축에 성공하려면 설계와 공학뿐만 아니라 설계를 선택하고 소셜 미디어를 사용 중인 사회, 경제, 규제 환경 모두를 개선해야 한다.

네트워크 효과로 소셜 미디어는 집중화 경향을 보이고 있다. 이렇게 되면 사용자 입장에서는 선택의 여지가 없어진다. 그리고 소셜 미디어 플랫폼은 순전히 금전적인 목표들만 추구하게 된다. 사용자에게 선택의 여지가 없으면 소셜 미디어 플랫폼은 비즈니스 모델을 짜면서 고객에게 주어야 할 평생 가치를 자신들이 가져가는 일에 몰두하게 된다. 소셜 미디어 플랫폼이 평생 가치를 사용자에게 주는 일에 신경

쓰게 하려면 우리의 관심을 끌기 위해 서로 경쟁하는 환경이 되어야 한다. 경쟁이 촉진될 때 비로소 하이프 머신의 설계 방향을 결정짓는 경제적 인센티브들을 바꿀 수 있어 소셜 미디어 플랫폼이 사용자에게 가치를 주는 일에 몰두하게 되는 것이다. 소셜 미디어계 내에서 경쟁을 촉진하는 가장 좋은 방법은 상호 운용성과 데이터 및 소셜 그래프 이동성을 구현해 사용자가 개인 정보를 한 소셜 미디어 서비스에서 다른 서비스로 자연스레 옮겨갈 수 있게 하는 것이다.

하지만 여기까지는 모두 변화를 위한 준비일 뿐이다. 경쟁을 복원하고 나서 사용자들은 이제 소셜 미디어 플랫폼이 자신에게 주길 바라는 가치를 정해야 하며, 자신에게 도움을 주는 소셜 미디어 플랫폼만 이용하여 압력을 가해야 한다. 경쟁이 이루어지는 시장에서 소셜 미디어 플랫폼은 우리에게 가장 바람직한 소셜 미디어 경험들을 제공할 수밖에 없다. 우리에게 불안과 우울, 분노, 후회를 주는 경험이 아니라 콘텐츠에 대한 믿음을 주고, 새로운 것을 가르쳐주고, 생각을 확장해줄 사람들을 소개해주고, 직업과 사회생활에 가치를 줄 수 있는 경험 말이다. '좋아요' 버튼을 예로 들어보자. 파블로프의 조건 반사라는 관점에서 보면 '좋아요'를 누르는 것은 소셜 미디어 콘텐츠에 우리의 반응을 보여주는 가장 기본적인 표현이다. 소셜 미디어 플랫폼은 '좋아요'를 보고 우리가 어떤 콘텐츠를 좋아하는지 알 수 있고, 그런 콘텐츠를 더 제공하려 노력하게 된다.

우리가 소셜 미디어 경험을 통해 더 많은 것을 얻을 수 있는 더 창의적인 레벨 붙이기 방법도 있다. 이를 통해 페이스북과 인스타그램, 트위터 등은 우리에게 가치 있는 콘텐츠를 더 세밀한 방식으로 제공할 수 있게 될 것이다. 예를 들어 '진실' 버튼이나 '믿음' 버튼 또는 '지식'

버튼이 있다면 어떻겠는가? 소셜 미디어에서 순전히 인기만으로 명성을 얻는 게 아니라 우리를 가장 가치 있는 새로운 아이디어와 사람들에게 연결하거나 우리에게 새로운 것을 가르쳐주거나 우리에게 가장 뛰어난 소셜 지원을 해주거나 우리의 잘못을 바로잡아주거나 우리를 나쁜 습관들에서 벗어나게 해주는 영향력 있는 사람이 됨으로써 명성을 얻게 된다면 어떻겠는가?

만약 하이프 머신이 '좋아요'를 받는 콘텐츠를 만드는 쪽으로 설계되어 우리의 뇌 속에서 도파민이 분출되게 하여 그 결과 사람들에게 어떻게든 인기 있는 콘텐츠를 올리려 애쓰게 만드는 게 아니라, 우리에게 가장 가치 있고 희망을 주고 동기를 부여하며 생각하게 만드는 콘텐츠를 만드는 쪽으로 설계된다면 어떨까? 경쟁 시장에서는 소셜 미디어 플랫폼들이 자신들이 제공하는 콘텐츠의 출처는 물론 그 콘텐츠의 제작 맥락까지 소상히 보여주는 메타데이터를 제공해, 정보가 빈약한 구조에서 정보가 풍부한 구조로 옮겨갈 가능성이 크다. 이는 우리가 어떤 콘텐츠를 믿고 공유할 것인지를 결정하는 데 도움이 될 수 있다.

이는 가설에 기반을 둔 한 가지 예에 지나지 않지만 우리가 원하는 세상에 대해 생각하는 게 얼마나 중요한지를 잘 보여준다. 우리는 정말 인기가 지배하는 세상을 원하는 걸까? (그런 세상은 지혜와는 멀어진 채 광기로 흘러간다는 것을 우리는 이미 알고 있다.) 아니면 우리의 정신을 고양하고 지식을 넓혀주고 정서적 안정감을 공고히 해주는 사람들이 인정받는 세상을 원하는 걸까?

'잘 쓴 시간' 운동은 바람직하지만 설계만으로는 그 목표를 달성할 수 없다. 그렇다. 우리는 높이려는 가치를 뒷받침해 줄 수 있게 설계된 소셜 소프트웨어를 원한다. 하지만 먼저 우리 자신의 집단행동을 통해 그런 가치를 받쳐주어야 한다. '#deletefacebook' 운동(페이스북 계정 삭제 운동)은 그런 갈망의 한 표현이다. 현실적 대안이 없음에도 우리 사회는 지금 하이프 머신의 현재 구조에 불만을 표출하고 있는 것이다. 우리는 그런 감정을 곰곰이 들여다보고 행동으로 보여주어야 한다. 소프트웨어 코드 설계는 우리가 활용할 수 있는 4가지 지렛대 중 하나일 뿐이다.

만약 규제 당국이 서로 경쟁하는 환경을 만들어낸다면 그리고 개인 정보 및 표현 측면에서의 시장 실패를 법을 통해 바로잡는다면, 그런 환경에서는 하이프 머신의 현재 구조로부터 우리를 벗어나게 해줄 선택들이 가능해질 것이다. 또 만약 하이프 머신 설계자들이 현재의 소프트웨어 코드 대신 우리가 원하는 가치들을 뒷받침할 소프트웨어 코드를 생각해낸다면, 우리는 사회 차원에서 그런 선택들을 현실로 만들 것이다. 그리고 만약 모든 지렛대를 동원해 우리가 원하는 미래를 만들어낸다면, 오늘날 소셜 미디어 경제에서 돈을 움직이는 비즈니스 모델들 또한 변할 것이다. 돈은 우리의 관심을 따라다니기 때문이다. 이런 점에서 우리는 스스로의 미래를 설계하는 건축가다. 하이프 머신의 생존은 우리 손에 달려 있다.

소셜 미디어는 단순히 어떤 슬로건이나 3단계 실천 계획 같은 것으로 정화되진 않을 것이다. 그만큼 복잡한 시스템이다. 소셜 미디어를 개선하려면 통합된 일련의 접근 방식들이 필요할 것이다. 그리고 소셜 미디어는 워낙 새로워 불확실한 면이 많다. 어떤 접근 방식이 옳은 것처럼 보일 수도 있지만, 역효과만 나고 우리가 피하려 하는 결과들만 안겨줄 수도 있다. 그러나 돈과 코드, 규범, 법의 통합된 접근 방식을 취한다면 하이프 머신의 미래는 밝아 위험은 피하고 장밋빛 약속은 실현할 수 있을 것이다.

우리는 소셜 미디어를 옳은 방향으로 끌고 가려 애쓰는 과정에서 여러 접근 방식들을 실험할 것이며, 그 실험은 이론으로 시작되어 경험으로 마무리될 것이다. 소셜 미디어 플랫폼과 정책 입안자, 일반 사용자는 서로 협력해야 한다. 그리고 여기에는 과학자들이 소셜 미디어를 연구하여 내놓은 데이터와 분석의 도움도 있어야 한다. 올바른 목표와 실험을 통해 그리고 약간의 결단력을 가지고 우리는 긍정적인 방향으로 나아갈 수 있고 점진적인 승리를 거둘 수 있다. 그리고 결국 인류 문명에서 최고의 가치들을 창출할 무엇인가를 만들 수도 있을 것이다. 개인적으로 나는 하이프 머신의 운명을 바꾸는 일에 헌신하고 있는 똑똑하면서도 양심적인 엔지니어와 경영인, 정책 입안자, 과학자가 함께 일하길 고대한다. 지금 우리 앞에는 더 밝고 새로운 소셜 시대로 향하는 길이 활짝 열려 있다.

서문: 팬데믹, 장밋빛 약속 그리고 위험

1) Mike Isaac and Sheera Frenkel, "Facebook Is 'Just Trying to Keep the Lights On' as Traffic Soars in Pandemic," *New York Times*, March 24, 2020.

2) Daisuke Wakabayashi, Jack Nicas, Steve Lohr, and Mike Isaac, "Big Tech Could Emerge from Coronavirus Crisis Stronger Than Ever," *New York Times*, March 23, 2020.

3) Stewart Butterfield, tweet, March 25, 2020, https://twitter.com/stewart/status/1243000497566441472.

4) Alex Schultz and Jay Parikh, "Keeping Our Services Stable and Reliable During the COVID-19 Outbreak," Facebook About blog, March 24, 2020, https://about.fb.com/news/2020/03/keeping-our-apps-stable-during-covid-19/.

5) Isaac and Frenkel, "Facebook Is 'Just Trying to Keep the Lights On.'"

6) Tony Romm, Elizabeth Dwoskin, and Craig Timberg, "U.S. Government, Tech Industry Discussing Ways to Use Smartphone Location Data to Combat Coronavirus," *Washington Post*, March 17, 2020; Issie Lapowsky, "Facebook Data Can Help Measure Social Distancing in California," *Protocol*, March 17, 2020.

7) Antony Sguazzin, "WhatsApp Service in S. Africa Goes Global in WHO Virus Fight," Bloomberg, March 25, 2020.

8) Thomas Koulopoulos, "Facebook Is Giving Out $100 Million in Small-Business Grants. Here's What to Know—and What the Rest of Big Tech Should Learn," Inc.com, March 19, 2020.

9) Sacha Baron Cohen, "Read Sacha Baron Cohen's Scathing Attack on Facebook in Full: 'Greatest Propaganda Machine in History,'" *Guardian*, November 22, 2019.

10) Soroush Vosoughi, Deb Roy, and Sinan Aral, "The Spread of True and False News Online," *Science* 359, no. 6380 (2018): 1146~1151.

11) Zeke Miller and Colleen Long, "US Officials: Foreign Disinformation Is Stoking Virus Fears," *US News*, March 16, 2020; Brooke Singman and Gillian Turner, "Foreign Disinformation Campaign on Fake National Quarantine Trying to Cause Panic, Trump Admin. Officials Say," Fox News, March 16, 2020.

12) Mark Gurman, "Apple, Google Bring Covid-19 Contact-Tracing to 3 Billion

People," Bloomberg, April 10, 2020; Kylie Foy, "Bluetooth Signals from Your Smartphone Could Automate Covid-19 Contact Tracing While Preserving Privacy," MIT News, April 8, 2020, http://news.mit.edu/2020/bluetooth-covid-19-contact-tracing-0409.

13) Thomas Seal and Stephanie Bodoni, "How Europe Is Bumping Against Privacy Laws in Coronavirus Battle," Bloomberg, April 4, 2020.

1장 새로운 소셜 시대

14) Madeleine Albright, former U.S. Secretary of State, testimony at hearing before the U.S. Senate Armed Services Committee, January 29, 2015, https://www.armed-services.senate.gov/imo/media/doc/ Albright_01-29-15.pdf.

15) Soroush Vosoughi, Deb Roy, and Sinan Aral, "The Spread of True and False News Online," *Science* 359, no. 6380 (2018): 1146~1151.

16) 전체 동영상은 다음에서 볼 수 있다. https://www.facebook.com/qawithmark/videos/929895810401528/.

17) Adrian Chen, "The Agency," *New York Times Magazine*, June 7, 2005.

18) *United States of America v. Internet Research Agency LLC*, 18 U.S.C. §§ 2, 371, 1349, 1028A, https://www.justice.gov/file/1035477/download.

19) "Analysis of Russia's Information Campaign Against Ukraine," *NATO StratCom Centre of Excellence Report*, https://www.act.nato.int/images/stories/events/2015/sfpdpe/sfpdpe15_rr03.pdf.

20) 2014년 3월 3일 제네바에서 열린 유엔 인권위원회 25번째 회기 중 고위급 연설 차례에 러시아 외무장관 세르게이 라브로프가 한 연설. https://www.mid.ru/en/web/guest/vistupleniya_ministra/-/asset_publisher/MCZ7HQuMdqBY/content/id/72642.

21) State Statistics Committee of Ukraine, 2001 Census, http://2001.ukrcensus.gov.ua/eng/results/. 러시아와 합병한 후 2014년에 실시한 비교적 최근의 크림반도 인구조사는 여전히 논란이 있다.

22) Carole Cadwalladr, " 'I Made Steve Bannon's Psychological Warfare Tool': Meet the Data War Whistleblower," *Guardian*, March 18, 2018.

23) Mark Zuckerberg, chairman and chief executive officer of Facebook, testimony at hearing before the U.S. Senate Committee on the Judiciary and Committee on Commerce, Science, and Transportation, April 10, 2018, https://en.wikisource.org/wiki/Zuckerberg_Senate_Transcript_2018; Mark Zuckerberg, testimony at hearing before the U.S. House of Representatives Committee on Energy and Commerce, April 11, 2018, https://docs.house.gov/meetings/IF/IF00/20180411/108090/HHRG-115-IF00-Transcript 20180411.pdf; Mark Zuckerberg, testimony at meeting of the Conference of Presidents of the European Parliament, Brussels, May 22, 2018, https://www.c-span.org/video/?446000-1/facebook-ceo-mark-

zuckerberg-testifies-eu-lawmakers.

24) Marc Pritchard, "Better Advertising Enabled by Media Transparency," speech at the Internet Advertising Bureau's Annual Leadership Meeting, January 29, 2017, https:// www.youtube.com/watch?v=NEUCOsphoI0.

25) Jack Neff, "Procter & Gamble's Best Sales in a Decade Come Despite Drop in Ad Spending," *AdAge*, July 30, 2019.

26) Gurjit Degun, "Unilever and Sky Adspend Dropped 30% in 2018," *Campaign US*, February 12, 2019, https://www.campaignlive .com/article/unilever-sky-adspend-dropped-30-2018/1525590.

27) Ellen Hammett, "P&G Puts Focus on Reach: It's a More Important Measure Than Spend," *MarketingWeek*, June 17, 2019; Neff, "Procter & Gamble's Best Sales"; Dianna Christe, "P&G's Sales Jump as Ad Spending Shrinks, Data-Driven Marketing Ramps Up," *Marketing Dive*, July 31, 2019.

28) "Third Quarter Results Show Improved Growth Across All Our Divisions," Unilever press release, October 10, 2018, https://www.unilever.com/news/ press-releases/2018/third-quarter-results-show-improved-growth-across-all-our-divisions.html.

2장 현실의 끝

29) Tero Karppi and Kate Crawford, "Social Media, Financial Algorithms and the Hack Crash," *Theory, Culture and Society* 33, no. 1 (2016): 73~92.

30) "White House Security Breaches Fast Facts," CNN, updated March 25, 2020, https://www.cnn.com/2017/06/14/us/white-house-security-breaches-fast-facts/index.html.

31) Karppi and Crawford, "Social Media, Financial Algorithms," 73~92.

32) Patti Domm, "Gasoline Prices at Pump Spike on Fears of Spot Shortages, as Biggest U.S. Refinery Shuts," CNBC, August 31, 2017.

33) David Schechter and Marjorie Owens, "Railroad Commissioner: There's No Fuel Crisis in Texas," WFAA, Dallas, August 31, 2017, https://www.wfaa.com/article/news/local/texas-news/railroad-commissioner-theres-no-fuel-crisis-in-texas/287-469658632.

34) Sinan Aral, "Truth, Disrupted," *Harvard Business Review*, July 2018.

35) *Securities and Exchange Commission v. Lidingo Holdings, LLC, Kamilla Bjorlin, Andrew Hodge, Brian Nichols, and Vincent Cassano*, Case no. 17-2540, filed April 10, 2017, U.S. District Court, Southern District of New York.

36) "Order Instituting Cease-and-Desist Proceedings … ," *In the Matter of Michael A. McCarthy, The Dreamteam Group, LLC, Mission Investor Relations, LLC, and Qualitystocks, LLC*, Administrative Proceeding File no. 3-17917, April 10, 2017, https://

www.sec.gov/litigation/admin/2017/33-10343.pdf.

37) Ibid.

38) Shimon Kogan, Tobias J. Moskowitz, and Marina Niessner, "Fake News: Evidence from Financial Markets," April 22, 2019, https://ssrn.com/abstract=3237763.

39) 이는 가짜 뉴스가 시장에, 특히 소매 투자자들의 비율이 높은 중소기업들에 영향을 준다는 것을 보여 준다. 그렇다고 이 결과를 액면 그대로 받아들이면 안 된다. 이는 무작위 실험이 아니다. 어느 정도 가격 변동 시기를 보여주긴 하지만, 이 데이터만 가지고는 주가가 가짜 뉴스 하나 때문에 움직인다고 단정 지을 수는 없다. 코건 연구진은 미국 증권거래위원회가 선별한 가짜 뉴스 샘플이 명백히 주가 조작을 목적으로 한 기사라고 분석했다. 이와 별도로 연구진은 언어적 스타일로 확인된 더 광범위하고 요란한 가짜 뉴스 기사들을 분석했는데, 그 결과 그런 기사들은 소매 투자자가 주를 이루는 중소기업의 총 주식 거래량에는 지대한 영향을 주었지만 주가 변동성에는 눈에 띄는 영향을 주지 않았다. 이는 미국 증권거래위원회의 데이터가 선별된 데이터 샘플이기 때문일 수도 있고, 가짜 뉴스를 확인하는 데 쓰이는 언어적 분석 방법이 신뢰성이 떨어지기 때문일 수도 있다. 조나단 클라크 등이 시킹 알파상에서 실시한 금융 관련 가짜 뉴스에 대한 연구 결과 가짜 뉴스들이 진짜 뉴스들보다 더 많은 클릭 수를 이끌어낸다는 사실은 입증되었지만, 가짜 뉴스들이 진짜 뉴스들보다 총 주식 거래량이나 주가 변동성에 더 큰 영향을 준다는 사실은 발견되지 않았다. 코건 연구진이 분석한 결과와는 반대로 클라크 등은 "주식 시장은 가짜 뉴스들을 적절히 걸러내는 것으로 보인다"라는 결론을 내렸다. Jonathan Clarke et al., "Fake News, Investor Attention, and Market Reaction," Georgia Tech Scheller College of Business Research Paper no. 18-29 (2019), https://ssrn.com/abstract=3213024.

40) Special Counsel Robert S. Mueller III, *Report on the Investigation into Russian Interference in the 2016 Presidential Election*, Submitted Pursuant to 28 C.F.R. § 600.8(c), Washington, D.C., March 2019, https://www.justice.gov/storage/report.pdf.

41) Renee DiResta et al., *The Tactics and Tropes of the Internet Research Agency*, Investigation of Russian Interference prepared for the U.S. Senate Select Committee on Intelligence (New Knowledge, 2019), https://int.nyt.com/data/documenthelper/533-read-report-internet-research-agency/7871ea6d5b7bedafbf19/optimized/full.pdf.

42) Philip N. Howard et al., *The IRA, Social Media and Political Polarization in the United States, 2012~2018*, Investigation of Russian Interference prepared for the U.S. Senate Select Committee on Intelligence (Graphika, 2019), https://int.nyt.com/data/document helper/534-oxford-russia-internet-research-agency/c6588b4a7b940c551c38/optimized/full.pdf.

43) Gillian Cleary, "Twitterbots: Anatomy of a Propaganda Campaign," *Symantec Threat Intelligence Blog*, June 5, 2019, https://symantec-blogs.broadcom.com/blogs/threat-intelligence/twitterbots-propaganda-disinformation.

44) Craig Silverman, "This Analysis Shows How Viral Fake Election News Stories Outperformed Real News on Facebook," *BuzzFeed*, November 16, 2016.

45) Hunt Allcott and Matthew Gentzkow, "Social Media and Fake News in the 2016

Election," *Journal of Economic Perspectives* 31, no. 2 (2017): 211~236.

46) Andrew Guess, Brendan Nyhan, and Jason Reifler, "Selective Exposure to Misinformation: Evidence from the Consumption of Fake News During the 2016 US Presidential Campaign," *European Research Council* (2018), 9.

47) Nir Grinberg et al., "Fake News on Twitter During the 2016 US Presidential Election," *Science* 363, no. 6425 (2019): 374~378.

48) Allcott and Gentzkow, "Social Media and Fake News."

49) 이 수치는 2016년에 약 2억 5,000만 명이었던 투표 연령대 미국인들 가운데 44%에 해당한다. "Estimates of the Voting Age Population for 2016," *Federal Register*, n.d., https://www.federal register.gov/documents/2017/01/30/2017-01890/estimates-of-the-voting-age-population-for-2016.

50) Guess, Nyhan, and Reifler, "Selective Exposure to Misinformation."

51) Chengsheng Shao et al., "The Spread of Low-Credibility Content by Social Bots," *Nature Communications* 9, no. 1 (2018): 4787; Emilio Ferrara et al., "The Rise of Social Bots," *Communications of the ACM 59*, no. 7 (2016): 96~104.

52) Philip N. Howard et al., "Social Media, News and Political Information During the US Election: Was Polarizing Content Concentrated in Swing States?," *arXiv:1802.03573* (2018).

53) 러시아와 위키리크스 그리고 가짜 뉴스 소스들로부터 정치 양극화 집중도가 전국 평균 이하인 걸로 여겨지는 경합 주들은 아이오와, 위스콘신, 미네소타, 메인이었고, 콜로라도, 오하이오, 미시간, 조지아, 뉴햄프셔, 펜실베이니아, 노스캐롤라이나, 버지니아, 플로리다, 네바다, 미주리, 애리조나는 평균 이상이었다. 이 주들은 모두 2016년 11월에 국립헌법센터에 의해 경합 주로 분류되었다.

54) Ed Kilgore, "The Final, Final, Final Results for the Presidential Popular Vote Are In," *New York*, December 20, 2016.

55) DiResta et al., *The Tactics and Tropes of the Internet Research Agency*.

56) Jon Swaine, "Manafort Shared Polling Data on 2016 Election with Elusive Russian-Mueller," *Guardian*, January 8, 2019; Mueller, *Report on the Investigation Into Russian Interference in the 2016 Presidential Election*.

57) Robert M. Bond et al., "A 61-Million-Person Experiment in Social Influence and Political Mobilization," *Nature* 489, no. 7415 (2012): 295.

58) Jason J. Jones et al., "Social Influence and Political Mobilization: Further Evidence from a Randomized Experiment in the 2012 US Presidential Election," *PloS One* 12, no. 4 (2017): e0173851.

59) 이 책이 인쇄에 들어갈 무렵, 소셜 미디어가 투표 선택에 미치는 영향에 관한 미발표 연구가 2가지 있었다. 그 하나는 입증된 투표 데이터보다는 선거 후 설문 조사들을 토대로 한 연구여서 기억 오류와 자기보고 편향에 빠질 가능성이 크다. Richard Gunther, Paul A. Beck, and Erik C. Nisbet, "Fake News Did Have a Significant Impact on the Vote in the 2016 Election: Original Full-Length Version with Methodological Appendix"

(Ohio State University, 2018), https://cpb-us-w2.wpmucdn.com/u.osu.edu/dist/d/12059/files/2015/03/Fake-News-Piece-for-The-Conversation-with-methodological-appendix-11d0ni9.pdf. 그리고 또 한 연구는 투표율에 대한 입증된 데이터와 투표 선택에 대한 설문 조사를 토대로 활용했고 과거의 투표율과 투표 선택의 시간적 변화 및 여건들도 활용했지만, 불확정된 데이터는 배제했다. Guess, Nyhan, and Reifler, "Selective Exposure to Misinformation." 두 연구 모두 무작위 변화나 다른 공식적인 인과 추론 방식이 결여되었다.

60) Joshua L. Kalla and David E. Broockman, "The Minimal Persuasive Effects of Campaign Contact in General Elections: Evidence from 49 Field Experiments," *American Political Science Review* 112, no. 1 (2018): 148~166.

61) Todd Rogers and David Nickerson, "Can Inaccurate Beliefs About Incumbents Be Changed? And Can Reframing Change Votes?," Harvard Kennedy School, Working Paper no. RWP13-018, 2013, http://scholar.harvard.edu/files/todd_rogers/files/can_inaccurate_beliefs_about_incumbents_be_changed_ssrn.pdf.

62) Katherine Haenschen and Jay Jennings, "Mobilizing Millennial Voters with Targeted Internet Advertisements: A Field Experiment," *Political Communication* 36, no. 3 (2019): 357~375.

63) Andrew M. Guess, Dominique Lockett, Benjamin Lyons, Jacob M. Montgomery, Brendan Nyhan, and Jason Reifler, "'Fake News' May Have Limited Effects Beyond Increasing Beliefs in False Claims," *Harvard Kennedy School Misinformation Review* 1, no. 1 (2020).

64) Donald P. Green, Mary C. McGrath, and Peter M. Aronow, "Field Experiments and the Study of Voter Turnout," *Journal of Elections, Public Opinion and Parties* 23, no. 1 (2013): 27~48.

65) Allison Dale and Aaron Strauss, "Don't Forget to Vote: Text Message Reminders as a Mobilization Tool," *American Journal of Political Science* 53, no. 4 (2009): 787~804.

66) N. Malhotra, M. R. Michelson, and A. A. Valenzuela, "Emails from Official Sources Can Increase Turnout," *Quarterly Journal of Political Science* 7 (2012): 321~332; T. C. Davenport, "Unsubscribe: The Effects of Peer-to-Peer Email on Voter Turnout-Results from a Field Experiment in the June 6, 2006, California Primary Election," unpublished manuscript (Yale University, 2012).

67) Dan Mangan, "Read Robert Mueller's Opening Statement: Russian Interference Among 'Most Serious' Challenges to American Democracy," CNBC, July 24, 2019.

68) Todd Ruger, "FBI Director Wants to 'Up Our Game' on Election Interference," *Roll Call*, May 7, 2019.

69) Adam Goldman, Julian E. Barnes, Maggie Haberman, and Nicholas Fandos, "Lawmakers Are Warned That Russia Is Meddling to Reelect Trump," *New York Times*, February 20, 2020.

70) Nicole Perlroth and Matthew Rosenberg, "Russians Hacked Ukrainian Gas

Company at Center of Impeachment," *New York Times,* January 13, 2020.

71) Donald L. Horowitz, *The Deadly Ethnic Riot* (Berkeley: University of California Press, 2001), 74~75.

72) Freja Hedman et al., "News and Political Information Consumption in Sweden: Mapping the 2018 Swedish General Election on Twitter," Comprop Data Memo no. 2018.3, September 6, 2018.

73) Cristina Tardáguila, Fabrício Benevenuto, and Pablo Ortellado, "Fake News Is Poisoning Brazilian Politics. WhatsApp Can Stop It," *New York Times,* October 17, 2018.

74) Samir Patil, "India Has a Public Health Crisis. It's Called Fake News," *New York Times,* April 29, 2019.

75) Zeenab Aneez et al., *Reuters Institute India Digital News Report* (Oxford University, 2019), https://reutersinstitute.politics.ox.ac.uk/our-research/india-digital-news-report.

76) "National Update on Measles Cases and Outbreaks-United States, January 1-October 1, 2019," *Morbidity and Mortality Weekly Report,* U.S. Centers for Disease Control and Prevention, October 11, 2019, https://www.cdc.gov/mmwr/volumes/68/wr/pdfs/mm6840e2-H.pdf.

77) Peter J. Hotez, "You Are Unvaccinated and Got Sick. These Are Your Odds," *New York Times,* January 9, 2020.

78) Deborah Balzer interview with Dr. Nipunie Rajapsakse, "Infectious Diseases A-Z: Why the Measles Virus Is So Contagious," Mayo Clinic, April 9, 2019, https://newsnetwork.mayoclinic.org/discussion/infectious-diseases-a-z-why-the-measles-virus-is-so-contagious/.

79) Fiona M. Guerra, "The Basic Reproduction Number (R0) of Measles: A Systematic Review," *Lancet Infectious Diseases* 17, no. 12 (2017): e420~428; Ed Yong, "The Deceptively Simple Number Sparking Coronavirus Fears," *Atlantic,* January 28, 2020.

80) Manish Sadarangani, "Herd Immunity: How Does it Work?," Oxford Vaccine Group, Oxford University, April 26, 2016, https://www.ovg.ox.ac.uk/news/herd-immunity-how-does-it-work.

81) Gardiner Harris, "Journal Retracts 1998 Paper Linking Autism to Vaccines," *New York Times,* February 2, 2010.

82) "Senate Hearing on Vaccines and Public Health," U.S. Senate Committee on Health, Education, Labor and Pensions, March 5, 2019, https://www.c-span.org/video/?458472-1/physicians-advocates-warn-senate-committee-vaccine-hesitancy-implications.

83) Julia Arciga, "Anti-vaxxer Larry Cook Has Weaponized Facebook Ads in War Against Science," *Daily Beast,* February 19, 2019.

84) Amelia M. Jamison, "Vaccine-Related Advertising in the Facebook Ad Archive,"

Vaccine 38, no. 3 (2020): 512~520; Lena Sun, "Majority of Anti-vaccine Ads on Facebook Were Funded by Two Groups," *Washington Post*, November 15, 2019.

85) Arciga, "Anti-vaxxer Larry Cook."

86) Julia Carrie Wong, "How Facebook and YouTube Help Spread Anti-vaxxer Propaganda," *Guardian*, February 1, 2019.

87) Nat Gyenes and An Xiao Mina, "How Misinfodemics Spread Disease," *Atlantic*, August 30, 2018.

88) David A. Broniatowski et al., "Weaponized Health Communication: Twitter Bots and Russian Trolls Amplify the Vaccine Debate," *American Journal of Public Health* 108, no. 10 (2018): 1378~1384.

89) Alexis Madrigal, "The Small, Small World of Facebook's Anti-vaxxers," *Atlantic*, February 27, 2019.

90) Ana Lucía Schmidt et al., "Polarization of the Vaccination Debate on Facebook," *Vaccine* 36, no. 25 (2018): 3606~3612.

91) Soroush Vosoughi, Deb Roy, and Sinan Aral, "The Spread of True and False News Online," *Science* 359, no. 6380 (2018): 1146~1151.

92) Chengsheng Shao et al., "The Spread of Low-Credibility Content by Social Bots," *Nature Communications* 9, no. 1 (2018): 4787.

93) Laurent Itti and Pierre Baldi, "Bayesian Surprise Attracts Human Attention," *Vision Research* 49, no. 10 (2009): 1295~1306.

94) Sinan Aral and Marshall Van Alstyne, "The Diversity-Bandwidth Trade-Off," *American Journal of Sociology* 117, no. 1 (2011): 90~171.

95) Jonah Berger and K. L. Milkman, "What Makes Online Content Viral?," *Journal of Marketing Research* 49, no. 2 (2012): 192~205.

96) Fang Wu and Bernardo A. Huberman, "Novelty and Collective Attention," *Proceedings of the National Academy of Sciences* 104, no. 45 (2007): 17599~175601.

97) 우리는 가짜 뉴스가 더 새롭고, 새로운 정보가 더 리트윗될 가능성이 크다는 것을 발견했지만, 과연 참신성이 리트윗을 유발하는 것인지 아니면 참신성이 진짜 뉴스보다 가짜 뉴스가 더 자주 리트윗되는 유일한 이유인지는 분명치 않다.

98) Gordon Pennycook and David G. Rand, "Lazy, Not Biased: Susceptibility to Partisan Fake News Is Better Explained by Lack of Reasoning Than by Motivated Reasoning," *Cognition* 188 (2019): 39~50.

99) Raymond S. Nickerson, "Confirmation Bias: A Ubiquitous Phenomenon in Many Guises," *Review of General Psychology* 2, no. 2 (1998): 175~220.

100) Lynn Hasher, David Goldstein, and Thomas Toppino, "Frequency and the Conference of Referential Validity," *Journal of Verbal Learning and Verbal Behavior* 16, no. 1 (1977): 107~112.

101) Andrew Guess and Alexander Coppock, "Does Counter-Attitudinal Information Cause Backlash? Results from Three Large Survey Experiments," *British Journal of*

Political Science (2018): 1~19.

102) Samanth Subramanian, "Inside the Macedonian Fake-News Complex," *Wired*, February 15, 2017.

103) Global Disinformation Index, *The Quarter Billion Dollar Question: How Is Disinformation Gaming Ad Tech?*, September 2019, https://disinformationindex.org/wp-content/uploads/2019/09/GDI_Ad-tech_Report_Screen_AW16.pdf.

104) Franklin Foer, "The Era of Fake Video Begins," *Atlantic*, May 2018.

105) David Mack, "This PSA About Fake News from Barack Obama Is Not What It Appears," *BuzzFeed*, April 17, 2018. Video: "You Won't Believe What Obama Says in This Video!," *BuzzFeedVideo*, April 17, 2018, https://youtu.be/cQ54GDm1eL0.

106) Cade Metz, "Google's Dueling Neural Networks Spar to Get Smarter, No Humans Required," *Wired*, April 11, 2017.

107) Ibid.

108) Daniel Benjamin and Steven Simon, "How Fake News Could Lead to Real War," *Politico*, July 5, 2019.

109) Hugh Thompson, "Symantec Discusses the Financial Implications of Deepfakes," CNBC, July 18, 2019.

3장 하이프 머신

110) Nick Bilton, "Facebook Graffiti Artist Could Be Worth $500 Million," *New York Times*, February 7, 2012.

111) Cade Metz, "The Amazing Murals Created by Facebook's Artists-in-Residence," *Wired*, November 24, 2014.

112) Andrew Perrin, "Social Networking Usage: 2005 – 2015," Pew Research Center, October 2015, http://www.pewinternet.org/2015/10/08/2015/Social-Networking-Usage-2005-2015/.

113) Original illustration by Paul Butler; recreation by Joanna Kosmides Edwards, https://paulbutler.org/2010/visualizing-facebook-friends/.

114) 그간 과학자들이 쓴 많은 위대한 책들이 인간 네트워크의 구조와 힘을 깊이 탐구했다. See Duncan J. Watts, *Six Degrees: The Science of a Connected Age* (New York: W. W. Norton, 2004); Albert-László Barabási, *Linked: The New Science of Networks* (Cambridge, Mass.: Perseus, 2002), esp. 409~410; Nicholas A. Christakis and James H. Fowler, *Connected: The Surprising Power of Our Social Networks and How They Shape Our Lives* (Boston: Little, Brown Spark, 2009); Sanjeev Goyal, *Connections: An Introduction to the Economics of Networks* (Princeton: Princeton University Press, 2012); and Matthew O. Jackson, *The Human Network: How Your Social Position Determines Your Power, Beliefs, and Behaviors* (New York: Pantheon, 2019).

115) Scott L. Feld, "Why Your Friends Have More Friends Than You Do," *American*

Journal of Sociology 96, no. 6 (1991): 1464~1477.

116) Mark Granovetter, "The Strength of Weak Ties," *American Journal of Sociology* 78 (1973): 1360~1380.

117) Duncan J. Watts and Steven H. Strogatz, "Collective Dynamics of 'Small-World' Networks," *Nature* 393, no. 6684 (1998): 440.

118) J. Travers and Stanley Milgram, "An Experimental Study of the Small World Problem," *Sociometry* 32 (1969); Duncan J. Watts, "Networks, Dynamics, and the Small World Phenomenon," *American Journal of Sociology* 105, no. 2 (1999): 493~527.

119) 그룹에 바탕을 둔 이런 타기팅 전략은 공교롭게도 제프리 롤프스가 1974년에 발표한 네트워크 효과에 관한 자신의 유명한 논문에서 옹호한 시장 진출 전략과 같다. 이 전략은 2011년 네트워크 콘퍼런스에서 있었던 지미 펄론과의 대화에서 숀 파커가 페이스북의 시장 진출 전략에 관해 얘기하며 다시 언급되었다(5장 각주 참조).

120) Ronald Burt, *Structural Holes: The Social Structure of Competition* (Cambridge, Mass.: Harvard University Press, 1992); Ronald Burt, "Structural Holes and Good Ideas," *American Journal of Sociology* 110 (2004): 349~399; A. Hargadon and R. Sutton, "Technology Brokering and Innovation in a Product Development Firm," *Administrative Science Quarterly* 42 (1997): 716~749; R. Reagans and E. Zuckerman, "Networks, Diversity, and Productivity: The Social Capital of Corporate R&D Teams," *Organization Science* 12, no. 4 (2001): 502~517; Sinan Aral and Marshall Van Alstyne, "The Diversity-Bandwidth Trade-Off," *American Journal of Sociology* 117, no. 1 (2011): 90~171.

121) Miller McPherson, Lynn Smith-Lovin, and James M. Cook, "Birds of a Feather: Homophily in Social Networks," *Annual Review of Sociology* 27, no. 1 (2001): 415~444.

122) Gueorgi Kossinets and Duncan J. Watts, "Origins of Homophily in an Evolving Social Network," *American Journal of Sociology* 115, no. 2 (2009): 405~450.

123) Sergio Currarini, Matthew O. Jackson, and Paolo Pin, "Identifying the Roles of Race-Based Choice and Chance in High School Friendship Network Formation," *Proceedings of the National Academy of Sciences* 107, no. 11 (2010): 4857~4861.

124) Kossinets and Watts, "Origins of Homophily."

125) Michael J. Rosenfeld, Reuben J. Thomas, and Sonia Hausen, "Disintermediating Your Friends: How Online Dating in the United States Displaces Other Ways of Meeting," *Proceedings of the National Academy of Sciences* 116, no. 36 (2019): 17753~17758.

126) Johan Ugander et al., "The Anatomy of the Facebook Social Graph," *arXiv:1111.4503* (2011).

127) 좀 더 자세한 내용은 다음을 참조하라. Andreas Wimmer and Kevin Lewis, "Beyond and Below Racial Homophily: ERG Models of a Friendship Network Documented on Facebook," *American Journal of Sociology* 116, no. 2 (2010): 583~642.

128) Seth A. Myers et al., "Information Network or Social Network? The Structure of the Twitter Follow Graph," in *Proceedings of the 23rd International Conference on World Wide Web* (New York: ACM, 2014), 493~498.

129) Ugander et al., "Anatomy of Facebook Social Graph," and Myers et al., "Information Network or Social Network?"의 데이터를 수집 및 비교했다.

130) "Elon Musk Talks Cars-and Humanity's Fate-with Governors," CNBC, July 17, 2017.

131) Clint Watts, testimony before U.S. Senate Select Committee on Intelligence, March 30, 2017, https://www.intelligence.senate.gov/sites/default/files/documents/os-cwatts-033017.pdf.

132) Wanda J. Orlikowski, "The Duality of Technology: Rethinking the Concept of Technology in Organizations," *Organization Science* 3, no. 3 (1992): 398~427; Anthony Giddens, *The Constitution of Society: Outline of the Theory of Structuration* (Berkeley: University of California Press, 1984).

133) Herbert A. Simon, "Designing Organizations for an Information-Rich World," in *Computers, Communication, and the Public Interest*, ed. Martin Greenberger (Baltimore: Johns Hopkins University Press, 1971), 40~41.

134) "Norman: World's First Psychopath AI," n.d., http://norman-ai.mit.edu/.

135) James Vincent, "Twitter Taught Microsoft's AI Chatbot to Be a Racist Asshole in Less Than a Day," *Guardian*, March 24, 2016; Elle Hunt, "Tay, Microsoft's AI Chatbot, Gets a Crash Course in Racism from Twitter," *Guardian*, March 24, 2016.

136) Peter Bright, "Tay, the Neo-Nazi Millennial Chatbot, Gets Autopsied," *Ars Technica*, March 25, 2016, https://arstechnica.com/information-technology/2016/03/tay-the-neo-nazi-millennial-chatbot-gets-autopsied.

137) Yann LeCun speaking with Bloomberg's Jeremy Kahn at Bloomberg's "Sooner Than You Think" conference in Paris, May 29, 2018, https://www.youtube.com/watch?v=dzQRCZyE4v0.

138) Jenn Chen, "15 Facebook Stats Every Marketer Should Know for 2019," *Sprout Social* (2019), https://sproutsocial.com/insights/facebook-stats-for-marketers/.

139) Mary Lister, "37 Staggering Video Marketing Statistics for 2018," *Wordstream Blog*, June 9, 2019, https://www.wordstream.com/blog/ws/2017/03/08/video-marketing-statistics.

140) Manohar Paluri, speaking at the LDV Capital "Vision Summit" in 2017, https://www.ldv.co/blog/2018/4/4/facebook-is-building-a-visual-cortex-to-better-understand-content-and-people.

141) Joaquin Quiñonero Candela, "Building Scalable Systems to Understand Content," *Facebook Engineering Blog*, February 2, 2017, https://engineering.fb.com/ml-applications/building-scalable-systems-to-understand-content/.

142) Elise Thomas, "A Creepy Facebook Idea Suggests Friends by Sensing Other People's Phones," *Wired UK*, November 4, 2018, https://www.wired.co.uk/article/facebook-phone-tracking-patent.

143) Kashmir Hill, " 'People You May Know': A Controversial Facebook Feature's 10-

Year History," *Gizmodo*, August 8, 2018, https://gizmodo.com/people-you-may-know-a-controversial-facebook-features-1827981959.

144) Kurt Wagner, "Digital Advertising in the US Is Finally Bigger Than Print and Television," *Vox Recode*, February 20, 2019, https://www.vox.com/2019/2/20/18232433/digital-advertising-facebook-google-growth-tv-print-emarketer-2019; "Digital Advertising Stats You Need for 2018," AppNexus White Paper, https://www.appnexus.com/sites/default/files/whitepapers/guide-2018stats_2.pdf

145) Lars Backstrom, "People You May Know," slides, presented by Facebook, July 12, 2010.

146) 2008년 카네기멜론 대학 컴퓨터 과학 대학 머신 러닝 부문 주어 레스코벡 Jure Leskovec 의 박사 학위 논문 "대형 네트워크의 역동성 Dynamics of Large Networks" 중 특히 '삼각관계 폐쇄 모델 triangle closing models'과 '선호도 우위의 지역성 the locality of edge attachment'을 참조하라.

147) Backstrom, "People You May Know."

148) PYMK 알고리즘들이 꼭 2단계 연결들만 추천하는 것은 아니지만 놀라울 정도로 2단계 연결을 선호한다.

149) 흥미로운 일이지만 트위터는 사용자들을 알고리즘 큐레이션에서 벗어나게 해주었는데, 이는 트위터의 최고경영자 잭 도시가 의회 청문회에서 직접 또는 팔로어들을 통해 유해 콘텐츠를 올렸다는 이유로 트위터가 거의 100만 명을 '검색 누락' 또는 '등급 격하'시킨 것은 편향된 행동이라는 비난을 받은 지 몇 주 만의 일이었다. Stan Horaczek, "Twitter Will Let You See Your Feed in Chronological Order Again-Here's How and Why," *Popular Science*, September 18, 2019, https://www.popsci.com/twitter-chronological-feed/.

150) Will Oremus, "Who Controls Your Facebook Feed," *Slate*, January 3, 2016.

151) Casey Newton, " 'Time Well Spent' Is Shaping Up to Be Tech's Next Big Debate," *Verge*, January 17, 2018; Laura Hazard Owen, "Facebook Drastically Changes News Feed to Make It 'Good for People' (and Bad for Most Publishers)," *NiemanLab*, January 11, 2018, https://www.niemanlab.org/2018/01/facebook-drastically-changes-news-feed-to-make-it-good-for-people-and-bad-for-most-publishers/.

152) Laura Hazard Owen, "One Year In, Facebook's Big Algorithm Change Has Spurred an Angry, Fox News-Dominated-and Very Engaged!-News Feed," *NiemanLab*, March 15, 2019, https://www.niemanlab.org/2019/03/one-year-in-facebooks-big-algorithm-change-has-spurred-an-angry-fox-news-dominated-and-very-engaged-news-feed/.

153) J. Nathan Matias, "Preventing Harassment and Increasing Group Participation Through Social Norms in 2,190 Online Science Discussions," *Proceedings of the National Academy of Sciences* 116, no. 20 (2019): 9785~9789.

154) Vasant Dhar, "When to Trust Robots with Decisions, and When Not To," *Harvard Business Review*, May 17, 2016, https://hbr.org/2016/05/when-totrust-robots-with-

decisions-and-when-not-to.

155) Renee Gosline and Heather Yang, "Consider the Source: How Cognitive Style Predisposes Preferences for Algorithmic or Human Input," MIT Initiative on the Digital Economy Working Paper, 2020.

156) Kurt Wagner, "Facebook Almost Missed the Mobile Revolution. It Can't Afford to Miss the Next Big Thing," *Vox*, April 29, 2019.

157) Stuart Thompson and Charlie Warzel, "Smartphones Are Spies. Here's Whom They Report To," *New York Times*, December 20, 2019.

158) Josh Constine, "Facebook Is Building an Operating System So It Can Ditch Android," *TechCrunch*, December 19, 2019, https://techcrunch.com/2019/12/19/facebook-operating-system/.

159) Olivia Solon, "Facebook Has 60 People Working on How to Read Your Mind," *Guardian*, April 19, 2017.

4장 소셜 미디어와 당신의 뇌

160) Gillian A. Matthews et al., "Dorsal Raphe Dopamine Neurons Represent the Experience of Social Isolation," *Cell* 164, no. 4 (2016): 617~631.

161) John T. Cacioppo, Stephanie Cacioppo, and Dorret I. Boomsma, "Evolutionary Mechanisms for Loneliness," *Cognition and Emotion* 28, no. 1 (2014): 3~21.

162) Hongyu Ruan and Chun-Fang Wu, "Social Interaction-Mediated Lifespan Extension of *Drosophila* Cu/Zn Superoxide Dismutase Mutants," *Proceedings of the National Academy of Sciences* 105, no. 21 (2008): 7506~7510.

163) Katsunori Nonogaki, Kana Nozue, and Yoshitomo Oka, "Social Isolation Affects the Development of Obesity and Type 2 Diabetes in Mice," *Endocrinology* 148, no. 10 (2007): 4658~4666.

164) Alexis M. Stranahan, David Khalil, and Elizabeth Gould, "Social Isolation Delays the Positive Effects of Running on Adult Neurogenesis," *Nature Neuroscience* 9, no. 4 (2006): 526~533.

165) David M. Lyons, Chae M. G. Ha, and Seymour Levine, "Social Effects and Circadian Rhythms in Squirrel Monkey Pituitary-Adrenal Activity," *Hormones and Behavior* 29, no. 2 (1995): 177~190.

166) Daniel A. Nation et al., "The Effect of Social Environment on Markers of Vascular Oxidative Stress and Inflammation in the Watanabe Heritable Hyperlipidemic Rabbit," *Psychosomatic Medicine* 70, no. 3 (2008): 269~275.

167) John T. Cacioppo and William Patrick, *Loneliness: Human Nature and the Need for Social Connection* (New York: W. W. Norton, 2008).

168) R. S. Weiss, *Loneliness: The Experience of Emotional and Social Isolation* (Cambridge, Mass.: MIT Press, 1973).

169) John T. Cacioppo and Stephanie Cacioppo, "The Phenotype of Loneliness," *European Journal of Developmental Psychology* 9, no. 4 (2012): 446~452.

170) Naomi I. Eisenberger, Matthew D. Lieberman, and Kipling D. Williams, "Does Rejection Hurt? An fMRI Study of Social Exclusion," *Science* 302, no. 5643 (2003): 290~292.

171) Naomi I. Eisenberger, "The Pain of Social Disconnection: Examining the Shared Neural Underpinnings of Physical and Social Pain," *Nature Reviews Neuroscience* 13, no. 6 (2012): 421~434.

172) James K. Rilling et al., "A Neural Basis for Social Cooperation," *Neuron* 35, no. 2 (2002): 395~405.

173) Klaus Fliessbach et al., "Social Comparison Affects Reward-Related Brain Activity in the Human Ventral Striatum," *Science* 318, no. 5854 (2007): 1305~1308.

174) Dominique J. F. De Quervain et al., "The Neural Basis of Altruistic Punishment," *Science* 305, no. 5688 (2004): 1254.

175) Arthur Aron et al., "Reward, Motivation, and Emotion Systems Associated with Early-Stage Intense Romantic Love," *Journal of Neurophysiology* 94, no. 1 (2005): 327~337.

176) Aaron Smith and Monica Anderson, "Social Media Use in 2018," Pew Research Center Survey, March 1, 2018, https://www.pewresearch.org/internet/2018/03/01/social-media-use-in-2018/.

177) Laura Dolan, "55 Social Media Engagement Statistics for 2020," *Keap Business Success Blog*, February 10, 2020, https://keap.com/business-success-blog/marketing/social-media/best-social-media-marketing-stats-and-facts.

178) Rachael Rettner, "Why Are Human Brains So Big?," *Live Science*, July 13, 2009: https://www.livescience.com/5540-human-brains-big.html.

179) Alison Jolly, "Lemur Social Behavior and Primate Intelligence," *Science* 153, no. 3735 (1966): 501~506.

180) Ibid.

181) Robin I. M. Dunbar, "The Social Brain Hypothesis," *Evolutionary Anthropology: Issues, News, and Reviews* 6, no. 5 (1998): 178~190.

182) Robin I. M. Dunbar, "The Social Brain Hypothesis and Human Evolution," in *Oxford Research Encyclopedia of Psychology* (2016), 1, https://doi.org/10.1093/acrefore/9780190236557.013.44.

183) Robin I. M. Dunbar, "Neocortex Size as a Constraint on Group Size in Primates," *Journal of Human Evolution* 22, no. 6 (1992): 469~493; Robin I. M. Dunbar, "Evolutionary Basis of the Social Brain," *Oxford Handbook of Social Neuroscience* (2011): 28~38.

184) Matthew D. Lieberman, *Social: Why Our Brains Are Wired to Connect* (New York: Oxford University Press, 2013).

185) Daniel C. Dennett, *Brainstorms: Philosophical Essay on Mind and Psychology* (Montgomery,

Ala.: Harvester Press, 1978).

186) Simon Baron-Cohen, Alan M. Leslie, and Uta Frith, "Does the Autistic Child Have a 'Theory of Mind'?," *Cognition* 21, no. 1 (1985): 37~46.

187) Penelope A. Lewis et al., "Ventromedial Prefrontal Volume Predicts Understanding of Others and Social Network Size," *Neuroimage* 57, no. 4 (2011): 1624~1629.

188) Lauren E. Sherman et al., "The Power of the Like in Adolescence: Effects of Peer Influence on Neural and Behavioral Responses to Social Media," *Psychological Science* 27, no. 7 (2016): 1027~1035.

189) Lauren E. Sherman et al., "Peer Influence via Instagram: Effects on Brain and Behavior in Adolescence and Young Adulthood," *Child Development* 89, no. 1 (2018): 37~47.

190) Lauren E. Sherman et al., "What the Brain 'Likes': Neural Correlates of Providing Feedback on Social Media," *Social Cognitive and Affective Neuroscience* 13, no. 7 (2018): 699~707.

191) James Olds and Peter Milner, "Positive Reinforcement Produced by Electrical Stimulation of Septal Area and Other Regions of Rat Brain," *Journal of Comparative and Physiological Psychology* 47, no. 6 (1954): 419.

192) Ivan P. Pavlov, *Conditioned Reflexes: An Investigation of the Physiological Activity of the Cerebral Cortex*, trans. and ed. G. V. Anrep (Oxford: Oxford University Press, 1927), 1960.

193) Mike Allen, "Sean Parker Unloads on Facebook: 'God Only Knows What It's Doing to Our Children's Brains,'" *Axios*, November 9, 2017; Erica Pandey, "Sean Parker: Facebook Was Designed to Exploit Human 'Vulnerability,'" *Axios*, November 9, 2017.

194) Dar Meshi, Carmen Morawetz, and Hauke R. Heekeren, "Nucleus Accumbens Response to Gains in Reputation for the Self Relative to Gains for Others Predicts Social Media Use," *Frontiers in Human Neuroscience* 7 (2013): 439.

195) D. Eckles, C. Nicolaides, and S. Aral, "Social Influence, Habits, and Disrupted Performance Environments," Advances in Consumer Research Abstracts, Association for Consumer Research, 2017.

196) Emily B. Falk et al., "Predicting Persuasion-Induced Behavior Change from the Brain," *Journal of Neuroscience* 30, no. 25 (2010): 8421~8424.

197) Emily B. Falk et al., "Neural Activity During Health Messaging Predicts Reductions in Smoking Above and Beyond Self-Report," *Health Psychology* 30, no. 2 (2011): 177.

198) Emily B. Falk, Elliot T. Berkman, and Matthew D. Lieberman, "From Neural Responses to Population Behavior: Neural Focus Group Predicts Population-Level Media Effects," *Psychological Science* 23, no. 5 (2012): 439~445.

199) Emily B. Falk et al., "Creating Buzz: The Neural Correlates of Effective Message

Propagation," *Psychological Science* 24, no. 7 (2013): 1234~1242.

200) Lieberman, *Social*, 125.

201) Christin Scholz et al., "A Neural Model of Valuation and Information Virality," *Proceedings of the National Academy of Sciences* 114, no. 11 (2017): 2881~2886.

202) Gregory S. Berns et al., "Neural Mechanisms of the Influence of Popularity on Adolescent Ratings of Music," *Neuroimage* 49, no. 3 (2010): 2687~2696.

203) Jorien van Hoorn et al., "Peer Influence on Prosocial Behavior in Adolescence," *Journal of Research on Adolescence* 26, no. 1 (2016): 90~100.

5장 네트워크의 중력은 그 질량에 비례한다

204) Mark Zuckerberg, United States Securities and Exchange Commission, Form S-1 Registration Statement Under The Securities Act of 1933, Facebook, Inc., February 1, 2012.

205) *Annual Report of the Directors of the American Telephone and Telegraph Company to the Stock Holders, for the Year Ending December 31, 1908* (Boston: Geo. H. Ellis Co., 1909), https:// beatriceco.com/bti/porticus/bell/pdf/1908ATTar_Complete.pdf.

206) 이 예는 뉴욕 대학 스턴 경영대학원 교수 아룬 순다라라잔 Arun Sundararajan, 아닌디야 고 즈 Anindya Ghose 등과 함께한 한 수업에서 개발한 것이다. 이 예와 관련해서는 특히 아룬 순다라라잔 교수의 공이 크다. 순다라라잔 교수는 2000년대 중반 이 수업을 주도적으로 개편했다.

207) Casey Johnston, "Microsoft Pays '$100,000 or More' to Get Devs Coding for Windows Phone," *Ars Technica*, June 14, 2013, https://arstechnica.com/information-technology/2013/06/microsoft-pays-100000-or-more-to-get-devs-coding-for-windows-phone/.

208) S. O'Dea, "Subscriber Share Held by Smartphone Operating Systems in the United States from 2012 to 2019," *Statistica*, February 28, 2020, https:// www.statista.com/statistics/266572/market-share-held-by-smartphone-platforms-in-the-united-states/.

209) "Mobile Operating System Market Share Worldwide, February 2019 – February 2020," *Statcounter*, n.d., https://gs.statcounter.com/os-market-share/mobile/worldwide.

210) 숀 파커와 지미 펄론의 인터뷰는 다음에서 볼 수 있다. https://www.youtube.com/watch?v=yCyMz-u-HcQ. 네트워크 효과와 페이스북의 시장 진출 전략에 관한 얘기는 약 20분 되는 곳에서 시작한다. 그리고 넥스트워크에서의 내 강연은 다음에서 볼 수 있다. https://www.youtube.com/watch?v=0GjgFHrXHAc&t=819s.

211) Jeffrey Rohlfs, "A Theory of Interdependent Demand for a Communications Service," *Bell Journal of Economics and Management Science* 5, no. 1 (1974): 16~37.

212) Richard Schmalensee, "Jeffrey Rohlfs' 1974 Model of Facebook: An

Introduction," *Competition and Policy International* 7, no. 1 (2011). 아룬 순다라라잔 교수는 2007년 자신의 생각을 페이스북과 트위터 등의 소셜 네트워크들처럼 오늘날 시장에 나와 있는 복잡한 소셜 네트워크 안에서 서로 연결된 소비자들의 집단으로 확장했다. Arun Sundararajan, "Local Network Effects and Complex Network Structure," *BE Journal of Theoretical Economics* 7, no. 1 (2007).

213) 가장 최근의 연구에 따르면 페이스북의 가치는 주로 로컬 네트워크 효과, 즉 우리와 그 안에서 서로 연결되는 특정 사람들의 경제적 가치에서 나온다. 세스 벤젤과 아비 콜리스는 사람들에게 페이스북상의 특정 친구들을 친구 명단에서 빼는 조건으로 얼마를 주면 되겠냐고 물었는데, 결과는 사람들이 소셜 미디어상에서 다른 사람들의 가치를 어떻게 매기느냐에 따라 천차만별이었다. 예를 들어 65세가 넘는 사람들은 다른 그 무엇보다 보다 젊은 사용자들과의 연결을 중시했고, 45세부터 54세까지의 남성들은 여성들이 남성들을 중시하는 경우보다 더 25세부터 54세까지의 여성들을 중시했다. 그리고 거의 모든 사람은 남성들이 다른 사람들을 중시하는 경우보다 더 25세부터 34세까지의 남성들을 중시했다. Seth G. Benzell and Avinash Collis, "Multisided Platform Strategy, Taxation, and Regulation: A Quantitative Model and Application to Facebook," MIT Working Paper, 2019, https://pdfs.semanticscholar.org/9d69/1d8 8bd56c09006d903255129f858d0109ec6.pdf.

214) Yong-Yeol Ahn et al., "Analysis of Topological Characteristics of Huge Online Social Networking Services," in *Proceedings of the 16th International Conference on World Wide Web* (New York: ACM, 2007), 835~844.

215) Rohlfs, "Theory of Interdependent Demand," section 5.

216) Aja Romano, "Saying Goodbye to AIM, the Instant Messenger That Changed How We Communicate," *Vox*, December 15, 2017.

217) Saul Hansell, "In Cyberspace, Rivals Skirmish over Messaging," *New York Times*, July 24, 1999.

218) Matthew Nelson, "AOL's AIM Gets Bugged," CNN, August 20, 1999.

6장 맞춤형 대중 설득

219) *United States of America v. Internet Research Agency LLC*, 18 U.S.C. §§ 2, 371, 1349, 1028A, https://www.justice.gov/file/1035477/download.

220) Philip N. Howard et al., "Social Media, News and Political Information During the US Election: Was Polarizing Content Concentrated in Swing States?," *arXiv:1802.03573* (2018).

221) Renee DiResta et al., *The Tactics and Tropes of the Internet Research Agency*, Investigation of Russian Interference prepared for the U.S. Senate Select Committee on Intelligence (New Knowledge, 2019), https:// int.nyt.com/data/documenthelper/533-read-report-internet-research-agency/7871ea6d5b7bedafbf19/optimized/full.pdf.

222) Catherine Shu, "Online Coupon Site RetailMeNot Acquired for $630 Million," *TechCrunch*, April 11, 2017, https://techcrunch.com/2017/04/10/online-coupon-site-retailmenot-acquired-for-630-million/.

223) DiResta et al., *Tactics and Tropes of the Internet Research Agency*; Philip N. Howard et al., *The IRA, Social Media and Political Polarization in the United States, 2012–2018*, Investigation of Russian Interference prepared for the U.S. Senate Select Committee on Intelligence (Graphika, 2019), https://int.nyt.com/data/documenthelper/534-oxford-russia-internet-research-agency/c6588b4a7b940c551c38/optimized/full.pdf.

224) Nate Silver, tweet, December 17, 2018, https://twitter.com/natesilver538/status/1074833714931224582?lang=en.

225) Hunt Allcott and Matthew Gentzkow, "Social Media and Fake News in the 2016 Election," *Journal of Economic Perspectives* 31, no. 2 (2017): 211~236; Andrew Guess, Brendan Nyhan, and Jason Reifler, "Selective Exposure to Misinformation: Evidence from the Consumption of Fake News During the 2016 US Presidential Campaign," *European Research Council* (2018), 9; N. Grinberg et al., "Fake News on Twitter During the 2016 US Presidential Election," *Science* 363, no. 6425 (2019): 374~378.

226) John Sides, Michael Tesler, and Lynn Vavreck, *Identity Crisis: The 2016 Presidential Campaign and the Battle for the Meaning of America* (Princeton: Princeton University Press, 2018).

227) Kathleen Hall Jamieson, *Cyberwar: How Russian Hackers and Trolls Helped Elect a President* (New York: Oxford University Press, 2018).

228) Brett R. Gordon et al., "A Comparison of Approaches to Advertising Measurement: Evidence from Big Field Experiments at Facebook," *Marketing Science* 38, no. 2 (2019): 193~225.

229) Sinan Aral, Lev Muchnik, and Arun Sundararajan, "Distinguishing Influence-Based Contagion from Homophily-Driven Diffusion in Dynamic Networks," *Proceedings of the National Academy of Sciences* 106, no. 51 (2009): 21544~21549; Dean Eckles and Eytan Bakshy, "Bias and High-Dimensional Adjustment in Observational Studies of Peer Effects," *arXiv:1706.04692* (2017).

230) Sandra C. Matz et al., "Psychological Targeting as an Effective Approach to Digital Mass Persuasion," *Proceedings of the National Academy of Sciences* 114, no. 48 (2017): 12714~12719.

231) Dean Eckles, Brett R. Gordon, and Garrett A. Johnson, "Field Studies of Psychologically Targeted Ads Face Threats to Internal Validity," *Proceedings of the National Academy of Sciences* 115, no. 23 (2018): E5254~5255.

232) Joshua D. Angrist, "Lifetime Earnings and the Vietnam Era Draft Lottery: Evidence from Social Security Administrative Records," *American Economic Review* 80,

no. 3 (1990): 313~336.

233) Panagiotis Papadimitriou et al., "Display Advertising Impact: Search Lift and Social Influence," in *Proceedings of the 17th ACM SIGKDD International Conference on Knowledge Discovery and Data Mining* (New York: ACM, 2011), 1019~1027.

234) Pavel Kireyev, Koen Pauwels, and Sunil Gupta, "Do Display Ads Influence Search? Attribution and Dynamics in Online Advertising," *International Journal of Research in Marketing* 33, no. 3 (2016): 475~490.

235) 롭 케인이 미네소타 대학 칼슨 경영대학에서 자신의 경영 교육의 하나로 라비 뱁나와 공유한 프레임워크 슬라이드 자료를 참조했다.

236) Thomas Blake, Chris Nosko, and Steven Tadelis, "Consumer Heterogeneity and Paid Search Effectiveness: A Large-Scale Field Experiment," *Econometrica* 83, no. 1 (2015): 155~174.

237) Ibid.

238) Randall A. Lewis and David H. Reiley, "On-line Ads and Offline Sales: Measuring the Effect of Retail Advertising via a Controlled Experiment on Yahoo!," *Quantitative Marketing and Economics* 12, no. 3 (2014): 235~266.

239) Garrett A. Johnson, Randall A. Lewis, and Elmar I. Nubbemeyer, "Ghost Ads: Improving the Economics of Measuring Online Ad Effectiveness," *Journal of Marketing Research* 54, no. 6 (2017): 867~884.

240) Gordon et al., "A Comparison of Approaches to Advertising Measurement: Evidence from Big Field Experiments at Facebook," 193~225.

241) Randall A. Lewis and Justin M. Rao, "The Unfavorable Economics of Measuring the Returns to Advertising," *Quarterly Journal of Economics* 130, no. 4 (2015): 1941~1973.

242) Lewis and Reiley, "Online Ads and Offline Sales," 244.

243) Blake et al., "Consumer Heterogeneity and Paid Search Effectiveness," 159.

244) Marc Pritchard, "Better Advertising Enabled by Media Transparency," speech at the Internet Advertising Bureau's annual leadership meeting, January 29, 2017, https://www.youtube.com/watch?v=NEUCOsphoI0.

245) J. Neff, "Procter & Gamble's Best Sales in a Decade Come Despite Drop in Ad Spending," *AdAge*, July 2019.

246) D. Christe, "P&G's Sales Jump as Ad Spending Shrinks, Data-Driven Marketing Ramps Up," *Marketing Dive*, July 2019.

247) E. Hammett, "P&G Puts Focus on Reach: It's a More Important Measure Than Spend," *MarketingWeek*, June 2019.

248) Neff, "Procter & Gamble's Best Sales in a Decade."

249) Erica Sweeney, "P&G Tweaks Media Model as In-Housing Shift Continues Apace," *Marketing Dive*, January 17, 2019, https://www.marketingdive.com/news/pg-tweaks-media-model-as-in-housing-shift-continues-apace/546265/.

250) Sarah Vizard and Molly Fleming, "P&G 'Doubles Down' on Marketing as

Demand Soars," *MarketingWeek*, April 17, 2020.

7장 초사회화

251) Mark Zuckerberg, "Historic Facebook Campaign Will Boost Voter Registration, Turnout and Voices," *USA Today*, June 16, 2020.

252) Robert M. Bond et al., "A 61-Million-Person Experiment in Social Influence and Political Mobilization," *Nature* 489, no. 7415 (2012): 295.

253) Jason J. Jones et al., "Social Influence and Political Mobilization: Further Evidence from a Randomized Experiment in the 2012 US Presidential Election," *PloS One* 12, no. 4 (2017): e0173851.

254) Jen See, "This Is What a Gold Medal Strava File Looks Like," *Men's Journal*, n.d., https://www.mensjournal.com/sports/this-is-what-a-gold-medal-strava-file-looks-like-w433826/.

255) Strava, "Year in Sport 2018," November 28, 2018, https://blog.strava.com/press/2018-year-in-sport/.

256) Sinan Aral and Christos Nicolaides, "Exercise Contagion in a Global Social Network," *Nature Communications* 8 (2017): 14753.

257) Sinan Aral and Michael Zhao, "Social Media Sharing and Online News Consumption," February 4, 2019, https://ssrn.com/abstract=3328864.

258) Michael J. Rosenfeld, Reuben J. Thomas, and Sonia Hausen, "Disintermediating Your Friends: How Online Dating in the United States Displaces Other Ways of Meeting," *Proceedings of the National Academy of Sciences* 116, no. 36 (2019): 17753~17758.

259) Ravi Bapna et al., "One-Way Mirrors in Online Dating: A Randomized Field Experiment," *Management Science* 62, no. 11 (2016): 3100~3122.

260) Yuan Yuan et al., "Social Contagion of Gift Exchange in Online Groups," *arXiv:1906.09698v2* (2019).

261) Adam D. I. Kramer, Jamie E. Guillory, and Jeffrey T. Hancock, "Experimental Evidence of Massive-Scale Emotional Contagion Through Social Networks," *Proceedings of the National Academy of Sciences* 111, no. 24 (2014): 8788~8790.

8장 초사회화 세계에서의 전략

262) Shawndra Hill, Foster Provost, and Chris Volinsky, "Network-Based Marketing: Identifying Likely Adopters via Consumer Networks," *Statistical Science* 21, no. 2 (2006): 256~276.

263) "Global Trust in Advertising Report," Nielsen, September 2015, https://www.nielsen.com/wp-content/uploads/sites/3/2019/04/global-trust-in-advertising-report-sept-2015-1.pdf.

264) "Joseph Ziyaee: 5 Fast Facts You Need to Know," https://heavy.com/ news/2016/02/joseph-ziyaee-king-of-uber-90k-how-to-make-money-uber- driver-referral-code-rules-photos-reddit/.

265) Sinan Aral and Sean Taylor, "Viral Incentive Systems: A Randomized Field Experiment," Work-shop on Information Systems Economics, Shanghai, China, 2011.

266) 다이렉 TV 광고는 다음에서 볼 수 있다. http://www.directv.com/DTVAPP/referral/ referralProgram.jsp.

267) Sinan Aral, Lev Muchnik, and Arun Sundararajan, "Distinguishing Influence- Based Contagion from Homophily-Driven Diffusion in Dynamic Networks," *Proceedings of the National Academy of Sciences* 106, no. 51 (2009): 21544~21549.

268) Paul R. Rosenbaum and Donald B. Rubin, "Constructing a Control Group Using Multivariate Matched Sampling Methods That Incorporate the Propensity Score," *American Statistician* 39, no. 1 (1985): 33~38; Dean Eckles and Eytan Bakshy, "Bias and High-Dimensional Adjustment in Observational Studies of Peer Effects," *arXiv: 1706.04692* (2017).

269) Eytan Bakshy et al., "Social Influence in Social Advertising: Evidence from Field Experiments," in *Proceedings of the 13th ACM Conference on Electronic Commerce* (New York: ACM, 2012), 146~161.

270) Shan Huang et al., "Social Advertising Effectiveness Across Products: A Large- Scale Field Experiment," *Marketing Science*, 출간 예정.

271) Jonah Berger, *Contagious: Why Things Catch On* (New York: Simon & Schuster, 2013).

272) Jonah Berger and Katherine L. Milkman, "What Makes Online Content Viral?," *Journal of Marketing Research* 49, no. 2 (2012): 192~205.

273) Steve Jurvetson, "What Exactly Is Viral Marketing?," *Red Herring* 78 (2000): 110~112.

274) Sinan Aral and Dylan Walker, "Creating Social Contagion Through Viral Product Design: A Randomized Trial of Peer Influence in Networks," *Management Science* 57, no. 9 (2011): 1623~1639.

275) Rachel Strugatz, "Bloggers and Digital Influencers Are Reshaping the Fashion and Beauty Landscape," *Los Angeles Times*, August 10, 2016.

276) Lisa Lockwood, "Something Navy Crashes Site, Beats Expectations at Nordstrom," *WWD*, September 25, 2018, https://wwd.com/fashion- news/fashion-scoops/something-navy-crashes-site-beats-expectations- nordstrom-1202845078/; Merin Curotto, "Something Navy's Arielle Charnas Is More Successful Than Ever-but at What Price?," *Observer*, December 12, 2018, https://observer.com/2018/12/something-navy-star-arielle-charnas-launching- nordstrom-holiday-line/.

277) Tyler McCall, "How Arielle Charnas Turned Her Blog, 'Something Navy,' Into a

Lifestyle Brand," *Fashionista*, September 24, 2018, https://fashionista.com/2018/09/something-navy-arielle-charnas-career.

278) Elihu Katz and Paul F. Lazarsfeld, *Personal Influence: The Part Played by People in the Flow of Mass Communications* (New York: Free Press, 1955).

279) Malcolm Gladwell, *The Tipping Point: How Little Things Can Make a Big Difference* (Boston: Little, Brown, 2000).

280) Gregory Ferenstein, "Dear Klout, This Is How You Measure Influence," *TechCrunch*, June 6, 2012, http://techcrunch.com/2012/06/21/science-social-contagion-klout/.

281) Sinan Aral, "Commentary-Identifying Social Influence: A Comment on Opinion Leadership and Social Contagion in New Product Diffusion," *Marketing Science* 30, no. 2 (2011): 217~223, http://mktsci.journal.informs.org/content/30/2/217.abstract.

282) Sinan Aral and Dylan Walker, "Identifying Influential and Susceptible Members of Social Networks," *Science* 337, no. 6092 (2012): 337~341, http://www.sciencemag.org/content/337/6092/337.

283) Sinan Aral and Dylan Walker, "Tie Strength, Embeddedness, and Social Influence: A Large-Scale Networked Experiment," *Management Science* 60, no. 6 (2014): 1352~1370.

284) Pedro Domingos and Matt Richardson, "Mining the Network Value of Customers," in *Proceedings of the Seventh ACM SIGKDD International Conference on Knowledge Discovery and Data Mining* (New York: ACM, 2001), 57~66.

285) Kate Taylor, "Kim Kardashian Revealed in a Lawsuit That She Demands up to Half a Million Dollars for a Single Instagram Post and Other Details About How Much She Charges for Endorsement Deals," *Business Insider*, May 9, 2019.

286) Scott L. Feld, "Why Your Friends Have More Friends Than You Do," *American Journal of Sociology* 96, no. 6 (1991): 1464~1477.

287) David A. Kim et al., "Social Network Targeting to Maximise Population Behaviour Change: A Cluster Randomised Controlled Trial," *Lancet* 386, no. 9989 (2015): 145~153.

288) "Influencer Marketing Benchmarks Report," *InfluencerDB*, 2019, https://cdn2.hubspot.net/hubfs/4030790/MARKETING/Resources/Education/E-Books/Influencer%20Marketing%20Benchmarks%20Report%202019/InfluencerDB_Influencer-Marketing-Benchmarks-Report-2019.pdf.

289) Eytan Bakshy et al., "Everyone's an Influencer: Quantifying Influence on Twitter," in *Proceedings of the Fourth ACM International Conference on Web Search and Data Mining* (New York: ACM, 2011), 65~74.

290) Sinan Aral and Paramveer S. Dhillon, "Social Influence Maximization Under Empirical Influence Models," *Nature Human Behaviour* 2, no. 6 (2018): 375~382.

291) Alexander Nix, "Cambridge Analytica-the Power of Big Data and Psychographics," Concordia Annual Summit, New York, 2016, https://www.youtube.com/watch?v=n8Dd5aVXLCc.

292) "Exposed: Undercover Secrets of Trump's Data Firm," Channel 4 News, March 20, 2018, https://www.channel4.com/news/exposed-undercover-secrets-of-donald-trump-data-firm-cambridge-analytica.

293) Avi Goldfarb and Catherine E. Tucker, "Privacy Regulation and Online Advertising," *Management Science* 57, no. 1 (2011): 57~71.

294) Claudia Perlich et al., "Machine Learning for Targeted Display Advertising: Transfer Learning in Action," *Machine Learning* 95, no. 1 (2014): 103~127.

295) Alexander Bleier and Maik Eisenbeiss, "Personalized Online Advertising Effectiveness: The Interplay of What, When, and Where," *Marketing Science* 34, no. 5 (2015): 669~688.

296) Christopher A. Summers, Robert W. Smith, and Rebecca Walker Reczek, "An Audience of One: Behaviorally Targeted Ads as Implied Social Labels," *Journal of Consumer Research* 43, no. 1 (2016): 156~178.

297) Nico Neumann, Catherine E. Tucker, and Timothy Whitfield, "Frontiers: How Effective Is Third-Party Consumer Profiling? Evidence from Field Studies," *Marketing Science* 38, no. 6 (2019): 918~926.

298) "The State of Data," Interactive Advertising Bureau and Winterberry Group, 2018, https://www.iab.com/insights/the-state-of-data-2018/.

299) Sandra C. Matz et al., "Psychological Targeting as an Effective Approach to Digital Mass Persuasion," *Proceedings of the National Academy of Sciences* 114, no. 48 (2017): 12714~12719.

300) Hannes Grassegger and Mikael Krogerus, "The Data That Turned the World Upside Down," Motherboard, Vice.com, January 28, 2017, https://www.vice.com/en_us/article/mg9vvn/how-our-likes-helped-trump-win.

301) John Morgan, "Michal Kosinski: Enemy of Privacy or Just a Whistleblower?," *Times Higher Education*, March 22, 2018, https://www.timeshighereducation.com/features/michal-kosinski-enemy-privacy-or-just-whistleblower.

302) Dean Eckles, Brett R. Gordon, and Garrett A. Johnson, "Field Studies of Psychologically Targeted Ads Face Threats to Internal Validity," *Proceedings of the National Academy of Sciences* 115, no. 23 (2018): E5254~5255.

303) "Trending on Instagram," *Instagram Engineering*, July 6, 2015, https://instagram-engineering.com/trending-on-instagram-b749450e6d93.

304) Seth Fiegerman, "Report: Twitter Now Charges $200,000 for Promoted Trends," *TechCrunch*, February 11, 2013: https://mashable.com/2013/02/11/report-twitter-now-charges-200000-for-promoted-trends/.

305) Molly McKew, "How Twitter Bots and Trump Fans Made #ReleaseTheMemo Go Viral," *Politico*, February 4, 2018.

306) Albert-László Barabási and Réka Albert, "Emergence of Scaling in Random Networks," *Science* 286, no. 5439 (1999): 509~512.

307) Linhong Zhu and Kristina Lerman, "Attention Inequality in Social Media," *arXiv:1601.07200* (2016).

308) Sinan Aral and Marshall Van Alstyne, "The Diversity-Bandwidth Trade-Off," *American Journal of Sociology* 117, no. 1 (2011): 90~171.

309) Sinan Aral and Paramveer S. Dhillon, "Social Influence Maximization Under Empirical Influence Models," *Nature Human Behaviour* 2, no. 6 (2018): 375~382.

310) Lynn Wu et al., "Mining Face-to-Face Interaction Networks Using Sociometric Badges: Predicting Productivity in an IT Configuration Task," in *Proceedings of the 29th Annual International Conference on Information Systems* (Paris, 2008).

311) Sean J. Taylor, Lev Muchnik, and Sinan Aral, "What's in a Username? Identity Cue Effects in Social Media," MIT Working Paper, July 23, 2019, http://dx.doi.org/10.2139/ssrn.2538130.

312) Sinan Aral and Christos Nicolaides, "Exercise Contagion in a Global Social Network," *Nature Communications* 8, no. 1 (2017): 1~8.

313) Leon Festinger, "A Theory of Social Comparison Processes," *Human Relations* 7, no. 2 (1954): 117~140.

314) Festinger, "A Theory of Social Comparison Processes," 126.

315) Nelli Hankonen et al., "Gender Differences in Social Cognitive Determinants of Exercise Adoption," *Psychology and Health* 25, no. 1 (2010): 55~69.

316) Shan Huang et al., "Social Advertising Effectiveness Across Products: A Large-Scale Field Experiment," *Marketing Science*, 출간 예정.

317) Robert M. Bond et al., "A 61-Million Person Experiment in Social Influence and Political Mobilization," *Nature* 489, no. 7415 (2012): 295.

10장 대중의 지혜와 광기

318) James Surowiecki, *The Wisdom of Crowds* (New York: Anchor, 2005).

319) Francis Galton, "Vox Populi," *Nature* 75, no. 7 (1907): 450~451.

320) "Through the Eyes of the Consumer," Consumer Shopping Habits Survey, Channel Advisor, 2010, http://docplayer.net/18410379-Channeladvisor-white-paper-through-the-eyes-of-the-consumer-2010-consumer-shopping-habits-survey.html; "Study Shows 97% of People Buy from Local Businesses They Discover on Yelp," Nielsen Survey Commissioned by Yelp, October 11, 2019, https://blog.yelp.com/2019/10/study-shows-97-of-people-buy-from-local-businesses-they-discover-on-yelp.

321) Lev Muchnik, Sinan Aral, and Sean J. Taylor, "Social Influence Bias: A Randomized Experiment," *Science* 341, no. 6146 (2013): 647~651; Sinan Aral, "The Problem with Online Ratings," *MIT Sloan Management Review* 55, no. 2 (2014): 47.

322) Jamil Zaki, Jessica Schirmer, and Jason P. Mitchell, "Social Influence Modulates the Neural Computation of Value," *Psychological Science* 22, no. 7 (2011): 894~900.

323) Daniel K. Campbell-Meiklejohn et al., "How the Opinion of Others Affects Our Valuation of Objects," *Current Biology* 20, no. 13 (2010): 1165.

324) Matthew J. Salganik, Peter Sheridan Dodds, and Duncan J. Watts, "Experimental Study of Inequality and Unpredictability in an Artificial Cultural Market," *Science* 311, no. 5762 (2006): 854~856; Duncan J. Watts, *Everything Is Obvious**(*Once You Know the Answer) (New York: Crown Business, 2011).

325) Stanley Milgram, Leonard Bickman, and Lawrence Berkowitz, "Note on the Drawing Power of Crowds of Different Size," *Journal of Personality and Social Psychology* 13, no. 2 (1969): 79.

326) Nan Hu, Paul A. Pavlou, and Jie Jennifer Zhang, "Why Do Online Product Reviews Have a J-Shaped Distribution? Overcoming Biases in Online Word-of-Mouth Communication," *Communications of the ACM* 52, no. 10 (2009): 144~147; Nan Hu, Paul A. Pavlou, and Jennifer Zhang, "Can Online Reviews Reveal a Product's True Quality? Empirical Findings and Analytical Modeling of Online Word-of-Mouth Communication," in *Proceedings of the 7th ACM Conference on Electronic Commerce* (New York: ACM, 2006), 324~330.

327) Jeremy Ginsberg et al., "Detecting Influenza Epidemics Using Search Engine Query Data," *Nature* 457, no. 7232 (2009): 1012.

328) David Lazer et al., "The Parable of Google Flu: Traps in Big Data Analysis," *Science* 343, no. 6176 (2014): 1203~1205.

329) Surowiecki, *Wisdom of Crowds*, 55.

330) Lu Hong and Scott E. Page, "Groups of Diverse Problem Solvers Can Outperform Groups of High-Ability Problem Solvers," *Proceedings of the National Academy of Sciences* 101, no. 46 (2004): 16385~16389; Scott E. Page, *The Difference: How the Power of Diversity Creates Better Groups, Firms, Schools, and Societies*, rev. ed. (Princeton: Princeton University Press, 2008).

331) "Political Polarization, 1994~2017," Pew Research Center, October 20, 2017, https://www.people-press.org/interactives/political-polarization-1994-2017/.

332) Matthew Gentzkow, "Polarization in 2016," Toulouse Network for Information Technology white paper (2016), http://web.stanford.edu/~gentzkow/research/PolarizationIn2016.pdf.

333) Bill Bishop, *The Big Sort: Why the Clustering of Like-Minded America Is Tearing Us Apart* (New York: Houghton Mifflin, 2008); Bill Bishop, "Caught in a Landslide-County Level Voting Shows Increased 'Sorting,'" *Daily Yonder*, November 21, 2016, https://

www.dailyyonder.com/caught-in-a-landslide-county-level-voting-shows-increased-sorting/2016/11/21/16361/.

334) Marc J. Hetherington, "Resurgent Mass Partisanship: The Role of Elite Polarization," *American Political Science Review* 95, no. 3 (2001): 619~631; William G. Mayer, "Mass Partisanship, 1946~1996," in *Partisan Approaches to Postwar American Politics*, ed. Byron E. Shafer (New York: Chatham House, 1998).

335) Richard Fleisher and John R. Bond, "The Shrinking Middle in the US Congress," *British Journal of Political Science* 34, no. 3 (2004): 429~451; Gary C. Jacobson, "Partisan Polarization in Presidential Support: The Electoral Connection," *Congress and the Presidency* 30, no. 1 (2003): 1~36.

336) Richard Fleisher and John R. Bond, "The Shrinking Middle in the US Congress," *British Journal of Political Science* 34, no. 3 (2004): 429~451; Gary C. Jacobson, "Partisan Polarization in Presidential Support: The Electoral Connection," *Congress and the Presidency* 30, no. 1 (2003): 1~36.

337) Gentzkow, "Polarization in 2016."

338) Ibid., 12.

339) Suzanne Kapner and Dante Chinni, "Are Your Jeans Red or Blue? Shopping America's Partisan Divide," *Wall Street Journal*, November 19, 2019

340) Shanto Iyengar et al., "The Origins and Consequences of Affective Polarization in the United States," *Annual Review of Political Science* 22 (2019): 129~146.

341) American electorate has been economically polarized: Mark Muro and Jacob Whiton, "America Has Two Economies-and They're Diverging Fast," Brookings Institution, September 19, 2019, https://www.brookings.edu/blog/the-avenue/2019/09/10/america-has-two-economies-and-theyre-diverging-fast/?mod=article_inline; Aaron Zitner and Dante Chinni, "Democrats and Republicans Live in Different Worlds," *Wall Street Journal*, September 20, 2019.

342) Kevin Arceneaux and Martin Johnson, *Changing Minds or Changing Channels? Partisan News in an Age of Choice* (Chicago: University of Chicago Press, 2013).

343) Cass R. Sunstein, *Republic.com* (Princeton: Princeton University Press, 2001); Eli Pariser, *The Filter Bubble: What the Internet Is Hiding from You* (London: Penguin UK, 2011).

344) Yphtach Lelkes, Gaurav Sood, and Shanto Iyengar, "The Hostile Audience: The Effect of Access to Broadband Internet on Partisan Affect," *American Journal of Political Science* 61, no. 1 (2017): 5~20.

345) Levi Boxell, Matthew Gentzkow, and Jesse M. Shapiro, "Greater Internet Use Is Not Associated with Faster Growth in Political Polarization Among US Demographic Groups," *Proceedings of the National Academy of Sciences* 114, no. 40 (2017): 10612~10617; Matthew Gentzkow and Jesse M. Shapiro, "Ideological Segregation Online and Offline," *Quarterly Journal of Economics* 126, no. 4 (2011): 1799~1839.

346) Levi Boxell, Matthew Gentzkow, and Jesse M. Shapiro, "Cross-Country Trends

in Affective Polarization," National Bureau of Economic Research, Working Paper no. 26669, January 2020, https://www.nber.org/papers/w26669.

347) Ibid.

348) Eytan Bakshy, Solomon Messing, and Lada A. Adamic, "Exposure to Ideologically Diverse News and Opinion on Facebook," *Science* 348, no. 6239 (2015): 1130~1132.

349) Jörg Claussen, Christian Peukert, and Ananya Sen, "The Editor vs. the Algorithm: Economic Returns to Data and Externalities in Online News," November 12, 2019, https://papers.ssrn.com/sol3/papers.cfm?abstract_id=3479854.

350) David Holtz, Ben Carterette, and Sinan Aral, "The Engagement-Diversity Trade-Off: Evidence from a Field Experiment on Spotify," MIT Sloan Working Paper, 2020.

351) Ro'ee Levy, "Social Media, News Consumption, and Polarization: Evidence from a Field Experiment," Yale Working Paper, 2020, https://levyroee.github.io/Papers/Social_Media_and_Polarization.pdf.

352) Alberto F. Alesina, Armando Miano, and Stefanie Stantcheva, "The Polarization of Reality," National Bureau of Economic Research, Working Paper no. 26675, January 2020, https://www.nber.org/papers/w26675.

353) Morris H. DeGroot, "Reaching a Consensus," *Journal of the American Statistical Association* 69, no. 345 (1974): 118~121.

354) "Facebook's WhatsApp Limits Users to Five Text Forwards to Curb Rumors," Reuters, January 21, 2019.

355) Benjamin Golub and Matthew O. Jackson, "Naive Learning in Social Networks and the Wisdom of Crowds," *American Economic Journal: Microeconomics* 2, no. 1 (2010): 112~149.

356) Ibid., 114~115.

357) 잭슨과 골럽은 다음 연구들로부터 영향을 받았다. Bala Venkatesh and Sanjeev Goyal, "Learning from Neighbors," *Review of Economic Studies* 65 (1998): 595~621; Daron Acemoglu et al., "Bayesian Learning in Social Networks," *Review of Economic Studies* 78, no. 4 (2011): 1201~1236.

358) Joshua Becker, Devon Brackbill, and Damon Centola, "Network Dynamics of Social Influence in the Wisdom of Crowds," *Proceedings of the National Academy of Sciences* 114, no. 26 (2017): E5070~5076.

359) Abdullah Almaatouq et al., "Adaptive Social Networks Promote the Wisdom of Crowds," *Proceedings of the National Academy of Sciences*, 출간 예정.

11장 소셜 미디어의 장밋빛 약속도 위험하다

360) Thomas Fuller and Chris Buckley, "Earthquake Aftershocks Jolt Nepal as Death Toll Rises Above 3,400," *New York Times*, April 26, 2015.

361) Ken Yeung, "Over 770K Facebook Users Donated $15M to Support Nepal Earthquake Relief," *Venture Beat*, September 28, 2015, https://venturebeat.com/2015/09/28/over-770k-facebook-users-donated-15m-to support-nepal-earthquake-relief/.

362) Anthony Faiola and Griff Witte, "Massive Crowds Join March for Solidarity in Paris," *Washington Post*, January 11, 2015.

363) Jennifer M. Larson et al., "Social Networks and Protest Participation: Evidence from 130 Million Twitter Users," *American Journal of Political Science* 63, no. 3 (2019): 690~705.

364) V. Walt, "With Telegram, a Reclusive Social Media Star Rises Again," *Fortune*, February 23, 2016.

365) "Top Websites Ranking," SimilarWeb, https://www.similarweb.com/top-websites/category/internet-and-telecom/social-network.

366) E. Hartog, "How Telegram Became the Durov Brothers' Weapon Against Surveillance," *Moscow Times*, March 3, 2016, https://www.themoscowtimes.com/2016/03/03/how-telegram-became-the-durov-brothers-weapon-against-surveillance-a52042.

367) D. Hakim, "Once Celebrated in Russia, the Programmer Pavel Durov Chooses Exile," *New York Times*, December 2, 2014.

368) I. Lunden, "Pavel Durov Resigns as Head of Russian Social Network VK.com, Ukraine Conflict Was the Tipping Point," *TechCrunch*, April 1, 2014, https://techcrunch.com/2014/04/01/founder-pavel-durov-says-hes-stepped-down-as-head-of-russias-top-social-network-vk-com/.

369) Ruben Enikolopov, Alexey Makarin, and Maria Petrova, "Social Media and Protest Participation: Evidence from Russia," *Econometrica*, November 15, 2019, https://ssrn.com/abstract=2696236.

370) Zeynep Tufekci, *Twitter and Tear Gas: The Power and Fragility of Networked Protest* (New Haven, Conn.: Yale University Press, 2017).

371) Steven Lee Myers and Paul Mozur, "China Is Waging a Disinformation War Against Hong Kong Protesters," *New York Times*, August 13, 2019.

372) Gary King, Jennifer Pan, and Margaret E. Roberts, "How the Chinese Government Fabricates Social Media Posts for Strategic Distraction, Not Engaged Argument," *American Political Science Review* 111, no. 3 (2017): 484~501.

373) Tufekci, *Twitter and Tear Gas*, xiv.

374) Andrew Neiman, "Telegram Users Growth Compared to Other IM Services," *Telegram Geeks*, March 1, 2016, https://telegramgeeks.com/2016/03/telegram-users-growth-compared/.

375) Mansoor Iqbal, "Telegram Revenue and Usage Statistics (2019)," *Business of Apps*, November 6, 2019, https://www.business-ofapps.com/data/telegram-statistics/.

376) Karim Amer and Jehane Noujaim, *The Great Hack* (documentary film), Netflix (2019).

377) Paul Cruickshank, "The Inside Story of the Paris and Brussels Attacks," CNN, October 30, 2017.

378) "The Redirect Method: A Blueprint for Bypassing Extremism," The Redirect Method, https://redirectmethod.org/downloads/RedirectMethod-FullMethod-PDF.pdf.

379) Patrick Berlinquette, "I Used Google Ads for Social Engineering. It Worked," *New York Times*, July 7, 2019.

380) Edward C. Baig, "Redirecting Hate: ADL Hopes Googling KKK or Jihad Will Take You Down a Different Path," *USA Today*, June 24, 2019.

381) "Ice Bucket Challenge," Wikipedia, https://en.wikipedia.org/wiki/Ice_Bucket_Challenge.

382) Michelle Castillo, "Study: Allowing Organ Donation Status on Facebook Increased Number of Donors," CBS News, June 18, 2013; Andrew M. Cameron et al., "Social Media and Organ Donor Registration: The Facebook Effect," *American Journal of Transplantation* 13, no. 8 (2013): 2059~2065.

383) Tom Risen, "Mobile Phones, Social Media Aiding Ebola Fight," *US News*, October 10, 2014.

384) Meg Carter, "How Twitter May Have Helped Nigeria Contain Ebola," *British Medical Journal* 349 (2014).

385) Martin Giles, "The Cambridge Analytica Affair Reveals Facebook's 'Transparency Paradox,'" *MIT Technology Review*, March 19, 2018, https://www.technologyreview.com/s/610577/the-cambridge-analytica-affair-reveals-facebooks-transparency-paradox/.

386) Nick Statt, "Facebook CEO Mark Zuckerberg Says the 'Future Is Private,'" *Verge*, April 30, 2019.

387) Daniel Victor, "In Christchurch, Signs Point to a Gunman Steeped in Internet Trolling," *New York Times*, March 15, 2019.

388) Julia Carrie Wong, "US, UK and Australia Urge Facebook to Create Backdoor Access to Encrypted Messages," *Guardian*, October 3, 2019.

389) "FBI Director Warns Facebook Could Become Platform of 'Child Pornographers,'" *Reuters*, October 4, 2019.

390) Craig Silverman, "Facebook Said It Would Give Detailed Data to Academics. They're Still Waiting," *BuzzFeed*, August 22, 2019; Craig Silverman, "Funders Have Given Facebook a Deadline to Share Data with Researchers or They're Pulling Out," *BuzzFeed*, August 27, 2019.

391) William D. Nordhaus, "Schumpeterian Profits in the American Economy: Theory and Measurement," National Bureau of Economic Research, Working Paper no. 10433, 2004.

392) Erik Brynjolfsson, Avinash Collis, and Felix Eggers, "Using Massive Online Choice Experiments to Measure Changes in Well-Being," *Proceedings of the National Academy of Sciences* 116, no. 15 (2019): 7250~7255.

393) Hunt Allcott et al., "The Welfare Effects of Social Media," National Bureau of Economic Research, Working Paper no. 25514, 2019. 연간 경제 복지 이득 3,700억 달러는 올콧과 겐츠코 등의 월간 추정치이다.

394) Mark Granovetter, "The Strength of Weak Ties," *American Journal of Sociology* 78 (1973): 1360~1380.

395) Nathan Eagle, Michael Macy, and Rob Claxton, "Network Diversity and Economic Development," *Science* 328, no. 5981 (2010): 1029~1031.

396) Guillaume Saint-Jacques, Erik Brynjolfsson, and Sinan Aral, "A Causal Test of the Strength of Weak Ties," MIT Initiative on the Digital Economy Working Paper, February 2020.

397) Luis Armona, "Online Social Network Effects in Labor Markets," Stanford University, Department of Economics Working Paper, 2018.

398) Lynn Wu, "Social Network Effects on Productivity and Job Security: Evidence from the Adoption of a Social Networking Tool," *Information Systems Research* 24, no. 1 (2013): 30~51.

399) Sydnee Caldwell and Nikolaj Harmon, "Outside Options, Bargaining, and Wages: Evidence from Coworker Networks," University of Copenhagen Working Paper, 2019.

400) Eszter Hargittai and Amanda Hinnant, "Digital Inequality: Differences in Young Adults' Use of the Internet," *Communication Research* 35, no. 5 (2008): 602~621.

401) Ibid., 606~607.

402) Daron Acemoglu, "Why Do New Technologies Complement Skills? Directed Technical Change and Wage Inequality," *Quarterly Journal of Economics* 113, no. 4 (1998): 1055~1089; David H. Autor, Lawrence F. Katz, and Alan B. Krueger, "Computing Inequality: Have Computers Changed the Labor Market?," *Quarterly Journal of Economics* 113, no. 4 (1998): 1169~1213.

403) Abdi Latif Dahir, "Uganda's Social Media Tax Has Led to a Drop in Internet and Mobile Money Users," *Quartz*, February 19, 2019, https://qz.com/africa/1553468/uganda-social-media-tax-decrease-internet-users-revenues/.

404) Juliet Nanfuka, "Social Media Tax Cuts Ugandan Internet Users by Five Million, Penetration Down from 47% to 35%," Collaboration on International ICT Policy in East and Southern Africa, January 31, 2019, https://cipesa.org/2019/01/%EF%BB%BFsocial-media-tax-cuts-ugandan-internet-users-by-five-million-penetration-down-from-47-to-35/.

405) Abdi Latif Dahir, "Uganda's 'Regressive' Social Media Tax May Cost Its Economy Hundreds of Millions of Dollars," *Quartz*, September 1, 2018, https://qz.com/

africa/1375795/ugandas-regressive-social-media-tax-may-cost-its-economy-hundreds-of-millions-of-dollars/.

406) "One Year After Ban, Telegram Still Accessible from Russia with Growing Audience," *East West Digital News, BNE Intellinews*, May 1, 2019, https://www.intellinews.com/one-year-after-ban-telegram-still-accessible-from-russia-with-growing-audience-160502/.

407) Matt Burgess, "This Is Why Russia's Attempts to Block Telegram Have Failed," *Wired UK*, April 28, 2018, https://www.wired.co.uk/article/telegram-in-russia-blocked-web-app-ban-facebook-twitter-google; "One Year After Ban."

408) Vlad Savov, "Russia's Telegram Ban Is a Big, Convoluted Mess," *Verge*, April 17, 2018.

12장 더 나은 하이프 머신은 가능한가?

409) Elizabeth Warren, "Breaking Up Big Tech," blog post, 2019, https://2020.elizabethwarren.com/toolkit/break-up-big-tech.

410) Chris Hughes, "It's Time to Break Up Facebook," *New York Times*, May 9, 2019.

411) Elizabeth Warren, tweet, October 1, 2019, https://twitter.com/ewarren/status/1179118108633636865.

412) Lina M. Khan, "Amazon's Antitrust Paradox," *Yale Law Journal* 126, no. 3 (2016): 710.

413) Tim O'Reilly, "Antitrust Regulators Are Using the Wrong Tools to Break Up Big Tech," *Quartz*, July 17, 2019, https://qz.com/1666863/why-big-tech-keeps-outsmarting-antitrust-regulators/.

414) Robert Reich, "Facebook and Twitter Spread Trump's Lies, So We Must Break Them Up," *Guardian*, November 3, 2019.

415) Matt Stoller, "Tech Companies Are Destroying Democracy and the Free Press," *New York Times*, October 17, 2019; Matt Stoller, "The Great Breakup of Big Tech Is Finally Beginning," *Guardian*, September 9, 2019.

416) "Employment Trends in Newspaper Publishing and Other Media, 1990~2016," U.S. Bureau of Labor Statistics, June 2, 2016, https://www.bls.gov/opub/ted/2016/employment-trends-in-newspaper-publishing-and-other-media-1990-2016.htm; "Number of Daily Newspapers in the U.S. 1970~2016," *Statistica*, https://www.statista.com/statistics/183408/number-of-us-daily-newspapers-since-1975/.

417) Mark J. Perry, "Free Fall: Adjusted for Inflation, Print Newspaper Advertising Revenue in 2012 Lower Than in 1950," Seeking Alpha, August 8, 2013, https://seekingalpha.com/article/1327381-free-fall-adjusted-for-inflation-print-newspaper-advertising-revenue-in-2012-lower-than-in-1950; data from the Newspaper Association of America.

418) "Newspapers Fact Sheet," Pew Research Center-Journalism and Media, July 9, 2019, https://www.journalism.org/fact-sheet/newspapers/.

419) Susan Athey, Markus Mobius, and Jeno Pal, "The Impact of Aggregators on Internet News Consumption," Stanford Graduate School of Business, Working Paper no. 3353, January 11, 2017, https://www.gsb.stanford.edu/faculty-research/working-papers/impact-news-aggregators-internet-news-consumption-case-localization.

420) Garrett A. Johnson, Scott K. Shriver, and Shaoyin Du, "Consumer Privacy Choice in Online Advertising: Who Opts Out and at What Cost to Industry?," Simon Business School, Working Paper no. FR 17 – 19, June 19, 2019, https://papers.ssrn.com/sol3/papers.cfm?abstract_id=3020503.

421) Dina Srinivasan, "The Antitrust Case Against Facebook: A Monopolist's Journey Towards Pervasive Surveillance in Spite of Consumers' Preference for Privacy," *Berkeley Business Law Journal* 16, no. 1 (2019): 39.

422) Carl Shapiro, "Antitrust in a Time of Populism," *International Journal of Industrial Organization* 61 (2018): 714~748.

423) Luigi Zingales and Guy Rolnik, "A Way to Own Your Social-Media Data," *New York Times*, June 30, 2017.

424) Joshua Gans, "Enhancing Competition with Data and Identity Portability," Brookings Institution, Hamilton Project Policy Proposal 2018 – 10, June 2018, 1 – 23, https://www.hamiltonproject.org/assets/files/Gans_20180611.pdf.

425) Ibid., 13.

426) Ibid.

427) Augmenting Compatibility and Competition by Enabling Service Switching Act of 2019 (S. 2658), 116th Congress (2019 – 20), https://www.congress.gov/bill/116th-congress/senate-bill/2658/text.

428) 이 프로젝트와 공동 연구자에 대한 자세한 설명은 다음을 참조하라. https://datatransferproject.dev/.

429) Annie Palmer, "Twitter CEO Jack Dorsey Has an Idealistic Vision for the Future of Social Media and Is Funding a Small Team to Chase It," CNBC, December 11, 2019.

430) Michel Foucault, *Surveiller et punir: Naissance de la prison* (Paris: Gallimard, 1975).

431) Tim Wu, "How Capitalism Betrayed Privacy," *New York Times*, April 10, 2019.

432) Sinan Aral and Dean Eckles, "Protecting Elections from Social Media Manipulation," *Science* 365, no. 6456 (2019): 858~861.

433) Bernhard Warner, "Online-Privacy Laws Come with a Downside," *Atlantic*, June 3, 2019.

434) David Yaffe-Bellany, "Why Chicken Producers Are Under Investigation for Price Fixing," *New York Times*, June 25, 2019.

435) Jessica Davies, "GDPR Mayhem: Programmatic Ad Buying Plummets in Europe," *Digiday*, May 25, 2018, https://digiday.com/media/gdpr-mayhem-programmatic-ad-buying-plum-mets-europe/.

436) Garrett A. Johnson and Scott K. Shriver, "Privacy and Market Concentration: Intended and Unintended Consequences of the GDPR," Questrom School of Business Working Paper, November 6, 2019, https://ssrn.com/abstract=3477686.

437) Johnson et al., "Consumer Privacy Choice in Online Advertising: Who Opts Out and at What Cost to Industry?"

438) Deepak Ravichandran and Nitish Korula, "The Effect of Disabling Third-Party Cookies on Publisher Revenue," Google Working Paper, 2019, https://services.google.com/fh/files/misc/disabling_third-party_cookies_publisher_revenue.pdf.

439) Jian Jia, Ginger Zhe Jin, and Liad Wagman, "The Short-Run Effects of GDPR on Technology Venture Investment," National Bureau of Economic Research, Working Paper no. 25248, November 2018, https://www.nber.org/papers/w25248.

440) Gordon Pennycook and David G. Rand, "Lazy, Not Biased: Susceptibility to Partisan Fake News Is Better Explained by Lack of Reasoning Than by Motivated Reasoning," *Cognition* 188 (2019): 39~50.

441) Adrien Friggeri et al., "Rumor Cascades," in *Eighth International AAAI Conference on Weblogs and Social Media* (2014), https://www.aaai.org/ocs/index.php/ICWSM/ICWSM14/paper/viewFile/8122/8110.

442) Gordon Pennycook et al., "Understanding and Reducing the Spread of Misinformation Online," MIT Sloan Working Paper, 2019.

443) Katherine Clayton et al., "Real Solutions for Fake News? Measuring the Effectiveness of General Warnings and Fact-Check Tags in Reducing Belief in False Stories on Social Media," *Political Behavior* (2019): 1~23.

444) Gordon Pennycook, Adam Bear, Evan T. Collins, and David G. Rand, "The Implied Truth Effect: Attaching Warnings to a Subset of Fake News Headlines Increases Perceived Accuracy of Headlines Without Warnings," *Management Science*, February 21, 2020, https://doi.org/10.1287/mnsc.2019.3478.

445) Sinan Aral, "How We Can Protect Truth in the Age of Misinformation," TEDxCERN, https://www.ted.com/talks/sinan_aral_how_we_can_protect_truth_in_the_age_of_misinformation.

446) Sarah Perez, @sarahintampa, "Google's New Media Literacy Program Teaches Kids Ho to Spot Disinformation and Fake News," *TechCrunch*, June 24, 2019, https://techcrunch.com/2019/06/24/googles-new-media-literacy-program-teaches-kids-how-to-spot-disinformation-and-fake-news/; Google's "Be Internet Awesome," https://beinternetawesome.withgoogle.com/en_us/.

447) "Fake News 'Vaccine' Works: 'Pre-Bunking' Game Reduces Susceptibility to Disinformation," *Science Daily*, June 24, 2019, https://www.sciencedaily.com/releases/2019/06/190624204800.htm.

448) Jon Roozenbeek and Sander van der Linden, "Fake News Game Confers Psychological Resistance Against Online Misinformation," *Palgrave Communications* 5, no. 1 (2019): 12.

449) Soroush Vosoughi, "Automatic Detection and Verification of Rumors on Twitter," PhD diss., Massachusetts Institute of Technology, 2015.

450) "Facebook's WhatsApp Limits Users to Five Text Forwards to Curb Rumors," Reuters, January 21, 2019.

451) Isabel Togoh, "WhatsApp Viral Message Forwarding Drops 70% After New Limits to Stop Coronavirus Misinformation," *Forbes*, April 27, 2020.

452) Aral and Eckles, "Protecting Elections from Social Media Manipulation."

453) Craig Silverman, "Facebook Said It Would Give Detailed Data to Academics. They're Still Waiting," *BuzzFeed*, August 22, 2019; Craig Silverman, "Funders Have Given Facebook a Deadline to Share Data with Researchers or They're Pulling Out," *BuzzFeed*, August 27, 2019.

454) "Public Statement from the Co-chairs and European Advisory Committee of Social Science One," December 11, 2019, https://socialscience.one/blog/public-statement-european-advisory-committee-social-science-one.

455) Solomon Messing @SolomonMg, "IT'S OUT-On January 17, we launched one of the largest social science data sets ever constructed," Twitter, February 13, 2020.

456) Gary King and Nathaniel Persily, "Unprecedented Facebook URLs Dataset Now Available for Academic Research Through Social Science One," *Social Science One Blog*, February 13, 2020, https://socialscience.one/blog/unprecedented-facebook-urls-dataset-now-available-research-through-social-science-one.

457) Daniel Kifer et al., "Guidelines for Implementing and Auditing Differentially Private Systems," *arXiv:2002.04049* [cs.CR], February 10, 2020, https://arxiv.org/abs/2002.04049.

458) Dan Desai Martin, "Mitch McConnell Caves After Months of Blocking Vote on Election Security," *American Independent*, September 16, 2019, https://americanindependent.com/mitch-mcconnell-senate-election-security-funding-moscow-mitch/.

459) "Schumer Remarks After Sen. McConnell, Senate GOP Relent on Election Security Funding," Sen. Charles Schumer press release, September 19, 2019, https://www.democrats.senate.gov/news/press-releases/schumer-remarks-after-sen-mcconnell-senate-gop-relent-on-election-security-funding.

460) Vindu Goel, "India Proposes Chinese-Style Internet Censorship," *New York Times*, February 14, 2019.

461) Jennifer Daskal, "This 'Fake News' Law Threatens Free Speech. But It Doesn't Stop There," *New York Times*, May 30, 2019.

462) Shannon Van Sant, "Russia Criminalizes the Spread of Online News Which 'Disrespects' the Government," NPR News, March 18, 2019.

463) Dan MacGuill, "Does Switching Your Twitter Location to Germany Block Nazi Content?," *Snopes*, December 6, 2017, https://www.snopes.com/fact-check/twitter-germany-nazis/.

464) Eshwar Chandrasekharan et al., "You Can't Stay Here: The Efficacy of Reddit's 2015 Ban Examined Through Hate Speech," *Proceedings of the ACM on Human-Computer Interaction* 1, no. 2 (2017): 1 – 22, http://comp.social.gatech.edu/papers/cscw18-chand-hate.pdf.

465) Ibid., 16.

466) Jeff Kosseff, *The Twenty-six Words That Created the Internet* (Ithaca, N.Y.: Cornell University Press, 2019).

467) Matt Laslo, "The Fight over Section 203-and the Internet as We Know It," *Wired*, August 13, 20

468) Adi Robertson, "Trump's Anti-Bias Order Sounds Like a Nonsensical Warning Shot Against Facebook," *Verge*, August 12, 2019.

469) Honest Ads Act (S.1356), 116th Congress (2019 – 20), https://www.congress.gov/bill/116th-congress/senate-bill/1356/text.

470) Jeff Berman, "Big Tech Needs Regulation, but DC Must Go to School Before It Goes to Work," *Recode*, June 14, 2019, https://www.vox.com/recode/2019/6/14/18679675/big-tech-regulation-national-commission-technology-democracy.

그림 1-1: Based on data from Soroush Vosoughi, Deb Roy, and Sinan Aral, "The Spread of True and False News Online," *Science* 359, no. 6380 (2018): 1146~1151; redrawn by Joanna Kosmides Edwards.

그림 1-2: Based on data from Soroush Vosoughi, Deb Roy, and Sinan Aral, "The Spread of True and False News Online," *Science* 359, no. 6380 (2018): 1146~1151; redrawn by Joanna Kosmides Edwards.

그림 2-2: Original image by Peter Beshai, based on data from Soroush Vosoughi, Deb Roy, and Sinan Aral, "The Spread of True and False News Online," *Science* 359, no. 6380 (2018): 1146~1151; redrawn by Joanna Kosmides Edwards.

그림 3-2: PEW Research (digital social networks), https://www.pew research.org/internet/fact-sheet/social-media/; ITU World Telecommunications /ICT Indicators Database (smartphones), https://www.itu.int/en/ITUD/Statistics/Pages/stat/default.aspx; "Artificial Intelligence for Business," Raconteur, July 26, 2016, https://www.raconteur.net/artificial-intelligence-for-business-2016.

그림 3-4: Original illustration by Paul Butler, redrawn by Joanna Kosmides Edwards.

그림 3-6: Original figure adapted from Jungseul Ok, Youngmi Jin, Jinwoo Shin, and Yung Yi, "On Maximizing Diffusion Speed over Social Network with Strategic Users," *IEEE/ACM Transactions of Networking* 24, no. 6 (2016): 3798~3811, based on original data published in Jure Leskovec and Julian J. Mcauley, "Learning to Discover Social Circles in Ego Networks," in *Advances in Neural Information Processing Systems*, 2012, 539~547.

그림 3-7: Johan Ugander et al., "The Anatomy of the Facebook Social Graph," *arXiv:1111.4503* (2011) (for Facebook); Seth A. Myers et al., "Information Network or Social Network? The Structure of the Twitter Follow Graph," in *Proceedings of the 23rd International Conference on World Wide Web* (New York: ACM, 2014), 493~498 (for Twitter Global, Brazil, Japan, United States, and MSN Messenger).

그림 4-1: Based on data in Schoenemann, 2006, in Damian Miles Bailey, "Oxygen, Evolution and Redox Signalling in the Human Brain: Quantum in the Quotidian," *Journal of Physiology* 597, no. 1 (2019): 15~28, redrawn by Joanna Kosmides Edwards.

그림 4-2: Robin I. M. Dunbar, "The Social Brain Hypothesis and Human Evolution," in *Oxford Research Encyclopedia of Psychology* (2016), https://doi.org/10.1093/acrefore/9780190236557.013.44; redrawn by Joanna Kosmides Edwards.

그림 5-2: Facebook, Inc. and MySpace, Inc. quarterly earnings reports from Statistica. com.

그림 6-2: "Precision and Recall," Wikipedia, https://en.wikipedia.org/wiki/Precision_and_recall; redrawn by Joanna Kosmides Edwards.

그림 7-1: Strava, "Year in Sport 2018," November 28, 2018, https://blog.strava.com/press/2018-year-in-sport/; redrawn by Joanna Kosmides Ed-wards.

그림 8-1: Shawndra Hill, Foster Provost, and Chris Volinsky, "Network-Based Marketing: Identifying Likely Adopters via Consumer Networks," *Statistical Science* 21, no. 2 (2006): 256~276; and slides created by Hill, Provost, and Volinsky; redrawn by Joanna Kosmides Edwards.

그림 8-4: Eytan Bakshy et al., "Social Influence in Social Advertising: Evidence from Field Experiments," in *Proceedings of the 13th ACM Conference on Electronic Commerce* (ACM, 2012), 146~161.

그림 8-5: Shan Huang et al., "Social Advertising Effectiveness Across Products: A Large-Scale Field Experiment," *Marketing Science*, 출간 예정.

그림 10-1: Lev Muchnik, Sinan Aral, and Sean J. Taylor, "Social Influence Bias: A Randomized Experiment," *Science* 341, no. 6146 (2013): 647~651.

그림 10-2: Nan Hu, Paul A. Pavlou, and Jie Jennifer Zhang, "Why Do On-line Product Reviews Have a J-Shaped Distribution? Overcoming Biases in Online Word-of Mouth Communication," *Communications of the ACM* 52, no. 10 (2009): 144~147; redrawn by Joanna Kosmides Edwards.

그림 10-3: "The Partisan Divide on Political Values Grows Even Wider," Pew Research Center, October 5, 2017, https://www.people-press.org/2017/10/05/the-partisan-divide-on-political-values-grows-even-wider/.

그림 10-4: Matthew Gentzkow, "Polarization in 2016," Toulouse Network for Information Technology white paper (2016), http://web.stanford.edu/~gentzkow/research/PolarizationIn2016.pdf.

그림 10-5: Eytan Bakshy, Solomon Messing, and Lada A. Adamic, "Exposure to Ideologically Diverse News and Opinion on Facebook," *Science* 348, no. 6239 (2015): 1130~1132.

그림 10-6: Abdullah Almaatouq et al., "Adaptive Social Networks Pro mote the Wisdom of Crowds," *Proceedings of the National Academy of Sciences*, 출간 예정.

그림 11-1: Nathan Eagle, Michael Macy, and Rob Claxton, "Network Diversity and Economic Development," *Science* 328, no. 5981 (2010): 1029~1031.

찾아보기

562

하이프 머신

2022년 4월 26일 초판 1쇄 | 2022년 5월 10일 3쇄 발행

지은이 시난 아랄 **옮긴이** 엄성수
펴낸이 최세현 **경영고문** 박시형

책임편집 최세현 **디자인** 임동렬 **교정교열** 신상미
마케팅 이주형, 양근모, 권금숙, 양봉호, 박관홍 **온라인마케팅** 신하은, 정문희, 현나래
디지털콘텐츠 김명래 **해외기획** 우정민, 배혜림
경영지원 홍성택, 이진영, 임지윤, 김현우, 강신우
펴낸곳 (주)쌤앤파커스 **출판신고** 2006년 9월 25일 제406-2006-000210호
주소 서울시 마포구 월드컵북로 396 누리꿈스퀘어 비즈니스타워 18층
전화 02-6712-9800 **팩스** 02-6712-9810 **이메일** info@smpk.kr

ⓒ 시난 아랄 (저작권자와 맺은 특약에 따라 검인을 생략합니다)
ISBN 979-11-6534-488-7 (03320)

쌤앤파커스(Sam&Parkers)는 독자 여러분의 책에 관한 아이디어와 원고 투고를 설레는 마음으로 기다리고 있습니다. 책으로 엮기를 원하는 아이디어가 있으신 분은 이메일 book@smpk.kr로 간단한 개요와 취지, 연락처 등을 보내주세요. 머뭇거리지 말고 문을 두드리세요. 길이 열립니다.